教育部哲学社会科学研究后期资助项目
项目编号：20JHQ056

张兰星 著

来自西方的商船
16—17世纪的日欧贸易研究

MERCHANT SHIPS FROM THE WEST

A Study on Trade between Japan and Europe from the 16th to 17th Century

中国社会科学出版社

图书在版编目（CIP）数据

来自西方的商船：16－17世纪的日欧贸易研究／张兰星著 . —北京：中国社会科学出版社，2024.5

ISBN 978－7－5227－3144－5

Ⅰ.①来…　Ⅱ.①张…　Ⅲ.①国际贸易—贸易史—研究—日本、欧洲—16－17世纪　Ⅳ.①F749

中国国家版本馆 CIP 数据核字（2024）第 048938 号

出 版 人	赵剑英
责任编辑	耿晓明
责任校对	郝阳洋
责任印制	李寡寡

出　　版	中国社会科学出版社
社　　址	北京鼓楼西大街甲 158 号
邮　　编	100720
网　　址	http://www.csspw.cn
发 行 部	010－84083685
门 市 部	010－84029450
经　　销	新华书店及其他书店

印　　刷	北京明恒达印务有限公司
装　　订	廊坊市广阳区广增装订厂
版　　次	2024 年 5 月第 1 版
印　　次	2024 年 5 月第 1 次印刷

开　　本	710×1000　1/16
印　　张	28.75
插　　页	2
字　　数	478 千字
定　　价	139.00 元

凡购买中国社会科学出版社图书，如有质量问题请与本社营销中心联系调换
电话：010－84083683

序　日欧交往史的开山之作

张兰星博士的博士学位论文《来自西方的商船：16—17 世纪的日欧贸易研究》即将出版发行，可喜可贺。他索序于我。兰星博士既是我指导的史学硕士，又是我指导的史学博士。这在我带出来的近九十位硕士、博士、博士后弟子中，属于少数的嫡传弟子。是故自然不宜推辞，遂就慨然应允。

一

思绪像倒放影视光盘一样，一下拉到了十好几年前。兰星博士是四川师大历史系的本科/学士，四川大学历史文化学院 2002 级（入学）我的世界中世纪史研究生/硕士。他的硕士学位论文题为《宗教改革与欧洲婚姻演变》，就写得比较好。毕业授位后到某事业单位工作，也算得上比较好的岗位。工作两年后他有了考博深造的想法和改考旅游专业博士生的念头，找我请教和咨询。我对他有所劝阻和挽留。我讲你已经学史治史七年了，如果再加上工作的两年，就有九年了。现在改行那以前的努力心血和专业不就付诸东流了吗，岂不可惜。要考博那就还是考世界史的博士①。兰星博士欣然接受了我的挽留，虚心接受了我的建议。第二年便考了我的博并顺利考上……因此我现在比较欣慰：我为史学界特别是世界史学界留住了一位青年才俊，为世界史学科培养出一位很有潜力的青年世界史学者。

---

① 当时的学科学位条例规定，历史学是一级学科，下辖八个二级学科，世界史是其中的一个二级学科。

2008 年，他入学伊始，我们马上就开始讨论商量他的博士学位论文选题。由于我的传统研究方向和强项之一是地理大发现世界大航海，所以他最初提出可否搞日本人为何不向东航行而没有参与地理大发现。我讲这个选题可以写单篇论文，但写不出博士学位论文。他又提出可否搞日本最初期的航行到美洲（美国）和欧洲。我讲这个选题可以写系列论文，但也很难写出博士学位论文，因为博士学位论文总要有二十几万字嘛①。在两次讨论商量的基础上，兰星博士很快提出，是否可以搞地理大发现快完成时西方人来到东方后，日本与欧洲之间的交往交流关系呢。我一听就感觉到这是一个好选题。因为在他之前中国学界治中世纪中日交通交流交往的学者和成果已经较多了，治日本朝韩交通交流关系的也不少。但似乎还没有见到过治中世纪末期近代早期日欧交往交流关系的学者和成果。而且，我在讲和治世界史的学术生涯中感觉到，日本超越中国成为亚洲唯一的发达国家不仅仅是 1868 年明治维新成功以后的事，而是从 16 世纪中叶日本与西欧开始直接联系和交往时就开始了。明治维新自然是加快了这一进程，完成了历史的转折。便说，这个选题好，完全可以上，而且可以大上多写。重心要放在日本立足于日本史而非西方史西方的扩张史。所以，就这样，在我们的密切互动中，兰星博士自主提出了世界中世纪和近代早期史博士学位论文的好选题。

二

在以后的阅读和研究中，兰星渐渐把研究重心集中到日欧早期贸易。这是自然的合乎逻辑的选择和优化，所以我也支持。进入写作阶段后，兰星不时围绕博士学位论文选题写一些一万多字的单篇论文请我审阅。我都及时地认真地审读批改，提出修改意见。其中大多数经兰星修改定稿后就投稿，而且往往投中。这说明了他的选题的重要性、开拓性，也说明了他诸多单篇论文的科学性、严密性和深入性。

两年多一点后的秋冬时节（2010），兰星把他博士学位论文的初稿交

---

① 我的博士学位论文题为《三武一宗灭佛综合研究》，27 万字；现已出书，篇幅扩大到 37 万字。

我审阅了。我花了近十天工夫仔细看了这本世界史博士学位论文初稿，感到写得较好，具有较大的开拓性、创新性、推进性、提升性（若按优秀、良好、中等、及格、不及格五个等级打分），属于优秀的世界史博士学位论文。理由如下：

第一，选题既具有开拓性，又很有难度。因为此前中国社科界对此重要问题基本无研究，呈一片空白。其难度在于，搞这个选题既需要懂日语，又需要懂一门西方语言（当下一般是英语）。

第二，意义重大。明治维新是日本由弱转强、由中世转入近代的重要历史转折点。但明治维新并非一蹴而就，而有长期的积累。从1542—1543年葡萄牙人航达日本种子岛开始，日本便与西方长期的交往、贸易、交流，就学了西方的不少长处、优点、强项，这便为维新、改革、转型、过渡奠定了一些基础。这本博士学位论文研究维新以前的特别是16—17世纪的日欧贸易交往——这就为中国史学界填补了一大块空白。

第三，参考征引资料文献丰富，全面多样，作者参阅了大量的中、英、日语古今文献，材料非常扎实。民国史家傅斯年说过，"史学便是史料学"。此话不一定适合所有的史学论著，但至少说明史料是衡量史学论著水平高低的重要标准之一。

第四，行文流畅、用语简洁、校对干净。

第五，格式、注释等规范周详。这本来也是专著、学位论文的基本要求之一。

第六，图文并茂。中国古代有左图右史的历史叙事特点和文化传统。如何在世界史研究中继承和发扬这一优良传统是个比较新的课题。兰星的博士学位论文便恰到好处地配了一点历史画、图片和地图，较好地继承发扬了这一优良传统，有助于读者阅读理解和产生兴趣。

第七，创新、亮点、独特、精彩之处甚多，可以说俯拾皆是。这一条本来应该放在前面说，但为了行文方便，我就放在最后说了。

我们试看几例。书稿指出，最初的日葡贸易处于无管理者、无税收、无固定港口的"三无状态"，可称这段时期为"无政府自由状态"（第一章第四节）。这一论述就高度概括了其特点。同样在此节，作者对日欧间1563—1565年最初的早期流血冲突的勾勒，就言简意赅。坦陈松浦隆信派兵袭击福田浦，但欧洲的火枪火炮使松浦氏的军队遭受重创，日方损失了 200 多人和多艘战船。葡人仍然吸取了横濑浦的教训，开始采取"以日制日"的策略，将火器租借给纯忠，以镇压反对者。实践证明，此策略效果甚好。这样的论述若非阅读了大量的日本文献不可能写出（第三章第二节）。作者还钩沉出在日本的葡萄牙商人居然向日本商人和贵族贷款借钱，而且金额巨大，仅 1632 年就达 60 多万两白银，而且利息居高，年利息在 28%—35%。作者指出这在客观上带来一个好处，延缓了驱逐葡人的时间。是的，为了禁教而驱逐葡人，可人逐走了又怎么追回债款（第三章第五节）。作者评论道，日本对荷兰的海盗行径持默许态度。这是因为，一是忌惮荷兰人的火炮大船；二是想利用欧洲各国的竞争和矛盾，渔翁得利；三是荷兰人在海上的强悍作风正好符合日本人的好战性格和武士道精神，双方在此点上能够产生共鸣（第三章第六节）。作者概括道，"限教不限商"。日本上层与葡人接触多了后，德川家康等认识到宗教和贸易可以分离，即便要禁教，也不能禁商，故家康欢迎欧洲人来经商，开放了众多港口。德川幕府建立后，家康出于统治需要，决心禁教，但对葡商未加限制。这样的论述，就层层推进，展现了事物的复杂性和多面性。在分析日本人很需要很喜欢黄金的一般原因时，作者还进一步挖掘出特殊的原因：日本重新统一初期（16—17 世纪之交），大名贵族争相储存黄金，因为包括担心再次战乱甚至希望再次分裂。而基督教大名更担心丰臣秀吉禁教，迫害天主徒，便大量聚敛黄金备难（第四章第三节）。这样的分析十分深刻，令人信服。既然主题是日欧贸易研究，自然要谈及交换的货物。日本当时进口的货物就有糖类。作者考出，此前日本人一直食用水果提炼出来的砂糖，具体为用蔬果（甘葛、柿皮等）提炼糖。作者考出，在日本出口的各种货物中，居然还有枪弹。在秀吉、家康统治时期，日本共出口火枪子弹（铅弹）11696 发。枪炮等先进热兵器本是西欧人的强项高端产品出口物品。而火枪传入日本后日本人迅速掌握了制作技艺。最初日本人需要进口欧洲弹药，现在日本居然可以输出枪弹，赶上或起码接近了西欧（第四章第五节）。这种情况暗示或者给人启示，日本在明治维新后崛起为亚洲首强不是偶然的，而是有历史积淀的。序者认为，这也是该博士学位论文选题的重要性和诸多学术价值的所在之一。

三

我们最后再评论一个学术问题。欧洲人（葡人）首次来到日本登陆种子岛的时间，历来存在诸多争议。据日本文献《铁炮记》等是1453年8月（日本传统历法），但据欧洲文献是1542年，月日不详。作者先梳理了各家之说，然后探讨，认为欧洲文献所记更为可信。虽然葡人加尔凡（Galvano）记载的时间没有准确的月、日，但有同时代西方文献的相同记载。耶稣会士罗德里格兹（Rodriguez）的《日本教会史》和近代葡国史学者迪奥哥·多·库托（Diogo do Couto）的《亚洲志》也都认为是在1542年，所以，1542年说比较稳妥。至于登陆上岸的具体人员，《铁炮记》记载的是牟良叔舍（ムラシユクシヤ）和喜利志多宅孟太（キリレタモワタ）。平托（Pinto）的《远游记》记述他和另外两个葡人到了种子岛。日语假名对Pinto的译音应该接近西方读音。但《铁炮记》中提到的葡人没有接近平托发音的葡萄牙人名……作者最后总结道，登陆日本的葡人应该是三人，其具体姓名已经难以考出了。不过可以肯定有三位葡人1542年在种子岛留下了欧洲人的首次足迹，开辟了欧日交流交往的新篇章。中国学界对欧洲人首次到达日本有关问题也有所论述，网上目前仍流行葡萄牙人1543年到达日本的说法。兰星的考论因掌握了英日两语，故序者认为是中国学界最好、最深、最透、最详、最细的，达到了崭新的高度，因此1542年之说也更加可信。

四

最后再给兰星博士提点希望。第一，明治维新前日本与欧洲国家的交往交流，懂了英语日语自然是掌握了研究这个方向最重要的两门外语（对中国人来说）。不过，近代早期来到日本与日本交往的欧洲国家远不止英（后来的）美两国，至少还有葡萄牙、西班牙、荷兰、法国，还有从北方来的俄罗斯。所以，对西语、葡语等有所了解甚至学点会点也是一项长期的任务和努力目标。这也是研究世界史为什么比较难的所在。令人欣慰的是，兰星博士已经有所学习了。第二，坚持马列主义的指导和统御并与时俱进。这在史学研究中比较重要，在世界史的研究中就更为重要。

因为历史学比其他一些人文社科学科更具阶级性、民族性、国家性、意识形态性，更需要用马列主义的立场观点方法来解剖和分析复杂纷纭多变的历史现象和人物。第三，博士毕业授位后不久，兰星博士又继续到复旦大学做了博士后，并顺利出站。按我们早就商量好的选题方向，沿着他开辟出的研究方向和路径，向前又迈进了一大步，写出了一本高质量高水平的博士后研究报告，延续拓展了他的研究。这是后话，这里不需要我这个他的博士生导师赘言。鉴于兰星博士的英语比他的日语更熟练，希望他将来也分一部分时间和精力到世界史的其他领域和方向来。

最后说一句，这是兰星博士的第一本史学专著。我们深信，如同宋代诗人杨万里所吟："小荷才露尖尖角，早有蜻蜓立上头。"他的第二本、第三本、第 N 本史学专著也将慢慢问世，给我们带来新的欣喜。预祝兰星博士的系列世界史专著顺利接踵出版。

张 箭

2021 年 4 月于四川大学历史文化学院

前　言

16—17 世纪，日欧贸易是非常值得研究的历史事件，但中外史学界恰恰对此问题缺乏研究。就日本而言，19 世纪的明治维新诚然重要，但少有人了解，在距明治维新两百多年前，日本与欧洲就已经进行过一次历时一个世纪的交流交往活动，这次碰撞的中心和重心即贸易。就世界而言，16 世纪，欧洲人广泛开展了大航海或地理大发现活动，世界最东方的日本是他们最后探寻的土地之一，那里也是他们最初梦想登陆的"金银岛"。16—17 世纪，日欧贸易是东西文明碰撞产生的火花，不但对日本的政治、经济和文化产生巨大影响，还对世界经济圈、世界交通网络的初步形成意义重大。本书共设五章，深入、细致地研究了 16—17 世纪的日欧贸易。

在第一章，笔者探讨了日欧开展贸易的原因和背景，以及日欧贸易的最初阶段。就东方而言，日本正处于战国分裂状态，大名将更多的精力投入争夺国内霸权的战争中。大名们如果要加强实力，就必须获得更多财富和资源。而此时的中国（明朝）断绝了与日本的贸易往来，因此，欧洲人面临一个很好的机会。同时，西方正在经历地理大发现、文艺复兴和宗教改革运动，西（班牙）、葡"瓜分"世界后，葡萄牙人便深入中国海和东亚。他们到达世界最东方的日本，仅是时间问题了。继而，笔者探讨了葡人首登日本种子岛的原因和过程，分析了在日耶稣会的初期传教情况。当时，耶稣会也在日本传教，而且传教和经商有着紧密的联系。此章的重点在日欧（葡）的自由贸易，所谓"自由"即日、葡双方都面临宽松的贸易环境，大名们可以自由地进行外贸活动，葡萄牙商人也不必担心葡王和果阿总督的限制。

但是，日欧双方的自由贸易很快就变得不自由，葡王迅速发现日本市场具有巨大潜力，于是派遣大船长前往日本，监管贸易。在整个 16 世纪，欧洲对日贸易的主角只有葡人，因此在第二章中，笔者重点分析了巨船贸易的主体和客体，还介绍了澳门、长崎这两个重要港口，而且深入剖析了"巨船"一词的来历和使用。此时，日本国内形势也在发生变化，织田信长和丰臣秀吉虽然为日本的最终统一奠定了坚实基础，但日本国内的剧变并没有影响贸易的开展，日葡贸易进入高潮阶段。值得一提的是，于 16 世纪末抵日的西班牙人几乎没有开展贸易，其中原因值得探析。

　　进入 17 世纪，日欧贸易再掀高潮。显著特点是贸易主角增加，除了西、葡人，新教徒英、荷人也来日经商。因此，笔者将第三章命名为"西欧四国的对日贸易"。17 世纪，日欧贸易的主角为日、葡、荷人，重点在幕府的外贸政策、日葡贸易的衰落及日荷贸易的成功。西班牙并不重视日本市场，英国也无暇顾及日本，所以其对日通商的时间短、贸易量少、影响小，但西班牙和英国依然是日欧贸易的重要配角，特别是英国。英国领航员威廉·亚当斯甚至被授予旗本武士头衔，而且英国在平户的贸易实践为东印度公司提供了必要的亚洲经验。对于西、英两个国家的对日贸易，有必要一并研究。

　　本书特点之一是从纵、横两个方向来安排章节。纵向而言，前三章按日欧贸易各阶段的特点分期论述，主线为日葡贸易。横向主要是针对日欧贸易的具体商品。由于火枪、生丝、白银、黄金等商品的贸易情况贯穿 16—17 世纪，而且欧洲四国都围绕这些商品进行贸易。因此在第四章中，笔者将它们单独提出来，分别研究。若将这些商品安排在前三章，则显得零乱分散。

　　第五章将日欧贸易纳入宏观的大航海时代加以分析，因为日欧贸易对世界经济、交通和文化均产生了重大影响。本书还将 16—17 世纪的日欧交往与 19 世纪的日西（西方）关系进行对比。笔者认为，日本接触西方文化，接受西方洗礼，始于 16—17 世纪。我们在研究日本西化，或者说日本进入资本主义时代时，没有理由忽略日本与西方的初期接触。日本在明治维新时期，迅速接受西方文化，而且在短时间内成为强国，并非 19 世纪的一蹴而就。如果说明治维新的成功是日本强盛的质变表现，那

16—17 世纪的日欧接触、17—18 世纪的日荷交流、19 世纪（初）的日西交往则可看作是量变准备。三次历史事件的对比点集中于背景、内容和影响三个方面。

在最后的总结中，笔者再次强调了外贸、基督教均对日本产生了重要影响。在某种情况下，贸易的影响还要大于宗教的影响。在现有国内外通史或专著中，学者们通常会描述欧洲人在日本的传教活动，容易忽略贸易活动。通过本书分析，我们可以看到，欧洲人对日贸易的时间比在日传教的时间长，参与的主体更多，包括日欧商人、大名、日本统治者、耶稣会传教士；最先到达日本的葡人并非传教士，商人登陆种子岛几年后，传教士才到来。而且，耶稣会传教必须借力于葡商的贸易活动，日葡贸易的开展却不一定需要耶稣会（士）。16 世纪后半期以后，贸易甚至可以脱离宗教；德川幕府禁教后（1614），并没有禁商，说明幕府需要贸易，而非宗教。其实在日传教的欧洲国家仅限西、葡，17 世纪到达日本的英荷人只贸易，不传教。本书不"鼓吹"日欧贸易的影响，只希望探究事实，即在日欧的初期接触碰撞中，传教并非唯一活动，双方的贸易也十分精彩，且意义重大。

张兰星

2022 年 2 月 28 日

目　　录

绪 论

一 缘起

16世纪中期至17世纪中期的日本历史被一些历史学者称为"切支丹时代（或世纪）"①。《剑桥日本史》对"切支丹时代"（Christian Century）解释道："16世纪40年代至17世纪30年代，基督教在日本传教长达一个世纪，这段时期可称为切支丹时代（或世纪）。"② 此说法反映出一个问题，即当时的日本并没有与世隔绝。"切支丹"即基督教，基督教来自欧洲。如果仅从日本国内历史的发展来看，我们可以称那时为"室町幕府末期""战国时代""安土、桃山时期"或"德川幕府初期"，但如果将日本纳入世界范围来看，16—17世纪，日本已经与欧洲发生关系。从宗教意义上讲，切支丹时代起始于1549年沙忽略到日本传教，结束于1638年带有基督教性质的岛原起义。不过，欧洲人在日本活动的准确时间为1542—1639年，始于葡人登陆种子岛，终于日本锁国。其实，基督教在日传教的时间并没有一个世纪，因为德川家康在1614年已经禁教。1614—1640年，传教士只是在日本秘密传教，影响已经不大。因此，用"切支丹时代"来描述当时的日欧关系或日本历史的阶段特点，显得笼统、不准确。日、欧双方的交流是多方面的，绝不限于宗教。史学家C. R. 博克舍认为，切支丹时代的日本经历了三件大事：第一，丰臣秀吉统一全国；第二，德川家族建立幕府统治；第三，日本人进行了短暂的对

---

① 日本人称葡萄牙语的基督教（Christão）为吉利支丹或切支丹（日文汉字，日语片假名为キリシタン）。

② John Whitney Hall, *The Cambridge History of Japan*, *Volume 4：Early Modern Japan*, Cambridge：Cambridge University Press, 1991, p. 302.

外扩张，并与欧洲、东南亚广泛开展贸易活动。

笔者最初打算研究16—17世纪基督教在日本的传播，不过国内已经有学者涉猎此题目，并有专著，但笔者没有轻言放弃，在查阅了大量相关资料后，发现欧洲人在日本的贸易活动同样精彩，而且开展贸易的时间比传教还要久，于是开始深入挖掘相关资料，并最终确定研究日欧之间的贸易。如果史学界仅集中探讨16—17世纪欧洲人在日本的宗教活动，未免内容单一，并不能准确反映当时双方的交流交往，更像是在研究日本的宗教、政治和文化史。但如果将研究扩展到贸易范畴，那16—17世纪的日本就更具有世界性。因为日欧贸易关联欧洲、亚洲、美洲的历史，涉及世界贸易、交通、文化、军事的发展。"切支丹时代"不可简单理解为日本"基督教时代"，而应是16—17世纪日欧交流交往，日本历史发生重大变迁的时代。而在日欧的第一次碰撞中，贸易成为重要活动。本书的副标题为"16—17世纪的日欧贸易研究"，而不是"切支丹时代的日欧贸易研究"，不用"切支丹时代"，应该更准确。这样可以避免误解，即讨论的重点在贸易，而非宗教。

二 意义

本书的学术价值和现实意义如下。

第一，欧洲人到达日本后，主要开展了两项活动——传教和贸易。中外史学界对欧洲人在日传教的研究较多，"切支丹"三字便可反映出来。其实，欧洲人的贸易活动同样重要，其意义绝不亚于基督教对日本的影响。16世纪的日本经济必须依靠对外贸易才能维持，大名们以及后来的三大统一者（织田信长、丰臣秀吉和德川家康）也是为了贸易才允许传教。17世纪，当"不传教"的新教徒（英国人、荷兰人）来到日本后，家康立即表示欢迎，并且开始禁教，西（班牙）人、葡人逐渐"失宠"。这从侧面说明，日本统治者并不反对欧洲人在日开展贸易。相反，他们不能容忍传教。国外虽然有相关研究，但不够系统，专著也少。中文学术圈更没有学者全面探讨该问题，甚至连单篇论文也少。

第二，日本是亚洲一个非常特殊的国家，其地理位置在东方，但其（近现代）政治、经济阵营属于西方。对于历史学者来说，研究日本"西

"化"的根源是有意义的课题，而16—17世纪的日欧贸易正是双方首次碰撞的重要活动。读者们思考讨论近代日西（欧）关系时，容易产生定向思维，通常深入探究"明治维新"问题，而忽略了16—17世纪的日欧贸易，这正是由于前明治的研究不足，未引起学者们注意而造成。因此，本书试图对日欧贸易进行深入探讨，并大胆地将16—17世纪的日欧关系提高到能够引起重视的地位。

第三，海洋史专家张箭教授深入分析和探讨了大航海活动（地理大发现），他认为："大航海时代应该指15—17世纪人类大规模航海、探险、发现、移民的时代。"① 就航海来说，葡人到达日本后，开辟了果阿—澳门—长崎航线；就探险来说，欧洲人在日本各港进行勘探和实查，最终选定长崎、平户作为长久港口；就发现来说，欧洲人在16世纪以前从未到达过日本岛；就移民来说，正是有了日欧贸易，更多葡人才定居澳门。同时，日本人也掀起移民东南亚的小高潮。虽然东方人认为日本是历史悠久的文明古国，但对于当时的欧洲人来说，那里仍是一块"处女地"。依照这个概念来看，16—17世纪日欧的交流也属于大航海的一部分。另外，国内有不少学者正在研究或已经研究过明代中国人的航海活动。与此同时，我们也需要观察、分析同时代邻国的对外活动，以丰富对东西交流交往史的认识。

第四，本书的研究也兼具一定现实意义。从某种意义上说，葡、西人开辟，荷、英人完善的日本航线，是世界交通、贸易的重要组成，也是较晚被开发的航线，同样亦可视作是古代海上丝绸之路的延伸（分别向东西方）。日本系海洋文明的国家，西方各强国也多为临海国家。日本、西方历来都重视控制海权，本书研究的日欧贸易，从历史方面给我们提供了一定的经验和借鉴。大航海时代虽然已经远去，但新一轮的海洋竞争（甚至争夺）方兴未艾。正所谓"向海而兴，背海而衰。禁海几亡，开海则强"，中国正面临海洋世纪的关键抉择。

综上简述，此选题具有特殊的学术价值，兼有现实意义。

---

① 张箭：《论大航海时代及其四个阶段》，《海交史研究》1998年第2期。

三　综述

（一）国外研究现状

1. 原始资料

16—17 世纪，欧洲四国均开展了对日通商活动。因此，相关的原始资料由葡、西（班牙）、荷、英及日文组成。

在各国的各种资料中，耶稣会（在日本活动的天主教会主要是耶稣会）在日传教的资料占绝大部分，葡人经商的资料相对较少。这是因为耶稣会素有保存文献的习惯，世界各地的耶稣会分会每年都将传教活动上报欧洲总部。时至今日，欧洲仍保存了一些耶稣会在日传教的资料。另外，传教士为了更好地布道，需要学习日语。这为他们记载史实提供了基础，资料的可信度也较高。由于传教的资料较多，所以关注宗教史的学者能够汲取"营养"。但这对日欧贸易的研究造成负面影响，由于缺乏资料，学者们对相关研究望而却步。值得庆幸的是，耶稣会也适当记载了当时的贸易活动，亦可用于研究。

与耶稣会相比，欧洲商人，特别是葡商留下的记录非常少。这主要是由于：（1）葡商、海员的文化水平不高，其记录仅限商品清单或航海日志。（2）清单或日志难以保存，这不同于耶稣会的资料。教会有专门机构保管各种书信、报告或著作，葡商的记录只能自己保存，所以传世的相当少。博克舍曾道："现代史学者宁肯用一份殉道者名单，取代一份日葡贸易清单。"① （3）大多葡商在结束贸易后，立即从日本返回澳门。由于时间短，在日葡商很少以书信方式联系外界（澳门或其他地方）。还有，葡商在日本的活动局限于长崎港，多以见面代替书信往来。另外，葡商可能害怕泄露商业机密，尽量避免书信来往或留下相关记录。（4）葡萄牙实行大船长制度，大船长通常一到两年就更换人选，其没有必要与澳门、果阿保持书信往来，而且寄信到收回信（果阿—长崎—果阿）通常需要

---

① C. R. Boxer, *Portuguese Merchant and Missionaries in Feudal Japan，1543 – 1640*, London：Variorum Reprints, 1986, p. I 13. 该著分为 I 、II 、III 、IV 、V 部分，每部分单独排页，p. I 13 意为第 I 部分第 13 页。下同。

花费 2—3 年时间，过程太过长久。同时，葡人没有在日本建商馆，这不像英荷两国。葡方少有常驻日本的代表，书信自然就少。（5）16—17 世纪，葡国史学者对历史的认识及记载不同于现代学者，其叙事手法似乎更浪漫①。他们重视对葡属印度的记载，而且强调军事和传教活动，贸易活动仅作为历史背景被提及。葡国史学者法利亚·苏萨承认："实际上，我们对贸易提及过少是不客观的，但在当时，贸易或经济并非史学研究的主流。"② 葡国学者似乎更乐意记载葡军占领某个亚洲据点，而对澳门或长崎贸易不感兴趣。但通观葡萄牙的海外扩张史，葡人在亚洲的贸易活动似乎比军事活动更精彩，内容更丰富。

英国人虽较晚到达日本，而且在日活动的时间最短（1613—1624），但其留下的资料较多。英国人于 1613 年在平户建商馆，8 名英国员工常驻平户。他们必须随时与东印度公司保持联系，书信来往十分重要。他们还经常到江户谒见将军，一些英国人甚至常驻江户。两地交流较为频繁，书信自然就多，部分信函保存至今。另外，英、荷商馆均属于两国东印度公司，其资料由公司保管，这比私人保存更安全、更长久。1640 年日本闭关后，荷兰人留在日本，荷兰商馆和其东印度公司也存有一些珍贵资料。

限于地域、资金和能力，笔者很难查阅一些珍贵信函、朱印状、日记、航海日志等。很多一手资料被存放于欧洲或日本的博物馆、图书馆，而且涉及语种较多、较复杂。本书能够使用的外文资料多来自现当代学者的专著或论文，以英、日文为主，虽然不是原始资料，但也具有较高的学术价值。经过编译的史料有：《门德斯·平托远游记》（Fernao Mendes Pinto, *The Travels of Mendes Pinto*）、《萨利斯船长日本航行记》（John Saris, *The Voyage of Captain John Saris to Japan*）、安东尼奥·加尔凡的《发现世界》（Antonio Galvano, *The Discoveries of the World*）、南浦文之的《铁炮记》等。

2. 英文专著

就日葡贸易的英文专著而言，史学家查理斯·拉尔夫·博克舍

---

① 16—17 世纪著名的葡国史学者有迪奥哥·多·库托、若昂·德·巴罗斯（Joao de Barros）、法利亚·苏萨（Faria Sousa）等人。

② C. R. Boxer, *Portuguese Merchant and Missionaries in Feudal Japan, 1543 – 1640*, London: Variorum Reprints, 1986, p. Ⅰ12.

（Charles Ralph Boxer）提供了较多、较全面的资料。博克舍的相关著作主要有四本。第一本是《澳门来的巨船》（*The Great Ship from Amacon*）。该著作是研究澳门历史及葡属亚洲活动的重要资料，由于其中大量翻译了近代重要的葡语文献，此书甚至可以当作史料来参考。该书最重要的是第一部分"日本航线的编年史"（Part Ⅰ: The annual Japan Voyages），博克舍以编年方式记载了 1555—1640 年葡人在澳门和日本的贸易、航海、宗教、文化活动。第二本是《日本切支丹世纪，1549—1650 年》（*The Christian Century in Japan*，*1549 - 1650*），作者采用纵、横结合的方式，分析了 16—17 世纪日欧的交流交往。纵向方面，作者从马可·波罗对金银岛的记载入手，详细分析了耶稣会的在日活动，最后以幕府禁教及日本锁国结束；横向方面，作者描述了 16—17 世纪葡、日、中以及东南亚的商贸交流。第三本是《远东的葡萄牙贵族，1550—1770 年》（*Fidalgos in the Far East*，*1550 - 1770*），该著作的视野更宽广，不但介绍了葡人在澳门、日本的活动，还记载了他们在印度、东南亚的活动。与前两本著作相比，该书有重复内容，且时间跨度也大。第四本是《日本封建社会的葡萄牙商人与耶稣会，1543—1640 年》（*Portuguese Merchant and Missionaries in Feudal Japan*，*1543 - 1640*），该书为博克舍的个人论文集，也是他对相关研究的总结与补充。其中，价值较高的论文有《300 年前的日葡商贸之旅，1630—1639 年》（"Portuguese Commercial Voyages to Japan Three Hundred Years Ago，1630 - 1639"），该文分析了日葡贸易的衰落、大船长制度最后的辉煌及澳门商人的破产。

日葡贸易方面，除了博克舍的著作，还有詹姆斯·C. 博亚间的《哈布斯堡家族统治下的葡属亚洲贸易，1580—1640 年》（James C. Boyajian，*Portuguese Trade in Asia under the Habsburgs*，*1580 - 1640*）。博亚间认为，葡王在亚洲控制多条航线，但最赚钱的还是日本航线。不过该书论述的重点不在日本，而在葡属印度。马里恩·纽威特的《葡萄牙海外扩张史，1400—1668 年》（Malyn Newitt，*A History of Portuguese Oversea Expansion*，*1400 - 1668*），记载了葡人的对日通商活动。他认为，葡人来到日本后，东西（海上）贸易及交通才算真正贯通。另外，他分析了日葡贸易的缺陷，即巨船贸易是一种赌博贸易，将注定失败。G. V. 斯卡梅尔的《航船、海洋和帝国》（G. V. Scammell, *Ships, Oceans and Empire*），重点探讨葡属亚洲的贸易网络，指出葡人正是掌控了亚洲的关键商品，才取得对日贸易的成功。乔治·D. 维尼尔斯的《葡属亚洲研究，1495—1689 年》（George D. Winius, *Studies on Portuguese Asia, 1495 – 1689*），分析了 17 世纪日葡贸易衰落之原因。维尼尔斯认为，德川将军对宗教的态度至关重要，导致日本最终放弃葡商，选择荷商。将军考虑到，如果接纳荷兰人，既可以避免传教，又可以获得商品。结果，葡人虽然带来商品，却无法割断与耶稣会的关系，被逐是迟早的事。

17 世纪日英贸易的重要史料有《理查德·科克斯日记》（Richard Cocks, *Diary of Richard Cocks 1615 – 1622*），该书作者正是 16 世纪英属平户商馆指挥官。不过，书中对日英贸易的记载并不多，这主要是由于英国对日贸易开展得不顺利。书中反而提供了日葡、日荷贸易的资料。此外，威廉·G. 比斯利的《大英帝国和日本开国：1834—1858 年》（William G. Beasley, *Great Britain and the Opening of Japan 1834 – 1858*），分析了 17 世纪荷、英在平户的商业竞争。比斯利认为，当时荷兰在东亚的发展好过英国。马琉斯·B. 简森的《现代日本的建立》（Marius B. Jansen, *The Making of Modern Japan*），分析了英国人退出日本市场的原因，认为英国人闭馆是为了将注意力集中到印度。

关于日荷贸易，格兰特·K. 古德曼的《日本与荷兰人，1600—1853 年》（Grant K. Goodman, *Japan and the Dutch 1600 – 1853*）具有较高价值，他详细剖析了荷兰东印度公司（VOC）的在日活动，并探讨了葡、荷在日本的竞争。都兰·保罗的《日本的荷兰人》（Doolan Paul, *The Dutch in Japan*）记载了荷兰人初抵日本的情况。保罗认为，荷兰人的"不传教"策略是其取胜的重要原因。欧姆·普拉卡奇在其著作《近代早期欧亚人的相遇》（Om Prakash, *Euro-Asian Encounter in the Early Modern Period*）中，也谈到了日荷贸易成功的原因。荷兰在亚洲成功的三大要素是：中国生丝、东南亚香料及日本白银。并且荷兰人复制了葡人在日本的成功经验，又坚持不传教，所以最终未被幕府驱逐。

英文资料中还包括一些日本学者的专著，比如竹越与三郎的《日本文明史之经济篇》（Y. Takekoshi, *The Economic Aspects of the History of the*

Civilization of Japan）。该书系统梳理了日本经济发展史，包括 16—17 世纪的日欧贸易史。虽然相关分析仅占一两个章节，但可以参考的资料较多。木下勇太郎的《日本商业的今昔》（Yetaro Kinosita, *The Past and Present of Japanese Commerce*），分析了德川家康对外贸的态度，认为家康是日本少有的开明统治者，他意识到国家的富强必须依靠商业的繁荣，因此促进日本海外贸易的发展。

除了以上专著，笔者还参考了日本、欧洲、世界的断代史、通史和专门史。比如：L. M. 库伦的《日本史：1582—1941 年》（L. M. Cullen, *A History of Japan 1582 – 1941*），乔那桑·诺顿·雷纳德的《日本古代史》（Jonathan Norton Leonard, *Early Japan*），乔治·桑森的《日本史，1334—1615 年》（George Sansom, *A History of Japan, 1334 – 1615*），詹姆斯·穆多齐的《日本史》卷一、卷二（James Murdoch, *A History of Japan, Vol. 1 & 2*），肯尼斯·G. 亨舍儿的《日本史：从石器时代到超级强权》（Kenneth G. Henshall, *A History of Japan: From Stone Age to Superpower*），马奎斯的《葡萄牙史》卷一（Marques, *A History of Portugal, Vol. 1*）等。

3. 日文专著

日文资料中，有关日欧贸易的专著也不多。相比英文，日文资料的寻找、查阅和翻译更困难。

外山卯三郎的《南蛮船贸易史》颇有价值。外山氏深入研究了日葡贸易，引用了大量原始材料。其第五章"驶抵日本的南蛮船"，介绍了欧洲航船简史，详细分析了南蛮船（葡船）的船型、吨位及演变，为研究欧洲贸易船提供了宝贵资料。但此书较少提及日英、日荷贸易，也未具体分析相关的贸易商品。

高濑弘一郎著有《切支丹时代的贸易与外交》（キリシタン時代の貿易と外交）。其重点阐述了德川幕府的外贸政策，其中对丝割符制度（官方指定额度的丝绸专买专卖制度）分析得较详细。高濑氏认为，丰臣秀吉设长崎奉行，家康实行丝割符制度，就是为了垄断日欧贸易中最大宗的货物生丝，控制它，也就掌握了贸易主动权。

加藤三吾的《三浦安针》，以英国领航员威廉·亚当斯为主线，记述了荷兰、英国人的对日通商活动。

吉永正春的《九州的切支丹大名》（九州のキリシタン大名）分析了葡船在九州各港的活动，详述了葡人选择长崎（1571 年以后）为固定贸易港之经过。

冈美穗子著有《商人与传教士：南蛮贸易的世界》（商人と宣教師：南蛮贸易の世界），该书深入分析了 16—17 世纪日欧（葡）贸易中的主体（商人）、客体（商品）和基础条件（港口）。她将研究目标集中于当时的贸易活动，系日语学术圈近年来不多的相关研究。

其他相关专著还有辻达也的《日本的历史·13·江户开府》、井上清的《日本的历史》（上）、村上直次郎的《西洋商业史》、高濑弘一郎的《切支丹时代的研究》（キリシタン时代の研究）、高岛诚一的《新体商业史》等。

4. 英文论文

提及日欧贸易的期刊有《日葡研究报告》（*Bulletin of Portuguese/Japanese Studies*）。参考价值较大的论文有俄内斯特·范·维恩的《荷兰东印度公司的远东策略，1605—1640 年》（"VOC Strategies in the Far East"）、荷雷拉·罗德里格兹的《欧洲传教士在日本的教产》（"Local Sources of Funding for the Japanese Mission"），以及纳塔尼亚·登代的《沉默贸易者的忧虑——从荷兰人视角观察葡人被逐（出日本）》（"The Anxiety of the Silent Traders：Dutch Perception on the Portuguese Banishment from Japan"）等。

其他代表论文还有小叶田淳的《16—17 世纪日本金银的开采和用途》（"The Production and Uses of Gold and Silver in Sixteenth and Seventeenth Century Japan"），该文分析了日本金银的开采、流通及兑换情况。德尔梅尔·M. 布朗的《16 世纪葡萄牙人向日本运进黄金分析》（"The Importation of Gold into Japan by the Portuguese During the Sixteenth Century"），分析了 16 世纪日本向外国输出白银，以及葡人向日本运进黄金的情况。迈克尔·库伯的《澳门—长崎生丝贸易机制》（"The Mechanics of the Macao-Nagasaki Silk Trade"），探讨了日葡生丝贸易的运作。作者认为，日葡生丝贸易不仅在日欧商业史上具有重要意义，而且对维持日葡关系起到关键作用。威廉·S. 阿特威尔的《国际金银的流通与中国经济，约 1530—

1650年》（"International Bullion Flows and the Chinese Economy, circa 1530–1650"），论述了16—17世纪国际贵金属的流通，分析了日本白银与明朝经济的关系，观点新颖，价值颇高。

（二）国内研究现状

1. 中文译著

在中文学术圈，直接相关的译著不多。桑贾伊·苏布拉马尼亚姆的《葡萄牙帝国在亚洲1500—1700：政治和经济史》具有一定参考价值，其中"亚洲政治的重组"一章分析了16—17世纪的日葡关系，但其重点在基督教的传播，而非日欧贸易。即便谈到贸易，材料、内容也多源自博克舍的论著。

速水融、宫本又郎的《日本经济史1：经济社会的成立　17—18世纪》，简述了17世纪德川幕府的外贸政策，值得参考的章节有"德川幕府的限银政策"。

本书"火枪"一节参考了史蒂芬·特恩布尔的《最后的武士：荣耀与毁灭》，史蒂芬认为，葡商带来的火枪对日本政治、军事的影响颇大，日本接受并使用火枪，是世界军事史上的大事。

2. 国内学者的专著

目前，国内尚无日欧贸易专著，涉及相关内容的著作也少。

因此，郑彭年的《日本西方文化摄取史》在国内相关研究中显得弥足珍贵。该书分析了16—17世纪西方文化对日本的影响，涉猎内容广泛（包括政治、宗教、经济和文化）。但就贸易来讲，可以参考的资料有限。

季羡林的《糖史》并非贸易方面的专著，却为本书提供了重要资料。糖也是日欧贸易的重要商品。《糖史》专门谈到中国制糖卖糖、日本食糖买糖的情况，既有趣味，又有价值。

另外，邓端本的《广州港史》（古代部分），分析了明代广州港的特殊地位，其中"澳门被占后对广州海外贸易的影响"颇有意义。葡人占据澳门，并非澳门物产丰富，而是能以此为据点，参加广州市集贸易，买卖交换中国商品，然后将其运往日本。

高淑娟、冯斌的《中日对外经济政策比较史纲——以封建末期贸易政策为中心》，提及了葡、荷、英的对日贸易，涉猎的国家较多。该书以日文资料为研究基石，论述重点在中日经济之比较。

就基督教在日传播史而言，李小白的《信仰·利益·权力——基督教布教与日本的选择》比较全面、系统。书中将天主教赴日布道活动分为"初期布教""九州布教""南蛮寺""伴天连追放"和"禁教与殉教"五阶段，为本书提供了必要且珍贵的背景资料。在其基础上，本书将欧洲人的传教活动再简化为"初期传教""传教高潮"和"禁教"三阶段。

有参考价值的其他专著还有黄启臣的《澳门历史：自远古—1840年》、费成康的《澳门四百年》等。

3. 国内相关论文

国内的相关论文比较少。李小白的《16—17世纪耶稣会在日本的贸易活动》（《东北师大学报》2003年第4期），虽然以研究传教士的活动为主，却值得重视。张廷茂、朱俊芳的《17世纪30年代澳门—长崎的贸易危机》（《江苏商论》2005年第3期），分析了17世纪葡商（向日商）贷款的情况，指出这是日葡贸易衰落原因之一。

本书涉及澳门历史，遂可参考澳门期刊。戚印平在《（澳门）文化杂志》上发表了几篇相关论文，比如《加比丹·莫尔制度与早期澳门的若干问题》（2004）、《加比丹·莫尔及澳日定期商船贸易的若干问题》（2005）、《加比丹·莫尔及澳日贸易与耶稣会士的特殊关系》（2005）。其他有价值的论文还有：张廷茂的《澳门总督制缘起》（2006）、科斯塔的《耶稣会士和新教徒到达日本》（2007）、赛亚布拉的《佩罗·瓦斯·德·西凯拉——中国南海著名的商人和船主》（2007）等。

第一章

日欧（葡）自由贸易

欧洲人（葡人）首登日本种子岛是个重要问题，其原因、过程、意义首先要提出来讲一讲。在这之后，耶稣会很快就来到日本传教，教商建立了紧密联系。日欧（葡）贸易最初是自由的，所谓"自由"即日、葡双方都面临宽松的贸易环境，大名们可以自由地进行外贸活动，葡商也不必担心葡王和果阿总督限制，他们唯一要做的就是在日本寻找泊船良港。

第一节 日欧贸易的背景

14世纪初，征夷大将军足利义满在京都建立室町幕府。室町幕府由众多势力强大的大名建立，因此幕府本身的统治力较弱。1467年1月，日本爆发"应仁之乱"。各地大名纷纷而起，室町幕府摇摇欲坠，日本进入战国时代。欧洲人来日之际，日本国内形势正处于混乱，大名们长年累月地进行争夺势力范围的战争。

一 日本战国时期

战国时期，日本形成了"下克上"潮流。"下克上"可理解为大名反抗将军，有实力的家臣和国人反抗大名，各城市居民和各地农民反抗统治者的斗争。长达约一个世纪的战国时代就是在这种潮流的推动下开始的。战国时期，日本大名割据一方，数量众多。

表1—1 　　　　　　　　　　　　主要战国大名

伊豆（关东）	北条早云、北条氏纲、北条氏康
越后（中部） 甲斐（中部） 骏河（中部） 三河（中部）	上杉谦信 武田信玄、武田胜赖 今川义元 德川家康
尾张（中部） 美浓（中部） 越前（中部）	织田信长、丰臣秀吉 斋藤道三 朝仓义景
近江（近畿）	浅井长教
周防（中部）	大内义隆 毛利元就
土佐（四国）	长曾（宗）我部元亲
丰后（九州） 萨摩（九州） 肥前（九州）	大友宗麟 岛津贵久 龙造寺隆信、大村纯忠、松浦隆信
东北	伊达政宗

资料来源：［日］依田憙家：《简明日本通史》，卞立强等译，上海远东出版社2004年版，第104页。

战国大名的统治区域被称为"分国"或"领国"，大名在分国内是至高无上的统治者，不受室町幕府控制。分国的庄园制已彻底崩溃，战国大名没收了庄园土地，并以武力和政治手段迫使武士臣服。大名将其中一些土地划为"直辖地"（也称"料所"或"御藏入地"），并派代官管理。一部分"直辖地"划给归顺寺院，剩余的以"知行地"（封地）名义分授给家臣。获得"知行地"的家臣必须服从领国大名，负担军役及其他义务。战国大名为了彻底掌控领（国）内农民，实行了"检地"（丈量土地）。大名把村落的"地侍"（上层人物）组织起来，进行控制，让他们呈报其统治地区的面积、耕作人数及收获量等。大名及其家臣都控制一定数量的奴仆，一般的武士也有8—10个仆人。这些奴仆得不到金钱报酬，仅获得一些粮食。

战国时期，日本城市的发展极为迅速，特别是"城下町"的发展尤为显著。大名居住的城堡逐渐由过去险阻的山城，迁移到交通便利和开放先进的平地。"城下町"周围聚集着众多家臣和工商业者，是领国的政治、经济和文化中心。很多战国大名对聚集在城下町的工商业者施加保护。为了让商品能够自由流通，一些地区还采取了"乐市"和"乐座"①政策。

当时的日本虽处于分裂时期，却是一个高度成熟的封建社会，有比较发达的文化和文明。日本人口较多，城市化程度较高，作为学术中心的佛教研习所，其规模也大于欧洲学术机构。如果将日本与相对发达的西欧某个国家相比，日本的综合实力更胜一筹。

中日的交流交往活动历史悠久，双方的正常贸易一直持续到明朝。在日明勘合贸易中②，日本输出硫黄、冷兵器、扇子和屏风等商品到中国，他们从中国运走丝绸、铜钱、棉、绢、瓷器和药材等商品。从明朝中叶起，倭寇日益猖獗，威胁着中国沿海的安定，于是明朝厉行海禁。从此，中日间的正常贸易中断。若有贸易，也是走私交易。

二　欧洲的发展

中世纪末期（14 世纪），西方发生巨变。从 15 世纪起，西方世界兴起了地理大发现、文艺复兴和宗教改革三大运动。西欧在政治、经济和文化上加速发展，不久摆脱相对落后的局面。

15 世纪中后叶至 17 世纪末的地理大发现，是中世纪晚期至近代早期最重大的历史事件之一，对人类社会和世界历史产生了深远影响。地理大发现在西方被称为大发现、大探险，在苏联被称为伟大的地理发现，在日本又叫作大航海。地理大发现带来多重影响，包括：促进了欧洲经济和资本主义的发展；世界从分散孤立走向集中统一；农作物得到传播和农业得到发展；世界人种分布发生演变，新民族形成；疾病相互传播，医学得到

---

① "乐"就是自由的意思。

② 明朝为了防止走私贸易，于 1404 年对日本实行勘合贸易制度。简单地说，明朝只在规定时间和地点与日本开展朝贡贸易（或官方贸易），并且贸易双方每次都要核对事先制定的勘合证明。1547 年，中日勘合贸易被禁。相关详情，参见王辑五《中国日本交通史》，商务印书馆1998 年版，第 151—155 页。

发展；自然地理学、社会科学均得到发展①。

文艺复兴是 14 世纪中叶到 17 世纪初在欧洲开展的思想文化运动。文艺复兴把人们从中世纪基督教神学的桎梏中解放出来，促进了思想的觉醒。文艺复兴还提倡了科学，打击了死板的经院哲学，为近代启蒙思想奠定了基础②。如果说地理大发现是人类向未知的物质世界进军，那文艺复兴则是人类向未知的精神世界进军。西欧人在文学、艺术、政治及自然科学领域创造了丰硕成果。

16 世纪的宗教改革，是人文主义思想在宗教领域内的运用和发展。宗教改革从教会内部破除了封建的伦理观念，树立了以人为主体的新思想，并建立了适应资产阶级需要的神学思想体系。这是一场涉及每个人、每个家庭的革命，它所带来的不仅是新教的诞生，更是人们思想的解放和观念的更新，对于欧洲民族的历史、文化风尚和信仰都有深刻影响。宗教改革是欧洲从中世纪迈入近代社会的重要一步。

张箭教授认为："文艺复兴、宗教改革和地理大发现这三大运动把欧洲送入了近代；而先进入近代的欧洲又把全世界强制拉入了近代。就欧洲而言，文艺复兴、宗教改革在近代化方面的作用较大；就世界而言，地理大发现在近代化方面的作用则最大。"③

三　葡萄牙在亚洲的扩张

1492 年，哥伦布发现了新大陆（美洲）。1522 年，麦哲伦绕地球航行一周成功，开辟了环绕世界的航路。西、葡两国为避免利益冲突，决定分割"未知"世界。1493 年 5 月 4 日，教皇确定亚述尔群岛和佛得角群岛以西 100 里格（1 里格约等于 3 英里）的子午线为分界线，并且把该线以西的土地都划归西班牙，该线以东的土地都划归葡萄牙。1494 年，双方缔结《托德西拉斯条约》，把这条线向西移动 270 里格。1529 年，双方又在萨拉戈萨签订条约，规定摩鹿加群岛以东 17 度为两国势力范围的分

① 参见张箭《地理大发现研究 15—17 世纪》，商务印书馆 2002 年版。

② 吴于廑、齐世荣主编：《世界史：近代史编》上卷，高等教育出版社 1992 年版，第 41 页。

③ 张箭：《地理大发现研究 15—17 世纪》，商务印书馆 2002 年版，第 486—487 页。

界线，其东是西班牙活动范围的西界，其西是葡萄牙活动范围的东界。从某种意义上说，这是人类历史上第一次瓜分世界。总的来说，亚洲大部分地区属于葡萄牙的势力范围。

葡萄牙的航海活动最初由"航海家"亨利王子组织，葡人沿非洲西岸南下，最先到达刚果①。1487 年，迪亚士到达非洲最南端的"暴风之角"（后改名为好望角）。1498 年，瓦斯科·达·伽马继承迪亚士的事业，绕过好望角，穿过印度洋，到达印度西海岸的卡利库特城。在这里，他们以低价弄到大批香料和宝石，回国后以 27 倍的高价出售，这极大地刺激了欧洲商人，特别是葡人②。葡人开始向东发展，进行东方殖民与贸易活动。1502 年，达·伽马率舰队再次来到卡利库特，将该城洗劫一空。1502—1509 年，葡人在东非沿岸建立起一系列据点，作为其东方漫长航线的补给站。

1510 年，葡人占领果阿③。果阿是葡人在东方的政治、经济、军事和宗教中心（占领一直持续到 1961 年）。在这座城市中，葡人修建起一幢幢文艺复兴风格的建筑，俨然一座欧化城市，中国人称之为"小西洋"。葡王委任的统治代表叫印度（果阿）总督，日语称副王④。总督是葡王在东方的代理人，代表国王统治莫桑比克、霍尔木兹、马斯哈特、锡兰、马六甲、帝汶等地，权力很大。作为葡人在东方的贸易中心，果阿拥有东方最好的造船厂和最完备的军用物资储藏库。另外，葡萄牙为了牢牢控制东方商路，分别在果阿、霍尔木兹和马六甲建立了 3 个海军基地。果阿是葡萄牙在东方最重要的海军基地，大部分葡萄牙军舰停泊于此。果阿基地定期派出军舰，在印度洋巡逻⑤。马六甲也有一支常驻舰队，以保证海峡以东航路的畅通。所有这一切，主要还是为了贸易的开展。

① Lewis H. Gann, Peter Duignan, *Africa and the World: An Introduction to the History of Sub-Saharan Africa from Antiquity to 1840*, Lanham: University Press of America, 2000, p. 273.

② 张箭教授特别探讨过香料的利润问题，参见张箭《地理大发现研究 15—17 世纪》，商务印书馆 2002 年版，第 107—108 页。

③ K. M. Mathew, *History of the Portuguese Navigation in India, 1497 - 1600*, New Delhi: Mittal Publications, 1988, p. 301.

④ 野田宇太郎『少年使節：天正遣欧使節旅行記』、東京：桐書房、1949 年、79~80 頁。

⑤ 王加丰：《西班牙葡萄牙帝国的兴衰》，三秦出版社 2005 年版，第 85 页。

葡人在 1511 年攻占马六甲后，又占领了巽他群岛和马鲁古群岛（香料群岛）的大部分地区，接着他们在科伦坡、苏门答腊、爪哇、加里曼丹、苏拉威西和摩鹿加建立了一系列据点。南洋贸易的核心是攫取香料垄断权，从葡王到葡商（包括葡萄牙探险者），大家都义无反顾地投身于以胡椒为代表的贸易中①。与商人的香料掠夺相呼应，耶稣会开始对各地土著居民进行福音宣传，以便为殖民活动寻求神圣借口。

　　控制印度洋后，葡人马上开始与中国接触。1513—1520 年，明朝官员和葡萄牙海外指挥官建立了一种不稳定的关系。1516 年，葡人从马六甲来到广州和宁波，但双方的交涉不太顺利。1517 年，葡商开始在暹罗和南中国海之间开展贸易②。1521—1522 年，葡人再次进行贸易尝试，结果却更糟。明朝皇帝发布圣旨，禁止葡人登陆中国。中国官员何欧曾记载："佛郎机人（葡人）极为残忍和狡猾……几年前，他们突然来到广州城，大炮的轰鸣声震天动地。那些留在营地的葡人无视法纪，随便与人交往。来到省城的葡人则胡作非为、拉帮结派。如果让他们自由来往和进行贸易，不可避免将造成战斗和流血。如果继续这样，华南的不幸将无穷无尽了"③。葡人曾多次派代表前往中国谈判，每次都以失败而归。使者托梅·皮列士（Tome Pires）还被投入（中国）监狱④。

　　17 世纪初，葡人在厦门、宁波和福建等地开展走私贸易，他们贩卖胡椒和檀香等商品⑤。精明的葡商很快发现，在马六甲价值 4 杜卡特的胡椒，运到中国出售，也可卖得 15 杜卡特⑥。其利润虽然低于欧洲市场，

　　① 李小白：《基督教传入日本的历史踪迹》，《日本研究》2000 年第 3 期。

　　② Yetaro Kinosita, *The Past and Present of Japanese Commerce*, New York: Columbia University Press, 1902, p. 59.

　　③ ［美］桑贾伊·苏布拉马尼亚姆：《葡萄牙帝国在亚洲 1500—1700：政治和经济史》，何吉贤译，纪念葡萄牙发现事业澳门地区委员会，1997 年，第 109 页。

　　④ David E. Mungello, *The Great Encounter of China and the West, 1500 – 1800*, Lanham: Rowman & Littlefield, 2005, p. 7.

　　⑤ John Villiers, "Silk and Silver: Macau, Manila and Trade in the China Seas in the Sixteenth Century", *A Lecture Delivered to the Hong Kong Branch of the Royal Asiatic Society at the Hong Kong Club*, 10 June 1980, p. 68.

　　⑥ Marjorie Shaffer, *Pepper: A History of the World's Most Influential Spice*, New York: St. Martin's Press, 2013, p. 32.

但中国距离东南亚较近，运费较低，而且没有长途运输与被海盗抢劫的风险，于是葡人不顾明朝禁海令，顶风与南洋华侨开展走私交易。广东的地方官吏也因有利可图，置朝廷禁令不顾，默认走私。

16—17 世纪的日欧贸易就是在这样一种背景下开展起来了。16 世纪的日本虽然处于战乱，但机会同样存在。中日勘合贸易已经停止，谁来满足日本市场的需求成为一个问题。此时的欧洲人不但有先进的航海术和武器，还开展了多年的远航活动，最终到达日本，仅是时间问题了，能不能把握住东方商机，就要看他们是否有灵敏的商业嗅觉了。或许欧洲人自己也没有料到，他们即将在日本发现比香料更具价值的商品，即将开辟一条赚大钱的航路。

第二节　葡萄牙人来到日本种子岛

学者詹姆斯·穆多齐曾道："1542 年注定是不平凡的一年。这一年苏格兰的玛丽皇后出生。同年，完成日本统一大业、建立江户幕府的德川家康也出生了。也是在这一年，欧洲人首次来到日本。"①

一　欧洲（葡）人登陆日本的动因、准备与尝试

在古希腊和古罗马的史料中，迄今还没有发现有关日本的记载。13 世纪，旅行家马可波罗用文字描述了东方金银岛②，这可能是西方对日本的最早记载之一。《马可·波罗游记》（《东方见闻录》）问世后，西方人开始把视线投入世界最东端。马可·波罗的描述虽然生动，但内容简单，而且有人怀疑其真实性。马可·波罗是意大利威尼斯人，1271 年随父亲游历中国，他在中国南方（杭州、泉州等地）听到关于金银岛的传闻。对此，他这样记载道："这个岛面积很大，居民面目清秀，体格健壮，态度文明，信奉佛教。他们有自己的国王，不受其他国家控制。岛内遍地金

---

①　James Murdoch, Isoh Yamagata, *A History of Japan*：*During the Century of Early Foreign Intercourse*（*1542 – 1651*），Kobe：Office of the "Chronicle", 1903, p. 33.

②　大航海时代，"金银岛传说"无疑对西方探险家有着巨大诱惑，也成为 16 世纪一系列地理发现的动因之一。"金银岛"的具体地点至今未定，有日本、印度、马六甲等几种说法。

银，因为这里矿产丰富。但是，国王不允许输出黄金，因此商人很少到那里经商。其他地方的船舶和这个国家的来往也不多。根据曾经到过那里的人描述，这个国家的王宫富丽堂皇，蔚为奇观。王宫的整个屋顶用金色铁皮覆盖，和我们用铅遮盖屋顶一样，更恰当地说，和我们用铅皮盖教堂一样。宫殿的天花板同样用贵金属做成，许多房间内有很厚的纯金小桌，窗户也用黄金装饰。宫殿的豪华程度实在难以用语言表达。"① 马可·波罗提到的金银岛很可能就是指日本。从描述中可以看出，其心中的金银岛富裕而美好。虽然西方对金银岛仰慕已久，但在《马可·波罗游记》问世后的 250 年里，竟没有一个欧洲人踏入金银岛。对于他们来说，金银岛就像梦幻仙境一般浮于遥远的亚洲海域中。

近代西方人对日本的重新认识可首推葡人托梅·皮列士。他在《东方志》（约成书于 1515 年）一书中，根据中国商人提供的材料，简述了日本情况："据中国人说，日本岛比琉球岛更大。其国王更有权势、更强大，并且不喜欢做生意，他的子民也不喜欢。他是一位异教国王，中国皇帝的藩属。他们不常去中国做生意，因为距离远，又没有船只。从琉球到日本需花费 7—8 天，携去的商品用以交换金和铜。琉球人和日本人做衣料、渔网以及其他商品的买卖。"② 虽然皮列士对日本的认识尚停留在传闻阶段，较之中世纪"金银岛"的传说，却向事实迈进一大步。皮列士在其著作中第一次使用"Jampon"来称呼日本③。"Jampon"已经接近现代英语"日本"（Japan）的读写。"Jampon"可能源自福建人对"日本国"的地方发音"Jih-Pen-Guo"，皮列士有可能在与福建人交谈或易货时接触此词，然后用拉丁文"Jampon"将其表述出来。

哥伦布在 1492 年发现美洲前，一直对马可·波罗介绍给欧洲的黄金宝库——金银岛深感兴趣④。当他率领西班牙舰队由大西洋向西航行时，

---

① ［意］马可·波罗：《马可波罗游记》，陈开俊、戴树英等译，福建科学技术出版社 1981 年版，第 199 页。

② ［葡］皮列士：《东方志：从红海到中国》，何高济译，江苏教育出版社 2005 年版，第 102 页。

③ Armando Cortesao, *The Suma Oriental of Tome Pires and The Book of Francisco Rodrigues*, *Vol. 1*, New Delhi: Asian Educational Services, 2005, p. xxvi.

④ 有人认为，哥伦布寻找的金银岛并非日本。

东方金银岛就是其目的地之一。直至他发现西印度群岛时，还认为那里可能是马可·波罗所指的金银岛，后来才弄清楚美洲与亚洲之间隔着太平洋。他前后四次向西远航，据说其动机之一仍然包括探寻金银岛①。除了哥伦布，其他欧洲探险家也一直在寻找金银岛。16 世纪中后期，菲律宾成为西班牙的殖民地。西班牙人探险东方的目的之一就是寻找金银岛。他们曾多次派船队到东亚勘探，结果一无所获。当西班牙人抵达日本后，认为此地并非传说中的金银岛，于是继续寻找，并坚信金银岛就在附近。无论如何，西班牙人一直没有找到"遍地金银"的岛屿，对此他们倍感失望②。1611 年，一位叫维奇卡依诺（Vizcaino）的探险家被西班牙国王派往日本，在受命执行的诸多任务中，仍然包括寻找传说中的金银岛③。

从表面上看，葡人来到日本是偶然事件（葡人遇到风暴漂到日本）。但葡人登陆日本并非因风暴那么简单，其中蕴含着历史必然④。

第一，从 15 世纪下半叶起，西欧大西洋沿岸各国开始进行大规模的海上冒险和殖民远征，大航海运动拉开了世界历史巨大转折的序幕。16 世纪中叶以来，西、葡人在远东积极开展殖民和商业活动。西葡是欧洲海外扩张的急先锋，不仅因为这两个国家的君主、贵族和商人亟图向外寻求土地和财富⑤，更因为他们兴起较晚，地中海贸易和北海贸易已为意大利人、日耳曼人和英国人垄断，他们只好另觅新航路。葡人为了探险、荣誉

---

① 还有观点认为，由于新大陆有巨额财富和资源，所以哥伦布到达美洲后，暂时放弃寻找金银岛。

② 辻達也『日本の歴史・13・江戸開府』、東京：中央公論社、1967 年、260 頁。

③ 1611 年，西班牙使节维奇卡依诺谒见家康。西班牙表面与日本建立关系，实际却另有目的，他们试图在日本附近寻找传说中的金银岛。维奇卡依诺名为寻找良港，实为探险。他们从贺浦到江户，然后从陆路北上，经过宇都宫、白河、若松，进入仙台。在仙台，领主伊达政宗热情地接待了他们。随后西班牙人继续航行，经过松岛、陆奥等地，途中发现不少良港，最后由于天气转寒，不得不放弃探险。西班牙人于 1612 年 6 月返回贺浦，寻找金银岛的计划失败。参见加藤三吾『三浦の安針』、東京：明誠館書店、1917 年、190～191 頁。

④ 也有学者认为，葡人登陆日本是偶然，其很早就在东南亚接触过日本人，只不过他们对东亚岛国的兴趣不大。葡人还知道，日本有凶悍的武士和锋利的武士刀，因此望此而生畏。参见 Warren I. Cohen, *East Asia at the Center*: *Four Thousand Years of Engagement with the World*, New York: Columbia University Press, 2000, p. 185。

⑤ 葡人对金银的渴望是其探险远东的原因之一，他们甚至希望在亚洲寻找更为珍贵的金属来取代金银。

及传教①而进行远航。另外，他们还希望打破穆斯林对东西通商要道的控制。葡国亨利王子曾经从《马可·波罗游记》中了解到金银岛，并将其作为探险目的地之一。特别是当哥伦布发现美洲后，葡人更是将探索中国、日本和其他亚洲未知地区提上议事日程。

第二，葡人登陆日本前，已具备坚实的航海基础。当时的葡人拥有先进的航海技术和远洋船只。正是依靠这些技术和航船，他们成功地绕过了好望角。此外，葡人还拥有强大的热兵器。以往，葡人仅在上甲板和船尾装置火炮，技术革新后，他们还在船身中部的甲板之间装置火炮，因而提高了火炮的作战半径②。自从装备了新式火炮后，印度洋和中国海③的亚洲船已不是葡船的对手。

来到亚洲后，葡人进一步开展地理发现和勘测。在马六甲和暹罗，葡人开始和南航的琉球人接触。琉球人得知葡船攻占了马六甲，因而拒绝与之交易。后来葡人听到有关日本的消息，于是向东北方向进发，最后到达中国沿海。16世纪中叶，葡船已经离日本很近，日本被西方人"发现"仅是时间问题。

第三，日、葡人的首次接触很可能不在日本，而在东南亚。因为日本船正从东亚向东南亚前进，而葡船也从印度来到东南亚。一些学者认为，16世纪的日本倭寇或走私商被明朝驱赶，只好前往马六甲④。他们告诉马六甲的葡人，广东沿岸是易货的好地方，葡商可以到中国购买商品，然后将商品运到日本销售。葡人很可能早有前往日本的打算，甚至可能尝试过。一些学者认为，日本人与葡人的首次会面并不在日本本岛，而是在漳州、宁波或福建等地⑤。遗憾的是，葡人没有留下这方面的任何资料，估计当时的葡人无法弄清中国人与日本人在外貌上的区别。据葡人阿方索·

---

①　大航海时代的葡人一直认为自己是欧洲骑士或十字军战士。

②　Christopher Howe, *The Origins of Japanese Trade Supremacy: Development and Technology in Asia from 1540 to the Pacific War*, Hong Kong: C. Hurst & Co. Ltd, 1999, p. 9.

③　近代早期，欧洲人统称远东地区的海域为中国海。

④　George Sansom, *A History of Japan, 1334 – 1615*, Stanford: Stanford University Press, 1961, p. 267.

⑤　Roderich Ptak, *China, the Portuguese, and the Nanyang: Oceans and Routes, Religions and Trades (c. 1000 – 1600)*, Aldershot: Ashgate, 2004, p. 11.

D. 阿尔布奎尔奎（Affonso D. Albuquerque）① 回忆："16 世纪初，我在马六甲见到了一些东亚人，他们被葡人称作'哥瑞斯人'（Gores）②。他们来自一个岛国，国王每年派 2—3 艘船到马六甲进行贸易。他们带来丝绸、瓷器和金银铜。金块上还印有其王国的标记，也有可能是其他国家或地区的标记。他们比较内向，可能是因为语言不通。通过询问，我知道那里盛产金银。他们皮肤白皙，头戴斗篷，腰间佩着长刀（类似土耳其的弯刀），看似善于作战。他们不会一次将所有商品售完，而是一点点拿出来卖。他们态度诚恳，希望马六甲人也说真话。若被欺骗，他们会用武力来维护权益。他们通常花费一个月到达马六甲，然后在 8、9 月份离开。同时，他们也在寻找其他贸易点（比如新加坡）。当他们知道马六甲被葡人占领后，显得比较谨慎。"③ 这段记载有可能是欧洲人对日本人的首次描述，这些所谓的"哥瑞斯人"也有可能是琉球或朝鲜人，从其佩带的武器来看，是中国人的可能性不大。

据中国史料记载，16 世纪初，葡人已经结识日本人，并与之与狼狈为奸、互相勾结。如《漳州府志》云："土民私出海货番诱寇，禁之不止。"此处的"番"估计指葡人，"寇"为倭人。明朝海禁颇严，以"华夷观念"将所有的海外贸易纳入朝贡体系，且对朝贡的国别、周期有严格限定，"佛朗机"与"倭国"属遭禁之列，故严禁国人与之贸易。《明史·列传第九十三》载文更详："奸民阑出入，勾倭人及佛朗机诸国互市……时浙、闽海防久隳，战船、哨船十存一二，漳、泉巡检司弓兵旧额二千五百余，仅存千人。倭剽掠辄得志，益无所忌，来者接踵。"④ 在欧洲的文献中，我们也能找到类似记载。1526 年前后，葡船驶入倭寇出没频繁的双屿岛（Liampo，宁波附近），直到 16 世纪 40 年代，双屿岛都是中国海盗（李光头、许栋、王直）、葡人、倭寇屯据之地，俨然一座繁荣的东方国际商埠。由此看来，

---

① 1511 年，阿尔布奎尔奎曾指挥葡军占领马六甲。

② Peter Borschberg, *The Singapore and Melaka Straits: Violence, Security and Diplomacy in the 17th Century*, Singapore: NUS Press, 2010, p. 251.

③ C. R. Boxer, *Portuguese Merchant and Missionaries in Feudal Japan, 1543 – 1640*, London: Variorum Reprints, 1986, p. Ⅴ14.

④ 张廷玉撰：《明史》第 4 册，岳麓书社 1996 年版，第 2979 页。

日、欧洲人的首次接触有可能并非在种子岛，而是在东南亚或中国沿海。不过以上记载均缺乏确凿证据，有待深入考证。

二 到达种子岛的记载

目前，史学界公认葡人首登日本种子岛意味着欧洲人第一次到达日本，日、欧文献对此均有记载。日本文献甚至称初到种子岛的葡人为"日本发现者"。

关于欧洲人登陆种子岛事件，日本史料首推南浦文之的《铁炮记》。此文由南浦文之在1606年为种子岛岛主久时代笔用中文写成。据《铁炮记》记载："天文十二年（1543）秋，八月二十五丁酉，我西村小浦有一大船，不知自何国来。船客百余人，其形不类，其语不通，见者以为奇怪矣。其中有大明儒生一人，名五峰者，今不详其姓字。时西村主宰有织部丞者，颇解文字，偶逢五峰，以杖书于沙上云：船中之客，不知何国人也？何其形之异哉！五峰即书云：此是西南蛮种之贾胡也。"[①] 据文中记载，来船中有一位中国人，名五峰[②]，他在沙滩上与当地日本人以文字进行沟通[③]。他告诉日本人，船中样貌怪异的人是从西南方来的蛮人，也即首次到达日本的几名葡人。

另有一些日本史料也记载了当时情况。17世纪后期，芸能（萨摩基督徒）在其著作《火枪历史》中，提到葡人首登日本的情况："葡人登陆种子岛后，用火枪打猎，当地人将情况报告给岛主时尧。时尧出1000两黄金（或白银）购得两支火枪，还以女人为诱饵，试图让葡人告知怎样使用以及如何制造火枪。"[④]

欧洲也有多处文献提到葡人首登日本之情况。关于"发现"日本的报告更有可能来自西班牙，而非葡萄牙。1542—1544年，驻墨西哥的西

---

① 林麒、宫崎成身等编『通航一覧』第五、東京：泰山社、1940年、58頁。

② 有学者认为，此人即中国著名海盗王直。王直（？—1559），又名五峰，号五峰船长，也有人称其为汪直。

③ 当时日本的文字和文献以中文（汉字）为主。

④ Yosaburo Takekoshi, *The Economic Aspects of the History of the Civilization of Japan*, Vol. 1, London：Routledge, 2004, p. 282.

班牙远征军在司令官鲁伊·洛佩兹·德·维拉罗伯斯（Ruy Lopez de Villalobos）的带领下，进攻菲律宾，远征舰队中途遭遇葡舰袭击，一些船员还被葡军俘虏，最终未能到达目的地①。尽管如此，远征军指挥官加西亚·德·艾斯卡兰特·阿尔瓦多（Carcia de Escalante Alvarado）在东方得知，葡人已经到达日本。阿尔瓦多的消息来自西班牙商人佩罗·迪兹（Pero Diez）的口述，迪兹告诉阿尔瓦多："滞留暹罗首府的三名葡人欲赴中国沿海经商，却被暴风雨刮到琉球某岛。岛主热情地欢迎了他们。他们得到食物后，随即离开。岛民的热情和岛国的财富诱使葡商乘上中国帆船，从中国沿岸向东航行，再次到达那个岛屿，但这次他们未获登岸许可，岛主要他们提交货物清单及价格，并答应当场付款购货。葡人依言执行，岛主果然以银子支付全部货款，并提供必要食品，然后命令帆船驶离。"② 文中提到的琉球某岛可能就是指更远（北）一点的日本，材料虽然描述了葡人的登陆情况，但缺乏具体时间和登陆者姓名。

葡人安东尼奥·加尔凡（Antonio Galvano，1503—1557）在其著作《发现世界》（另译《世界新旧发现史》或《世界探险史》）中的记载更为全面："1542 年，3 名葡人前往中国，他们的名字分别为安东尼·德·莫塔（Antony de Mota）、弗朗西斯·泽莫洛（Francis Zeimoro）及安东尼·佩克索托（Antony Pexoto）。其目的地为（宁波）双屿岛，大概在北纬 30 度。商船在途中遭遇风暴，偏离航线，来到北纬 32 度的一个岛，后来知道这里叫日本。他们以前听说过金银岛，应该就是这里。"③ 耶稣会保留下来的记载认为，加尔凡记载的登陆时间（1542）较为准确④。在里斯本的阿祖达（Ajuda）图书馆，有未被发表的耶稣会手稿《日本教会历史》，记载了 1575—1634 年耶稣会在日活动的情况。神父克罗斯（Cros）是手稿的作者

① Damon L. Woods, *The Philippines: A Global Studies Handbook*, Santa Barbara: ABC – CLIO, 2006, p. 22.

② 王勇、王宝平：《日本文化的历史踪迹》，杭州大学出版社 1991 年版，第 81 页。

③ Antonio Galvano, *The Discoveries of the World, from Their First Original unto the Year of Our Lord 1555*, London: Hakluyt Society, 1862, p. 230.

④ Christóvam Ayres de Magalhães Sepúlveda, *Fernão Mendes Pinto: Subsidios Para A Sua Biographia E Para O Estudo Da Sua Obra*, Lisboa: Por ordem e na Typographia da Academia, 1904, p. 34.

之一，据他记载："首先发现日本的是葡人。1542 年，葡人马丁·阿方索·德·苏萨（Martin Alphonso de Sousa）被任命为果阿总督[①]；同年，传教士沙忽略也到达印度；也在这一年，3 名葡人从暹罗乘船前往中国。途中他们遭遇台风，在海上煎熬 24 小时后，终于到达种子岛，后来知道这里便是日本。同年，另一艘葡船到达丰后地区。一位日本基督徒（西洋名为保罗）在其著作《对话录》中提到，丰后的日本人在语言不通的情况下，仍然与葡人交换了商品。大名大友宗麟曾试图抢劫葡船，但其儿子劝阻此举。"[②]

16 世纪，葡国史学者迪奥哥·多·库托（Diogo do Couto, 1542—1616）记载道："1542 年，莫塔（Mota）、泽莫托（Zeimoto）和佩克索托（Peixoto）到达日本后，受到热情接待。日本人胡子少，眼睛小。葡人喜欢财宝，他们从日本运走大量白银。"[③]

在所有相关的欧洲文献中，最具争议的记载来自葡人费劳·门德斯·平托（Fernao Mendes Pinto, 1509？—1583），他认为，自己是首抵日本的欧洲人之一。平托于 1514 年生于里斯本，14 岁被法国海盗船掳走，几年后被释放。1537 年搭船到印度，此后以马六甲为基地，东至中国和日本，西及缅甸和印度，纵横海上 20 年，自叙遇到 5 次海难，13 次被俘，16 次沦为奴隶[④]。他返回葡萄牙 21 年后，写成《远游记》（或译《门德斯·平托远游记》）。全书共 227 章，记载了他在亚洲的探险经历。《远游记》在其死后 30 年（1614）被出版，之后一再重版，并先后被译成西班牙文（1620）、法文（1628）、荷兰文（1652）、英文（1653）和德文（1671），堪称 17 世纪欧洲的传奇文学。书中尽管有不少文学虚构，但有关日本探险的记载尚有一定史料价值。平托对登陆这样描述："我、克里斯桃·波拉尔霍（Cristovao Borralho）和迪奥哥·泽莫托（Diogo Zeimoto）计划乘中国船从宁波到马六甲。但途中遇到风暴，船被吹到琉球北部。不久，领

①　K. Krishna Reddy, *Indian History*, New Delhi: Tata McGraw-Hill Education, 2008, p. B184.

②　James Murdoch, Isoh Yamagata, *A History of Japan: During the Century of Early Foreign Intercourse（1542 – 1651）*, Kobe: Office of the "Chronicle", 1903, p. 33.

③　Bailey W. Diffie, *Foundations of the Portuguese Empire, 1415 – 1850*, Minneapolis: University of Minnesota Press, 1977, p. 394.

④　Yosaburo Takekoshi, *The Economic Aspects of the History of the Civilization of Japan*, Vol. 1, London: Routledge, 2004, p. 301.

航员在与土著人的冲突中被杀。离开琉球 23 天后，我们来到一个小岛，大家已经筋疲力尽。6 位岛民划着独木舟接近我们，他们看来非常礼貌，询问我们来自何方，为什么来这里。我们的船长回答，此船来自中国，如果贵地允许易货，将不胜感激。岛民告知，此岛名曰'种子岛'，岛主为时尧。如果缴纳一定费用，岛主将允许经商。船长和船员听后异常兴奋。后来我们来到城中交换商品，据说岛主住在这里。他还登上了我们的商船，随行的有当地商人和贵族，并带来大量白银，想与我们交易。岛主对外国人感兴趣，询问我们来自何方，因为从长相上判断，我们并非中国人。船长告诉时尧，此 3 人来自葡萄牙。时尧与我们'交谈'甚久，从其提问可以看出，他对新人、新事物具有强烈好奇心。随后，时尧派人送来淡水及食物，还命人保护商船。"① 一些日本史料也提到平托是初抵日本的欧洲人之一，而且保存有他们的画像。一份日本史料对平托的登陆这样描述："一个叫平托的葡人和他乘坐的帆船在东部海洋遇到恶劣天气，风暴将他们吹至日本，然后在丰后停靠上岸。尽管当地人有所提防，但还是接待了他们，并与他们进行交谈。丰后国王（大名）也接见了造访者，并商谈了互通贸易之事。此后，每年都有葡船来到九州。"②

登陆种子岛事件是欧洲人发现日本的主流认识，仍有其他资料显示更早的到达时间。日本有文献提到，欧洲黑船（黑色大帆船）于 1530 年首次来到日本，大名大友氏还接受了欧洲人敬献的两支火枪③。据大友氏的家族史料记载："葡船曾在 1541 年登陆其领地。"④ 不过，这些史料的真实性、准确性尚待考证。加尔凡也提到："新西班牙总督道·安东尼奥·德·门多卡（Don Antonio de Mendoca）曾派船队，从北半球北部探索东亚海域，据

---

① Fernao Mendes Pinto, *The Travels of Mendes Pinto*, Chicago: University of Chicago Press, 1989, pp. 272 – 275.

② Matthew Calbraith Perry, *Japan Opened: Compiled Chiefly from The Narrative of the American Expedition to Japan, in the Years 1852 – 1854*, London: The Religious Tract Society, 1858, pp. 4 – 5.

③ 山本秀煌『日本基督教史』上卷、東京：洛陽堂、1918 年、16 頁。

④ Pedro Lage Reis Correia, "Resena de 'Memoirs of the Research Department of the Toyo Bunko' de Murai Shosuke Y 'Tanegashima. The Arrival of Europe in Japan' De Olof G. Lidin", *Bulletin of Portuguese/Japanese Studies*, Jun., Vol. 8, Universidade Nova de Lisboa, Portugal, p. 102; 又见吉田東伍『倒叙日本史』第 7 冊、戸塚村（東京府）：早稲田大学出版部、1913 年、140 頁。

说探险家科特斯（Cortez）的舰队到达过那里（日本）。他们看到两岸都是雪山，最终在北纬 40 度的岛屿，发现商船、商人。据描述，岛上有黄金屋，屋内全是奇珍异宝。他们认为这里便是日本或中国，到达这里需花费30 天。"① 如果这段描述属实，且能够提供准确的登陆时间和地点，那么首登日本的欧洲人有可能是西班牙人，而非葡人。

三 登陆种子岛的争论

葡人登陆日本种子岛的史料众多，说法不一，史学界对此一直存在争论。争论主要围绕两方面：一是时间的争论，即葡人首次到达日本的准确时间。二是登陆情况的争论，包括登陆者姓名、乘坐船只、起航地点、目的地以及日葡首次交流的情况。

据《铁炮记》描述，葡人登陆日本的时间为 1543 年 8 月 25 日（日本传统历）。南浦文之认为，日葡的首次交流实际上是通过中国人五峰②实现的。由于葡人来自南方，所以日本人称他们为"南蛮"。在此后一百年里，"南蛮"成为葡人乃至欧洲人的代称③。织部丞与五峰的沙滩笔谈是南浦文之的记录依据。

加尔凡认为葡人登陆日本的时间为 1542 年。加尔凡于 1536—1539 年在摩鹿加供职，他可以获得可靠的情报来源，甚至有亲身经历的第一手材料④。文中提到的"古书"应是《马可·波罗游记》，《发现世界》就是在此基础上编写而成，虽然这部著作在作者死后（1563 年以后）才问世，但具有较高的史料价值。

日本史学者村井章介认为，1542 年，欧洲人乘坐王直的海盗船首次

---

① Antonio Galvano, *The Discoveries of the World, from Their First Original unto the Year of Our Lord 1555*, London: Hakluyt Society, 1862, p. 230.

② 村井章介认为，中国人五峰就是当时的翻译者。村井章介使用的参考文献为《筹海图鉴》和《日本一鉴》。《日本一鉴》中提到，1520—1540 年，浙江海盗许氏兄弟曾与葡人在中国沿海交易商品。据《筹海图篇》记载，许栋就是王直的老师。16 世纪 40 年代，王直一直与日本、暹罗保持商贸关系。王直经常到广州进货，采购硫黄、生丝、棉花等货物。《筹海图篇》还提到欧洲人非常信任王直，并称其为五峰船长。

③ 斎藤阿具『西洋文化と日本』、大阪：創元社、1941 年、10 頁。

④ Karel A. Steenbrink, *Dutch Colonialism and Indonesian Islam: Contacts and Conflicts, 1596 – 1950*, Amsterdam: 2006, p. 28.

来日，并展示了火枪。不过在1543年，他们再次返回日本，教日本人修理火枪。因此他认为，葡人在1542年和1543年，两度到达种子岛。加尔凡记载的是1542年的情况，而《铁炮记》提到的1543年，已经是葡人第二次登陆日本了。还有学者认为，在1542年葡人纯粹是偶然到达日本，他们本意是到中国，并非日本，而且没有带来火枪。待他们1543年重返日本时，才展示了欧洲火枪，于是《铁炮记》中的记载正是1543年事件。对于这种观点，史学者沃尔夫·G.利丁（Olof G. Lidin）有不同看法，他认为，《铁炮记》的时间应该不会错，因为其作者是日本僧人，出家人不打诳语。况且日本人受中国儒家思想影响颇深，东方史家讲究秉笔直书。基于这两个原因，葡人登陆的时间应是1543年①。利丁也认为，葡人可能连续两年来日，只不过应该是1543年和1544年。

在诸多西方记述中，平托的《远游记》值得重视。16世纪，前往东亚的探险者很多，平托是争议最大的人物之一。《远游记》第一章指出，这是写给孩子们的传奇故事。有人说，平托"发现"日本和哥伦布发现新大陆对欧洲有一个共同影响，即刺激了西方人寻找金银②。平托巧妙地结合历史与故事，以至于史学界都出现分歧。一些人认为，《远游记》是历史著作，另一些人却持怀疑态度。平托对日本的描述有些夸张，但其往往被后人证明是事实。学者弗朗西斯·L.霍克斯（Francis L. Hawks）指出，平托的著作虽然深受莎士比亚风格影响，文学性较强，但都建立在史实基础上。利丁也认为："虽然平托喜爱夸张，但这些描述都有事实根据。仔细阅读后，你会发现《远游记》确实有历史价值。"平托称自己在1544—1556年之间4次到达日本。1556年11月14日是他最后一次抵日，然后从丰后离开。据丰后编年史记载，这一年有葡船到来。耶稣会传教士路易斯·弗洛伊斯也提到，1556年，一艘属于弗朗西斯科·德·马斯卡雷哈斯（Francisco de

① 沃尔夫·G.利丁在其著作《种子岛——欧洲人的到来》中认为，欧洲人首抵种子岛的时间是1543年。Pedro Lage Reis Correia, "Resena de 'Memoirs of the Research Department of the Toyo Bunko' de Murai Shosuke Y 'Tanegashima. The Arrival of Europe in Japan' De Olof G. Lidin", *Bulletin of Portuguese/Japanese Studies*, Jun., Vol. 8, Universidade Nova de Lisboa, Portugal, p. 101.

② Alexander Del Mar, *A History of the Precious Metals: From the Earliest Times to the Present*, New York: Cambridge Encyclopedia Company, 1902, p. 302.

Mascarenhas）的葡船离开了丰后。《远游记》的真实性还能从地理方面来证明，书中地名几乎都能在地图中找到，平托并未虚构岛屿或地名。不过，平托可能夸大了数字。他曾记载，有 2000 艘中国船满载火枪从日本出发，但在一次风暴中，全部沉没①。无论从船只还是火枪数量来看，记录都有些夸张。还有学者认为，南浦文之记载的 1543 年葡人登陆事件，以及平托记载的 1544 年登陆，由于年份差距不大，很可能指相同的历史事件。

从各家观点来看，似乎很难断定葡人具体哪年抵日。笔者认为，日方记载的时间过于准确和单一，且少有同时代文献佐证。相比之下，欧洲文献更可信。虽然加尔凡提到的时间没有准确到月、日，但同时代西方文献有相同记载。耶稣会士若昂·罗德里格兹（Joao Rodriguez，1558—1633）的《日本教会史》和迪奥哥·多·库托的《亚洲志》都认为，登陆时间应该为 1542 年。由此来看，1542 年之说较稳妥。

平托和加尔凡都在其著作中都提到有 3 名葡人到达种子岛。平托谈到，除了他本人，还有克里斯桃·波拉尔霍与迪奥哥·泽莫托。加尔凡记载了安东尼奥·达·莫塔、弗朗西斯·泽莫洛和安东尼奥·佩克索托 3人。平托不太可能是首登日本的葡人之一，因为《铁炮记》对两位葡人有记载，他们是牟良叔舍（ムラシユクシヤ）和喜利志多宅孟太（キリレタモワタ）。平托名字的发音简单，日本假名对"Pinto"的翻译应该接近西方读音，但《铁炮记》中并没有接近此发音的人名。基于这点，克里斯桃·波拉尔霍的身份也值得怀疑。现在就剩迪奥哥·泽莫托、弗朗西斯科·泽莫洛、安东尼奥·佩克索托和安东尼奥·达·莫塔 4 人了。迪奥哥·泽莫托和弗朗西斯·泽莫洛可能指同一人，不过平托或加尔凡将其名字搞错了。所以，最先到达日本种子岛的 3 名葡人应该是安东尼奥·达·莫塔、弗朗西斯（或迪奥哥）·泽莫洛以及安东尼奥·佩克索托②。无论如何，有一点可以确定，即登陆者应是 3 人，其具体姓名实在难以考证。

---

① Olof G. Lidin, *Tanegashima-The Arrival of Europe in Japan*, Copenhagen: NIAS Press, 2002, pp. 104 – 105.

② Pedro Lage Reis Correia, "Resena de ' Memoirs of the Research Department of the Toyo Bunko' de Murai Shosuke Y 'Tanegashima. The Arrival of Europe in Japan' De Olof G. Lidin", *Bulletin of Portuguese/Japanese Studies*, Jun. , Vol. 8, Universidade Nova de Lisboa, Portugal, p. 100.

即便不能弄清（名字），也应该记住他们曾在种子岛留下了欧洲人的首次"足迹"。无论他们是有心还是无心来到日本，毕竟开辟了日欧交流交往的新篇章。

关于葡船的起锚地点，《远游记》认为是"交趾"（古越南）。《发现世界》认为是"暹罗多多拉港"。日本文献也提到，首次到达种子岛的帆船自多多拉港而来①。西班牙人阿尔瓦多认为，帆船出发地是暹罗首府大

图1—1　初登种子岛的葡人

资料来源：维基百科，http://en.wikipedia.org，此图由日本江户时代的浮世绘画家葛饰北斋在1817年所作。

---

①　加藤三吾『三浦の安針』、東京：明誠館書店、1917年、58頁。

城①。只有《铁炮记》没有言及来船的起锚地点。暹罗素与广州有贸易往来，16 世纪初，其首府大城又成为葡船抛锚之地，故"暹罗说"较为可信。

葡人乘坐的中国船，其最初目的地也不是日本，而是宁波。阿尔瓦多的报告虽然只提到"两名葡人欲赴中国沿岸经商"，但加尔凡的《发现世界》和平托的《远游记》均有明确记载，中国船在驶向宁波双屿岛途中，突遭风暴袭击，然后漫无目的地向东漂流，一直到达日本。无论发现日本的是平托或是其他葡人，欧洲人首次登陆的地点都在日本南方②，乘坐的船只应该是中国船。而到达日本岛的具体地点，以种子岛说为主流。

最初抵日的葡人很可能是商人或探险者。有学者明确指出，第一名葡商到达日本的时间是 1543 年③。《本邦商业史》记载："最早来到日本的3 名葡人是商人，他们在前往中国途中遭遇暴风，后漂流至鹿儿岛。"④ 迪奥哥·多·库托也记载道："葡人登陆日本后，发现岛民和善。他们主动帮助修船，然后用白银购买商品。"⑤ 另有说法，商船船主是中国人五峰，五峰运来价值 2500 两白银的货物，然后以 12 倍的价格在日本卖出。商船上除了 3 名葡人，还有百来名亚洲人（估计以中国人为主）⑥。据平托记载："葡人初抵之时（16 世纪 40 年代），发现日本资源匮乏。带来的商品在三天内就销售完，其成本为 2500 奎尔（Kran）⑦，售出价却有 30000 奎塔尔。对此巨额利润，中国人习以为常，并不惊喜。"⑧ 从描述可以看出，葡人乘坐的中国船是商船，但他们是否参与贸易，没有指明。抵日葡人很可能是商人，要不就是探险者。

---

①　Robert J. Antony, *Elusive Pirates*, *Pervasive Smugglers*: *Violence and Clandestine Trade in the Greater China Seas*, Hong Kong: Hong Kong University Press, 2010, p. 54.

②　John Saris, *The Voyage of Captain John Saris to Japan*, *1613*, London: Hakluyt Society, 1967, p. 64.

③　R. Po-Chia Hsia, *The World of Catholic Renewal 1540 – 1770*, Cambridge: Cambridge University Press, 1998, p. 181.

④　古賀文一郎『本邦商業史』、東京：隆文館、1906 年、77 頁。

⑤　C. R. Boxer, *Portuguese Merchant and Missionaries in Feudal Japan*, *1543 – 1640*, London: Variorum Reprints, 1986, p. Ⅴ15.

⑥　加藤三吾『三浦の安針』、東京：明誠館書店、1917 年、58 頁。

⑦　一种波斯银币。

⑧　Fernao Mendes Pinto, *The Travels of Mendes Pinto*, Chicago: University of Chicago Press, 1989, p. 276；又见外山卯三郎『南蛮船貿易史』、東京：東光出版株式会社、1943 年、389 頁。

1542 年，虽然只有 3 名葡人到达日本，虽然双方的初次接触并未擦出闪亮火花，虽然"被发现"的日本可能并非传说中的金银岛，但这毕竟是欧洲人首次抵达世界最东端的文明岛国。葡人抵日的意义虽然不比哥伦布发现美洲，达·伽马绕过好望角，麦哲伦环游地球，但在地理大发现（或大航海）的历史大背景下，日欧始建联系，东、西拓展了交流。因此，我们没有理由忽视这一国际交流史上的重要事件。

第三节　在日耶稣会的初期传教以及初期教商关系

　　1542 年首抵日本的 3 名葡人都非传教士，当时的日本对基督教一无所知。时隔 7 年，耶稣会传教士弗朗西斯科·沙忽略（Francisco Xavier，1506—1552）才抵日传教（天主教）。1542—1569 年是耶稣会在日传教的最初阶段，也是日葡开展贸易的初期。16 世纪，葡人奉行"商教一致"，即传教与经商互有联系。

一　在日耶稣会的初期传教

　　1549—1551 年是沙忽略探索对日传教的重要时期。16 世纪，耶稣会著名传教士沙忽略来到亚洲，葡人早就告诉他日本是东方大岛，已经有欧洲人前往那里做生意。在海外，他还碰到一名叫弥次郎的日本人，沙忽略获得了更多相关信息[①]。1549 年，沙忽略从果阿出发，前往日本（传教）。与他同行的有两名欧洲传教士，分别是柯斯梅·德·托雷斯（Cosme de Torres）与若安·费尔南德兹（Juan Fernadez），另外还有两名印度随从。当年 4 月，当他（们）途经马六甲时，当地葡国贵族（长官）多姆·佩德罗·达·希尔瓦（Dom Pedro da Silva）给予慷慨捐赠，资助其赴日传教。

　　他们最先抵达九州萨摩的鹿儿岛。在那里，大名岛津贵久为了获取外国商货，热情欢迎了沙忽略，并且允许其在领地内传教。从 1549 年 8 月 15 日到 1550 年 9 月，沙忽略在萨摩（鹿儿岛）活动了一年，他建立了耶

---

　　①　国史研究会编『岩波講座日本歴史·第6』、東京：岩波書店、1933 年、9 頁。

稣会在日本最初的分部（开始时有 7 人)①。

由于沙忽略对经商事宜不感兴趣，也未能推动岛津贵久期待的交易，传教事业也没有进步，很快（1550 年 8 月）他就前往平户调查②。对于沙忽略提出的传教请求，平户大名松浦隆信态度模糊，对相关活动时冷时热③。当时，平户地区佛教盛行，佛家势力强大，基督教难以撼动其地位。其后，沙忽略又去了博多及山口。

1550 年年底至 1551 年年初，沙忽略抵达京都，他有可能是第一位来到这里的欧洲人④。由于经历了战乱，京都显得破败。沙忽略希望谒见天皇或幕府将军，但被拒绝，于是他便尝试在（京都的）民间布道，沙忽略等人的传教行为引来众人嘲笑，还遭到佛教僧人反对⑤。他后来听说，天皇只是日本名义上的最高统治者，实际掌权者是幕府将军。就此，沙忽略总结出一些经验，即要在日本传教，就必须把握住各藩国的实际统治者（大名、领主)⑥。

京都的传教计划受挫后，他又返回山口，这次他带上厚礼（包括火枪、钟表、镜子、丝织品、望远镜、玻璃制品等)，呈上葡印（果阿）总督的请愿书，谒见大名大内义隆，最终取得在山口建教堂的资格⑦。

从 1549 年到 1551 年，沙忽略游走了日本几个主要地区，总结出一些传教经验，虽然遭遇各种困难，仍然发展出上千名信徒，争取到一些大名、领主的同意及支持（传教)，为下一步扩大布道范围打下基础⑧。

1551 年，果阿总部令沙忽略返回印度汇报工作。沙忽略在日本的传

① 斎藤阿具『西洋文化と日本』、大阪：創元社、1941 年、13 頁。

② Geoffrey Gunn, *World Trade Systems of the East and West*: *Nagasaki and the Asian Bullion Trade Networks*, Leiden: Brill, 2018, p. 43.

③ 国史研究会編『岩波講座日本歴史・第 6』、東京：岩波書店、1933 年、12 頁。

④ Diane Durston, *Old Kyoto*: *A Guide to Traditional Shops*, *Restaurants*, *and Inns*, Tokyo: Kodansha International, 2005, p. 18.

⑤ 山本秀煌『日本基督教史・上巻』、東京：新生堂、1925 年、73 ~ 77 頁。

⑥ H. Byron Earhart, *Religion in Japan*: *Unity and Diversity*, Boston: Cengage Learning, 2014, p. 162.

⑦ Gopal Kshetry, *Foreigners in Japan*: *A Historical Perspective*, Bloomington, Xlibris Corporation, 2008, p. 42.

⑧ 李小白：《信仰・利益・权力：基督教布教与日本的选择》，东北师范大学出版社 1999 年版，第 28 页。

教事业刚有进步，就要离开，让其有些不舍。为了让上级见证其取得的成绩，沙忽略特别带上大名大友宗麟的使者返回果阿。1552 年，正当沙忽略希望拓展在亚洲的传教事业时，却病死在广州附近的岛屿上。

1551—1569 年是耶稣会在九州发展基督教的重要时期。沙忽略离开后，其同事托雷斯、费尔南德兹继续留在日本布道。在托雷斯的引导下，葡商路易斯·德·阿尔梅达（Almeida，曾经是医生）成为传教士，他捐献出自己的财产，当作在日耶稣会的教产，并投资于日葡贸易中，所获利润实在地推动了在日传教事业。1570 年，托雷斯死在天草岛上。1559 年，另一名传教士加斯帕尔·维烈拉（Gasper Vilela，1525—1572）得以谒见室町将军，后者允许其在京都布道，这算是一次突破。在京都，维烈拉与幕府上层人物建立了关系，有些日本人还皈依了基督教，织田信长也是在这时接触到基督教。1565 年，传教士路易斯·弗洛伊斯（Luis Frois）加入维烈拉的团队，在京都开展活动。尽管如此，京都的政治斗争不断，他们很快又转移到堺、大阪等地，最后还是发现九州的传教环境最安全①。

九州传教活动取得进展得益于当地大名支持。1558 年 8 月，大名大友义镇将博多的一块海滨土地献给教会，教堂和医院迅速建立起来，耶稣会也渐渐有了一些信徒②。1563 年，大名大村纯忠（1533—1587）宣布成为基督徒，同时其手下 25 名重臣都接受了洗礼③。其他信仰基督教的大名还有大友宗麟、小西行长、有马晴信、高山右近等人。至 1614 年，日本已经有 6 名基督教大名。战国大名改宗基督教主要出于两个原因：他们希望借基督教传播，削弱佛教、神道教势力；大名们认为，信仰了基督教，就会有更多西洋商船停靠其港口，方便开展贸易④。

到 1555 年，日本总共有基督徒 4000 人。1565 年，基督教徒增加到万

① Gopal Kshetry, *Foreigners in Japan: A Historical Perspective*, Bloomington, Xlibris Corporation, 2008, p. 43.

② 五野井隆史『日本キリシタン史の研究』、東京：吉川弘文館、2002 年、114 頁。

③ 山本秀煌『日本基督教史・上巻』、東京：新生堂、1925 年、133 頁。

④ Stephen R. Turnbull, *Japan's Hidden Christians, 1549 – 1999*, Surrey: Curzon Press, 2000, p. 232.

人以上，其中大部分集中于九州地区①。虽然九州的传教有所"斩获"，但沙忽略的夙愿——在天皇（或将军）的庇护下实现全日本传教——仍未实现。天主教传教士们（耶稣会）也一直在为此目标而努力。

二 大名、葡商与耶稣会

日葡贸易初期（自由贸易阶段），或者说耶稣会传教初期，日本大名、葡萄牙商人和耶稣会形成了特殊的三角关系。

16 世纪中期，日本通过 4 种途径开展外贸：自己派船出海；完全或部分依靠他国船只进出口货物；与外国商船合资，按份额分享利润；直接购买外国商货。虽然有 4 种选择，但大名们还是喜欢第四种方式，即直接购买商品。这是因为明朝终止了勘合贸易，走私贸易也被限制，大名自己派船出海或与他国船只合作，不但麻烦，花费也大。而且日本处于战乱，限于政治、技术和资金等因素，大名只能暂时放弃海上主动权。依赖葡船进行贸易，成为他们的最佳选择。无论基督教大名还是非基督教大名，都想与葡商开展贸易。沙忽略也发现，几乎所有大名都想参与外贸，他说道："葡船的吨位很大，即便只有一艘船抵泊日本，其商货也可以给任何一位大名带来财富。谁争取到葡船，谁就得利。"② 一到贸易时节，大名们便争先恐后地迎接葡船。

参与贸易的大名有几种：（1）基督教大名。大名皈依基督教，原因复杂。简单地说，有些仅为吸引葡船才改宗，有些是受皈依者影响而信教，有些是真心信教③。无论如何，这些大名努力使传教与贸易结为一体，充分地享受贸易带来的利润。大村氏、大友氏和有马氏都属于这类大名。这些大名总是希望独占贸易，要求葡船仅在自己的领地停靠，不要去其他地方。（2）欢迎贸易，但讨厌基督教的大名。这些大名不信仰基督

① 五野井隆史『日本キリシタン史の研究』、東京：吉川弘文館、2002 年、99 頁；李小白：《信仰·利益·权力：基督教布教与日本的选择》，东北师范大学出版社 1999 年版，第 39 页。
② Jonathan Norton Leonard, *Early Japan*, New York：Time-Life Books, 1968, p. 117.
③ 皈依基督教的大名中，不乏真诚信仰者，但多数大名是为了通商而改宗，若不能开展贸易，他们很可能立即弃教。见 Conrad Schirokauer, David Lurie, Suzanne Gay, *A Brief History of Japanese Civilization*, Boston：Thomson Wadsworth, 2006, pp. 133 – 134.

教，但为了获得外来商品，被迫允许传教。松浦氏和岛津氏属于这类大名。他们往往不能坚持到最后，由于邻国内反基督教势力强大，最终只能放弃通商。（3）宁肯放弃贸易，也不能容忍传教的大名。四国的长曾我部氏为此类大名的典型。他们表面上反对外国人抵日，实际上通过走私、间接交易或抢劫葡船的方式获取商货。

自由贸易阶段（下一节有详述），葡商分为走私商与合法商，后者也称官方商人，受大船长管理。最初，走私商是主角，后来合法商人逐渐掌控主动。自由贸易给葡商带来巨大财富，澳门葡人逐渐成为亚洲新贵。

葡商与耶稣会关系紧密，双方在日本互相依靠和帮助。商人需要一个友好安全的环境进行贸易，在日耶稣会恰好对日本的政治经济比较熟悉，他们可以推荐港口，或帮助葡商寻找贸易伙伴。这一时期，葡船停泊的港口与耶稣会的传教区基本一致。1555 年以前，耶稣会集中在九州的萨摩、大隅、日向等地传教，后来又转移到大友氏领地（丰后地区）活动，同时还活跃于松浦氏的平户。葡王和教皇认为，海外葡商有义务支持帮助耶稣会。葡商与耶稣会的合作可以追溯到传教士初抵日本之时。葡船不但运载传教士，还为耶稣会提供各种物资。在日本，葡商是耶稣会唯一可以依靠的欧洲人。根传教士弗洛伊斯记载："那时，传教士缺乏任何方式的援助，唯有葡商能够帮上忙。"① 在 16 世纪 50 年代，大船长杜阿特·达·伽马（Duarte da Gama）就与沙忽略建立了良好关系，他经常帮助耶稣会渡过难关。曾两次抵日的葡商吉尔海墨·皮雷拉（Guilherme Pereira）对耶稣会十分慷慨，沙忽略多次收到其捐赠的物品②。

天主教规定，传教士不得经商。但是在日耶稣会的情况比较特殊，他们扮演了协调葡商与大名关系的中介角色。初抵日本的葡商也有必要按照传教士的指示开展贸易。

首先，耶稣会在日本实行"自上而下"的传教方针，他们鼓励大名信教，然后带动领民集体改宗。耶稣会有意识地以贸易为诱饵，推广影响。沙

① Helena Rodrigues, "Local Sources of Funding for the Japanese Mission", *Bulletin of Portuguese/Japanese Studies*, Vol. 7, Universidade Nova de Lisboa, Portugal, 2003, p. 122.

② C. R. Boxer, *The Great Ship from Amacon*, Macau：Instituto Cultural de Macau, 1988, p. 25.

忽略曾经强调，在日传教必须依靠商人。1549 年，他在信中提到："我们必须紧密联系葡商，因为他们正好要去日本经商。我们开展传教就需要这些人，帮助他们就是帮助自己。"① 沙忽略意识到，单独传教的困难较多，且收获小。耶稣会经常诱使葡船去指定港口停靠，甚至对葡商施压。对于耶稣会的安排，葡商一般都遵从。因此，传教地点通常也是贸易地点。其次，传教士的素质决定了他们能够充当大名和葡商的中间人。传教士必须学习日语，以传播基督教，这是初到日本的葡商不具备的条件。传教士熟悉日本的政治、经济和地理，葡商和葡船需要这方面的信息。作为中间人，耶稣会也会尽力维持大名和商人之间的关系。当葡商在日本遇到麻烦时，耶稣会尽力提供帮助。有一次，葡船在平户遭到袭击，耶稣会马上派人调查。他们还绘制了九州基督教和非基督教地区的分布图，并努力寻找适合葡船停靠的港口。最后，在贸易初期，大名和日本人分不清耶稣会和葡商的关系。日本人受儒学影响较深，等级观念深入人心。在他们看来，葡商尊敬传教士，因此一度认为传教士的地位更高，好像只要耶稣会愿意，就可以随时安排、调度葡船②。大名们往往以为讨好了耶稣会，也就把握住了葡商，这也是一些大名改宗的原因。以下关系图直观地反映了大名、耶稣会和葡商之间的关系。

图 1—2　大名、耶稣会和葡商关系

从关系图可以看出，耶稣会与葡商互相帮助，互惠互利。据统计，1551—1585 年，5 位西南大名先后 13 次以葡王、果阿总督或教皇为对象，派遣使节或致以书信，试图与欧洲人建立密切关系③。而这些外交姿态，几乎如出一辙，先是表示要在自己的领地内保护传教士，其后便提出具体的贸易要求。日本大名为了吸引葡船，竞相对传教士表示"热情"。这就

①　Malyn Newitt, *A History of Portuguese Oversea Expansion*, *1400－1668*, London and New York: Routledge, 2005, p. 145.

②　Jonathan Norton Leonard, *Early Japan*, New York: Time-Life Books, 1968, p. 118.

③　赵德宇：《日本"南蛮时代"探析》，《世界宗教研究》2008 年第 2 期。

像现代社会的竞标一样，大名们提供各种优厚条件招揽葡商。贸易、宗教、权力、利益便这样联系起来了。

第四节　日欧（葡）自由贸易[①]（1542—1571）

17 世纪以前，日欧贸易仅有日、葡两名主角，其他欧洲人尚未涉足东亚海域。相比西、葡人在美洲进行殖民掠夺，初到日本的葡人却选择了贸易，而非征服。其中的原因值得分析。

第一，葡人武力征服日本的条件不充分。就这一点而言，我们可以将日本与美洲进行对比。当西、葡船到达美洲时，当地土著从未见过如此巨大的帆船，他们被突如其来的大船震慑住了。而当葡人初登日本时，他们乘坐的是中国（小）帆船，日本人对这种船非常熟悉，也不觉得害怕；欧洲人将马带到美洲，美洲本没有马，这种既可用于运输又可用于战争的动物，对西班牙征服美洲起到明显作用。而日本人使用马已有很长历史，欧洲人带来的马未能让日本人感到惊奇，葡人又缺少一个重要的征服条件；美洲土著人大多使用原始的石、木制武器。而日本人已经使用铁做武器，且做工精良，他们仅是没有火枪而已（已经接触过火炮），欧洲人在武器方面的优势不大[②]；虽然果阿有葡军，但日本太靠东方，难以发动远征。

第二，16 世纪初，中日勘合贸易已经停止，东亚海域强盗成群。日本人很快便在安南、暹罗和吕宋设点，参与香料交易。中国沿海岛屿成为倭寇经常出没的场所。在中日贸易中，中国商品至关重要，贸易利润主要来自这些商货，葡人敏锐地观察到这一点。葡人能够在日本开展贸易，主要是因为是中日之间出现问题，中日关系的变化是其获利的基本前提。明朝实行海禁后，中日官方贸易被禁，葡人趁机扮演了中间商角色（Middlemen）。

[①]　本书的"自由贸易"不同于现代经济学中的自由贸易，简单地说，就是指日、欧双方最初的贸易活动不受两国统治者或官方限制。

[②]　Alexander Del Mar, *A History of the Precious Metals: From the Earliest Times to the Present*, New York: Cambridge Encyclopedia Company, 1902, p. 305.

第三，葡人开辟新航路后，逐步控制亚洲的海上贸易。这要多亏印度、中国和日本将注意力集中到国内事务中。同时，东南亚地区的航海技术尚不能与同时代的葡萄牙抗衡。葡船能够在印度洋和中国海航行无阻，是因为没有遭遇阿拉伯独桅帆船（dhow）、马来船（prows）、中国船以及日本船（junk）的竞争和挑战。具有如此海上优势，葡人在亚洲不需征服，仅通过贸易便可获利。

第四，葡萄牙物资缺乏、人力匮乏，用武力建立和管理殖民地，并非其扩张之道。葡人在莫桑比克、霍尔木兹、果阿、科钦、马六甲、澳门等地，广泛建立贸易据点，并将其连成商业链[1]。通过这条商业链，葡船不但能得到休整，还能开展贸易，各地葡军也可相互配合。

第五，从心理学角度来说，日、葡人的性格接近。德国近代学者坎普菲尔（Kaempfer）认为："日、葡的地理位置及气候相似。双方有相似阶级，无论在日本还是葡萄牙，商人的地位都不高。同时，葡萄牙贵族（fidalgo）与日本武士都代表双方的中、上阶层。"[2] 日本人虽然尚武，但没有必要与葡军大动干戈。相比西班牙，葡国军力较弱，他们不会傻到用武力强征日本岛，况且其更看重商业利润。

另外，当葡人到达印度、摩鹿加和中国的时候，其兴趣逐渐从地理探索转向经商。这是很自然的事，当亚洲能够提供足够的海岸和港口时，他们的传教、贸易活动都能得到满足。葡人没有必要像哥伦布那样冒险航行，去寻找尚待开发的新大陆和新据点。虽然葡人偶然发现了一些新地区，比如马达加斯加、新几内亚和朝鲜，可能还有澳大利亚，但其没有深入探访这些地方。同样因为偶然，葡人发现了文明的日本，并突然看到商机。葡人没有必要固执地寻找一些没有海图、不知道名字的地方，他们先前那种探索精神已被贸易利润冲淡了。

第六，登陆日本之初，葡人很自然地面对怎样贸易，最佳贸易商品是什么，如何操纵贸易等问题。他们在亚洲广泛收集信息，并派人调查。在

---

[1] Michael Cooper, "Japan and the West, 1543–1640", Ainslie T. Embree and Garol Gluck, *Asia in Western and World History: A Guide for Teaching*, New York: M. E. Sharpe, 1997, p. 438.

[2] C. R. Boxer, *Portuguese Merchant and Missionaries in Feudal Japan, 1543–1640*, London: Variorum Reprints, 1986, pp. 1–43.

当时的萄人认知中，日本由四个大岛和无数小岛组成，南部最大的岛叫九州，九州北部是本州。九州、本州是日本开展海上贸易的主要地区。一位葡国船长曾经描述："日本人擅长耕作，当地主要作物有小麦、大麦、萝卜、豆子、黄瓜、水稻、葱和其他蔬菜。平民穿棉、毛衣服，贵族穿丝衣。他们的房屋虽然以木结构为主，却非常结实……他们对外国人和外国商品非常感兴趣。日本的出口商品有武士刀、珍珠、金银、艺术品、木材和硫黄。"① 可以看出，葡人已经认真调查了日本国情和市场，选择对日通商是明智之举。

总之，葡人的选择是合情合理的，因为他们尚不清楚传说中的金银岛居民的文明程度，没有贸然探索或征服。实际上，日本拥有强悍的士兵及先进的文明，且经历过战争磨砺（被日本抵挡住了蒙古人进攻）②。这样看来，征服日本比征服美洲更难。正如美国学者乔治·D. 维尼尔斯（George D. Winius）指出："在大西洋，葡人是探险者；在印度洋，他们是征服者；在远东，则是贸易者。"③

一 自由贸易的阶段特点

日本学者土屋乔雄认为，日葡贸易可以分为两个阶段：16 世纪的相对自由贸易和 17 世纪的幕府垄断贸易。学者奥斯卡·穆斯特博格（Oscar Munsterberg）认为，日葡贸易应分为三个阶段：1542—1600 年，诸侯（大名）与葡人的贸易；1600—1615 年，日本朝廷（江户幕府）与葡人的自由贸易（家康统治时期）；1615—1639 年，幕府与葡人的限制贸易（秀忠、家光统治时期）。外山卯三郎提出，日葡贸易可分为四个阶段：葡萄牙走私船与诸侯的贸易（1542—1555）；葡国官船与诸侯的贸易（1555—1587）；幕府与葡国官船的自由贸易（1587—1604）；幕府与葡萄

---

① John R. Roberson, *Japan Meets the World：The Birth of a Super Power*, Brookfield：Millbrook Press, 1998, p. 8.

② Kenneth G. Henshall, *A History of Japan：From Stone Age to Superpower*, New York：Palgrave Macmillan, 1999, pp. 43 – 45.

③ John Villiers, "Silk and Silver：Macau, Manila and Trade in the China Seas in The Sixteenth Century", *A Lecture Delivered to the Hong Kong Branch of the Royal Asiatic Society at the Hong Kong Club*, 10 June 1980, p. 69.

牙的限制贸易（1604—1639）[1]。

笔者认为，以上划分不尽完善，若要细分日葡贸易，可分为以下几个阶段：（1）1542—1550年的无政府自由贸易。（2）1550—1571年的半自由贸易，或称大船长贸易初期，抑或称巨船贸易初期（详见第二章）。（3）1571—1617年的澳门—长崎巨船贸易，或称巨船贸易高潮期。（4）1617—1640年的葡萄牙小船船队贸易，或称大船长贸易后期。

葡人在1542年登陆日本后，随即开展贸易，但最初的情况不稳定，葡船并非每年抵日。1557年葡人强占澳门，日葡贸易稳步开展，葡船几乎每年赴日。从1542年葡人首登种子岛至1571年长崎开埠，日葡贸易最显著的特点就是"自由"。有学者认为："战国时期的日葡贸易可能最放纵，葡船可以在任何港口停靠，日方也可以选择性地招徕葡船。"[2] 自由贸易包括无政府和半自由两个时期。

（一）无政府自由贸易（1542—1550）

葡萄牙与日本本土通商，始于16世纪40年代。不久，九州大名就争先恐后地招徕葡船靠岸。相比中国严格的管理，日葡贸易完全是自由交易，货船也变得更大。1542—1550年，日欧贸易处于"三无状态"，即无管理者、无税收、无固定港口。由于环境宽松自由，此阶段可称"无政府自由贸易"。

这一时期，日本虽有天皇，但无实权，将军也式微。日本处于战国时代，各地大名雄踞一方。天皇、将军或大名都不太关心远离其视线的葡王和果阿总督，只想得到葡船商品。日本人的"宽容"态度源自国内局势的混乱，他们无暇顾及欧洲和世界的发展，只能采取"先安内、后攘外"的态度。

最初，葡王和果阿总督也没有控制日本航线。这是因为他们对日本不了解，并未产生兴趣。葡王认为，征服日本或在日本建殖民地不明智。因为日本武力强大，文明程度较高。葡属印度的王室军队距离日本遥远，不

---

① 外山卯三郎『南蛮船貿易史』、東京：東光出版株式会社、1943年、362～366頁。
② Yetaro Kinosita, *The Past and Present of Japanese Commerce*, New York：Columbia University Press，1902，p. 60.

愿意劳师动众，发动远征。葡王没有直接控制亚洲贸易，而是采用出售航线的方式来管理。他尚不明了日本航线有无利润，遂暂时放任其发展。

对葡商来说，其活动也不会被葡王、总督所束缚。葡国没有与日本建立外交关系，葡商便可以忽视葡王威信，自由地进行贸易。难怪有史学者称："在最初的贸易中，日本旧有的垄断贸易（中日勘合贸易）被打破，新的日欧贸易带来了自由风尚。再加上葡商不缴税，所以面临一个相当好的环境。"① 此刻的日本对于任何葡船来说，即只要大名和领主允许，都可靠岸。在最初"发现"东方岛国的那段时期，对于传教士和商人来说，日本简直是"自由天堂"②。17 世纪，驻日荷兰商馆的德国医生坎普菲尔曾道："这种情况在九州特别明显，外国人不但可以靠岸，还可深入内陆。"③ 博克舍也说道："葡人发现日本后，感觉这里像天堂，因此都来搞贸易。"④

无政府时期，进行贸易的葡人多为走私商或海盗。有学者称："葡人在亚洲进行的是走私贸易，他们与古吉拉特（印度）、中国、爪哇和日本商人展开了贸易竞争。"⑤ 其实，初登种子岛的葡人就已经赚取第一桶金，有资料显示，他们曾高价出售火枪给岛主。学者詹姆斯·穆多齐明确指出："葡商抵日的时间是 1542 年。"⑥ 1555 年以前的贸易资料很少，但有一点可以肯定，即早期葡商经常扮演商人和海盗的双重角色。还有些葡人甚至加入倭寇或中国的海盗集团。实际上，葡国海盗得到了葡王默许，能够在亚洲海域开展"合法"贸易。海盗照样向政府缴税，并受葡王控制。

① James D. Tracy, *The Political Economy of Merchant Empires*：*State Power and World Trade 1350 - 1750*, Cambridge：Cambridge University Press, 1991, p. 82.

② Malyn Newitt, *A History of Portuguese Oversea Expansion*, *1400 - 1668*, London and New York：Routledge, 2005, pp. 159 - 160.

③ Engelbert Kaempfer, *Kaempfer's Japan*：*Tokugawa Culture Observed*, Edited, Translated, and Annotated by Beatrice M. Bodart-Bailey, Hawaii：University of Hawaii Press, 1999, p. 179.

④ C. R. Boxer, *Fildalgos in the Far East 1550 - 1770*, The Hague：Martinus Nijhoff, 1948, pp. 4 - 5.

⑤ James C. Boyajian, *Portuguese Trade in Asia under the Habsburgs*, *1580 - 1640*, Baltimore：The Johns Hopkins University Press, 2008, pp. 12 - 13.

⑥ James Murdoch, Isoh Yamagata, *A History of Japan*：*During the Century of Early Foreign Intercourse*（*1542 - 1651*）, Kobe：Office of the "Chronicle", 1903, p. 690.

我们姑且称他们为"海盗商人"。日本文献也对此描述："最初抵日的葡人可以说是半商半盗。"① 当时，葡王或总督任命的官方商人还未成为贸易主角。虽然葡王已经派船长前往东亚，但其活动限于中国沿海。这一时期，葡国官船经常出没于中国的浪白澳及上川。日本学者冈本良知指出："贸易初期，葡国官船很少来日。"② 可以说，1550 年以前，日葡贸易尚处于试验阶段。虽然贸易量少，利润却高。

无政府时期，葡人多乘中、小帆船开赴日本。1546 年以前，葡人更是多搭乘中国商船。发现利润可观后，便派葡船前往。1546 年，阿尔瓦罗・瓦斯（アルワロ・ワス，船长）指挥一艘葡船，抵达鹿儿岛。同年，多姆・费尔南多（ドン・フェルナンド）也率葡船抵日（山川港）③。另外，阿尔瓦勒斯（アルワーレス）的葡船也到达丰后、大隅、萨摩等地。当时虽有巨船（葡国巨大的商船，详见第二章），但其造价昂贵，仅有葡王、贵族才能调动。再加上初期贸易货物不多，因此，在 16 世纪 50 年代以前，巨船很少被使用。当时，来日葡船的数量不定，一般不超过 3 艘。

此时的日葡贸易虽显自由，但葡船的抵日时间和停靠港口都不固定，所以难以垄断日本外贸。不过，葡人已经看到日本市场的潜力，有人预言："如果日葡贸易再持续 20 年，（葡据）澳门从日本运出的金银便可超过所罗门王宝藏了。"④

（二）半自由贸易（1550—1571）

16 世纪 40 年代，葡萄牙走私商在日本取得成功，大获其利。这一信息不久便被葡王掌握。1550 年，葡王收回日本航线。葡王或总督不直接管理航线，而是选派大船长（葡语为 Capitão-Mor，英语为 Captain-Major）全权负责。商人们不受拘束的（自由贸易的）日子很快成为"回忆"，但由于大船长制度刚起步，私下交易还不能被禁绝。这一时期，葡人强占了澳门。他们以澳门为据点，定期在广州市集贸易中进货。另外，葡商在日

---

① 加藤三吾『三浦の安針』、東京：明誠館書店、1917 年、78 頁。
② 岡本良知『十六世紀日欧交通史の研究』、東京：原書房、1974 年、295～326 頁。
③ 外山卯三郎『南蛮船貿易史』、東京：東光出版株式会社、1943 年、136 頁。
④ Matthew Calbraith Perry, *Japan Opened: Compiled Chiefly from the Narrative of the American Expedition to Japan, in the Years 1852 - 1854*, London: The Religious Tract Society, 1858, p. 7.

本沿岸一直没有固定港口，即便抵港停靠，也不用缴纳港口税。总的来说，1550—1571 年，日葡贸易进入"半自由"阶段。在此阶段，葡国官方（葡王及大船长）已经插足航线贸易。在 1571 年长崎开埠前，大船长制度还不完善，这位总指挥官尚且不能独揽贸易，走私现象仍然猖獗。学者纽威特认为："正是由于巨额利润吸引，航线上非法葡商的数量依然很多。"①

"大船长制度"又称"航线贸易制度"。概括来讲，就是在果阿—澳门—日本这条航线上，最高统治者是葡王，拥有贸易特权者称大船长。航线上的葡船、葡人必须服从大船长指挥，遵守航线制度。航线上多使用大型商船，其他葡船原则上被禁止使用。每年有 1—2 艘巨船抵日（大多时候为 1 艘）。日本人称这种制度为"甲比丹制度"（甲比丹，日文，意为船长）。1550—1571 年，"半自由贸易"正处于航线贸易或巨船贸易初期，虽然葡国官方已经任命大船长，而且巨型商船已被使用，但日葡贸易尚处于调整阶段。

这一时期，日葡贸易虽有发展，但也存在问题。首先，日本的内乱对葡人有利有弊。日本战国时期大名数量众多，虽然葡人可以自由选择贸易对象（大名），但往往不知道到底哪些大名"真正地"欢迎他们。由于不熟悉情况，葡船经常遭到袭击和抢劫。其次，航线虽然被葡王控制，但管理混乱。亚洲官员腐败成风，不同层级行政长官的政令往往不能落实。这时的葡船均有超载现象，经常不能准时离港或按时到港，而且港口得不到及时维护②。尽管如此，葡商、葡船已有垄断日本外贸之势。耶稣会士路易斯·弗洛伊斯在 1562 年的报告中说道："受上帝眷顾，今年没有一艘中国船抵泊日本，甚至连海盗船也没有，在日经商简直是一种幸福。"③

在自由贸易阶段，葡船运来的商品无论就品种还是数量来说，都相对

①　Malyn Newitt, *A History of Portuguese Oversea Expansion*, *1400 – 1668*, London and New York：Routledge，2005，p. 160.

②　Karl Anton Sprengard and Roderich Ptak, *Maritime Asia*：*Profit Maximisation*, *Ethics and Trade Structure C. 1300 –1800*, Wiesbaden：Otto Harrassowitz，1994，p. 51.

③　外山卯三郎『南蛮船貿易史』、東京：東光出版株式会社、1943 年、398 頁。

较少。这些商货主要来自宁波、漳州、福建和广州。从日本南蛮文化馆、日本国立博物馆、京都大学附属图书馆，以及日本一些神社所藏的南蛮器物和图鉴来看，葡商输入品可分两类：（1）必需品：丝绸、棉布、药材、糖、胡椒、火枪、火药。（2）新奇品：彩色玻璃、机械钟表、望远镜、帽子、毛织物、烟草、眼镜[1]、奇禽异兽等[2]。相比运入品，葡船能从日本运走的商品更少，仅为一些刀剑、漆器、海产品等。日本人多用白银购货，银这种"商品"正迎合了葡人的喜好，于是成为葡船最大宗的输出品。

二 寻找日本最佳港口

葡人一直想在中国沿海建立固定的商贸据点。最初，其计划未成功，中国拒绝了葡人的请求。当葡人将一些儿童卖为奴隶后，中国百姓更是认为他们要吃人肉，是"海洋怪物"或野蛮人[3]。16世纪初，葡国使者来到中国后，没有获得贸易权，被送入（广州）监牢。但是葡人并没有离开，一直徘徊于中国沿海，伺机在澳门附近的浪白（澳）、上川、零丁岛交易商货。

澳门是广东省香山县濒海的一个半岛。16世纪初，这里和新宁县的广海、香山县的浪白、东莞县的屯门一样，成为外国商船过往的临时泊口。1553年，壕镜澳（澳门古称）海域附近的葡商借口遭遇风暴，海水打湿了贡物，请求上岸晾晒。海道副使汪柏收受贿赂，允许其上岸，葡人便乘机登岸易货。1557年以后，葡船抵泊澳门更加频繁，并最终将澳门当作固定停泊点。葡人每年向中国交纳租金，以换取居住权。澳门建立后，葡人在中国海有了固定据点。赴远东的葡船可以不在马六甲停留，直

① ［美］约翰·惠特尼·霍尔：《日本：从史前到现代》，周一良等译，商务印书馆1997年版，第105页。

② Yetaro Kinosita, *The Past and Present of Japanese Commerce*, New York：Columbia University Press, 1902, p. 60. 又见上田贞二郎『商業史教科書，日本之部』、東京：三省堂、1905年、56頁。

③ Denis Crispin Twitchett Frederick W. Mote, *The Cambridge History of China*, Vol. 8：*The Ming Dynasty, 1368 – 1644, Part 2*, Cambridge：Cambridge University Press, 1998, p. 338.

接前往澳门①。同时，葡人能在广州交换中国商品，这是其他欧亚国家不具备的优势。随着贸易发展，更多葡商到此定居，耶稣会也修筑了教堂、学校和医院。

葡国大船长制度建立后，澳门成为葡属东亚的重要商埠，迅速由渔村变为港口城市，人口快速增加。据西方史料记载，至 1564 年，澳门葡人已达 900 人，此外还有一些印度人和黑人奴隶②。中国史料也有澳门"夷众殆万人"的记载③。

自由贸易时期，葡船在日本没有固定港口，经常变换停泊点。1546 年，葡国船长乔治·阿尔瓦勒斯率船抵日，他记载道："我们在日本沿海抛锚，这里大概是北纬 32 度。后来知道，日本有众多港口，如博多、阿久根、秋目、山川、鹿儿岛、根占、外浦、细岛等。"④

这一时期，葡船的活动有两个特点：只要大名不反对，葡船就能靠岸。葡人的活动主要集中在日本西南，这里有历史悠久的贸易港，地理条件优越；在长崎开埠前，日本各港未向葡船征收费用。同时，葡王和总督也未规定葡船必须停靠在日本某固定港口。

尽管葡船可以在各港靠岸，但葡人还是想寻找一个固定良港。没有固定停靠点是因为葡人抵日（经商）的时间不长，对日本的地形、地势尚不熟悉，他们甚至没有日本地图。多数葡商还不懂日语，虽然有传教士会说日语，阅读日语文献和分析日本地图却很困难。另外，日本正处于战乱，交通混乱，若想勘测日本地势地形，必须通过重重关卡。即便在基督教大名的领地，仍有大量反对势力存在，实地调查的危险性太大。葡商、耶稣会的共同目标就是寻找一个安全、方便的港口，以停靠巨船，躲避风浪，保障传教。在长崎开埠前，葡船辗转了多个港口，相关情况如下。

---

① Roderich Ptak, *China, the Portuguese, and the Nanyang: Oceans and Routes, Religions and Trades (c. 1000 – 1600)*, Aldershot: Ashgate, 2004, p. 186.

② 张廷茂：《澳门总督制缘起》，《文化杂志》2006 年总第 58 期。

③ 庞尚鹏：《陈末议以保海隅万世治安事》，载陈子龙等辑《明经世文编》卷 357，中华书局 1962 年版，第 8 页。

④ 外山卯三郎『南蛮船貿易史』、東京：東光出版株式会社、1943 年、135 ~ 136 頁。

（一）本州

16 世纪初、中期，葡船主要在本州和九州活动。本州是日本最大的岛，位于日本列岛中部。其东北部有津轻海峡，与北海道相对。西南有周防滩，与关门海峡、九州岛为邻。南部临濑户内海，与四国岛相望。总的来说，其西临日本海，东濒太平洋。16 世纪，葡船虽然到此贸易，却最终没有选择这里作为固定停靠点。葡船停靠过的本州港口包括：

堺（さかい，也称堺市）：堺的地理位置在大阪平野一带，靠近京都。堺起初是相国寺的庄园，由代官管理。到 14 世纪末，堺取得"地下请"（承包赋税）的权利。后来堺的年贡被取消，从此快速发展。堺在 16 世纪成为自治市。堺居民以商人居多，其中的豪商叫"纳屋贷"，36 名"纳屋贷"组成"会合众"，控制堺。"应仁之乱"后，堺成为各大名争夺的地方。市民在 16 世纪初，用壕沟将堺的三面围起（另一面是海），雇用闲散武士防止外敌入侵。从此以后，谁也不能打扰堺的秩序和安宁。来过这里的葡萄牙传教士写道："日本虽有战乱，堺却保持和平。在这里，即使是敌人，也能像朋友一样谈话和交际。"①

最初，细川氏将堺作为勘合贸易的基地，堺开始繁荣。接着，三好氏也以这里为据点，开拓贸易，堺一跃成为繁盛的港湾城市。堺也是和泉国、河内国和摄津国交界之处，三国商人聚集于此经商，持续推动贸易发展。16 世纪，堺的人口超过 5 万人，虽然比不上 15 世纪欧洲自由城市威尼斯、米兰、巴黎的 10 万人口，却能和伦敦、热那亚、巴塞罗那等地媲美，外国传教士也把堺看作像威尼斯一样的富裕城市②。堺以铸造业闻名，其刀剑有"堺锻冶"的盛名，此外堺还生产丝织品、酿造品和漆器。火枪传入日本后，堺成为火枪制造基地之一。堺不但发展国内商业，还发展海外贸易，与中国（明朝）、朝鲜、琉球素有贸易往来。

1549 年，沙忽略在信中写道："堺是日本最主要的港口之一，这里距离海岸较远，需走两天陆路。不过堺非常富裕，各国（诸侯）商人都来

---

① ［日］井上清：《日本历史》上册，天津市历史研究所译校，天津人民出版社 1974 年版，第 250 页。

② William James Bouwsma, *Venice and the Defense of Republican Liberty*: *Renaissance Values in the Age of the Counter Reformation*, Berkeley and Los Angeles: University of California Press, 1968, p. 60.

做生意。从堺的商贸情况来看，日本不缺金银，只缺生活用品。"① 1551年，基督教传入堺②，因此在自由贸易阶段，堺成为葡船的选择对象之一。据耶稣会传教士路易斯·德·阿尔梅达（Luis de Almeida）记载："从1561年起，每年大概有5艘葡船靠岸于堺。"③ 英国船长萨利斯也提到："16世纪，葡船经常光顾堺。"④

如此良港没有成为葡船的固定停泊点，确实可惜。沙忽略提到，堺虽然临海，但城区距离海岸较远，造成贸易不便。织田信长统治日本之时（16世纪中后期），命令堺居民缴纳两万贯的重税，堺商人予以拒绝。1569年，织田信长以武力迫使堺屈服。由于信长强征重税，堺的发展受挫。丰臣秀吉统一日本后，着力发展大阪，堺被忽视⑤。虽然德川幕府建立后堺再次恢复繁荣，但其发展速度和规模已经赶不上长崎和平户。

京都： 京都是天皇和（室町幕府）将军的居所，其商业自古繁荣。不过京都距离海岸较远，不利于发展海外贸易。同时沙忽略指出，战国的硝烟弥漫到京都，曾经繁荣的城市变得满目疮痍，其元气一时难以恢复。1552—1553年，葡船在京都附近的港口停靠，估计有贸易活动发生⑥。

三崎： 三崎位于本州北部，是大名北条氏的领地。就各种资料来看，少有葡船前往。比较明确的一次是在1578年，当时三崎出现葡船，北条氏与葡人互换了商货⑦。

（二）九州

九州地理位置优越，自古就有海外贸易的传统，且港口众多。九州曾经是中日勘合贸易的窗口。葡船最初也在九州沿岸活动，而且耶稣会的传教活动也以九州为起点和中心。学者迪福提到："当时，九州岛本来有

---

① 外山卯三郎『南蛮船貿易史』、東京：東光出版株式会社、1943年、394頁。

② 堺市編『堺市史講演集』、堺：サカイシ、1926年、3頁。

③ 此说法值得商榷。参见 C. R. Boxer, *The Great Ship from Amacon*, Macau：Instituto Cultural de Macau, 1988, p. 26.

④ John Saris, *The Voyage of Captain John Saris to Japan, 1613*, London：Hakluyt Society, 1967, p. 65.

⑤ 大森金五郎『国史概説』、東京：日本歴史地理学会、1910年、497頁。

⑥ Sanjay Subrahmanyam, *The Portuguese Empire in Asia, 1500 – 1700：A Political and Economic History*, Chichester：John Wiley & Sons, 2012, p. 110.

⑦ 井上清『日本の歴史』（上）、東京：岩波新書、1985年、229頁。

100 多艘中国（走私）船，自葡船到来后，它们就再也没有出现过。"①

种子岛：九州种子岛是葡人首次登陆日本的地方，属于大名岛津氏的领地。迪福提到："1544 年，葡人重返种子岛，这次当然不止 3 人。"② 还有记载："葡人从种子岛离开后，将日本的情况告诉同胞。两年后，第二批葡人来到这里。"③ 由于种子岛并非泊船良港，而且购买能力较弱，葡人很快便放弃这里。

萨摩（鹿儿岛）：萨摩也是岛津氏的领地，位于九州西南部，即今天鹿儿岛县北部。耶稣会最初的传教地区就在鹿儿岛，因此葡船经常停泊于岛津氏的港口。学者加藤三吾记载道："1543 年，9 艘葡船满载货物，来到萨摩和丰后。"④ 传教士阿尔梅达也提到："1561 年，至少有 5 艘葡船来到萨摩。"但据博克舍记载："当年只有 2 艘葡船来日。船长阿方索·瓦斯（Affonso Vaz）在川内（鹿儿岛附近）登陆，后来与当地人发生冲突，船长、船员被杀。川内领主立即致函果阿总督，表示歉意。领主认为，凶手应该是日本海盗，冲突由双方误解造成。"⑤ 还有资料记载，从 1550 年起，每年都有葡船到达萨摩。

萨摩的自然条件虽然优越，但不够安全。大名岛津贵久最初欢迎传教士，沙忽略初到萨摩之际，岛津氏还提出通商要求⑥。后来，岛津领内掀起反基督教活动，岛津氏对传教士敬而远之，于是葡船不再造访萨摩。岛津贵久本人渴望通商，还多次致函耶稣会，表示后悔放弃基督教，以致失去贸易机会。他恳请葡船再度光顾，并保证一定庇护基督教。不过，葡人出于安全考虑，没有将其当作固定港口。

坊津：坊津（港）位于萨摩川边郡枕崎以西，属于岛津氏领地。长

① Bailey W. Diffie, *Foundations of the Portuguese Empire, 1415 – 1850*, Minneapolis：University of Minnesota Press, 1977, p. 395.

② Bailey W. Diffie, *Foundations of the Portuguese Empire, 1415 – 1850*, Minneapolis：University of Minnesota Press, 1977, p. 395.

③ George Sansom, *A History of Japan, 1334 – 1615*, Stanford：Stanford University Press, 1961, p. 264.

④ 加藤三吾『平戸しるべ』、平戸村（長崎県）：興風会、1912 年、36 頁。

⑤ C. R. Boxer, *The Great Ship from Amacon*, Macau：Instituto Cultural de Macau, 1988, p. 26.

⑥ Robert Montgomery Martin, *China；Political, Commercial and Social in an Official Report to Her Majesty's Government, Vol. 1*, London：Brewster and West, 1847, p. 315.

崎开埠前，葡船也到过这里①。坊津的地理位置不佳，并非良港，葡人后来选择了坊津与博多之间的平户②。

平户：平户是九州西北部的小岛，港口条件较好，是大名松浦氏的领地。学者加藤三吾认为："平户优越的地理位置是其能够发展的前提。"③松浦氏自古就是日本的地方豪族。据记载："松浦氏古为领主，每年收成超过 11 万石，领内渔业发达。卒（士兵）的户数为 3 千，人口约 15 万。平户距中国较近，因而成为日本遣使以及对华贸易的港口。葡人来到前，平户是中日、朝日贸易的重要港口。大名松浦隆信向来注重海外贸易。"④因为尝到对华贸易的甜头，所以松浦氏对葡人热情无比，并欢迎葡船前来停靠。

从 1550 年起，葡船常泊于平户，导致该地迅速繁荣⑤。有资料提到："1550 年 7 月，葡国商船首次抵达平户，该船由葡国船长杜阿特·达·伽马（Duarte da Gama）指挥。"⑥ 学者霍尔记载道："萨摩似乎没有吸引力，平户的贸易却在 1550 年以后十分活跃。"⑦ 萨托提到："1555 年，沙忽略从萨摩到京都，途经平户，发现葡人（船）在此互市贸易。"⑧ 1557 年，2 艘葡船来到平户。阿尔梅达记载道："1561 年，有 1 艘葡船到达平户，日葡双方还就商品价格发生争执。"⑨ 同年，传教士比尔拉在平户受到隆信的热情款待，他在信中称赞道："平户是日本的最佳港口之一。"⑩ 此时，平户的繁荣堪比堺，成为日葡贸易的重要港口。

① 大森金五郎『国史概说』、東京：日本歴史地理学会、1910 年、489 頁。

② 古賀文一郎『本邦商業史』、東京：隆文館、1906 年、81 頁。

③ 加藤三吾『三浦の安針』、東京：明誠館書店、1917 年、49 頁。

④ ［日］木宫泰彦：《日中文化交流史》，胡锡年译，商务印书馆 1980 年版，第 618 页。

⑤ 另说，王直建议葡人去平户经商。参见 Yetaro Kinosita, *The Past and Present of Japanese Commerce*, New York：Columbia University Press, 1902, p. 62。

⑥ Geoffrey Gunn, *World Trade Systems of the East and West：Nagasaki and the Asian Bullion Trade Networks*, Leiden：Brill, 2018, p. 43.

⑦ ［美］约翰·惠特尼·霍尔：《日本：从史前到现代》，周一良等译，商务印书馆 1997 年版，第 105 页。

⑧ John Saris, *The Voyage of Captain John Saris to Japan, 1613*, London：Hakluyt Society, 1967, p. 64.

⑨ C. R. Boxer, *The Great Ship from Amacon*, Macau：Instituto Cultural de Macau, 1988, p. 26.

⑩ 吉永正春『九州のキリシタン大名』、福岡：海鳥社、2004 年、27 頁。

虽然平户的发展势头看来不错，但松浦氏并没有尽全力保护葡人、葡船的安全，他对传教士的态度让人捉摸不定。即便松浦氏允许传教，其领内反对者却怨声载道。1558 年，松浦隆信迫于压力，将传教士逐出领地①。耶稣会士托雷斯认为隆信背信弃义，劝阻葡船去平户。1561 年，大船长费劳·德·苏萨（Fernao de Sousa）及十多名葡人在平户被杀②。据弗洛伊斯描述："冲突源自日葡商人的口角。最开始，只有几名葡人被杀。当苏萨得知消息后，异常愤怒，立即率兵前往报复。葡人寡不敌众，再次受挫。"另据荷兰探险家简·胡因根·范·林奇顿（Jan Huyghen van Linschoten）描述："葡人当时气焰嚣张，肆意侮辱日本人。后者历来自尊自强，若遭侮辱，必然反抗，因此冲突的缘由不在日本方面。"③ 由于安全得不到保障，葡船暂时放弃平户。

1562 年，大村纯忠在横濑浦设港。葡船离开平户，前往横濑浦，这引起松浦氏不满。由于遭到大村氏领内、领外反对者联合破坏（抢劫葡船，烧毁教堂和房屋，攻击葡人），横濑浦几乎变成废墟④。平户再次迎来机会，曾驱逐传教士的松浦氏写信给果阿总督。他邀请葡船每年都来平户，理由为平户是耶稣会最初传教的地方。

1564 年，大船长多姆·佩德罗·德·阿尔梅达（Dom Pedro de Almeida）的巨船到达横濑浦。由于横濑浦已被破坏，所以葡人犹豫是否前往平户。耶稣会极力劝阻，他们不相信松浦氏的"甜言蜜语"。传教士建议葡商去大村氏的口之津。虽然船长赞成此提议，船上的葡商却坚持前往平户。其实，葡商也厌恶松浦氏，因为他曾压低葡方商品的价格。为了尽快销售商货，葡商还是选择了平户。事实证明耶稣会的建议是正确的，据弗洛伊斯记载："葡商如此相信松浦隆信，但在一场大火后，他们损失了价值 12000 库鲁扎多的商品。"⑤ 纵火元凶没有找到，估计是松浦氏领内的

① Christopher Hudson, Sharon La Boda, *International Dictionary of Historic Places*：*Asia and Oceania*, London and New York：Routledge, 2010, p. 340.

② Reinier H. Hesselink, *The Dream of Christian Nagasaki*：*World Trade and the Clash of Cultures*, *1560 – 1640*, Jefferson：McFarland, 2016, p. 20.

③ C. R. Boxer, *The Great Ship from Amacon*, Macau：Instituto Cultural de Macau, 1988, p. 26.

④ 川岛元次郎『南国史話』、東京：平凡社、1926 年、177 ~ 178 頁。

⑤ C. R. Boxer, *The Great Ship from Amacon*, Macau：Instituto Cultural de Macau, 1988, p. 30.

反教分子。

1565 年，大船长多姆·若昂·皮雷拉（Dom Joao Pereira）在船员和商人的鼓动下，决定再次前往平户。这一想法被耶稣会及时劝阻，耶稣会将葡船引向大村氏的福田浦。松浦氏得知消息后，恼羞成怒，决定抢劫葡船，予以报复①。同时，堺商人本来打算到平户购买丝绸，得知葡人变卦后，也很气愤。于是，松浦氏与堺商人联合，准备袭击葡船。双方达成协议，如果成功，堺商人可以运走 8—10 艘船（日本小船）的战利品。他们组建了一支船队，有小船 80 艘，埋伏在福田浦。葡人及时发现情况，并展开反攻，凭借火炮、火枪的威力，击退了联合船队②。偷袭失败后，松浦氏一蹶不振。

长崎开埠后，葡船更少光顾平户。1580 年，西班牙船来到平户。虽然松浦氏对他们寄予厚望，西班牙人却对通商不感兴趣（更希望传教），平户与长崎的差距逐渐拉大。17 世纪初，荷兰人在平户建商馆，情况开始好转。1614 年德川幕府禁教后，长崎受挫，平户迎来发展的好时机。其后，日本人称平户为"西之都"③。

横濑浦： 横濑浦是肥前大名大村纯忠的领地，位于西彼杵半岛北端。由于葡人在萨摩和平户受挫，只好另寻港口。经测量，横濑浦的海水深，波浪小，是不错的港口。传教士阿尔梅达首先发现这里，然后报告给耶稣会。随后，他作为葡方代表前往谈判。阿尔梅达向大村纯忠传达了耶稣会的建议："如果这里允许传教，葡船将到此通商。"④ 大村氏渴望葡船已久，连忙答复："我会将横濑浦献给教会，你们可以在此建教堂，开展贸易也很安全。"⑤ 为了吸引葡船，大村氏给予优厚待遇："横濑浦周围 2000 米范围都归耶稣会所有，包括土地和农民；禁止异教徒在横濑浦居

---

① 川島元次郎『南国史話』、東京：平凡社、1926 年、195 頁。

② John Whitney Hall, *The Cambridge History of Japan*, Volume 4: *Early Modern Japan*, Cambridge: Cambridge University Press, 1991, p. 304.

③ 加藤三吾『三浦の安針』、東京：明誠館書店、1917 年、199 頁；川島元次郎『南国史話』、東京：平凡社、1926 年、171 ~ 172 頁。

④ John Whitney Hall, *The Cambridge History of Japan*, Volume 4: *Early Modern Japan*, Cambridge: Cambridge University Press, 1991, p. 304.

⑤ C. R. Boxer, *The Great Ship from Amacon*, Macau: Instituto Cultural de Macau, 1988, p. 27.

住；葡船 10 年内免税。"如此一来，葡人一度认为这里就是最佳港口，还将其命名为"基督教的圣母港"，并在附近的八子岛（八の子）竖立十字架，取名"圣·彼得岛"①。1562 年，耶稣会开始在横濑浦传教，修建了教堂和街道。同年，耶稣会说服大船长佩罗·巴雷托·罗林（Pero Barreto Rolim）赴横濑浦通商，另有两艘葡船也从平户驶向横濑浦②。由于葡人舍弃平户，来到横濑浦，这个不知名的渔村开始引人注目。

1563 年，大村纯忠与 25 名家臣接受洗礼，成为基督徒③。纯忠取教名堂·巴托罗缪，其子的教名为堂·桑乔。葡船鸣炮祝贺，并赠送黄金床、绸缎、绢、胖头鱼、美酒、宠物犬、宝石首饰、贝鲁特帽子等贺礼，总价值 1000 库鲁扎多白银④。纯忠为表虔诚，更主要是为了通商，还强迫领民改宗基督教。虽然纯忠的强制改宗没有成功，却赢得耶稣会和葡商好感。相比其他大名，大村氏的态度可谓"热忱"。皈依基督教后，纯忠似乎也感受到上帝"眷顾"。葡商卖给他大量火器，其军事实力迅速变强。同时，其他商品的贸易也给纯忠带来财富。利用这一大好形势，纯忠恢复了一些失地，跻身九州豪强之一。就连京都、大阪的商人也来这里做买卖。

不过，横濑浦的繁荣未能持续。开埠不久，那里便遭到反对者骚扰。横濑浦的繁荣令其他大名嫉妒，土地被占的农民以及失去教众的佛教徒也很不满。反对者控诉葡人垄断贸易，掠夺日本白银。当地日本人开始抢劫葡船、袭击葡人和烧毁教堂。大村氏和葡人大为焦急。1563 年 11 月底，葡船即将离开横濑浦时，反对者烧毁教堂，并偷袭葡船。"基督教的圣母港"仅繁荣了一年，就被毁于一旦。横濑浦被破坏后，葡商无处安身，

①　吉永正春『九州のキリシタン大名』、福岡：海鳥社、2004 年、27 ~ 33 頁。

②　当佩罗·巴雷托·罗林的巨船抵达横濑浦时，耶稣会正好得到消息，说另有两艘葡船已赴平户。前任大船长曼努尔·德·门多卡正好在罗林的船上，他告诉耶稣会，其中一艘船的船长是他的叔叔。于是，传教士科斯梅·德·托雷斯与门多卡一同前往平户，成功地劝说两艘葡船改道来到横濑浦。参见 C. R. Boxer, *The Great Ship from Amacon*, Macau：Instituto Cultural de Macau, 1988, p. 28.

③　Ronnie Po-Chia Hsia, *A Companion to the Early Modern Catholic Global Missions*, Leiden：Brill, 2018, p. 310.

④　外山卯三郎『南蛮船貿易史』、東京：東光出版株式会社、1943 年、317 頁。

他们不顾耶稣会劝阻，再次返回平户。葡商的不冷静让他们付出代价，大批货物被平户所谓的反对者抢走。其中就有松浦隆信的家臣，但隆信对此否认。无论如何，横濑浦已成为历史，重建港口似乎不太可能。葡商和耶稣会又开始寻觅港口。

福田浦：为了留住葡船，纯忠决定立即另辟港口，新港口为福田浦。葡人也认为，平户和横濑浦都不安全，没有必要留恋，福田浦看起来不错。其领主叫福田左京，是大村氏的家臣。重要的是，福田左京不反对传教。1565 年，葡船开赴福田浦，并开展贸易①。相比平户、横濑浦，福田浦的地理条件稍次。这里太靠外海，常有风暴，并非泊船良港。在大村氏和福田左京的悉心保护下，双方的贸易尚能开展。

福田浦被开发后，再次引来松浦氏嫉妒。1565 年年底，松浦隆信派兵袭击福田浦。葡商已经做好充分准备，欧洲火器让敌人遭受重创，松浦氏损失 200 多人和多艘战船。虽然葡人取得暂时胜利，但福田浦的安全仍然令人担忧。即便纯忠是基督教大名，领内的反对势力还是很顽固。葡人吸取了横濑浦的教训，开始采取"以日制日"的策略。葡人将火器租借给纯忠，装备其军队，以镇压反对者。实践证明，此策略效果甚好②。1566 年，巨船再次来到福田浦，由于安全得到保障，贸易获得成功。

如果比较大村氏与松浦氏，前者的策略更成功。大村氏不但入教，还割地，甚至主动镇压反对派。而松浦氏对基督教的态度摇摆不定，所以葡船最终没有选择平户，宁愿停靠于地理条件较差的福田浦。

府内：府内位于九州丰后，是大名大友氏的领地。据日本史料记载，40 年代，大友氏曾派使者邀请门德斯·平托来经商，并给予优厚待遇③。据弗洛伊斯记载："宗麟 16 岁时（1545），便有 6、7 名葡人乘坐中国船来府内，葡商若尔杰·德·法利阿是其中代表。"④ 博克舍记载道："1556 年，大船长多姆·弗朗西斯科·马斯伽勒哈斯·帕尔哈（Dom Francisco

---

① 南島原市企画振興課「わがまちのお宝 南島原市：口之津開港 450 年 ドラマチックな歴史を持つ町口之津」、『ながさき経済』、長崎経済研究所、2012 年（7 月）（273）、33 頁。

② 吉永正春『九州のキリシタン大名』、福岡：海鳥社、2004 年、41～42 頁。

③ 古賀文一郎『本邦商業史』、東京：隆文館、1906 年、78 頁。

④ 刘小珊：《沙忽略早期日本开教活动考述》，《文化杂志》2007 年总第 64 期。

Mascarenhas Palha）于7月到达府内，11月返回澳门。"① 耶稣会传教士加果在1562年记载道："葡船的到来令大友氏万分欣喜，大友氏还设宴招待葡人。"②

后来，大友宗麟皈依基督教，领内修建了教堂、医院及学校。大友氏改宗基督教，估计也是为了吸引葡船。有资料提到："由于葡船带来的货物有限，大名间的竞争在所难免。大友和大村氏为了争得葡船，竞相抛出各种优厚条件，甚至捣毁自己领内的佛寺，表明通商决心。"③ 宗麟改宗后，耶稣会立即"表彰"其虔诚。1578年，葡船抵达府内。据竹越与三郎描述："府内是大友氏的重要港口，欧洲、中国的商船都停泊于此。在府内，葡船货物被整齐地摆在街上出售。即使没有葡船，堺商船也常常带来货物。"④

岛原：岛原（今长崎县岛原市）位于长崎附近，是大名有马氏的领地。据耶稣会1563年的资料显示，葡船也到过岛原。16世纪中期，耶稣会曾考虑在此建传教基地，但当地佛教势力强大，计划未能成功⑤。鉴于此，葡船便很少前往岛原了。

口之津：口之津位于岛原半岛南端，是大名有马氏的领地，也是天然良港⑥。口之津偶有葡船停泊。据记载："1567年，大船长特里斯桃·瓦滋·达·维佳（Tristao Vaz da Veiga）率船抵泊口之津，开展贸易。"⑦

山口：山口位于本州北部。山口曾是中日勘合贸易的港口之一，也是大名大内义隆的府城。山口有人口4万，商业繁荣。葡船偶尔光顾于此。

博多：博多位于九州南部，博多湾被黄海、东中国海和日本海包围，向来是日本的重要港口。7—8世纪时，遣隋使、遣唐使、遣新罗

①　C. R. Boxer, *The Great Ship from Amacon*, Macau: Instituto Cultural de Macau, 1988, p. 23.

②　外山卯三郎『南蛮船貿易史』、東京：東光出版株式会社、1943年、317頁。

③　R. Po-Chia Hsia, *The World of Catholic Renewal 1540 – 1770*, Cambridge: Cambridge University Press, 1998, p. 181.

④　Yosaburo Takekoshi, *The Economic Aspects of the History of the Civilization of Japan*, Vol. 1, London: Routledge, 2004, pp. 297 – 298.

⑤　C. R. Boxer, *The Great Ship from Amacon*, Macau: Instituto Cultural de Macau, 1988, p. 29.

⑥　南島原市企画振興課「わがまちのお宝 南島原市：口之津開港450年 ドラマチックな歴史を持つ町口之津」、『ながさき経済』、長崎経済研究所、2012年（7月）（273）、32頁。

⑦　渡辺修二郎『外交通商史談』、東京：東陽堂、1897年、2頁。

使皆从这里出发。在 11 世纪的镰仓时代，博多还是日宋（朝）贸易的据点。在 14—15 世纪的室町时代，博多成为中日、朝（鲜）日贸易的据点。战国时代，九州大名大内氏、毛利氏和大友氏都想夺取博多。于是博多连年战火，曾经繁荣的港口几乎变成废墟。丰臣秀吉统一日本后，试图恢复博多的繁荣。由于九州其他港口发展起来，博多若要恢复往昔繁盛，难度颇大。葡人出于安全和利益方面的考虑，仅是偶尔前往博多。

除了以上主要港口，葡船还到过京泊（长崎附近）、阿久根（鹿儿岛附近）、天草（岛原附近）等港口①。1570 年以前，葡商不停地改变泊船港口，对贸易发展造成负面影响。为了寻求安全、稳定的抵泊地，葡人没有放弃希望。当时，他们已经辗转多处，对九州的地势、地形、政治、经济情况有了全面了解。同时，日本各大名对葡船的竞争也进入白热化阶段，大村氏不但皈依基督教，还提供多处港口，以供葡商、耶稣会参考。这样看来，欧洲人找到最佳港口仅是时间问题了。

---

① 福地源一郎『長崎三百年間：外交変遷事情』、東京：博文館、1902 年、10 頁。

第二章

日欧（葡）巨船贸易

日欧双方的自由贸易很快就变得不自由，葡王迅速发现日本市场具有巨大潜力，于是派遣大船长前往日本，监管贸易。在整个 16 世纪，欧洲对日贸易的主角只有葡人，其开展的商贸活动称巨船贸易。此时，日本国内形势也在发生变化，织田信长和丰臣秀吉为日本的最终统一奠定了坚实基础。不过，日本国内的剧变并没有影响贸易的开展，日葡贸易进入高潮阶段。值得一提的是，于 16 世纪末抵日的西班牙人几乎没有开展贸易，其中原因值得探析。

第一节　传教高潮、禁教以及教商关系的变化

日本的战国末期，日本出现两位有志统一的人物，分别是织田信长与丰臣秀吉。前者容忍甚至鼓励外国传教士在日布道，后者却持"禁教不禁商"之态度。秀吉之后，教商密切的关系遭到挑战，日本只需要商人、商货、商业，西葡方面则想坚持实施教商合一。

一　织田信长与南蛮寺

16 世纪中期，织田信长击败东海地区最有实力的大名今川义元，其综合实力已无人能及，统一日本只是时间问题。1568 年，信长以保护足利义昭为由，进入京都，掌握了中央的军政实权。然后，他打击了令其头痛的宗教势力——一向宗的石山本愿寺，以及京都的延历寺。

对于基督教，织田信长一直保持友好态度。与其说他容忍基督教在日

本传播，不如说他更希望抑制佛教（及神道教）的势力①。也就是说，织田信长对佛教打压、抑制，从某种程度上促进了基督教在日本的传播。

在诸多抵日传教士中，路易斯·弗洛伊斯（Luis Frois）名气较大。他生于 1532 年的里斯本，1548 年加入耶稣会。其后，他前往果阿的圣保罗神学院深造，在那里他对日本产生了浓厚兴趣。弗洛伊斯于 1562 年抵达日本布道。1569 年，弗洛伊斯在京都谒见了赫赫有名的织田信长，取得其信任后，获得了官方认可传教之朱印状，相关内容如下：

> 我准许传教士在此居住。其房屋不能被（日方军队）征用。免除其徭役赋税。在我的统治范围内，他们可以在任何地方居留。若有人侵犯传教士，我将追究其责任，并做出裁决②。

弗洛伊斯后来著有《日本史》，该书成为当时西方人了解日本及东西交流的重要文献。

在京都，织田信长不仅允许西欧传教士布道，还为他们提供地盘开展活动。1576 年，弗洛伊斯在另一名传教士奥干蒂诺·格力斯齐（Organtino Gnecehi，1533—1609 年，1570 年抵日）的协助下，成功兴建了京都著名教堂"南蛮寺"③。对此，信长提到："佛教、神道教已经获得众多教产，这让他们过上奢侈、懒惰的生活，即便如此，他们还要参加战争，企图获得更多。这样看来，应该削减其在这方面的开销。"④ 言下之意，信长认为给传教士提供土地，以及修建南蛮寺，不是什么大不了的事，以往的佛教、神道教得到的捐赠更多。南蛮寺被修建得富丽堂皇，由各种金、银、宝石装饰着，长长的漂亮彩旗从天花板上垂下来，很远就能闻到寺中飘来的熏香味道。南蛮寺为乞丐、鳏寡老人、孤儿、流浪汉、麻风病人提

---

① H. Byron Earhart, *Religion in Japan*：*Unity and Diversity*, Boston：Cengage Learning, 2014, p. 165.

② 山本秀煌『西教史談』、東京：新生堂、1926 年、22～23 頁。

③ Glenn Burger, Lesley B. Cormack et al. , *Making Contact*：*Maps, Identity, and Travel*, Edmonton：The University of Alberta Press, 2003, p. 98.

④ Otis Cary, *A History of Christianity in Japan*, New York：Fleming H. Revell Company, 1909, p. 246.

供施舍，名声很快便远播。

之后，天主教在日本的传教事业取得不小进步。1569 年，长崎成为贸易港口前，其基督徒已经有 1500 人①。1570 年，日本基督徒总人数在26000—30000 人②。1577 年，肥前地区有 20000 名基督徒。1578 年，天草地区已经建起 20 多座教堂，信仰基督教者已经有 5000 多人③。1579 年，日本总计有130000 名基督徒④。1581 年，日本全国大概有150000 名基督徒，相当于当时日本总人口的 1%（另说为 2%）⑤。其具体分布为：大村氏领地内有 50000 名信众，大友领内有 10000 名，有马领地、平户、鹿儿岛地区总共有 65000 人，京都地区有 25000 人⑥。另外，日本各地还建有 200 座教堂，（主持工作的）传教士有几十人。

二 丰臣秀吉与"传教士放逐令"

1582 年 6 月，明智光秀在本能寺发动政变，迫使织田信长自杀。信长死后，天主教势力受到一定打击，传教士们曾感到不安。不久以后，明智光秀就被信长的家臣丰臣秀吉杀掉。庆幸的是，接班后的丰臣秀吉还是延续了信长的宗教策略，没有迫害基督教，他甚至在堺、博多等地为天主教提供土地与传教场所，布道事业仍然开展。

到了 1587 年，日本已经有 200000 名基督徒。这引起秀吉警觉，即将完成统一大业的他开始厌恶传教士，这种态度最终导致大规模的禁教。1587 年 7 月，秀吉正式颁布"传教士放逐令"（日语："伴天连追放令"），大致内容如下：

---

① 国史研究会编『岩波講座日本歴史・第6』、東京：岩波書店、1933 年、17 頁。

② 五野井隆史『日本キリシタン史の研究』、東京：吉川弘文館、2002 年、97 頁。

③ 山本秀煌『日本基督教史・上巻』、東京：新生堂、1925 年、154 頁。

④ H. Byron Earhart, *Religion in Japan: Unity and Diversity*, Boston: Cengage Learning, 2014, p. 165.

⑤ Robert Bruce Mullin, *A Short World History of Christianity*, *Revised Edition*, Louisville: Westminster John Konx Press, 2014, p. 161.

⑥ 山本秀煌『日本基督教史・上巻』、東京：新生堂、1925 年、294 頁。另说，平户、天草、五岛、志岐等地的信众有 115000 人，丰后有 10000 人，京都附近（包括山口等地）有 25000 人。参见国史研究会编『岩波講座日本歴史・第6』、東京：岩波書店、1933 年、19 頁。

第一，日本为神国之一，西方基督教为邪法，必须禁止；

第二，西方传教士传播基督教，对日本佛教寺院产生恶劣影响，也歪曲了天下之律法……

第三，传教士在此令颁布后的 20 日内离开日本，返回自己的地方……

第四，西方黑（帆）船为日本运来商货，其商人仍然可以在日本做买卖；

第五，如果西方人不在日本传播邪法，尊重佛教，则准许其往来日本①。

丰臣秀吉禁教的表面原因是欧洲人异常野蛮，他们不但要吃马、牛等牲畜，还要将日本人卖到国外当奴隶，其基督教为邪教，必须要禁止。当然，其中更有深层次的原因，比如：日本神道教、佛教势力强大，其对秀吉政权施压，要求驱逐传教士；传教士最开始执行"商教一致"策略，尚能吸引日本统治者。当葡商不愿意听从教会指挥（在指定港口停靠），或传教士仅热衷于布道后，作为掌权者的秀吉便不能获得实际利益，对基督教就失去了兴趣；从总体上看，日本正由分裂走向统一，在此关键时期，如果日本民众被教会"控制"，自然不能让统治者放心②；九州基督教大名的势力虽然遭到削弱，但仍然有必要提防，特别要避免他们与外国传教士联合起来。

尽管秀吉颁布了禁教令，但是，到了 1590 年，日本的基督徒人数仍然发展到 250000 人。1597 年，基督徒更是涨到 270000 人③。另外，"传教士放逐令"公布后，虽然外国神父们聚集在长崎，准备随时离开，但由于秀吉禁教不彻底，仍有不少传教士未登船，继续在日本秘密活动。当

① 高瀬弘一郎『キリシタンの世紀：ザビエル渡日から「鎖国」まで』、東京：岩波書店、1993 年，154～155 頁；李小白：《信仰·利益·权力：基督教布教与日本的选择》，东北师范大学出版社 1999 年版，第 53—54 页。

② 国史研究会编『岩波講座日本歴史·第 6』、東京：岩波書店、1933 年、25 頁。

③ 五野井隆史『日本キリシタン史の研究』、東京：吉川弘文館、2002 年、99 頁。另载，1595 年的日本已经有 30 万名基督徒。参见 Sir Hugh Cortazzi, *Modern Japan: A Concise Survey*, New York: St. Martin's Press, 1993, p. 21.

年，随葡船离开的传教士只有 3 人①。这种情况一直持续到范礼安（Valignano）② 第二次巡察日本，他与秀吉会面后，逐步让这位统治者冷静下来。秀吉同意一些传教士（10 名）留在长崎，禁教令渐被淡化③。可以说，秀吉的禁教执行得不彻底。其中原因可能有：秀吉担心过分禁教后，葡商将不再抵日，葡船不再运来货物；秀吉周围有不少权贵已经改宗基督教，暂时不能彻底执行禁教④；秀吉发现九州聚集了不少日本的豪商巨贾，如果不对他们严加控制，其势力将会膨胀，届时将难以被控制。所以，秀吉宁愿对西方人放宽一些要求（因为他可以控制西方传教士及葡国商人），也不能放任本国商人势力自由发展⑤。

不过，丰臣秀吉对基督教布道之容忍还是有限的。16 世纪末，一系列外交事件导致秀吉愈发反感基督教。1596 年 10 月 6 日，西班牙船"圣·菲利普号"打算从马尼拉驶向阿卡普尔科，但途中由于天气原因，被迫停靠于日本海岸。船上的领航员弗朗西斯科·德·兰达（Francisco de Landa）傲慢无礼，他告诉日本人，西班牙国王有征服世界——包括日本——的计划，实施步骤为：国王将先派传教士到目标国家布道，待那里的民众改宗基督教后，国王就派军队前往征服占领⑥。此言论彻底惹怒秀吉，后者采取严厉措施惩罚传教士及基督徒。1597 年 2 月，26 名基督徒被处死在长崎附近的山上，包括 6 名西班牙方济各会传教士和 20 名日本

---

① C. R. Boxer, *The Great Ship from Amacon*, Macau: Instituto Cultural de Macau, 1988, p. 50.

② 亚历山大·瓦利格拉诺（Alessandro Valignano, 1538－1606）的中文名为范礼安，是耶稣会中的意大利籍传教士。

③ 1588 年，大船长杰诺尼莫·皮雷拉（Jeronimo Pereira）（从长崎）返回澳门前，派人向秀吉敬献了一份大礼。秀吉表示，他个人对耶稣会不太反感，不过基督教不太适合日本人，其教义在很多方面动摇了神道教和佛教，这些都是日本的基础。耶稣会也听说，秀吉培植了大量间谍，他很可能知道上一年只有 3 名传教士返回澳门。若秀吉严格执行禁教，离开日本的传教士不会这么少。

④ Gopal Kshetry, *Foreigners in Japan: A Historical Perspective*, Bloomington: Xlibris Corporation, 2008, p. 45.

⑤ Reinier H. Hesselink, *The Dream of Christian Nagasaki: World Trade and the Clash of Cultures, 1560－1640*, Jefferson: MacFarland, 2016, p. 7.

⑥ Dirk J. Barreveld, *The Dutch Discovery of Japan: The True Story Behind James Clavell's Famous Novel Shogun*, New York: Writers Club Press, 2001, p. 201.

基督徒①。

三 葡商与耶稣会关系的变化

秀吉禁教前，耶稣会与葡商一直保持互惠合作的关系。范礼安在1580 年提到：

> 必须了解，在日本对我们帮助最大的是葡商。但这仅限于九州部分地区，在丰后及京都，我们没有看到葡船。实际上，日本大名并不富裕，他们欢迎葡船（人）来通商。这是个好消息，因为在欢迎葡商的同时，他们也同意耶稣会传教。有些大名甚至主动提出让传教士乘坐巨船到其领地。大名的言行在领内有如圣旨，如果大名要求民众皈依基督教，大家也会服从②。

不久以后，耶稣会与葡商产生不同意见。表面上双方尚能保持友好，实际上已经产生矛盾。耶稣会经常抱怨葡商的固执与无知。范礼安在1583 年描述道：

> 如果葡商能更好地考虑耶稣会的利益，而不仅是其私利，如果他们每年都更换一个港口通商，如果他们能遵照耶稣会的建议开展贸易，那整个传教事业将呈良性发展。所有大名都希望一次独吞全部商货，他们担心其他大名参与竞争。这时，我们趁机派遣传教士从中协商，他们为了交易商货，必然善待我们，也会对传教士言听计从。但葡商并不希望这样，其活动与耶稣会的愿望背道而驰。另外，大名之间互相猜疑、嫉妒和敌对，葡商的无知常让传教士的辛勤工作付诸东流。葡商经常误入野蛮（不信基督教的）大名的领地，其后果可想而知。这些大名会迫害基督徒，他们破坏神像和烧毁教堂，给耶稣会

---

① Rosemary Guiley, *The Encyclopedia of Saints*, New York: Facts on File, 2001, p. 230.

② C. R. Boxer, *The Christian Century in Japan 1549 – 1650*, Manchester: Carcanet Press, 1993, p. 93.

和传教士造成巨大损害和不良影响，对葡商也不会手软。当然，我们无权强迫大船长听从指挥，但是可以给予必要建议和适当提醒，避免其犯错。葡商只有按我们的安排行动，大家通力合作，利益才不会受损，只有我们可以说服大名及其家臣信教①。

可以看出，耶稣会认为，葡商应该听取其建议，若不这样，葡商会走入"迷途"。耶稣会还强调，葡商选择港口时，最好遵照耶稣会的指示，而且巨船最好在他们的指引下经常改变泊船港口。

但是不久以后，葡商开始怀疑耶稣会的建议，回避其指导和指示。耶稣会的"好意警告"似乎有些危言耸听，他们似乎在夸大自己的作用，葡商认为没有必要对耶稣会毕恭毕敬。随着贸易的开展，葡商逐渐发现自己的地位、作用似乎大于传教士。商人的"嗅觉"非常灵敏，他们感觉耶稣会只起到"顺水推舟"作用。在哪个港口停靠，实际上是葡商、耶稣会和大名协商的结果。如果葡商按照耶稣会的构想，一年更换一次港口，很可能会失去固定的贸易伙伴（大名）。因为任何大名都不愿意与对手分享商品，任何大名都想独占货物。另外，如果去陌生的港口，葡商可能会受恶劣天气、不利地形或复杂政治因素影响，无法开展贸易。在日本，参与大名的争斗不是明智之举，甚至是愚蠢。葡商正是看到这一点，没有轻易采纳耶稣会的建议。比如，同为基督教大名的有马氏和大村氏就是多年宿敌。耶稣会在两地都布置传教士，两地也都希望葡船到港。如果葡船频繁奔波于两地，任何一方都不高兴，因为任何一方都无法独享利益。况且这还是基督教大名的领地，如果在敌视基督教的地区，情况可能更糟。总的来说，耶稣会的某些建议并不实际，葡船每年只到日本一次，不可能在各港都停留。大船长经常为择港而犯难，稍不注意，就会得罪大名。因此，最好的方法是让葡船固定在一港，欢迎所有人都来买卖商品，让大名们自己解决矛盾和冲突。

1584 年禁教后，葡商、耶稣会的角色和地位发生变化。由于秀吉采取

---

① C. R. Boxer, *The Christian Century in Japan 1549 – 1650*, Manchester: Carcanet Press, 1993, p. 97.

"禁教不禁商"的政策，葡商的地位相应提高，耶稣会的地位则下降。耶稣会"中间人"的角色逐渐淡化，即便没有传教士从中协调，葡商也能开展贸易①。学者科那德·斯齐诺卡尔（Conrad Schirokauer）认为："一开始，耶稣会传教士的能耐大于葡商，后来葡商在日本的地位和作用超越了耶稣会。"② 范礼安曾比喻耶稣会和葡商是"上帝与财神"的关系。但在禁教后，"上帝"似乎也要屈服于"财神"。范礼安也抱怨，耶稣会已经不能控制葡船的活动。葡商广受欢迎，且财力雄厚。耶稣会却处处受限，更缺乏资金。在日耶稣会的总部设在九州，而非京都，与贸易有很大关系。范礼安说："因为葡船每年都到九州通商，所以耶稣会在九州的势力较大，声望较高。"③ 范礼安曾考虑将传教中心从九州移至畿内，这显然不现实，因为耶稣会无法离开葡商和葡船。另外，长崎开埠后，耶稣会每年还可收取港口税。1592 年，范礼安感到耶稣会在九州、京都的传教效果大不如从前，并且对葡商的依赖越来越大。他在（寄往罗马的）报告中提到：

> 我们能够在日本传教，从开始到现在一直都依靠葡商。首先，传教士必须乘坐葡船，才能到达日本。其次，耶稣会的大部分传教经费来自巨船贸易的分配额（的利润）。再次，巨船贸易吸引了当地大名，大名这才给我们土地，并允许传教。如果葡商和葡船不再到来，我们将感到无助和恐惧，耶稣会也会被逐，特别是秀吉和家康这样的人。总的来说，日葡贸易是耶稣会能够立足日本的保证。如果没有商人，传教士可能会遭遇不幸。不过，如果他们离开我们，情况亦然④。

---

① 其实，秀吉对禁教非常矛盾，他担心基督教会带来麻烦，但也希望葡人来日经商。秀吉收回长崎后，一度担心葡船不会再来，其后他又颁布禁教令，更是害怕耶稣会阻止葡船来日。1591 年，问题最终得到解决，葡船仍旧抵泊日本港口，日葡也互相表达了继续通商的愿望。此后，耶稣会协调贸易活动的中介角色被逐渐淡化。

② Conrad Schirokauer, David Lurie, Suzanne Gay, *A Brief History of Japanese Civilization*, Boston：Thomson Wadsworth, 2006, p. 133.

③ C. R. Boxer, *The Christian Century in Japan 1549 – 1650*, Manchester：Carcanet Press, 1993, p. 95.

④ C. R. Boxer, *The Christian Century in Japan 1549 – 1650*, Manchester：Carcanet Press, 1993, p. 104.

范礼安的最后一句话意味深长，他看到了日本人真正需要的是贸易，而非宗教。同时，他也预言教商关系不可能彻底割裂，他们乘坐的是"同一艘船"。事实证明范礼安之预见是正确的。1614 年家康彻底禁教后，葡商虽然在日坚持通商 26 年，但最终被逐。其关键原因就是教商藕断丝连，让将军放心不下，导致后者决意彻底锁国。

第二节 葡据澳门—日本长崎巨船贸易（1571—1600）

葡王控制日本航线后，大船长就是航线上的最高指挥官。此制度也可以理解为"葡国官方对日贸易制度"。17 世纪以前，葡国官方的对日贸易可分两个阶段：（1）1550—1571 年比较混乱的半自由贸易阶段。这期间，葡王虽然控制航线，但葡籍走私商较多。他们未在日本设立固定港口，管理航线的方式也很混乱。大船长使用的船只种类较多，有巨船、大船和小船。同时，相关史料也稀缺。（2）1571 年以后比较平稳的巨船贸易阶段。这一时期，葡王、果阿总督、大船长、大名、日本统一者（织田信长、丰臣秀吉）和耶稣会都有固定角色，每年均有一艘葡国巨船从澳门开赴长崎，开展贸易，航线秩序井然。因此，1571—1600 年"巨船贸易"处于日葡贸易高潮期。巨船贸易时间固定、交易量大、程序复杂、波及范围广、持续时间长、意义深远，同时也是葡商（包括耶稣会）在日活动的主要体现。对于 16 世纪的日欧（葡）贸易，渡辺修二郎甚至用"史无前例的繁盛"来形容①。

一 巨船贸易主体

巨船贸易的主体包括大名、耶稣会、葡商、葡王②、总督、大船长及日本统一者。之前，我们已经分析了前三者（及关系），本节重点谈大船长。

---

① 渡辺修二郎『外交通商史談』、東京：東陽堂、1897 年、210 頁。
② 1580 年，西葡合并，西班牙国王即葡王。

（一）葡王与总督

15—16 世纪，葡王还未直接插手亚洲航线的事务。因为日本距离欧洲实在太远，葡王鞭长莫及。于是葡王开始出售航线，船长管理航线的制度便产生了。尽管这样，葡王依然是葡属亚洲名义上的最高统治者。他一般任命王子或王室成员管理亚洲航线。被任命者获得航线特权后，必须缴纳不菲的购买金。购买金一般在 20000—50000 库鲁扎多白银①。如果大船长需租用王室巨船，租金另算。除此之外，葡王不再染指航线的其他收入。据说，葡王用出售航线的资金来建设亚洲据点，如加强防御、维护港口和美化城市等②。

葡王虽然不直接参与航线的管理，但有颁布法令的权力。由于亚洲航行受季风影响大，如果航船未准时起航，就会错过季风，其他安排只能延后。这不但影响次年大船长的利益，还对航线管理造成麻烦。葡王曾经猜测，有些大船长可能故意延长在日本的时间，以便次年还可以进行一次或数次交易。因此在 1593 年 3 月，葡王菲利普下令："为了保证所有人的利益，禁止大船长在日本过冬，否则没收全部货物。"同时果阿总督也下令："大船长在完成（日本的）交易后，立即返回澳门，且不得在澳门过冬。如有违反，必定重罚。"③ 1607 年 8 月，葡王再次重申以上规定。

印度（果阿）总督是葡王委任管理东印度的最高长官，任期 3 年。日语文献称其为"副王"。总督的权限极大，包括整个葡属亚洲的行政、贸易、司法和军事权，总督每年的俸禄约 8000 库鲁扎多白银④。葡王对亚洲下达的命令都由总督监督执行。

（二）大船长

葡语称"大船长"为 Capitao-Mor，英语为 Captain-Major，荷兰语为

---

① Bailey W. Diffie, *Foundations of the Portuguese Empire*, *1415 – 1850*, Minneapolis：University of Minnesota Press, 1977, p. 397.

② C. R. Boxer, *Fildalgos in the Far East 1550 – 1770*, The Hague：Martinus Nijhoff, 1948, pp. 4 – 5.

③ 外山卯三郎『南蛮船貿易史』、東京：東光出版株式会社、1943 年、156 頁。

④ 外山卯三郎『南蛮船貿易史』、東京：東光出版株式会社、1943 年、288 頁。

Kapitein，日语为甲比丹·莫尔①。大船长的中文翻译有"总指挥官""司令官""长官"等。本书将其译为"大船长"，以避免与其他航线的葡船船长或地方长官混淆。

从 16 世纪 50 年代起，大船长就成了人人觊觎的职位。葡王亲自任命大船长，果阿总督授权。最初，葡王对大船长的选任非常慎重，被选者多出身高贵，以王室成员或贵族为主。贵族在葡语中称"费达尔哥"（fidalgo），博克舍直接称大船长为"费达尔哥"。不久，拥有贵族血统的大船长受到挑战。因为即便是贵族，也需要用钱购买特权。并非所有贵族都有财力和能力完成航行。若不能承担航线费用，或懒于经营航线，贵族可以将特权出售。这时，属于中下阶层但非常富有的葡商便得到机会，他们花钱从贵族手中购得大船长特权，葡王也默许这种买卖。购得航线后，商人享有与贵族相同的特权。

大船长在航线上拥有最高行政、司法、军事和贸易权，是航线上的最高指挥官。大船长到达澳门后，身份等同于澳门总督（当时澳门未设总督）。大船长还负责中葡、日葡的外交事宜。如果大船长抵日，所有葡人必须听命于他。有学者称，大船长就是葡王在马六甲以东设立的"移动总督"。博克舍认为："理论上，马六甲、澳门和日本的所有葡籍船长、领航员、船主、船员都要听命于大船长，若有人反对，大船长有权制裁。"② 葡王为大船长配备一定武装力量，以便管理航线和抵御海盗。如果航线上有葡人失踪或去世，大船长暂时管理其财产（遗产），直到继承人出现。但是，大船长不能在亚洲建据点。

日葡贸易初期，大船长的任期为 18—20 个月，这基本是一次航行所需时间（下文有详述）。不久之后，为了提高航线效率，大船长的任期改为一年。因此，大船长的轮换往往接踵而至，即旧船长离开（澳门）不久，还未到达目的地，新船长就已经起航。有时大船长会连任几年，为了提高效率，他们通常最后一年才返回果阿（或欧洲）。如果航线上有级别更高的长

① Dirk J. Barreveld, *The Dutch Discovery of Japan: The True Story Behind James Clavell's Famous Novel Shogun*, San Jose: Writers Club Press, 2001, p. 273.

② C. R. Boxer, *Fildalgos in the Far East 1550 – 1770*, The Hague: Martinus Nijhoff, 1948, p. 17.

官（王室成员），大船长应当服从其安排。若同一时间或地点出现两名大船长，先到者权力更大。如果没有客观原因，巨船每年都要开赴日本。

虽然大船长掌控各项大权，但他们最看重的还是贸易权。葡王规定，大船长拥有航线贸易垄断权。普通葡商若要开展贸易活动，必须上报大船长，并且只能租用大船长的货船（舱），来运载货物。当大船长到达澳门后，可以亲自前往日本，监督贸易，也可委派部下管理。按规定，一次贸易只能使用一艘巨船。若无巨船或大船，可用多艘中小帆船代替。

如果航行成功，大船长的收入非常可观。其收入分为几部分：（1）直接贸易所得。巨船的货舱都属于大船长，他是航线上最大的贸易商。（2）货税。合法葡商租用巨船（货舱）必须交货税。（3）非法所得。走私商人为了加入贸易，经常贿赂大船长。若航线上有葡人死亡或失踪，其财产（遗产）由大船长代管。如果无人认领，就归属大船长。博克舍记载道："葡王将航线的首个大船长职位授予了德高望重和腰缠万贯的贵族。大船长除了享受航线特权，还扮演澳门临时总督的角色。在日本，他也是葡王的全权代表。仅在生丝贸易上，大船长便可获利两倍。正是因为这些特权和利益，大船长职位一直是令人羡慕和嫉妒的宝座。大船长若成功地完成（一次）航行，其收入相当于两个世纪前，约翰公司船长在广州经商的好几倍。"[1]

有关大船长的具体收入，各史料的记载不尽相同。范礼安曾抱怨道："有人说日本耶稣会一年的花费相当于印度耶稣会的 6 年费用，但其不知，大船长仅航行一次，就可赚得 50000 杜卡特（白银）净利润。"[2] 保存于科钦的耶稣会资料记载道："1558 年，大船长李奥勒·德·苏萨获纯利 50000 库鲁扎多（白银）。"[3] 据迪奥哥·多·库托估计："大船长航行一次，就可获得 70000—80000 帕尔道的利润。"[4] 16 世纪末，荷兰商人伦

---

① C. R. Boxer, *The Christian Century in Japan 1549 – 1650*, Manchester：Carcanet Press, 1993, p. 106.

② C. R. Boxer, *The Christian Century in Japan 1549 – 1650*, Manchester：Carcanet Press, 1993, p. 106.

③ 外山卯三郎『南蛮船貿易史』、東京：東光出版株式会社、1943 年、415～416 頁。

④ 帕尔道（pardao）是一种欧洲金属货币，等于 300—360 雷阿尔。参见 António Henrique R. de Oliveira Marques, *História dos Portugueses no Extremo Oriente*, 1，2，*Séculos XVI- XVII*, Lisboa：Fundação Oriente, 1998, p. 184.

斯法丁记载道："大船长航行一次，利润可观。如果他积累了足够本钱，且拥有自己的航船，就能获利 15 万—20 万杜卡特。"[1] 学者朝尾直弘认为："大船长若成功完成航行，可获利 1500—2000 贯白银。如果按当时日本的米价折算，大概可兑换 2 万石米（3610 吨）。"[2] 葡人索内斯指出："大船长在广州、长崎缴纳的税收不会超过 33000 两白银。因此按照138000 两白银的毛利润减去这些费用，还剩余 100000 色拉芬左右。另外再扣去购买航线特权的购买金（15000—30000 色拉芬），大船长航行一次的纯利润大概为 90000 色拉芬。"[3] 葡人丹瓦尔（Danvar）记载道："果阿—日本的货税（交给大船长）为 300000 色拉芬，大概占大船长总收入的 10%。1 色拉芬为 74—75 元（Yen，日本现代货币单位）。如此算来，大船长的总收入为 220 万—230 万元。当葡船到达日本后，大船长需维修商船，购买商品以及准备礼物。这些开销相当于其总收入的 50%—60% 左右。以此推算，大船长的纯收入是 120 万—130 万元。"[4] 学者 R. D. 克雷梅尔称："尽管大船长的收入至今没有定论，但一次成功的航行无疑可轻松赚得大笔金钱，平均估计为 100000 两白银。"[5] 林奇顿也记载道："16 世纪末，大船长每次航行可获利 15 万—16 万库鲁扎多。"[6] 综合以上数据推算，如果大船长顺利往来，并完成贸易，则一次可获利 5 万—20 万两白银。

大船长的开销项目较多，但统计下来的总支出并不多。若是贵族，航线购买金要便宜一些；若是商人，购买金略贵。如果大船长需要租借商船，又是一笔开销。在航线上，各葡属据点（港口）的税收并不重

①　李小白：《16—17 世纪耶稣会在日本的贸易活动》，《东北师大学报》2003 年第 4 期。

②　折合成白银，有 15 万—20 万两。参见朝尾直弘『朝尾直弘著作集：第 5 卷』、東京：岩波書店、2004 年、49 頁。

③　C. R. Boxer, *Portuguese Merchant and Missionaries in Feudal Japan, 1543 - 1640*, London：Variorum Reprints, 1986, p. Ⅲ64.

④　在 12 万—13 万两白银。参见 Yosaburo Takekoshi, *The Economic Aspects of the History of the Civilization of Japan, Vol. 1*, London：Routledge, 2004, p. 313。

⑤　李金明、李德霞：《众多市场的开辟：16—17 世纪葡萄牙在亚洲海域的生存法则》，《文化杂志》2007 年总第 65 期。

⑥　C. R. Boxer, *Portuguese Merchant and Missionaries in Feudal Japan, 1543 - 1640*, London：Variorum Reprints, 1986, p. Ⅲ28.

（多），因为葡船能够停泊的固定港口并不多。果阿要收 8.5% 的货税[1]，马六甲收 7.5%。大船长为了逃税、避税，通常贿赂官员或放弃靠岸[2]。澳门的港口税可忽略不计，因为大船长就是临时总督，权限最大。耶稣会控制长崎后，大船长每次需支付 1000 杜卡特的港口税。其实长崎的港口税非常低，况且缴税者不一定是大船长，很可能是众多葡商。为了顺利开展贸易，大船长还会讨好日本人，献给将军、大名或领主一些礼物，这几乎免去了他们在日本的所有税收[3]。

尽管大船长职位令人羡慕，但同样具有风险。巨船贸易更像一场赌博。如果运气好，圆满完成航行，大船长可以立即发财致富。但如果遭遇风暴或海盗，损失同样大[4]。

第一任大船长的姓名、起航和抵日时间以及航行情况，至今不详。博克舍记载道："葡王在 50 年代控制了日本航线，于是第一艘官方船从马六甲出发，最终到达日本。"[5] 需要注意的是，只有葡王控制航线后，才可能设立大船长。因此，50 年代以前，葡船船长仅是普通船长，并不能称为大船长。日本学者冈本良知认为："第一任大船长应该是 1543 年抵日的加斯帕·科里亚（ガスパール·コレイア）。当年，果阿总督打算派人到中国开辟贸易，于是设立大船长一职。"[6] 日文文献还提到，葡国的首位大船长是多姆·费尔南多·德·梅内兹（ドン·フェルナド·デ·メネーゼ），他于 1550 年到达平户。欧洲文献提到的首位大船长是 1555 年抵日的杜阿特·达·伽马（Duarte da Gama）[7]。在澳门文献

① C. R. Boxer, *The Great Ship from Amacon*, Macau：Instituto Cultural de Macau, 1988, pp. 181 – 182.

② 大船长偶尔也会被港口占有者或管理者强行征税。如果葡船在科伦波（Columbo，斯里兰卡西部地区）停靠，当地葡籍官员便会以修筑锡兰防御工事为由，强征 2000—3000 库鲁扎多的非官方税。如果拒绝交税，船只将被扣留。参见 C. R. Boxer, *The Christian Century in Japan 1549 – 1650*, Manchester：Carcanet Press, 1993, pp. 110 – 111。

③ C. R. Boxer, *Fildalgos in the Far East 1550 – 1770*, The Hague：Martinus Nijhoff, 1948, p. 18.

④ Malyn Newitt, *A History of Portuguese Oversea Expansion*, *1400 – 1668*, London and New York：Routledge, 2005, p. 160.

⑤ C. R. Boxer, *Fildalgos in the Far East 1550 – 1770*, The Hague：Martinus Nijhoff, 1948, p. 4.

⑥ 外山卯三郎『南蛮船贸易史』、東京：東光出版株式会社、1943 年、295 頁。

⑦ Giles Milton, *Samurai William：The Englishman Who Opened Japan*, New York：Farrar, Straus and Giroux, 2002, p. 29.

中，1557 年的弗朗西斯科·马丁斯（Francisco Martins）是第一位有明确记载的大船长。

16 世纪 50 年代，航线上往往有多位大船长，而且管理混乱。博克舍记载道："1555 年，日本航线可能有两名大船长。"1556 年的情况更乱，当年 1 月 15 日，大船长李奥勒·德·苏萨在信中谈及："亲王多姆·路易斯（Dom Luis）阁下，请用我的日本航线特权换取 3 条其他航线特权。因为这里已经有两位大船长，算我在内，就有 3 人了。"①1555 年以前，大船长还未独享贸易权。航线上的走私船还很猖獗，走私额占总贸易额的 1/3，遂引起大船长不满。1555 年以后，葡王加大对海盗、走私者的打击及限制，情况开始有利于官方船。只不过大船长未在日本寻得固定港口，商人虽然自由，但不安全。1571 年，长崎成为葡船的固定停靠点，所有类型的日葡贸易都必须在长崎进行，大船长利益得到保障。

（三）葡商与澳门议会

范礼安在 1583 年记载道："16 世纪 80 年代，巨船每年从澳门装载价值 25 万—40 万库鲁扎多的货物（运往日本）。这些商品在日本售出后，可获利 50%。"② 如果 16 世纪末大船长的收入在 15 万—20 万两左右，那就还剩一半的利润被其他人分走。也就是说，巨船贸易的得益者并非大船长一人，还包括普通葡商、耶稣会，以及一些"从不露面"的官商（或称秘密商人，果阿总督、马六甲指挥官等人）③。耶稣会从利润中分得少部分，秘密商人也不一定每年参与贸易，这时大部分利润被普通葡商瓜分。普通葡商多为澳门市民（基本指葡籍白人），其在贸易中的作用不可忽视。葡商选出代表，加入澳门议会，争取权利。

1585 年，澳门葡人设市政厅，建立"市政会议制度"（葡语：Senado da Camara）。澳门贸易（包括中、葡商人参与的贸易）由议会统一管理。议员由民选代表和王室代表组成。简单地说，就是市民选出代表，代表提

---

① C. R. Boxer, *The Great Ship from Amacon*, Macau: Instituto Cultural de Macau, 1988, pp. 22 –23.

② 外山卯三郎『南蛮船貿易史』、東京：東光出版株式会社、1943 年、423 頁。

③ C. R. Boxer, *Portuguese Merchant and Missionaries in Feudal Japan*, *1543 – 1640*, London: Variorum Reprints, 1986, p. Ⅰ10.

名议员。议会由3名议员代表和1名秘书长主持，主要处理澳门的民政和财政。议员选举有时1年1次，有时3年1次。每逢重大决策，议会都要召开总会议（general council），大船长、宗教代表、议会代表和葡商代表都参加。虽然葡属果阿、马六甲、科钦等城市也有类似会议，但作用小得多，在那里果阿总督掌管一切。澳门设有海关，对过往船只收港口税，部分税收上缴葡王，其余用于市政建设①。

1586年，果阿总督多姆·杜阿特·德·门勒斯（Dom Duarte de Menezes）宣布王令，正式承认澳门议会，并授予司法权②。同时，葡王承认澳门享有与科钦、埃武拉等自治城市相同的地位和特权③。后来澳门不满足既得权力，向葡王提出享有与波尔图④同等的特权，但请求被驳回。

16世纪80年代，澳门议会权力膨胀。此时，日葡贸易正值高潮，利益分配不均导致议会与大船长产生矛盾。16世纪中后期，有人建议澳门设立专职总督。葡王暂未采纳建议，仍然让大船长兼任总督。1586年2月16日，议会再次提出设总督，以限制大船长特权。葡王迫于压力，设"临时指挥官制度"（葡语：Ouvidor），或称"临时总督制度"。制度规定，当大船长于每年8月离开澳门赴日通商时，设临时指挥官或总督，代行总督权力。指挥官由市民选出，任职期从旧船长离开至新船长到来。这样，澳门总督不至于长期空缺。1587年，大船长提高了澳门孤儿的遗产税，引起议会不满。同年2月，葡王派法官前往调查。在议会的请求下，葡王取消了大船长染指孤儿遗产的权力。1589年，议会宣布，失踪或已故澳门葡人的财产由议会管理，大船长无权顾问。不过，大船长拒不服从法令。1592年，议会（向葡王）控告大船长私吞孤儿财产，拟取消大船长在澳门的行政、司法权。议会还提出，如果需要，澳门可设立专职总

① John Villiers, "Silk and Silver: Macau, Manila and Trade in the China Seas in the Sixteenth Century", *A Lecture Delivered to the Hong Kong Branch of the Royal Asiatic Society at the Hong Kong Club*, 10 June 1980, p. 70.

② Carlos Augusto Montalto Jesus, *Historic Macao*, Hong Kong: Kelly & Walsh, 1902, p. 39.

③ 李庆新：《1550—1640年代澳门对东南亚贸易》，《广东社会科学》2004年第2期。

④ 葡萄牙本国的港口城市，拥有自治权。

督①。议会与大船长的矛盾达到白热化。1593 年，议会又提出建议，为了提高航线运作效率，禁止大船长在日本过冬。当时，葡王未给予明确答复。议会却以强硬姿态表示，如果大船长故意拖延时间，议会有权处罚他，甚至向王室法庭上诉，剥夺其特权。由此可见，大船长与澳门议会始终存在矛盾，他们都想控制澳门的权力。

二 巨船贸易客体

巨船贸易的客体即贸易商品，包括葡船运到日本的商品，以及葡船从日本运走的商品。葡商认为，日本人就像古希腊人，对新鲜事物抱有强烈好奇心。1569 年，信长召见传教士弗洛伊斯，弗氏参观了信长的城堡后，感叹道：

> 只要是和织田信长接触过的人，包括贵族、僧侣、平民以及商人，都知道他非常喜欢印度和欧洲商品。当看到信长拥有数量众多的异国商品时，我感到惊讶，甚至无法想象这些商品居然能被运到日本来。它们包括：猩红色号角、天鹅绒帽子、深红色缎子、科尔多瓦（Cordova）皮革、沙漏、日晷、烛台、中国毛皮长袍和长裙、各种精美玻璃制品，以及各色缎子等。还有很多东西我叫不出名字，即使他们告诉我，也无法一时记下。信长使用 20 个箱子来储藏这些异国商货。本来我想用欧洲商品取悦他，恐怕他什么都不缺，他几乎什么都见过了②。

虽然信长不代表所有日本人，但可以看出，通过贸易，日本人能够获得各种异国商品。在自由贸易阶段，葡船主要运来一些日本需要的生活用品及外国新奇物品，种类、数量都少。到了巨船贸易阶段，葡船运来种类繁多的商品，且每种的数量都很大。主要运入品有：枪支、火药、丝绸

---

① C. R. Boxer, *The Great Ship from Amacon*, Macau：Instituto Cultural de Macau, 1988, p. 56.

② C. R. Boxer, *The Christian Century in Japan 1549 – 1650*, Manchester：Carcanet Press, 1993, p. 95.

（生丝和丝织品）、南洋香料（丁香、豆蔻、胡椒、龙涎香等）、铅、红木、黄金、陶瓷、药材、硝石、水银、糖、胭脂和纺织品等。运进的商品多来自中国，以生活用品为主，奢侈品或欧洲货较少。

巨船从日本运走的商品有：白银、武器（武士刀、匕首、长矛、戟）、铜①、海产品、漆器、屏风、腌肉、小麦粉、造船材料（铁钉、铁片和木材）和日本奴隶等。运出商品中，白银的数量最多，其他商品只占小部分。

中国商品在日本市场普遍能卖到好价钱。16世纪末，一位不知姓名的西班牙商人记载了贸易商品的价格、数量及利润。博克舍、外山卯三郎等学者也提供了一些数据。现将各种数据进行统计，制作表2—1，供参考分析。

表2—1　　　　　　　　　　巨船贸易商品价格

商品名	数量	广东购入价（每担、匹）	日本售出价（每担、匹）	利润率（%）
白色生丝	500—600担	60两（白银）②	140—150两	130—150
彩色生丝	400—500担	上品140两	340—400两	140—190
		次品55—60两	100两	67—81
各种绢	1700—2000匹	1.1—1.4两	2.5—3两	111—127
黄金	3000—4000两	上品6.6—7两	8.3两	19—26
		5两	7.8两	56
水银③	150—200担	40—53两	90—92两	125—130
铅	2000担	3两	6.4两	113
锡	500—600担	15两	30两	100

① Angélica da Cruz Bernardo, Vânia Maria Siqueira Alves, "Da Missão Jesuítica Â Sua Expulsão No Japão Sob A Ótica Do Filme Silêncio", André Bueno, Everton Crema, Dulceli Tonet Estacheski, José Maria Neto, *Extremos Orientes*, Lisboa: Sobre Ontens, 2018, p. 20.

② 博克舍的记载为每担80两。

③ 另记载，水银的中国售价为每担30—40两白银，日本售价高达每担300两白银。参见 Yosaburo Takekoshi, *The Economic Aspects of the History of the Civilization of Japan*, Vol. 1, London: Routledge, 2004, p. 314.

续表

商品名	数量	广东购入价（每担、匹）	日本售出价（每担、匹）	利润率（％）
棉线	200—300 担	7 两	16—18 两	128—157
棉布	3000 匹	大匹每百担 28 两	50—54 两	79—93
		小匹每百担 12 两	23—24 两	92—100
		红色棉布 8.5 两	16—17 两	88—100
白粉（化妆品）	500 担	2.7—3 两	6.5—7 两	140—133
麝香	2 担	每斤 8 两	14—16 两	75—130
山归来	500—600 担	2.2 两	4—5 两	81—127
甘草	150 担	3 两	9—10 两	200—233
大黄	100 担	2.5 两	5 两	100
白砂糖	60—70 担	1.5 两	3—4.5 两	100—200
黑砂糖	150—200 担	0.4—0.6 两	4—6 两	900
陶、瓷器	2000 件	价格不一	2—3 倍	100—200
茯苓	500—600 担	1—1.1 两	4—5 两	300—350
鹿皮	—	上品每匹 20 两	60 两	200
		中品每匹 16 两	46 两	190
		下品每匹 8 两	20 两	150
红线	—	—	每斤 70 两	—
针	—	—	每根 7 厘（文）	—
铁锅	—	—	每口 1 两	—
胡椒	—	—	每担 10 两	—
象牙	—	—	每担 80 两	—
铸铁	—	—	每担 6 两	—
火药	—	—	每担 23 两	—
火枪	—	—	每支 20 两	—
沉香木	—	—	每担 6 两	—

资料来源：（1）C. R. Boxer, *The Great Ship from Amacon*, Macau：Instituto Cultural de Macau，1988，pp. 179 - 181. （2）C. R. Boxer, *The Christian Century in Japan 1549 - 1650*, Manchester：Carcanet Press, 1993, p. 109. （3）外山卯三郎『南蛮船貿易史』，東京：東光出版株式会社、1943年、427~428 頁。（4）刘鉴唐、张力主编：《中英关系系年要录》（公元 13 世纪—1760）第一卷，四川省社会科学院出版社 1989 年版，第 155 页。（5）Robert Kerr（ed.）, *A General History and Collection of Voyages and Travels*, Part Ⅱ, Book Ⅲ, Edinburgh：W. Blackwood；London：T. Cadell，1824, p. 16.

表2—1数据可以反映几个问题：首先，巨船运入品的数量巨大。少则几百担（匹），多则上千担（匹）。其中丝绸的数量最多，以生丝、绢为主，可见葡船运进日本的主要商品是丝。另外，黄金、中药、棉布的数量也很大。其次，商品品种繁多。小到绣花针，大到沉香木，各类商品都有。表中列举的主要商品就有几十种。最后，葡船货物的广州收购价与长崎销售价悬殊，利润在100%以上的商品就有二十来种，看来葡商擅长"贱买贵卖"。坎普菲尔曾经记载："葡商输入（日本）品的价格通常是成本价的两倍，将日本商品运走后，也能获得很高利润。"[1]

日本航线的商品并非一成不变，或一次就装载完成。如果航线起点从里斯本算起，那巨船需要多次交换、转载商品。大船长任职期间，一次航行通常只能使用一艘巨船，所以他总是希望巨船来、去都满载（有时超载）。

在里斯本，巨船装载一些欧洲货，如里亚尔银币（西班牙小银币）、佛兰德（比利时）钟表、橄榄油、葡萄酒、天鹅绒、红布等，大部分是亚洲葡贵的奢侈品。到达果阿后，巨船从印度装载棉布、棉线、羊毛布匹、水晶、玻璃制品、白银和象牙等商品，去换取中国货。离开果阿后，欧洲和印度货被运到柯钦。在那里，他们交换到珠宝、肉桂和胡椒[2]等商品。离开印度在马六甲停留时，如果需要，也会转载部分商品，如檀香、鲨鱼皮、鹿皮、樟脑、香料和香木等，这些都是东亚市场所需商品。

到达澳门后，巨船会休息几个月。在此期间，葡商定期参加"广州市集贸易"。在市集上，葡商用先前准备的商品，交换日本需要的商品，另外还用白银购买商品。葡商每年投入广州市集的资金达几十万两，甚至上百万两白银。所购商货主要被运往日本和印度。它们包括：各种生丝、绢布、鹿皮、铅、锡、水银、瓷器、药材、中国根雕、白糖和红糖等。葡商的投资经费基本来自巨船贸易的利润，里斯本和果阿几乎没有资金投入

① Engelbert Kaempfer, *Kaempfer's Japan: Tokugawa Culture Observed*, Edited, Translated, and Annotated by Beatrice M. Bodart-Bailey, Hawaii: University of Hawaii Press, 1999, p. 181.

② Christopher Howe, *The Origins of Japanese Trade Supremacy: Development and Technology in Asia from 1540 to the Pacific War*, Hong Kong: C. Hurst & Co. Ltd, 1999, p. 14.

广州的采购。彼特·芒迪①（Peter Mundy）在 1637 年统计："葡商每年投入 150 万两白银（相当于 100 万里亚尔银元），采购商品。"②

货物准备好后，葡商在澳门耐心等待适航天气。到达日本后，他们换得白银、刀、漆器、硫黄和屏风等商品。然后扬帆返航，路线与来航相同。返回澳门后，他们又用日本白银购得印度和欧洲需要的商品，如黄金、铜、象牙、瓷器、珍珠和丝绸等。回到果阿后，又在那里购得欧洲人需要的商品，比如：塔夫绸③、彩色无皱丝绸、精制或粗制黄铜、陶瓷、麝香、樟脑、朱砂、糖和家具等。他们还储备大量白银，用于下次采购④。博克舍记载道："待日本贸易完成后，葡船又将黄金、白银、丝绸、麝香、珍珠、象牙、木雕、陶瓷和漆器等商品运往果阿和里斯本。"⑤

三　澳门与长崎

将澳门与长崎开发成商港，是巨船贸易得以开展的重要条件。

（一）澳门的发展

葡船定期来往于中日后，澳门的发展加速。1582 年，《葡属印度城镇要塞图志》记载道："该居民点（澳门）在很短时间内迅速扩展，现在已有 2000 多户人，而葡人来此定居尚不足 20 年……以后，这个居民点必然继续扩大，因为它是由印度运往中国、日本和东方其他地区，以及由这些地区运回印度的所有货物所不可缺少的中转站。由于外国人纷纷到来，各类货物大量从中国其他省份涌向该地。结果，澳门这个居民点成为著名的商业基地，整个东方的各种货物都向这里汇集。由于这里进行的这种贸易，它的人口和规模在不断扩大，可以预料，它将很快成为那一带最富

---

① 彼特·芒迪是英国商人，曾经加入英国的威德尔船队，他们试图在中国沿海经商，但被驱逐。

② C. R. Boxer, *The Great Ship from Amacon*, Macau：Instituto Cultural de Macau, 1988, p. 6.

③ 塔夫绸又称塔夫塔或塔夫绢，是一种平纹丝织物。

④ Jonathan Porter, *Macau, the Imaginary City：Culture and Society, 1557 to the Present*, Boulder：Westview Press, 1996, p. 143.

⑤ C. R. Boxer, *Portuguese Merchant and Missionaries in Feudal Japan, 1543 - 1640*, London：Variorum Reprints, 1986, p. Ⅰ11.

庶、繁荣的城市之一。"①

相比其他葡属亚洲据点，澳门葡人相对较多。1582 年，利玛窦记载道："澳门有 10000 居民，其中有纯种葡人 400—500 人，另外还有中国人、日本人、印度人、黑人和混血儿。"② 16 世纪末，纯种葡人增至 600人。澳门的城市规模比孟加拉湾任何葡属据点都大。葡人占据澳门，是日葡贸易取得成功的重要原因。葡人异常看重澳门据点，不允许任何人染指此处的贸易，尤其是其贸易对象日本人③。若日本人能够在澳门购得中国货，澳门贸易必遭重创。还好，中日关系由于"倭寇"的原因处于敌对状态，葡商借口中国实行海禁，明确地拒绝日本商人来澳门。

其实，澳门的繁荣并非因为澳门物产丰富，而是由于其背后有中国这个巨大市场，而中国的窗口就在广州。澳门葡人的商业秘密就是"广州定期市集贸易"。此市集被明代郑舜功称为"卖麻街贸易"，也有学者称为"广州交易会"。"广交会"的称呼过于现代，用"定期市集贸易"来概括，较为稳妥。市集贸易始于 1554 年年底或 1555 年年初。1580 年以前，每年举行一次。1580 年后，每半年一次④。

传教士曾德昭曾描述道："中国商品都由广州运往各地，因为这里是中国最开放和最自由的交易市场。且不说中国邻国运走的各种货物，仅葡人从这里运往印度、日本和马尼拉的货物（数量）就令人瞠目。葡商每年运走 5300 箱丝绸，每箱 100 匹。另外还有天鹅绒、缎子和轻料（如半花缎、彩色单层线段）、金砖（250 块）、金锭（2200 块，每块重 12 盎司）、瓷盘、镀金器皿、糖、中国木材、大黄、麝香等，即便是长篇开列，也不能尽取其名。"⑤ 曾德昭的描述似乎有些夸张，不过

① 张廷茂：《澳门总督制缘起》，《文化杂志》2006 年总第 58 期。

② Warren I. Cohen, *East Asia at the Center: Four Thousand Years of Engagement with the World*, New York: Columbia University Press, 2000, p. 185.

③ Roderich Ptak, *China, the Portuguese, and the Nanyang: Oceans and Routes, Religions and Trades (c. 1000 – 1600)*, Aldershot: Ashgate, 2004, p. 66.

④ 关于广州市集贸易的具体分析，请参见汤开建、严忠明《明中后期广州交易会始末考》，《学术研究》2005 年第 5 期。

⑤ ［葡］曾德昭：《大中国志》，何高济译，上海古籍出版社 1998 年版，第 10—11 页。曾德昭是耶稣会传教士，他于 1613 年到达南京，1636 年返回欧洲，并在途中完成《大中国志》。

也反映了广州市集的繁荣，以及葡商强大的购买力。对于日本市场，葡商最初没有稳定的货源，但澳门据点建立后，情况就不一样了。叩关日本的美国将领培里曾说："建立澳门基地后，葡人便掌握了对日贸易的'黄金脊髓'。"①

（二）长崎开埠

自由贸易阶段，葡船一直在日本各港辗转。葡人可以挑选日本的任何港口停靠，这看起来似乎是一件好事，其实不然。互相竞争的大名对耶稣会和葡商来说，就像一把"双刃剑"。因为无论葡船停泊于何处，对其他大名都是一种刺激。一些未能获得贸易权的大名甚至骚扰、抢劫葡船。为了安全地开展贸易，葡人必须找到一个可以长期停靠的良港。另外，中国海吹来的台风，以及崎岖不平的九州海岸，都不利于笨重的巨船航行。装满货物的葡船很容易被恶劣天气吞噬②。由于没有可靠的航海图，葡船航行的困难是现代人不可想象的。特别在葡船靠港之时，如果不是良港，很可能会触礁，或被大风刮走。纵然日本的港口很多，葡商也可以自由选择任何地方，但各港口地形、地势的不同反而成为葡人负担。葡商和耶稣会一直在留意、寻觅日本良港。一般来说，耶稣会的活动范围较广，他们负责寻找良港。之后，商人们便会前往考察。如果都满意，就可向当地大名提出条件。

长崎最初不过是个渔村，称"深江浦（村）"③。16世纪五六十年代，葡船偶尔从长崎入港，《崎阳群谈》记载道："西南商船不期入港。"④ 1566年，有葡商指出，日本最好的港口是大村氏领内的长崎，此港口优于其他地方。1568年，耶稣会第一次访问长崎。报告提到："这里杂草丛生，居民还不了解基督教，这里是大名大村纯忠的领

①　Matthew Calbraith Perry, *Japan Opened: Compiled Chiefly from the Narrative of the American Expedition to Japan, in the Years 1852 – 1854*, London: The Religious Tract Society, 1858, p. 6.

②　C. R. Boxer, *The Christian Century in Japan 1549 – 1650*, Manchester: Carcanet Press, 1993, p. 98.

③　福地源一郎『長崎三百年間：外交変遷事情』、東京：博文館、1902年、1頁。

④　高淑娟・冯斌：《中日对外经济政策比较史纲——以封建末期贸易政策为中心》，清华大学出版社2003年版，第179页。

地。"① 1569 年，大船长曼努尔·特拉瓦索斯（Manuel Travassos）指挥巨船来到福田浦，耶稣会士告诉他，附近的长崎更适合靠岸。后来，葡商和耶稣会共同考察了长崎，认为此处海水较深，三面高山环抱，无风波之扰，地形很像里斯本，是天然良港②。同时，传教士加斯帕·维烈拉（Gaspar Vilela）已经在教化居民，以前佛教寺庙的土地上还建起了教堂③。1570 年，葡人再次来到这里，附近杂草已被清理干净，还多了农田，港内甚至铺设了街道。

关于长崎开埠具体在哪一年，各种史料有不同记载。有学者认为，长崎开埠为 1570 年。因为葡国巨船首次抵靠长崎的时间是 1570 年，曼努尔·特拉瓦索斯是当年的大船长。不过据传教士维烈拉分析，1570 年，特拉瓦索斯可能只是在回程途中经过长崎，稍作停留，是否停留易货，未有记载。还有学者认为，长崎开埠为 1571 年。即便特拉瓦索斯于 1570 年来到长崎，却没有开展贸易便离开了。1571 年，大船长特里斯桃·瓦滋·达·维佳（Tristao Vaz da Veiga）的巨船正式抵泊长崎，随即交易了商货④。日本史料记载道："长崎最初是西海边的小渔村。1570 年，葡船到此调查。1571 年，葡人来此经商。"⑤ 博克舍也记载道："1571 年，传教士梅尔切·德·费格雷多（Melchior de Figueiredo）带着葡商再次勘察长崎，并确定其为良港。葡商再也不用花费精力，到处觅港了。"⑥ 还有史料记载："1571 年，大村氏令家臣友永对马开设长崎为港口。港口建立以

---

① C. R. Boxer, *The Great Ship from Amacon*, Macau：Instituto Cultural de Macau, 1988, p. 34.

② Jonathan D. Spence, *Chinese Roundabout：Essays in History and Culture*, New York：W. W. Norton, 1992, p. 43.

③ 据耶稣会描述："1569 年，传教士加斯帕·维烈拉（Gaspar Vilela）被大村氏的家臣邀请，来到一个风景如画的小渔村（长崎）。维烈拉对长崎非常满意，立即与当地领主交涉。其间，大村氏的一些家臣皈依基督教。此时，葡船正徘徊于福田浦和平户，葡人时常遭反对者骚扰和袭击。同时，已经有基督徒逃到长崎避难。如果葡商来到这里，肯定会感到满意。"参见 C. R. Boxer, *The Christian Century in Japan 1549－1650*, Manchester：Carcanet Press, 1993, pp. 100－101。

④ Thomas McKelvey Cleaver, *Tidal Wave：From Leyte Gulf to Tokyo Bay*, New York：Osprey Publishing, 2018, p. 287.

⑤ 金井俊行编『長崎署史：増補長崎署史下卷4』、長崎：長崎市、1926 年、92 頁。

⑥ C. R. Boxer, *The Great Ship from Amacon*, Macau：Instituto Cultural de Macau, 1988, p. 35.

后，大村氏立即邀请各地商人前来贸易，并为他们修建店铺。"[1] 笔者认为，如果以是否交易了商品为标准，那长崎开埠应该是1571年。

（三）大村氏献土

1580年，肥前大名大村纯忠打算将长崎及附近的茂木地区献给（日语称"寄进"）耶稣会，作为日葡贸易的固定港口[2]。大村氏称："我等蒙传教士多方恩惠，为此将长崎及领内田地无保留地永久赠予巡察使（范礼安）……但所有入港船只必须向我们缴纳贸易税。"[3] 向外国人献土在日本罕见，其中原因值得分析。

第一，在众多基督教大名中，大村氏可谓狂热。从信仰角度来说，虔诚的基督徒向教会献土并不为过，欧洲也有类似情况（如丕平献土）。大村氏一开始就想把横濑浦献给耶稣会，但那里很快就被反基督教者捣毁。

第二，从商业上来看，大村氏一直渴望与葡商进行贸易，九州大名向来如此。1580年，传教士劳伦克·梅西亚（Lourenco Mexia）描述了九州大名之间的竞争："日本大名虽然各据一方，拥有众多土地，但大多数都不富裕。当葡船到来时，我无法形容他们那种喜悦之情，因为这意味着财富。"[4] 大村氏曾开放横濑浦、福田浦为贸易港口，从中尝到甜头。当上述两港被反对者破坏后，大村氏旋即开发长崎为港口，可见贸易诱惑之大。为了避免长崎被反对者破坏，以及保证贸易顺利开展，大村氏做出惊人的献土之举。也有学者认为，大村氏献土实属无奈，只有这样才能保证葡船每年到港，才能留住葡商。

第三，无论基督教大名还是"野蛮大名"，大名首先是日本的大名，其次才是基督教大名。所以大村氏可以在任何时候抛弃基督教，多数大名对封建权力的渴望大于对信仰的追求。大村氏献土是否出于宗教觉悟，我

① 長崎市小学校歴史研究団編：『教授資料としての長崎郷土史』、長崎：長崎市小学校歴史研究団、1923年、4頁。

② José Yamashiro, *Choque Luso No Japão Dos Séculos* XVI *e* XVII, São Paulo：Instituição Brasileira de Difusão Cultural, 1989, p. 100.

③ 朝日新聞社編『開国文化』、大阪：朝日新聞社、1929年、55頁。

④ C. R. Boxer, *The Great Ship from Amacon*, Macau：Instituto Cultural de Macau, 1988, p. 40.

们不得而知，但作为一方大名，他首先要维持其封建统治。战国末期，大名龙造寺隆信曾企图支配肥前地区，松浦、大村和有马氏等大名在与龙造寺氏的对抗中，常处于劣势。自长崎开埠以来，龙造寺氏时常骚扰港口。他屡次支持大村氏领内的反对派（西乡、深崛等人），骚扰长崎，还想控制甚至占领长崎。另外，松浦隆信也痛恨葡人曾抛弃平户。松浦、有马和龙造寺氏等大名的势力随时威胁着大村氏。为了防止对手袭击，以及便利地购置西洋武器（火器）。大村氏深思熟虑后，最终决定将长崎献给耶稣会，作为教会领地。在大村氏看来，献土可以达到"双赢"。通商不但带来财富，还能增强实力。如果长崎成为教领，葡人一定会捍卫长崎，甚至与大村氏共御外敌。虽然大村氏献出了长崎，但大名对自己领地的影响力不会减弱，也可以随时收回土地。因此，献土仅是一种姿态，实质是吸引葡船。

第四，另有说法，大村氏曾经向耶稣会借款，其抵押担保是长崎及附近地区[1]。由于不能按时还贷，只能献土[2]。但此说法缺乏确凿证据，仅是一种猜测。

对于大村氏的献土举动，耶稣会也曾矛盾过。一方面，耶稣会确实需要长崎，以此作为传教基地。传教士克劳迪奥·阿奎维瓦（Claudio Aquaviva）认为耶稣会应该接受献土，如果长崎成为教领，传教士和基督徒便可在此避难；另一方面，耶稣会发现献土行为在日本不常见，也害怕其中潜伏着危机。耶稣会亚洲总部曾经提出反对意见，他们害怕在日耶稣会被卷入大名之间的政治、军事斗争。1580年，范礼安谈及当时的考虑：

> 传教士的生命和耶稣会的财产在日本时刻受到威胁，日本人是好战民族，他们善于制造，也善于破坏。他们可以破坏自己的寺庙（佛教寺庙），在其眼中，无论什么神都得不到永久尊重。所有传教士都认定，为了保证葡人的安全及继续传教，应该接受献土。长崎港

---

① Yosaburo Takekoshi, *The Economic Aspects of the History of the Civilization of Japan*, Vol. 1, London: Routledge, 2004, p. 308.

② 福地源一郎『長崎三百年間：外交変遷事情』、東京：博文館、1902年、20～21頁。

是基督徒大村纯忠的领地，葡船每年固定来此通商。此地也是天然要塞，其他大名和领主不能轻易攻破。这里的日本人不会对传教士造成威胁，不然就得不到商品。总的来说，长崎似乎可以成为重要据点，在保护我们财产的同时，也可以作为临时避难所。另外，还有一个叫门司的要塞与这里连成一体，门司是大村和有马氏领地之间的一道天然大门，我们有必要取得其控制权。纯忠也极有可能将此地一同献给我们，只有这样，他才能保证贸易开展。作为回报，葡商每年支付1000 杜卡特（ducat）港口税，由我们和大村氏共享。大村氏用一部分税收维护门司的防御工事，剩下的分配给家臣。这种做法（大村献土）在欧洲人看来可能有些奇怪，但对当地耶稣会和传教士来说，是非常必要和重要的。在异国接受献土令人担忧，随着时间的推移，我们可能会采用两种办法解决这一问题。要么把土地归还给大村氏；要么将其交给罗马派来的主教管理。由于长崎距离印度或罗马非常遥远，在日耶稣会可以暂时代管。如果罗马派人接管，我们也会交出权力①。

因此，耶稣会最终认定，接受献土可以使传教大获方便，也能得到固定税收。基于此，耶稣会在 1580 年正式接收长崎及茂木地区。传教士劳伦克·梅西亚自信地说："有马氏、大村氏今年会受到主的特别优待。"②在耶稣会的建议和安排下，大船长多姆·米格尔·达·伽马的巨船于当年来到长崎，单独与大村氏开展贸易活动。长崎归属耶稣会后，建起400 套房屋，街道变得更宽，人也越来越多。同时，耶稣会发觉他们并非这里真正的主人，因为教会没有获得长崎的司法权，不能在此宣判死刑，以前的领主就有此权力。还好，耶稣会并未在意这点。只要耶稣会每年将部分港口税交给大村氏，他便会协助耶稣会，控制领民。

长崎开埠后，京都、堺的商人也来此做生意，长崎渐为繁盛。据

---

① C. R. Boxer, *The Christian Century in Japan 1549 – 1650*, Manchester: Carcanet Press, 1993, pp. 100 – 101.

② C. R. Boxer, *The Great Ship from Amacon*, Macau: Instituto Cultural de Macau, 1988, pp. 40 – 42.

《丝乱记》描述："长崎周围的山较高，景色宜人，可称日本第一港。"[①]有学者提到，1572 年长崎已有居民 3000 人[②]。基于长崎的发展，大村氏成为日本最富有的大名之一。1583 年，巨船再次到达长崎，来过的葡商发现街道又变宽了，新来的葡商则感叹港口的繁荣与和谐。1584 年，长崎经历火灾，但富有的商人迅速重建城市。据弗洛伊斯描述："虽然长崎以前是小渔村，但在大村氏、耶稣会和葡商的共同维护下，变得越来越大，越来越繁荣。巨船每年从这里带走 50 万库鲁扎多白银。日本各地商人都来此交易，很多商人在这里购房、定居。另外，长崎属于教会领地，每年有 300 多人在此洗礼。由于商业繁荣，长崎人生活富裕。即便是普通平民，也穿着贵族才能享用的衣服。长崎基督徒还非常虔诚，主动捐款修教堂。"[③] 葡船、教堂、商人和传教士象征着当时长崎的风情，外来文化通过这个窗口涌进日本，这里甚至被葡人称为"世界第一港口"。还有学者认为，随着基督教的广泛传播，长崎几乎成为葡萄牙的半殖民地。

（四）其他港口

1571 年以后，葡船几乎每年都开赴长崎，很少光顾其他日本港口。

长崎的繁荣令其他大名嫉妒，特别是九州大名。虽然他们想方设法引诱葡船，争夺对葡通商权，但葡船很少改变目的地。1581 年，弗洛伊斯在越前国北庄城堡谒见大名高山右近。当时，他还见到另一个有实力的大名——柴田胜家。柴田氏想邀请葡商到其领地通商，遂委托耶稣会从中斡旋。作为回报，柴田氏许诺向耶稣会提供 1 万—2 万两白银的活动经费，不过弗洛伊斯委婉地拒绝了请求。他向柴田氏解释，葡商现在只想去长崎。1587 年，肥后大名八代氏也请求与葡人通商，希望葡船从堺入港，但葡船仍然选择了长崎[④]。

1571 年以后，葡船仅有几次前往长崎以外的港口。1579 年，有马氏皈依天主教。耶稣会诱使大船长雷奥勒·德·布里托（Leonel de Brito）

---

① 国書刊行会編『德川時代商業叢書』1、東京：国書刊行会、1914 年、9 頁。

② Neil Pedlar, *The Imported Pioneers, Westerners Who Helped Build Modern Japan*, New York：Palgrave Macmillan, 1991, p. 34.

③ C. R. Boxer, *The Great Ship from Amacon*, Macau：Instituto Cultural de Macau, 1988, p. 48.

④ 『岩波講座日本歴史 9（近世 1）』、東京：岩波書店、1975 年、204 頁。

前往口之津，开市交易，以褒奖有马氏的虔诚①。1584年，萨摩的岛津氏与其他大名展开混战，战争波及长崎。出于安全考虑，大船长多明戈斯·蒙特罗（Domingos Monteiro）率巨船前往平户避难，这是葡船离开平户21年后，重返松浦氏的领地。当然，耶稣会坚决反对此行，建议他们另选港口，但遭到拒绝。1586年，葡船再次开赴平户。葡船停泊于平户，要缴纳20%的港口税及10%的货税②。平户的天然条件虽不如长崎，不过造船、修船业发达，工匠较多，便于维护。

四 巨船与航线

（一）巨船

若要提及日葡贸易中的葡国巨船，有必要先了解中世纪欧洲航船简史。

中世纪，欧洲造船业较发达的地区集中于地中海和北欧。欧洲航船主要分商船、军舰和商业军事混用船三种类型。14—15世纪，罗盘、火器等技术被应用到造船中。当时，西、葡造船业有长足进步。中世纪欧洲的船型主要有：卡拉维尔船、牢船、伽俐船和克格船。

卡拉维尔船（caravelle，caravel）最早出现于伊比利亚半岛，实用性强，吨位不大，能在各种港口停靠。其船帆为三角或四角形，一般有两根桅杆（船首、尾各一根）③。这种船通常有20—30米长，能够抵御不太猛烈的风暴。威尼斯旅行家卡达莫斯托（Cadamosto）认为："卡拉维尔船是葡萄牙最优质的船。"④

牢船在葡语中被称为nau，中文译为"纳渥船"或"勒夫船"⑤。牢

---

① J. F. Moran, *The Japanese and the Jesuits*：*Alessandro Valignano in Sixteenth Century Japan*, London and New York：Routledge, 2004, p. 1.

② Yosaburo Takekoshi, *The Economic Aspects of the History of the Civilization of Japan*, *Vol.1*, London：Routledge, 2004, p. 304.

③ Kendall F. Haven, *100 Greatest Science Inventions of All Time*, Westport：Libraries Unlimited, 2006, pp. 45－46.

④ Christopher Howe, *The Origins of Japanese Trade Supremacy*：*Development and Technology in Asia from 1540 to the Pacific War*, Hong Kong：C. Hurst & Co. Ltd, 1999, p. 9.

⑤ David Hackett Fischer, *Champlain's Dream*, New York：Simon & Schuster, 2008, p. 620.

船历史悠久，使用广泛。牢船由欧洲人发明建造，是帆船的一种。它一般有 2—3 层（或更多层）甲板，船尾的甲板较高。船帆为三角形，非常大。牢船中央有一根粗壮的主桅杆，船尾桅杆较小，后期牢船发展到 3 根桅杆[①]。牢船主要用于运输，属于商船。

另一种常见帆船叫伽俐船（葡语称 galeao 或 galeota，英语称 galleon）。其船幅（宽度）较窄，龙骨[②]比牢船长[③]。最初的伽俐船仅有一层甲板，两个船舷[④]，后来发展到两层甲板。伽俐船的桅杆变化较大，从 1 根到 4 根不等。船帆为三角形。初期伽俐船为中、小型船，后来逐渐发展成大船，甚至巨船。其桅杆设有"樯楼"（英语称"control top"或"fighting top"，日语称"戰鬥樯樓"）[⑤]。樯楼上安排一名观察员或指挥员，主要任务是观察海面情况，且配备火枪，以防不测。在地中海西面，伽俐船较多。它既可以用作商船，也能改装成军舰。

如果按照驱动原理简单地区分牢船和伽俐船，那前者是帆船（segelschiff），后者是帆船和桡船（ruderschiff）的综合体。牢船主要依靠风力推进；伽俐船可以用帆，也可用桨。其实，两者都是有帆的船，只不过牢船更依赖天气。无风之时，牢船宁可停靠，也不使用桨手，估计牢船配备的桨手太少，或者牢船太大，无力划动。伽俐船配备巨大的船桨，3 名船员可划动一桨，一艘伽俐船通常有 25 名桨手。军用伽俐船有更多桨手，因为船上有足够的士兵和水手。欧洲国家开展探险、殖民运动以来，伽俐船的桨手多来自殖民地或被征服地区的奴隶、战俘。

北欧的常用帆船叫克格船。其外观呈弓形，类似于地中海的重型帆船。克格船的设计源自西欧，发展独树一帜。13 世纪，北欧便出现了克格船。14 世纪，克格船被北欧人广泛应用于远洋航行。船的中央有一根巨大桅杆，其船帆呈方形，与牢船、伽俐船的三角帆有明显不同。西欧人

---

① K. M. Mathew, *History of the Portuguese Navigation in India，1497 – 1600*，New Delhi：Mittal Publication，1988，p. 289.

② 龙骨位于船底部，是连接船首柱和尾柱的一个纵向构件。造船首先要造龙骨。

③ Carl Thompson, *Shipwreck in Art and Literature：Images and Interpretations from Antiquity to the Present Day*，New York and London：Routledge，2013，p. 75.

④ 船的主甲板与船边侧板相连接的部分。

⑤ 这是军舰的重要组成部分，即主桅杆顶端的指挥塔。

也称克格船为"大帆船"，英语称carrack，carraca或caraque，荷兰语称kraek①。克格船常用作商船。此外，北欧还有一种"霍克船"（holk），其使用不及克格船广泛。

15—16世纪，随着地理大发现和殖民活动的开展，欧洲帆船越造越大，种类越来越多。其功能逐渐分开，向两个方向发展，一是军用，二是商用。

当时的欧洲军舰已经装备火器。15世纪末，火炮被搬上军舰，船两侧凿出火炮口，其口径越扩越大。16世纪中期，英国战舰"古雷特·哈利号"（グレイト・ハーリイ）是新型战舰的代表，此舰有1000吨的排水量，可载340人，配备19门火炮，106门加农炮②。1585年，西班牙造出第一艘铁甲船"德·里奥·贝尔奇加号"（デ・レオネ・ベルギイカ）③。在所有的欧洲帆船中，伽俐船的改装最为成功。大部分欧洲战舰都由其改装而来，伽俐船风格的大、小军舰随处可见。伽俐船的吨位一般在600吨左右。西班牙和英国人非常信任这种船的性能。16世纪，欧洲商船也快速发展。弗雷加特船（*fregatte*）是一种在地中海常见的商船。弗雷加特船最初为小型船，轻、快是其显著优势。后来，为了装载更多货物，弗雷加特船逐渐发展成大型帆船。除此之外，欧洲还出现了"科尔威特船"（*korvette*），也是一种商船。在欧洲，发展最迅速、改造最成功的商船应该是牢船。葡人到达亚洲后，牢船用于载货，且越造越大。当时，葡制牢船是世上少有的巨型商船。16世纪末，欧洲最成功的两种船——牢船和伽俐船的设计、使用逐渐融合，两种船都可使用船帆和桨手，均适用于商业和军事。

15世纪末至16世纪初，大量葡船来到亚洲，有关东印度葡船的记载非常多，但称呼混乱。经研究和统计得知，由葡萄牙驶向印度的航船多为牢船和伽俐船④。抵日葡船以牢船为主，也有少量伽俐船。

---

① Evan T. Jones, Richard Stone, *The World of the Newport Medieval Ship：Trade，Politics and Shipping in the Mid-Fifteenth Century*，Cardiff：University of Wales Press，2018，p. 43.

② 火炮（加农炮）最早出现于14世纪。到16世纪时，欧洲人称身管较长的炮为加农炮。

③ 外山卯三郎『南蛮船貿易史』、東京：東光出版株式会社、1943年、189頁。

④ Hugh Tinker, *South Asia：A Short History*，Honolulu：University of Hawaii Press，1990，p. 84.

葡人最初来到亚洲之时，并没有使用大型或巨型商船。葡国牢船多为中、小吨位。后来，牢船逐渐变大。其吨位升级，主要是因为：葡人在亚洲的贸易活动增多，需要更大的船来装载更多货物；小型商船如果装满货物，就不能装备充足的火器、弹药，因此防御能力减弱。吨位增加，则可提高战斗力。这在缺少热兵器的亚洲，至关重要；葡人为了显示武力强大，震慑亚洲人，需要巨大的帆船，造成视觉冲击。据外山卯三郎记载，第一艘大型牢船到达日本的时间是 1546 年。

葡国伽俐船来到亚洲后，则向军舰发展。其实，伽俐船的建造可大可小。如果注重火炮威力，其吨位可以加大，装载更多的火炮弹药。如果注重机动性，可减小吨位，突出轻快特点。16 世纪初期，葡国伽俐船普遍偏大，因为亚洲船少有火炮。为了突出火力优势，越造越大。葡国伽俐船出现在亚洲的最早记录是 1519 年，当时有 3 艘伽俐船到达印度洋。1525 年，葡属印度始造伽俐船。据记载，1525 年的葡属印度建造了 5 艘小吨位（50 吨吨位）伽俐船①。1565 年，抵泊福田浦的葡船就是一艘伽俐船。

纵观西欧航船简史后，再来分析日葡贸易中出现的巨船，便有了清晰脉络。

16 世纪，开展日葡贸易重要条件之一就是拥有巨船。葡人称之为"nao、nau"或"nao do trato"，主要指巨大的牢船。英语中没有与"nao"对应的单词，通常用"great ship"来解释"nao"，突出其吨位的巨大。英国和荷兰人还用"carrack"代替葡语单词"nao"。西班牙语中对应的单词是"carraca"。英、荷、西（班牙）人的称呼不太准确，因为"carrack"的原型为北欧克格船，葡人很少建造这种船。日语称欧洲大船为"黑船"（日本平假名为くろふね），因为其（特别是葡船）船身被涂上黑色沥青，"黑"就是指船外壳的颜色，另外还被理解成笨重的大帆船②。黑船给日本人留下了深刻印象，想必当时的日本艺术家熟悉这种船，所以黑船频繁地出现在日式南蛮屏风上（屏风画是日本特色商品）。另外，日

---

① 外山卯三郎『南蛮船貿易史』、東京：東光出版株式会社、1943 年、205 頁。

② 日本船一般涂红色。参见金井俊行编『長崎署史：増補長崎署史下卷 4』、長崎：長崎市、1926 年、91 頁。

本人还称"黑船"为"定期船"，因为其每年都在相对固定的时间到达澳门、长崎①。中文文献称 16 世纪的葡船为"纳渥船"或"牢船"，仅突出其船型。

学者们对葡国巨船的定义也不统一。博克舍认为："它是一种商用船，船梁宽而厚，船头（或称船头船楼，英语为 forecastle）和船尾（或称船尾楼，英语为 hoop）较高。"② 传教士弗洛伊斯描述道："巨船是葡人在东印度航海时大量使用的三樯帆船，船腹安装了大炮。"③ 外山卯三郎认为："1542—1555 年，葡人开展贸易时，有时使用中国帆船，有时使用 400 吨左右的葡国牢船。1555—1618 年，葡王控制日本航线，赴日葡船主要是 500—1000 吨左右的牢船。"④

由此可见，各文献对葡国巨型帆船的翻译解释都不准确、不完善。首先，在日葡贸易中，巨大的帆船有牢船和伽俐船两种，但主要以牢船为主。其次，16 世纪末，牢船、伽俐船逐渐融合。多数人不能准确指出巨型葡船的船型和功能，它到底是商船还是军舰，很难判断。由此可见，对巨型葡船的中文翻译一定要慎重。笔者认为，大船长制度建立后，特别是长崎开埠后，赴日葡船基本是商用帆船，船型以"牢船"为主，且吨位巨大，遂可简称为"巨船"。虽然"巨船"还不能十分准确地概括葡船的特点，但至少这种翻译不会让读者感觉混乱。

巨船最主要的特点是吨位大，葡国学者科特·李尔（Corte Real）戏称巨船为"木头山"⑤。1540 年以前，巨船吨位都在 400 吨以下。葡王多姆·约翰三世统治时期，巨船吨位发展到 800—900 吨。而且巨船还经常超载，因此航行能力受到影响。巨船的优点就是装货多，其他性能都不出众。1570 年，葡王多姆·塞巴斯蒂安颁布"巨船限制令"，规定葡属印度制造的巨船必须控制在 300—450 吨。虽然巨船的装载能力受限，但法令推行后，

① 岩生成一『日本の歴史・14・鎖国』、東京：中央公論社、1968 年、159 頁。
② C. R. Boxer, *Fildalgos in the Far East 1550 – 1770*, The Hague：Martinus Nijhoff, 1948, pp. 12 – 13.
③ ［葡］路易斯·弗洛伊斯：《日欧比较文化》，范勇、张思齐译，商务印书馆 1992 年版，第 97 页。
④ 外山卯三郎『南蛮船貿易史』、東京：東光出版株式会社、1943 年、210～212 頁。
⑤ C. R. Boxer, *Fildalgos in the Far East 1550 – 1770*, The Hague：Martinus Nijhoff, 1948, p. 14.

事故明显减少。塞巴斯蒂安统治期间，巨船从未因超载而出事。西葡合并时期（1580—1640），国王对巨船吨位的限制有所松懈。虽然葡属印度每年只建造 2—3 艘巨船，但每艘的吨位都超过 1000 吨。此前，他们每年建造 5—6 艘 300—400 吨的巨船。吨位增加后，事故率也随之上升。据塞维里姆·德·法利拉（Severim de Faria）统计，1591—1592 年，共有 22 艘葡船（包括 17 艘巨船）离开印度，但只有 2 艘安全返回里斯本①。据日本文献记载，1609 年的巨船"马德里·德·德乌斯号"（Madre de Deus，以下简称"德乌斯号"）长 48 间②、宽 18 间，吃水线上高 9 间、桅高 48 间。"德乌斯号"装载了 2600 担生丝，价值 80000 库鲁扎多③。1622—1635 年，葡国海军将领若昂·皮雷拉·科特·李尔（Joao Pereira Corte Real）劝说国王重申"1570 年巨船限制令"，但其建议未被采纳。此前，巨船很少超过 600 吨，现在基本都在 800—900 吨，有些甚至达到 1200 吨。巨船"圣·特里萨号"（Santa Tereza）就以千吨吨位闻名。1639 年，笨重的"圣·特里萨号"被荷兰军舰击沉。印度建造的"圣·克鲁兹号"是巨船中的冠军，吨位达 1600 吨，可载 1000 人，被称为"像城堡一样大的船"。荷兰探险家林奇顿自称在 1589 年乘坐过这些船。

航行能力最强、质量最好的巨船在葡属印度制造，果阿、大茂（damao）、巴辛和科钦都是著名的造船基地。巴辛和科钦的名气最大，那里盛产柚木，用其制造的巨船质量上乘。柚木不但经久耐用，还可以防虫蛀。里斯本和波尔图（Oporto or Porto）也建造巨船，造船木料为松木。松木不及马拉巴尔海岸（印度西南部沿海地区）的柚木结实，所以巨船多在印度制造。其实，西属菲律宾的造船情况也和葡属印度类似，菲律宾帆船的质量普遍好过西班牙本土建造的船只。即便是菲律宾能够造出好船，西班牙人也偏爱印度建造的葡船，只不过他们很难买到葡船。1618年，马尼拉一份航海资料提到了质量上乘的巨船："23 年前，印度制造了'圣·罗伦科号'（Sao Lourenco）巨船。船有 3 层甲板，特别有一层结实

---

① C. R. Boxer, *Fildalgos in the Far East 1550 – 1770*, The Hague：Martinus Nijhoff, 1948, p. 13.

② 间是日本的度量单位，亦写作寻，为 1.6—1.8 米。

③ 外山卯三郎『南蛮船貿易史』、東京：東光出版株式会社、1943 年、483 頁。

的前甲板和一层后甲板。此船质量上乘，经久耐用。"① 印度巨船不但比同吨位的菲律宾船便宜，使用寿命也更长，这得益于柚木的结实耐用。巨船"辛科·查加斯号"（*Cinco Chagas*）由果阿总督多姆·康斯坦提诺·德·布拉加扎（Dom Constantino de Braganza）下令建造，该船充分显示了用柚木造船的优点。1560—1584 年，"辛科·查加斯号"往返印度、葡萄牙 8 次，足以说明其质量上乘。

巨船造价昂贵，一般来说，仅有葡王、贵族或豪商才有实力购买它。对于大船长来说，巨船是完成贸易的必要条件。一些大船长有自己的巨船，若没有，只能租用，但需贵族或豪商担保。如果租借者要使用船上的装备，还需另付租金。到达澳门后，大船长可以继续使用巨船，也可改用

图 2—1　16—17 世纪日本南蛮屏风中的葡萄牙巨船（黑船）

资料来源：谷歌地图，http：//www. google. com. hk/imglanding，神户市立博物馆藏。

---

① C. R. Boxer, *Fildalgos in the Far East 1550 – 1770*, The Hague：Martinus Nijhoff, 1948, p. 14.

其他船赴日经商。1560 年，大船长曼努尔·德·门多卡（Manuel de Men-
donca）就改用 2 艘普通船，开赴日本①。葡王还规定，即便使用其他船，
也不能超过一艘，如果违反，就要罚款。多数大船长全程都使用巨船，因
为其装载能力最强。由于巨船造价不菲，又装满商货，所以成为各港重点
保护的对象。

（二）航行线路和时间

日葡贸易的标准航行线路为：果阿—澳门—长崎—澳门—果阿。整条
航线距离远、时间长，受天气影响大，而且路途艰辛。

葡国巨船通常在每年 4 月或 5 月离开果阿，乘季风驶向马六甲，果阿
到马六甲只需 1 个月。若需要，巨船会在马六甲装载或转载商品。有时巨
船仅在马六甲停留，并不装卸商货。在马六甲的停留时间一般为 1 个月。
从马六甲起航的时间通常为 6 月，7 月便可到达澳门。

巨船到达澳门后，会停留较长时间。学者道齐（Dodge）认为：“巨
船会在澳门停留 10—12 个月。”② 沙忽略在信件中提到：“巨船在澳门停
留 1 年时间，大概第二年 8 月到达日本。”③ 葡人乔达·德·弗雷伊塔斯
（ジヨルダン・デ・フレイタス）记载道：“葡船通常于 7、8 月份到达澳
门，由于他们在那里等待第二年 5 月的季风，所以需在澳门停留 9—10 个
月时间。”④ 也就是说，葡商、葡船通常会在澳门过冬。这期间，正好从
广东进货。完成采购后，于次年 5—7 月随西南季风驶向长崎。

从澳门到日本，必须经过南中国海。起航时间看天气情况，航行时间
为 2—4 周。学者朝尾直弘认为：“澳门到长崎需要 20—30 天左右。如果
顺利，十多天也能到达。”⑤ 1583 年，弗洛伊斯在信件中提到：“从澳门

---

① Lucio De Sousa, *The Portuguese Slave Trade in Early Modern Japan*：*Merchants*，*Jesuits and Jap-
anese*，*Chinese*，*and Korean Slaves*，Leiden：Brill，2019，p. 25.

② Christopher Howe, *The Origins of Japanese Trade Supremacy*：*Development and Technology in
Asia from 1540 to the Pacific War*，Hong Kong：C. Hurst & Co. Ltd，1999，p. 13.

③ 外山卯三郎『南蛮船貿易史』、東京：東光出版株式会社、1943 年、149 頁。

④ 外山卯三郎『南蛮船貿易史』、東京：東光出版株式会社、1943 年、154 頁。

⑤ 据英国商馆指挥官科克斯记载：“如果从澳门前往平户，航行时间为 13 天。”参见 Rich-
ard Cocks, *Diary of Richard Cocks*，*Cape-Merchant in the English Factory in Japan*（*1615 – 1622*）*Volume
2*，London：Hakluyt，2005，p. 12。

到日本通常仅需 15—20 天，但上帝今年补偿了葡人，因为他们去年未能安全抵日（巨船在台湾海峡遭遇台风），这次他们仅花费 12 天便到达日本。"①

到达日本后，巨船会沿着海岸前进，一般要经过九州的丰后和肥前，最后到达长崎。葡船通常在日本停留 3—4 个月。从长崎返航的最佳时期是当年 11 月到次年 3 月，其间的东北季风最适合航行。

返回澳门的葡船通常停留一到两个月。葡商利用这段时间，在澳门采购印度、欧洲需要的商品，以及下次日本贸易所需商品。此时已经是春天，葡船乘着印度洋的东南季风返回果阿。从长崎返回果阿的时间不长，仅需四五个月。

由此看来，巨船完成一次航行总共需要 2—3 年。沙忽略说道："整个航行需时 17 个月。"② 朝尾直弘认为："在顺利情况下，巨船航行一次（果阿—长崎—果阿）需要 22—24 个月。"③ 弗雷伊塔斯曾道："如果 11 月从日本发信，第三年的 7 月才能收到回信。曾有人于 1556 年 4 月从日本寄出信件，结果在 1558 年 2 月才收到回信，这次往返书信历时 22 个月。"④

总的来说，由于季风对航行影响很大，也有学者称巨船贸易为"葡萄牙季风贸易"⑤。还有学者用"卡雷拉"（Carreira）指代日葡贸易的季风航行⑥。

（三）船员和航海工具

正常情况下，一艘葡船配备一名领航员，但巨船通常有两名或多名领航员，即总领航员和领航员（pilot-major or pilot）。葡人向来重视领航员

---

① C. R. Boxer, *The Great Ship from Amacon*, Macau: Instituto Cultural de Macau, 1988, p. 45；外山卯三郎『南蛮船貿易史』、東京：東光出版株式会社、1943 年、154 頁。

② 外山卯三郎『南蛮船貿易史』、東京：東光出版株式会社、1943 年、149 頁。

③ 李小白：《16—17 世纪耶稣会在日本的贸易活动》，《东北师大学报》2003 年第 4 期。

④ 外山卯三郎『南蛮船貿易史』、東京：東光出版株式会社、1943 年、150 頁。

⑤ John McManners, *The Oxford History of Christianity*, Oxford: Oxford University Press, 1993, p. 330.

⑥ Christopher Howe, *The Origins of Japanese Trade Supremacy: Development and Technology in Asia from 1540 to the Pacific War*, Hong Kong: C. Hurst & Co. Ltd, 1999, p. 13.

的作用，他们通常出身高贵，受过良好教育，都是技术过硬的航海专家。1622年，一位英国海员在其航海日志中写道：

> 在领航和掌舵上，西、葡人超出其他欧洲人。我的意思是，他们对领航和掌舵异常重视，并认为细心地领航和掌舵最重要。我认为英、荷海员应该学习他们的敬业精神。在葡船上的很多地方，比如甲板一半或四分之一的地方都安放有座位或椅子，这是为领航员或大副准备的。无论白天、黑夜，他们一直在观察海面和指南针，视线从不转移，责任心极强。仅从这点，我们就可以分辨出领航员的好坏①。

16世纪，葡萄牙的航海技术虽有发展，且在当时处于领先，但相比现代航海术，仍显落后。船员能够使用的航海仪器很少，仅限指南针、星盘和十字测天仪（Jacob's staff）等，那时还没有六分仪和望远镜。他们通常缺少水位图或航海图，甚至连地图也没有。航海者主要靠经验和胆识开展海上活动，他们使用最多的是"航海手册"（葡语称 roteiros，法语称 routier，英语称 rutter）。手册内容包括：航海规章，海图、海岸线图、锚的使用（方法），以及浅滩、深海、常见风暴、洋流等自然现象的记录。其中对恶劣天气的记载最为详细，这对航行的帮助最大。到了16世纪50年代，葡船已经在中国海航行了30年左右，在日本周围也活动了六七年。葡人积累了宝贵经验，知道在何时、何地开展航行最安全。于是航海者将这些经验记录下来，以便后人所用。

（四）航行环境

在航行中，葡船受天气影响最大。因为当时的航船以帆船为主，大多时候只能依靠季风前进。葡人比较熟悉欧洲到印度的航线，所以较为准确地把握了印度洋的天气。不过，到达中国海后，葡船经常遭遇其他海域未见过的天气。当时，一位资深的葡国领航员描述了中国海的天气："我们知道台风（typhoon）可能是一个中国词，葡人直接使用了这个词的发音

---

① C. R. Boxer, *The Christian Century in Japan 1549 – 1650*, Manchester：Carcanet Press, 1993, p. 123.

和意义。台风指一种强烈风暴，在中国海航行时，时常会遇到这种天气。台风不是固定地从海上某处吹来，而是从四面八方扑来，且来势汹汹。据经验丰富的船员总结，中国海的台风与印度洋的风暴完全是两个概念，船长、领航员和船员必须高度重视。我们有必要择日起航，毕竟在平静的海面航行要安全得多。"[1] 1614 年，英国船长萨利斯记载道："若在中国海航行，11 月至次年 3 月受北风影响，4—5 月为雨季，风向不定，6—9 月吹（西）南风，10—11 月的风向很难判断。"[2] 由此可见，对于欧洲人来说，他们尚不熟悉中国海的天气，航行难度随之加大。

另外，亚洲海盗也对葡船构成威胁。虽然葡方有强大的火力，但亚洲海盗数量众多，况且更熟悉亚洲海域。若双方交战，葡人并不占优势。

还有，葡船上的环境也恶劣。日本处于世界最东，日葡航线的航行时间相当长。依现代卫生标准来看，当时航船上的条件极差，而且粮食和饮用水有限，需要随时补给。长时间面对大海或待在船上，对人的意志也是一种考验，船员乘客如何熬过寂寞、孤单的远洋航行，令现代人难以想象。

据记载，1497—1630 年，葡萄牙共派出 804 艘航船前往东方，只有425 艘成功返回欧洲；285 艘停泊于印度港口，等待维护、维修；95 艘失事或报废[3]。这里收集了一些葡船的航行记录，从中可以观察当时中国海的恶劣天气，以及航行的艰难程度。

1546 年，葡船船长乔治·阿尔瓦勒斯描述道："日本萨摩湾常有暴风，气候变化频繁。而且日本海周围常有海盗出没，很多船只都遭到抢劫。"1551 年，杜阿特·达·伽马的葡船遭遇台风袭击，费劳·门德斯·平托对遇难情况做了详细记载。1554 年，沙忽略提到："果阿到日本有13000 多海里，途中经常遭遇风暴、暗礁和海盗。"1555 年，弗洛伊斯在信件中提到："前往日本的航行最危险，因为其航线最长，且经常遇到风

① C. R. Boxer, *Fildalgos in the Far East 1550 – 1770*, The Hague: Martinus Nijhoff, 1948, p. 26.

② A. J. R. Russell-Wood, *The Portuguese Empire, 1415 – 1808: A World on the Move*, Baltimore: The Johns Hopkins University Press, 1998, pp. 37 – 38.

③ 外山卯三郎『南蛮船貿易史』、東京：東光出版株式会社、1943 年、141 頁。

暴。"① 1560 年 10 月，曼努尔·德·门多卡的帆船从平户出发，打算返回澳门。航行 12 天后，他们遭遇台风袭击。葡船被迫在海南岛停留 7 天，并在那里修复了被风吹断的桅杆。回到印度后，该船乘客——传教士巴尔塔扎尔·加果（バルタザール·ガーゴ）记载了遇险过程。1573 年，大船长多姆·安东尼奥·德·维荷拉（Dom Antonio de Vihena）率船抵日，乘客为选择港口发生争执②。葡商建议将船开到丰后，因为大友氏需要武器。传教士则主张去肥前，当时正值 7 月底，台风肆虐，前往肥前的话，相对安全。7 月 21 日早晨，双方还在为目的地争吵时，台风袭击了巨船③。最后，仅有几名阿拉伯人幸存。1574 年 7 月，巨船"圣·克鲁兹号"从澳门开赴日本。该船在台湾海峡遭遇风暴，船的龙骨受损，主桅杆也被折断。由于未伤及关键部位，最终艰难抵达日本海岸。回到澳门后，船上乘客传教士弗朗西斯科·皮雷斯（ペーレス）在书信中描述了事件过程。1578 年 7 月，一艘澳门葡船驶向日本，其在途中遭遇平均时速为 50 海里的飓风，船的前桅杆被折断。葡船随风漂流至朝鲜沿岸，当地人并不友好，极力驱逐葡人④。葡船不敢靠岸，熬过数日的饥饿、恐慌后，终于抵达平户附近的雪岛。另一名乘客传教士安东尼奥·布雷勒斯奇诺（ブレネスチーノ）亦在 1578 年的书信中记载了该事件。

令人奇怪的是，尽管中国海有台风肆虐，但葡船在印度洋和南大西洋的事故率更高。多年以来，仅有 1 艘葡国巨船被明确记载因遭遇台风而失事。

五　巨船贸易的意义

巨船贸易（时期）即日葡贸易的最高潮阶段，因此具有重要意义。

第一，对于西、葡来说，巨船贸易比殖民掠夺和单纯的香料贸易更合

---

① 外山卯三郎『南蛮船貿易史』、東京：東光出版株式会社、1943 年、142～143 頁。

② Reinier H. Hesselink, *The Dream of Christian Nagasaki: World Trade and the Clash of Cultures, 1560–1640*, Jefferson: McFarland, 2016, p. 57.

③ Michela Fontana, *Matteo Ricci: A Jesuit in the Ming Court*, Lanham: Rowman & Littlefield Publisher, 2011, p. 29.

④ 欧洲人与朝鲜人在 1578 年的相遇尚不能肯定是双方的首次接触，相关问题还待进一步考证。参见外山卯三郎『南蛮船貿易史』、東京：東光出版株式会社、1943 年、145 頁。

理，利润更高。西葡的殖民掠夺仅是一种无计划的抢劫，几乎不存在商品交易和资金运作。香料贸易又太过单一，且数量不稳定，利润时高时低，风险也大①。相比之下，巨船贸易要经过多处港口和据点，必须有计划地装载和转载各种商品，合理组织资金及分配利润。虽然同样有风险，但能够保持相对稳定的利润。

巨船贸易不同于葡属亚洲的其他贸易，因为航线采用大船长制度。葡王一旦出卖航线，大船长就是东亚地区的最高长官。尽管如此，大船长也难以独断专行，他受到葡王、澳门议会、葡商和耶稣会的牵制和监督。这种权力制衡对贸易发展有好处。史学者马里恩·纽威特（Malyn Newitt）说："新航线（澳门—长崎）不同于旧航线（葡属亚洲其他航线）。葡王虽然没有参与其中，但大船长和葡商也非绝对自由，其优势在于它的制衡及合理。"② 较之西班牙的殖民掠夺，巨船贸易确实具有优势。葡王、大船长并不限制贸易者，有经济实力的贵族、商人，甚至平民都可以参与其中。这种贸易模式调动了葡人的积极性，投资额增加后，商业利润也提高了。

第二，巨船贸易推动了亚洲经济的发展。在中日贸易被禁的情况下，葡商担当了中间人角色，中、日虽不能直接交流，但可通过葡人间接开展贸易。对日本人来说，葡船运来的商品相当具有诱惑力。当巨船完成贸易离开日本后，大名、耶稣会和日商已经开始期盼次年的贸易了。当巨船重现港口时，长崎再次充满活力③。随着巨船贸易的开展，日本的丝绸业、矿业和铸造业④也随之发展。外国商货的高额利润刺激了日本统治者、大名和商人追求海外贸易。各地大名曾试图发展外贸，条件却不成熟。秀吉

---

① 张箭：《地理大发现研究 15—17 世纪》，商务印书馆 2002 年版，第 106—109 页。

② Malyn Newitt, *A History of Portuguese Oversea Expansion*, *1400 – 1668*, London and New York：Routledge, 2005, p. 146.

③ Jonathan Porter, *Macau, the Imaginary City: Culture and Society, 1557 to the Present*, Boulder：Westview Press, 1996, pp. 64 – 65.

④ 由于巨船运来大量生丝，日本丝绸业（特别是京都地区）得到发展。巨船贸易需要大量白银，于是日本大肆开矿。之后，开矿技术又带动了铸币技术发展。参见 Delmer M. Brown, "The Importation of Gold into Japan by the Portuguese During the Sixteenth Century", *The Pacific Historical Review*, Vol. 16, No. 2（May, 1947）, Published by：University of California Press, pp. 132 – 133。

统一日本后，更是希望控制外贸。1592 年，秀吉给京都、堺和长崎商人发放"朱印状"，鼓励日本人去东南亚经商①。通过贸易，日本各地还发展出特色产品。堺的丝绸、石见的茧绸、出云的草席、赞（讚）崎的耳环、丰后的铁、长门的猪肉、越前的海胆、隐岐的鲍鱼都是日本的出口特产②。

巨船贸易还从客观上刺激了中国经济的发展。当时明朝缺银，巨船正好从日本运走大量白银。中国人为了获得白银，大力发展生丝业，以满足日本市场。广东顺德为满足葡船需求，大规模地养蚕缫丝③。贸易不但让日、葡商人获利，中国商人亦获得机会。

巨船贸易给相对闭塞的亚洲带来了生机，巨船一路经过果阿、马六甲、澳门和马尼拉，最后来到日本。印度纺织品、南洋香料、中国生丝和日本白银成为贸易催化剂，各个据点的经济被一并带动。17 世纪 30 年代，日葡贸易直接推动了马六甲、马尼拉和越南等地的贸易。

第三，巨船贸易推动了世界交通、贸易的发展。在"发现"日本前，葡人在印度沿岸和马六甲建立了据点。澳门据点建立不久后，长崎也被开发成贸易港口。日本实际上是葡萄牙在亚洲打通的最后一个重要据点，这样整个亚洲被联系起来。另外，西班牙在菲律宾的马尼拉建立基地，并且和美洲大陆有往来，这样亚洲和美洲又通过马尼拉被联系起来④。1580年，西葡合并。亚洲商品通过澳门、马尼拉转运到美洲。再加上日趋成熟的欧洲、非洲航线，世界主要地区的交通、贸易初步连成一体。16 世纪以前，欧洲人去东亚主要通过两种方式。一是从中亚大陆到东亚；二是乘坐阿拉伯、印度或波斯船到东亚。进入 16 世纪，当葡人来到亚洲后，其开辟的航线便更新了欧亚交通。葡人在印度、东南亚、中国和日本建立诸

① 辻善之助『海外交通史話』、東京：内外書籍、1930 年、410～450 頁。

② Yosaburo Takekoshi, *The Economic Aspects of the History of the Civilization of Japan*, Vol. 1, London：Routledge, 2004, p. 315.

③ Jonathan Porter, *Macau, the Imaginary City：Culture and Society, 1557 to the Present*, Boulder：Westview Press, 1996, pp. 64 – 65.

④ William S. Atwell, "International Bullion Flows and the Chinese Economy Circa 1530 – 1650", *Past and Present*, No. 95（May, 1982）, Published by：Oxford University Press on behalf of the Past and Present Society, pp. 72 – 73.

多据点，新航线出现并代替旧航线，欧亚的交流交往因此便利。

史学者诺美林克·诺伊罗弗茨（Meilink Roelofsz）曾感叹："葡人在世界范围的贸易活动，促使他们在各地建立殖民地和据点，其对中、日贸易的开发意味着世界贸易网络的初步形成。"① 学者瓦迪姆·艾利瑟夫（Vadime Elisseeff）认为："葡萄牙的生丝、白银贸易并非孤立，而是南中国海贸易的一个组成部分。澳门（中国）商品通过复杂的网络被运往好望角、红海、波斯湾、印度洋、东南亚和美洲。"② 博克舍也认为："葡萄牙在亚洲的贸易，客观上促进了世界经济的繁荣以及全球贸易网的建立。"③ 葡国商船从里斯本开到开普敦，再到印度、中国、日本和美洲，从而形成一条环绕世界的贸易交通网。虽然意大利人和荷兰人开辟了北欧、地中海和近东贸易圈，但这比不上葡人（一部分归功于西班牙人）开辟的印度洋、大西洋和太平洋网络。把葡人的航线和其他航线联系在一起，我们可以看到世界贸易和全球交通的最初框架。

第四，巨船贸易开展以来，葡人几乎垄断了对日贸易④。不过巨船贸易仍然存在不利和隐患，特别到了16世纪末17世纪初，新兴资本主义国家（英、荷）开始尝试股份公司的运作模式后，巨船贸易便显得传统和落后了。

首先，巨船贸易属于一次性投资，是一种赌博式经营。虽然它好过殖民掠夺和单纯的香料贸易，却是一种辛迪加式的财团组合（模式）⑤。大船长和葡商总是希望商船越大越好，渴望一次航行就能获得最大的商业成功，获取最丰厚的回报。于是葡船越造越大，货物越载越多，航行风险越来越高。巨船一旦失事，损失不可挽回。看来，无论是大船长还是葡商，

① M. A. P. Meilink-Roelofsz, *Asian Trade and European Influence in the Indonesian Archipelago between 1500 and about 1630*, The Hague: Nijhoff, 1962, p. 119.

② Vadime Elisseeff, *The Silk Roads: Highways of Culture and Commerce*, Paris: UNESCO, 2000, p. 210.

③ C. R. Boxer, *The Christian Century in Japan 1549 - 1650*, Manchester: Carcanet Press, 1993, pp. 364 - 367.

④ 17世纪初，西班牙、荷兰和英国人相继抵日开展商贸活动。日葡贸易虽然受到影响，但是葡国对日贸易量始终居欧洲各国之首。

⑤ Malyn Newitt, *A History of Portuguese Oversea Expansion, 1400 - 1668*, London and New York: Routledge, 2005, p. 187.

都缺乏远期的投资计划。原始积累时期，资本家往往通过短期投资获得最大利润。现代资本主义却以长期投资为主，希望放长线、钓大鱼。因此，巨船贸易仍属传统落后的运作方式，巨船、市场和货物都不稳定，带有博彩性质。相比之下，英、荷出现的包租船公司要稳定得多，他们有数量相对稳定的商船，按股份制方式来经营，拥有一定的军力，获取了贸易垄断权，管理模式相对完善。就长远来看，巨船模式必将败给公司模式。

其次，无论是中国还是日本，其政治局势的变化对巨船贸易的影响都太大。葡人能够在中日之间进行贸易，是因为中、日贸易被暂时中断。一旦这种封闭状态被解除，日葡贸易必将受到巨大冲击，葡商的中间人角色必定迅速淡化。16 世纪中期，日本处于战国分裂状态，日葡贸易进行得如火如荼。16 世纪末，秀吉掌控全国局势后，日葡贸易虽然没有受到太大影响，但自由程度已经不如从前。17 世纪初，德川幕府统一全国，日本的封建中央集权专制再次恢复，将军个人对外贸的态度显得至关重要，当时的日本统治者也认识到外贸的重要性，极力控制商业主动权，日葡贸易被逐渐限制。

最后，教商之间复杂的关系也成为不稳定因素。初抵日本的葡商必须依靠耶稣会，才能顺利开展贸易。其后教商关系进入"蜜月期"，双方互惠互利。不过，当日本统治者不能容忍基督教时，耶稣会俨然成为葡商的累赘。秀吉禁教时，葡商已经感到威胁。德川家康在 1614 年禁教后，大量传教士假扮成商人，到日本秘密传教。将军对此非常不满，遂严格限制葡商行动。教商关系的藕断丝连是葡人终被驱逐的重要原因之一。

第三节　安土桃山时期日本的外贸政策

安土桃山时期即织田信长与丰臣秀吉统治时期（1573—1603[①]），信长对外贸的态度与九州各切支丹大名相同，热忱欢迎外商抵日经商。秀吉野心则更大，不但要夺回贸易主动权，还要控制外国商人及商货。

[①]　1573 年，织田信长驱逐室町将军足利义昭。1576 年，信长建成安土城。不久，丰臣秀吉又修建了桃山城（又称"伏见城"）。

一 织田信长与日葡贸易

安土桃山时期也是澳门—长崎巨船贸易的鼎盛期。

16 世纪中期，每位战国大名都梦想统治全国，尾张的织田信长成为大名中的佼佼者。1551 年，19 岁的信长在其父织田信秀之后，采取种种手段，控制领国的国人阶层，蓄积了力量。1560 年，他奇袭了东海首屈一指的大名今川义元，并取得胜利。从此以后，信长便有了统一全国的雄心，并使用刻有"天下布武"字样的印章，陆续打败近邻大名。1568 年，他拥护前将军之弟足利义昭进入京都，并掌握实权，还征服了畿内的各领主。

信长虽然以军事起家，但也懂得商业的重要。他虽然不承认城市自治，却善于发挥商人的作用。信长为了发展商业，撤销各国关卡，修建道路。其统治日本期间，没有限制葡人开展对日贸易，甚至鼓励日葡通商。另外，信长还亲自参与贸易，并打击了日本海盗的抢劫走私活动。

二 丰臣秀吉与日葡贸易

正当信长的统一大业稳步前进时，意外发生了。1582 年 6 月 2 日，信长离开安土城堡，前往京都本能寺，去支援部下羽柴秀吉（丰臣秀吉），以加速征服日本中部。在途中，信长于深夜遭到家臣明智光秀袭击，被迫自杀。听到本能寺之变的秀吉当时正在包围高松城，于是立即与毛利氏讲和，赶回京都，并在山崎附近打败明智光秀。光秀在返回坂本城途中遭到农民袭击，身负重伤，自杀身亡。

羽柴秀吉自称是织田氏的足轻（日本古代低等步兵）木下弥右卫门之子。他幼年离家，到处流浪，最后侍奉信长，初露头角。信长消灭浅井氏后，将浅井氏的领地赏给秀吉。平定本能寺之变后，秀吉排斥了柴田胜家等人势力，拥立信长之孙，掌握大权。1584 年，秀吉同德川家康战于尾张的小牧。后来家康从长远考虑，认为不便于与秀吉作战，甘当其属下。秀吉从此无后顾之忧。1585 年，秀吉征服了高野山、根来寺和四国的长曾我部氏，三年后平定九州。同年，羽柴秀吉请求朝廷赐姓丰臣，之后他便改名为丰臣秀吉。1590 年，他一鼓作气消灭北条氏。1591 年，又征服了奥羽的各大名。本能寺之变后仅 8 年，秀吉就完成了平定全国的大业[①]。

丰臣秀吉统一日本后，逐步恢复日本经济。他不排斥外贸活动，采取"禁教不禁商"的政策。外山卯三郎认为："自秀吉统一日本后，日葡贸易逐渐从葡商—大名的贸易模式，转型为葡商—统一政权（日文汉字为'中央政府'）的贸易模式。"[②] 秀吉基本延续了信长的外交外贸政策，对葡船表示欢迎。秀吉统治时期，基督教虽遭禁止，贸易却未受挫。秀吉"禁教不禁商"的原则基于以下几点考虑。

首先，秀吉洞察力敏锐，领悟到贸易与宗教的关系并非密不可分。1587 年 7 月，秀吉仔细询问了大船长蒙特罗，他很关心耶稣会与葡商到底是什么关系。与大船长交谈后，他得出结论：耶稣会的传教活动是为了改变人们的信仰，他们要控制日本人的精神。基督教还减弱了日本传统宗教——神道教和佛教对国人的影响。不过，葡商是来开展贸易的，不会对日本造成威胁。1592 年 7 月，秀吉与果阿总督多姆·爱德华·德·门内瑟斯（Dom Edward de Menessez）通信，其中提到："日本是个神道教国家，我们有自己的律法和规矩，信奉三纲五常。这样，国家才能长治久安。不过贵国神父来日传教，破坏了我们的习俗。于是我下令禁止传教，令传教士离开日本。但我希望商贸活动能一如既往地开展，我还打算驱逐海盗，让正当商人能够在自由、安全的环境下经商。"[③] 其次，安土桃山时代，日本的经济环境、文化氛围逐渐宽松，多年战乱基本结束，日本与外界的交流更加自由、频繁和广泛。除了各地大名争先恐后地争夺舶来商货，秀吉自己也参与其中。最后，秀吉不限商是为了稳定大名们的情绪。如果禁商，长期依赖日葡贸易的九州大名定然不满，势必对刚建立的政权产生不利影响。

1587 年，丰臣秀吉接见了葡方代表，向葡国使者表达了互通贸易的

---

① ［日］井上清：《日本历史》上册，天津市历史研究所译校，天津人民出版社 1974 年版，第 281—283 页。

② 外山卯三郎『南蛮船貿易史』、東京：東光出版株式会社、1943 年、448 頁。

③ Yetaro Kinosita, *The Past and Present of Japanese Commerce*, New York：Columbia University Press, 1902, p. 63.

愿望。秀吉规定，日本各港对葡船予以保护，任何人不得侵犯他们；给予葡商自由通商的权利。秀吉派人制作了一式两份的朱印状，一份交给大船长，一份留在日本（以便核对来船身份）。若通过检查，葡船便可享受贸易特权；秀吉希望扩大贸易范围，他建议葡船也抵泊京畿，开展贸易；秀吉还希望与果阿总督互通信件。

秀吉的"禁教不禁商"策略取得实效，日葡贸易并未受到（日本）政治变化带来的不利影响，长崎贸易也一直开展。纵观秀吉之举措，还能发现其更大的野心。如果说日本大名争夺葡船仅是为了参与贸易，那秀吉则不同，他不但参与其中，还想控制全局。秀吉令领主、大名保护葡船，说明其权威已经超过大名。发布朱印状，表明他已经具备操控外贸的能力。秀吉号召葡船开赴京畿，更是表达想亲自参与贸易的愿望，他要将长崎之成功复制到自己能够控制的区域，关键是不能让九州（大名）的贸易越做越大。这样看来，秀吉时期的日葡贸易也有微妙变化。之前，葡萄牙总是占据贸易主动。现在，丰臣秀吉要将主动权控制在日本人手中。为了实现此愿望，秀吉采取各项措施。

第一，收回长崎。长崎一直被耶稣会控制，长此以往，这里可能会沦为葡属殖民地。秀吉认为，长崎是重要的港口和战略要地，一定不能被外国人控制，必须收回。1587 年，秀吉宣布收回长崎主权①。1588 年，秀吉在长崎设代官，管理日常事务。1592 年，秀吉又设长崎奉行，主管外交和海防②。第一任奉行是新兴诸侯寺泽广高，代官为村山东安③。收回长崎后，秀吉还考虑为长崎更名，但大村氏极力劝阻。因为长崎在国外已有一定知名度，为了保证贸易顺利开展，不宜改名。鉴于此，秀吉放弃了更名的想法。学者山森认为："秀吉虽未干涉长崎贸易，但也不允许它获得像欧洲城市那样的自治权。"④

---

① 另说为 1588 年。参见外山幹夫『長崎奉行：江戸幕府の耳と目』、東京：中央公論社、1989 年、12 頁。

② 井口丑二『長崎小史』、長崎：鶴野書店、1893 年、6 頁。

③ 今泉定介編『故実叢書・武家名目抄（墻保己一）』、東京：吉川弘文館、1906 年、561 頁。

④ George Sansom, *A History of Japan, 1334 – 1615*, Stanford: Stanford University Press, 1961, p. 330.

第二，垄断贸易。1587年，秀吉征服九州，日本商贸最发达的地区已被他掌控。1588年，秀吉派使者前往长崎，以武力垄断低价购买了大量生丝。此举引起澳门葡人不满。1589年，大船长以改航墨西哥为威胁，迫使秀吉妥协，让其留出部分生丝。

尽管秀吉未能完全控制外贸，但其个人贸易量依然很大，他和西南大名几乎垄断了所有外贸，从中赚取巨额利润。耶稣会在信件中提到："秀吉任命本土神父（小西行长①）担任贸易代官，他用20万库鲁扎多白银购买了900担生丝。他还规定，葡船一旦到港，必须先与小西行长交涉与交易。在此之后，才允许其他日商参与贸易。也就是说，最好的商品已经被秀吉低价买走。我们必须感谢上帝，幸好小西行长是基督徒，对讨价还价有所保留。若是其他人，价格将被压得更低。"② 由此可见，秀吉对葡船的商品有优先购买权，且购买数量巨大。16世纪80年代，秀吉更是垄断了日葡的黄金买卖。

第三，重建港口。博多自古是良港，秀吉有意将其打造成第二个长崎，还打算在那里建军事基地。为了恢复博多的繁荣，秀吉曾发布政令，"日本豪商不得垄断博多贸易；博多居民免交杂税；其他船只不得骚扰博多商船"③。但此时的葡船已经习惯停泊于长崎，不愿到博多去。1587年7月，秀吉召见大船长蒙特罗，质问他为什么不去博多。大船长谈及，博多经历多年战乱，已成废墟，所以去了长崎。

第四，控制矿业和火枪生产地。秀吉的直属领地集中于经济较发达的近畿和浓尾，同时独占了佐渡、生野、石见等金银矿山。为了保证自己拥有最强武力，秀吉还控制了日本的火枪生产基地（详见第四章第一节）。

第五，实行朱印船制度。1594年，秀吉实行御朱印船制度。持有朱印状的日本船，才能开展海外贸易。该制度仅对少数日本豪商有利。同时，朱印船制度也是秀吉监视葡人的重要方式。

第六，限制九州贸易。为了避免九州大名因通商而变强，秀吉随时调

---

① 堺市编『堺市史講演集』、堺：サカイシ、1926年、24頁。
② C. R. Boxer, *The Great Ship from Amacon*, Macau：Instituto Cultural de Macau, 1988, p. 52.
③ Yosaburo Takekoshi, *The Economic Aspects of the History of the Civilization of Japan*, Vol. 1, London：Routledge, 2004, p. 368.

换大名，同时派人监视他们与葡人的往来。1591 年，秀吉得知岛津氏与葡人交往过密，立即派人调查。后来岛津氏用金银讨好秀吉，才躲过一劫。此后，九州大名不敢再与葡人私下交往。另外，秀吉还直辖博多、长崎、萨摩等九州的重要港口。

第七，秀吉向来重视商人的作用，甚至依赖他们。虽然当时社会尚不承认（日本）商人的地位，但日商对秀吉的作用不可忽视。博多商人竹山氏就是秀吉的宠臣和得力助手。秀吉发动侵朝战争时，竹山氏等人向秀吉提供了大量情报和援助。秀吉并未遵循封建社会"重农抑商"的政策，给予商人特别待遇。堺市的小西隆佐、博多的神谷宗湛、长崎的村山等安等人，都富甲一方，实力赶超诸大名，并且是秀吉的御用顾问[1]。实际上，这是秀吉的治国策略之一。秀吉虽然以武力征服了日本，但国内局势仍然不稳定，重视和依靠富商是局势所需。尽管如此，秀吉也担心商人迅速崛起，对其处处提防，限制其发展壮大。

总的来看，安土桃山时代的日本虽然经历了政治局势的变更，但日葡贸易并没有受太大影响。值得一提的是，日本人已经注意到商业的重要性，统治者对财富的渴望日益增加，他们已经采取手段，试图从欧洲人手中夺回外贸主动权。

第四节　西班牙人来到日本

如果西班牙要与日本开展贸易，其有不错的条件。由于种种原因，西班牙没有珍惜机会，或者说他们不在乎日本市场，日西便没有建立密切的商贸关系。尽管如此，西据马尼拉与葡据澳门却一直有贸易往来。

一　16 世纪中后期的西班牙

1578 年，葡王塞巴斯蒂安去世。塞巴斯蒂安无后，谁来继承葡国王位引发争议。有继承权的王室成员之一是塞氏的叔叔，即号称"红衣主

---

① ［日］井上清：《日本历史》上册，天津市历史研究所译校，天津人民出版社 1974 年版，第 283 页。

教"的亨利①。亨利已经60岁，一直独身。如果他继位，估计在位时间也不长，亨利之后由谁来继位又成问题。西班牙国王菲利普觊觎葡国王位已久，因为他母亲是葡人。菲利普一直想统一伊比利亚半岛，但遭到多数葡人反对。菲利普不会轻易放过机会，他甚至考虑以武力征服葡萄牙。菲利普在葡的支持者多为教俗两界的权贵②。另一位有资格的继承人是"红衣主教"亨利的私生子安东尼奥③。但在安东尼奥还没有做好准备前，菲利普已经率军来到葡萄牙，他迅速平定了安东尼奥的反抗，随后采取了一系列"怀柔"措施，安抚民众。菲利普本人还身着葡萄牙服装，将胡须做成葡萄牙样式，学习葡语，甚至考虑在西葡合并后将首都定于里斯本。菲利普的策略非常成功，没过多久，整个葡萄牙就处于其控制之下，他如愿以偿地成为西葡国王。西葡合并后，菲律宾指挥官派官员（阿隆索·桑切斯）到澳门宣布消息，要求澳门葡人臣服。迫于压力，澳门议会承认了新国王的统治。日葡贸易未受到太大影响，继续开展。

16世纪初，由于葡人垄断了非洲到亚洲的东印度航线，西班牙人只能另辟航路。他们向西越过大西洋，穿过麦哲伦海峡，然后横渡太平洋，最终到达亚洲。16世纪的太平洋曾被称为"西班牙海"，是西班牙人的势力范围。葡萄牙探险家费迪南德·麦哲伦可能是第一个登陆菲律宾的欧洲人，不过当地人并不欢迎他。1521年，麦哲伦一行在菲律宾与土著人发生冲突后被杀④。1529年，《萨拉戈撒条约》将菲律宾纳入葡属亚洲的势力范围，不过亚洲地域宽广、国家众多，葡人从来没有真正占领过菲律宾⑤。

---

① Colin Pendrill, *Spain 1474 – 1700*：*The Triumphs and Tribulations of Empire*, Oxford：Heinemann Educational Publishers, 2002, p. 81.

② 在1578年阿卡扎奎尔战争之后（Alcazarquivir，葡军与伊斯兰军队在摩洛哥进行的战争），菲利普将劫掠的物品分配给葡国贵族和教会，赢得对方好感。参见 Jill Kilsby, *Spain*：*Rise and Decline*, *1474 – 1643*, London：Hodder and Stoughton, 1989, p. 67.

③ 另说，安东尼奥并非"红衣主教"的私生子，仅是有王室血统的没落贵族。参见 Jon Cowans, *Early Modern Spain*, Philadelphia：University of Pennsylvania Press, 2003, p. 112。

④ Warren I. Cohen, *East Asia at the Center*：*Four Thousand Years of Engagement with the World*, New York：Columbia University Press, 2000, p. 186.

⑤ H. Micheal Tarver, *The Spanish Empire*：*A Historical Encyclopedia*：*A Historical Encyclopedia*, Santa Barbara：ABC – CLIO, 2016, p. 65.

　　由于葡人无暇顾及菲律宾，西班牙人便乘虚而入，他们到菲律宾的最初目的是获取香料。1532 年（查理一世时期），西班牙人曾试图征服菲律宾，不过西属美洲军队过于"繁忙"，计划最终流产。1542 年，西班牙从美洲调集军队开赴菲律宾，打算征服那里，最后却被当地人击败[1]。1543 年，西班牙人再次尝试，维拉罗伯斯（Villalobos）打算率 5 艘战舰（共 370 人）从墨西哥出发，去征服菲律宾，基于种种原因，计划"夭折"[2]。直到菲利普二世统治时期，西班牙人才基本控制了菲律宾，并建立殖民统治。1571 年，西班牙人在马尼拉建基地，势力范围涉及周围岛屿[3]。西班牙人占据菲律宾，意味着葡萄牙独霸亚洲的局面被打破。

　　菲律宾可谓殖民地中的殖民地，这里不受马德里总部控制，由墨西哥总督代管。除了分散在菲律宾各地的传教士，其他西班牙人基本都在马尼拉活动。马尼拉是天然良港，周围地区盛产稻米。西班牙人到来后，马尼拉迅速成为菲律宾最重要的城市，而且人口激增。立足菲律宾后，西班牙人便有机会与中、日开展贸易，他们还以此为基地，开辟了亚洲—美洲（马尼拉—阿卡普尔科）航线。

　　16 世纪，西班牙人在美洲大举开采金银矿，为他们打入远东市场提供了必要资金。1500—1650 年，从美洲流入西班牙的金银多得令人咋舌（16000 吨白银，180 吨黄金）[4]。西班牙人用金银购买中国的丝绸和陶瓷、日本的刀剑以及其他亚洲商品。

二　16 世纪西班牙人在日本的活动

　　当西班牙人还在梦想发现金银岛时，葡人已经捷足先登来到日本。西

---

　　① Alfred J. Andrea, James H. Overfield, *The Human Record*: *Sources of Global History*, *Volume* Ⅱ: *Since 1500*, New York: Cengage Learning, 2009, p. 123.

　　② James Murdoch, Isoh Yamagata, *A History of Japan*: *During the Century of Early Foreign Intercourse*（*1542 – 1651*）, Kobe: Office of the "Chronicle", 1903, p. 45.

　　③ Keat Gin Ooi, *Southeast Asia*: *A Historical Encyclopedia*, *from Angkor Wat to East Timor*, Santa Barbara: ABC – CLIO, 2004, p. 784.

　　④ 吴于廑、齐世荣主编：《世界史：近代史编》上卷，高等教育出版社 1992 年版，第 17 页。

班牙船只是偶尔因恶劣天气，被迫停靠于日本海岸，这可能是两国最初的接触。有关西班牙船初抵日本的时间，史学界还没有定论。日本学者木下勇太郎认为："1548 年，一艘西班牙船来到丰后的八津谷。1564 年，他们又去了肥前的白杵。1567 年，其到达肥后的天草，后来去了平户。"① A. F. 托马斯认为："西班牙船于 1548 年到过平户，并开展了商贸调查。"② 博克舍记载道："1584 年，一些西班牙修道士乘葡船抵日，其实他们并非首抵日本的西班牙人，因为澳门—长崎—马尼拉（菲律宾）贸易已经开展多年。在 1584 年以前，就有西班牙人登陆过日本。"③ 甚至还有学者认为，首次抵日的欧洲人并非葡人，而是西班牙人，但此说缺乏确凿证据。从现有的、可信度较高的证据来看，西班牙人初抵日本的时间应是 1548 年。日本史料称西班牙为伊斯把涅亚、以西把涅亚等，知道它是欧洲大国，并在海外占有北美、吕宋等地④。

虽然西班牙人于 16 世纪中期就来到日本，却一直没有开展商贸活动。在其后的几十年间，西班牙船也少抵日本。这种情况一直持续到秀吉统治时期。16 世纪 80 年代，西班牙人在日本活跃起来。1584 年，西班牙船来到平户，当地大名松浦法印热情接待了西班牙人⑤。除了船员，还有 4 名方济各会修道士登陆日本。松浦氏趁机致函菲律宾指挥官，邀请西班牙人每年来日经商。此外，松浦氏还主动派日本船到马尼拉，开展贸易活动。松浦氏如此欢迎修道士，是因为先前他对耶稣会的态度不好，导致葡船很少"光顾"平户。长崎的日渐繁荣让松浦氏既羡慕又嫉妒。为了挽回局面，松浦氏给予西班牙人最优厚的待遇。同时，秀吉也表达了与西班牙通商的愿望。当时一位叫原田的日本商人描述道："秀吉希望与西班牙人建立贸易关系，为此，还向方济各会的神父打探有关西班牙的情况。"⑥

---

① Yetaro Kinosita, *The Past and Present of Japanese Commerce*, New York：Columbia University Press, 1902, p. 64.

② A. F. Thomas, *Commercial History of Japan*, Waukesha：Thomas Press, 2007, p. 125.

③ C. R. Boxer, *The Great Ship from Amacon*, Macau：Instituto Cultural de Macau, 1988, p. 46.

④ 林燧、宫崎成身等编『通航一覧』第五、东京：泰山社、1940 年、48 页。

⑤ Oskar Hermann Khristian Spate, *The Spanish Lake*, Canberra：ANU E Press, 2004, p. 167.

⑥ James Murdoch, Isoh Yamagata, *A History of Japan：During the Century of Early Foreign Intercourse（1542 – 1651）*, Kobe：Office of the "Chronicle", 1903, p. 283.

1592 年，秀吉接见方济各会的代表，表示希望与菲律宾通商①。1594 年，又有四位方济各会修士从菲律宾来到日本。秀吉默许他们在京都、大阪和长崎传教，更希望其吸引马尼拉商人来日经商②。

不过在德川幕府建立前（17 世纪前），日、西（班牙）几乎没有开展贸易。有学者认为："1598 年以前，葡人可能是唯一在日本经商的欧洲人。"③ 博克舍也说道："马尼拉的西班牙商人肯定想开辟日本市场，日葡贸易的巨额利润也让他们心动。但是在 17 世纪以前，西班牙商船基本没有光顾过日本。"④ 西班牙人已经来到日本，而且西、葡同为一国，为什么日、西之间没有进行贸易呢？

第一，西、葡虽然同属一王，双方却不能在亚洲和睦相处。依照 1494 年的《托德西拉斯条约》规定，西班牙的势力范围在美洲，葡萄牙在亚洲。西班牙人来到菲律宾，已经对葡萄牙的利益造成威胁。菲利普虽然统治西、葡两国，但双方难以共享亚洲利益⑤。葡人已经在东亚经营多年，几乎垄断了日本市场，无法容忍西班牙人插足其中。1594 年，两名马尼拉使节来到日本，对秀吉抱怨道："葡人自以为是长崎主人，他们在那里获取暴利，长崎的耶稣会还阻止日西（班牙）商人交易商品，这是对陛下（秀吉）的极不尊重。"⑥ 秀吉听后虽然有些不高兴，却没有处罚葡人，他感觉西、葡之间有些嫌隙，似乎可以利用。

第二，西班牙的贸易重点不在日本。当时，西班牙人在新大陆发现大量金银，为了掠夺美洲资源，无暇顾及日本。博克舍认为："马尼拉的西

① Malyn Newitt, *A History of Portuguese Oversea Expansion*, *1400 – 1668*, London and New York：Routledge, 2005, p. 197.

② Fr. Daniel P. Ewald, *Saints and Blesseds of the Americas*, Bloomington：Xlibris Corporation, 2009, p. 107.

③ James Murdoch, Isoh Yamagata, *A History of Japan*：*During the Century of Early Foreign Intercourse*（*1542 – 1651*）, Kobe：Office of the "Chronicle", 1903, p. 46.

④ C. R. Boxer, *Portuguese Merchant and Missionaries in Feudal Japan*, *1543 – 1640*, London：Variorum Reprints, 1986, p. I 6.

⑤ Malyn Newitt, *A History of Portuguese Oversea Expansion*, *1400 – 1668*, London and New York：Routledge, 2005, p. 196.

⑥ James Murdoch, Isoh Yamagata, *A History of Japan*：*During the Century of Early Foreign Intercourse*（*1542 – 1651*）, Kobe：Office of the "Chronicle", 1903, p. 267.

班牙商人虽然想与日本人互市易货，但马尼拉指挥官对此兴趣不大。"①
与此同时，秀吉也忙于进行侵朝战争，注意力不在西班牙或菲律宾。

在寻找港口方面，西、葡也明显不同。首先，西班牙人并没有吸取葡
人的经验，并未努力去寻找一个适合西班牙船停泊的日本良港。而且，西
班牙商人与教会修会的配合明显不如葡商与耶稣会的亲密关系。其次，大
名已经受到秀吉控制。除了松浦氏，其他九州大名都没有过分热情地欢迎
西班牙船，他们可能害怕得罪秀吉。西班牙船能够选择的仅有长崎、平户
等已经被开发的港口。当时长崎已经有葡人，而平户要繁荣起来还有待时
日。如此看来，日西贸易若要发展壮大，还面临诸多困难。

第三，西班牙人来到菲律宾后，圣方济各多明我会也紧随其后来到亚
洲，他们多少有些嫉妒耶稣会在日本取得成功。虽然菲利普和教皇再三强
调，只允许耶稣会赴日传教，但西班牙教会、修会对此不予理睬，一直在
日布道。16 世纪 90 年代，教皇一改当初规定，允许西班牙传教士赴日，
西葡国王也默许此举。1577 年，方济各会在日本建立传教分部。1587 年，
多明我会传教士也来到日本，并迅速展开传教活动。

耶稣会在日本采取"自上而下"的传教方针，即先让大名或领主信
教，然后将基督教传播到平民百姓中，西班牙教会的传教方针恰好相反，
一开始便在民众中传教。其实，此策略不适合日本国情，在下层民众中公
开传教，将惹怒日本的上层人物。因此，西、葡教会在传教决策上水火不
容。1596 年的"圣·菲利普号"事件更是加深了双方矛盾②。秀吉在反
基督教势力的鼓动下，不顾西班牙船长的反对，将西船的货物悉数没收，
包括大量武器弹药。西班牙人认为，西船遇袭是由于耶稣会和葡商在背后
捣鬼，他们鼓动秀吉抢劫西船。葡人经常诽谤西班牙人是可怕的扩张者，
也不愿意承认菲利普的统治，更反对西班牙修会的传教方式。这种矛盾也
影响到两国的对日通商活动。

第四，秀吉个人对西班牙的军力也有所顾虑。秀吉认为，西属菲律宾

① C. R. Boxer, *Portuguese Merchant and Missionaries in Feudal Japan, 1543 – 1640*, London: Variorum Reprints, 1986, p. I8.

② 日蘭協会編『日本と和蘭』、東京：日蘭協会、1914 年、3 頁。

据点对日本有威胁。1592 年，秀吉派使者原田氏到菲律宾调查，后者告知马尼拉指挥官："西班牙人在菲律宾的统治已经威胁到日本。"① 秀吉当时没有采取行动，他还是忌惮西班牙船的火炮，日本没有相当的火力与之抗衡。同时，菲律宾方面也对秀吉的禁教感到不满。双方不稳定的外交关系影响到贸易的顺利开展。

"圣·菲利普号"事件终于让秀吉动怒。当时秀吉正缺乏战争经费，并且京都经历了 1596 年大地震，日本经济受到影响，尚未恢复元气。按照常理，即便秀吉抢夺了西班牙船的货物，西班牙人也最好保持沉默，大事化小。但事件发生后，船长扬言方济各会只是西班牙人的先锋，国王很快就会派兵来征服日本。秀吉听后大怒，毅然决定禁教（1597）。方济各会立即解释，这是耶稣会编出的谎言，但已无济于事。船长的无知让西班牙人的通商活动遭到重创，刚刚建立起来的日西关系就遭遇不利。

三　澳门—马尼拉贸易的开展

日西贸易迟迟没有进展，这时的马尼拉—澳门贸易却悄然兴起。

西班牙人最希望与中国通商，于是试图在广州附近建立据点，但澳门葡人强烈反对此举。葡人告诉中方，西班牙人是强盗，千万不能与之发生关系。葡方还以武力相逼，要求西班牙人离开中国沿海。据葡人佩德罗·德·巴伊扎（Pedro de Baeza）记载："很多西班牙人尝试去广州易货，但他们运气不好，经常遭遇风暴，只能被迫登陆澳门。葡人一旦发现有西班牙船去广州，就立即收缴其货物，还逮捕其船员。葡人这样做有充分的理由，如果允许西班牙人参与广州交易，葡据澳门的利益必然受损。"② 1574 年，葡人驱逐了澳门附近所有的西班牙商人。葡人认为："如果西班牙人来到澳门，必将疯狂地开展贸易、宗教活动，甚至会踏入中国内地。无知的西班牙人可能不知道，中国皇帝禁止传教和经商，其莽撞必将引来不满。到时候，中国官方一定会处死他们。对于中国人来说，西、葡人都

---

① C. R. Boxer, *Portuguese Merchant and Missionaries in Feudal Japan*, *1543 – 1640*, London: Variorum Reprints, 1986, p. Ⅰ8.

② C. R. Boxer, *The Christian Century in Japan 1549 – 1650*, Manchester: Carcanet Press, 1993, p. 425.

是野蛮人，前者的无知将牵连葡人，澳门必将受到影响。"① 澳门议会多次向葡王提出抗议，认为如果西班牙人插足东亚贸易，势必破坏葡人建立的贸易网络，同时对西葡在亚洲的发展也不利。西班牙人迫于葡方压力，暂时放弃前往中国的想法。1580 年，西葡合并为一国，双方矛盾有所缓和。

虽然西、葡在利益分配以及传教问题上矛盾重重，但双方商人仍然有往来。西葡国王一直禁止马尼拉与澳门之间的贸易，因为这涉及西、葡争夺势力范围。据葡人佩德罗·德·巴伊扎记载："西葡虽同属一国，但国王规定澳门、马尼拉之间不得自由通商。"② 不过，国王的命令未能在亚洲得到执行，西葡商人为了利益可以不顾一切。菲律宾总督冈萨罗·郎奎罗（Gonzalo Ronquillo）任职期间（1580—1583），澳门—马尼拉贸易一直秘密开展。

其实，澳马贸易可达到双赢效果，西、葡均可得利。双方的往来对葡萄牙的意义更大，因为日葡贸易有时会因天气、政治、军事等因素被中断。澳门与马尼拉建立联系后，即便日葡贸易在短时间内无法开展，葡商还可以在马尼拉市场弥补些损失，其投资不至于血本无归。从某种意义上说，澳门—马尼拉贸易是日本航线的"补充（或备用）贸易"。

第五节　16—17 世纪在日耶稣会的教产及商贸活动

切支丹（日本假名为キリシタン）意为基督教，更准确地说，是指天主教。16—17 世纪，在日活动的传教士多为耶稣会士，也即是说，日本最活跃的教会是耶稣会。无论在哪里传教，肯定需要经费。在日耶稣会的教产、经费多来自捐赠和贸易，致使其财政状况始终不稳定。如果从经济方面分析，这也是其传教最终失败的原因之一。

---

① George Bryan Souza, *The Survival of Empire: Portuguese Trade and Society in China and the South China Sea, 1630 – 1754*, Cambridge: Cambridge University Press, 2004, p. 38.

② C. R. Boxer, *The Christian Century in Japan 1549 – 1650*, Manchester: Carcanet Press, 1993, p. 425.

一 在日耶稣会的教产

（一）日本大名的非金钱捐赠

日本佛教寺院通常能得到大名、领主的金钱赏赐，耶稣会却很少获得这种施舍。其原因主要有几点：（1）16世纪的日本处于战国时代。即便大名有一定经济实力，也将金钱用于战争，或者储存起来以备后患。（2）一些大名虽然拥有矿山，能够开采金银和铸造钱币，但富裕大名只占少数，多数大名的情况不容乐观。（3）大名的财富主要来自地租，就赋税的形式而言，农民既可以缴纳货币，也可以缴纳粮食，更多时候他们选择后者。大名每年获得的粮食不算太多，还必须将其分配给家臣，特别是为数众多的武士。如果大名每年获得50万担粮食，那自己仅留其中4万—5万担，其他作为俸禄分给家臣。一名武士一年能分得150—200担粮食，这只能维持基本生活。因为即便是普通武士，也要豢养8—10名奴仆。博克舍曾指出："这些粮食不够用，武士甚至还依靠来源不稳定的蔬菜、水果度日。"[1] 整个日本，除了畿内的武士情况要好些，其他地方多为贫困状态。基督教大名也同样，即便是慷慨的大友宗麟也常陷入粮食不足的窘境。

因此，并不富裕的日本大名只能用其他方式捐助耶稣会，如献土、修房、提供免费劳力等。其实，耶稣会也乐于接受这种帮助，因为土地、房屋、劳力是耶稣会开展传教活动的基础。1580年，肥前大名大村氏将长崎和茂木地区献给耶稣会，对于教会来说，这是最有价值的捐赠。在长崎，葡商每年缴纳1000库鲁扎多白银的港口税，税收由耶稣会和大村分享（持续到1587年）。如果葡船停泊于茂木地区，还需另缴300库鲁扎多白银[2]。葡商在长崎居住，也要交租金给耶稣会。

（二）金钱捐赠

索取外界捐赠，特别是金钱捐赠，是耶稣会解决传教经费最有效的方

---

[1] C. R. Boxer, *The Christian Century in Japan 1549－1650*, Manchester: Carcanet Press, 1993, p. 115.

[2] 外山卯三郎『南蛮船貿易史』、東京：東光出版株式会社、1943年、333頁。

式。与欧洲教会相比，亚洲耶稣会的财政相对拮据。日本的情况更是如此，连大名都极少捐赠金钱，更不用说贫穷的信徒了。所以，在日耶稣会尽可能从欧洲争取捐赠金。

16世纪，在亚洲活动的葡人偶尔施舍金钱给耶稣会。1549年，马六甲指挥官赠予沙忽略一批物资，同时捐赠少量金钱①。1587年，印度总督D. 杜阿特·德·孟勒斯（D. Duarte de Menezes）向耶稣会捐赠了2000库鲁扎多白银，另外保证每月提供200库鲁扎多白银及4匹马②。

耶稣会与葡王关系密切，葡王认为自己有义务支持传教。在日耶稣会得到的第一笔王室捐赠来自葡王约翰三世。约翰在位期间（准确地说，从1554年起），每年寄500库鲁扎多白银给马六甲指挥官，由其转交给耶稣会。这笔捐赠金不必缴税。1574年，葡王塞巴斯蒂安将捐赠金提高到每年1000库鲁扎多白银，经费并非由王室直接拨出，而是从马六甲的税收中抽出。1580年，葡王"红衣主教"亨利延续了塞巴斯蒂安的施舍原则，并称这笔捐赠金至少会延续5年。1585年，西葡国王菲利普二世继续执行亨利的捐赠标准，并将时间再延长5年。

为了鼓励亚洲的传教活动，教皇也开始拨款，几乎每位教皇都曾资助在日耶稣会。16世纪80年代，教皇格里高利十三世捐赠了4000杜卡特白银，捐赠金来自西班牙教会上缴的税收。不过，在日耶稣会只能收到2800杜卡特，有30%被扣除。教皇宣称每年都寄出经费，其实日本教会并非每年都收到。1585年，教皇西克图斯五世将捐赠金提高到每年6000库鲁扎多白银，这笔经费仅持续了2—3年。到了教皇克莱门特八世时期，捐赠金恢复到每年4000杜卡特。

另外，一些天主教地方教会也资助在日耶稣会。葡萄牙艾沃拉（Evora：葡萄牙城市）地区的主教曾捐赠500库鲁扎多白银给日本教会。教会人士佳斯帕·维加斯（Gaspar Viegas）个人也捐出1000库鲁扎多白银。费劳·门德斯·平托记载道："如果有钱人加入耶稣会，入教时需支付3000—4000库

① J. H. Parry, *The European Reconnaissance Selected Documents*, London：Macmillan, 1968, p. 143.

② Charles J. Borges, *The Economics of the Goa Jesuits 1542 – 1759：An Explanation of Their Rise and Fall*, New Delhi：Concept Publishing Company, 1994, p. 53.

鲁扎多白银的会费。"① 平托和路易斯·阿尔梅达（Luis Almeida）② 刚入会时，确实捐赠了一定数量的物资和金钱③。还有一位欧洲匿名神父以个人名义捐款给耶稣会，据说他本打算用这笔钱在巴开姆（Bacaim）购置地产，但听说在日耶稣会经费紧张，于是将这笔钱捐出。另外，迪奥哥·布兰道（Diogo Brandao）于1609年加入耶稣会时，也捐赠了金钱④。

对于在日耶稣会来说，获得金钱捐赠最实际，因为这能有效地解决传教经费。但要真正收到捐款，还面临诸多困难。（1）捐赠金被汇到日本需要很长时间。无论从里斯本到日本，还是从马六甲到日本，距离都很远。当年的经费可能要延后两年或多年，才能被运抵日本。（2）从葡王塞巴斯蒂安到菲利普（统治时期），捐赠金都要被扣除30%。甚至教皇格里高利十三世捐赠的4000杜卡特也被扣掉了30%，其中原因尚不明确。（3）由于远离欧洲，捐赠金被安全运抵日本，要经历各种"考验"。远洋航海的风险很大，如果航船遭遇恶劣天气或海盗袭击，这笔钱便"凶多吉少"。耶稣会每年都苦等经费到来，生怕运送途中发生情况。1573年，葡国巨船在日本海域遭遇台风失事。巨船的遇难对葡商、耶稣会打击巨大，弗洛伊斯说："这对耶稣会是噩耗，因为船上有我们的生丝、捐赠金和贵重礼品。今年的经费肯定不够了。"⑤ 1584年，从果阿出发的葡船在途中遇险，捐赠金（8000库鲁扎多白银）全部丢失。（4）葡王和教会是否每年提供经费，也值得怀疑，他们可以借口事故或其他原因敷衍在日耶稣会。范礼安曾指出："其实葡王要从马六甲税收中拨出捐款非常困难，因为马六甲也不富裕。"⑥ 实际上，这笔捐款数目不大，就看马六甲方面是否真正地汇出。范礼安承认，无论教皇还是葡王，都不愿承担施舍者角

---

① 外山卯三郎『南蛮船貿易史』、東京：東光出版株式会社、1943年、332頁。

② 阿尔梅达（以前是医生）于1556年加入日本耶稣会，入会时，捐赠了4000—5000库鲁扎多白银。

③ 中西啓『長崎のオランダ医たち』、東京：岩波書店、1993年、12頁。

④ Dauril Alden, *The Making of an Enterprise: The Society of Jesus in Portugal, Its Empire, and Beyond, 1540–1750*, Stanford: Stanford University Press, 1996, p. 349.

⑤ C. R. Boxer, *The Great Ship from Amacon*, Macau: Instituto Cultural de Macau, 1988, p. 37.

⑥ Helena Rodrigues, "Local Sources of Funding for the Japanese Mission", *Bulletin of Portuguese/Japanese Studies*, Vol. 7, Universidade Nova de Lisboa, Portugal, 2003, p. 119.

色。也有学者认为，葡王、教皇并不在乎这笔钱。相比欧洲教会的庞大开销，他们没有必要敷衍耶稣会。

（三）其他收入

在日耶稣会在亚洲还有一些不动产。1565—1570 年，耶稣会总计拿出18000 杜卡特在印度购置地产。然后将土地出租，筹得部分经费。日本传教初期，印度地产的租金以及耶稣会经商所得占传教经费的 2/3 左右。1570 年以后，耶稣会又购置了 4 处印度地产①，时间和地点分别为：1570 年的卡拉佳（Caranja）、1574 年的旁文（Ponvem）、1577 年的康多提（Condotim）以及 1585 年的穆尔高（Mulgao）。地产租金每年可为他们提供 200 库鲁扎多白银的经费②。由于印度租金也需长途运输，所以经常不能按时送到，有时还会无故丢失。1581 年 10 月 25 日，传教士佩德罗·戈麦斯（Pedro Gomes）向总部抱怨道："即便我不写信给你们，巡察使（范礼安）也会。我要告诉你们，印度地产的租金对我们非常重要。这点收入在你们眼中微不足道，却对我们意义重大。如不能及时收到这笔经费，在日耶稣会将面临财政困难。"范礼安也表示不满："我们需要等待很久，才能收到印度寄来的经费。"③ 另外，耶稣会在澳门还有两处地产，其租金也用于日本传教。

二 在日耶稣会的贸易活动

在日耶稣会的最大特点就是他们与葡商有千丝万缕的联系。耶稣会不仅传教，还经商。

（一）耶稣会开展贸易的原因

第一，对在日耶稣会来说，无论捐款还是租金，被运抵日本都有风险，都不稳定。1595 年，范礼安抱怨道："在过去的几年中，总共有30000 杜卡特资金未被运抵日本。"④

---

① 高瀬弘一郎『キリシタンの世紀：ザビエル渡日から「鎖国」まで』、東京：岩波書店、2013 年、72 頁。

② 另说，印度地产每年可以提供 1200 杜卡特的经费。

③ Helena Rodrigues, "Local Sources of Funding for the Japanese Mission", *Bulletin of Portuguese/Japanese Studies*, Vol. 7, Universidade Nova de Lisboa, Portugal, 2003, p. 119.

④ Helena Rodrigues, "Local Sources of Funding for the Japanese Mission", *Bulletin of Portuguese/Japanese Studies*, Vol. 7, Universidade Nova de Lisboa, Portugal, 2003, p. 119.

第二，基督教在日本的传播速度快，教众逐年增多，传教领域日渐扩大，教会开支也随之增加。耶稣会需要更多经费，以保证传教顺利开展。虽然耶稣会可以获得一定数量的捐赠金和租金，但所有经费加起来仍然不足。耶稣会只能自食其力，于是考虑参与贸易。传教先锋沙忽略也承认，为了传教必须经商。

第三，日本是位于最东方的传教点，葡王不能直接控制。在日耶稣会很难长期依靠葡王、教皇来资助，远离欧洲、印度是出现财政赤字的重要原因。在日本，能直接提供帮助的是葡商，但这并非商人的必尽义务，葡商的捐赠也非稳定来源。正是由于耶稣会远离"大本营"，反而摆脱了教皇、葡王的约束。在日耶稣会俨然是个独立组织，几乎所有重大决策都由自己决定。是否参与贸易，也是自己说了算。

自由贸易阶段（1542—1571），在日耶稣会已经尝试经商。其最早一笔交易可以追溯到沙忽略远渡日本之时[1]，马六甲当局赠送其30桶胡椒，作为活动经费。30桶胡椒的总价值为366杜卡特，运到日本后，可卖得1000杜卡特，利润有634杜卡特。1552年7月，沙忽略致函果阿总部，希望在1553年4月前收到葡王、教皇的捐赠金，因为30桶胡椒赚得的经费已经用完。由此看来，耶稣会的"第一桶金"来自香料贸易，但这笔经费不够用。

（二）耶稣会的生丝贸易

熟悉日本国情的耶稣会士一定知道，日本人最喜欢中国商品，生丝是贸易中数量最大、利润最高的货物之一。葡商几乎每年都到日本经商，如果耶稣会能参与其中，那贸易所得肯定是一笔稳定的资金来源。于是，生丝成为耶稣会参与贸易的首选商品。

早期传教期间，耶稣会已经开始买卖生丝。据耶稣会的资料显示，1556年，新入会的阿尔梅达提供了4000—5000杜卡特捐赠金，耶稣会拿出其中的3000杜卡特，购得90担生丝，这是其参与生丝买卖的最早记载[2]。

---

[1]　『岩波講座日本歴史9（近世1）』、東京：岩波書店、1975年、201頁。

[2]　Helena Rodrigues, "Local Sources of Funding for the Japanese Mission", *Bulletin of Portuguese/Japanese Studies*, Vol. 7, Universidade Nova de Lisboa, Portugal, 2003, p. 123.

尽管澳门和欧洲方面认为此举违反了教规，即传教士不得从事贸易活动，特伦托公会①还呼吁惩罚经商的传教士（重者开除教籍），但此规定对远在日本的耶稣会鞭长莫及②。生丝贸易的利润有力地改善了在日耶稣会的财政状况，阿尔梅达的捐赠金意义重大，耶稣会反复利用这笔资金，作为生丝贸易的投资成本。

外山卯三郎记载道："如果耶稣会每年售出 50 担生丝，则可获利1500 杜卡特。"③ 从 1565 年开始，在日耶稣会每年通过生丝交易获利4000—8000 杜卡特。日本丝价最高时，可赚得 12000 杜卡特。1578 年以前，耶稣会买卖生丝的数量几乎没有限制，贸易所得成为传教经费的主要来源。1578 年，范礼安和澳门议会签订协议（另说为 1579 年）④，在日耶稣会名正言顺地参与到澳门—长崎贸易中。耶稣会每年可从巨船贸易中分摊（购买）50 担生丝，投资额为 3000 库鲁扎多白银⑤，利润为 1600 库鲁扎多白银⑥。澳门还规定，如果葡商运来的生丝达到饱和，耶稣会可再分得 40—50 担，总量能达到 90—100 担生丝。如果耶稣会不愿购买，剩余生丝将运回澳门。不过，生丝贸易向来火爆，大多时候耶稣会只能分得50 担生丝。范礼安指出："虽然耶稣会想获取更多份额，但葡商已经表示不满，能有固定的 50 担已经不错了。"⑦ 耶稣会的生丝贸易一直持续到1614 年德川家康禁教。

耶稣会在日本售出生丝的时间不受限制。当生丝被运抵日本后，传

①　1545—1563 年，天主徒在意大利特伦托召开第 19 次公会。

②　［美］桑贾伊·苏布拉马尼亚姆：《葡萄牙帝国在亚洲 1500—1700：政治和经济史》，何吉贤译，纪念葡萄牙发现事业澳门地区委员会，1997 年，第 270 页。

③　外山卯三郎『南蛮船貿易史』、東京：東光出版株式会社、1943 年、332 頁。

④　『岩波講座日本歴史 9（近世 1）』、東京：岩波書店、1975 年、201 頁。

⑤　Helena Rodrigues, "Local Sources of Funding for the Japanese Mission", *Bulletin of Portuguese/Japanese Studies*, Vol. 7, Universidade Nova de Lisboa, Portugal, 2003, p. 123.

⑥　博克舍认为："商人们在中国市场采购生丝的价格为每担 90 杜卡特，日本售价为每担140 杜卡特，利润较高。不过耶稣会还需缴纳 10% 的货税和 3% 的其他税。因此，每担生丝的利润大概为 30 杜卡特。" 参见 C. R. Boxer, *The Great Ship from Amacon*, Macau: Instituto Cultural de Macau, 1988, p. 39。

⑦　另说，如果巨船运来的生丝超过 1500 担，那耶稣会可分得 80 担。见 Robert Montgomery Martin, *China; Political, Commercial and Social in an Official Report to Her Majesty's Government*, Vol. 1, London: Brewster and West, 1847, p. 316。

教士通常"按兵不动"。待葡商完成交易后，才开始出售。因此，耶稣会经常在丝价最高时出手，以获得最大利润。也有资料显示，耶稣会此举迫于无奈。葡商为了确保在短时间内完成大宗交易，便禁止耶稣会在同一时间卖丝。但无论是主动还是被动，耶稣会都能卖到好价钱。因为葡船离开后，通常要等上一年才有新丝运来，日本丝市长期缺货，丝价自然会上涨。

对于在日耶稣会的贸易行为，葡王和教皇态度暧昧，既不鼓励，也不限制。他们既不愿看到耶稣会做生意，也不愿承担其开支。尽管教皇明令禁止传教士经商，耶稣会总部也不满在日传教士既扮演上帝又扮演财神，但（教皇）格里高利八世还是默许了此举。其理由是："耶稣会买卖生丝属于慈善行为，并非纯粹的商业行为……因为贸易所得全部用于传教。"[1] 1582年2月，耶稣会士克劳迪奥·阿奎维瓦（Claudio Aquaviva）记载道："教皇明确地告诉我，此举（买卖生丝）并非贸易，仅是一种需要。"[2] 由于澳门方面不断抱怨，再加上教皇、葡王对传教士经商抱有成见和疑虑（认为经费不足是借口），1585年教皇收回成命，禁止在日耶稣会参与贸易活动。教皇、葡王保证每年向日本拨款，但此承诺并未兑现。于是耶稣会无视禁令，继续经商。范礼安还上书罗马教廷，表示不满。后来罗马教廷认为，如果限制贸易，在日耶稣会可能会面临财政困难，而且禁令还不一定起作用，不如承认事实。只不过教皇的代表阿奎维瓦告诫范礼安，耶稣会必须遵守《1578年协议》，买卖生丝的数量一定不能超出。

1584年，西葡国王也承认耶稣会买卖生丝合法，并授命果阿总督正式批准《1578年协议》。国王认为："日本传教士至今无法维持生活。日本有500名传教士，他们开支巨大。教会还需修建房屋、开设神学院及学校，还有近200座教堂需要维护。"[3] 1588年，国王突然改变态度，再次禁止耶稣会染指生丝贸易，并保证向其拨款。国王认为，耶稣会的本职是

① Paul Johnson, *A History of Christianity*, London：Penguin Books, 1980, p. 417.

② C. R. Boxer, *The Christian Century in Japan 1549－1650*, Manchester：Carcanet Press, 1993, p. 118.

③ ［美］桑贾伊·苏布拉马尼亚姆：《葡萄牙帝国在亚洲1500—1700：政治和经济史》，何吉贤译，纪念葡萄牙发现事业澳门地区委员会，1997年，第270页。

布道，而非经商。不过经费迟迟不能运抵，在日耶稣会便懒得理会葡王，禁令变成一纸空文。

澳门葡商一开始就反对耶稣会插足贸易，出于同情传教士，才勉强答应《1578年协议》。当葡商得知耶稣会还有捐赠金和租金后，便开始抱怨其贪婪。除了葡商，耶稣会同仁也表示不满。澳门耶稣会还公开指责耶稣会，认为贸易所得乃不义之财，即便经费不足，也不能要。非常讽刺的是，澳门教会也在中国进行类似贸易。方济各会亦对同仁颇有微词，他们认为，在日耶稣会同时扮演上帝和财神的角色，成为基督教的笑柄和耻辱，并建议教皇按教规惩罚在日耶稣会。1567年，葡国指挥官弗朗西斯·博加（Francis Borgia）致函印度总督："在日耶稣会不应加入商人团队，希望他们能找到更有效的办法，解决经费问题。"①

非议和批评并没有影响在日耶稣会的决定和活动。范礼安反驳道："我们也不愿意这样。我们可以随时放弃生丝贸易，但必须有人提供足够经费，每年的开销大概是12000杜卡特。"范礼安的反驳让批评者无言以对，因为无人愿意承担日本的传教经费。于是范礼安总结道："如果我们放弃生丝贸易，就等于放弃日本的传教事业。"②博克舍也认为："耶稣会虽然能从印度地产获得租金，能从欧洲获得捐赠金，但其主要经费来自生丝贸易。"③

（三）耶稣会的黄金贸易

除了生丝贸易，耶稣会还参与黄金交易。战国时期，大名们疯狂聚敛黄金，因为黄金体积小、价值高、不锈蚀、易携带、能长久保存。16世纪80年代，范礼安曾指示手下："购买生丝后剩余的资金，请投资在黄金上。因为黄金体积小，不引人注目，不至于惹出麻烦。同时日本的黄金市场火爆，大名和商人都需要。其他杂货就不要再投资了。"④

① C. R. Boxer, *The Christian Century in Japan 1549–1650*, Manchester：Carcanet Press, 1993, p. 117.

② C. R. Boxer, *The Christian Century in Japan 1549–1650*, Manchester：Carcanet Press, 1993, p. 120.

③ C. R. Boxer, *The Great Ship from Amacon*, Macau：Instituto Cultural de Macau, 1988, p. 39.

④ 岩波書店『大航海時代叢書』第2期（6）、東京：岩波書店、1981年、602頁。

1593 年 9 月，范礼安致函耶稣会士戈麦斯："葡船上除了我们的 50 担生丝，还有 20—30 个金块。金块不会引起麻烦，能被秘密带入日本。每次的（黄金）数量都不同，有多有少。每年的利润也有差异，时高时低。"①

在日本，黄金交易的利润确实很高。1592 年 11 月 6 日，范礼安写信给欧洲总部："第二次去日本视察后，耶稣会将 3500 杜卡特白银运到澳门，并将其换成黄金。这批黄金被运回日本后，赚取 3100 杜卡特（白银）的高额利润。"② 传教士卡布拉尔认为："对于在日耶稣会来说，只要想得到黄金就能得到。他们要买卖黄金的话，非常方便，而且利润至少有 30%—40%。"③ 据参与过黄金交易的传教士回忆："按照欧洲单位计算，一个金块重 12.5 盎司，其中国购买价为 60—90 杜卡特，运到日本后，可赚得 50%—60% 的利润。"④

从以上资料来看，耶稣会确实参与了黄金交易。有学者认为，耶稣会很少为自己买卖黄金，他们其实是黄金的运输者，幕后操纵者是大名和日商。史学者保罗·约翰森认为："日欧贸易中，耶稣会扮演了黄金（或金条）经纪人（bullion-broker）角色，长崎是黄金交易的总部。"⑤ 约翰森的观点比较中肯，因为耶稣会仅买卖了少量生丝，便招来众多反对和批评，如果再参与黄金交易，恐怕会招来更多非议。实际上，有关耶稣会参与黄金交易的资料并不多。此类交易多为走私，无法获得准确数据。所以，耶稣会可能参与过黄金交易，却并非交易的主角。更多时候，他们为大名和日商服务。

大名和日商为什么委托耶稣会交易、运输黄金呢？（1）如果大名通过葡商运进黄金，金价、运费都高。如果让耶稣会办理此事，只需支付少量报酬，或支持他们传教即可。（2）在日本，葡商也不愿过多交易黄金。

①　李小白：《信仰·利益·权力：基督教布教与日本的选择》，东北师范大学出版社 1999 年版，第 80 页。

②　高瀬弘一郎『キリシタン時代の研究』、東京：岩波書店、1977 年、265～266 頁。

③　高瀬弘一郎『キリシタン時代対外関係の研究』、東京：吉川弘文館、1994 年、243 頁。

④　李小白：《信仰·利益·权力：基督教布教与日本的选择》，东北师范大学出版社 1999 年版，第 81 页。

⑤　Paul Johnson, *A History of Christianity*, London：Penguin Books, 1980, p. 417.

因为大名们经常压低金价，而且强迫葡商拿出黄金，葡商对此极为厌恶；欧洲金价也高，葡商将黄金运回欧洲，照样得利；如果葡商只运来少量黄金，日本人反而不满，所以干脆拒绝他们。这样看来，相关任务就只能交给耶稣会了。（3）葡商默认了耶稣会参与黄金交易。因为大名对黄金的追求几近疯狂，葡商不能得罪他们，于是保持沉默。澳门只能适当限制耶稣会采买黄金的数量。1590 年，澳门议会规定，运往日本的黄金数量必须控制在 6000 杜卡特以内①。

要求耶稣会运送黄金的人主要是基督教大名。大村和有马氏都向耶稣会提出过类似要求，他们知道耶稣会一直在买卖生丝，顺带运输一些黄金应该没有问题。其后，大友氏也加入其中。1578 年以前，大友氏每年投资 3000 杜卡特，交易黄金②。

耶稣会对大名的要求倍感为难。他们必须与大船长、澳门议会斡旋，才能获得黄金，而且大名对黄金的需求量越来越大。1592 年，范礼安指出："耶稣会在日本的一个苦差事就是帮助大名交易黄金，我们充当了运输员角色。"③ 耶稣会的传教活动必须依靠大名支持，不能轻易得罪他们。范礼安每年都想方设法完成 6000 杜卡特的黄金交易任务，但大名们的要求远不止这些，其数量还不到大名需求量的一半。耶稣会曾明确表示不愿承担此任务，这立即引起大名不满，认为耶稣会忘恩负义：大名排除万难，帮助耶稣会传教，且从不向教会征税。现在仅是要求运输一些黄金，如果连这点愿望都不能被满足，就证明耶稣会没有诚意。大名们指出，如果没有足够的黄金献给最高统治者（织田信长或丰臣秀吉），其势力将被削弱，封地将被没收。如果教区被换成野蛮（非基督教）大名来统治，耶稣会也不会有好日子过。基于这些理由和指责，耶稣会只能默默承担这项任务。另外，要求运输黄金的不但有基督教大名，还有非基督教大名，只不过后者要求的数量较少。

虽然耶稣会极不情愿地运输黄金，但每次完成任务后，总可得到

① 高瀬弘一郎『キリシタン時代の研究』、東京：岩波書店、1977 年、558 頁。
② C. R. Boxer, *The Christian Century in Japan 1549 - 1650*, Manchester：Carcanet Press, 1993, pp. 111 - 112.
③ 高瀬弘一郎『キリシタン時代の研究』、東京：岩波書店、1977 年、557 頁。

一些报酬。从日本习俗来看，付出必须有回报。如果委托人地位高，酬金自然也高。初抵日本的传教士不能理解这种习俗，却也很快便适应了，因为他们需要大名的支持。如果耶稣会拒收酬金，日本人反而会疑惑，甚至不满。

参与黄金交易其实对耶稣会不利，他们被卷入日本复杂的政治、军事斗争中。在耶稣会的帮助下，基督教大名迅速聚敛财富。非基督教大名心生妒忌，更加反对传教。学者科那德·斯齐诺卡尔认为："耶稣会不可避免地被卷入大名们的斗争中。他们帮助一些大名的同时，也削弱了另外一些大名。"[1] 这种情况在九州特别明显，在日耶稣会很难"单纯"地开展传教活动。同时，最高统治者也担心获益大名的财富剧增，到时定会责怪耶稣会。耶稣会也注意到风险，所以每次都尽量控制黄金交易的数量。耶稣会曾表示，传教士们最希望黄金贬值，这样大名就不再需要他们了。在黄金交易中，最辛苦、最冒风险的就是传教士了。他们经常往来于广州、澳门和长崎之间，到处搜寻和交易黄金。黄金体积虽小，价值却高。运输途中如遇不测，教士们根本无法、无力赔偿。

三 耶稣会的收支失衡及走私贸易

耶稣会进行贸易后，其传教经费得到了一定程度的保证，但这是否完全解决了耶稣会的财政困难呢？对于此问题，我们可以具体分析一下耶稣会的收支情况。

（一）耶稣会的开支

在日耶稣会的收入时增时减，每年经费不固定。相反，其开支却随着传教的开展，每年上升。1580 年，日本有基督徒（天主徒）150000 人、教堂 200 座、办事机构 85 所、兄弟会 20 个[2]。1590 年，办事机构增至

① Conrad Schirokauer, David Lurie, Suzanne Gay, *A Brief History of Japanese Civilization*, Boston：Thomson Wadsworth, 2006, p. 133.

② Luis Saraiva, Catherine Jami, *History of Mathematical Sciences：Portugal And East Asia V, Visual and Textual Representation in Exchanges between Europe and East Asia 16th – 18th Century*, London：World Scientific Publishing, 2018, p. 93；Lucien Ellington, *Japan*, Santa Barbara：ABC – CLIO, 2009, p. 43.

136 所，开支必须满足 600 名传教士所需。

尽管耶稣会经费的来源较多，但几乎所有的资金都用于传教了。其开支主要集中于开设教堂、学校、医院、礼拜堂、神学院及印刷厂上。另外，修建和维护这些机构也需要钱。以京都南蛮寺为例，仅建筑费用就高达 3000 杜卡特以上。

而且多数日本教徒出身贫困，需要救济。被反对基督教的大名逐出领地的教徒更是一贫如洗。贫困教徒中，大部分为中老年人。如果耶稣会雇用他们，就必须支付工钱（这一点与佛教寺院不同，到寺院工作的日本人一般为义工）。这些中老年雇工效率低下，耶稣会也不强迫他们干重体力活。从某方面来说，耶稣会支付工钱更像一种施舍。为了弥补这部分雇工欠下的劳动量，耶稣会还需另外花钱，雇用青壮劳力。

据范礼安估计，在日耶稣会一年的花费为 10000—12000 库鲁扎多白银，与欧洲教会相比，这点开销不值一提。范礼安指出："欧洲教会维护一所（教会）大学的费用就与在日耶稣会一年的总开销差不多，可能还更多。"① 学者高濑弘一郎曾统计过在日耶稣会历年的活动经费，其具体数据为：1570 年为 2000 杜卡特。1575 年为 4000 杜卡特。1577 年为 6000 杜卡特②。1579 年为 6000 杜卡特。1579—1582 年（2 年 7 个月之间），总共为 32000 杜卡特或者更多。1583—1587 年，每年支出 10000—15000 杜卡特。1587 年以后，每年约为 8000 杜卡特③。1595 年以后，每年约为 12000—16000 杜卡特。禁教令正式颁布后，每年仍然有 10000 杜卡特④。

（二）收支失衡问题

16 世纪中期，耶稣会的收支基本持平。但到了 16 世纪后期，支出逐渐超过收入。据高濑弘一郎统计，1586 年，葡王拨款 1000 杜卡特，教皇

---

① C. R. Boxer, *The Christian Century in Japan 1549 – 1650*, Manchester：Carcanet Press, 1993, p. 114.

② 高濑弘一郎『キリシタン時代の研究』、東京：岩波書店、1977 年、177 ~ 178 頁。

③ 当年，由于秀吉禁教，耶稣会的支出减少。

④ 高濑弘一郎『キリシタンの世紀：ザビエル渡日から「鎖国」まで』、東京：岩波書店、2013 年、78 頁。

拨款 6000 杜卡特，印度 4 处地产租金为 1215 杜卡特，全年总收入为 8215 杜卡特。实际上，耶稣会并未收齐全部资金，有 20%—30% 的被扣除。通常情况下，每 1000 杜卡特要损失 140—200 杜卡特左右。所以在 1586 年，耶稣会的实际收入仅为 5575 杜卡特。就支出而言，当年下方（Xi-mo）教区的经费开支为 3010 杜卡特，丰后教区为 3390 杜卡特，京都教区为 3300 杜卡特，准管区长及三教区长经费为 1600 杜卡特，合计 11300 杜卡特①。这样看来，耶稣会的收入仅为开支的 1/2 左右。另外，学者荷雷拉·罗德里格兹（Helena Rodrigues）提供了更为详细的资料，具体如下：

表 2—2　　　　　　　　在日耶稣会 1586 年预算

		资金来源	捐赠者	金额（单位：杜卡特）
收入	来自日本以外的收入	王室捐赠	国王塞巴斯蒂安	344
			红衣主教亨利（国王）	40
		教皇捐赠	格里高利十三世	1600
			西克图斯五世	800
		印度土地租金	卡拉佳	150
			旁文	84
			康多提	144
			穆尔高	150
		房产来源	澳门租金	80
			其他	360
			总计	3752
	来自日本方面的资金		丝绸贸易带来的利润	1200
			长崎港口带来的收入	400
			总计	1600
			总计	5352

---

① 李小白：《信仰·利益·权力：基督教布教与日本的选择》，东北师范大学出版社 1999 年版，第 66 页。

续表

				金额（单位：杜卡特）
支出	日本以外的支出		在葡萄牙购书、打探消息和其他开支	200
			印度地产应缴纳的各种税收	120
			传教士需要的商品（酒、橄榄油和其他东西）	120
			船费和交通费用	60
			葡萄牙的行政管理费用	30
			装修教堂费用	100
			在澳门停留的费用和到日本的旅费，以及礼品费用	300
			澳门—长崎贸易中的投资费用	144
			累计	1074
	在日本的支出	下方	5 处房子、5 个住处和 1 所神学院	1204
		丰后	1 所学院、1 所见习所、1 所神学院和 3 个住处	1356
		宫古	4 处房子、4 所学院、1 所神学院和两个住处	1320
			耶稣会上层人物开支	640
			额外支出	760
			累计	4520

资料来源：Helena Rodrigues，"Local Sources of Funding for The Japanese Mission"，*Bulletin of Portuguese/Japanese Studies*，Vol. 7，Universidade Nova de Lisboa，Portugal，2003，pp. 120 – 121。

由表2—2 可见，在 1586 年，耶稣会通过正常渠道获得资金 5352 杜卡特，开支为 6354 杜卡特。荷雷拉在开支方面的统计不同于高濑弘一郎的数据，但即便以荷氏的数据为准，开支也比收入多出 1000 杜卡特，说明耶稣会的收支不平衡，其经费明显不足。

（三）耶稣会的走私贸易

综合所见，即使耶稣会参与了合法贸易（生丝、黄金），也不能完全解决财政困难，他们不得不加入走私行列。耶稣会进行的走私贸易可以称"隐匿贸易"，或称"秘密贸易"。

有资料提到，耶稣会为了筹集资金，补充传教开销，不得不开展非公开（认）的走私贸易，指不被罗马教廷及（西）葡王承认的贸易。其有三方面来源，包括：澳门—长崎生丝贸易配额（最多分给耶稣会 100 担）

以外的（走私）生丝交易；澳门—长崎生丝贸易以外（其他商品）的走私交易；澳门—长崎航线以外的各种（走私）贸易。

就第一种情况来说，范礼安曾经说道："即便我们每年获得100担生丝的配额，也只能获利4000—6000杜卡特，但我们的开销要上万杜卡特。"[1] 其言下之意，官方允许的生丝贸易不能完全解决资金问题。实际上，在日耶稣会一直不满澳门的分配额，他们认为生丝太少，贸易所得无法满足传教所需[2]。据称，1584年12月在日耶稣会违反了相关协议，他们在获得100担生丝配额之外，又私下收购了250担生丝售出（据说还有其他商品），因而遭到澳门方面投诉[3]。1595年，果阿总督下令："除了合法葡商，任何人不得私自买卖生丝。"[4] 法令不但针对葡国走私商，还针对耶稣会。

就第二种情况来说，耶稣会除了买卖生丝，还尝试将丝织品、黄金、水银、铅、麝香、龙涎香、陶器、砂糖、药材等商品运往日本获利。这些交易最初都是秘密开展的，直到17世纪初，耶稣会总部才承认，在生丝贸易量不足的时候，日本分部可以交易这些商品，殊不知在日耶稣会早就在尝试此类活动了，不然很难维持教会在日本的开销。

就第三种情况而言，耶稣会还秘密参与到澳门—果阿（印度）、澳门—马尼拉等航线的贸易中，通过买卖各种商品，获得传教资金。有一次，一艘西班牙船打算将一批货物（包括白银）秘密运往澳门，按照葡方规定，西班牙商人不得参与到澳门相关贸易中，所以船上的钱财要被收缴。此时，日本耶稣会出面调解，西班牙人的财货只被没收了一半，但作为回报，耶稣会借用了其价值60000杜卡特的商品，通过走私交易（售出）后，将所获利润用来填补在日经费[5]。1593年，在日耶稣会又从澳门

① C. R. Box, *The Christian Century in Japan, 1549–1650*, Manchester: Carcanet Press, p. 118.

② J. F. Moran, *The Japanese and the Jesuits: Alessandro Valignano in Sixteenth Century Japan*, New York: Routledge, p. 118.

③ 李小白：《16—17世纪耶稣会在日本的贸易活动》，《东北师大学报》2003年第4期。

④ C. R. Boxer, *The Great Ship from Amacon*, Macau: Instituto Cultural de Macau, 1988, p. 58.

⑤ 高瀬弘一郎『キリシタンの世紀：ザビエル渡日から「鎖国」まで』、東京：岩波書店、1993年、82—85頁。

将生丝、珍珠、黄金等商货运去印度，所获利润寄回日本，用于布道①。当时一名叫傅雷·马丁·德·阿圭雷（Fray Martin de Aguirre）的学者，直接称在日传教士为商人。据他描述，1595 年，在日耶稣会收到了印度寄来的 6 万两白银（资金）②。1596 年，在日耶稣会又将 10 万杜卡特资金从日本转移到澳门，最终送到果阿，并投资于贸易活动中③。日本、澳门、印度、菲律宾、欧洲都有耶稣会的流动资金，这绝非正常现象，一定是有某种交易存在，而且这些活动都是不公开的。西葡国王还曾下令调查在日耶稣会。1598 年，范礼安授意教徒走私一批黄金到印度，果阿总督将此消息泄露。对此，耶稣会（欧洲）总部严厉批评范礼安，认为这种行为不道德，甚至是一种犯罪。阿奎维瓦提醒头脑过热的手下（在日传教士）："任何贸易都是教皇考虑到情况特殊时临时准许的，并且在日耶稣会只能参与生丝贸易。如果罗马教廷和马德里法庭都认定在日耶稣会违规，那日本方面将被禁止开展任何商贸活动。"④

（四）财政困难与禁教

按理说，耶稣会参与了合法贸易，开展了走私贸易，再加上各种捐赠金和收入，其财政状况应该较为乐观，但其收支失衡状况一直未能解决。

16 世纪末，耶稣会的财政状况还是没能改善，甚至有加剧的趋势。1586—1600 年，由于种种原因（最主要是日本侵略朝鲜），葡国巨船四次赴日失败，也就是说，耶稣会有四年（非连续四年）不能买卖生丝。1590 年 8 月，在日耶稣会指出："我们必须开展贸易，其所得再加上其他资金，总收入才接近 10000—12000 杜卡特。其中的 3000 杜卡特用于维护教堂、修道院和神学院等设施，以及购买绢织物、棉织物和毛织物（制作教服）。其余资金要购入 50 担生丝和其他商品，所获利润用来补充开销。"⑤ 实际上，耶

① 高瀬弘一郎『キリシタン時代対外関係の研究』、東京：吉川弘文館、1994 年、188 頁。

② J. F. Moran, *The Japanese and the Jesuits: Alessandro Valignano in Sixteenth Century Japan*, London: Routledge, 2004, p. 117.

③ 李小白：《信仰·利益·权力：基督教布教与日本的选择》，东北师范大学出版社 1999 年版，第 76—77 页。

④ C. R. Boxer, *The Christian Century in Japan 1549 - 1650*, Manchester: Carcanet Press, 1993, p. 119.

⑤ 高瀬弘一郎『キリシタン時代対外関係の研究』、東京：吉川弘文館、1994 年、241 頁。

稣会在1590年的总收入为7700杜卡特，但开支预算达到10000杜卡特①。在日耶稣会要正常运转，就必须精打细算和节俭经费。

17世纪初，耶稣会的财政状况更加恶化。从1597年起，教皇的资助就停止了，这让耶稣会少了50000库鲁扎多白银的收入。再加上巨船贸易时有时无（在1601年、1603年、1607年、1608年、1610年和1613年均未能开展），在日耶稣会简直度日如年。

在这种情况下，在日耶稣会唯有通过贷款来解决问题。1602年，耶稣会向日本人借款4000库鲁扎多白银。1603年，大船长冈卡诺·罗德里格兹·德·苏萨（Goncalo Rodrigues de Sousa）指挥巨船赴日，但途中失事，耶稣会再次面临困境。家康得知消息后，施舍了350两白银给耶稣会，并借给他们5000两白银。教会人士若昂·科伊尔霍（Joao Coelho）在1609年提到："如果澳门巨船不能抵日，就不能买卖生丝。照这样下去，传教将无法开展。因为耶稣会已负债20000库鲁扎多白银。"1610年，大船长安德烈·佩索阿（Andre Pessoa）的巨船被毁（后有提及），耶稣会损失30000库鲁扎多白银，这次损失加上以前的欠款，在日耶稣会的总欠款额达22000库鲁扎多白银②。

不过，所有不幸在1614年都变得无关紧要，因为这一年家康决定彻底禁教。虽然一些学者从宗教、政治方面分析了基督教被禁的原因，但少有人从经济角度考虑其中因素。从以上分析来看，耶稣会的收支不平衡已经成为他们传教的重大障碍。从某种意义上说，耶稣会就不该参与贸易。由于此举，葡商不满意在日耶稣会，教会也谴责他们，其本身还被卷入日本的政治斗争中。即便耶稣会通过贸易获得了有限经费，也不能彻底解决收支失衡。贸易受挫后，耶稣会又大量贷款。久而久之，欠款问题让本来支持传教的大名、商人（对耶稣会）失去信心。可见在日本，没有足够资金，传教是难以开展的。

---

① C. R. Boxer, *The Christian Century in Japan 1549 – 1650*, Manchester：Carcanet Press, 1993, p. 117.

② Helena Rodrigues, "Local Sources of Funding for the Japanese Mission", *Bulletin of Portuguese/ Japanese Studies*, Vol. 7, Universidade Nova de Lisboa, Portugal, 2003, pp. 121 – 122.

第 三 章

西欧四国的对日贸易

17世纪初，日本国内呈现出三个特点：经济增长加快、中央集权加强、对外关系复杂化。家康统治初期，日本的外贸采取自由开放政策，来自欧洲的葡、西、荷、英人都抵日通商。学者穆多齐说道："葡人从澳门赴日，西班牙人从马尼拉和新西班牙（美洲）来（日），新教国家荷兰于1609年在日本建商馆，英国人也来经商。"[①] 如果将持续百年的日欧贸易分段，此阶段可称"四国贸易"或"四国对日通商"时期。从抵日时间来看，葡、西人先到达，荷、英人后出现，但本章不按此顺序论述，这里先分析日葡贸易之衰落，然后论述日西（班牙）关系之破裂，因为这两个国家都是天主教国家，继而再分析日英贸易及其失败的原因。总的来说，葡、西、英三国最终退出日本市场，或是主动离开，或是被驱逐，反正最后都失败了，这是它们的共同点。最后，我们分析荷日贸易及其成功的原因。荷兰人是日本锁国后唯一留下的欧洲人，他们坚持到最后，所以将相关内容放在最末。另需注意，虽然欧洲四国均开展了对日通商活动，但没有一方能够垄断贸易。而且，德川家康试图调整外贸，以便将主动权控制在日本人手中。这样看来，17世纪初德川幕府的外贸政策也有必要简要分析。

第一节　德川幕府与17世纪的禁教

1598年，丰臣秀吉病逝。由于他轻率地发动侵略朝鲜的战争，未能

[①] James Murdoch, Isoh Yamagata, *A History of Japan: During the Century of Early Foreign Inter-course (1542 – 1651)*, Kobe: Office of the "Chronicle", 1903, p.578.

充分巩固并掌控大名的体制，所以丰臣家族在他死后立即没落。秀吉在临死之时，反复托付德川家康等"五大老"（最高顾问）拥立其子丰臣秀赖，但家康并未这样做。1600 年，家康与对手展开大战，在美浓的关原决战中，他铲除了最大的对手——石田三成。家康在这次战争之前，已经是日本最有实力的大名。战争之后，其直辖领地更是达到300 万石，占当时全国总石数的1/6，实力已经超过丰臣家族。1603 年，家康取得了源赖朝以来，武将最为憧憬的征夷大将军的称号，家康的江户执政厅成为名副其实的幕府。关原之战后，德川家康削减了丰臣秀赖的领地，将其降为只有65 万石的大名，并没收了秀吉时代直辖的城市和矿山。之后，家康仍然不能安心，一再侮辱和挑衅丰臣氏。1614 年，双方在大阪决战。1615年，丰臣氏溃败，秀赖自杀①。

17 世纪的最初几年（1603 年德川幕府建立前）对耶稣会来说，是一段相对平静的日子。由于秀吉去世，大规模的宗教迫害未有发生。据统计，17 世纪初，日本已经有70 多万名天主教徒。虽然家康也不喜欢基督教，但在幕府建立初期，还无暇顾及传教活动，他更关心国内政局的稳定，避免残余势力反扑。当家康稳固统治后，便着手禁教。1614 年，德川家康颁布禁教令。家康禁教的原因比较复杂，本书只能简述几个要点。

第一，家康怀疑欧洲人的传教动机，当时很多日本人不能理解，为什么欧洲人要不远万里来传教。家康也听说一些传言，即天主教会是西、葡征服日本的先锋，欧洲军队随后就到。织田信长和丰臣秀吉也曾有此担心。

第二，日本长期受儒家学说影响，忠君思想已经深入人心。当日本人皈依天主教后，其心目中的最高偶像变成了教皇与上帝，天皇和将军的影响力有所下降。另外，基督教教义与日本传统思想还发生了激烈冲突。这是统治者最担心的问题。

第三，通过耶稣会的帮助，西南大名能与欧洲人进行贸易，因此实力增强，却对幕府统治造成了威胁。

第四，17 世纪初，天主教各宗派开始抢夺信徒和争夺地盘。在日活动

---

① ［日］井上清：《日本历史》上册，天津市历史研究所译校，天津人民出版社1974 年版，第299 页。

的教派有方济各会、多明我会、奥古斯丁会和耶稣会。虽然他们都信仰天主教，但不团结，甚至互相攻击、诽谤和迫害。耶稣会曾试图与其他教派合作，却收效甚微。如果日本仅有耶稣会布道，基督教或许能存活，传教士可能不会被逐。不过其他教派都来到这里，局势立即变乱。方济各会等教派并非来"播种"，而是来"收获"。由于教义和传教方式不同，教派间经常发生矛盾，幕府和耶稣会对此头疼不已。

第五，最初，家康对驱逐传教士有所顾忌，害怕禁教导致商贸活动中断。到了 17 世纪初，英、荷人来到日本。他们也能带来日本需要的商品，虽然数量不多，但不传教，这是家康理想的贸易对象。有了可选项，家康便可毫无顾忌地禁教了。

1614 年，幕府正式禁教。如果说秀吉禁教是针对传教士，那家康禁教则是针对所有信众。1614 年，高山右近等 350 名切支丹（基督教）武士被流放到马尼拉和澳门。家康还规定，所有传教士必须乘船返回澳门或马尼拉。继续传教者将被投入监牢，切支丹大名有马晴信也被赐死。1615 年 2 月，家康派大久保忠邻，将京都两所"南蛮寺"夷为平地[①]。此后，各地不弃教者，一律处刑。

尽管家康严厉禁教，耶稣会却没有完全放弃传教事业。一部分传教士就地隐藏，秘密活动。1587 年秀吉禁教时，他们也曾这样。另一些传教士则偷偷潜入日本，分散在各地布道。德川幕府也不放松警惕，对隐匿的传教士仔细搜索，对协助者严厉处罚。为了限制基督教，幕府还多次颁布悬赏公告（见表 3—1）。1622 年，幕府还在长崎西坂处死了 55 名传教士和信徒（火刑或斩首），史称"元和大殉教"[②]。为了落实禁教，德川幕府对基督徒实施酷刑。为了让叛依者放弃基督教或改宗，官方将教徒或传教士吊起来，头朝下，浸入粪坑中，反反复复，直到受刑者屈服。传教士克里斯托弗·费雷拉（Christopher Ferreira）被

---

① 有关南蛮寺之兴废，请参见東方書院編『吉利支丹史料』、東京：東方書院、1935 年、2～27 頁。

② 这些殉教者后来被梵蒂冈赋予"圣徒"称号。有些殉教者来自墨西哥，以致在今日墨西哥奎纳瓦卡（Cuernavaca）的教堂里，也装饰着以西坂殉教为主题的壁画。参见外山幹夫『長崎奉行：江戸幕府の耳と目』、東京：中央公論社、1989 年、101～102 頁。

如此折磨了 6 个小时后，被迫叛教①。1628 年，西葡国王下令禁止欧洲传教士前往日本。1630 年 3 月，日本官方在平户逮捕一名外国传教士，容留他的日本人家庭（一家五口）全部被捕②。不过在 1632 年，仍然有 11 位传教士（分 4 次）乘坐中国船潜入日本。职位最高、名声最大的是维依拉（Vieyra），他是秘密传教的主要负责人。德川家光对这位受人尊敬的传教士很感兴趣，他一直不理解对方为什么如此热衷于传教。当维依拉被捕后，家光让他写出基督教教规和教理，以便仔细研究。不过，这仍然不能保住维依拉的性命，1634 年 6 月 9 日，他被处以火刑。1642 年日本闭关后，仍有 4 名传教士秘密登陆日本。他们很快被幕府逮捕，其中两人为了保全性命，被迫弃教。另两人坚守信仰，终被处死③。有学者这样总结，德川家康虽然禁教，却没有杀害传教士及教徒；二代将军秀忠开始杀害信教者，但没有迫害他们；三代将军家光不仅杀害教徒，还迫害他们。由此可见，德川幕府的禁教措施越来越严酷④。

表 3—1　　　　　　　历年揭发或告密基督教的悬赏金

年份（日本年号）	传教士/人（白银两/枚）	基督徒/人（白银两）
1618 年（元和四年）	30	—
1626 年（宽永三年）	100	—
1633 年（宽永十年）	100	—
1636 年（宽永十三年）	200—300	—
1638 年（宽永十五年）	30—200（枚）	—
1642 年（宽永十九年）	200	30—50

①　Joseph Cummins, *History's Great Untold Stories*: *Larger Than Life Characters and Dramatic Events that Changed the World*, Washington D. C.: National Geographic Society, 2006, p. 89.

②　永積洋子訳『平戸オランダ商館の日記』第 1 輯、東京：岩波書店、1969 年、328 頁。

③　James Murdoch, Isoh Yamagata, *A History of Japan*: *During the Century of Early Foreign Intercourse*（*1542 – 1651*）, Kobe：Office of the "Chronicle", 1903, p. 634.

④　Joseph Cummins, *History's Great Untold Stories*: *Larger Than Life Characters and Dramatic Events that Changed the World*, Washington D. C.: National Geographic Society, 2006, p. 89.

年份（日本年号）	传教士/人（白银两/枚）	基督徒/人（白银两）
1655 年（明历元年）	300	30—50
1682 年（天和二年）	100—500（枚）	—

资料来源：岩生成一『日本の歴史・14・鎖国』、東京：中央公論社、1968 年、329 頁；姉崎正治『切支丹宗門の迫害と潜伏』、東京：同文館、1925 年、18～19 頁；林韑、宮崎成身等編『通航一覧』第五、東京：泰山社、1940 年、166～172 頁。

17 世纪的日欧贸易就在这种紧张的禁教环境中持续开展着。最初的禁教并未没对贸易产生太大影响，但随着将军的更替、政策的改变，欧洲商人特别是西葡商人越发感觉事态严重，教商关系已经危及贸易的正常开展。

总的来说，17 世纪虽然有 4 个欧洲国家同时对日通商，日欧贸易亦发展到最高潮，日欧关系却在走下坡路。

第二节　日葡贸易之衰落

1597 年，丰臣秀吉下令处死 26 名基督徒。同年，葡国巨船没有赴日。有学者认为，日葡贸易的衰落就始于这一年。因为 1597—1617 年，巨船有 10 年（非连续）未能抵日通商。这期间，澳门葡商的利益严重受损。除了日本航线，葡属亚洲其他航线同样承受巨大压力。英荷舰队时刻窥视葡人动向，一有机会，便攻击和抢劫葡船。另外，德川幕府统一日本后，便开始削弱葡萄牙对日本外贸的影响力。即便如此，双方贸易仍然维持了近 40 年。如果算上 16 世纪的 50 年，整个日葡贸易大概持续了一个世纪，葡商和葡船的"生命力"可谓顽强。

葡人的顽强表现在两个方面：首先，葡商遭受损失后，总能翻盘或扭转。比如，日葡贸易在 1603 年遭受巨大损失[①]，但葡船在 1604 年又顺利

---

① 1603 年，不但日本航线的澳门巨船被劫，印度—马六甲航线的葡船"圣·卡塔林那号"（以下简称"卡塔林那号"）（Santa Catarina）也于 3 月在马六甲海峡遭到荷兰人抢劫。澳门葡商在"卡塔林那号"上的投资很大，因此遭受双重打击，每艘船的损失估计高达 1 康顿（conto）黄金。

抵日。葡商不但弥补了损失，还偿还了部分贷款。据弗朗西斯科·皮雷斯
（Francisco Pires）记载："1604 年，葡商满怀喜悦，早早（11 月初）返回
澳门。"其次，在 17 世纪初，虽然日葡贸易受到各种因素干扰，但就贸
易数量和利润来看，葡萄牙仍然是日欧贸易的最大赢家。1621 年，荷兰
人嫉妒地说："葡商运入货物的价值达到 300 万弗罗林（Florin），荷兰人
尚无法赶超。"① 1624 年，西班牙人被逐出日本。葡商抓住这一机会，填
补马尼拉商人的空缺，再次满载金银离开日本。1635 年，葡商又运来总
价值高达 30 万色拉芬的商品，所获利润也至少为这一数目。1636 年，幕
府颁布禁令，朱印船不得出海。日葡贸易迎来最后"春天"，葡商在日贸
易额达到 10 万英镑，这足以让其他欧洲国家羡慕嫉妒②。

　　1600—1638 年，日葡贸易坚持了近 40 年。1638 年，荷兰的对日贸易
额终于超过葡萄牙，意味着葡人即将被逐。日葡贸易持续了近一个世纪
后，最终衰败下去。

一　日葡贸易的变化与调整

（一）大船长特权的公开拍卖

　　17 世纪，日葡贸易的运作方式依然是大船长制度，不过其管理已经
出现问题，大船长特权经常被公开拍卖。有学者记载道："17 世纪初，日
本航线的售价在 16000—20000 色拉芬之间，但大部分购买者以 2 万—3
万色拉芬的高价购得航线特权。"③ 1615 年 2 月，葡王告知果阿总督，大
船长素质过低、缺乏经验，从而导致航线管理混乱，造成了不必要的损
失。葡王希望总督综合考察候选人，选出高素质的大船长。但在果阿，仍
然是出价最高者担任大船长。总督当然希望经验丰富和技术全面的人管理
航线，不过金钱诱惑高于一切，整个选举现场俨然一场拍卖会。谁出价最

---

① C. R. Boxer, *The Great Ship from Amacon*, Macau: Instituto Cultural de Macau, 1988, pp. 68, 101.

② 另说为 40 万色拉芬。参见 James Murdoch, Isoh Yamagata, *A History of Japan: During the Century of Early Foreign Intercourse（1542 – 1651）*, Kobe: Office of the "Chronicle", 1903, pp. 637, 664。

③ 张廷茂：《澳门总督制缘起》，《文化杂志》2006 年总第 58 期。

高，谁就拥有航线。大船长的出生、素质、能力都不重要。

1610年3月9日，果阿富商若昂·塞劳·达·昆哈（Joao Serrao da Cunha）用27000色拉芬购得大船长特权，据说这是当时的均价①。按照以往惯例，昆哈需预付一半购买金，贸易完成后，付清余额。除了购买航线，昆哈还需准备巨船。他花费了40000色拉芬，购买巨船"诺萨·森波拉·达·维达号"（Nossa Senbora da Vida）。此船由科钦制造，外观雄伟，质量上乘。昆哈共有50000色拉芬的投资成本，购买巨船后，若要正常运作贸易，还须借款或贷款。1619年，果阿总督再次拍卖大船长特权。杰罗尼姆·德·马塞多·德·卡瓦尔霍（Jeronomo de Macedo de Carvalho）花费了48000色拉芬，买下连续3年的大船长资格。1615—1621年，大船长的拍卖价在16000—22000色拉芬之间波动。1622年，路易斯·帕伊斯·帕切科（Luis Pais Pacheco）在马六甲购得大船长职位②。1629年11月16日，果阿总督康德·德·林哈雷斯（Conde de Linhares）又公开拍卖连续3年的大船长特权③。11月28日，3次航线特权被罗普·萨门托·德·卡瓦尔霍（Lopo Sarmento de Carvalho）一次性买断，总价为306000色拉芬④。澳门代理总督塞巴斯蒂安·索内斯·佩耶斯⑤在其述职报告中提到："1630年，贵族多姆·伊诺尼姆·康提恩霍（Dom Ieronymo Countinho）花费了38000色拉芬买到特权。还有一次，特权被卖到36500色拉芬。"⑥

航线特权虽然昂贵，购买者依然能够获利。昆哈即便花费27000色拉芬购得特权，但完成贸易后，仍然能赚得150000色拉芬（利润）。罗普·萨门托·德·卡瓦尔霍购买一次特权就花费了20000色拉芬，当他从

① C. R. Boxer, *The Christian Century in Japan 1549 – 1650*, Manchester：Carcanet Press, 1993, p. 303.

② 帕切科一直等到1626年才当上大船长。

③ C. R. Boxer, *Portuguese Merchant and Missionaries in Feudal Japan*, *1543 – 1640*, London：Variorum Reprints, 1986, p. Ⅲ50.

④ Frederick Charles Danvers, *The Portuguese in India*, *Vol. II*, London：W. H. Allen & Co., 1894, p. 214.

⑤ 1635年，曼努尔·拉莫斯接替佩耶斯，担任澳门总督。

⑥ C. R. Boxer, *Portuguese Merchant and Missionaries in Feudal Japan*, *1543 – 1640*, London：Variorum Reprints, 1986, p. Ⅲ62.

日本满载而归后，就能净赚 100000 色拉芬①。有人说道："购买大船长特权，最多花费 20000 库鲁扎多，大船长却有把握赚回 100000 库鲁扎多。另外，大船长的开销不大，即便要租船，租金也是航行结束后再结算。而且商船返程时，不在马六甲卸货，所以不纳税。"②

到达澳门后，如果大船长不想亲赴日本，也可以委派代理人（Factor，本书指澳门葡商选出的代表，主要监督丝绸贸易）管理船队。代理船长的酬劳为 2500—3000 库鲁扎多，其中的 2000 库鲁扎为固定酬金。另外，代理船长每天可获得 5—6 库鲁扎多白银的补助。完成整个一次航行（澳门—日本—澳门）需要花费四个半月时间。代理船长还可占用部分货舱，也不用缴纳货税（400 两白银）③。其实，葡船的领航员、大副和二副都能享受免税货舱的待遇。货舱既可以放置自己的货物，也可以出租。在 1635 年葡王控制航线后，免税货舱被取消。

（二）澳门议会与大船长

17 世纪初，澳门已经成为最繁华的葡占据点之一。博克舍曾统计过澳门人口，他使用"维兹因霍斯"（vizinhos，葡语有邻居的意思）指代常住澳门的葡籍白人家庭。"维兹因霍斯"不包括混血家庭，也不包括"游动商人"家庭（居无定所的商人）。17 世纪初，澳门的"维兹因霍斯"有 600 户左右④。迪奥哥·多·库托认为，"维兹因霍斯"是澳门的社会基础及繁荣保证。葡人佩德罗·德·巴伊扎（Pedro de Baeza）在 1609 年记载道："我在澳门居住了 6 年，据我所知，那里至少有 1200 名葡人。"⑤

17 世纪，澳门议会发展迅速，权力逐渐膨胀。议会虽然没有贸易特权，但可以管理澳门行政。议会和大船长还共同商定赴日人选，他们在葡

---

① C. R. Boxer, *The Great Ship from Amacon*, Macau：Instituto Cultural de Macau, 1988, p. 102.

② 葡人占据澳门后，巨船很少在马六甲停留。相比 16 世纪，马六甲的税收下降了 2/3。参见张廷茂《澳门总督制缘起》，《文化杂志》2006 年总第 58 期。

③ C. R. Boxer, *Portuguese Merchant and Missionaries in Feudal Japan，1543 - 1640*, London：Variorum Reprints, 1986, p. Ⅲ62 - 63.

④ 另记载，1621 年澳门有 700—800 名葡人（包括混血人）。参见 C. R. Boxer, *The Great Ship from Amacon*, Macau：Instituto Cultural de Macau, 1988, p. 64；张廷茂《澳门总督制缘起》，《文化杂志》2006 年总第 58 期。

⑤ C. R. Boxer, *The Christian Century in Japan 1549 - 1650*, Manchester：Carcanet Press, 1993, p. 425.

船起航前，将名单公布于众。日葡贸易利润丰厚，想去日本的葡商有很多，议会权力随之增长。如果葡商冒犯议会或有不同意见，就很难再参与贸易。

大船长自 16 世纪以来就一直是澳门的"临时总督"，因此，议会壮大引起大船长不满。双方都想控制澳门事务，于是矛盾不可避免。议会总是抱怨大船长素质低下、碌碌无为或贪婪狂妄。议会则认为，大船长给澳门的管理带来不便，并借此排挤大船长。为了提高航线效率，议会向国王建议，限制大船长的贸易时间。1610 年 11 月 10 日，国王颁布法令："如果大船长在澳门过冬，将丧失贸易资格，其特权将立即移交给新任大船长。"①

当然，大船长不愿意交出任何属于他的权力，罗普·萨门托·德·卡瓦尔霍就一直不能与议会和睦相处。议会曾致函果阿总督，抱怨罗普·萨门托出身卑微，又缺乏资历，根本不适合担任大船长。1622 年，荷兰人在台湾海峡拦截葡船，致使当年的日葡贸易"流产"②。议会以加强防御、需要资金为借口，提议解除罗普·萨门托的大船长资格。后者肯定不愿意让出特权，双方矛盾立即升温，最终将争执闹到果阿法庭。议会指出，当荷兰人进攻澳门时，罗普·萨门托没有尽职，不配担任大船长，航线特权应该归属议会，所得利润用于修筑防御工事、雇用士兵和购买武器等。罗普·萨门托也不示弱，皇家法官 Fr. 安东尼奥·多·罗萨里奥（Fr. Antonio do Rosario）和澳门贵族都支持他③。罗普·萨门托认为，自己受到不公正待遇。他指出，议会有足够经费加强防御，不该再染指贸易。1623 年，果阿总督做出最后裁决：罗普·萨门托继续担任大船长，完成剩余的两次航行。不过，葡王将在澳门设总船长，限制大船长特权。议会虽不满判决，但迫于总督的压力，只能接受。同年 6 月，罗普·萨门

---

① C. R. Boxer, *Portuguese Merchant and Missionaries in Feudal Japan*, *1543 – 1640*, London: Variorum Reprints, 1986, p. Ⅰ12.

② Marjolein't Hart, *The Dutch Wars of Independence*: *Warfare and Commerce in the Netherlands 1570 – 1680*, London and New York: Routledge, 2014, p. 140.

③ C. R. Boxer, *A Derrota dos Holandeses em Macau no ano de 1622*, Macau: Escola Tip. de Orfanato, 1938, p. 31.

托的船队在经过新加坡时被荷兰人拦截，卡氏本人被关入巴达维亚的监狱。后来，罗普·萨门托逃回澳门，要求继续任职。议会以错过机会为由，拒绝其要求。直到 1631 年，罗普·萨门托的问题仍然没有得到解决，议会坚持任用新船长劳伦科·德·里斯·维尔霍（Lourenco de Lis Velho）负责航线贸易①。罗普·萨门托不服，再次向果阿总督提出控诉。总督派曼努尔·达·卡马拉·德·洛伦哈（Manuel da Camara de Noronha）代替多姆·杰罗尼莫·达·希尔瓦（Dom Jeronimo da Silveira），赴澳门担任总船长，以保障罗普·萨门托的权益②。不过，新任总船长与罗普·萨门托也不能融洽相处，洛伦哈甚至扬言要击沉罗普的商船。为了避免此类事件再次发生，澳门议会于 1634 年向葡王和总督提议，新任大船长候选人的名单必须事先公布，以备考查和监督。

（三）葡王与日本航线

在整个 16 世纪，葡王都没有直接参与贸易，仅是发布一些敕令而已。但他早就不满足既得利益，到了 17 世纪，葡王试图插手日本贸易，其目的是最终控制航线。1615 年，葡王派弗朗西斯科·洛佩斯·卡拉斯科（Francisco Lopes Carrasco）到澳门行使总督权力。新总督不受大船长约束，与议会同享行政、司法权③。不过，卡拉斯科不能服众，且政绩平平，于是在几个月后就被召回（印度）。

1629 年，葡王首次提出要直接控制日本航线。4 月，果阿总督多姆·米格尔·德·诺隆哈（Dom Miguel de Noronha）在澳门宣布葡王的新政令："国王决定直接控制澳门—长崎航线，所得利润用于维护港口及重建亚洲舰队。"④ 政令并未得到落实，议会和大船长都不愿意交出权力。对于这种情况，国王也不甘示弱。1629 年的"罗普·萨门托事件"成为双方矛盾的导火索。1629 年 11 月 28 日，罗普·萨门托以 306000 色拉芬

①　Mihoko Oka, "A Great Merchant in Nagasaki in 17th Century, Suetsugu Heizo Ⅱ and the System of Respondencia", *Bulletin of Portuguese Japanese Studies*, num. 2, June, 2001, p. 46.

②　Rogerio Miguel Puga, *The British Presence in Macau, 1635 – 1793*, Hong Kong: Hong Kong University Press, 2013, p. 30.

③　Raymundo Antonio de Bulhão Pato, *Documentos Remettidos da Indial*, Tomo Ⅲ, Lisboa: Typographia da Academia Real das Sciencias, 1885, p. 332.

④　C. R. Boxer, *The Great Ship from Amacon*, Macau: Instituto Cultural de Macau, 1988, p. 117.

（平均每年 102000 色拉芬）的价格，购得连续 3 年的大船长特权（除了日本航线，还包括连续 3 年马尼拉航线特权）。罗普·萨门托与果阿当局签订的"大船长契约"至今保存于里斯本，具体内容如下：

> 罗普·萨门托·德·卡瓦尔霍与果阿当局签订的大船长契约
>
> （1）罗普·萨门托每年支付 102000 色拉芬，以享受大船长特权。购买金以下列几种方式组合支付：（a）罗普需从日本运 1200 担铜到澳门，每担铜价值 20 色拉芬，总价值 24000 色拉芬；（b）由于罗普不亲自前往日本，因此要支付 30000 色拉芬给航线的代理船长；（c）剩余的 48000 色拉芬在贸易结束后，支付给澳门议会和果阿当局。因此，罗普支付购买金的方式分为现金和货物（铜）两种。
>
> （2）罗普·萨门托在获得大船长资格前，应立即支付 50000 色拉芬定金。
>
> （3）无论发生什么情况，罗普·萨门托必须每年运回（澳门）1200 担铜。即便日本铜价高于 20 色拉芬一担，收购方也按 20 色拉芬结算。
>
> （4）日本卖出的铜只能由罗普·萨门托购买，其他葡人无权参与铜交易。如果罗普不能运回足够的铜，就必须以现金补足。
>
> （5）为了保证贸易顺利开展及证明诚信，罗普·萨门托必须安排担保人。其澳门担保人为安东尼奥·菲亚尔霍·费雷拉（Antonio Fialho Ferreira）和加斯帕·霍门（Gaspar Homem），果阿担保人为曼奴伊尔·德·莫雷斯·萨比科（Manoel de Moraes Sapico）。
>
> （6）如果罗普·萨门托的航船失事或失踪，可以按比例降低购买金。罗普每年应该缴纳 102000 色拉芬购买金，其中 72000 色拉芬支付日本航线，30000 色拉芬支付马尼拉航线。如果顺利，罗普三年内最少应派遣 13 艘商船到日本、9 艘商船到马尼拉。也就是说，平均每年派 4 艘到日本、3 艘到马尼拉。若有意外，按比例减免购买金。
>
> （7）若没有意外发生，罗普·萨门托不得以任何借口减免购买金。罗普每年派遣商船的数量由他自己决定，果阿和澳门方面对此没有限制。罗普支付购买金后获得的利润仅属于他自己，任何人不得侵

犯其私有财产。

（8）每年赴日的商船必须在 8 月前离开澳门。如果英荷舰队徘徊于澳门周围，耽搁起航，当属例外。可以按比例减免罗普的购买金。

（9）罗普的商贸活动不受任何人干涉，包括澳门议会和总船长。不过他必须给予澳门葡商参与贸易的机会。

（10）如果罗普在担任大船长期间去世，剩余的航线任务由其担保人负责完成。

（11）没有罗普·萨门托同意，任何（私有）葡船不得前往日本和马尼拉。若有官方葡船前往日本，也必须接受罗普指挥。不过，罗普不得以此理由拒缴购买金。

（12）如果中国或日本方面由于政治原因阻碍了罗普·萨门托经商，其享受大船长特权的期限可以延长。再次重申，罗普必须支付30000 色拉芬报酬给日本航线的代理船长，并安排两名以上的担保人。另外，如果罗普能够或愿意，也可以一次性（或一年内）运回3600 担铜[1]。

契约反映出两个问题：（1）大船长购买航线的价格非常高。（2）契约规定的支付条件十分苛刻。虽然契约的规定面面俱到，而且权利、义务清晰，实行起来却很困难。3 年航线贸易结束后，大船长与葡王就结账问题产生了分歧。1634 年 4 月 29 日，果阿总督康德·德·林哈雷斯受葡王委托，召集会议，就罗普的结账事宜进行商讨和裁决。罗普·萨门托因故缺席，委托若昂·德·米斯奎塔（Joao de Misquita）赴会，此人也是一位精明商人。米斯奎塔在会上要求减免罗普 10000 色拉芬的购买金，理由是罗普损失了两艘商船[2]。不过，王室代表路易斯·梅格尔豪·博格斯

① C. R. Boxer, *Portuguese Merchant and Missionaries in Feudal Japan*, *1543 - 1640*, London：Variorum Reprints, 1986, pp. Ⅲ51 -57; Artur Teodoro de Matos, Luís Filipe, F. R. Thomaz, *As Relações Entre a Índia Portuguesa*, *a Ásia do Sueste e o Extremo Oriente Actas do VI Seminário Internacional de História Indo-Portuguesa*, Macau：Verlag, 1993, p. 11.

② 两艘商船分别为"圣·弗朗西斯科·沙忽略号"（*Sao Francisco Xavier*）和"罗萨里奥夫人号"（*Nossa Senhora do Rozario*）。"沙忽略号"在前往马六甲途中失踪，"罗萨里奥夫人号"在前往日本途中失踪。

（Luis Mergulhao Borges）认为，该理由并不满足减免条件。首先，"圣·弗朗西斯科·沙忽略号"没有在天气适宜时离开澳门，其损失应该自负。不过，罗普认为，当时澳门总船长多姆·杰罗尼莫·达·希尔瓦（Dom Jeronymo da Silveira）坚持让航船在错误的时间离港，责任应该归于官方。其次，博格斯认为罗普的另一艘商船"罗萨里奥夫人号"也违反了契约规定。其澳门担保人之一，安东尼奥·菲亚尔霍·费雷拉为了在"罗萨里奥夫人号"上装载更多货物，延误了起航时间（1632年7月31日午夜以前）。契约规定，葡船必须在8月前离开澳门，否则损失自付。另外，费雷拉还参与了澳门—马尼拉的走私贸易。由于费雷拉不享有航线特权，因此，罗普还需支付77000帕塔加（pataca）[①] 的违约金。米斯奎塔反对此控诉，他认为，7月31日的午夜也属于7月，起航时间没有违规。而有关费雷拉违规交易一事，纯属虚构。双方代表在会上争论不休，果阿总督也难以决断，不敢轻信任何一方。最后双方妥协，达成协议。罗普·萨门托按规定结清3年购买金，葡王代表则免除其违约金。葡王唯恐罗普变卦，还专门派曼努尔·拉莫斯（Manuel Ramos）赴澳门督促其付清余款。此为"罗普·萨门托事件"全过程。

事件发生后，葡王尝到甜头，越发想掌控航线。因此，拉莫斯赴澳门的另一任务就是奉葡王命令，取代总督塞巴斯蒂安·索内斯·佩耶斯（Sebastiao Soares Paes），直接控制日本航线，同时接管澳门的政治、经济和军事[②]。当拉莫斯抵达澳门后，面临诸多困难和巨大压力。大船长自然不愿交出特权，葡王开出的30000色拉芬薪金没有任何吸引力。议会与葡商也反对葡王独断贸易，因为一旦王室控制航线，澳门人就不方便开展走私活动了。当然，也有人支持葡王的决定，王室代表仆索内斯就认为："葡王应该直接管理日本航线，要不然大量财富将被澳门葡商瓜分，久而久之，东方的贸易秩序将被打乱。"[③]

---

① 葡属印度的一种银币，1帕塔加大概价值2库鲁扎多。

② C. R. Boxer, *Portuguese Merchant and Missionaries in Feudal Japan, 1543 – 1640*, London: Variorum Reprints, 1986, p. Ⅲ59.

③ C. R. Boxer, *Portuguese Merchant and Missionaries in Feudal Japan, 1543 – 1640*, London: Variorum Reprints, 1986, p. Ⅲ64.

经过一年的协商和调整，大船长和澳门议会最终屈服于葡王。1635年，葡王如愿以偿，直接控制了日本航线。大船长职位虽被保留，却不再享有贸易特权，其薪酬由葡王支付（固定年薪）。同时，葡王派出王室法官，监督澳门司法。航线利润除了支付给澳门总督及军队外，剩余的归属国王。据博克舍记载："1635年，葡国船队（3艘船）从日本带走1500箱白银。首次由葡王管理的日本航线获毛利116480两白银，获纯利68000两（或172000色拉芬）白银。"[1]

1623年，澳门设立总船长（Captain General），目的是解决大船长与澳门议会的矛盾，限制大船长特权，同时加强澳门防御[2]。总船长全面掌控澳门军队，是军队的最高指挥官。总船长与议会有明确分工，前者不参与贸易和司法，后者不干预军事。总船长原则上不得离开澳门亲赴日本，除非果阿总督允许这样做。当年，果阿总督多姆·弗朗西斯科·达·伽马（Dom Francisco da Gama）宣布："澳门设立新职位，多姆·弗朗西斯科·马斯卡雷哈斯（Dom Francisco Mascarenhas）担任首位总船长。"[3] 马斯卡雷哈斯随即带兵开赴澳门，士兵的薪酬由议会负担。

总船长设立后，澳门局势仍无好转，马斯卡雷哈斯在澳门并不受欢迎。议会认为，设立总船长以来，澳门纷争不断。议会甚至后悔当初与大船长发生争执，总船长不但没有起到作用，还限制了澳门人的权力。

（四）停用巨船和使用小船船队

1617年，澳门葡商最后一次使用巨船赴日经商，之后的日葡贸易全部改用小船船队开展。这种变化基于几点考虑：（1）17世纪初，葡澳巨船经常遭英荷舰队骚扰和抢劫。学者斯卡梅尔认为："超过400吨的巨船一直是英荷舰队的首要目标。"[4] 巨船载货多，一旦被劫，损失巨大。（2）中国海的恶劣天气（特别是台风）对巨船威胁很大。一旦遭遇台风，损失必然惨

---

① C. R. Boxer, *The Great Ship from Amacon*, Macau：Instituto Cultural de Macau, 1988, p. 144.

② Donald Frederick Lach, Edwin J. Van Kley, *Asia in the Making of Europe*, Vol. Ⅲ：*A Century of Advance*, Chicago and London：The University of Chicago Press, 1993, p. 169.

③ Peter Mundy, *The Travels of Peter Mundy in Europe and Asia*, *1608－1667*, Vol. Ⅲ, Part. Ⅱ, London：The Hakluyt Society, 1919, p. 560.

④ G. V. Scammell, *Ships, Oceans, and Empire*：*Studies in European Maritime and Colonial History*, *1400－1750*, Aldershot：Variorum, 1995, p. 122.

重。（3）大船长和葡商租用小船的费用较低，而且要等到航行完毕后才支付租金。租用一艘小船往来（澳门、长崎）的费用为 5000 两白银，租船人可随意使用货舱、绳索、船帆、船员①。大船长和葡商出于成本考虑，倾向于选择小船。（4）由于小船不在马六甲卸货或停靠，免去了多余杂费。

综合对比巨船与小船的优劣，葡人于 1618 年正式停用巨船②。之后，他们把多艘小船编成船队。1618—1639 年，葡商一直使用船队开展贸易。17 世纪初，果阿总督儒尼·劳伦斯·德·塔沃拉（Rui Lourenco de Tavora）曾提议："让葡国军舰护送巨船到日本。"③ 此建议立即被否决。因为军舰最多到达澳门，不可能一直护送巨船到长崎。这样做不但费用高，也对日本造成威胁，日方一定认为葡军将开展征服活动。另外，中国也不愿看到过多的葡国军舰徘徊于海岸。

小船亦称"快船"，主要有三种船型：伽俐沃特船（Galliota、Galliot 或 Gallivat）、拉维特船（Navetta 或 Naveta），以及帕塔科船（pataxos）。吨位缩小的伽俐船即伽俐沃特船。此类船有两根桅杆，使用长三角帆（Lateen-sail），还有两排船桨，机动性很强。小船的吨位通常在 200—300 吨，长崎经常能见到这种船。日本人对小帆船印象深刻，日语"小型ガレー船"就是指这种船。小吨位的牢船被称为拉维特船（Navetta），也可理解为缩小版的巨船。拉维特船的吨位为 200—600 吨。1639 年的日本文献曾提到"禁止娥流陀船抵日"，娥流陀船估计就是指拉维特船④。帕塔科（pataxo）在英语中对应的单词是中型艇（pinnace），吨位 100—300 吨。在巴西海域，还有一种叫卡拉维尔的小船（caravel，16 世纪西、葡人使用的小吨位轻快帆船）⑤。1618—1639 年，澳门方面多使用伽俐沃特船和拉维特船开展对日贸

① C. R. Boxer, *Portuguese Merchant and Missionaries in Feudal Japan*, *1543 - 1640*, London：Variorum Reprints, 1986, p. Ⅲ62 - 63.

② Ernst van Veen, "VOC Strategies in the Far East (1605 - 1640)", *Bulletin of Portuguese/Japanese Studies*, *Vol. 3*, Universidade Nova de Lisboa, Portugal, 2001, p. 100.

③ C. R. Boxer, *Portuguese Merchant and Missionaries in Feudal Japan*, *1543 - 1640*, London：Variorum Reprints, 1986, p. Ⅲ30.

④ 外山卯三郎『南蛮船貿易史』、東京：東光出版株式会社、1943 年、208 頁。

⑤ Alida C. Metcalf, *Go-betweens and the Colonization of Brazil*：*1500 - 1600*, Austin：University of Texas Press, 2005, p. 23.

易。但无论哪种小船，都由葡属印度的船坞建造。

　　将小船船队用于贸易，具有一定优势：首先，便于逃命。小船配备木桨和桨手，在无风平静的海面尤其有用。船上还配备一定数量的火器，以应付小规模的海盗袭击。不过，即便是面对同吨位的荷兰（小）船，葡船也不是对手。好在葡人的航行技术过硬，再加上小船灵活，成功逃脱的概率较高。其次，费用低。由于造价低，具有充足木材的印度船坞很快就能造出多艘小船。最后，小船吨位虽小，但编成船队，其载货能力堪比巨船。澳门代理总督塞巴斯蒂安·索内斯·佩耶斯曾指出："从 17 世纪 30 年代起，澳门每年派 3—4 艘小船前往日本。每艘船装载 700—900 捆货物（多为生丝）。一捆相当于中国的一担，因此每艘船的载重为 700—900 担。每担货物在日本的平均售价为 800—1000 两白银，每艘船上货物的价值（售价）就有 420000 两白银左右。如果是 3 艘小船，其总价值可达 1260000 两白银。若有 4 艘小船，那第 4 艘船通常运载一些杂货或次品，价值仅为 12000—14000 两白银。即便如此，小船船队的贸易总利润（纯利）可达 138000 两白银，堪比巨船所载货物的利润。"[1]

　　葡人使用小船，已经暗示英荷舰队在亚洲海域取得优势。荷兰人称葡国船队为"懦夫帮"，因为葡船一旦遇到英荷战舰，便扬帆逃跑，且速度很快。一位英国海员记载道："当葡船发现我们后，就像受惊的蝴蝶一样，四处逃散。"[2] 实际情况也是如此，自葡人使用小船船队后，多次逃脱英荷舰队的追捕。葡人的形象虽然受损，却保住了货物。即便整个船队只剩 1 艘小船，也比损失整艘（巨）船好。1624 年，果阿官方曾考虑恢复使用巨船，但受到众人坚决反对。一是因为巨船笨拙，速度缓慢；二是因为其数量已经不多，葡属印度也停止建造大型船只。若要重造，质量也难以得到保证。

二　葡商被逐及最后的商贸尝试

　　随着时间的推移和政治局势的改变，日本统治者不再像以往一样

　　① C. R. Boxer, *Portuguese Merchant and Missionaries in Feudal Japan，1543 – 1640*，London：Variorum Reprints，1986，p. Ⅲ62 – 63.

　　② C. R. Boxer, *The Great Ship from Amacon*，Macau：Instituto Cultural de Macau，1988，p. 96.

"好客"，幕府与葡萄牙的关系一直在走下坡路①。17 世纪，日葡贸易面临三大问题：（1）幕府严格实施禁教，不但严查传教士、基督徒，还禁止任何相关物品出现在日本。（2）17 世纪初，荷兰、英国、西班牙加入对日贸易，日本市场变得复杂。1623 年，英国人因经营失败，离开日本。1624 年，西班牙人也退出日本。虽然仅剩葡、荷两国，但竞争更加激烈。（3）幕府为了打破葡萄牙对日本市场的垄断，设置种种限制和障碍，日葡贸易陷入困境。最开始，家康仅是"限教不限商"。但自从第二代将军（秀忠）继位后，日本便对葡人实施宗教、贸易上的双重限制。第三代将军（家光）掌权后，日葡贸易更是被压制，最终完全被禁。

　　1621 年，幕府禁止葡商输出日本兵器。10 月 16 日和 26 日，科克斯在日记中记载道："一艘葡船被幕府查抄，船上运载的日本兵器，包括长矛、戟、武士刀等，共计 1000 件左右，全部被没收。"②

　　1623 年，幕府禁止葡商常驻日本。他们必须在贸易结束后，立即乘船返回澳门。已与日本人结婚的葡商虽然可以带走儿子，但是必须留下妻、女。据荷兰人记载："当命令下达后，女人们哭着与丈夫及儿子道别。"③ 幕府还规定，任何日本朱印船不得聘用葡籍领航员，还禁止日商去马尼拉做生意。同年，从马尼拉来的西班牙使者也被滞留在萨摩。从 1623 年起，幕府还在澳门安排常驻官员，检查是否有可疑人员登船赴日。常驻官员必须制作一式两份的船员（包括乘客）名单，详细记载每位船员的情况。名单制好后，官员将其中一份交给葡船船长，另一份交给长崎奉行。抵日葡船船长必须拿出相应名单，与日方核对④。若奉行发现两份

　　① James Murdoch, Isoh Yamagata, *A History of Japan：During the Century of Early Foreign Inter-course（1542 – 1651）*, Kobe：Office of the "Chronicle", 1903, p. 627.

　　② C. R. Boxer, *The Great Ship from Amacon*, Macau：Instituto Cultural de Macau, 1988, p. 101.

　　③ C. R. Boxer, *The Great Ship from Amacon*, Macau：Instituto Cultural de Macau, 1988, p. 109. 另载，日本锁国后，留居平户的英、荷人后代（混血儿）也面临被逐。延宝年间（1673—1680），英日、荷日混血儿被放逐到暹罗（9 人）、安南（4 人）以及东京（东南亚，1 人）等地。参见加藤三吾『三浦の安針』、東京：明誠館書店、1917 年、289 頁。

　　④ 也有学者认为，核对制度始于 1627 年。据 M. 马丁记载："幕府在澳门设办事处，统计赴日人数。葡船抵达长崎后，如果人员情况不符合名单描述，葡人将受到惩处。"参见 Robert Montgomery Martin, *China；Political, Commercial and Social in an Official Report to Her Majesty's Govern-ment*, Vol. 1, London：Brewster and West, 1847, p. 318。

名单不符，将立即上报幕府，并禁止交易。此外，日本人还要检查葡船船舱，念珠、宗教信件和十字架等违禁品将被销毁。

1624 年，长崎奉行没收 25 套葡商住宅，打算提供给荷兰人居住。但荷兰人没有接受，他们更喜欢住在平户。

1625 年，幕府重申"1623 年限制令"。使者提到："葡船到达日本后，长崎奉行会亲自审查每位船员和乘客的身份。"[1]

1626 年，幕府再次颁布"限制令"，强化 1624—1625 年的政令。内容包括：检查葡商和葡船从日本带走的一切货物；在葡船来航之际，必须携带全部人员的名单。未经记录者不得登陆，葡船在归航（澳门）之际也必须办理同样手续；无论贸易商品抑或其他，都禁止与基督教有关[2]。

1627 年，西班牙船在暹罗抢劫了一艘日本朱印船。秀忠得知情况后，勃然大怒。1628 年，将军以西葡同属一位国王为由，扣留抵日的 3 艘葡船（当时有 5 艘葡船抵日）。将军要求西葡就"暹罗事件"进行解释，否则逮捕葡人。马尼拉和澳门方面召开紧急会议，最后决定派澳门特使赴日致歉。1630 年，葡国贵族多姆·冈那罗·德·席尔维拉（Dom Gonalo de Silveira）赴日处理该事件。一开始秀忠拒绝接见他。经过葡人不断努力，幕府才释放被押人员，并归还被扣船只。但席尔维拉本人必须作为人质留在日本，其乘坐的帆船也被日本人扣留。自此以后，大船长被扣作人质成为惯例，直到次年的新任大船长来替换他。

1631 年，日方派人建成出岛（人工岛）。该岛长 600 英尺（feet）、宽 310 英尺，所有葡人被限制在此开展活动[3]。

1633 年，幕府规定：除非得到朱印状，日本人或日本船禁止离开日本。在国外逗留超过 5 年的日本人如果返乡，应被抓捕并处死。另外，舶来商货必须接受长崎 5 个商会的检查，才可用于交易，并且所有葡船货物只能被运往长崎。

---

[1]　James Murdoch, Isoh Yamagata, *A History of Japan: During the Century of Early Foreign Intercourse (1542 – 1651)*, Kobe: Office of the "Chronicle", 1903, p. 637

[2]　高瀬弘一郎『キリシタン時代の研究』、東京：岩波書店、1977 年、650 ~ 651 頁。

[3]　Robert Montgomery Martin, *China: Political, Commercial and Social in an Official Report to Her Majesty's Government*, *Vol. 1*, London: Brewster and West, 1847, p. 318.

1634 年，将军下令，葡商必须在一年之内（从长崎）带走其所有子女。

1635 年，幕府规定，如果没有长崎奉行的命令，葡人不得登岸。当年，大船长多姆·冈卡诺·达·希尔瓦到达长崎后，奉行正好离开长崎，葡人只能在船上等待。24 天后，奉行从江户返回。经其同意后，葡船才靠岸，且只能派 2 名代表上岸，其余人继续留在船上。即便葡人能够登岸，也必须遵守以下规定：不得雇用日本奴仆打伞（葡人讲排场），但允许使用黑奴；到长崎官府办公时，必须脱鞋；不得携带武器，胸前不得佩戴基督教念珠[1]。此外，幕府还规定："欧洲船不得雇用日本人担任船员或士兵。"[2] 同年，幕府开始讨论葡人的去留问题，奉行还派人试探其态度。葡人也得知，若要继续贸易，就必须剪发、剃须以及身着日本衣服。对于这些屈辱的规定，葡人感到惊奇、失望和迷惘，但为了通商，他们宁可受委屈。但后来又听说，将来要面临弃教的选择，于是表示宁可弃商，也不背叛信仰。一位荷兰史学家提到："葡人若想在日本经商，就必须忍受种种偏见和侮辱，一般人难以做到。"[3]

1636 年，葡商被迁至出岛，其活动受到严格监控。在那里，他们更像囚犯，而非商人。出岛由幕府令 25 名长崎商人出资修建[4]。最初，出岛周围有 50 名日本人监控。葡商不得携带武器入岛。未经同意，不得上街。即使上街，也必须由监管人员陪同。驻留出岛的葡人需每年缴纳 80 贯白银的租金。10 月 22 日，滞留在长崎的 287 名葡商家属被勒令随（葡）船返回澳门，同时带走其财产[5]。这时，仍然有 26 名葡籍（传教）嫌疑犯被关押在出岛，并被严刑逼供。当葡船船队抵达长崎时，船员、乘客都要被严格检查，连船帆和船舵都被卸掉。然后，大船长必须留在日

---

① 岩生成一『日本の歴史・14・鎖国』、東京：中央公論社、1968 年、330 頁。

② Marius B. Jansen, *The Making of Modern Japan*, Cambridge：Harvard University Press, 2002, pp. 78 – 79.

③ C. R. Boxer, *The Great Ship from Amacon*, Macau：Instituto Cultural de Macau, 1988, p. 143.

④ Grant. K. Goodman, *Japan and the Dutch 1600 – 1853*, London：Curzon Press, 2002, p. 12.

⑤ 另记载，运走财物的价值达 6697500 弗罗林。参见 James Murdoch, Isoh Yamagata, *A History of Japan：During the Century of Early Foreign Intercourse (1542 – 1651)*, Kobe：Office of the "Chronicle", 1903, p. 637。

本，当船队离开日本后，他必须去江户谒见将军。

1637 年，荷兰商人维勒姆·维尔斯提金（Willem Versteegen）记载道："6 艘葡船满载商品而来。船上共有 942 人，其中有 150 名葡籍纯种白人，150 名东印度群岛出生的混血葡人，其他为印度、阿拉伯水手及黑奴。有 3 艘船满载丝绸，剩余船只装满棉布、麻布及其他纺织品。虽然新建的出岛非常拥挤，但葡人仍然坚持下来，只要能做生意就好。另外，抵日葡船的船舵也被日本人卸下。"葡商在日本遭受的恶劣待遇让他们相信："日本已不再需要葡船，葡人已经不受欢迎。种种限制都提醒他们，不要再到这里来了。"①

1638 年，葡商在幕府极其严密的监控下，进行了最后一次对日贸易。据日方统计，2 艘葡船上共有 90 名葡籍白人和 150 名其他人员（混血人及黑奴）。他们必须经过严格审查后，才能登岸（出岛）。同时，新任大船长多姆·若昂·皮雷拉替换上一年的大船长，到江户作人质。本来旧船长卡斯特尔布兰科打算于 10 月随葡船返回澳门，不过江户传来命令，新、旧大船长必须同时驻留日本。因此，船队只能由代理人佩罗·费尔兰德斯·德·卡瓦尔霍（Pero Fernandez de Carvalho）指挥返澳。回到澳门后，代理人传达了将军的命令："如果日本再次出现基督徒，我们将会烧掉明年（1639）抵日的葡船。无论传教士来自西班牙还是葡萄牙，都与澳门有关，因为西、葡同属一个国王，请将此旨意传达给你们的国王。"② 鉴于将军的强硬态度，葡商再次请求马尼拉总督不要纵容（西班牙）传教士潜入日本。不过菲律宾的狂热教徒已经变得歇斯底里，并叫嚣谁也不能阻止其赴日传教，他们只接受教皇和上帝的领导。据说将军得知此狂言后，差点派兵进攻菲律宾。不过幕府军在岛原之战中表现糟糕，面对西葡的火炮，仍然心有余悸。

1639 年春，幕府决定锁国。葡方第一个牺牲者是协助耶稣会秘密传教的商人杜阿特·科里阿（Duarte Correia），他已经被幕府关押了 2 年。

① C. R. Boxer, *The Great Ship from Amacon*, Macau：Instituto Cultural de Macau, 1988, pp. 150－153.

② C. R. Boxer, *The Great Ship from Amacon*, Macau：Instituto Cultural de Macau, 1988, pp. 153－158.

科里阿在 1639 年 5 月 28 日被处以火刑，这是幕府对澳门传教士的严厉警告。2 艘葡船到达出岛后，不准登陆和经商，只能在船上等待最后决定。葡船运来的货物（价值 100 万两白银）本来可以偿还部分债务，不过幕府不允许日本人与他们接触。在 8 月的最后一天，将军派来使者，宣布与葡萄牙断绝关系。9 月 2 日，幕府释放被软禁的大船长（皮雷拉和卡斯特尔布兰科）以及另外 4 名葡人。他们在出岛与新船长瓦斯科·帕尔哈·德·阿尔梅达会合。德川将军的传令官向葡人宣布最后的锁国令：

　　一、德川将军多次禁止运送传教士，但是你们不听劝告，继续犯同样的错误。

　　二、不仅这样，你们还一如既往地资助传教士和基督徒。

　　三、同时，你们的行为导致大名们不务正业，造成社会动荡。

　　鉴于这些罪行，理应处死你们。但天皇和将军仁慈，饶恕你们。现在，你们必须返回自己的地方，永远不要回来。若不听劝告，一意孤行，后果自负①。

荷兰人虽然没有亲临现场，但从日本人那里了解到当时的情况：

　　葡人听到这个决定后，放声痛哭。他们请求奉行转告将军，无论颁布怎样的禁令，他们都会遵守，只是不要禁商。将军可以处置那些犯错的人，葡人没有怨言，但不要禁止贸易活动。如果不能前往日本，澳门葡商就会破产，也将面临生存危机。不幸的是，所有的请求均被奉行一口否决②。

　　几天后，将军派另一名使者到出岛监督葡人离开。将军授权使者，如果葡人不遵守命令，有任何抱怨或不满，可直接烧毁其船只。大船长迫于

---

　　① C. R. Boxer, *The Great Ship from Amacon*, Macau：Instituto Cultural de Macau, 1988, pp. 160 - 161.

　　② C. R. Boxer, *The Great Ship from Amacon*, Macau：Instituto Cultural de Macau, 1988, pp. 160 - 161.

无奈，只能带领所有葡人于 10 月 17 日扬帆返回澳门，结束了他们在日本长达一个世纪的贸易活动。

幕府锁国的消息传回澳门后，葡人感到痛苦和失望。罗马教皇、西葡国王、果阿和马尼拉总督都表示遗憾，并同意援助澳门。国王立即宣布澳门—马尼拉之间的贸易为合法，并允许澳门的贸易延伸至美洲的阿卡普尔科。菲律宾总督还命令马尼拉、澳门的天主徒不得以任何借口到日本去。

虽然外界给予澳门不同程度的支持，但他们还是希望重返日本，进行最后一次通商尝试。澳门的决定并非鲁莽之举，因为澳门的繁荣很大程度上依赖日本市场，其税收、城市建设及生活来源都与日本航线密切相关。若失去这条航线，澳门将面临困境，商人会破产，工人将失业，传教士也将失去重要的基地。而且，相比（葡国）其他贸易航线，此航线的利润最高。1640 年 3 月 13 日，议会召开会议，打算再做一次努力。这次他们没有装载任何商品，只带上 6000 两白银的路费赴日。船队于 6 月 22 日从澳门起航。7 月 6 日，葡船抵泊于长崎，但立即被日本士兵包围。船舵、船帆均被卸下，武器被没收。除了黑奴，全部葡人都被禁锢在出岛[①]。长崎奉行的态度不算太强硬，他接受了葡方的请愿书，并让葡人在船上等待幕府的决定。

非常不幸，葡人最终等来了一群刽子手。传令官对葡人宣布："你们这些坏（葡）人！去年将军已经颁布禁令，你们今年就违令。去年算你们运气好，今年再也不能宽恕了。念在你们没有开展贸易活动，可让你们死得轻松一些。"[②] 葡人绝望地回答道："我们的目的是谈判，并非违令通商。而且禁令并未规定不能派使者来日。"[③] 此借口没有挽救葡人。当日本人将葡人送入死牢后，还询问他们是否愿意放弃基督教，但他们宁可断头，也不弃教。据荷兰人描述，除了 13 名老弱病残，其余葡人（61 人）

---

① James Murdoch, Isoh Yamagata, *A History of Japan: During the Century of Early Foreign Intercourse*（*1542 – 1651*）, Kobe: Office of the "Chronicle", 1903, p. 664.

② C. R. Boxer, *The Great Ship from Amacon*, Macau: Instituto Cultural de Macau, 1988, pp. 164 – 165.

③ James Murdoch, Isoh Yamagata, *A History of Japan: During the Century of Early Foreign Intercourse*（*1542 – 1651*）, Kobe: Office of the "Chronicle", 1903, p. 666.

在长崎附近被处死①。葡船也被烧毁，幸存者只能乘坐日本朱印船返回澳门，并带去将军无情的警告：

> 告诉所有的澳门葡人，日本不再需要你们的金银财宝，也不需要任何礼物和商品。总之，我们不需要你们的任何东西。你们已经见到违令的后果。请你们忘记日本人，忘记世界上有日本这个国家……只要太阳照常升起，我们就禁止任何基督徒（天主徒）来日。请告诉菲利普国王及其他基督教王侯，如果基督徒胆敢登陆日本，就只有死路一条②！

澳门方面虽然对请愿有心理准备，但绝对没有料到下场如此悲惨。一位葡人记载了澳门当时的情况：

> 澳门葡人得知噩耗后，并没有悲伤。他们用坚强的欢笑来面对事件，特别是那些牺牲者的家属和亲戚，他们没有穿孝服，而是身着节日盛装。他们没有关门闭户在家中痛哭，而是打开窗户让阳光照射进来。从早到晚，他们都在欢声笑语。值得一提的是，这座城市的葡人基本依靠对日贸易维生。按理说他们应该悲痛欲绝，不过每个人都显出无比坚强，没有悲伤的言语和痛苦的表情。他们认为死去的人已经到了天国，上帝会接纳这些牺牲者，会照顾活着的澳门人。航线贸易会恢复，上帝会安排另一个"日本"给葡萄牙，因为这里是"上帝之城"③。

"1640 年流血事件"平息后，澳门葡人还对日本抱有一线希望。1643年，澳门派代表谒见葡王若昂四世，进献了 200 门加农炮及 20 万两白银，

① 林韑、宮崎成身等编『通航一覧』第五、東京：泰山社、1940 年、27 頁。

② James Murdoch, Isoh Yamagata, *A History of Japan：During the Century of Early Foreign Intercourse（1542 - 1651）*, Kobe：Office of the "Chronicle", 1903, p. 667.

③ C. R. Boxer, *The Great Ship from Amacon*, Macau：Instituto Cultural de Macau, 1988, pp. 165 - 166.

以表忠心。同时，澳门葡人提出再赴日本的请求。国王经过深思熟虑，最终同意他们。1644 年，两艘巨船（"圣·若昂号"和"圣·安德烈号"①）从里斯本起航，开赴长崎。学者外山卯三郎称它们为"最后的南蛮船"。这是葡商自 1618 年使用小船后，再次乘巨船前往日本，不过也是最后一次。1647 年，葡船抵达长崎，代表向奉行递交了请愿书。将军亲自回复葡王，大概内容为："日本在多年前已经禁教，将军也禁止你们（葡人）来日经商。现在你们竟敢直接派船来长崎，仅这一点就可以处死你们。不过，念及葡王的真诚请求，姑且放过你们。日本将与葡萄牙永久断绝关系。"②

1647 年，澳门政府以极大勇气再派使节到日本请愿。幕府的态度依然坚决，请愿以失败告终。倍感幸运的是，葡方使节并未被处死，侥幸逃过一劫。1685 年，一艘遭遇台风的日本渔船漂到澳门附近，饥饿的幸存者获准登岸。他们没有被当作敌人，反而受到很好照顾。在城中，渔民发现一位日本老年妇女（被逐的基督徒），她已经把母语忘得差不多了。其后，澳门方面派一艘小船送渔民返日，并致函长崎奉行，解释缘由。《通航一览》记载道："1685 年，曾有一艘澳门船抵达长崎，将 12 名日本漂民送回。长崎奉行川口源左卫门向江户上报此事，将军没有处罚葡人，还为其提供食物等补给，但令其尽快离去。"③ 此时，日、葡双方都已经放平心态。在无任何理由的情况下，葡船不再冒险靠岸日本，日本船也不会去澳门，他们已经没有任何往来④。

三　日葡贸易衰落的原因

葡人是率先抵达日本的欧洲人，并在 16 世纪独霸日本的外贸。进入 17 世纪后，葡萄牙开始走下坡路，日葡贸易逐渐衰落。从某种意义上说，

---

① "圣·若昂号"长 26 间，幅长 7 间，深 8 间，有火炮 48 门。"圣·安德烈号"长 24 间，幅长 6 间，深 4 间，有火炮 44 门。

② 外山卯三郎『南蛮船貿易史』、東京：東光出版株式会社、1943 年、594 頁。

③ 林韑、宮崎成身等編『通航一覧』第五、東京：泰山社、1940 年、40 頁。

④ 李金明、李德霞：《众多市场的开辟：16—17 世纪葡萄牙在亚洲海域的生存法则》，《文化杂志》2007 年总第 65 期。

日本锁国就是驱逐葡人。葡萄牙是 16—17 世纪日欧关系的主角，分析日葡贸易由盛到衰的原因，具有重要意义。

（一）葡商与耶稣会的关系严重影响了日葡贸易

如果葡萄牙不是天主教国家，日葡的交往可能更长久。日葡的共同点在于双方都是封建君主专制国家，荷兰却是君主立宪国家。日本将军虽然不了解君主立宪的概念，但应该不会喜欢荷兰的制度。葡人非常清楚自己的优势，于是在言论上大肆攻击荷兰人，称他们是反叛者、海盗和劣等民族。其实，相比荷兰，葡萄牙是天主教国家的事实更致命，葡商无法摆脱与耶稣会的关系。

博克舍认为："日本统治者害怕基督教威胁其封建统治，相比军事侵略或殖民活动，他们更害怕意识形态的颠覆。德川家康也认为基督教具有潜在威胁……葡人离开日本后，幕府仍然与荷兰人通商，因此'红毛'（英、荷人）参与商业竞争并非葡人被逐的主因，宗教问题才是关键。"① 博克舍还指出："秀吉、家康为了发展外贸，一直容忍传教，但其内心极其厌恶基督教。"② 将军禁教、限商的根本原因就是害怕基督教触动日本的封建基石。

在 16 世纪，葡商尚能与耶稣会合作，而且关系密切。但自秀吉禁教后，教商关系明显不如从前。1614 年，家康毅然禁教，系统地清除基督徒③。传教问题严重阻碍了日葡贸易的发展。家康明确指出，禁令仅针对传教士，日本仍然欢迎葡商。正是因为如此，葡商并未充分意识到，教商的特殊关系其实对他们不利，将最终导致葡人走上不归之路。

1614 年禁教后，耶稣会一直没有放弃在日传教事业，传教士潜伏于日本，秘密传教④。禁教期间，虽然有许多传教士和信徒被害或被迫改

---

① C. R. Boxer, *The Great Ship from Amacon*, Macau: Instituto Cultural de Macau, 1988, pp. 157 – 158.

② C. R. Boxer, *Portuguese Merchant and Missionaries in Feudal Japan, 1543 – 1640*, London: Variorum Reprints, 1986, p. Ⅰ9.

③ Joao Paulo Oliveira e Costa, "A Route under Pressure: Communication between Nagasaki and Macao (1597 – 1617)", *Bulletin of Portuguese/Japanese Studies*, Vol. 1, Universidade Nova de Lisboa, Portugal, 2000, p. 77.

④ Kiri Paramore, *Ideology and Christianity in Japan*, New York: Routledge, 2009, p. 53.

宗，但基督教已经有一定影响力，幕府要彻底根除它是不容易的。只要葡船继续出现在日本海岸，传教士就有机会进入日本，他们只需伪装成商人或船员即可。耶稣会士米格尔·德·卡瓦尔霍（Miguel de Carvalho）就曾假扮成印度士兵潜入日本，当时所有的葡船船员（包括乘客）都必须被严格检查，只有印度士兵和黑奴除外。米格尔上岸后，一直躲在教徒家中，等待天草岛秘密教会总部的接应。禁教后，多数传教士通过这种方式潜入日本。

还有些传教士坚信他们能够重返日本，于是广泛收集相关情报，其热情和能力让在日葡商也自叹不如。方济各会修士一直在日本秘密活动，他们监视着平户的英荷舰队的一举一动。传教士经常抱怨西葡商人过于胆怯，据其了解，英荷在平户的防御较弱（特别是英国），葡商完全可以偷偷潜入港口，放火烧掉其船只或砍断缆绳①。一些传教士还打听到，英荷舰队打算切断中国—马尼拉贸易。新教徒认为，如果破坏中国与西班牙的走私贸易，中国商船就会转向巴达维亚、班塔姆（Bantam）②等地，英荷便有机会与之接触，从而打开中国市场。

甚至还有激进的传教士建议以武力威慑日本。西班牙秘密修会的领导迪奥哥·科拉多·O. P. （Diego Collado O. P. ），组建过一支装备精良的船队。此人鼓励西班牙人在台湾建立据点，以便对英荷船施压，同时威慑日本。他建议澳门葡商停止赴日通商，仅保持与马尼拉的往来，葡商应该等到德川将军撤销禁教令后，再重返日本。他还强调，此举措的前提是西班牙调集强大的舰队去中国海，并在马尼拉建立海军基地。他还抱怨葡人的消极态度，认为他们没有与西班牙人联合起来，共同对抗新教徒。1614年禁教以后，欧洲传教士经常秘密潜入日本，开展宗教活动，其中很多活动与葡商有关，比如：

1614年，大船长若昂·塞劳·达·昆哈选派4—5名使节，带上重礼谒见家康，提出保留一座教堂的请求。家康非常喜欢礼物，表示欢迎葡商，但回绝了请求。

---

① C. R. Boxer, *The Great Ship from Amacon*, Macau：Instituto Cultural de Macau, 1988, p. 104.
② 16—17 世纪的班塔姆指爪哇西部和苏门答腊南部地区。

1615—1616 年，20 多名传教士扮成商人潜入日本①。

1617 年，大船长罗普·萨门托·德·卡瓦尔霍（向德川秀忠）请求在长崎建仓库。葡商认为，他们很难在幕府规定的时间内将货物售完，建仓库是为了堆放剩余商品。但请求立即被拒绝，因为将军怀疑葡人的真实目的，担心仓库会成为藏匿传教士的地方。

1618—1621 年，18 名（另说为 20 名）传教士潜入日本②。之后，日本加大对葡船的检查力度。这样，传教士假扮成士兵、海员或商人的办法就行不通了。

1621 年，大船长杰罗尼姆·德·马塞多·德·卡瓦尔霍试图营救两名被困于平户的方济各会传教士③。此外，他还暗中协助传教士潜入日本。幕府知情后，逮捕了杰罗尼姆及其 4 名助手，并没收其商货。杰罗尼姆财力雄厚，而且是未来几年的大船长，所以仅被软禁。在这期间，杰罗尼姆仍然在狱中指挥贸易。

1624 年，幕府禁止日本天主徒前往海外，朱印船（日本官船）也不能雇用葡籍船员。幕府还要求葡、荷船长提供船员和乘客的名单。

1625 年，日本人在口之津逮捕了传教士帕切科（Pacheco）④。将军认为他一定是跟随葡船而来，因此对葡商非常不满⑤，并且第一次将澳门使节拒之门外。

1626 年，新任长崎奉行要求葡商写下保证书，与耶稣会脱离关系，不携带任何宗教物品到日本，同时不以任何方式资助日本基督徒。当时，大量日本教徒逃出日本，有些去了印度，多数逃往澳门。同年 11 月 21

<hr>

① 另说，1615—1618 年，约 20 名耶稣会传教士假扮成商人，抵日秘密传教。参见 C. R. Boxer, *The Christian Century in Japan 1549 – 1650*, Manchester: Carcanet Press, 1993, p. 366。

② 刘凤华：《论德川幕府初期的对外贸易、禁教与锁国》，硕士学位论文，吉林大学，2005 年，第 25 页。

③ 1621 年，大船长杰罗尼姆·德·马塞多·德·卡瓦尔霍试图营救方济各会传教士弗洛伊斯（Flores）和祖尼加（Zuniga）。

④ 1614 年禁教时，帕切科离开日本。1615 年，他又扮成商人，返回日本。1622—1625 年，他被任命为日本教区的秘密主教。幕府最终将其逮捕，处以死刑。

⑤ James Murdoch, Isoh Yamagata, *A History of Japan: During the Century of Early Foreign Intercourse (1542 – 1651)*, Kobe: Office of the "Chronicle", 1903, p. 628.

日，罗德里格兹①收到澳门来信，信中提到："幕府对葡船采取了更为严格的检查措施。他们甚至检查船上的钱箱、包裹以及一切可容身之处，以杜绝传教士潜入日本。多亏上苍保佑，他们什么都没有发现……随后，他们制定了更严格的禁令。比如做弥撒用的葡萄酒、与基督教有关的书信，以及其他一切与基督教有关的物品，都不能出现在船上。如果发现此类物品，日方将烧毁葡船，杀死船员，最后禁商。"②

1628 年，幕府缴获了一封奥古斯汀修会的秘密信件。信中附带了一份葡商名单，他们曾资助耶稣会秘密传教，其中还有大船长罗普·萨门托·德·卡瓦尔霍。按理说，罗普将被重罚，甚至被处死，但他用钱贿赂幕吏，保住了性命。

1634 年，罗普再次遇到麻烦。其手下杰罗尼莫·路易斯·德·谷维阿（Jeronimo Luis de Gouveia）私自携带了宗教信件，写信人为澳门传教士保罗·多斯·桑托斯（Paulo dos Santos）。信件内容并无大碍，仅是催促收信人（日本人）还钱。但幕府查获此信后，仍然将谷维阿投入监狱，最后还处死他③。幕府建议澳门方面最好将桑托斯也送回印度，以切断他与日本的联系。同年，幕府禁止葡人佩戴念珠或十字架，告诫日本教徒尽快忘记基督教。

1637 年，一名奥古斯汀会修士在日本被捕。经严刑拷打，修士供认葡船船员杜阿特·科里阿曾帮助过他，科里阿立即被投入大村氏的监狱。葡方尽力营救，仍不能避免悲剧，科里阿于 1639 年 5 月被处以火刑。面对如此残酷的宗教迫害，传教士还是没有放弃日本的事业。1637 年，5 名传教士从马尼拉出发，再次秘密潜入日本④。

1637 年的岛原起义让葡商的处境更尴尬。起义爆发于九州有磨村，17 世纪初，该地区是基督教大名的领地。1614 年禁教后，这里聚集了大

---

① 据说，罗德里格兹已经不在日本，甚至不在澳门。

② 高瀬弘一郎『キリシタン時代の研究』、東京：岩波書店、1977 年、651 頁。

③ Roberto Carneiro, Artur Teodoro de Matos, *O Século Cristão do Japão: Actas do Colóquio Internacional Comemorativo dos 450 Anos de Amizade Portugal-Japão, 1543 - 1993*, Lisboa: Universidade Nova de Lisboa, 1994, p. 209.

④ James Murdoch, Isoh Yamagata, *A History of Japan: During the Century of Early Foreign Intercourse (1542 - 1651)*, Kobe: Office of the "Chronicle", 1903, p. 634.

量基督教秘密组织和教徒。1637年，岛原基督徒联合农民发动武装起义，人数约2万，这是一次带有宗教性质的农民起义。1637年，日葡关系变得异常紧张。不管葡商是否参与过起义，都成为被怀疑的对象①。由于岛原军烧毁佛教和神道教寺庙，幕府更是认为葡商暗中支持起义军。1638年2月，大船长卡斯特尔布兰科打算到江户谒见将军，澄清事实，但将军没有接见他，大船长甚至成为嫌疑犯。所有葡人被禁锢在船上，不能登岸，也不能开展交易活动。1640年，5名躲在萨摩某处洞穴中的传教士被捕，并受到严厉惩罚②。

从以上资料可以看出，教商一直没有断绝关系，正是这层关系破坏了日葡贸易。葡人若想继续通商，就必须与传教士划清界限，就要弃教或改宗。不然，就只有期待幕府垮台，或让日本重返战国时代。但是，幕府的统治非常稳固，这些只能是幻想。导致葡人败走日本的主因并非英荷的竞争，而是他们始终与天主教有牵连。禁教初期，葡商受到的影响不大，秀吉与家康仅是禁教不禁商。但二代将军秀忠与三代将军家光并不看重外贸，他们更关心统治问题。秀忠、家光认为，只要允许葡船来日，传教士就不会消失。1637—1638年的岛原起义恰好证实了他们的担心。在血腥镇压起义后，将军不再犹豫，决定驱逐葡人，直接锁国③。

（二）来自其他国家的竞争

在对日贸易中，中国走私商一直是葡商的主要竞争对手。虽然中日勘合贸易被禁，但中国沿海从未停止走私活动。16世纪中期至17世纪初，九州岛时常可见中国走私船。他们不但在日本活动，还去朝鲜经商，中国走私商一直是维系中日朝三国贸易的关键。长崎开埠时（1571），中国船

---

① 岛原起义之前，幕府规定："葡商到达日本后，必须在50天内售完货物。"1637年11月14日，葡船船队（6艘）到达长崎，岛原起义两个月后爆发。恰好在这一年，葡船迟迟没有离开日本，于是将军怀疑葡商暗中煽动起义，支持岛原叛乱。1637年和1638年的大船长均被幕府传讯审问。参见 James Murdoch, Isoh Yamagata, *A History of Japan*: *During the Century of Early Foreign Intercourse* (*1542 - 1651*), Kobe: Office of the "Chronicle", 1903, p. 663.

② 林煌、宫崎成身等编『通航一覧』第五、東京：泰山社、1940年、34頁。

③ 李金明、李德霞：《众多市场的开辟：16—17世纪葡萄牙在亚洲海域的生存法则》，《文化杂志》2007年总第65期。

就已经光顾那里①。

　　17 世纪初，每年有 30—60 艘中国船（小帆船为主，日语称唐船）到达日本。学者阿特威尔记载道："17 世纪初，每艘中国船大概运走 23500—26666 两（883—1000 公斤）日本白银，每年有 10—20 艘中国船到日本开展贸易。"② 1610 年以后，往来于中日的走私船还在增加，家康也对他们表示欢迎。1614 年，科克斯提到："今年有 60—70 艘中国船到达长崎，这些全是走私船。一些中国商人还在日本娶妻生子，这些船的船主几乎都是中国人，船长和船员却以日本人为主。虽然葡、荷抱怨来自中国的竞争，但也无可奈何。"③ 17 世纪 20 年代，每年抵日中国船有 30—60 艘，长崎有 2000—3000 名中国人④。1628 年，福建总兵郑芝龙率舰打击了中国沿海的荷兰海盗，但他自己也在中日间开展走私贸易⑤。1629 年，日荷发生矛盾，贸易中断，葡国船队当年也没有抵日，中国走私商趁机获利。据澳门议会统计，当年有 60—70 艘中国船抵日⑥。1630 年，除了葡船，另有 30—40 艘中国船也运来生丝，从东南亚返日的朱印船同样满载而归，日本丝市一度饱和。1634 年，虽然葡船仅运来 200 担生丝，但中国船（36 艘）一口气运来 1700 担生丝⑦。据学者行武和博记载："1635 年，40 艘中国船抵日易货。"⑧ 1637 年，有 50—60 艘（博克舍提

　　①　John Saris, *The Voyage of Captain John Saris to Japan, 1613*, London：Hakluyt Society, 1967, p. 65.

　　②　William S. Atwell, "International Bullion Flows and the Chinese Economy Circa 1530 – 1650", *Past and Present*, No. 95（May, 1982）, Published by：Oxford University Press on behalf of the Past and Present Society, p. 70.

　　③　C. R. Boxer, *The Christian Century in Japan 1549 – 1650*, Manchester：Carcanet Press, 1993, p. 299.

　　④　Conrad Totman, *Early Modern Japan*, Berkeley and Los Angeles：University of California Press, 1993, p. 76.

　　⑤　Leonard Blusse, *Visible Cities：Canton, Nagasaki, and Batavia and the Coming of the Americans*, Cambridge：Harvard University Press, 2008, p. 25.

　　⑥　C. R. Boxer, *The Great Ship from Amacon*, Macau：Instituto Cultural de Macau, 1988, p. 117.

　　⑦　Richard von Glahn, *Fountain of Fortune：Money and Monetary Policy in China, 1000 – 1700*, Berkeley and Los Angeles：University of California Press, 1996, p. 122.

　　⑧　行武和博「寛永後期における幕府の対外政策とオランダ船貿易」、藤野保編『近世国家の成立・展開と近代』、東京：雄山閣出版、1998 年、42 頁。

供的资料为 64 艘①）中国船抵泊长崎，它们来自广州、福州、厦门和宁波等地。1639 年和 1640 年，分别有 93 艘和 87 艘中国船抵日②。据学者约翰·威利尔斯统计："除了 1634 年③，在 1613—1640 年间，平均每年有 60—80 艘中国船抵日。"④

除了中国，葡萄牙还要面临其他欧洲国家的竞争。自日荷通商以来，每年有 6—10 艘荷兰船抵达平户，荷兰也是葡萄牙的主要竞争对手（详细分析见日荷贸易）。西班牙人虽然是葡人的盟友，但他们在菲律宾的活动也间接影响到日葡贸易。因为马尼拉—中国贸易直接导致丝价上涨，葡商采购生丝的价格被抬高，利润率却从 60% 下降到 25%。1586 年，大船长蒙特罗向果阿总督反映情况，投诉西班牙商人扰乱东亚丝市，总督下令禁止此类贸易，但西班牙人对此不予理睬，继续与中国人交易生丝。1622 年，葡商再次抱怨，由于大量美洲白银流入亚洲，中国商品的价格已经上涨为原价的两倍，特别是生丝。为此，葡商甚至请求国王，限制西班牙人在远东的贸易活动。

另外，亚洲商船与日本朱印船也对日葡贸易构成威胁。德川幕府初期，安南、暹罗、吕宋等地的东南亚商船也来到日本，开展贸易活动。17 世纪前 30 年，日本朱印船贸易家在家康、秀忠的支持下，活跃于东南亚。他们将日本白银运到东南亚，换得大量中国商货。

（三）葡式贸易的缺点

从大船长制度、航船、商品、贸易数量及利润来看，葡人的商业操作似乎很完美，其实这种贸易模式具有致命缺点。

第一，前述章节已经指出，葡船贸易或大船长制度属于"一次性投资"。这是葡人在亚洲的主要投资方式和资金运作方式。多数大船长只能获得或购买一次特权，所以把所有资金投入其中。如果航行成功，其利丰厚。

① C. R. Boxer, *The Great Ship from Amacon*, Macau：Instituto Cultural de Macau, 1988, p. 151.

② 行武和博「寛永後期における幕府の対外政策とオランダ船貿易」、藤野保編『近世国家の成立・展開と近代』、東京：雄山閣出版、1998 年、42 頁。

③ 1634 年，幕府暂停所有的外贸活动。

④ John Villiers, "Silk and Silver：Macau, Manila and Trade in the China Seas in The Sixteenth Century", *A Lecture Delivered to the Hong Kong Branch of the Royal Asiatic Society at the Hong Kong Club*, 10 June 1980, p. 77.

一旦失败，损失巨大。那些依靠贷款或租借船只进行贸易的大船长更是如此。参与贸易的普通葡商也投入大量资金，希望通过一次航行（投资）就获得最大利润。"一次性投资"属于短期投资，风险高，还不稳定。

第二，相比西、葡人，英、荷人都在日本建立了商馆，由东印度公司统一管理。虽然葡商已经在长崎开展了多年贸易，但一直没有建成商馆。从某种意义上说，葡商搞的是少数人集资贸易，属于比较传统和原始的模式。其资金和活动比较分散，个人投资较多，缺乏大公司雄厚资金的保障。而英、荷商馆都是公司模式，其开展的贸易更现代、更先进。从短期来看，葡人占据天时地利，如果运气好，就能发横财。从长远来看，英、荷的模式更合理，能推动贸易持续发展。

第三，澳门葡人过分依赖日本市场。其实葡商也想开发其他地区的贸易，只是限制太多：澳门—马尼拉贸易只能秘密进行，因为国王禁止西葡或葡属据点互相通商；17世纪，澳门若要与马六甲、摩鹿加等地往来通商，风险太大。因为那里有太多英、荷战舰；虽然澳门与其他亚洲地区也有贸易往来，但东南亚的贸易量较小，且日、英、西、荷人也参与到商业竞争中。

（四）贷款和债务问题对日葡贸易的消极影响

据博克舍考证，16世纪中期就有葡商向日本人贷款。外山卯三郎也认为，葡商贷款问题可追溯到1610年以前，高峰在17世纪[1]。1617年，葡国史学者安东尼奥·博卡诺（Antonio Bocarro）记载道："1617年，葡商贷款的现象越来越多。迅速增长的澳门财富并非日葡正常贸易所致，澳门大量的白银来自日商提供的贷款。"[2]

葡商贷款的原因有以下几点：

第一，日葡贸易的总量增加，但利润下降。17世纪，葡萄牙在日本市场的垄断地位被打破，西、英、荷均展开对日通商活动。同时幕府也参与到贸易中，日本的丝割符、朱印船制度对葡商影响颇大。面对激烈竞

---

[1] 外山卯三郎『南蛮船貿易史』、東京：東光出版株式会社、1943年、531頁。

[2] C. R. Boxer, *Portuguese Merchant and Missionaries in Feudal Japan*, *1543 – 1640*, London: Variorum Reprints, 1986, p. Ⅲ65.

争，葡人只能遵循薄利多销原则。不过，商品总量的增加意味着投资增加，如果葡商不能在头年获得丰厚利润，来年就必须贷款。

第二，1614年以前，葡国巨船因天气不利，多次不能顺利起航或到达日本。同时，英、荷战舰几乎封锁了澳门—马六甲—果阿海域。葡船时常遭到抢劫，损失巨大。航线危机意味着葡萄牙的资金链被切断，葡人的投资金额逐年减少，于是考虑向日本人贷款。有了日方提供的白银，英、荷可能会碍于将军威信，不敢过多过分地劫掠葡船。

第三，日本盛产白银，大名和日商也想投资外贸。尽管葡萄牙面临竞争，贸易总量却仍然很大。日商对此羡慕不已。特别是幕府限制朱印船出海后，他们更是迫不及待地想与葡方合作。葡商安东尼奥·博卡诺说道："日葡贸易一直能获利，所以日本资金也注入澳门。很多日商将白银贷给葡人，希望投资在日葡贸易中。"① 提供贷款的日本人多为中小商人，他们本来不想参与这种"赌博式"贸易，只是因为朱印船、丝割符制度仅满足了日本豪商，普通日商受到排挤，根本得不到商品，于是将获利希望寄托于葡商。

第四，由于来自澳门以西（马六甲、果阿和欧洲）的资金得不到保障，葡商便在马尼拉寻求帮助。西班牙商人可以从美洲运来白银，完全有能力帮助葡商渡过难关，但他们并未这样做，因为其资金也要用于对华贸易。通过走私贸易，西班牙人可以获得中国商品，对方也能交换到美洲白银，双方都满意。西班牙人认为，将白银借给葡商，运作周期太长（一年以上），风险太大。不如直接与中国人开展贸易，不但资金周转更快，利润也更高。虽然西、葡同属一国，但两国商人很少互相帮助。

第五，中国海盗也很猖獗。杨六、郑芝龙等人②在欧洲被称为中国海的"超级海盗"或"海盗王"（pirate kings），他们对满载货物或白银的葡船颇有威胁③。葡商还面临广州官员的限制。由此看来，葡商从广州进

———————————

① C. R. Boxer, *The Great Ship from Amacon*, Macau: Instituto Cultural de Macau, 1988, p. 94.

② 杨六（外文为Yang-Louw，? —1629），史书写作杨禄，为明末的海盗商人，和杨七一起活跃于福建沿海。

③ C. R. Boxer, *Portuguese Merchant and Missionaries in Feudal Japan*, 1543 - 1640, London: Variorum Reprints, 1986, p. Ⅲ66.

货，然后将商品安全运抵日本，要经历重重困难。葡商的资金周转越来越
难，没有资金，就只能贷款。

日葡之间的贷款方式为"货物抵押贷款"（日语称"船积货物抵擋"，
英语为 respondentia），简单地说，就是贷款人以货物作为担保进行借贷。如
果货船到达日本后，贷款人无法还款，债主便可以将货物拿走或变卖以抵
债。如果货船失事或航行失败，双方的契约关系便终止。这是一种比较传
统，且具有较大风险的贷款方式，其贷款利率颇高，通常为 30%—50%[1]
（一次性利率，非年利率）。葡、荷、西人多以这种方式向日商贷款[2]。

时至今日，澳门仍保存有当时的"货物抵押贷款契约"，其中记载：
"1631 年，贷款人加斯普利·巴博萨·皮雷拉（Gaaspr Barboza Pereira）
向长崎富商岛屋权兵卫贷款，方式为'货物抵押贷款'。中间人为阿方
索·德·莫拉雷斯（Afonso de Moraes）。"[3] 这份契约没有记载贷款额。日
本方面也保存有类似"契约"（1632），内容大致如下：

> 澳门代理人阿果斯汀霍·罗伯（Agostinho Lobo）向日本博多商
> 人中野彦兵卫贷款 3000 两白银，贷款利率为 33%[4]。

另一份 1638 年的契约记载：

> 我，佩罗·费尔兰德斯·德·卡瓦尔霍（Pero Fernandez de Car-
> valho）是澳门派往日本的代理人。此次，向日本商人末次德宗（九
> 州富商之一）借贷 40000 两白银（原文记载为 40 贯白银），贷款利
> 率为 25%。贷款分两次运往澳门，运载白银的葡船为"康赛卡号"
> （Conseicao）和"圣·冈卡诺号"（Sao Goncalo）。还款日期为葡船明

---

① 外山卯三郎『南蛮船貿易史』、東京：東光出版株式会社、1943 年、542~543 頁。
② 还有一种贷款方式叫"船只抵押贷款"（英语为 Bottomry），是以船只作为抵押物品的贷款
方式。也就是说，如果航行失败或贸易失败，贷款人用航船来还款。如果船舶被损坏，则取消
债务。其实相比"货物抵押贷款"，贷款人选择"船只抵押贷款"更稳妥，但在当时，多数葡商
选择后者。
③ 外山卯三郎『南蛮船貿易史』、東京：東光出版株式会社、1943 年、544 頁。
④ 外山卯三郎『南蛮船貿易史』、東京：東光出版株式会社、1943 年、546~547 頁。

年抵日之际，可用货物还款。如果贸易被取消或失败，仍然归还本金，还要加上10%的利息。宽永十五年九月二日（1638年10月9日）①。

经外山卯三郎统计，提供贷款的日本商人有中野彦兵卫、中野平吉、末次宗德、伊藤小左卫门、伊藤七兵卫、大贺道句、高木五郎右卫门和高昌四郎兵卫等人。个别日商单独为欧洲人放贷，但更多时候他们联合起来放贷。贷款人多为澳门葡商，他们也经常联合起来贷款。葡商（一人或多人）每次贷款的最低数额为30贯白银（3000两白银），通常是40—75贯，多时达150贯②。

贷款对于葡商来说，似乎是解决资金难题的有效办法。对日商来说，也是不错的投资，实际情况却并非如此。博克舍认为："葡商贷款后，希望能够大赚一笔。但由于种种原因，日葡贸易的利润一直偏低，或是没有利润，甚至亏本。这直接导致葡商的财政透支，最后只能破产。"③ 贷款非但没有解决资金问题，反而让情况越来越糟：

其一，贷款造成资金链的恶性循环。葡商越想还钱，就越还不了，他们一直在借还之间疲于奔命。澳门议会曾禁止葡人向日商贷款，不过收效甚微。如果不贷款，多数葡商必将破产。葡商只能赌博式地借贷白银，如果运气好，顺利完成一趟航行，便可清偿债务。但17世纪的日葡贸易总是面临困难和障碍，造成葡商的债务越来越重。博克舍认为："由于日商闲置的白银无处投资，葡商才能比较容易地贷到款。这并不见得是好事，葡商不计后果地借贷，贷款金额逐渐超过能够偿还的底线。再加上多次广州进货失败，贷款的雪球越滚越大，越发不能收拾。"④

17世纪20年代，葡商已经高筑债台。贷款数额不但大，利息还很

---

① C. R. Boxer, *Portuguese Merchant and Missionaries in Feudal Japan*, *1543 - 1640*, London：Variorum Reprints, 1986, p. Ⅲ71.

② 外山卯三郎『南蛮船貿易史』、東京：東光出版株式会社、1943年、555頁。

③ C. R. Boxer, *Fildalgos in the Far East 1550 - 1770*, The Hague：Martinus Nijhoff, 1948, pp. 118 - 121.

④ C. R. Boxer, *Portuguese Merchant and Missionaries in Feudal Japan*, *1543 - 1640*, London：Variorum Reprints, 1986, p. Ⅲ69.

高。葡商的贷款利率通常在28%—35%，有时高达40%—50%[1]。如果
还款超期，还需缴纳10%的滞纳金[2]。1632年，葡商从日本运走80万
两白银，其中的贷款额就达66万两白银，而且葡商弗朗西斯科·德·
里斯·维尔霍（Francisco de Lis Velho）一人的贷款就占15万两白银。
另外，葡澳代理人佩罗·费尔兰德斯·德·卡瓦尔霍不止一次向九州商
人贷款[3]。1634年，澳门政府的欠款额已经达到15万两白银，更不用
说葡商的欠款金额了。为此，部分官员建议减免葡商7%的税收，以便
顺利还款，但此建议未被采纳。曼努尔·拉莫斯还提议，禁止葡商以任
何名义再次贷款，违者重罚，不过，事态已变得无法控制。1635年，
澳门议会承认，葡商总计欠款600多万库鲁扎多。通过议会与商人的共
同努力，葡商偿还了约2/3的贷款，就当时的情况而言，已经是尽最大
努力了。尽管如此，就在这一年，葡商又向日商贷款，他们对白银的贪
婪已经无法控制。先前我们提到一份1638年的借款单，其中葡商佩
罗·费尔兰德斯·德·卡瓦尔霍向末次德宗借贷4万两白银。这仅限于
书面记载，佩罗的实际贷款额高达9.7万两白银[4]。1638年8月，葡商
从日本运走1600箱白银（另说为1250箱）。其中400箱是贷款，贷款
利率为25%—27%[5]。1639年，澳门亏欠九州日商70万两白银[6]。
1639年11月1日，澳门议会决定没收欠款葡商的动产、不动产，用于
还款。

其二，债务问题成为日葡关系的不稳定因素，不能及时还贷导致葡人
的信誉度下降。日商往往扣押葡船或货物，以索还债务。被逼急的日商甚
至绑架、侮辱葡人，逼迫其亲朋好友还债。

---

[1]　C. R. Boxer, *Portuguese Merchant and Missionaries in Feudal Japan*, *1543 - 1640*, London：Variorum Reprints, 1986, p. Ⅲ67.

[2]　C. R. Boxer, *The Great Ship from Amacon*, Macau：Instituto Cultural de Macau, 1988, p. 147.

[3]　C. R. Boxer, "When the Twain First Met：European Conceptions and Misconceptions of Japan, Sixteenth-Eighteenth Century", *Modern Asian Studies*, Vol. 18, No. 4, Special Issue：Edo Culture and Its Modern Legacy (1984), Published by：Cambridge University Press, p. 533.

[4]　外山卯三郎『南蛮船貿易史』、東京：東光出版株式会社、1943 年、555 頁。

[5]　C. R. Boxer, *The Great Ship from Amacon*, Macau：Instituto Cultural de Macau, 1988, p. 155.

[6]　C. R. Boxer, *Portuguese Merchant and Missionaries in Feudal Japan*, *1543 - 1640*, London：Variorum Reprints, 1986, p. Ⅲ74.

17 世纪 30 年代，葡商的还款问题已经形成恶性循环，日商非常不满葡商的拖欠行为，借贷双方的矛盾成为日葡的主要矛盾。1630 年，5 艘葡船满载白银返回澳门，其中多数是贷款。这一年，王室成员多姆·冈卡诺·达·希尔瓦（Dom Goncalo da Silveira）被软禁在日本作人质，葡商欠款是其被扣的主要原因。澳门议会为此焦急万分，即便是政府也无法在短期内还清欠款。经过商议，议会宣布，任何在长崎和马尼拉有欠款的人都不得继续经商，除非偿清欠款。欠款少一些的葡商想尽办法，清偿了债务，但大部分葡商无能为力。议会解释道："葡商在中国进货遇到困难，影响了正常贸易，遂需延后还款。"[1] 日商当然不相信此理由，双方的矛盾升级。

1631 年，一些日商扣押了葡船部分货物。并声称如不还款，将逮捕大船长。好在大船长罗普·萨门托·德·卡瓦尔霍顺利完成贸易，偿清部分债务。即便如此，将军还是强迫大船长在日本过冬，其理由为日方未能在季风来临前卸完货物。其实，日本人此举是想扣押人质，以便来年能够收回剩余欠款。这一年，日商又放贷给葡商，希望次年贸易顺利开展，能够一次性解决问题。

1632 年的贸易虽获成功，但欠款仍未能偿清。大船长和议会决定，在必要时，将欠款者送至长崎，直接面对债主。多年的经验告诉他们，只有冒这样的险，葡商才能躲过一劫。一般情况下，只要态度诚恳，日商不会太为难葡人。他们相信，即便大船长遭遇不幸，葡商仍然能够安好。大船长罗普·萨门托·德·卡瓦尔霍还向日商承诺，欠款会在 3 年后全部偿清。因此，一些欠款葡商主动到日本道歉，双方紧张的气氛暂时缓解。许多葡商与债主商量，一定在 1633 年还款。日本人被葡商的诚恳打动，决定缓期一年，有些债主还主动减少债务。

1637 年 10 月，欠款危机再次扩大。日本债主寄希望于幕府解决此事，将军却只关心自己的投资和统治的稳定。他告诉下属，不要让这些烦心事来打搅他，这是一个可以忽略的问题，日商的焦急心情与将军的轻松态度形成鲜明对比。一名日商得到长崎奉行允许，将（葡萄牙）欠债人捆起来游街，并让大家侮辱、殴打他。这位葡商最终在同胞的帮助下，还

---

[1]　C. R. Boxer, *The Great Ship from Amacon*, Macau：Instituto Cultural de Macau, 1988, p. 125.

清了贷款（共 8 箱白银）①。但这只是个例，更多葡商毫无偿还能力。

其三，由于债务问题，葡商频频宣布破产。即便议会与葡商共同承担债务，也无法解决多年积累的呆账、死账问题。

1614 年，由于大船长若昂·塞劳·达·昆哈的贷款数目过大，回到果阿后，他立即宣布破产。在此后 30 年，昆哈一直在投诉。他认为，1614 年幕府禁教导致其经商失利，希望葡王能够补偿他。最后，葡王让他担任佛得角总督，才最终还清贷款。

1633 年，葡商的欠款问题越来越严重。日本债主还发现，葡商用拆东补西的办法来敷衍他们，于是联合起来，在同一时间逼迫葡商还款。葡商已经没有退路，只能宣布破产。不过，日本债主对破产的解释并不满意，要求大船长将欠款者带回澳门，变卖其所有家产，用以还债。这一年，4 名葡商宣布破产，总共拖欠日方 125 万两白银②。破产也让日商遭受重大损失，并直接影响日葡贸易的开展。

第四，贷款问题还引起澳门内乱。当曼努尔·拉莫斯宣布葡王要控制航线后，澳门葡人一致反对。如果葡王直接参与日葡贸易，葡商就更不可能还清贷款了。葡商称，如果国王插足东方商贸，他们将不惜动用武力来捍卫利益。为此，总船长曼努尔·达·卡马拉·德·洛伦哈还采取强硬措施，镇压一切反抗者。澳门的内部矛盾立即激化，幸亏大船长多姆·冈卡诺·达·希尔瓦和澳门教会出面调停，才平息内乱③。

1636 年，幕府开始严格限制日本朱印船出海，葡商获利丰厚。同时，日商闲置的白银无处投资，只好贷给葡商。但就在这一年，仅澳门政府的欠款额就高达 7 万多两白银，商人们的欠款额更是巨大（无具体统计）。议会经常就还款事宜与葡商争吵，有时还发生冲突。

也有学者认为，贷款危机从客观上带来一个好处，即欠款金额越大，

① C. R. Boxer, *The Great Ship from Amacon*, Macau：Instituto Cultural de Macau, 1988, pp. 151 – 152.

② 4 名葡商分别欠款 20 万两、30 万两、35 万两和 40 万两白银。参见 Om Prakash, "International Consortium, Merchant Networks and Portuguese Trade with Asia in the Early Modern Period", *Paper Presented at Session* 37 *of the* ⅩⅣ *International Economic History Congress*, Helsinki, 2006, p. 21.

③ C. R. Boxer, *Portuguese Merchant and Missionaries in Feudal Japan*, *1543 – 1640*, London：Variorum Reprints, 1986, p. Ⅲ69.

日本方面越要延缓驱逐葡人的时间。家康死后，秀忠将军为了禁教，早就想驱逐葡人了，但一直没有下达最后通牒。若强行锁国，葡商便不必偿还债务，必然引来日商不满。从表面来看，贷款问题是商业行为，本质上却反映了日葡贸易的衰退。1640 年，当葡人再次抵日请愿时，丝毫不提欠款之事，此问题已经成为日葡贸易的死结。日本锁国对于双方来说，或许就是一种解脱。

（五）西葡海军的衰落

16 世纪，西、葡海军尚能在亚洲海域称霸[①]。17 世纪初，英荷军舰来到亚洲，开始打破西葡独霸亚洲的局面。双方在亚洲交战多次，虽然西葡偶有胜利[②]，但大多时候处于下风。西葡商船更是经常被英荷舰队袭击和抢劫。曾经称霸亚洲的西葡海军在 17 世纪迅速衰落，其中的原因值得分析。

第一，西班牙"无敌舰队"被英国击败后，便失去了大西洋的制海权。在其他海域，西葡海军也一蹶不振。1611 年，英国人贝斯特率舰队（4 艘英国船）来到印度洋，他们在苏拉特（Surat，印度西部港口）遭遇葡船袭击。葡方军力不俗，有 4 艘大船、26 艘中型船、5000 名士兵和130 门火炮[③]。不过，军力较弱的英国人奇迹般地抵挡住了进攻，与葡人打成平手。此役之后，葡国海军大受打击[④]。日本史料记载："17 世纪初，葡、荷在吕宋岛周围交战，后来葡船逃至肥后国佐志岐浦，长崎奉行长谷川权六、平户大名松浦法印从中调停，才帮助葡人解除危机。"[⑤]

第二，西葡虽同属一国，但双方的军事配合并不默契。1612 年，葡

---

① Joao Paulo Oliveira e Costa, "A Route under Pressure: Communication between Nagasaki and Macao (1597 – 1617)", *Bulletin of Portuguese/Japanese Studies*, Vol. 1, Universidade Nova de Lisboa, Portugal, 2000, p. 77.

② 在与英荷的对抗中，西葡还是偶尔能够取胜的。1622 年，英荷舰队被西葡海军击败。科克斯在 7 月 7 日和 17 日的日记中记载道，"荷兰舰队今年聚集了 14—15 艘大小战舰，打算进攻澳门，但遭到失败。荷兰方面伤亡 300—500 人，4 艘（荷兰）战舰被毁"。1627 年，荷兰舰队遭重创，他们与澳门的 5 艘小船开战，荷兰旗舰"温克尔克号"（Ouwerkerk）在 8 月 18 日被击沉，船长与 33 名船员被俘。参见 C. R. Boxer, *The Great Ship from Amacon*, Macau: Instituto Cultural de Macau, 1988, pp. 106, 114。

③ 数据看来有些夸张，亦可能是葡萄牙在印度的全部兵力。

④ James Murdoch, Isoh Yamagata, *A History of Japan: During the Century of Early Foreign Intercourse (1542 – 1651)*, Kobe: Office of the "Chronicle", 1903, p. 581.

⑤ 林煌、宫崎成身等编『通航一覧』第六、東京：泰山社、1940 年、306 頁。

国指挥官（贵族）多姆·迪奥哥·德·瓦斯康赛罗斯（Diogo de Vasconcelos）率舰队抵达澳门，以加强远东军力。舰队包括 6 艘大型战舰、1 艘中型舰和 2 艘小型舰。除了加强防御，瓦斯康赛罗斯还奉命与西班牙人合作，驱逐摩鹿加的荷兰人。不过，双方最终没能达成共识。马尼拉指挥官道·朱安·德·希尔瓦（Don Juan de Silva）多次通知葡军到马尼拉商议对策，但澳门方面没有回应，主要是因为瓦斯康赛罗斯与澳门议会有矛盾。范礼安曾拒绝缴纳澳门港口税，他认为，舰队（包括其商船）属于葡王，应该免税。议会与海军的争执破坏了澳门和谐，西葡的军事合作也被"搁浅"。两国合并后，马尼拉方面也提出直接管理澳门。他们认为，荷兰人经常抢劫西葡船只，如果由西班牙人接管澳门，西葡的军力将增强。不过葡人以澳门有能力自卫为由，拒绝了马尼拉方面的"好意"。

果阿总督多姆·杰罗尼莫·德·阿泽维多（Dom Jeronimo de Azevedo），亦曾尝试组成西葡联合舰队。他打算让葡国舰队与希尔瓦指挥的西班牙舰队在马六甲附近会合，夺回西葡人在摩鹿加的优势。但是在 1615 年 11 月的马六甲海峡，这支葡国舰队遭遇荷兰海军将领史蒂文·范·德尔·哈根（Steven Van der Haeghen）指挥的舰队，交战后葡方惨败，最后仅剩一艘军舰，其在逃亡过程中还被亚洲海域的海盗船抢劫。另外一边，前来会合的西班牙舰队虽然抵达马六甲，指挥官希尔瓦却染上痢疾，不幸身亡。他死后，西葡再也没有策划组成联合舰队的相关计划①。

第三，葡国海军的主力布置在阿拉伯海，其远东军力较弱。尽管葡萄牙垄断了马来群岛和中国海的贸易，但没有建立强大的军事基地，甚至没有在印度西海岸建立一定规模的海军。当然，西葡国王也注意到这点。于是在 1621 年，有人建议国王直接管理日本航线，所得利润用于铸造武器，建造军舰，加强防御②。澳门议会一直不肯交出贸易权，只是每年从澳门—马尼拉贸易中拨出 6 万库鲁扎多白银用作军费。按理说，葡商从各条航线中获利不少，完全有财力资助海军，但商人们没有这样做，而是将所有资金投入赌博

---

① C. R. Boxer, "Portuguese and Spanish Rivalry in the Far East During the 17th Century", *The Journal of the Royal Asiatic Society of Great Britain and Ireland*, Dec., 1946, No. 2, p. 154.

② C. R. Boxer, *The Great Ship from Amacon*, Macau: Instituto Cultural de Macau, 1988, p. 102.

贸易中。如果仅靠葡王和果阿总督来资助军队，经费根本就不够用。

第四，葡商一贯采取消极抵抗态度，即便船上装备有武器，也不主动还击。葡人只要发现英荷船，就立即逃跑或弃船。葡商通常使用最轻快的小船运载金银，以方便逃跑，剩下的大批货物全部留给英荷"海盗"。1630年，果阿总督严厉批评了葡商的消极抵抗态度。总督认为，应该向这些商人征收重税，以示惩戒。

第五，16世纪末17世纪初，葡属亚洲的统治也面临问题。亚洲据点的土著人开始反对葡萄牙的统治，波斯、印度地区均发生反抗葡人统治的起义①。葡属亚洲面临"内忧外患"，据点的反抗及海上的竞争让葡人疲于应付。外山卯三郎认为："葡属亚洲据点的管理模式属于封建性质，而英荷的管理属于资本主义性质。后者比前者更先进。"②

对于葡人来说，军事成功是贸易成功的保证。如果葡人在远东丧失制海权，其势力范围必然缩小，航线利益必然受损。曾经称霸海洋的西葡舰队逐渐失去威信、领地和资源，日本市场的情况正是这种态势的缩影，葡萄牙的垄断地位被逐步打破，荷兰的势力越来越大。最明显的例子就是葡人已经放弃装载能力很强的巨船，而改用小船船队开展贸易，他们正在失去制海权。

另外，凡是在中国海航行的船只都不免要遭遇暴风（主要是台风）袭击，就当时的航行技术而言，即便是善于航海的葡人也无法对抗或避开这种恶劣天气。1599—1617年，巨船成功抵达日本的次数为10次，失败的有7次。有好几次都是因为天气原因导致航行失败。1618年以后，葡商改用小船船队进行贸易。小船虽然灵活，但抵御风暴的能力比巨船弱③。如果遇到狂风恶浪，就只能被迫返航。澳门到长崎的距离虽然不远，但中国海的天气实在是难以捉摸，天气也成为影响日葡贸易的因素之一。

---

① Joao Paulo Oliveira e Costa, "A Route under Pressure: Communication between Nagasaki and Macao（1597 – 1617）", *Bulletin of Portuguese/Japanese Studies*, Vol. 1, Universidade Nova de Lisboa, Portugal, 2000, p. 77.

② 外山卯三郎『南蛮船貿易史』、東京：東光出版株式会社、1943年、465頁。

③ Malyn Newitt, *A History of Portuguese Oversea Expansion, 1400 – 1668*, London and New York: Routledge, 2005, p. 232.

澳门葡人被日本驱逐后，并未放弃希望。他们又逐步开辟其他亚洲地区，最大限度地弥补失去日本市场带来的损失。其实，菲律宾和美洲都需要中国商品，所以澳门葡人重点开发马尼拉市场。另外，东南亚的帝汶、索罗（Solor，印度尼西亚的一个群岛）和马六甲也与澳门有贸易往来①。交趾和暹罗亦是澳门的贸易对象。这些曾经不受重视的偏远据点在"后日葡贸易"时期，暂时拯救了葡据澳门的经济。

第三节　日西（班牙）关系之破裂

进入 17 世纪，西班牙终于尝试开展对日贸易，情况却不尽如人意。1624 年，不管是德川将军方面，还是西属菲律宾总督方面，都不愿意再继续交往下去，两国断交。

一　日西贸易情况

在 17 世纪初的日本，西班牙人面临不错的形势。

首先，西葡在 16 世纪末合并为一国，虽然双方难以共享亚洲利益，但至少不会发生大的军事冲突。在对外问题上，西、葡结成同盟。在日本，他们姑且能够和睦地相处。其次，西班牙在菲律宾建立了据点，将美洲、亚洲通过太平洋联系起来，新开发的美洲航线潜力巨大。马尼拉的地理条件也不错，西班牙人可以发展东亚、东南亚贸易。再次，德川家康开始重视外贸，除了与葡人继续通商，还想和其他欧洲国家建立联系。博克舍认为："家康曾考虑驱逐葡人，其离开后的贸易缺口可由西、荷人填补。"② 最后，家康不愿看到九州因商业（发展）变得过于强盛，想把贸易重心转移到江户，以便控制。就当时的情况来看，葡萄牙已经立足于长崎，于是家康考虑让西班牙人去江户发展。家康一直想插足（美洲）阿卡普尔科与马尼拉之间的贸易③，企图把江户开发成亚洲—美洲航线的中转站。

①　C. R. Boxer，*Fildalgos in the Far East 1550 - 1770*，The Hague：Martinus Nijhoff，1948，p. 10.

②　C. R. Boxer，*Portuguese Merchant and Missionaries in Feudal Japan，1543 - 1640*，London：Variorum Reprints，1986，p. Ⅰ49.

③　高須芳次郎『海の二千六百年史』、東京：海軍研究社、1940 年、145 頁。

日西（班牙）贸易存在一个有趣现象。就西班牙来说，其对日态度不同于其他国家，往往处于被动，西班牙人并不看重日本市场；就日本来说，幕府将军总是主动接触西班牙人，渴望与之建立长久关系①。

17 世纪初，将军为了发展对西关系，做出不少努力。1598 年，一位方济各会传教士因违反传教禁令而被捕②。传教士已经做好殉教准备，结果家康并未处死他。家康告诉传教士："菲律宾船可以来日通商，我们需要西班牙的矿山技师和领航员。作为回报，我允许你们在江户建立方济各会的教堂。"③ 1600 年，家康任命方济各会传教士吉罗尼摩·特·吉士斯（Jeronimo de Jesus，？—1602）为使节，到菲律宾请求通商④。1601 年 10 月⑤，家康致函菲律宾指挥官，希望西班牙人带领日本人，开展远洋航行（横跨太平洋）。同时，日本开发出新港口，供西班牙船使用。1602 年 9 月，西班牙船"圣·艾斯普里图号"（Santo Espiritu）遭遇台风，被迫抵靠日本土佐。此船被当地人扣留，船员被关押。家康得知此消息后，下令释放西班牙人，并将他们送回马尼拉⑥。家康趁机致函菲律宾指挥官："因天（气）候不良而寄港之异国船只，均可在日本各港着岸。任何国人不得掠夺其货物。商品之买卖渐次进行，禁止强制买卖。若该船只不欲滞留于所在港口，依船主之意转移他处，许可其自由通商。异国人可自由居住于日本国内各处，但严禁宣布其国教法。"⑦ 从书信可见，家康已做出巨大让步。他告诉西班牙人，幕府正在打击本国海盗，西班牙船可以放心往返。随书信一同寄去的还有幕府允许贸易的朱印状。1608 年，家康开

① 日蘭協会編『日本と和蘭』、東京：日蘭協会、1914 年、3～4 頁。

② 岩生成一『日本の歴史·14·鎖国』、東京：中央公論社、1968 年、130 頁。

③ A. L. Sadler, *The Maker of Modern Japan：The Life of Tokugawa Ieyasu*, New York：Routledge, 2011, pp. 239－240.

④ 也有资料认为，家康欢迎西班牙人，是想学习其造船术（建造远洋大船），后者看出家康的企图，拒绝了邀请。参见 Giles Milton, *Samurai William：The Adventurer Who Unlocked Japan*, London：Hodder and Stoughton, 2005, p. 109。

⑤ 另说为1602 年。参见福地源一郎『長崎三百年間：外交変遷事情』、東京：博文館、1902 年、34 頁。

⑥ Cornelius Conover, *Pious Imperialism：Spanish Rule and the Cult of Saints in Mexico City*, Albuquerque：University of New Mexico Press, 2019, p. 47.

⑦ 加藤榮一『幕藩制国家の成立と対外関係』、京都：思文閣出版、1998 年、117 頁。

放相模的贺浦，作为西班牙船停靠的港口①。他还开出优厚条件，表示若西班牙船运来生丝，将不受丝割符制度的管理和限制。同年，一艘西班牙船在日本搁浅。家康再次致函马尼拉方面："西班牙船能否运来足够生丝，以取代葡船？如果我们赶走葡人，西班牙人能否替代他们？"菲律宾指挥官受宠若惊，立即回信，并夸下海口，会运来各种货物，数量将是葡船的 3 倍。当年，西班牙使者罗德里格（ロドリゴ）到江户谒见将军，表达了与日本建交的愿望，并希望日方保护传教士，同时鼓动家康驱逐荷兰人。将军表示，除了赶走荷兰人，其他条件都可以答应。同时，将军也要求西班牙派 50 名矿山技师来日②。尽管付出努力，这一"美好"愿望却始终没有实现。1609 年 9 月，前菲律宾指挥官维拉斯科·维威罗（Velasco Vivero）③ 乘"圣方济各号"返回墨西哥，在日本遇到恶劣天气。此船幸运地漂到千叶县夷隅郡浪花村岩和田的田尻海岸，维威罗一行被渔民搭救④。其后，他去江户谒见了德川秀忠，后又受到老将军家康召见。家康告诉维威罗，日本希望与新西班牙（美洲）建立贸易关系，希望墨西哥总督派来采矿技师和矿工。次年，家康授予维威罗贸易朱印状，还赠送船只（威廉·亚当斯在日本制造的航船），助其返墨⑤。

　　从以上资料可见，家康为了开拓对西贸易，做出了最大让步。尽管日西贸易面临不错的发展态势，实际开展的活动却很少，贸易量几乎可以忽略不计。西班牙的消极态度让家康倍感失望，久而久之，这个国家成为家康眼中的"鸡肋"。

　　提及日西贸易的资料颇少。西班牙船主要在贺浦、五岛、天草等地活动⑥。日本运往马尼拉的商品有：小麦粉、腌肉、咸鱼、面粉、干牛肉、梨、乌龙茶、大麻、铁、漆器、家具、盔甲、餐具、丝绸制品、屏风和武

　　① 为了打破葡萄牙对日本市场的垄断，家康计划将浦贺开发为西班牙船的专用港口，但限于技术和自然条件，计划未能实现。参见 Yetaro Kinosita, *The Past and Present of Japanese Commerce*, New York：Columbia University Press, 1902, p. 72。
　　② 加藤三吾『三浦の安針』、東京：明誠館書店、1917 年、166 頁。
　　③ 另载，维威罗的全名为罗德里格·德·维威罗（Rodrigo de Vivero）。
　　④ 辻達也『日本の歴史·13·江戸開府』、東京：中央公論社、1967 年、258 頁。
　　⑤ 林韑、宮崎成身等編『通航一覧』第五、東京：泰山社、1940 年、50 頁。
　　⑥ 高島誠一『新体商業史』、東京：六盟館、1911 年、54 頁。

器（刀具和火器）等。从马尼拉运往日本的商品有：生丝（数量最大）、黄金、鹿皮、鹿角、蜂蜜、椰子、巴西木、棕榈酒、西班牙酒、玻璃制品、染料、欧洲奢侈品和中国瓷器等。

日西建交以来，西班牙商船很少赴日，往返于日本—马尼拉的商船多为幕府（官方）朱印船。朱印船于每年 3 月乘北风前往马尼拉，6—7 月乘西风返回日本。总的来说，日本人喜欢去马尼拉市场交易商品。因为菲律宾的贸易环境比较自由，马尼拉对各国船只都表示欢迎。另外，幕府实行丝割符制度后，普通日商只分配到少量生丝，他们便寄希望于菲律宾丝市，将资金投入"丝黑市"中。日本的资金涌入马尼拉后，导致当地丝价上涨。之前，马尼拉的平均丝价为每担 140 佩索，日本人到来后，涨到每担 260 佩索。随着菲律宾丝市日渐繁盛，马尼拉的日本人逐年增加，他们主要聚居在马尼拉的迪拉奥（Dilao）教区。1593 年，马尼拉有 300—400 名日本人。1603 年，发展到 1500 人。1606 年，已经超过 3000 人[①]。1614 年家康禁教后，马尼拉的日本人有所减少。到了 1621 年，马尼拉仍然有 1800 名日本人，大部分是基督徒。

二 日西关系破裂的原因

1624 年，日西关系破裂。不过，到底是日本提出断交，还是西班牙主动退出日本，各种史料有不同记载。有资料称："1624 年，幕府禁止西班牙人登陆日本，马尼拉商船被驱逐。"[②] 还有文献描述道："1623 年，西班牙人为了留在日本，派使者向将军进献 150 匹绢和一辆 4 马大车。"[③] 使者在萨摩等待将军最后的决定，但将军决心驱逐天主徒，因而断绝与西

---

① C. R. Boxer, *The Christian Century in Japan 1549 – 1650*, Manchester：Carcanet Press, 1993, p. 302.

② 据描述：将军委派威廉·亚当斯担任使者，宣布与西班牙断交。亚当斯带着一丝怅意向西班牙人宣读了将军的决定，西班牙人也没有表现出过多失望，好像并不在乎离开日本。参见 Il-za Veith, "Englishman or Samurai：The Story of Will Adams", *The Far Eastern Quarterly*, Vol. 5, No. 1 (Nov. , 1945), Published by：Association for Asian Studies, p. 18；日蘭協会編『日本と和蘭』、東京：日蘭協会、1914 年、28 頁；林韑、宮崎成身等編『通航一覧』第五、東京：泰山社、1940 年、49 頁。

③ 外山卯三郎『南蛮船貿易史』、東京：東光出版株式会社、1943 年、490 頁。

班牙的关系。还有资料称："西班牙人主动放弃了日本市场，菲律宾指挥官致函日本将军，表明断绝关系。"[1] 学者库伦认为："相比 1623 年英国人因经营不善而被动地退出日本，西班牙人却是主动宣布断交。西班牙可能是第一个拒绝与日本通商的欧洲国家。"[2] 由此可见，日西断交有两种意见。笔者认为，日西关系的破裂并非单方面原因，其实双方都不愿意再继续交往下去。

（1）幕府将军对西班牙的态度非常矛盾。一方面，家康想与西班牙建立长期友好的关系。另一方面，他又对西班牙不太放心。将军为了发展对西关系，做出不少努力。相反，西班牙对日本市场并不热心。这让家康感到失望，甚至怀疑。同时家康认为，西属菲律宾具有潜在威胁，其表现在以下三方面。

首先，对于西班牙人在日本进行的探险和勘察活动，英国人威廉·亚当斯曾经提醒过将军："西班牙人来日的真正目的是寻找日本近海的金银岛。他们擅长航海，并在探险过程中勘测日本沿海，为以后侵略日本做准备。"[3] 另外，将军知道西班牙人的征服欲望比葡人强，海军规模也更大。为了避免不必要的武装冲突，日本可以选择与之断交。

其次，西班牙人认为，与葡据澳门相比，菲律宾的面积更大、资源更丰富、战略地位更高，而且西班牙在菲律宾布置了较强兵力，西班牙人在亚洲的殖民活动让日本人感到不安，这从西班牙对台湾的行动可以看出。日本素来与台湾有贸易往来，而且两地相隔不远。如果西班牙控制台湾，对日本将是一大威胁。若西班牙传教士直接从菲律宾、台湾前往日本，势必对幕府统治带来麻烦。为了日本的"安全"，幕府唯有与西班牙断交。

最后，最让家康担心的还是西班牙人的传教活动，方济各会在日本

① Yosaburo Takekoshi, *The Economic Aspects of the History of the Civilization of Japan*, Vol. 1, London: Routledge, 2004, p. 110.

② L. M. Cullen, *A history of Japan*, 1582 – 1941: *Internal and External Worlds*, Cambridge: Cambridge University Press, p. 34.

③ 相見三郎「漢方と西洋医学と宗教」、『日本東洋醫學會誌』29 巻 1 号、1978 年、20 頁。

肆无忌惮地布道是将军最不愿看到的情景。将军也发现，西班牙人好像更热衷于传教，而非经商①。一份马德里的资料记载道："西班牙人赴日的目的并非通商，而是为了满足家康扩展外贸的愿望，这样方济各会才能在日本布道。"② 家康为了发展贸易，一直在容忍西班牙的布道活动。1602年，菲律宾教会借西班牙船赴日经商之机，向日本派遣了7名传教士。家康对此相当不满，曾一度考虑驱逐他们。1614年，家康忍无可忍，宣布禁教。此时的菲律宾指挥官担心传教士触怒将军，于是劝告他们不要秘密潜入日本。但方济各会对此不予理睬，仍然假扮成商人，来到日本。1620年8月，日本发生"平山常陈事件"（船上藏匿传教士），日西关系走向不归之路。最初，将军没有可供选择的欧洲（贸易）伙伴，因为在日本，除了葡人就是西班牙人，他们都是天主徒，且都要传教。新教徒（英、荷人）来到日本后，立即表示只贸易、不传教，于是将军有了备选对象。

（2）对于西班牙人来说，日西贸易利润菲薄，甚至无利可图，日本市场并非其经营重点。国王菲利普对日本的财富不感兴趣，他只是想寻找马可·波罗提及的"金银岛"。菲律宾指挥官甚至认为，日西贸易完全是走过场，仅是为了满足家康个人的愿望，没有实际意义。为此，西班牙人每年还要采购价值6000佩索的货物运往日本，这更像是一种负担，而非自愿。

其实，西班牙梦想的贸易对象是中国。菲律宾相当于美洲—亚洲贸易的中转站，西班牙人最需要的商品是中国丝绸，并非日本白银。美洲对丝的需求量相当大，据记载："在美洲，流浪汉、混血儿和印第安人都身穿质量上乘的亚洲丝织品，更不用说西班牙人了。"③ 其实，西班牙人一直没有打开中国大门，他们只是与福建走私商建立了联系。即便只是打开了福建这个缺口，也让其获益匪浅。这还得益于西班牙人雄厚的财力，西属

① Warren I. Cohen, *East Asia at the Center：Four Thousand Years of Engagement with the World*, New York：Columbia University Press, 2000, pp. 197 – 198.

② C. R. Boxer, *The Christian Century in Japan 1549 – 1650*, Manchester：Carcanet Press, 1993, p. 301.

③ C. R. Boxer, *The Great Ship from Amacon*, Macau：Instituto Cultural de Macau, 1988, p. 74.

美洲源源不断地运来白银，恰好满足了当时明朝的需求。西班牙人用美洲银购得中国丝绸，然后运回美洲，小部分销往日本。就这一点来说，西、葡完全不同。葡商必须依靠澳门—长崎贸易才能获利，西班牙人则不需要担当中日贸易的"中间人"，美洲白银已经够多了，他们只是喜欢中国丝绸。即便日西关系破裂，西班牙也不会受到太大影响。对于中国走私商来说，他们也乐意去菲律宾做生意，因为西班牙商人财大气粗，出价比葡商高很多，而且都是现银交易。另外，福建距菲律宾较近，中国走私船到马尼拉比到长崎更容易。据西班牙人佩德罗·德·比扎（Pedro de Beaza）描述，平均每年有30—40艘福建船抵泊于马尼拉，每次运走250万—300万两白银[1]。随着贸易的开展，一些中国人干脆常驻菲律宾。马尼拉的"普利安"（Prian）类似于现代的"唐人街"。中国人常常聚集于此，开展贸易，普利安也逐渐成为马尼拉的商贸中心[2]。还有，西班牙船虽然经常往返于亚洲和美洲，但日本海岸并非其必经点。它们只是在遭遇特殊情况时，暂泊于日本各港[3]。

（3）由于西班牙人轻视日本市场，所以对日态度也很傲慢。家康虽然厌恶基督教，但还是诚恳地邀请西班牙人来经商。西班牙人却对家康的诚意有所怀疑，只是派小船前往日本，以敷衍幕府。当日、荷建立贸易关系后，西班牙派出以塞巴斯蒂安·维西亚诺（Sebastian Vizciano）为首的使团，到江户谒见将军[4]。家康以礼相待，维西亚诺却表现得傲慢无礼，他鼓动家康赶走所有新教徒，还试图测绘日本的海岸线。西班牙人的骄横让家康失望。这时，将军已经查出他们与北方大名交往过甚[5]。不过，为

---

① C. R. Boxer, *The Great Ship from Amacon*, Macau: Instituto Cultural de Macau, 1988, p. 74.

② 16 世纪末，马尼拉有 2000 名西班牙人、10000 名中国人，中国走私商通常是贸易主角。参见 Angus Maddison, *Development Centre Studies: The World Economy Volume 1: A Millennial Perspective and Volume 2: Historical Statistics*, Paris: OECD Publishing, 2006, p. 72。

③ Conrad Totman, *Early Modern Japan*, Berkeley and Los Angeles: University of California Press, 1993, p. 75.

④ Jun Kimura, "Searching for the San Francisco (1609), a Manila Galleon Sunk off the Japanese Coast", Roberto Junco Sanchez et al ed., *Archaeology of Manila Galleon Seaports and Early Maritime Globalization*, Singapore: Springer, 2019, p. 177.

⑤ William G. Beasley, *Great Britain and the Opening of Japan 1834 – 1858*, Richmond: Curzon Press, 1995, p. 17.

了顾全大局，家康继续退让。可惜的是，西班牙人自大狂妄，毫不珍惜有利时局。就此来说，双方关系最终破裂，也是意料之中的事。

第四节　日英贸易及英国人的失败

1600 年，英国人威廉·亚当斯指挥荷兰商船抵靠日本海岸，亚当斯亦成为首位登陆日本的英国人。但直到 1613 年，才有第二批英国人抵日，并尝试对日经商。英国人明显没有把握东方市场的规律，其对日贸易活动屡屡受挫，之中的原因值得分析。纵然有担任德川将军顾问的亚当斯帮忙，英国同胞也难以维持平户商馆的运作，只能暂时退出东方岛国市场（1623）。

一　英国人来到日本

（一）登陆日本前的英国

16 世纪的英国正值都铎王朝（1485—1603）统治时期。此间，英国社会发生剧变，封建制度解体，资本主义迅速发展。1588 年，英西大海战爆发，英国击败西班牙的无敌舰队。在初步夺得大西洋制海权后，英国军舰、商船开赴世界各地，建立势力范围，掠夺资源。

荷兰人在东方建立贸易据点后，逐年提高亚洲商品在欧洲的价格，英国人对此极度不满。1599 年 9 月 22 日，英国众商在芳德尔斯大厅（Founders' Hall）召开会议，伦敦市长主持会议①。会后，伊丽莎白女王赋予远东公司贸易特权。1600 年，英国东印度公司成立②，标志着英国势力进一步向亚洲扩张。

17 世纪初，英国在亚洲的发展不尽如人意。英国人老是抱怨荷兰人走在"前面"，阻碍其扩张和发展。与荷兰人相比，英属亚洲据点偏少，（亚洲）海上势力偏弱。为了获得更多财富，英国人认为有必要进一步拓展远东业务。

---

① James Murdoch, Isoh Yamagata, *A History of Japan*: *During the Century of Early Foreign Intercourse*（*1542 - 1651*）, Kobe: Office of the "Chronicle", 1903, p. 578.

② 英国东印度公司成立之初，有股东 25 人，资金 7 万英镑。在最开始的 4 年里，英王免除公司的出口税。

当时，在亚洲活动多年的荷兰探险家简·胡因根·范·林奇顿，出版了其著作《环航记》（*Itinerario*）①，此书风靡欧洲。林奇顿介绍了 16 世纪中后期至 17 世纪初亚洲各地的概况，以及他在亚洲的见闻。书中盛赞日本富有，其金银财富能与美洲媲美。林奇顿还描述了葡商在中、日之间"轻松的赚钱方式"（中介贸易）。这些对英商刺激极大，多家公司蠢蠢欲动②，急欲远赴东方淘金。

1613 年以前，英国人曾试图远航日本。但他们不愿沿着葡人的路线航行，一度考虑开辟北方航线，最终登陆日本东北部。1580 年，英国莫斯科维亚公司（Moscovia）派亚瑟·佩特（Arthur Pet）和查理斯·杰克曼（Charles Jackman），率两艘探险船（吨位分别为 20 吨和 40 吨）从北半球北面驶向日本，结果失败③。1602 年④和 1606 年，莫斯科维亚和东印度公司又联合组织两次北方远航，也未成功。最终，英国人放弃从北方前往日本⑤。

（二）英国唯一的代表——威廉·亚当斯

威廉·亚当斯（生于 1564 年 9 月 24 日，卒于 1620 年 5 月 16 日）是首位抵日的英国人，也是日英（欧）关系史中最具影响力的人物之一。亚当斯首抵日本的时间为 1600 年，身份为荷兰舰队总领航员。亚当斯在日本生活了 13 年后（1613），才有第二批英国人抵日（第一批抵日的新教徒中只有亚当斯一人是英国人）。

威廉·亚当斯出身于英格兰肯特郡（Kent）基灵汉姆镇（Gillingham）的渔民家庭⑥，自幼家境贫寒。12 岁丧父后，便在莱姆豪斯（Limehouse,

---

① Itinerario 是西班牙语，意思近似于英语的 itinerary（路线），笔者将其译为《环航记》。

② 实力较强的英国外贸公司有莫斯科维亚公司（1554）、东地公司（1579）、利凡特公司（1581）、几内亚公司（1588）和东印度公司（1600）等，在亚洲活动的主要是莫斯科维亚公司和东印度公司。

③ Stephen Clucas, *John Dee: Interdisciplinary Studies in English Renaissance Thought*, Dordrecht: Springer, 2006, p. 101.

④ 1602 年，莫斯科维亚公司与乔治·维茅斯（Waymouth）船长签约，公司雇用他们探寻西北航路。参见 Ernest M. Satow, *The Voyage of Captain John Saris to Japan*, 1613, p. 22。

⑤ 英国人试图从北方寻找航线的想法并未被立即放弃。英国商馆建立后，船长约翰·萨利斯再次计划探寻北方航线，并建议从平户出发。

⑥ 另说，威廉·亚当斯出生于英国罗切斯特的梅德维（Medway）河岸。参见 Kinahan Cornwallis, *Two Journeys to Japan*, *1856－1857*, Vol. 2, London: Thomas Cautley Newby, 1859, p. 4。

伦敦附近）的一家船厂当学徒。此间，亚当斯努力学习航海、地理和天文，希望成为一名水手。后来他参加海军，服役于佛朗西斯·德雷克爵士（Francis Drake）的部队①。1588 年，亚当斯成为一艘补给船海员，并参加英西大海战。退伍后，他在英国柏柏利贸易公司担任领航员。这期间，他和英国女子玛丽结婚。作为一名远洋海员，他们团聚的日子不多。亚当斯在柏柏利工作了 12 年，积累了丰富的航海经验，并立志到印度洋和大西洋探险。亚当斯曾自述："我在英国当了 11 年领航员，对远东的航行、探险深感兴趣，想去那里积累更多经验。1598 年，我向荷兰人自荐，担任荷兰舰队的领航员。"② 在帆船时代的欧洲，商人们更关注自己能否发财，并不太看重自己的出生（地）。在荷兰东印度公司，来自西欧各国的能人都在为其服务，有时候这些人都忘记了自己的国籍，他们就是公司的一员，为其效力终身③。荷兰公司被其执着打动，聘他为赴日探险船队的总领航员④。

荷兰舰队经历重重困难，最终抵达日本，家康召见了亚当斯。经过几天相处，将军相信这群新教徒并非海盗，便释放他们，并令亚当斯担任翻译员和顾问⑤。将军禁止亚当斯和"利夫德号"船员离开日本，还劝说他在日本娶妻生子⑥。之后，亚当斯在日本再婚，最初暂居于江户日本桥南部的小田原町。1611 年，将军赏给亚当斯一套府邸、一小片封地⑦和 100

① 德雷克是英国著名的海盗将军，曾经担任"金鹿号"（Golden Hind）船长，并环游世界。

② Matthew Calbraith Perry, *Japan Opened*: *Compiled Chiefly from The Narrative of the American Expedition to Japan*, in *The Years 1852 – 1854*, London: The Religious Tract Society, 1858, p. 11.

③ Alison Games, "Anglo-Dutch Connections and Overseas Enterprises: A Global Perspective on Lion Gardiner's World", *Early American Studies*, Spring 2011, Vol. 9, No. 2, Special Issue: The Worlds of Lion Gardiner, ca. 1599 – 1663: Crossings and Boundaries (Spring 2011), p. 446.

④ 日本人称总领航员为舵手长。

⑤ 名越護『薩摩漂流奇譚』、鹿児島：南方新社、2004 年、23 頁。

⑥ 亚当斯的日本妻子马迁氏（小名阿雪，天主徒）是武士之女。亚当斯与阿雪生有一子一女，英文名分别为约瑟夫（Joseph）和苏珊娜（Susnna）。参见加藤三吾『三浦の安針』、東京：明誠館書店、1917 年、172~173 頁。

⑦ 亚当斯的封地在相模国三浦郡逸见村，规模为 250 石。一位英国人曾记载道："我们早上 10 点从贺浦出发，日落前 2 小时即可到达逸见。这是将军家康赐给亚当斯的领地，配有百来个仆人。当地居民与亚当斯相处融洽，经常送来柑橘、无花果、梨、栗和葡萄等水果。"参见上田万年『日本歴史画譚』、東京：文王閣、1910 年、115 頁；宮武外骨『異種日本人名辞書』、東京：宮武外骨、1931 年、2 頁。

名仆人①。生活稳定后，亚当斯便开始尝试经商②。事实证明，他也是一位成功商人。亚当斯在江户、逸见和平户均有住处，并且在贺浦、京都和大阪有店铺。在日本经商期间，他时常与欧洲（西葡）商人接触，为他以后正确分析贸易形势打下基础。

虽然亚当斯最终选择留在日本，但作为领航员，他没有放弃航海。其最大的愿望是探索日本北部（北海道），寻找一条连接欧亚的北方航线。他相信，一旦航线贯通，欧亚交通将有革命性的改变。虽然亚当斯对探险计划充满信心，且准备充分，但老将军（家康）一直没有答应他。一方面，将军担心其安危；另一方面，将军对其探险目的有所疑虑，害怕欧洲人派兵征服日本。基于此，亚当斯的探险愿望至死都没有实现③。

最开始，亚当斯非常思念家乡，一直在找机会返回英国，家康始终不允许。于是，他向同胞发出邀请，建议英国人来日通商。亚当斯除了写信给妻女，还多次热情洋溢地致函英王和东印度公司④，并向公司寄去日本地图及自己的航海日志，他甚至规划出发展蓝图："如果英国人来日建商馆（factory）⑤，前途将一片光明。英国必须打开中国市场，日本人喜欢中国货。英国人可以学习葡人，担当中日贸易的媒介。英商根本不需自带资金，因为日本就有大量金银。如果贸易开展顺利，每年的利润就足够投

① Robert Montgomery Martin, *China*; *Political*, *Commercial and Social in an Official Report to Her Majesty's Government*, *Vol. 1*, London: Brewster and West, 1847, p. 294; 据说亚当斯每年还有 220 石俸禄。参见辻達也『日本の歴史・13・江戸開府』、東京：中央公論社、1967 年、254 頁。

② Neil Pedlar, *The Imported Pioneers*, *Westerners Who Helped Build Modern Japan*, New York: Palgrave Macmillan, 1991, p. 35.

③ 加藤三吾『三浦の安針』、東京：明誠館書店、1917 年、234 頁。

④ 亚当斯与其英国妻子玛丽育有两个孩子。亚当斯非常想念英国妻儿，时常感叹此生恐无缘再见她们。亚当斯曾将信件寄往英国某处："亲爱的朋友，虽然我不知道你的姓名，不过请将这封信带到肯特郡我的妻儿那里……愿上帝保佑，希望认识我的朋友把我在日本的情况告诉她们。希望有生之年能够听到她们的消息。愿上帝保佑，阿门！威廉·亚当斯 1611 年 10 月 22 日于日本。"亚当斯寄出多封家信，但英国家人不见得收到。亚当斯曾描绘自己在日本的心情："没有妻子、孩子、朋友以及神圣的家庭！"参见 Matthew Calbraith Perry, *Japan Opened*: *Compiled Chiefly from The Narrative of the American Expedition to Japan*, *in The Years 1852－1854*, London: The Religious Tract Society, 1858, p. 14; 加藤三吾『三浦の安針』、東京：明誠館書店、1917 年、200 頁。

⑤ 英语中的 factory 也指商行在国外的代理处，此处结合其他资料，译为商馆。

资。"亚当斯还介绍了自己在日本的能耐及地位："我曾帮助荷兰人获得贸易特权，西葡人也想获得这些权利，但将军没有答应他们。"①

其实，在收到亚当斯的来信前，东印度公司就打算开辟日本市场。可能亚当斯不太熟悉在亚洲的英国人，但公司经理托马斯·史密斯（Thomas Smythe）从荷兰人那里听说了情况，认为身在幕府的亚当斯对公司非常重要。赴日船长的首选人物是约翰·萨利斯（John Saris）②。虽然萨利斯从未到过日本，但是他自诩对日本了解，一些不知道情况的人还称他为"日本通"③。萨利斯在英属据点班塔姆任职时，草拟了一份对日贸易清单，还列出相关售价④。但公司并未采纳其建议，还要求萨利斯充分利用亚当斯（的关系）来发展贸易。公司领导吩咐萨利斯，"希望你与亚当斯搞好关系，他也是英国人。听说将军非常信任他，这是开发日本市场的关键"⑤。

1611 年，荷兰船"汉斯温特号"（Hasewint）带来了托马斯·史密斯写给亚当斯的信，信中表示公司很快就会派船赴日。亚当斯收到信件后立即回复，还提出几点重要建议：首先，英国人不要在平户建商馆，因为这里已经有荷兰人，英、荷人最好不碰面，避免竞争。英国人应该到江户发展，在那里，将军能够提供有力的保护和支持，也利于两国建立关系。江户大概在北纬 36 度，港口条件不错，岸边几乎没有礁石。此处也是众多日商聚集之地，他本人（亚当斯）也居住在江户，便于联络。其次，亚当斯暗示公司应该在他的帮助下开展贸易。亚当斯说道："荷兰人已经通过我的帮助，建立了商馆。今年（1612），他们试图获得更多特权，但我没有答应……此外，西葡人若想在日本经商，也必须求助于我……如果（英）东印度公司有所需要，

① Robert Montgomery Martin, *China*; *Political, Commercial and Social in an Official Report to Her Majesty's Government*, *Vol. 1*, London: Brewster and West, 1847, p. 294.

② 约翰·萨利斯出生于 1579 年或 1580 年，他的主要任务是代表英国与日本建立贸易关系。

③ Ilza Veith, "Englishman or Samurai: The Story of Will Adams", *The Far Eastern Quarterly*, Vol. 5, No. 1 (Nov., 1945), Published by: Association for Asian Studies, p. 12.

④ 萨利斯曾是东印度公司在爪哇的代理人。他认为日本市场需要的商品有羊毛、铅弹、天鹅绒、镀金皮革产品、化妆品、挂毯、和油画等。参见 Screech Timon, "The Anglo-Japanese Painting Trade in the Early 1600s", *The Art Bulletin*, 87 (1), 2005, p. 51.

⑤ Ilza Veith, "Englishman or Samurai: The Story of Will Adams", *The Far Eastern Quarterly*, Vol. 5, No. 1 (Nov., 1945), Published by: Association for Asian Studies, p. 12.

我定全力以赴，这也是我的荣幸。我的日本姓名叫'三浦安针'①，这里的人（可能是江户附近）都认识我。"② 亚当斯认为，英国船一定会在班塔姆停留，于是将重要信件寄往那里，以备同胞参考。

（三）英国商馆的建立

驶向日本的英国船是"克罗夫号"（Clove，另译为"丁香号"）③，其到达班塔姆的时间比预计时间要早。英国人在这里采买了少量棉布、火药和胡椒。"克罗夫号"起航后，亚当斯的信才被送到班塔姆。"克罗夫号"的船长④正是号称"日本通"的约翰·萨利斯。1613 年 6 月 12 日，英国船抵达日本平户⑤。葡人唐·路易斯·赛尔凯拉这样描述："这一年，荷兰船没有来日⑥，却来了一艘英国船。英国人带来了毛织物（也称毛织品、呢绒或宽布）和亚洲香料，他们好像是单独行动，没有与荷兰人同行。"⑦ 英国船抵达平户，标志着东西方两大岛国第一次建立联系⑧。

此时的亚当斯尚在江户，萨利斯立即派人通知他⑨。由于错过了亚当斯的信件，英国船并没有运来其建议的商品，闻讯而来的亚当斯有些失望。亚当斯和同胞会面后，立即进行会谈。同胞们感到亚当斯缺少了英国

---

① 三浦安针的日语为みうら あんじん，是家康钦赐给亚当斯的日本姓名。"三浦"指三浦半岛或三浦郡，"安针"意为指南针，也有领航员的意思。参见岩生成一『日本の歴史・14・鎖国』、東京：中央公論社、1968 年、138 頁。

② Robert Montgomery Martin, *China; Political, Commercial and Social in an Official Report to Her Majesty's Government*, Vol. 1, London：Brewster and West, 1847, pp. 294 – 295.

③ 据记载，在 1613 年抵日的"克罗夫号"上，有 74 名英国人和 5 名黑人。参见村上直次郎『西洋商業史』、東京：明治大学出版部、1900 年、218 頁。

④ 英语称船长为 Captain 或者 General。

⑤ Robert Montgomery Martin, *China; Political, Commercial and Social in an Official Report to Her Majesty's Government*, Vol. 1, London：Brewster and West, 1847, p. 294. 另说，"克罗夫号"于 1613 年 6 月 9 日抵日，两天后在平户抛锚。参见［葡］科斯塔《耶稣会士和新教徒到达日本》，蔚玲译，《文化杂志》2007 年总第 65 期。

⑥ 1609 年，第二批荷兰人到达日本，并建立商馆。

⑦ ［葡］科斯塔：《耶稣会士和新教徒到达日本》，蔚玲译，《文化杂志》2007 年总第 65 期。

⑧ 另说，萨利斯一行并非来日经商，船队中只有 3 艘商船，他们对日本的金银不感兴趣，其为寻找东亚据点，以便间接打开中国大门而来。参见 Screech Timon, "The Anglo-Japanese Painting Trade in the Early 1600s", *The Art Bulletin*, 87 (1). 2005, p. 51。

⑨ Matthew Calbraith Perry, *Japan Opened; Compiled Chiefly from The Narrative of the American Expedition to Japan, in The Years 1852 – 1854*, London：The Religious Tract Society, 1858, p. 22.

人的气质，更像一个日本人了①。亚当斯似乎更尊敬日本将军，而非英王。英国人还发现，亚当斯不但与荷兰人交好，还经常帮助天主徒（西葡人）。殊不知在过去的十多年里，亚当斯是唯一驻日的英国人，他不得不与其他欧洲人接触。

虽然平户大名松浦氏欢迎英国人到来，但只有将军才能授予贸易权。于是，亚当斯带领英国使者前往江户，谒见将军。赴江户的人员有萨利斯、亚当斯、一名日本翻译员、数十名英国人和几名日本护卫（共二十来人）②。尽管萨利斯怀疑亚当斯对英王的忠心，但他只有选择相信。亚当斯的热情暂时消除了英国人的疑虑，他将各种礼仪教给同胞，还毫不吝啬地将其助手安排给萨利斯③。亚当斯希望同胞能够顺利获得贸易权，也能展示一下自己的能力。1613年9月8日，亚当斯陪同萨利斯前往将军府。在亚当斯的指导下，英国人对进献的礼物做了细致安排④。面见将军的复杂礼仪令英国人终生难忘，但正是如此才博得将军好感。萨利斯呈递了英王信件后，在日本等待了6个月，最终获得通商朱印状⑤，将军还亲自给英王回信（见附录）。由于亚当斯的大力协助，英国人获得了最优厚的待遇⑥。除了自由通商，英国人还可以居留江户，享有治外法权（不受本地法律约束，通常是外交谈判的结果），这些是西、葡、荷人没有的特权⑦。1616年，幕府又规定：英国人可以在平户经商；如果英国船在日本海周围遇难，可以停靠海岸，日本人不得为难他们；不得抢劫英国船上的

---

① John Saris, *The Voyage of Captain John Saris to Japan, 1613*, London：Hakluyt Society, 1967, p. 109.

② 加藤三吾『三浦の安針』、東京：明誠館書店、1917年、216頁。

③ Ilza Veith, "Englishman or Samurai：The Story of Will Adams", *The Far Eastern Quarterly*, Vol. 5, No. 1（Nov. , 1945）, Published by：Association for Asian Studies, p. 14.

④ 谒见将军后，使者以英王詹姆斯一世的名义向将军敬献了10张猩猩皮、2支英国火枪和1个望远镜。将军也回赠5扇错金屏风（给英王）。参见加藤三吾『三浦の安針』、東京：明誠館書店、1917年、223頁。

⑤ 另说，1613年9月12日，英国人前往江户，14日到达江户。10月8日，将军授予东印度公司贸易特权。1614年1月6日，萨利斯和亚当斯回到平户。参见武藤长藏『日英交通史之研究』、京都：内外出版印刷、1942年、33頁。

⑥ Robert Montgomery Martin, *China；Political, Commercial and Social in an Official Report to Her Majesty's Government*, *Vol. 1*, London：Brewster and West, 1847, p. 318.

⑦ 高須芳次郎『海の二千六百年史』、東京：海軍研究社、1940年、156頁。

财物；如果英国人在日本病死，日本人不得侵吞其财产；如果英国船员犯罪，由其船长处罚①。

　　获准经商后，英国人立即筹建商馆。他们提出租借房屋，大名松浦氏提供了三到四处地方，以供选择。最终，英国人看中了安德烈·迪提斯（Andrea Dittis，或许是中国海盗李旦或颜思齐②）的房屋，并一次性预付了半年租金（95 英镑）③。东印度公司任命理查德·科克斯（Richard Cocks）为平户商馆指挥官（Captain④）。约翰·萨利斯算是顺利完成使命，随即返回英国。商馆常驻日本的代表包括 8 名英国职员（除了科克斯）、3 名翻译员（日本人）及 2 名日本职员⑤。若有英国船来到平户，商馆员工还包括抵日船长、海员与奴仆。威廉·亚当斯也是职员之一，据说公司高薪聘请他担当顾问⑥。英国人迅速取得（平户）当地人信任，与他们建立了友好关系。平户商馆是英国人在日本的总办事处，主管平户、长崎两地的分部⑦，平户馆还向关东、关西各派一名办事员，监督贸易；

　　①　林韑、宫崎成身等编『通航一覧』第六、东京：泰山社、1940 年、346 页。
　　②　李旦（？—1625，出生于中国泉州）是 17 世纪中国东南沿海的海盗和走私商，传说其西洋名为安德烈·迪提斯。他拥有武装船队，经常在中国沿海、日本和东南亚等地开展走私贸易，并抢劫商船。由于其海上作风强悍，所以被西方人称为"中国船长"（China Captain）。据说他还是郑芝龙的义父。也有人认为，英国商馆租借了中国海盗头目颜思齐的房屋。颜思齐（？—1625），字振泉，福建漳州海澄人，17 世纪东亚海域的知名海盗。颜思齐曾为李旦部下，在李旦没落后，逃往台湾，开拓台南以北到嘉义附近的沿海地区，并筑寨十个，续行海盗行为。正史中有关颜思齐的记载很少，由于其生平活动和大海盗李旦相似，曾有学者认为颜思齐或许与李旦为同一人。
　　③　John Saris，*The Voyage of Captain John Saris to Japan*，*1613*，London：Hakluyt Society，1967，p. 70.
　　④　Captain 原意为船长，不过为了表明科克斯在英国商馆的特殊身份，译为指挥官或最高长官。
　　⑤　Matthew Calbraith Perry，*Japan Opened*：*Compiled Chiefly from The Narrative of the American Expedition to Japan*，*in The Years 1852 – 1854*，London：The Religious Tract Society，1858，p. 23；武藤长藏『日英交通史之研究』、京都：内外出版印刷、1942 年、35～36 页。
　　⑥　亚当斯同时担任英、荷两国顾问。英方发给他 120 英镑（另说为 100 英镑）年薪；荷兰方面的报酬较少，但授予其更高地位及更大权力。参见加藤三吾『三浦の安针』、东京：明诚馆书店、1917 年、235 页。
　　⑦　1621 年，英国人开始装修商馆。装修花费 3 个月，雇用了大批工匠（人数多时，一天达到 245 名工匠）。商馆周围的大树从大村氏的领地运来，瓦片来自田平、饭盛两地，石材以平户的安由石、名古屋的花岗石及相浦的砂石为主。参见加藤三吾『三浦の安针』、东京：明诚馆书店、1917 年、264～265 页。

大阪分馆负责堺、京都两地，兼顾朝鲜贸易；江户分馆负责骏府、贺浦两地。此外，福井、高知、福冈和唐津等地也设有代理机构①。

二 日英贸易的过程

（一）贸易情况

在各种资料中，有关日英贸易的统计数据相当少。《理查德·科克斯日记》应该是研究日英贸易的重要史料，但其中的相关记载也少。学者詹姆斯·穆多齐描述道："英国商馆在日经营 10 年，起主导作用的也就6—7 个英国商人，他们在一个拥有 1500 万—2000 万人的国家中（日本）显得无足轻重。"② 还有学者认为："平户少有英国船到来，其对日贸易量也相当小。尽管英国人带来贵重礼物，但其无能和无知让礼物未产生任何效益。"③

拉德维格·里斯（Ludwig Riess）记载道："第二艘英国船抵日的时间为 1615 年 9 月 4 日，比萨利斯第一次抵日晚了 2 年。'霍泽恩德尔号'（*Hozeander*，第二艘抵日英国船）之所以拖沓，是因为他们于 1614 年底才抵达东南亚，起航时间便被延误。该船运到日本的商品有：胡椒、铅、蜡、水银、火枪，以及各种印度布匹。其中的蜡由于保管欠妥而贬值。品相较好的印度布匹则卖得高价。'霍泽恩德尔号'从日本运走的商品（及价值）有：白银（Plate，日语文献称板银，3200 两）、龙涎香（959 两白银）、麝香（48 两白银）、火枪子弹和黑檀（800 两白银，从荷兰商馆购得）。"④ 1614 年，家康将军开始禁教，但英国商馆未受影响。这一年，亚当斯帮助幕府建造了两艘帆船，英国人使用其中一艘到暹罗进货。同时

---

① 理查德·威克汉姆（Richard Wickham）为英国驻江户、骏河地区的商务代表，威廉·伊顿（William Eaton）为驻京都、大阪的代表。参见相原良一『日欧交涉史考：マルコ·ポーロから平戸商館まで』、東京：南雲堂、1986 年、208 頁。

② James Murdoch, Isoh Yamagata, *A History of Japan: During the Century of Early Foreign Intercourse* (*1542 – 1651*), Kobe: Office of the "Chronicle", 1903, p. 592.

③ Ernest S. Dodge, *Islands and Empires: Western Impact on the Pacific and East Asia*, Minneapolis: University of Minnesota Press, 1976, p. 257.

④ 相原良一『日欧交涉史考：マルコ·ポーロから平戸商館まで』、東京：南雲堂、1986年、201、207 頁。

日本北部发生骚乱，幕府需要大量武器和铅。商馆抓住机遇，运来枪械弹药，大获其利，但这只是"昙花一现"。德川家康消灭丰臣氏后，限制了武器交易，以确保国内局势稳定，日英贸易陷入困境。1615 年 4 月 10 日，荷兰商馆指挥官斯派克提到："英国东印度公司的 4 艘商船仅运走 7 万两白银。"①

1616 年，两艘英国商船抵日，但由于葡、荷的商业竞争，英国人很难有所"斩获"②。其中一艘"托马斯号"离开日本之时，将军与英方签订了一份买卖合同。其中提到："日本需要 100 担铅、10 担铁。英国船必须将铅运到大阪，将铁运到平户。"③ 英国人打算从印度购得铅，然后运往日本。"托马斯号"离开日本时，带走了 8000 两白银的投资成本。商馆指挥官科克斯对此也有记载，但生意是否做成未有提及。为了摆脱困境，亚当斯还试图开发东南亚市场。他从暹罗成功地运回木材、丝绸和鹿皮等商品，并在日本以 2 倍以上的价钱出售。这是英国商馆难得的丰收，他们随即将部分利润运往班塔姆，剩余部分从日本购得刀剑（运往印度）和漆器（运回英国），商品总价值约 560 英镑④。据说将军当年还亲自参观了英国商馆，引得西、葡、荷人嫉妒⑤。

1618 年 1 月 3 日，大名松浦氏向英国人订购了 30 担生丝。科克斯记载道："1 月 31 日，在英商维克汉姆（Wickham）和 3 位日本人的见证下，松浦氏支付了 2000 两⑥白银，购买英国人从东南亚带回的 30 担生丝。"⑦ 6 月 29 日，英商皮特租用荷兰船，到暹罗采购货物，其中包括：72.5 斤（cat-

① Frank C. Spooner, *The International Economy and Monetary Movements in France, 1493 – 1725*, Cambridge：Harvard University Press, 1972, p. 81.

② Yetaro Kinosita, *The Past and Present of Japanese Commerce*, New York：Columbia University Press, 1902, p. 70.

③ 相原良一『日欧交渉史考：マルコ・ポーロから平戸商館まで』、東京：南雲堂、1986 年、240 頁。

④ 加藤三吾『三浦の安針』、東京：明誠館書店、1917 年、258 頁。

⑤ Robert Montgomery Martin, *China；Political, Commercial and Social in an Official Report to Her Majesty's Government*, Vol. 1, London：Brewster and West, 1847, p. 299.

⑥ 另有说法为 1000 两白银。Richard Cocks, *Diary of Richard Cocks, Cape-Merchant in the English Factory in Japan（1615 – 1622）Volume 2*, London：Hakluyt, 2005, p. 12.

⑦ Richard Cocks, *Diary of Richard Cocks, Cape-Merchant in the English Factory in Japan（1615 – 1622）Volume 2*, London：Hakluyt, 2005, p. 11.

ty）生丝、39.5 斤鱼皮及一些香料①。1620 年，英国船长普宁（Pring）率船抵日，但其航海日志中没有提及任何交易②。估计这是一艘军舰。

1621 年 8 月 4 日，商馆从马尼拉运来一批丝绸，并全部卖完。其中优质白丝的售价为每担 310 两白银，普通白丝为每担 220 两。8 月 24 日，英商伊顿（Eaton）记载道："商馆卖出白丝 10 担（1188 斤）、鹿皮 1200 张（每张 34 两白银）、俄国兽皮 15 张（每张 3 两）。"③

从这些零星史料不难看出，相比葡、荷，日英贸易的数量小、品种少，始终处于低迷状态，从来没有大宗交易。穆多齐认为："1613—1623 年的日英贸易对其他欧洲国家造不成任何威胁。"④ 萨利斯记载道："可以发现，日英贸易（额）相当有限，而且常有葡商到英国商馆采购货物。这是个奇怪的现象，估计当时的英国人不通日语，难以直接与日商交易。所以澳门葡商再次成为英、日之间的中介……1613 年 8 月 13 日，一些葡商来到英国商馆，希望买些火药。9 月 12 日，又有两名葡商光临商馆，打算购买英国最好的宽布'斯坦梅尔'（stammel，一种红色粗毛布，每码 8 两白银）。他们还想购买英国船运来的黄金，每块黄金的市值为 11 两白银。"⑤

（二）英国人与亚当斯

在英国人到来前，亚当斯与葡、西、荷人均有往来，这让他与同胞的关系变得微妙，甚至尴尬。

萨利斯与亚当斯的关系一直不好。萨利斯初抵日本之时，亚当斯不在平户，于是只有等待他归来，萨利斯就此认为亚当斯的态度傲慢。而亚当斯又认为萨利斯处事太过圆滑，不诚恳。萨利斯还看不惯亚当斯的

---

① Richard Cocks, *Diary of Richard Cocks, Cape-Merchant in the English Factory in Japan（1615 - 1622）Volume 2*, London：Hakluyt, 2005, p. 48.

② Robert Kerr（ed.）, *A General History and Collection of Voyages and Travels*, Part Ⅱ, Book Ⅲ, Edinburgh：W. Blackwood；London：T. Cadell, 1824, p. 48.

③ Richard Cocks, *Diary of Richard Cocks, Cape-Merchant in the English Factory in Japan（1615 - 1622）Volume 2*, London：Hakluyt, 2005, pp. 180, 188.

④ James Murdoch, Isoh Yamagata, *A History of Japan：During the Century of Early Foreign Intercourse（1542 - 1651）*, Kobe：Office of the "Chronicle", 1903, p. 664.

⑤ Robert Kerr（ed.）, *A General History and Collection of Voyages and Travels*, Part Ⅱ, Book Ⅲ, pp. 36, 40.

武士装束，感觉他与日本人、荷兰人都很亲密，唯独对英国人不够热情。另外，亚当斯经常在家中接待西、葡、荷人，英国人反而少去，引起其不满。当亚当斯看过"克罗夫号"带来的商品后，当场就说这些货物在日本不抢手，这令萨利斯感到尴尬。之后，亚当斯让萨利斯严格遵守日本礼法，萨利斯也不服气。他认为，自己好歹也是英王使者，而亚当斯不过是条"海狗"（指水手）。其实，亚当斯对英国人要求严格，是担心"克罗夫号"的船员在日本惹事，败坏了英国人的名声。另外，亚当斯个人也在经商，但其货源来自长崎（葡船）。萨利斯认为，此举不妥，两人还为此争吵过。

两人的最大分歧在于英国商馆的选址。亚当斯认为商馆应该建在江户，而萨利斯认为平户才是最佳地点。当时的平户并非日本的商业中心，而且港口较窄，停靠船只不见得安全。相比深水良港长崎，平户的条件要逊色一些。不过长崎一直被葡人占据，若英国人插足其中，势必引来麻烦。江户的繁荣程度虽然不及长崎、平户，但发展潜力大。因为江户有将军府，又是日本的政治中心。萨利斯到达日本前，亚当斯就提出应该选址江户。如果说萨利斯没有收到亚当斯的信件（寄往班塔姆）是选择平户的客观原因，那么他到达日本后，亚当斯再次提出此意见（在江户建馆），那就是萨利斯个人的主观原因了。尽管萨利斯感谢亚当斯的帮助，但他最终还是放弃了江户。对此，萨利斯搪塞道："如果在江户建馆，我们得不到新鲜的牛、猪肉（可能从欧洲运来）。"[1] 事实证明，亚当斯的建议是正确的，日英贸易失败的重要原因就是选址失误[2]。

---

① John Saris, *The Voyage of Captain John Saris to Japan, 1613*, London：Hakluyt Society, 1967, p. 72.

② 另载，当"克罗夫号"到达平户后，亚当斯还在外地。得到消息后，亚当斯迅速赶回。在此期间，平户大名松浦氏热情地接待了英国人，松浦氏与萨利斯迅速成为朋友。松浦氏还将日本特产送给萨利斯，这让萨利斯万分感动。松浦氏一直劝说英国人在平户建商馆，因为长崎的繁荣令他嫉妒已久。当亚当斯到达平户后，萨利斯对平户已有相当好的印象。虽然英国人鸣礼炮欢迎亚当斯，但在萨利斯安排的晚宴上，两人还是就选址问题产生了争执。亚当斯建议在江户建馆，但萨利斯已经相中平户。参见 Neil Pedlar, *The Imported Pioneers, Westerners Who Helped Build Modern Japan*, New York：Palgrave Macmillan, 1991, p. 37。

　　尽管萨利斯不喜欢亚当斯，但他深知亚当斯在日本的地位，以及亚对英国人的作用，英国不得不依靠他进行对日贸易。他这样告诫科克斯："虽然我怀疑亚当斯对英王的忠心，但我们必须信赖他的交际能力，没有他，我们连日本人说些什么都不知道。"[1] 萨利斯离开日本时，曾询问亚当斯是否想回国。亚当斯一直在等待这样的机会，不过他最终还是回绝了萨利斯的"好意"。可能是他不太喜欢萨利斯，或是他已经习惯日本的生活，再或是他认为回到英国后前途渺茫。临走前，萨利斯告诉科克斯："亚当斯是个无能的人，不要信任他。"[2]

　　英国商馆的指挥官是伦敦商人理查德·科克斯。初到日本的科克斯有远大的理想和目标，认为英国应该与中、日建立三角贸易关系，首先用英国毛织物换取中国生丝，然后将生丝运到日本，赚取金银后，运回英国[3]。科克斯和亚当斯关系一般，两人经常为如何经营商馆而争吵。尽管如此，科克斯为人厚道，对事不对人，重大决策都与亚当斯商量，所以双方矛盾不太尖锐。科克斯虽然也不喜欢亚当斯，但他明白亚当斯的能力。有一次，英国商馆派船从平户到暹罗采购货物，亚当斯虽然只承担船上的翻译工作，科克斯却告诫船长，一定要尊重他，其身份和能力远超一名翻译员[4]。亚当斯并非商馆的专职人员，再加上商馆经常忽略其意见，他也懒得关心商馆事务。科克斯对亚当斯的去世这样描述："虽然我对他（亚当斯）的去世感到难过，但他在日本尽力帮助过两位将军（家康和秀忠），这是基督教世界从来没有的事。他如此关爱日本，却对自己的祖国贡献不大。"[5]

---

　　[1]　Alison Games, "Anglo-Dutch Connections and Overseas Enterprises: A Global Perspective on Lion Gardiner's World", *Early American Studies*, Spring 2011, Vol. 9, No. 2, Special Issue: The Worlds of Lion Gardiner, ca. 1599 – 1663: Crossings and Boundaries (Spring 2011), p. 447.

　　[2]　加藤三吾『三浦の安針』、東京：明誠館書店、1917 年、231 頁。

　　[3]　Neil Pedlar, *The Imported Pioneers*, *Westerners Who Helped Build Modern Japan*, New York: Palgrave Macmillan, 1991, pp. 37 – 38.

　　[4]　Alison Games, "Anglo-Dutch Connections and Overseas Enterprises: A Global Perspective on Lion Gardiner's World", *Early American Studies*, Spring 2011, Vol. 9, No. 2, Special Issue: The Worlds of Lion Gardiner, ca. 1599 – 1663: Crossings and Boundaries (Spring 2011), p. 447.

　　[5]　C. R. Boxer, *The Christian Century in Japan 1549 – 1650*, Manchester: Carcanet Press, 1993, p. 291.

　　亚当斯曾表示，不是他不帮助英国人，而是荷兰人的势力确实强大。亚当斯一直是荷方顾问，因此英国人抱怨他叛国。1619 年，荷兰人捕获一艘英国船。科克斯要求亚当斯将此事报告给将军，并处罚荷兰人。亚当斯很为难，他知道将军不想卷入英荷争斗，遂明确表示不担当调停人。此事引起英商馆不满，认为亚当斯明显偏袒荷兰。

　　其实，英国人仅看到表面现象。只要是亚当斯的住处，都插有英国国旗，可见他没有忘记祖国。另外，亚当斯不止一次帮助同胞渡过难关。当英国毛织物在日本滞销时，亚当斯主动说服将军买下毛织物。只是由于日本天气潮湿，再加上英国人保管不妥，导致毛织物遭受虫蛀。这令亚当斯感到难堪，将军最后也只能退货。这次教训并没有让英国人意识到问题，他们继续否定亚当斯的建议，大量运进毛织物。经过数次失败后，商馆才被迫改选其他商品。他们打算将毛织物运往暹罗，换取中国丝绸，再运到日本销售。亚当斯大力支持此举，并表示愿与英商理查德·威克汉姆（Richard Wickham）同去暹罗进货①。经过台湾海峡时，他们遇到台风，只得返回。1615 年 11 月②，亚当斯和同胞再赴暹罗③，终获成功。他们在暹罗用毛织物换回生丝。1617 年，亚当斯又赴交趾尝试贸易，结果失败。英、荷在日本发生冲突时，亚当斯经常利用自己的人脉努力维护同胞利益，他曾经从荷兰商馆营救了 3 名英国俘虏。这些事例足以证明亚当斯的爱国之心。

　　虽然亚当斯与西葡人有一定往来，但作为新教徒，亚当斯从骨子里厌恶他们，在帮助"敌人"的同时，也压制他们。实际上，西葡人一直害怕亚当斯报复天主徒，因为在"利夫德号"初抵日本之时，西葡人曾经迫害过新教徒。后来，亚当斯取代传教士罗德里格兹，成为幕府高级顾问，更令耶稣会担心，甚至恐惧。耶稣会曾经劝说亚当斯皈依天主教，但没有成功。家康去世后，英荷人失宠。西葡人便认为反攻时机已到，于是

---

　　①　他们乘坐东印度公司的小船"海上探险号"（*Sea Adventure*）。

　　②　另说为 1616 年。参见 Neil Pedlar, *The Imported Pioneers*, *Westerners Who Helped Build Modern Japan*, New York：Palgrave Macmillan, 1991, p. 39。

　　③　有学者认为，亚当斯赴暹罗的航行并没有成功。因为那里有太多海盗，他们不但抢劫英国船，还试图杀害英国人。见 Robert Montgomery Martin, *China*；*Political, Commercial and Social in an Official Report to Her Majesty's Government*, *Vol. 1*, London：Brewster and West, 1847, p. 301。

鼓动将军驱逐新教徒。亚当斯尽力反驳西葡言论，他告诉将军："西葡是英国的敌人，英国和日本一样，同样反对天主教。"①

（三）英国人离开日本

尽管英国人非常努力，却始终无法获得足够货源，日英贸易也非每年开展。1620 年，英国人打算到长崎购买一艘小船，用以进货，以缓解财政危机②。其实，此时的英国商馆已经"举步维艰"。

1622 年，科克斯最后一次写信给萨利斯，提到商馆即将关闭一事："我希望您知道，日本的情况和以前大不一样了，幕府改变了对欧态度。我们打算关闭商馆，明年就可能返回英国。"③（英）东印度公司也认为日本商馆亏损厉害，在分析了科克斯的报告后，同意闭馆④。1623 年 7 月 25 日，商馆宣布："遵照巴达维亚方面的指令，解散本商馆。"⑤ 英国人苦心经营了 10 年的日本贸易就此结束。

1624 年 1 月 3 日，英国人关闭平户商馆。他们未带走任何金银，不动产被荷兰人破坏或变卖，剩余杂货被谷村氏等日商收购。商馆建立之初，共有 8 名英国员工。闭馆时，仅剩 3 人。其中的比·科斯库（ビーコック）和加瓦·登（カワーデン）在 1614 年赴交趾途中遇难。1617 年，威克汉姆在班塔姆去世。尼尔森（ネールソン）于 1620 年在平户患肺结核去世⑥。

接到闭馆令后，科克斯不想马上离开，他对日本尚有眷恋。将军和平户大名也对英国人闭馆表示遗憾，松浦氏仍然保留了商馆的部分房间和设施，并期待英国人某天返回⑦。据描述："1623 年 5 月 22 日，英国商馆正

---

① Ilza Veith, "Englishman or Samurai: The Story of Will Adams", *The Far Eastern Quarterly*, Vol. 5, No. 1 (Nov. , 1945), Published by: Association for Asian Studies, pp. 19 – 20.

② John Bruce, ESQ. M. P. , F. R. S. , *Annals of the Honorable East-India Company, from Their Establishment by the Charter of Queen Elizabeth, 1600, to the Union of the London and English East-India Companies, 1707 – 1708, Vol. 1*, London: Cox, Son, and Baylis, 1810, p. 216.

③ Robert Montgomery Martin, *China; Political, Commercial and Social in an Official Report to Her Majesty's Government, Vol. 1*, London: Brewster and West, 1847, p. 301.

④ William G. Beasley, *Great Britain and the Opening of Japan 1834 – 1858*, Richmond: Curzon Press, 1995, introduction, p. 15.

⑤ 朝日新聞社編『開国文化』、大阪：朝日新聞社、1929 年、435 頁。

⑥ 加藤三吾『三浦の安針』、東京：明誠館書店、1917 年、261 頁。

⑦ Ilza Veith, "Englishman or Samurai: The Story of Will Adams", *The Far Eastern Quarterly*, Vol. 5, No. 1 (Nov. , 1945), Published by: Association for Asian Studies, p. 24.

式关闭。东印度公司的英国人带着家眷离开平户，一些人还挥泪告别商馆。他们与荷兰和日本朋友在船上共享了最后的晚餐。24 号，英国船'公牛号'驶向巴达维亚①。英国平户商馆成为历史。"② 1624 年，科克斯在回国途中带着郁闷去世。几年后，日英两国断绝任何联系。除了威廉·亚当斯，英国和英国人逐渐消失在日本人的记忆中。退出日本后，英国人专事经营印度及其他亚洲据点。多年后，一些英国人曾后悔放弃日本，但东印度公司认为当初的决定没有错。

（四）英国人的再次尝试

离开日本 13 年后（1637），英国曾尝试恢复对日关系。英东公司派四艘商船前往日本③。重返日本后，他们发现日本的对外政策已经改变，欧洲人不再受欢迎。他们在长崎耐心等待幕府的通商朱印状，却等来了幕吏的回绝④。

1673 年，英东公司再次重返已经"锁国"的日本⑤。他们带着英王信件，雄心勃勃地登陆日本。英国船甚至被冠以"回归号"（Return，另译"利达号"），以示重返决心。不过英国国内的情况令本国使者担忧，因为英王查理二世娶了葡国布拉干萨（Braganza）的公主凯瑟琳（Catherine）为妻⑥。这里有一段美国将领培里收录的谈话资料，有趣地描述了当时的情景：

首先英国人自我介绍："我们是英国人，遵奉英王和英东公司命

① 武藤长藏『日英交通史之研究』、京都：内外出版印刷、1942 年、52 頁。

② James Murdoch, Isoh Yamagata, *A History of Japan*：*During the Century of Early Foreign Intercourse*（*1542 – 1651*），Kobe：Office of the "Chronicle", 1903，p. 592.

③ Matthew Calbraith Perry, *Japan Opened*：*Compiled Chiefly from The Narrative of the American Expedition to Japan, in The Years 1852 – 1854*，London：The Religious Tract Society, 1858, p. 23.

④ 有学者认为，英国人再请愿失败的主要原因是荷属远东势力日渐壮大。当时的荷兰人抢夺了葡属安汶岛（Amboyna）和帝汶，在巴达维亚建立了海军基地，控制了摩鹿加、锡兰、马拉巴尔和科罗曼德，已在东方建立多个贸易据点。而英国只在班塔姆有固定据点。即便日本人答应英国人的请愿，英日贸易也不见得能成功。同时，英国爆发资产阶级革命，无暇顾及亚洲贸易。可以说，英国人没有掌握好再请愿的时机。见 Matthew Calbraith Perry, *Japan Opened*：*Compiled Chiefly from The Narrative of the American Expedition to Japan, in The Years 1852 – 1854*，London：The Religious Tract Society, 1858, pp. 23 – 24.

⑤ 田辺茂啓编『長崎志正編』、長崎：長崎文庫刊行会、1928 年、279 頁。

⑥ Charles Edward Moberly, *Geography of Southern Europe*，London：Rivingtons, 1884, p. 132.

令，来贵国通商。50年前，我们曾在日本建馆，这次我们想恢复与贵国的贸易关系。我们带来了英王和东印度公司的信函。"日本人随即问："英国现在是否与西、葡保持和平？你们的国王是否娶了葡王的女儿？他们是否有后代？你们信奉什么宗教？能够给我们带来什么商品？"英国代表回答道："我们现在与世界上所有的国家都保持和平。国王查理二世已和王后结婚11年，他们没有后代。我们的信仰和西葡人不同，他们是天主徒，我们是新教徒。凡是荷兰人能够提供的商品，我们都能运来……"①

从资料可以看出，日本人主要关注英国人为什么很长时间没有重返日本，以及他们非常担心的宗教问题，英国人对此逐个解释。日本人始终不懂英国国旗为什么有十字架（"英格兰旗"），并对此异常敏感，他们生怕残存的日本基督徒再次燃起希望火种。英国人耐心地等待了多日后，得到幕府这样的回复：

> 将军已经读过贵国国王和东印度公司的信函。不过我非常抱歉地通知你们，英国人不能在此经商，因为贵国国王娶了葡王的女儿。你们必须在20天内离开日本，以后也不要再来了②。

英国人倍感失望，他们以天气为由，请求多停留一些时间，以便日本人能够进一步了解他们。英国人提出，在离开前将商品售完，如果45天后日本人还没有改变态度，就一去不回。不过幕府使者立即拒绝这一请求，并遗憾地告诉他们，英王的婚姻给他们带来不幸，将军的命令不可改变，英国船必须在规定时间内离港③。就这样，英国人带着彻底失望，再

---

① 这段资料非常长，笔者仅摘录了重要谈话。参见 Matthew Calbraith Perry, *Japan Opened：Compiled Chiefly from The Narrative of the American Expedition to Japan, in The Years 1852－1854*, London：The Religious Tract Society, 1858, p. 24。

② Matthew Calbraith Perry, *Japan Opened：Compiled Chiefly from The Narrative of the American Expedition to Japan, in The Years 1852－1854*, London：The Religious Tract Society, 1858, pp. 24－25.

③ 武藤長蔵『日英交通史之研究』、京都：内外出版印刷、1942年、77～82頁。

次离开日本。

三　英国退出日本市场的原因

英、荷虽然同为17世纪初抵日的新教国家，但是他们的结局不同。荷兰人获得成功，最终留在出岛（1640年以后）。英国人仅坚持了10年，便败兴退出日本。英国的整体实力不逊荷兰，为什么偏偏在日本遭遇失败，其中的原因值得研究。

（一）商品定位的失败

英国人应该知道，日本最畅销的商品是中国生丝。荷兰人林奇顿的《环航记》提到，日葡贸易以生丝为主。《环航记》在当时的欧洲具有一定影响力，精明能干的英国商人早就应该知道这一重要提示。而且，亚当斯曾提出建议："英国最好先与中国通商，生丝会给英国带来巨额利润。你们不需要向伦敦索要资金，因为日本有大量金银。英国人带来的胡椒、象牙、香料①和毛织物等商品，已是葡人经常运来的商货，在日本有饱和趋势。另外，弹药、铅和锡等用于制造武器的商品是将军不希望看到的。"② 基于这两点理由，英国人没有正确选择对日贸易的商品，实在出乎意料。

据记载，赴日英国船一般为300吨左右，通常运载价值1万英镑的货物，除了少量铅、香料、蜡烛和装饰品外，几乎都是毛织物。可见，英国首选的商品是本国的毛织物，可以说英国从一开始就选错了商品，这有以下六方面原因。

第一，16世纪，英国资本主义工业的发展首推呢绒业。英国毛织物不仅供本国需要，而且在欧洲有广阔市场，是英国最重要的出口商品。出口最多的1565年，达134055匹，占全国出口总值的81.6%③。整个16世纪，英国掀起了以毛织物输出为中心的对外贸易高潮。但是，毛织物在

---

① 英国人在东南亚尚能购得一些香料，希望能够畅销。不过，日本人对香料的兴趣不大，只是象征性地购买了一些。

② Ilza Veith, "Englishman or Samurai: The Story of Will Adams", *The Far Eastern Quarterly*, Vol. 5, No. 1 (Nov., 1945), Published by: Association for Asian Studies, p. 14.

③ 吴于廑、齐世荣主编：《世界史：近代史编》上卷，高等教育出版社1992年版，第71页。

欧洲畅销，并不意味着在亚洲也抢手。日本根本不需要这种商品，欧洲市场的特点并不适宜亚洲。

第二，英国人认为，日本的地理环境适合销售毛织物，据林奇顿描述，日本是个寒冷的国家。不过，林氏的记载似乎有偏差，日、英同为岛国，纬度却不同。京都在北纬 35 度，平户在 33 度，英国南端的伦敦却在 51 度。这样的纬度差异，造成日英气候的不同。整个日本普遍温暖，英国却以寒冷潮湿的天气为主[1]。在平户，英商都很少穿冬装，更喜欢穿丝质夏装。所以，毛织物在日本根本没有市场。在日本，毛织物只能供给军队，如果在冬天作战，毛织物尚有作用，但战国时代已过去，而且日本并非长年寒冷，这种商品在第一年可能有人买，以后便无人问津[2]。

第三，英国毛织物颜色鲜艳，通常是欧洲男士喜爱的大红色和紫色。由于文化差异，日本人不喜欢这些颜色。

第四，英国人对自己的商品过于自信。英国人在日本最想做的生意就是倾销毛织物。国内曾经有人批评英东公司："公司根本没有对日本市场进行调查，就运去大量毛织物。他们对自己的商品过于自信。"[3] 对此，日本人也询问过科克斯，日本根本不需要毛织物，为什么英国人老是推荐这种商品。

第五，日本人偏爱生丝和丝织品。正如科克斯指出："他们（日本人）对生丝的需求量巨大，而且喜欢这种材质，从来没有考虑过穿毛织物……可能时间会让他们改变想法和态度。"[4] 过了一段时间，日本人仍然对毛织物提不起兴趣。即便英国人大肆吹嘘其好处，日商也无动于衷。一些英国人认为可能是宣传不够，但约翰·萨利斯指出："我们的主要商品是毛织物……日本人之所以不感兴趣，是因为连我们都不穿毛

① C. R. Boxer, *The Christian Century in Japan 1549 – 1650*, Manchester：Carcanet Press, 1993, p. 293.

② Screech Timon, "The Anglo-Japanese Painting Trade in the Early 1600s", *The Art Bulletin*, 87 (1), 2005, p. 51.

③ Robert Montgomery Martin, *China*；*Political*, *Commercial and Social in an Official Report to Her Majesty's Government*, Vol. 1, London：Brewster and West, 1847, p. 298.

④ Michael Cooper, "The Mechanics of the Macao-Nagasaki Silk Trade", *Monumenta Nipponica*, Vol. 27, No. 4（Winter, 1972）, Published by：Sophia University, p. 424.

织物，而穿丝织品，又怎么好让别人购买呢？一方面，可能是天气原因；另一方面，日本丝织品工艺高超，确实好看。若要让他们购买毛织物，除非我们以身作则，如果不能做到这点，即使费力宣传，效果也不见得好。"①

第六，英国毛织物面临激烈的市场竞争。实际上，葡、荷也可提供毛织物。为了占领市场，他们一直把毛织物的价格压得很低，以排挤英国。荷兰出售毛织物的价格为每匹 16 英镑，英国人降价一半后，销量仍然不高②。据萨利斯记载："我发现荷兰人出售宽布（呢绒）的价格为每匹 15—16 英镑，我与手下商量后认为，英商的售价应该低于荷方价格。我们还应该在日本各地制定不同的售价。"③ 由于价格竞争，英国毛织物几乎无利可图。

据记载："1615 年，英国船'阿德维斯号'（Advice）抵日，诸多商品中，属于英国本土的仅有布匹、黑兔皮、镜子、眼镜、药壶、琥珀等东西。"④ 这些都是无关紧要的小商品，且品种单一。在英国人的商品清单中，很少有生丝、糖和瓷器等日本人喜爱的商品。其引以为豪的毛织物让他们吃了大亏，这种赌博式商品推销策略最终导致英国人的失败。也有学者认为，英国人并非不明事理，只是没有能力获得商品。1614 年，商馆日志记载了英国人需要的商品：黄色和红色的毛织物、斜纹哔叽布料⑤、生丝、羽纱（一种丝织物）、天鹅绒、印度棉布、麝香、各色毛毯、油画（尤其是表现战争的）、兵器、水银、朱砂、铅、锡、黄金以及象牙⑥。罗列的商品虽然很多，而且提到了畅销商品，但很多商品无法采购。1617

---

① Michael Cooper, "The Mechanics of the Macao-Nagasaki Silk Trade", *Monumenta Nipponica*, Vol. 27, No. 4（Winter, 1972）, Published by: Sophia University, p. 424.

② Robert Montgomery Martin, *China; Political, Commercial and Social in an Official Report to Her Majesty's Government*, Vol. 1, London: Brewster and West, 1847, p. 298.

③ Robert Kerr（ed.）, *A General History and Collection of Voyages and Travels*, Part Ⅱ, Book Ⅲ, Edinburgh: W. Blackwood; London: T. Cadell, 1824, p. 15.

④ 相原良一『日欧交渉史考：マルコ・ポーロから平戸商館まで』、東京：南雲堂、1986 年、237 頁。

⑤ 一种素色斜纹毛织物。中文翻译源于英语 beige，意为"天然羊毛的颜色"。

⑥ Robert Montgomery Martin, *China; Political, Commercial and Social in an Official Report to Her Majesty's Government*, Vol. 1, London: Brewster and West, 1847, p. 298.

年1月，科克斯写道："最苦恼的是，我们的商品利润太低，甚至没有利润。我们也无法与中国人通商，而且从暹罗、帕塔尼（Patani）和交趾采购的货物相当少。日本遍地都是白银，但要得到它们，就必须保证货源充足，就像葡商一样。我们总是打不通采购渠道，能够拿出来交易的商品都少，更不用说多样化了。"①

（二）英属亚洲据点不能提供帮助

1615年2月，英商萨缪尔·博伊尔（Samuel Boyle）曾预言："今年，'霍泽恩德尔号'在日本很难有所收获。他们倒是可以考虑在中国建个商馆，有了中国商品，公司才能盈利。"② 英国人一直想打开中国市场，如果能够直接购得中国货，商馆就能良性发展。但是要打开中国市场，并非易事。葡人强烈反对任何欧洲国家染指中国（澳门）贸易。同时，荷兰人经常冒充英国人，到处抢劫，导致英国在亚洲的名声不好，明朝自然不愿与之交往。英国人兰卡斯特（Lancaster）、卡文迪什（Cavendish）和霍金斯（Hawkins）都为打开中国市场做过努力，但都失败了③。据说，英商馆的房东就是中国海盗头子李旦（或颜思齐）。他有两个兄弟，一个姓王，在长崎经商；另一个在海上做走私生意。科克斯急于打通中国市场，于是向他们提供活动经费。但花费了大量金钱后④，英国人仍然被中国官方拒之门外。加藤三吾曾道："其实英国人根本不了解中国局势，李旦等人仅是一介草寇，根本无力改变官方的禁海政策。将金钱花费在这些人身上，只能说明科克斯的憨厚和愚蠢。"⑤ 不能打开中国市场，英国人便尝试与朝鲜通商，日本对马是日朝贸易的港口，可以间接获得一些中国货。

---

① William G. Beasley, *Great Britain and the Opening of Japan 1834 – 1858*, Richmond：Curzon Press，1995，introduction，p. 15.

② 相原良一『日欧交渉史考：マルコ・ポーロから平戸商館まで』、東京：南雲堂、1986年、218頁。

③ Ilza Veith, "Englishman or Samurai：The Story of Will Adams", *The Far Eastern Quarterly*, Vol. 5, No. 1（Nov.，1945），Published by：Association for Asian Studies, p. 17.

④ 据科克斯记载："1618年1月5日，我们支付了1000两白银给李旦兄弟，用于疏通（与中国的）关系。"参见 Richard Cocks, *Diary of Richard Cocks, Cape-Merchant in the English Factory in Japan（1615 – 1622）Volume 2*, London：Hakluyt, 2005, p. 3。

⑤ 加藤三吾『三浦の安針』、東京：明誠館書店、1917年、259～260頁。

科克斯提到："我们可以将日本的上等铁、皮革、小刀运往朝鲜，交换商品。"① 但是，朝鲜也禁海，而且特别讨厌欧洲人，英国人再次失算。

当然，英国在亚洲不止平户一个据点，他们在东南亚也有几个基地。萨利斯抵日时，英国人已在亚齐（Achin）② 和班塔姆建商馆。另外，他们还在安汶岛（Amboyna）的坎贝罗（Cambello）设立商站③。如果据点之间互通有无，平户商馆就能维持。1613 年，一位到平户视察的英东公司官员认为："日英贸易前途渺茫，最好开辟暹罗市场。"④ 1615 年英东公司的报告提到："日英贸易开展不顺，从班塔姆运去的胡椒、铅和水银都没有获利。英商科平达尔（Coppindal）提出建议，公司应该发展香料群岛、中国和暹罗的贸易，平户可建成东亚的仓库。"⑤ 科克斯曾经指出："如果我们在摩鹿加群岛建立一个据点，便可补给粮食、饮用水和弹药。荷兰人就是这样运作的。"⑥ 萨利斯也认为："万丹（印尼）不是我们理想的贸易对象，商馆必须打通暹罗市场。"⑦ 1615—1618 年，英国人开辟了两条从日本到暹罗的航线。但由于种种原因，航线贸易没有带来预期效果，公司倍感失望。英国还尝试把东京⑧、安南⑨、占城⑩和柬埔寨市场与日本联系起来，同样也失败了。另外，即便英国人知道生丝的重要性，想大宗采购它们却不容易。英国人虽然在帕塔尼、班塔姆建有据点，但日本

　　① 渡辺修二郎『外交通商史談』、東京：東陽堂、1897 年、247 頁。

　　② 亚齐亦作 Acheh、Aceh 或 Atjeh，位于苏门答腊岛最北端。

　　③ James Murdoch, Isoh Yamagata, *A History of Japan*: *During the Century of Early Foreign Intercourse*（*1542 – 1651*）, Kobe：Office of the "Chronicle", 1903, p. 583.

　　④ John Bruce, ESQ. M. P. , F. R. S. , *Annals of the Honorable East-India Company*, *from Their Establishment by the Charter of Queen Elizabeth*, *1600*, *to the Union of the London and English East-India Companies*, *1707 – 1708*, *Vol. 1*, London：Cox, Son, and Baylis, 1810, pp. 168 – 169.

　　⑤ John Bruce, ESQ. M. P. , F. R. S. , *Annals of the Honorable East-India Company*, *from Their Establishment by the Charter of Queen Elizabeth*, *1600*, *to the Union of the London and English East-India Companies*, *1707 – 1708*, *Vol. 1*, London：Cox, Son, and Baylis, 1810, p. 180.

　　⑥ 相原良一『日欧交渉史考：マルコ・ポーロから平戸商館まで』、東京：南雲堂、1986 年、222 頁。

　　⑦ ［葡］科斯塔：《耶稣会士和新教徒到达日本》，蔚玲译，《文化杂志》2007 年总第 65 期。

　　⑧ 东京指越南北部大部分地区。越南人称之为北圻，意为"北部边境"。

　　⑨ 指越南中部，也称中圻。

　　⑩ 占城又称占婆、占波，是占族古国，位于今越南中南部。

朱印船也经常光顾那里。日商财力雄厚，抬高丝价后，英商便失去竞争能力。帕塔尼的英据点曾打算每年派两艘商船赴日，但这仅是美好向往。也有学者认为，英国人即便能从东南亚进货，其货源却不稳定，也不能维持平户商馆的运作。总的说来，英属亚洲贸易网尚未成熟，还不能和葡、荷相比。1616 年以后，平户商馆陷入孤立无援的境地，他们与班塔姆据点失去联系，只能与中、日走私商交易些小商品。20 年代以后，荷兰逐渐强大，成为马六甲以东的海上霸主。平户商馆远离英国的势力范围，显得格外无助。后来，英荷虽然成立同盟，但英国人只能从海盗那里购得补给品。1623 年以后，英属摩鹿加据点屡被荷兰人袭击，苏门答腊无可争议地成为荷兰地盘。学者辻达也认为："英国人在东印度诸岛的竞争失败，是平户闭馆的重要原因。"[1] 穆多齐也指出："英国人未对东方海域进行全面调查，不清楚日本与其他亚洲国家的关系，这让其无法在平户立足。如果可以的话，我真想质问当时的英东公司，他们到底是如何运作远东贸易的，以致落得如此境地。"[2]

（三）英国东印度公司经营和管理不善

英东公司的前身是"东印度伦敦商会"（The Company of Merchants of London Trading into the East Indies），成立于 1600 年[3]。伊丽莎白女王（1558—1603）将亚洲、非洲、美洲的贸易特权授予商会。商会在 1612 年正式更名为"英国东印度公司"（British India Company）。荷兰也有东印度公司，他们在东亚的运作更灵活、成熟。当时，荷兰东印度公司也处于起步阶段，但政府给予了极大资助。相比之下，英东公司却没有那么幸运，英王詹姆斯一世似乎对远东不感兴趣[4]。

17 世纪初，公司在亚洲面临几大难题：英、葡在印度争夺势力范围。双方公司都花费大量人、物、财力维持印度开支；英、荷在东南亚

① 辻達也『日本の歴史・13・江戸開府』、東京：中央公論社、1967 年、257 頁。

② James Murdoch, Isoh Yamagata, *A History of Japan: During the Century of Early Foreign Intercourse* (*1542 - 1651*), Kobe: Office of the "Chronicle", 1903, p. 583.

③ T. A. Heathcote, *The Military in British India: The Development of British Land Forces in South Asia 1600 - 1947*, Manchester and New York: Manchester University Press, 1995, p. 21.

④ C. R. Boxer, *Portuguese Merchant and Missionaries in Feudal Japan, 1543 - 1640*, London: Variorum Reprints, 1986, p. I 7.

争夺据点和市场。双方都想掌控香料贸易权，并为此竭尽全力；英东公司刚成立不久，资金相当有限。若要长期资助远东的平户，困难太多太大。学者 D. K. 巴塞特（D. K. Bassett）指出："平户商馆缺资金，公司提供的经费仅能勉强维持日常开销。但要大宗进货，肯定不够。"[1] 据统计，平户商馆在日 10 年的总花费约 4 万英镑[2]，相比荷兰，其投入相当少。这些经费主要用于军事开销，用在贸易上的很少。英荷同盟成立后，商馆维护船只、购买军需的费用就达 1 万英镑[3]。关键是这些花费根本没有成效，同盟不但没有带来效益，反而加重商馆的负担。1623年，8 艘葡船全部安全抵日。英荷舰队本来想联合起来抢劫葡国船队，但后者改变了航线，没有穿过台湾海峡，而是沿着东部海岸驶向日本，致使计划失败[4]。英荷舰队已经连续 3 年没有捕获葡船，荷兰人尚能忍受，英国人却不堪重负，只能退出同盟。1623 年英国人闭馆时，亏损了 12821 两白银[5]。

据皮特·普拉特的《日本史》记载："英国商馆建成时，有活动经费5650 磅，约 22600 两白银。商馆第一年的销售额仅为 614 两白银。其后，英国人投资 750 英镑（约 3000 两白银），与荷兰人合作，到交趾进货。结果英荷的投资失败，英国人血本无归。之后，英国人又在江户、京都、大阪设立分馆，分别投资 748 英镑和 1433 两白银。然后又用 2525 两白银

---

[1] D. K. Bassett, "The Trade of the English East India Company in the Far East, 1623 – 1684", Om Prakash ed. , *European Commercial Expansion in Early Modern Asian*, Aldershot：Variorum, 1997, p. 34.

[2] 马休·卡尔布雷斯提供的数据值得商榷，因为另有资料记载道："1613 年，仅是约翰·萨利斯前往日本的航行花费就高达 6 万英镑。"运作商馆的花费应该更高。参见 Matthew Calbraith Perry, *Japan Opened：Compiled Chiefly from The Narrative of the American Expedition to Japan, in The Years 1852 – 1854*, London：The Religious Tract Society, 1858, p. 23.

[3] 村上直次郎『西洋商業史』、東京：明治大学出版部、1900 年、222 頁。

[4] C. R. Boxer, *Portuguese Merchant and Missionaries in Feudal Japan, 1543 – 1640*, London：Variorum Reprints, 1986, p. Ⅲ34.

[5] John Bruce, ESQ. M. P. , F. R. S. , *Annals of the Honorable East-India Company, from Their Establishment by the Charter of Queen Elizabeth, 1600, to the Union of the London and English East-India Companies, 1707 – 1708, Vol. 1*, London：Cox, Son, and Baylis, 1810, p. 250.

装修平户商馆。"① 这样看来，英国商馆的支出相当大，但这些投资基本没有回报。1623年，由于经营不善和缺乏资金，东印度公司不但退出日本，还撤销大城府、帕塔尼以及马来半岛东海岸的据点。不难看出，公司在17世纪初确实遇到诸多困难。1619年，公司就已经考虑关闭大城府、帕塔尼和平户，只不过高层领导于1622年才批准平户闭馆，并打算于1623年正式宣布。其实在公司成立初期，英国人在亚洲任何国家和地区都面临巨大挑战，任何据点的环境都不利于英国发展，失败很正常。关闭平户商馆也是为了将注意力转移到印度，南亚的发展似乎更好。

此外，平户商馆还存在管理缺陷。上级对下级缺乏关心，制度过于严厉。萨利斯尚未离开日本前就记载道："员工弗朗西斯·威廉姆斯在沙滩上喝醉酒，还冒犯平户大名的仆人，还好双方没有发生冲突。一些日本人经常到商馆投诉，说英国员工借酒闹事。对这种行为，一定要严惩。"② 英国上司很少关心员工的生理及心理健康。由于远离故土，一些英国人异常思念家乡。后来，幕府又限定英国人只能在平户活动，一些员工更是无法忍受异国的孤独和生活的单调。为了返乡，他们日夜守候在平户港口，等待故乡船只，争取归国名额，害怕永远被抛弃在这里。当送走朋友时，留守者不免要说："希望你们不要再回来。"③

孤独、郁闷无处发泄时，英国员工只能借酒消愁。酒后，他们常与日、荷人发生摩擦，有时还有流血冲突。如果矛盾处理不当或无法解决，将影响英日、英荷的正常关系。科克斯曾记载道："1621年7月5日，一名英国员工喝醉了，在街上谩骂、挑衅日本人。本来我想处决他，最终还是忍住了，只把他关在船上。"④ 在日英国人大多脾气暴躁，经常在平户酗酒、争吵和打闹。科克斯于1617年7月6日记载道："荷兰士兵和水手

---

① 相原良一『日欧交渉史考：マルコ・ポーロから平戸商館まで』、東京：南雲堂、1986年、208頁。

② Robert Kerr（ed.），*A General History and Collection of Voyages and Travels，Part Ⅱ，Book Ⅲ*，Edinburgh：W. Blackwood；London：T. Cadell，1824，p. 40.

③ C. R. Boxer，*The Christian Century in Japan 1549 – 1650*，Manchester：Carcanet Press，1993，p. 294.

④ Richard Cocks，*Diary of Richard Cocks，Cape-Merchant in the English Factory in Japan（1615 – 1622）Volume 2*，London：Hakluyt，2005，p. 174.

经常喝醉，还在街上惹事，就像疯子一样……英国人也好不到哪里去，他们失去了绅士风度，经常惹事。"① 酒后的英、荷人还互相侮辱，有时拳脚相加，甚至开火。还有资料提到："科克斯办事能力低下，其员工也愚笨，他们最喜欢酗酒，科克斯还被称为'老酒鬼'。"②

相比之下，葡人在长崎的管理更温和、更人性化，而且员工的薪酬也高。一些葡人与日本女子结了婚，缓解了思乡情绪和郁闷心理。一位欧洲探险家指出，葡人的表现总体好于英、荷人，至少他们不酗酒。因此，一些不满上级的英国人开始叛逃。其中一人抱怨道："与其在这里受煎熬，不如到葡人的地盘去。"一些不堪虐待的英国人逃到长崎，投靠葡人。科克斯曾提到："我们抓捕过这种员工，还把他们吊起来鞭笞。"③ "克罗夫号"抵日不久，7 名犯错的英国水手就曾经跑到长崎，逃避长官惩罚④。除了日本，果阿、澳门也有叛逃的英国人。博克舍对此解释："如果你了解当时的情况，就不会觉得奇怪了。"⑤

（四）选址失误

此节已经多次提到英国人在选址上的失误，他们错将商馆建在平户。平户已有荷兰商馆，但萨利斯仍然坚持自己的决定。有一点可以理解，英国人宁可与荷兰人做邻居，也不愿去长崎，因为那里全是天主教徒。其实，英国人应该在江户建馆，亚当斯的建议相当正确⑥。连将军都希望英国人去江户，并打算将附近的贺浦开辟为港口，他还让亚当斯全权处理此事。

---

① C. R. Boxer, *The Christian Century in Japan 1549 – 1650*, Manchester：Carcanet Press, 1993, p. 294.

② Ernest S. Dodge, *Islands and Empires：Western Impact on the Pacific and East Asia*, Minneapolis：University of Minnesota Press, 1976, p. 257.

③ C. R. Boxer, *The Christian Century in Japan 1549 – 1650*, Manchester：Carcanet Press, 1993, p. 295.

④ 1613 年 11 月 30 日，科克斯写信给伦敦主教："这些海员在长崎的教堂避难，后来被耶稣会秘密送往菲律宾。"参见［葡］科斯塔《耶稣会士和新教徒到达日本》，蔚玲译，《文化杂志》2007 年总第 65 期。

⑤ C. R. Boxer, *The Christian Century in Japan 1549 – 1650*, Manchester：Carcanet Press, 1993, p. 295.

⑥ 岩生成一『日本の歴史・14・鎖国』、東京：中央公論社、1968 年、145 頁。

科克斯曾经比较过长崎与平户，他认为："长崎是日本最好的港口，港内约有 1000 艘船。港口水深 7—8 英寻（fathom）[1]，世界最大的商船、战舰都到过这里。长崎还是大都市，许多富商聚集于此[2]。相反，平户却像渔村，港口条件较差。港内通常停靠 8—10 艘船，即便天气好，来船也不多。长崎则不然，如果到了贸易时期，船只经常因拥挤而发生碰撞。"[3] 科克斯的描述虽然有些夸张，但至少反映出两港的差距。

此外，平户的英国人还需打点大名和地方官。英国人初到平户时，便给松浦氏送去价值 340 英镑的礼物[4]。科克斯记载道："1620 年 10 月 10 日，我们向平户大名及其兄弟进献了礼物，包括 150 斤生丝、7 匹宽布（毛织物）、20 匹红绸、20 匹白绸、10 匹缎子、200 担铅及胡椒。其余礼物大同小异，只是数量较少……1621 年 11 月 5 日，我们向松浦氏进献了 35 斤生丝、100 斤香料以及 28 匹绸缎……1622 年 1 月 10 日，我们又向松浦氏送去 100 斤白丝、3 匹宽布、26 匹绸缎和 100 斤香料。"[5] 而在长崎，葡人只需讨好将军和奉行，因为长崎是将军的直属领地。因此，英国人在维持关系上的花费可能大于葡人，因为他们多了大名这一环节。从科克斯的记载不难看出，他已经意识到英国人在选址上的冲动和失误。

（五）亚当斯对日英贸易的作用

从英国人的选址可以看出，亚当斯具有敏锐的观察力和正确的判断

①　英寻也称拓，是测量水深的单位，1 拓为 6 英尺或 1.8288 米。

②　对于英国人来说，长崎是充满敌意的地方。虽然在幕府的保护下，英国人可以进出长崎，但他们都不愿意去那里。1613 年年底，科克斯、亚当斯及埃德蒙·赛耶斯（Edmund Sayers）一起来到长崎，想购买一艘帆船。当英国人行走在城里时，却被居民嘲讽为"路德教徒"或"异教徒"。结果，他们没有买到船。可见在这个满是天主徒的城市里，他们是不受欢迎的人。参见〔葡〕科斯塔《耶稣会士和新教徒到达日本》，蔚玲译，《文化杂志》2007 年总第 65 期。

③　C. R. Boxer, *The Christian Century in Japan 1549 – 1650*, Manchester：Carcanet Press, 1993, p. 306.

④　John Saris, *The Voyage of Captain John Saris to Japan, 1613*, London：Hakluyt Society, 1967, p. 70.

⑤　Richard Cocks, *Diary of Richard Cocks, Cape-Merchant in the English Factory in Japan*（*1615 – 1622*）*Volume 2*, London：Hakluyt, 2005, pp. 114, 230, 236.

力。再加上他在日本生活了多年，也长期为将军服务，其建议基本是可信可行的。遗憾的是，英国人没有充分利用这一优势。家康逝世后，亚当斯的活动能力受到限制。二代将军秀忠不像老将军那样，能够慷慨地对待新教徒。秀忠也不满亚当斯对老将军影响过深。另外，亚当斯的妻子（天主教徒）曾保护过日本天主徒，这让秀忠动怒。秀忠继位后，明显忽略亚当斯的作用①。亚当斯还两次被日本人袭击，这在家康时期从未发生过②。1617 年，亚当斯请求将军扩大英国人的活动范围，但被拒绝。秀忠认为，英国人已经有很多特权，如果给予更多权力，传教士势必乘虚而入，破坏日本安定。英国人的特权不但没有扩大，反而缩小了。秀忠干脆将他们限制在平户，并勒令英方关闭江户、大阪、堺和京都的分馆（或代理机构）。

　　1620 年 5 月 16 日，当科克斯还在为英国的前途犯难时，亚当斯去世了，英国人失去了他们最重要的支柱。科克斯表示："在日本，威廉·亚当斯是唯一值得依靠和信赖的人，自家康死后，其外交能力减弱，英国势力也随之衰落。"③ 亚当斯病逝于平户，享年 57 岁。他曾经效力于两位日本将军，其墓碑遗言为："非常荣幸来到日本，并感谢德川将军的信任和帮助，让我丰衣足食。最好将我葬在横须贺的山上④，让我面对东方，因为那里是江户。这样我的灵魂会保佑这座城市。"⑤科克斯对亚当斯评价道："我们的朋友威廉·亚当斯离开了人世。我和威廉·伊顿先生（William Eaton）是其遗嘱执行人。亚当斯将其财产分

---

　　① 高須芳次郎『海の二千六百年史』、東京：海軍研究社、1940 年、157 頁。
　　② 亚当斯第一次遇袭是由于利益分配不均。1616 年，亚当斯从暹罗带回一批商货，但没有分给平户大名松浦氏，遂遭到嫉恨。亚当斯第二次遇袭是由于处理商馆事务不当，引起日本人不满。当时，亚当斯担任英国商馆名誉顾问，15 名日本海员要求商馆补偿工钱，但遭到亚当斯拒绝。结果海员冲入其住宅，企图伤害他，好在附近居民及时赶来救助，避免了悲剧发生。见 Neil Pedlar, *The Imported Pioneers, Westerners Who Helped Build Modern Japan*, New York：Palgrave Macmillan, 1991, pp. 39 - 40。
　　③ 加藤三吾『三浦の安針』、東京：明誠館書店、1917 年、239 頁。
　　④ 具体在神奈川县横须贺市逸见地区。参见宮武外骨『異種日本人名辞書』、東京：宮武外骨、1931 年、2 頁。
　　⑤ Ilza Veith, "Englishman or Samurai：The Story of Will Adams", *The Far Eastern Quarterly*, Vol. 5, No. 1 (Nov. , 1945), Published by：Association for Asian Studies, p. 25。

成两半，一半留给英国妻儿，另一半给日本亲人。他用大半生精力服务于两位日本将军，这样看来，他更像日本人，而非英国人。无论如何，我对他的去世非常难过。"① 墓碑上刻着他的日本姓名——三浦安针，亚当斯住过的街道也被命名为安针町②。英国人威廉·艾略奥特·格里芬于1873年到达安针町时，仍然能感受到亚当斯当年享受的殊荣。在伊东，日本人每年举行"安针祭"，以纪念这位传奇人物。在英国，亚当斯被誉为日英两国的"桥梁"（交流的使者）。"安针冢"保存至今，位于神奈川县横须贺市西逸见町的"冢山公园"里。1923年3月7日，"安针冢"被日本政府列为重要的历史遗迹。

（六）来自荷兰的竞争

英、荷同为新教国家，曾经还结为同盟。但双方为了利益，最终反戈。最初，英、荷尚能在爪哇和平相处，双方都在班塔姆建据点。1617年，荷兰首先发难。他们禁止英国人前往摩鹿加，引起英方不满。于是双方发生冲突，最终在东南亚开战③。

在日本平户，两国还是不能和睦相处。面对荷兰的竞争，英国人一直都缺乏有效的解决办法。英王詹姆斯一世是虔诚的天主徒，荷兰人以此为借口，诽谤、排挤在日英国人，将他们与西葡人相提并论。因此，幕府也开始怀疑英国人赴日的企图。科克斯曾向公司总部（伦敦）抱怨："日本人对我们不错，将军授予我们贸易特权，荷兰人却嫉妒我们。今年（1617）有7艘荷兰船抵达平户，他们不但在海上攻击我们，还袭击英国商馆。荷兰长官亚当·威斯特伍德（Westwood）下令抢劫我方商船、货物，还伤害船员。他们甚至闯入商馆，试图杀害英国人。要不是日本人前来保护，估计全体员工都要遇害。即便这样，还是有两人受重伤。荷兰人还虐待我馆的日本奴仆，将2只英国狗抢走，并试图射杀它

---

① 亚当斯安排科克斯和伊东为遗嘱执行人，其遗言由日语写成。亚当斯在平户和逸见共有遗产（动产）500英镑，一半归英国妻子，另一半留给日本妻子。参见 Robert Montgomery Martin, China; Political, Commercial and Social in an Official Report to Her Majesty's Government, Vol. 1, London: Brewster and West, 1847, p. 301。

② 安针町的居民一直在维护亚当斯的坟墓。1872年（明治五年），政府整修了"安针冢"（亚当斯墓）。参见辻達也『日本の歴史・13・江戸開府』、東京：中央公論社、1967年、258頁。

③ 加藤三吾『三浦の安針』、東京：明誠館書店、1917年、240頁。

们，结果射偏打中日本人，引起将军不满，遂下令惩罚肇事者。此时，松浦氏却极力维护荷兰人。"① 1618 年，英国人还怀疑荷兰人曾抢劫过其商船（日本—东南亚航线）②。1619 年，英、荷再次发生冲突。荷兰甚至悬赏 50 英镑，刺杀科克斯。其他英国人的悬赏金为 30 英镑。松浦氏趁机充当调停人，从中牟利③。1621 年，英、荷在平户发生冲突，荷兰调动 6—7 艘战舰参战，并集中向一艘英国船开炮。将军、大名为了避免冲突扩大，介入调停④。

（七）其他因素

虽然日本的上层建筑对英国人表示欢迎（特别是家康），但普通民众不见得喜欢他们。萨利斯曾提到："我们抵达日本前，将军便对英国和英国人有所了解，他对我们的印象不错，这是威廉·亚当斯的功劳。"不过日本平民却对英国人有误解。虽然英国人声称他们与荷兰人不一样，没有参与海盗活动，但多数日本人不相信。英国人名声不好是因为西葡造谣，萨利斯曾说道："耶稣会对我国（英国）大肆诽谤，编写诋毁我们的歌，然后教给日本人。英国人被描述成无恶不作的海盗、海怪，以至于我们的形象经常被日本人用来吓唬小孩。"⑤ 另外，荷兰人在中国海抢劫船只时，经常挂着英国旗，极大败坏英国名声。英国人只在平户有些朋友，其他日本人均视其为"红毛怪物"。

初抵日本的英国人不太懂得当地规矩。英国某商船大副威廉·保罗森（William Paulson）在平户因病去世，荷兰人马上告诉英国指挥官，日本人不允许外国人（特别是基督徒）被土葬，只能由外国船运到海上（被水葬）。1613 年，科克斯曾经询问荷兰商馆指挥官亨德里克（Hendrik），

①　Robert Montgomery Martin, *China: Political, Commercial and Social in an Official Report to Her Majesty's Government*, *Vol. 1*, London: Brewster and West, 1847, p. 300.

②　Alison Games, "Anglo-Dutch Connections and Overseas Enterprises: A Global Perspective on Lion Gardiner's World", *Early American Studies*, Spring 2011, Vol. 9, No. 2, Special Issue: The Worlds of Lion Gardiner, ca. 1599 – 1663: Crossings and Boundaries (Spring 2011), p. 452.

③　加藤三吾『三浦の安針』、東京：明誠館書店、1917 年、242 頁。

④　渡辺修二郎『外交通商史談』、東京：東陽堂、1897 年、212 頁。

⑤　C. R. Boxer, *The Christian Century in Japan 1549 – 1650*, Manchester: Carcanet Press, 1993, p. 293.

为什么同时进餐时，荷兰人也必须像日本人一样跪着吃饭，亨德里克回答道，这是这个国家的规矩，而且是必须遵守的习俗①。实践证明，荷兰人严格遵守对方习惯是其得以留在日本的重要原因，英国人虽然明白其中道理，但未能坚持，最终没有赢得日方好感。如果英国人时刻尊重日本礼仪，并按照对方规矩办事，双方关系或许能长久维持。

一些学者还认为，英国人退出日本与"安汶岛屠杀"有直接关联。安汶岛是印尼马鲁古群岛南部的一个小岛。1605 年，荷兰人驱赶了安汶岛的葡人。1610—1619 年，荷兰东印度公司总部（后迁往巴达维亚）一直设在安汶岛。1615 年，英国人也在安汶的坎贝罗（Cambello）设点。1623 年，岛上的英、荷人发生冲突，英方有 20 人被荷军处死，其中 10 人为英东公司员工，同时英属安汶岛商馆被捣毁②。也有人认为，英国人离开日本与"安汶岛屠杀"没有直接联系，仅是巧合。

通过以上分析不难看出，17 世纪初，诸多因素造成英国人关闭平户商馆，退出日本。他们虽然失败了，但探险和开拓精神值得称赞。

第五节　日荷贸易以及荷兰人的成功

17 世纪初，欧洲四国均开展了对日贸易。其中的荷兰是最值得研究的国家之一，因为自 1639 年日本锁国后，荷兰人是唯一留在日本的欧洲人。如果说葡萄牙是 16 世纪日欧贸易的最大赢家，那荷兰便是 17 世纪的最终胜利者。16 世纪的日葡贸易刺激了正在崛起的荷兰商人。17 世纪初，"海上马车夫"初探亚洲，其强大的海上实力在亚洲海域初露头角。荷兰人在亚洲迅速占领一些据点，但并未带来预期的高额利润。初来乍到的荷兰人更像海盗，到处烧杀抢掠。不久，他们发现了葡人在亚洲发财的窍门，并迅速复制其成功经验。虽然荷兰人进攻澳门失败，却强占了台湾。

---

① Alison Games, "Anglo-Dutch Connections and Overseas Enterprises: A Global Perspective on Lion Gardiner's World", *Early American Studies*, Spring 2011, Vol. 9, No. 2, Special Issue: The Worlds of Lion Gardiner, ca. 1599 – 1663: Crossings and Boundaries (Spring 2011), pp. 448 – 450.

② Kristina Bross, *Future History: Global Fantasies in Seventeenth-Century American and British Writings*, New York: Oxford University Press, 2017, pp. 124 – 125.

荷兰人的"只贸易、不传教"策略也赢得日本将军的好感和信任。17 世纪头 20 年，荷兰人一直在探索日本市场的经营之道。到三四十年代，荷兰势力在日本迅速崛起。日本闭关前，他们逐步取代葡人，成为日本岛上仅有的一批（允许经商的）欧洲人。

一　来到日本前的荷兰

今天被称为荷兰的土地上，在公元前居住着日耳曼人和凯尔特人。直到公元 5 世纪前期，莱茵河南部地区还是罗马帝国的一部分。整个中世纪，荷兰由众多分散的封建领地组成，最终在皇帝查理五世时期（1500—1558）得到统一，连同其他"低地国家"（今天的比利时和卢森堡），一起成为神圣罗马帝国的一部分。在西班牙国王菲利普二世（查理五世的儿子）统治时期，宗教自由的限制和国王的专制统治引起人民不满。1568 年，荷兰北部众省在奥兰治亲王威廉王子的领导下，奋起反抗，掀起荷兰"八十年战争"。1648 年，战争结束，荷、西（班牙）签订了《威斯特伐利亚和平协议》，独立国家联省共和国成立（七个自治省包括荷兰、泽兰、乌得勒支、弗里斯兰、格罗宁根、上艾瑟尔和格尔德兰）。

16 世纪中期，荷兰海上实力大增，他们建立了强大海军。相反，西葡海上势力逐渐衰落。最初，荷兰人尚未进入远东海域，只在地中海和南大西洋与葡人争夺利益。16 世纪中后期，一批荷兰探险家已经对亚洲有较深入的了解。荷兰人德克·格里兹·庞普（Dirck Gerritsz Pomp）曾经参与澳门—长崎贸易，详细记载了葡属远东贸易。荷兰探险家简·胡因根·范·林奇顿（Linschoten）虽然从未到过日本，但是在果阿花费 5 年时间，调查亚洲各地的风俗、地理和商业活动。后来，他将见闻和游历编成著作《环航记》（*Itinerario*），作品问世后，在欧洲引起不小关注。《环航记》激起欧洲商人到亚洲探险经商的欲望①。16 世纪末，荷兰人对远东

---

① 林奇顿并非首位描述日葡航线的欧洲人。葡国领航员德克·格里齐祖（Dirk Gerritszoon）早在 1590 年就较为详细地记载了日葡贸易。参见 John Saris, *The Voyage of Captain John Saris to Japan, 1613*, London: Hakluyt Society, 1967, p. 66。

贸易已经蠢蠢欲动，依靠《环航记》和奥特留斯的《世界地图》，他们开始有计划地准备东亚探险。

1594 年，西班牙企图垄断欧洲贸易，国王菲利普二世宣布暂时关闭里斯本港，（新教徒）在欧洲购买亚洲商品变得异常困难①。此时的荷兰人已经在爪哇和苏门答腊开展探险和贸易活动。最开始，荷兰在亚洲的贸易由葡萄牙叛国者科勒留斯·德·豪特曼（Cornelius de Houtman）代管，豪特曼每年向荷兰运去大量亚洲货，无疑刺激了荷兰本土商人。1596 年，荷兰人决定直接去印度尼西亚采购香料。其实，荷兰人早有在中、日、朝建据点的想法，只是不太熟悉远东地势和局势，因此认为有必要实地调研。于是，荷兰成立 6 家外贸公司，专门从事东方贸易。1598 年，6 家公司资助 22 艘荷兰船驶向亚洲，开发商贸和探索航路，其中有 5 艘船驶向日本②。

二 荷兰人登陆日本

（一）艰苦的远洋航行

1598 年 6 月，荷兰准备了 5 艘中小帆船，组成（商）船队向东方进发。5 艘船分别为"德·霍普号"（以下简称"霍普号"）、"德·利夫德号"（以下简称"利夫德号"）③、"赫特·格勒夫号"、"德·特诺武号"（以下简称"特诺武号"）和"布里杰德·布德斯查普号"（*De Hoop*，*De Liefde*，*Het Geloof*，*De Trouw and Blijde Boodschap*）④。其中，"霍普号"是旗舰。吨位最小的船为 75 吨，最大的为 250 吨。船队总指挥（或船队司

---

① 由于葡商垄断了亚洲香料市场，其他欧洲人只得从葡人手中高价购买香料。为了打破葡人的商业垄断，荷兰人打算直接到亚洲开辟市场。参见 James Murdoch，Isoh Yamagata，*A History of Japan*：*During the Century of Early Foreign Intercourse*（*1542 – 1651*），Kobe：Office of the "Chronicle"，1903，p. 578。

② Grant. K. Goodman，*Japan and The Dutch 1600 – 1853*，London：Curzon Press，2002，p. 9。

③ 荷兰罗特达米切公司（Rotterdamische）出资建造了"利夫德号"，并资助该船前往日本探险。参见外山卯三郎『南蛮船貿易史』、東京：東光出版株式会社、1943 年、465 頁。

④ 5 艘荷兰船还译作："博爱号"（*Liefde*）、"信念号"（*Geloof*）、"忠贞号"（*Trouw*）、"欢乐信使号"（*Blijde Boodschap*）和"希望号"（*Hoop*）。参见 Benjamin Jacob Kaplan，Marybeth Carlson，Laura Cruz，*Boundaries and Their Meanings in the History of the Netherlands*，Leiden：Brill，2009，p. 79。

令）是荷兰人雅奎斯·马胡（Jacques Mahu），总领航员是船队中唯一的英国人威廉·亚当斯（William Adams）。由于亚当斯加入，此次探险可理解为英、荷的联合行动。1598年，船队从鹿特丹起航，开赴日本。荷兰人选择的航线与葡人不同，因为后者早就霸占了开普敦—印度—东亚航线。其实在16世纪末，荷兰人就试图探索俄罗斯北部通往远东的航线，但一直都没有成功①。为了避免与葡人发生冲突，或者说免受葡船骚扰和抢劫，船队决定驶向美洲，从太平洋另辟航线，前往远东。

　　船队于6月24日离开荷兰。8月24日，他们抵达佛得角（Verde）②。停留21天后，很多船员患上坏血病，一位船长因此死去③。恶劣天气和疾病肆虐让他们在几内亚海岸有所耽搁，船队花费了两个月徘徊于非洲海岸④。1598年11月23日，船队继续航行。经历了5个月的艰难航行后，于1599年4月6日抵达麦哲伦海峡⑤。在那里，他们经历了生死考验。当时的麦哲伦海峡正值冬季，船队难以航行，只能靠岸。船上物资所剩无几，船员甚至将缆绳上的牛皮割下充饥。此外，他们还宰杀了大量企鹅。即便这样，严寒和饥饿仍然夺走了不少船员的性命。待冬季过去，船队再次出发。沿着美洲海岸航行时，船队走散。只有"霍普号"与"利夫德号"会合，其他船下落不明，船员生死未卜。途中，亚当斯从"霍普号"转乘到"利夫德号"上⑥。随后两艘船来到智利，并一直沿着海岸航行。他们时不时地靠岸，交换土著人的红薯来充饥。随后，亚当斯命令船队在

---

①　Neil Pedlar, *The Imported Pioneers*, *Westerners Who Helped Build Modern Japan*, New York：Palgrave Macmillan, 1991, p. 34.

②　佛得角位于非洲西海岸，那里一直无人居住，直到1456年，才有葡人到来。该群岛位于非洲外海，后来成为重要的交通要道，也是著名的奴隶贸易中心。

③　另说，荷兰船队于1598年6月23日从鹿特丹起航。最先他们顺着南风到达冈萨尔普斯（ゴンサルプス）海峡。在固伊雷（グイネー）海岸，过半船员因水土不服死去。之后，船队向西航行，打算穿过麦哲伦海峡，然后横渡太平洋。此前，他们在普拉吉尔海岸（プラジル）的阿那普那岛（アナボナ）稍作停留，并在岸边打败土著人，宰杀耕牛，抢夺蔬菜水果，船员体力得到暂时恢复。船队在岛上停留了近两个月。参见加藤三吾『三浦の安針』、東京：明誠館書店、1917年、126~127頁。

④　Kinahan Cornwallis, *Two Journeys to Japan, 1856 – 1857, Vol. 2*, London：Thomas Cautley Newby, 1859, p. 4.

⑤　加藤三吾『三浦の安針』、東京：明誠館書店、1917年、127頁。

⑥　武藤長蔵『日英交通史之研究』、京都：内外出版印刷、1942年、19頁。

圣·玛丽亚岛（南美洲西海岸）抛锚，等待其他船只，但是同伴们没有任何消息。在那里，他们又遭遇土著人抵抗①。1599年11月，剩下的两艘船进入太平洋。在太平洋3个月的航行中，他们频频遭遇风暴。"霍普号"没有坚持到最后，沉入海底。亚当斯乘坐的"利夫德号"也经历了各种考验，不但被西班牙战舰追捕，还遭遇各种恶劣天气，甚至陷入食物短缺的困境②。"利夫德号"最终坚持下来，顺利渡过太平洋。

1600年4月中旬的一个晚上，从圣·玛丽亚岛出发133天后，荷兰船在总领航员威廉·亚当斯的带领下，终于停靠在日本九州东海岸（大概是丰后的某个地方，地名为臼杵)③，这是荷兰船首次靠岸日本④。"利夫德号"上本来有船员110人，抵日时仅剩24人⑤。

（二）初抵日本

到达日本后，船员们已经奄奄一息。初抵海岸的时候，亚当斯试图用葡、荷语与日本人沟通，但对方一脸茫然，亚当斯只能放弃。据他描述，当地人只会说日语⑥。善良的日本百姓给他们提供了住房，尽心照顾生病和虚弱的船员。领主还派人看守荷兰船，以免被海盗抢劫⑦。随后，领主向江户禀报此事，由于西葡人从中挑拨和诽谤，德川将军下令将荷兰人关入监牢。

---

① 另说，其中一艘船上的23名船员冒险登陆圣·玛丽亚岛，但被当地土著人驱赶，仅有两人幸免，其中一人就是威廉·亚当斯。参见 Kinahan Cornwallis, *Two Journeys to Japan*, *1856 - 1857*, *Vol. 2*, London：Thomas Cautley Newby, 1859, pp. 6 - 7。

② Neil Pedlar, *The Imported Pioneers*, *Westerners Who Helped Build Modern Japan*, New York：Palgrave Macmillan, 1991, p. 34.

③ 另记载：1600年4月20日，"利夫德号"抵靠日本海岸，纬度为30.5度。参见 Robert Montgomery Martin, *China*；*Political*, *Commercial and Social in an Official Report to Her Majesty's Government*, *Vol. 1*, London：Brewster and West, 1847, p. 293. 还有记载："利夫德号"来到丰后的一个港口，地理坐标为北纬33度15分。参见 John Saris, *The Voyage of Captain John Saris to Japan*, *1613*, London：Hakluyt Society, 1967, p. 67。

④ 据日本史料记载，1600年3月，"利夫德号"抵达九州丰后臼杵湾北岸。日本旧历的三月即公历4月。参见岩生成一『日本の歴史・14・鎖国』、東京：中央公論社、1968年、133頁。

⑤ Ernest S. Dodge, *Islands and Empires*：*Western Impact on the Pacific and East Asia*, Minneapolis：University of Minnesota Press, 1976, p. 255.

⑥ Giles Milton, *Samurai William*：*The Adventurer Who Unlocked Japan*, London：Hodder and Stoughton, 2005, p. 92.

⑦ Matthew Calbraith Perry, *Japan Opened*：*Compiled Chiefly from The Narrative of the American Expedition to Japan*, *in The Years 1852 - 1854*, London：The Religious Tract Society, 1858, p. 11.

西葡人比荷兰人早来日本，已经在日本打下基础。当时，丰后已经有耶稣会传教士知晓西方帆船抵靠日本海岸。据耶稣会判断，利夫德号并非乘着正常季风抵达日本，很有可能是遇难而被迫停靠这里，不然他们将驶向长崎，该船可能来自西（班牙）据菲律宾。经过调查后发现，这艘船来自荷兰，船员全是新教徒，这对耶稣会来说是一个坏消息，他们惧怕新教徒抵达日本后，破坏其好不容易建立起来的一切。此时的日本人并不太清楚，西欧的基督教已经分裂成新旧教两大阵营了。很快，耶稣会士便开始策划如何让这些新教徒消失①。天主徒认为，陷害荷兰人的最好办法就是大肆诋毁他们，利用幕府铲除新教徒。亚洲地区的新旧教斗争向来残酷，西葡人只要抓住荷兰人，基本上都是处死他们。1600年，一艘荷兰船②在马尼拉被西葡人截获，船上荷兰人全部被杀。1601年1月，葡人在提多雷（Tidore）屠杀了荷兰船"特诺武号"（Trouw）上所有的船员。

罗德里格兹虽然没有亲历荷兰人登陆日本的场景，但能够想到当时的情景："日本人可能认为靠岸的是西葡人，所以友好地对待他们。不过当耶稣会和葡商得知新教徒到来后，立刻采取对策，将他们宣传成无恶不作的海盗。因为新旧教从来就势不两立。"葡国编年史学家科尔霍·巴布达（Coelho Barbuda）写道："荷兰人是优秀炮手，除了这点，他们就只能被当成异教徒烧死。"③对葡商来说，荷兰人是其在亚洲的主要竞争对手。西葡人告诉将军，荷兰人是信仰新教的侵略者，"利夫德号"是邪恶的海盗船。天主徒试图将荷兰势力扼杀在摇篮中。1615年，一位不知姓名的葡人记载道：

当澳门商船船长奥拉西奥·内雷特（Horacio Nerete）于1600年抵达日本后，听说一批荷兰人被扣押，便极力劝说家康将军把荷兰船、大炮和船员交给他处理。内雷特还贿赂幕吏和葡萄牙翻译员，鼓

---

① Giles Milton, *Samurai William*：*The Adventurer Who Unlocked Japan*, London：Hodder and Stoughton, 2005, pp. 99 - 100.

② 此船船主是荷兰人奥利弗·范·诺特（Olivier Van Noort），但他并未在船上。

③ C. R. Boxer, *The Christian Century in Japan 1549 - 1650*, Manchester：Carcanet Press, 1993, p. 285.

动他们惩处荷兰人。不过，家康的亲信告知葡人，将军已经保证荷兰人的安全，让葡人不再提及此事①。

初到日本的荷兰人也意识到形势不利，因为其翻译员居然是耶稣会传教士。对于这种情况，威廉·亚当斯在 1611 年 10 月 23 日写道："我们到达日本两三天后，从长崎来了一位耶稣会士，他自荐做翻译员。我们只有无奈接受，因为荷兰人都不懂日语，现在只有相信敌人（葡人）了。"② 同时亚当斯表示，如果耶稣会士担任其翻译员，也足以要了他们的命。此时，荷兰人内部出现了不和谐因素。船员吉斯博尔特·德·康宁（Gisbert de Coning）和简·阿贝尔斯祖·范·奥德沃特（Jan Abelszoon van Oude-water）企图背叛自己的信仰，投靠耶稣会（天主教），以求自保。亚当斯提到，此二人将荷兰人的航行目的、经历等都告诉敌人③。

（三）亚当斯与德川家康

荷兰人被关入监狱后不久，亚当斯就被德川家康召见④。对家康来说，欧洲人并不陌生，但他接触新教徒毕竟是第一次，或者说首次看见英、荷人。第一天，家康（通过葡萄牙翻译员）询问了亚当斯有关欧洲的情况。第二天，他又问了其他一些问题。亚当斯两天以来的回答都令家康满意。第三天，家康又问亚当斯为什么万里迢迢来到日本。亚当斯回答道："荷兰人希望到此经商，并想与远东国家建立友好关系。"⑤ 亚当斯还告诉家康，英国、荷兰能够生产一些东方没有的商品，日本的商品也很受这些国家欢迎。询问完毕后，亚当斯被送回监狱。随后，家康开始考虑如

---

① ［葡］科斯塔：《耶稣会士和新教徒到达日本》，蔚玲译，《文化杂志》2007 年总第65 期。

② ［葡］科斯塔：《耶稣会士和新教徒到达日本》，蔚玲译，《文化杂志》2007 年总第65 期。

③ Giles Milton, *Samurai William*: *The Adventurer Who Unlocked Japan*, London: Hodder and Stoughton, 2005, pp. 102 – 104.

④ 据日本史料记载，被家康召见的荷兰人为领航员威廉·亚当斯和大副简·约斯（Jan yos，即约斯藤）。参见 Yosaburo Takekoshi, *The Economic Aspects of the History of the Civilization of Japan*, *Vol. 1*, London: Routledge, 2004, p. 105。

⑤ Robert Montgomery Martin, *China*: *Political, Commercial and Social in an Official Report to Her Majesty's Government*, *Vol. 1*, London: Brewster and West, 1847, p. 293.

何处置荷兰人。家康并不是一个轻信的人，经过三天接触，他已经被亚当斯的举止和博学打动。家康认为，新教徒的到来让日本有了选择余地，他第一次听说欧洲还有只经商、不传教的国家。经过再三思考，家康决定留下荷兰人。第 41 天，将军释放了亚当斯和荷兰人①。他告诉耶稣会："我不会惩罚他们（荷兰人），他们对日本没有威胁。"② 还有资料提到，家康没有处死荷兰人，是因为他希望新教徒帮助日本人造远洋大船，铸造金属货币等③。

准确地说，亚当斯并非学者、政客或外交家，而是一位谦虚的绅士，他在地理、航海、天文、火器和造船等方面都有一定造诣④。亚当斯懂得三门外语（英、荷、葡语），到达日本后，还学会了日语。亚当斯出生于英国肯特郡，从小就对航海感兴趣。24 岁时，他已具备船长资格。另外，亚当斯具备一定外交才能，这从他与将军的交涉可以看出。最初，家康任命亚当斯担任宫廷翻译员，取代了葡人特库祖（Tcuzzu）的角色。后来，亚当斯又取代罗德里格兹⑤，担任幕府的外交顾问。亚当斯尽力为将军服务，家康被其勤劳和忠诚打动，因此在江户附近为他修建住宅⑥。亚当斯还被家康赐名三浦安针，他甚至成为幕府武士⑦。但家康不准他离开日本，亚当斯只能在日本重新安家立业。

---

① 高須芳次郎『海の二千六百年史』、東京：海軍研究社、1940 年、141 頁。

② Robert Montgomery Martin, *China*; *Political, Commercial and Social in an Official Report to Her Majesty's Government*, *Vol. 1*, London：Brewster and West, 1847, p. 293.

③ Giles Milton, *Samurai William*：*The Adventurer Who Unlocked Japan*, London：Hodder and Stoughton, 2005, p. 114.

④ 池田哲郎「江戸時代邦人の「世界」知識」、『日本英学史研究会研究報告』卷 29 号、1965 年、3 頁；矢部健太郎『超ビジュアル！歴史人物伝徳川家康』、東京：西東社、2017 年、204 頁。

⑤ 德川家康和丰臣秀吉一样，从骨子里厌恶基督徒，但为了开展贸易，只能聘用懂日语的"洋和尚"，但亚当斯的到来让将军有了选择余地。1612 年，葡国翻译员（传教士罗德里格兹）被幕府逐回澳门。

⑥ 亚当斯不但在贺浦购置房屋，还在其他地方购买土地。

⑦ 旗本武士指领受封地，且能谒见将军的高级武士。有学者提到，"利夫德号"的二副简·约斯藤（Jan Joosten van Lodensteijn）也享有旗本武士身份，遂暂不能断定亚当斯是日本锁国前（1640）唯一的白人武士。参见 William Corr, *Adams the Pilot*：*The Life and Times of Captain William Adams*, *1564 – 1620*, New York：Routledge, 1995, p. 159.

三　荷兰商馆的建立和发展

最初，"利夫德号"的幸存者没有开展商业活动，其船只被毁，船上也未运载任何商品。荷兰人只有一些黄油、奶酪和农产品，日本人不喜欢这些散发异味的食品①。荷兰人不能造新船，因为家康禁止他们离开。荷兰国内以为远洋船队遇难，没有再派船只赴日。一些幸存者心灰意冷，饮酒度日，不久便在绝望中死去②。

剩下的荷兰人都很坚强，在日本开始了新生活③。幕府规定，荷兰人可以在日本自由活动，并补贴一定生活费④。"利夫德号"的二副简·约斯藤（Jan Joosten van Lodensteijn）⑤、船队会计米尔切·范·桑特沃特（Melchior van Santvoort）⑥ 都成为幕府的外贸外交顾问。亚当斯最忙碌，作为幕府的高级翻译员，他一直在构思如何让日本与新教国家（英、荷）建立联系。

当荷兰幸存者在日本等待消息时，其同胞正在亚洲与西葡人争夺制海权和势力范围。1601 年，荷兰探险家奥利弗·范·诺特（Oliver van Noort）到达婆罗洲，并遇到一艘日本朱印船。船上的葡籍领航员告诉他，一艘 250 吨的荷兰船（利夫德号）已经抵日，部分幸存者尚在日本⑦。据说诺特还将消息带回荷兰，但总部一直没有采取行动（派船赴日）。1605 年，亚当斯争取到几个准许荷兰人离开日本的名额。最终，两名荷兰人受

---

① William Elliot Griffis, *Japan: In History, Folk Lore and Art*, Boston and New York: Houghton, Mifflin and Company, 1892, p. 194.

② 幸存的 24 人中，有 6 人死在日本。参见 Doolan Paul, "The Dutch in Japan", *History Today*, Vol. 50, Issue 4, April 2000, p. 36。

③ 荷兰的幸存船员都被转移到江户。来到江户后，船员们发生矛盾。有人前往平户，帮助日本人制造火炮；有人开始经商；剩下的人则在江户苦等荷兰船再次到来。参见加藤三吾『三浦の安針』、東京：明誠館書店、1917 年、160 頁。

④ 岩生成一『日本の歴史・14・鎖国』、東京：中央公論社、1968 年、136 頁。

⑤ 约斯藤出身荷兰名门，其亲戚是荷兰东印度公司的高级官员。他也是家康的商业顾问之一。

⑥ William Corr, *Adams the Pilot: The Life and Times of Captain William Adams, 1564 – 1620*, New York: Routledge, 1995, p. 87.

⑦ John Saris, *The Voyage of Captain John Saris to Japan, 1613*, London: Hakluyt Society, 1967, p. 67.

家康委托①，前往北大年王国（马来半岛东北部，可能是帕塔尼），邀请荷兰人来日经商。

1606 年，两名荷兰代表到达东南亚。当时，荷、葡军队交战正酣，奎克尔内克还参加了战斗。他告诉同胞，赴日船队尚有 12 人幸存，然后将家康的朱印状转交给指挥官科莱里斯·曼特立夫·德·乔格（Cornelis Matelief de Jonge）②。指挥官随即派桑特沃特率船赴日，但航行失败③。其实早在 1605 年，荷兰船"米德尔堡号"已经从欧洲出发，前往日本。但"米德尔堡号"于 1606 年 8 月参加了拉查多（Rachado）的战斗，不幸被击沉④。1607 年，荷兰海军将领维霍伊文率舰队开赴亚洲。舰队由 13 艘船组成，共1900 人，377 门火炮⑤。同年 11 月，奥兰治亲王写信给维霍伊文（Verhoeven），要求他即刻派船赴日（调查）。不过荷兰与西葡正在激战，维霍伊文无法安排航行⑥。1608 年 2 月，帕塔尼的荷兰行政官维克多·斯普林科克（Victor Sprinekel）致函亚当斯，解释了荷方行动迟缓的原因："我们忙于对付敌人（西葡人），必须全力以赴。在未来两年内，公司一定派 1—2 艘船赴日，希望不会令您失望。"⑦

1609 年的 5 月 4 日，维霍伊文派新加坡指挥官亚伯拉罕·范·登·布雷克（Abraham van den Broeck），率两艘荷兰船"带箭的红狮号"

---

① 被任命的荷兰人是"利夫德号"船长雅各布·奎克尔内克（Jacob Quaeckernaeck）、船队会计桑特沃特，他们乘坐日本朱印船前往目的地。

② 当奎克尔内克来到香料群岛时，荷、葡正在激战。奎克尔内克参加了战斗，还担任"伊拉斯谟号"的船长，后来战死。参见加藤三吾『三浦の安針』、東京：明誠館書店、1917 年、176 頁；又见 John Saris, *The Voyage of Captain John Saris to Japan*, *1613*, London：Hakluyt Society, 1967, p. 68。

③ 实际上，荷兰指挥官曼特立夫在 1605 年就已经派遣 2 艘小船前往日本。其中的"米德尔堡号"于 1606 年 8 月在拉查多（Rachado）海角失踪。另一艘船亦未能成功抵日，其原因不详。从时间上看，其中一艘应该由米尔切·范·桑特沃特指挥。

④ ［葡］科斯塔：《耶稣会士和新教徒到达日本》，蔚玲译，《文化杂志》2007 年总第65 期。

⑤ Grant. K. Goodman, *Japan and The Dutch 1600 – 1853*, London：Curzon Press, 2002, p. 10.

⑥ 另说，在 1607 年，荷兰东印度公司再次派船队（13 艘船）赴东亚，目的地之一为日本。参见 Yetaro Kinosita, *The Past and Present of Japanese Commerce*, New York：Columbia University Press, 1902, p. 66。

⑦ ［葡］科斯塔：《耶稣会士和新教徒到达日本》，蔚玲译，《文化杂志》2007 年总第65 期。

（*Rode Leeuw met Pijlen*）和 "格里芬号"（*Griffioen*），前往东亚①。其航行任务为：在台湾海峡抢劫葡船（巨船）；完成奥兰治亲王的使命，到日本开展商贸调研。船队在经过帕塔尼时，采购了些生丝、胡椒和铅。装载商品并非为了经商，而是一种掩饰或借口。如果他们劫船失败，又空手抵日，幕府很可能怀疑其赴日目的。若带来商货，则可以借口通商，进行解释。由于时间估算错误，荷兰人的劫船计划失败②。1609 年7 月1 日，荷兰人带着少量商品到达平户。有资料记载道："1609 年，澳门葡船（巨船）顺利靠岸长崎。此外，平户还出现了两艘挂着不同旗帜的'黑船'，这令所有人吃惊。他们为追捕葡船而来，平户大名松浦隆信和其祖父法印喜出望外，他们一直嫉妒长崎的繁荣，早就希望其他欧洲船能给平户带来同样商机。"③ 隆信向荷兰人送去各种物资，荷兰人还为此鸣炮致谢④。

荷方的外交使节是布雷克和尼古拉斯·佩克（Nicolaes Puyck）。荷兰人抵日后，找到威廉·亚当斯，聘他担任翻译员、顾问和谈判代表。在亚当斯的陪同和指点下，荷兰人顺利谒见家康。荷兰人向家康呈上奥兰治亲王的书信，家康十分重视，并亲自回复。7 月25 日，家康在回信中（朱印状）写道："荷兰船不论所到何港，不可有怠慢，须遵守此旨，以为往来。"⑤ 朱印状允许荷兰人在日本任何港口自由登陆和往来，允

① "带箭的红狮号"（以下简称"红狮号"）装备了18 门火炮，有120 名船员，储备了3 年粮食。"红狮号"的重要乘客是荷兰贸易长官（日语称商事长）阿布拉哈穆·福安藤·布鲁克（アブラハムーフアンデンーブルーク）和雅奎斯·斯派克。"格里芬号"装备12 门火炮，贸易长官尼古拉斯·波伊库（ニコラスーボイク）乘坐此船。参见加藤三吾『三浦の安針』、東京：明誠館書店、1917 年、177 頁。

② 1609 年，荷兰船没有袭击巨船，因为台湾、泉州地区的雾气太浓，海面能见度极低。参见加藤三吾『三浦の安針』、東京：明誠館書店、1917 年、178 頁。

③ 岩生成一『日本の歴史・14・鎖国』、東京：中央公論社、1968 年、140 頁。

④ 加藤三吾『三浦の安針』、東京：明誠館書店、1917 年、179 頁。

⑤ 荷兰至今仍保存有日荷通商的朱印状。原文如下："おらんだ船日本へ渡海之時、何之浦に雖為著岸、不可有相違候、先後旨異議可被往來、聊東意有間敷候也、仍如件。慶長十四年七月二十五日"。参见加藤三吾『三浦の安針』、東京：明誠館書店、1917 年、180 頁。学者马丁对此也有记载："荷兰船可在日本任何港口停靠，日本人不得骚扰他们。如果可能，要尽力提供帮助，并友好地对待他们。"参见 Robert Montgomery Martin, *China; Political, Commercial and Social in an Official Report to Her Majesty's Government*, Vol.1, London：Brewster and West, 1847, p. 309。

许其建商馆，并保证安全。此外，荷兰人可以买卖任何商品，且价格不受限制。荷兰人也答应将军，每年派 1—2 艘商船抵日①，此为日荷贸易之开端②。

1609 年 9 月 20 日，荷兰人在平户建立商馆③。选择平户有两点考虑：（1）在平户，将军能够提供保护。平户大名也欢迎荷兰人，安全的贸易环境对荷兰人尤为重要。（2）长崎已被葡人控制，荷兰人难以撼动其势力，葡商也不愿意与其他欧洲商人同享此港。平户的地理条件虽不如长崎，但没有其他（欧洲）国家来竞争。

荷兰商馆的第一任指挥官是雅奎斯·斯派克（Jacques Specx），其职责为管理商馆和经营贸易④。商馆最初有荷兰籍常驻员工（日本文献称馆员）5 名，翻译员 1 名，杂役 1 名⑤。商馆初期的规模较小，设施落后。随着贸易开展，商馆逐渐扩大。1611 年，荷兰人花费 14600 库鲁扎多白银来改造商馆⑥。除了平户，荷兰人还在江户、大阪、京都、浦贺、骏府、堺、长崎设立分馆或办事（代理）机构⑦。在日本，荷兰人只需贿赂将军、幕吏和地方官，即可免税⑧。

葡人得知日荷建交后，焦急万分。他们立即表示，如果荷兰人参与到对日贸易中，必将破坏日葡关系。葡商和耶稣会甚至密谋破坏日荷关系。耶稣会记载道："荷兰人初抵平户时，耶稣会就想赶走他们，我们应该利用这点，损毁其形象。要让日本人知道，荷兰人就是海盗，平户想取代长崎

① John Saris, *The Voyage of Captain John Saris to Japan*, *1613*, London：Hakluyt Society, 1967, p. 8.

② Matthew Calbraith Perry, *Japan Opened*：*Compiled Chiefly from The Narrative of the American Expedition to Japan*, *in The Years 1852 – 1854*, London：The Religious Tract Society, 1858, p. 14.

③ 荷兰语称商馆为 Factory 或 Comptoire。

④ C. R. Boxer, *The Christian Century in Japan 1549 – 1650*, Manchester：Carcanet Press, 1993, pp. 288 – 289.

⑤ 杂役的主要工作是保管商品，通常为日本人。加藤三吾『三浦の安針』、東京：明誠館書店、1917 年、182 頁。

⑥ 村上直次郎『西洋商業史』、東京：明治大学出版部、1900 年、171 頁。

⑦ 高須芳次郎『海の二千六百年史』、東京：海軍研究社、1940 年、153 頁。

⑧ James Murdoch, Isoh Yamagata, *A History of Japan*：*During the Century of Early Foreign Intercourse*（*1542 – 1651*）, Kobe：Office of the "Chronicle", 1903, p. 585.

的地位。"① 传教士赛尔凯拉告诉日本人，不要对荷兰人抱幻想，他们不能兑现承诺（给日本带来中国商品）。葡人还试图袭击荷兰商馆，但未成功。

在贸易商品上，荷兰人复制了葡人的经验。其带来的商品与葡船商货大致相同②，以生丝、黄金、布匹为大宗。另外，荷兰人带来一些欧洲新奇事物，如显微镜、望远镜、闹钟、铅笔和化学制品等③。荷兰从日本输出陶器、漆器、雕刻品、屏风、壁纸、米、酒、酱油、茶、烟草、武器（冷兵器）④、鲑鱼和海豚肉等商品，大宗输出品仍然是白银。

17 世纪头 20 年，日荷贸易增长缓慢。但在 30 年代，其贸易量逐渐逼近葡萄牙。荷兰人用大部分精力来开发日本市场。此时的葡萄牙开始走下坡路，日荷贸易得到发展机会。1635 年，幕府全面禁止日本本国海运，任何日本船不得出海或回国。荷兰人抓住机会，取代日本人和其他欧洲人，成为暹罗、马尼拉以及东南亚各地的转手商人。同年，外交上的不平衡已在葡、荷之间显现。葡商只能在（人工岛）出岛做生意，而且必须受监视。1638 年，荷兰向日本运入总价值为 3760000 盾（gulden，荷兰货币单位）的商品。同年，幕府考虑彻底锁国。当时的荷兰已经取代葡萄牙，成为日本最大的贸易伙伴，不过幕府仍不放心。9 月，幕府仔细分析了荷兰商馆提供的《本年度荷兰船来航平户输入品备忘录》，资料由平户大名松浦镇信令商馆上交。与此同时，幕府派人频繁咨询商馆，以确认荷兰的贸易能力。

1639 年，荷兰正式取代葡萄牙，成为日本唯一的欧洲贸易伙伴。5 月22 日，酒井忠胜告诉商馆新任指挥官卡隆⑤（Caron），幕府打算驱逐葡人，

---

① ［葡］科斯塔：《耶稣会士和新教徒到达日本》，蔚玲译，《文化杂志》2007 年总第65 期。

② 1609 年，荷兰人带来价值 15231 盾的生丝、12000 担胡椒、2000 斤铅以及将军和大名需要的枪炮、火药、棉纱和棉布等货物。参见村上直次郎『西洋商業史』、東京：明治大学出版部、1900 年、161 頁。

③ Neil Pedlar, *The Imported Pioneers*, *Westerners Who Helped Build Modern Japan*, New York：Palgrave Macmillan, 1991, p. 41.

④ 后来，幕府严禁荷兰人从日本运出武器和日本地图。参见村上直次郎『西洋商業史』、東京：明治大学出版部、1900 年、205 頁。

⑤ 科克贝克尔离开日本后，弗朗科伊斯·卡隆（Caron）接任商馆指挥官（1639 年 2 月 4日至 1641 年 10 月 24 日）。

并有意将朱印状仅授予荷兰人。经过多年的精心经营，荷兰人终于看到胜利曙光。卡隆随即表示愿意积极配合，一定不负将军信任。两个月后，幕府发布锁国令，驱除葡船。1640 年，日荷贸易额跃升至 4000000 盾①。

四 荷兰人在日本成功的原因

有学者认为，17 世纪的荷兰人能够在亚洲立足，依靠的是赤裸裸的暴力，荷兰人为了霸占马六甲，曾向当地葡萄牙总督行贿。1641 年，总督允许他们进城后，荷兰人为了节省 21875 镑的贿赂金，将总督杀死②。马六甲的荷兰人可能是这样，但在日本，荷兰人的成功并非完全依靠暴力。1640 年以后，荷兰成为唯一与日本通商的欧洲国家，也是唯一在日建商馆的国家，这种关系一直维持到 19 世纪中期美国人培里叩关。17 世纪，荷兰成为欧洲诸国中仅有的幸存者，其中的原因值得我们深入探讨和分析。

（一）东印度公司的优越性

荷兰"联合东印度公司"（荷兰语为 De Vereenigde Oost-Indische Compagnie，简称 VOC）成立于 1602 年，荷兰六个地区的商会按比例出资，兴建公司。六地的出资额为：阿姆斯特丹 3687415 盾（guilder）；米德尔堡或热兰（Middelburg or Zeeland）1306655 盾；恩奎热（Enkhuizen）541562 盾；德尔福特（Delft）470962 盾；霍恩（Hoorn）268430 盾；鹿特丹 174562 盾；总资本为 6449586 盾③。公司的决策层为 17 人会议（Heeren 17），各地按出资比例选派代表，阿姆斯特丹 8 名、热兰 5 名，其他地区各一名。公司总部设在阿姆斯特丹④。

公司的主要业务在亚洲，不但开展商贸活动，还代表荷兰政府签订条约、发动战争及建立据点，并且在亚洲充当荷兰临时政府。公司还对亚洲

① James Murdoch, Isoh Yamagata, *A History of Japan*：*During the Century of Early Foreign Intercourse*（*1542 - 1651*），Kobe：Office of the "Chronicle", 1903, p. 637.

② Abbe Resnal, *A Philosophical and Political History of the Settlements and Trade of the Europeans in the East and West Indies*, *Volume 1*, translated by J. Justamond, Dublin：John Exshaw, 1776, p. 176.

③ 外山卯三郎『南蛮船貿易史』、東京：東光出版株式会社、1943 年、466 頁。

④ Grant. K. Goodman, *Japan and The Dutch 1600 - 1853*, London：Curzon Press, 2002, p. 10.

天主教进行经济、军事双重打击，削弱西葡势力是其主要任务之一①。可以说，荷兰人在亚洲的主要活动几乎都与公司有关。博克舍称公司为"国家中的国家"②。岩生成一更是认为："荷兰东印度公司具备近代株式会社（股份公司）性质，公司受荷兰政府保护，在亚洲享有各项垄断权，西、葡缺乏类似组织。"③ 在"四国贸易"阶段，荷兰人在日本最终取胜，很大程度上要归功于荷东公司的成功。这是公司制度优于大船长制度、现代模式强于传统模式的结果。

17 世纪初，荷东公司确立了东亚贸易的重点，将注意力集中于日本。公司称："尽管我们在中国海有了立足之地（台湾岛），但贸易情况仍不能令人满意。我们应该放弃中国沿海，尽量考虑日本市场。"④ 实践证明，公司做出了正确选择。

（二）荷兰东亚贸易网的成功建立

相比英国人，荷兰人深谙日本贸易之道。他们知道，如果要在亚洲搞贸易，就必须建立合理的贸易网络，因此有意识地借鉴了葡国经验。1614年，荷兰商人扬·彼得松·库恩致函荷东公司，谈及怎样经营亚洲，怎样利用贸易利润运作公司，怎样将亚洲商货运往欧洲。荷兰人成功加入亚洲市场，必须感谢"前辈"——葡萄牙人，正是其建立的贸易网络成就了荷兰的成功⑤。荷商奥登巴内维特（Oldenbarneveldt）认为："荷东公司全面收集西葡的商业资料，并认真分析和仔细研究。这方面他们胜于英国人，也避免了被幕府将军驱逐。"⑥ 通过此举，荷兰人建立了一个系统的

① Natalia Tojo, "The Anxiety of the Silent Traders: Dutch Perception on the Portuguese Banishment from Japan", *Bulletin of Portuguese/Japanese Studies*, Vol. 1, Universidade Nova de Lisboa, Portugal, 2000, p. 117.

② Warren I. Cohen, *East Asia at the Center: Four Thousand Years of Engagement with the World*, New York: Columbia University Press, 2000, pp. 200 – 201.

③ 岩生成一『日本の歴史・14・鎖国』、東京：中央公論社、1968 年、143 頁。

④ Natalia Tojo, "The Anxiety of the Silent Traders: Dutch Perception on the Portuguese Banishment from Japan", *Bulletin of Portuguese/Japanese Studies*, Vol. 1, Universidade Nova de Lisboa, Portugal, 2000, p. 112.

⑤ Om Prakash, *Euro-Asian Encounter in the Early Modern Period*, Kuala Lumpur: University of Malaya, 2003, p. 26.

⑥ C. R. Boxer, *The Christian Century in Japan 1549 – 1650*, Manchester: Carcanet Press, 1993, p. 287.

东亚贸易网。

为了方便对日贸易，荷兰人尝试在日本附近建据点。他们一度把朝鲜作为对象，不过朝鲜曾被日本侵略，日朝矛盾不利于贸易开展。而且朝鲜依附中国，强行登陆或率兵征服都很困难。据林奇顿描述，亚洲地域宽广，很多地方可供选择。荷兰人知道亚洲贸易的关键在中国，就像日葡贸易的关键是澳门一样。1604年，荷兰人曾经尝试与中国沟通，但明朝闭关，很快就被拒之门外。此举还遭到澳门葡人的坚决反对和强烈阻挠。1607年，他们再次与中方交涉，仍然被拒。

多次尝试均遭失败后，"荷兰人放弃直接开发中国市场，决定间接与中国发生关系，他们开始在万丹、卡利卡特和苏拉特（Surat）采购中国货"[1]。从巴达维亚到平户，荷兰人建立了多处据点，功能各不相同。荷兰人穿梭其间，充当中间商角色。其中，连接日本、南亚和东南亚的三角贸易网最重要，中心为平户、印度和香料群岛。荷兰人在南亚购入纺织品，销往东南亚。然后在东南亚购买生丝、苏木及海产品，运往日本。最后从日本换得白银，再次投入东南亚和南亚市场。学者苏布拉马尼亚姆曾道："荷属亚洲贸易的三大要素为印度布匹、中国生丝和东南亚香料。他们从亚洲各地收购或抢劫布匹、生丝，然后运到东南亚换取香料，最后从日本换走大量白银，在中国或其他地方换得黄金（各地金银价格不同），运回欧洲。"[2] 学者包乐史总结道："荷兰人的胡椒贸易不需花费欧洲资金，用对日贸易所获利润（白银）来支付即可。"[3] 如果胡椒有余，还可以运回欧洲赚钱。

1622年，荷兰人还曾袭击过澳门，企图驱逐葡人，霸占据点，未能

---

① 高淑娟、冯斌：《中日对外经济政策比较史纲——以封建末期贸易政策为中心》，清华大学出版社2003年版，第187页。

② ［美］桑贾伊·苏布拉马尼亚姆：《葡萄牙帝国在亚洲1500—1700：政治和经济史》，何吉贤译，纪念葡萄牙发现事业澳门地区委员会，1997年，第221页。

③ Leonard Blusse, "The Origin and Rhythm of Dutch Aggression against the Estado da India, 1601–1661", George D. Winius, *Studies on Portuguese Asia*, *1495–1689*, Aldershot: Ashgate Variorum, 2001, p. 79.

成功，但这引起葡人的警惕①。另外，荷兰还想占领马六甲。狭长的马六甲海峡是印度至远东航线的重要通道，商业和战略意义非同寻常。荷兰人认为，占领马六甲不仅有助于他们在南亚和东南亚经商，还可洗劫通过这里的西、葡船②。

（三）亚当斯对荷兰人的积极作用

荷兰商馆首任指挥官斯派克奉命与亚当斯建立关系。虽然亚当斯不直接参与日荷贸易，但对双方起到重要作用。

亚当斯很早就向荷兰提出贸易建议："你们不需要从欧洲带来资金，因为日本盛产金银。只需将铅、生丝、绸缎、棉布等商品带来，便可赚得大量白银。"另外，亚当斯还简要介绍了日本情况："日本人表面上淳朴友好，实际上好战。日本的制度、律法完备，统治秩序井然。他们主要信仰佛教和儒教。他们对欧洲船不反感，如果英、荷商船抵靠日本港口，定会受到欢迎。"③ 1611 年，荷兰船"布里克号"（Braeck）来到平户，大名热情接待了荷方代表斯派克及塞格尔鲁（Segerszoon），将军也欢迎他们。其中很大功劳要归于亚当斯，他是日本的外贸、外交顾问兼翻译员，深得将军信任。他不但向将军介绍荷兰的情况，还尽力帮助荷兰人建商馆。

信仰新教的亚当斯自然不能与耶稣会和睦相处，他经常在将军面前宣传西葡威胁论。家康曾经询问亚当斯："你怎样看待耶稣会？"对于此问题，家康明显问错了人。新教徒亚当斯告诉将军："西葡商人是天主教的先遣队，他们到处探险是为了绘制地图。随后西葡国王就会派传教士来教化民众。最后西葡军队将登陆日本，进行征服。"④

第二批荷兰人（1609）抵日前，亚当斯的威胁论并没有产生实际效果。但耶稣会已经意识到亚当斯极具威胁，试图赶走他。1606 年，罗德

① C. R. Boxer, "Portuguese and Spanish Rivalry in the Far East During the 17th Century", *The Journal of the Royal Asiatic Society of Great Britain and Ireland*, Dec. , 1946, No. 2, p. 158.

② C. R. Boxer, *Portuguese Merchant and Missionaries in Feudal Japan, 1543 – 1640*, London: Variorum Reprints, 1986, p. Ⅰ17.

③ Robert Montgomery Martin, *China; Political, Commercial and Social in an Official Report to Her Majesty's Government, Vol. 1*, London: Brewster and West, 1847, p. 294.

④ Bauser, S. Wise, *The Story of the World: History for the Classical Child, Volume 3: Early Modern Times*, Charles City: Peace Hill Press, 2004, p. 99.

里格兹在江户与亚当斯会面，并送给他一张通行证。他告诉亚当斯："你可以前往长崎，坐船离开日本，耶稣会能安排一切。"[1] 但亚当斯拒绝了耶稣会的"好意"。家康的禁教对葡商也造成负面影响，为幕府服务的传教士已经被将军驱逐，葡商只能依靠亚当斯充当翻译员和顾问。亚当斯表示不计前嫌，愿意担当荷、葡的共同翻译员。这可能是其一面之词，他骨子里憎恨天主教。虽然亚当斯的日本妻子是天主徒，有可能他的孩子也是天主徒，但他仍然消极评价耶稣会、修道士以及西葡人，至少不会尽力帮助他们[2]。一位西班牙商人试图劝说家康驱除英荷人，特别是荷兰人，因为他们反抗西班牙的统治。亚当斯听说后非常愤怒，立即反驳，他告诉家康，信仰天主教的西班牙人企图征服世界，日本也在其计划当中[3]。

（四）抢劫商船为日荷贸易奠定基础

初到亚洲的荷兰人并非商人，更像海盗。海上抢劫是其获利的主要方式，并为其开展贸易提供了资源。据西葡人描述，荷兰人必须抢夺足够货物才能做生意，因此其初期积累显得野蛮和血腥。在 17 世纪初，荷兰人寄予厚望的香料贸易并未带来巨额利润。为了维持荷东公司正常运转，劫掠远东海域的商船是筹措经费最快、最好的办法。荷兰人并未如愿打开中国大门，他们甚至不能从其他亚洲国家采购足够货物，便开始了劫船。荷兰海军在亚洲所向披靡，少有军队能与之抗衡。荷兰人成为国家背书的海盗。

荷兰人的主要抢劫对象是西葡船、中国船，满载货物的澳门巨船是其首要目标。1602 年，英、荷联合抢劫了一艘从印度开往马六甲的葡船，船上装载价值 300000 库鲁扎多白银的货物[4]。1603 年 2 月，澳门葡船遭

① ［葡］科斯塔：《耶稣会士和新教徒到达日本》，蔚玲译，《文化杂志》2007 年总第 65 期。

② C. R. Boxer, *The Christian Century in Japan 1549 – 1650*, Manchester：Carcanet Press, 1993, p. 290.

③ Neil Pedlar, *The Imported Pioneers*, *Westerners Who Helped Build Modern Japan*, New York：Palgrave Macmillan, 1991, p. 36.

④ 英、荷船的指挥官分别为詹姆斯·兰卡斯特（James Lancaster）和约里斯·范·斯皮尔伯格（Joris Van Spilbergen）。参见 Warren I. Cohen, *East Asia at the Center*：*Four Thousand Years of Engagement with the World*, New York：Columbia University Press, 2000, pp. 200 – 201。

遇来自新加坡的荷兰军舰，船上货物被洗劫一空①。这一年，荷兰人血债累累，他们甚至抢劫了一艘巨船。7 月 31 日，荷兰海盗头子威布兰特·范·沃尔维克（Wybrant van Warwijck）派两艘②战舰到中国沿海探险，途中发现满载的葡船正前往日本③。葡人害怕被新教徒杀害，大船长冈卡诺·罗德里格兹·德·苏萨（Goncalo Rodrigues de Sousa）遂选择弃船逃跑。荷兰人不战而胜，发现了被丢在岸边的巨船。船上有 1400 担生丝，价值约 140 万弗罗林，还有不少黄金。荷兰人花费了 11 天，才将巨船货物转移到荷兰船上。之后，他们放火烧毁巨船。荷兰人尝到甜头后，每年都想抢劫巨船。1609 年，荷兰人在平户设商馆销赃。对荷兰人不知疲倦的海上抢劫，1615 年英国人曾讽刺道："荷兰人走在所有外国人前面，他们'不辞辛劳'地从各地运来生丝、绸缎、天鹅绒和其他商品。他们对中国船特别感兴趣，因为船上有大量值钱货。日本倭寇也应该学习这种敬业精神。"④ 1629—1635 年，荷兰捕获或击沉 150 艘葡船，俘虏 1500 名葡人，抢夺价值 750 万色拉芬（约 75000 贯日本银）的财物⑤。

日本方面也隐约察觉荷兰人在亚洲海域的抢劫行为。1609 年，荷兰商船终于来到平户，货物的品种、数量却很少，这令日本人感到失望和疑惑。荷兰人答应次年一定带来更多商品。虽然家康并非轻信之人，但荷兰船在 1610 年没有来日，这令他也产生怀疑。平户的荷兰商馆头领解释道，荷兰"疲于率军对付西葡人，无暇顾及（安排）对日贸易"⑥。同时头领斯派克致函荷兰上司："日方开始怀疑荷兰人，将军认为我们不会经商，只会抢劫。今年没有澳门或马尼拉船赴日，我们无法获得（抢劫到的）商品。如果将军认定我们是海盗，而非商人，处境

---

① 荷兰船的指挥官为雅各布·范·西姆斯克尔克（Jacob Van Heemskerck）

② 两艘荷兰船分别为"伊拉斯谟号"和"拿骚号"，船长分别为克莱伊斯·简兹·范·迪克（Claes Jansz van Dijck）和克勒里斯·范·德·维恩（Cornelis van de Venne）。

③ 1602 年 6 月 17 日，范·沃尔维克率船队从欧洲（14 艘船）前往东方。

④ Conrad Totman, *Early Modern Japan*, Berkeley and Los Angeles：University of California Press，1993，p. 78.

⑤ 辻達也『日本の歴史・13・江戸開府』、東京：中央公論社、1967 年、264 頁。

⑥ 同年 4 月，（西属）菲律宾总督朱安·德·希尔瓦（Juan de Silva）率部队在马尼拉湾战胜荷军。

就很危险了。"① 斯派克感到焦虑，他察觉到日本人的疑心越来越重，于是租用朱印船，亲自到帕塔尼谈买卖。1611 年，荷兰船"布里克号"从帕塔尼返回平户，尽管没有带回令人满意的商品②，却瞒天过海地暂时消除了将军的疑虑，争取了时间③。就此甚至有人认为，"布里克号"才是第一艘"真正"意义上抵日的荷兰商船④。

最初，日本对荷兰的海盗行为持放纵态度。这是因为：（1）日本人虽然善战，但相比欧洲人，其海上实力较弱。日本人虽然能制造火枪，但仍顾忌荷兰人的火炮和大船。（2）将军利用欧洲各国的竞争，渔翁得利。只要不威胁幕府统治，日方可以忍受荷兰的海盗行为。（3）荷兰强悍的海上作风符合日本好战的口味，双方就此产生共鸣。一位荷兰人曾对大和民族进行过总结："日本人天生好战，他们能为荣誉坚持到底，战斗到死。"⑤

家康死后，幕府开始限制荷兰在日本近海的劫船行为。这出于几点考虑：荷兰的海上抢劫引起亚洲国家不满，特别是中国。如果日本想恢复中日贸易，就必须向荷兰施压；无论葡船还是中国船，都有将军、大名的贸易份额。为了保护投资，必须打击海盗。1634 年，幕府规定："日本市场的贸易季节结束后，荷兰船必须留在平户，待葡船离开日本 15—20 天后，才能开船。"⑥ 从表面看，这是幕府保护葡船的行为，实际上却另有原因，当时日商向澳门大量放贷，保护葡船是维护其自身利益；幕府担心荷兰的军力膨胀起来，若不限制，势必对日本造成威胁。1622 年 9 月，幕府向英、荷发布《海贼禁止令》："禁止英荷在日本近海抢劫商船；禁止英荷

---

① C. R. Boxer, *The Christian Century in Japan 1549 – 1650*, Manchester：Carcanet Press, 1993, p. 289.

② 1611 年，荷兰船带来铅、象牙、丝绸、塔夫绸、胡椒和棉布等商品。

③ 日蘭協会編『日本と和蘭』、東京：日蘭協会、1914 年、14 頁。

④ Yetaro Kinosita, *The Past and Present of Japanese Commerce*, New York：Columbia University Press, 1902, p. 67.

⑤ Yosaburo Takekoshi, *The Economic Aspects of the History of the Civilization of Japan*, Vol. 1, London：Routledge, 2004, p. 118.

⑥ Natalia Tojo, "The Anxiety of the Silent Traders：Dutch Perception on the Portuguese Banishment from Japan", *Bulletin of Portuguese/ Japanese Studies*, Vol. 1, Universidade Nova de Lisboa, Portugal, 2000, p. 122.

从日本输出武器、弹药和军粮；禁止英荷输出日本奴隶。"① 幕府采取均势手段，将军既不让葡人垄断市场，也不许荷兰独享特权。任何一方都不能占据绝对优势。

幕府施压之后，荷兰人有所收敛。他们很快就学会"选择性"地袭击葡船，知道哪些船该抢，哪些船不该碰。一些中国船上很有可能有日本权贵（商人）的投资，如果荷兰人胡乱抢劫其船，则有可能损害日方利益，影响到日荷关系②。1615 年，荷兰人就放过一艘巨船，因为船上载有家康将军的货物，他们不会愚蠢到侵犯将军的利益。1616 年，荷兰人还是没有袭击巨船，因为长崎奉行提醒他们："今年不要抢劫巨船，因为将军采购的货物在船上。"③ 1636 年，大船长多姆·冈卡诺·达·希尔瓦的葡船船队在台湾海峡遭遇荷舰，荷兰军官简·范·登·博格（Jan Van den Burgh）没敢动手，就是害怕侵犯到日本官商的利益（投资）。

劫掠并非长久之计，随着贸易的开展和幕府的限制，荷兰人的海盗角色开始淡化，逐渐转变为真正商人。其实幕府一直希望荷兰人不要过多劫船，但荷兰人最初不听规劝，为了获取商货，宁肯冒险。随着幕府施压，荷兰人才有所收敛。其实他们也明白，抢劫获得的资金和商品并不稳定，只有贸易才能保证长久利润。1621 年，荷兰已建立多个亚洲据点，能够稳定地获得一定数量的商品，劫船行为明显减少④。随着荷东公司逐渐成熟，荷兰人即使不抢劫，也能正常运作贸易。同时日荷关系趋于稳定，他们在日本获得诸多贸易特权。再加上葡国势力衰落，荷兰人逐步转变为"合法"商人。

（五）与幕府建立良好的外交关系

荷兰人历来重视与幕府搞好关系，这是他们取胜的关键，他们经常抱

---

① 高瀬弘一郎『キリシタン時代の研究』、東京：岩波書店、1977 年、650～651 頁。

② ［日］村上直次郎原译：《巴达维亚城日记》第三册，程大学中译，台湾省文献委员会 1990 年版，第 72—73 页。

③ C. R. Boxer, *The Christian Century in Japan 1549–1650*, Manchester：Carcanet Press, 1993, p. 305.

④ Natalia Tojo, "The Anxiety of the Silent Traders: Dutch Perception on the Portuguese Banishment from Japan", *Bulletin of Portuguese/Japanese Studies*, Vol. 1, Universidade Nova de Lisboa, Portugal, 2000, p. 116.

怨葡人已经占得先机，新教徒一开始就处于不利地位，并要求与葡人同享待遇。在日本，荷兰人主要通过以下几种方式取得幕府的信任和赏识：

第一，在日本做到态度"端正"，荷兰人总是毕恭毕敬。荷东公司的负责人曾告诫平户员工："在日本，我们必须保持谦虚、恭敬和服从。只有这样，日本人才能友好地对待我们。'谦虚'即行为举止得当，不能狂妄自大；'恭敬'即不要嘲笑和讽刺日本人。在日本，我们就是低人一等；'服从'即我们一定不能违抗幕府的命令，必须服从日本习俗。总之，必须按照日本的方式、方法办事。"[1] 东印度公司的训诫成为平户商馆的座右铭，荷兰人也确实做到了按日本规矩办事。

荷东公司的管理层经常提醒平户商馆，必须遵守日本的规矩。1633年，将军规定荷兰人也必须遵从丝割符制度，日荷贸易遇到障碍。荷兰商馆指挥官科克贝克尔[2]违抗命令，在日本黑市交易商品，后来被平户大名发现并警告。科氏将此事上报亚洲总部，巴达维亚总督告诫其必须适应政策变化："你们不要在日本制造麻烦，必须适应形势，耐心等待机会。幕府不能容忍对抗，你们应该尽量谦恭，我们的角色就是可怜的商人。在这个国家，越是这样，就越能得到尊重。这是开展对日贸易的宝贵经验。"[3]17 世纪 30 年代，荷兰人一直在平静地观察着日葡关系。他们明显感到葡人的地位岌岌可危，荷东公司也隐约体会到"不战屈人"的快感。1634年，平户大名告诉荷兰人，将军打算驱逐葡人。荷兰更是按兵不动，耐心等待。

第二，荷兰人经常向将军告密，利用教商关系"做文章"。1611年，荷兰船在菲律宾附近拦截了一艘开往里斯本的葡船，并搜出一封秘信。信中称九州基督徒要谋反，还向欧洲求助。最终，幕府查出其主谋为佐渡奉行大久保石见守[4]。密信的真假令人怀疑，不过荷兰人对幕府

---

① Leonard Blusse, *Visible Cities: Canton, Nagasaki, and Batavia and the Coming of the Americans*, Cambridge: Harvard University Press, 2008, p. 21.

② E. 科克贝克尔的任职期为 1633 年 11 月至 1639 年 2 月。

③ Grant. K. Goodman, *Japan and the Dutch 1600 - 1853*, London: Curzon Press, 2002, p. 13.

④ 古賀文一郎『本邦商業史』、東京：隆文館、1906 年、97 頁。

表现出特有"诚意"，将军也赏识这种"忠诚"。家康禁教后，荷兰人
更是协助幕府，搜查潜伏的传教士。1620 年，日商平山常陈的朱印船
从马尼拉返回日本，途中被荷兰船（另有说法是英国船"伊丽莎白
号"）拦截。荷兰人发现船舱中藏匿了两名传教士①，于是将朱印船押
回长崎，交给幕府处理。经过两年审讯，平山常陈、两名外国传教士和
12 名朱印船船员，被处以火刑或斩首②，荷兰人大受褒奖。"平山常陈
事件"成为幕府禁止朱印船出海的导火索。幕府意识到，只要允许日本
人渡航海外，就很难限制传教士潜入。1635 年，荷兰船在好望角拦截
了一艘葡船，并搜出日、葡基督徒往来的信件，信中提到日本基督徒企
图联合葡萄牙，颠覆幕府统治。荷兰人将此信上交将军，再次得到赏
识。1636 年，巴达维亚总督得知，澳门葡人将授予在日殉教者崇高荣
誉③，于是报告幕府，鼓动将军惩办葡人。不过平户大名告诉荷兰人，
将军已知此事，这次告密意义不大。1637 年④，荷兰人又拦截一艘葡
船，并搜出叛国（日本）信件。写信人是狂热的天主徒小森，他希望
葡王能派兵征服日本⑤。荷兰人将信件交给幕府，将军大怒，颁布命令，
驱逐葡人及其家眷（此为原因之一）。

第三，荷兰人经常诋毁天主徒。荷兰虽不能在贸易上压倒葡萄牙，但
经常制造不利西葡的言论。西葡人曾谋害"利夫德号"船员未遂
（1600），荷兰人对此耿耿于怀。他们告诉将军，荷兰曾受西班牙控制，
西葡是政教合一的国家，一直想征服日本。家康也认为，荷兰虽然是基督
教国家，但不传教，不像西葡。1609 年，有马氏的朱印船因滋扰生事，
被澳门驱赶，幸存者向将军禀报此事。英荷趁此诋毁澳门，指责葡方处理
不当。1610 年，荷兰人莫里兹（Mauritz）更是散布谣言："耶稣会企图教

<hr/>

① 两名传教士分别为多明我会的路易斯·弗洛伊斯（Luis Flores）及奥古斯汀会的佩德
罗·祖尼加（Pedro Zuniga）。
② 外山幹夫『長崎奉行：江戸幕府の耳と目』、東京：中央公論社、1989 年、101 頁。
③ Grant. K. Goodman, *Japan and the Dutch 1600 – 1853*, London：Curzon Press, 2002, p. 13.
④ 另说为 1635 年。参见 Robert Montgomery Martin, *China；Political, Commercial and Social in
an Official Report to Her Majesty's Government*, Vol. 1, London：Brewster and West, 1847, p. 318.
⑤ Matthew Calbraith Perry, *Japan Opened：Compiled Chiefly from The Narrative of the American
Expedition to Japan*, in The Years 1852 – 1854, London：The Religious Tract Society, 1858, p. 9.

化所有日本人，推翻幕府政权，要让日本再次卷入内战。"①

第四，助战也是荷兰人向幕府表达忠诚的方式之一。1600 年，德川氏和丰臣氏展开关原之战，荷兰人动用"利夫德号"18 门火炮，协助家康作战②。1607 年，日葡在澳门发生冲突。荷兰人当时正好抢劫了一艘葡船，然后献给将军。1614 年，幕府还雇用荷兰军队，使用其火炮，来稳定局势③。在 1638 年的岛原起义中，荷兰曾出兵协助将军，镇压农民军。原城决战中，荷兰人更是充当了刽子手角色。开战初期，幕吏松平信纲求助于科克贝克尔。科氏立即答应，并派舰队抵达原城，从海上和陆上发动炮击。荷军（80 名荷兰士兵④）在 15 天的战斗中，向原城发射了 422 发炮弹（海上 124 发，陆上 298 发⑤）。荷兰人的助战遭到舆论的强烈谴责。日本国内指责幕府，认为将军借外国人助战是耻辱。在西方，荷兰因参与攻击基督徒，而受到舆论攻击，欧洲教会大肆批评荷兰人镇压基督徒，毕竟他们也信仰基督。荷兰人辩解道："我们帮助的是正义一方，只不过多数起义者是教徒而已。"⑥ 荷兰人的助战赢得了将军信任，有学者指出，这也是 1639 年荷兰人未被幕府驱逐的重要原因。岛原起义后，荷兰人又向将军进献两门铜制大炮，并传授制炮技术⑦。将军对此举大加称赞：

① Marius B. Jansen, *The Making of Modern Japan*, Cambridge：Harvard University Press，2002，p. 74.

② Doolan Paul, "The Dutch in Japan", *History Today*, Vol. 50, Issue 4, April 2000, p. 36.

③ 林煌、宮崎成身等編『通航一覧』第六、東京：泰山社、1940 年、247 頁。

④ James Murdoch, Isoh Yamagata, *A History of Japan：During the Century of Early Foreign Intercourse（1542 – 1651）*, Kobe：Office of the "Chronicle"，1903，p. 672.

⑤ 另说，岛原起义时，科克贝克尔应将军请求，令荷兰军舰"莱普（ライプ）号"装载火炮 15 门，并率荷兰士兵（80 人）参战。战斗中，荷军向原城发射了 426 发炮弹。参见加藤三吾『三浦の安針』、東京：明誠館書店、1917 年、277 頁。

⑥ Grant. K. Goodman, *Japan and The Dutch 1600 – 1853*, London：Curzon Press，2002，p. 15.

⑦ 岛原起义中，荷兰人使用了两种火炮，一种是从"利夫德号"上拆下，其使用的弹药重 5 磅。另一种从平户运来，其弹药重 12 磅。当有荷兰士兵被杀后，火炮队便退出了战斗。火炮队轰击城墙时，射程只到城墙边。岛原被击败后，日本统帅松平信纲来到平户，要求荷兰人增加火炮射程，以解决攻城难题。1639 年，荷军中的德国炮手汉斯·沃尔夫冈·布朗（Hans Wolfgang Brawn）为幕府建造了 3 门火炮，火炮被运往江户接受检验。结果一门火炮爆炸，炸伤炮手。另外两门被装备到幕府军队中。1640 年，平户又制造出 7 门火炮。参见 Seiho Arima, "The Western Influence on Japanese Military Science, Shipbuilding, and Navigation", *Monumenta Nipponica*, Vol. 19, No. 3/4 (1964), Published by：Sophia University, pp. 354 – 355。

"若使用火炮，则能攻破所有城池要塞。"① 荷兰强大的火炮实力在某种程度上打消了将军驱逐葡人的顾虑（将军害怕葡人的火炮），进一步加快了锁国步伐②。

第五，荷兰人每年都向将军、大名和幕吏进贡。他们一直努力融入日本文化，并以此为基础，逐步与幕府建立稳定的外交关系。在亚当斯的指导下，荷兰人迅速掌握日本礼仪。坎普菲尔描述道："荷兰人在平户建立商馆后，想尽一切办法取悦日本统治者，他们向将军送去最贵重的礼物，设法讨好幕吏、平户大名及一切能提供帮助的日本人。"③ 1609年，荷兰人抵日，请求通商。使节向将军敬献两个礼盒、350斤生丝、3000斤铅及两支象牙④。同时，向松浦法印送去火枪、生丝和缎子等礼物，还将橄榄油、葡萄酒和铅等礼物赠送给长崎奉行⑤。

（六）荷兰人不传教

荷兰的成功还源于其宗教政策，他们从不在日本传教。荷兰人知道，基督教在日本不受欢迎，而且发现传教已威胁到幕府统治。所以，他们采取只经商，不传教的策略。在西非，一位荷兰商人说过："当我发现金矿时，认为金子便是上帝。"⑥ 这虽然不代表所有新教徒的看法，却反映了新教与资本主义的关系。新教教义鼓励资本家追求商业利润，这与天主教恰好相反。史学者俄内斯特·S.道齐认为："荷兰人在日本不传教，坚持按日本的传统习俗办事，这是他们取胜的关键。"⑦

有学者把荷、葡概括为"一棵树两根枝"，即同一宗教，不同宗派。欧洲人当然知道新旧教的异同，但对日本人来说，无论从外表还是内在，

---

① 行武和博「寛永後期における幕府の対外政策とオランダ船貿易」、藤野保編『近世国家の成立・展開と近代』、東京：雄山閣出版、1998年、59頁。

② 幕府曾担心葡人被逐后进行军事报复，特别是惧怕葡国火器。

③ Engelbert Kaempfer, *Kaempfer's Japan：Tokugawa Culture Observed*, Edited, Translated, and Annotated by Beatrice M. Bodart-Bailey, Hawaii：University of Hawaii Press, 1999, p. 187.

④ 渡辺修二郎『外交通商史談』、東京：東陽堂、1897年、211頁。

⑤ 加藤三吾『三浦の安針』、東京：明誠館書店、1917年、183頁。

⑥ Harvey M. Feinberg, *Africans and Europeans in West Africa：Elminans and Dutchmen on the Gold Coast During the Eighteenth Century*, Philadelphia：The American Philosophical Society, 1989, p. 30.

⑦ Ernest S. Dodge, *Islands and Empires：Western Impact on the Pacific and East Asia*, Minneapolis：University of Minnesota Press, 1976, p. 256.

要区分他们实属不易。日本人也曾怀疑荷兰人的承诺，将军听说他们也在其他地方传教。对此，荷兰人立即解释："西葡教会的权力比国王还大，国王必须服从教皇。但新教只是一种精神信仰，荷兰教会和政府并不服从教皇，这和天主教有很大不同，不会对幕府造成任何威胁。"① 鉴于此，将军暂时放心。

（七）与英国亦敌亦友

在日英国人，或者说在亚洲的英国人，既是荷兰的盟友，也是竞争对手。荷兰人非常"聪明"地利用了英荷关系，发展亚洲势力。

一方面，英、荷同为新教国家，其共同敌人是西葡，当对手强大时，荷兰就联合英国。1618—1619 年，英荷经历了短暂而激烈的冲突后，结为同盟。他们联合起来对付西葡，抢劫其商船。1619 年 6 月，双方在伦敦签订《防御协议》。1620 年，英荷（东印度）公司同盟（The Union of the English and Dutch Companies）成立，组成联合防御舰队（Fleet of Defence）② 舰队最初有战舰 12 艘，后来发展到 20 艘。一半布防于帕塔尼，一半停泊于平户③。1620 年 4 月，协议传达到亚洲的巴达维亚，正式生效。双方同意在香料群岛共享利益，2/3 的香料归荷兰，1/3 归英国。英荷同盟用"防御"二字似乎不太恰当，因为西葡一直处于劣势，要说"防御"，用在西葡一方似乎更合适。而且同盟的宗旨为："只要遇到西葡船，就立即恐吓、攻击或抢劫。在日本沿海，除了长崎，其他地方一旦遇见西葡船，必须阻止其抛锚，并灭之于海上。"④ 如果有中国船赴日，英荷舰队暂时按兵不动。待其完成贸易，离开日本时，再抢劫。由此看来，英荷同盟重在"进攻"，而非"防御"。

另一方面，当日本（贸易）市场陷入激烈竞争时，荷兰为了利益，

---

① Natalia Tojo, "The Anxiety of the Silent Traders: Dutch Perception on the Portuguese Banishment from Japan", *Bulletin of Portuguese/ Japanese Studies*, Vol. 1, Universidade Nova de Lisboa, Portugal, 2000, p. 123.

② 武藤長蔵『日英交通史之研究』、京都：内外出版印刷、1942 年、48 頁。

③ 日蘭協会編『日本と和蘭』、東京：日蘭協会、1914 年、25～26 頁。

④ C. R. Boxer, *The Great Ship from Amacon*, Macau: Instituto Cultural de Macau, 1988, p. 98.

也可以抛弃盟友。他们照样抢劫英国船，以武力威胁英国人。英、荷商馆都在平户，其距离以步行速度计算，仅需15分钟①。两馆之间就像安置着"炸弹"，一有火花，就会爆炸。另外，英国一贯坚持薄利多销，以扩大销路。这一原则与荷兰厚利少销的策略恰好相反。为此，英国商馆经常遭荷兰人骚扰。在对日贸易中，英、荷虽然同是新教国家，但后者占尽上风。看来英国人退出日本，成全荷兰人独霸日本，也许是明智之举。

另外，相比葡人，荷兰没有被借贷问题所纠缠。荷兰商馆得到政府、王室、荷东公司的大力支持和资助，同时在亚洲海域占尽优势，无须再向日本人借款、贷款。17世纪三四十年代，当葡人被借贷问题搅得焦头烂额时，荷兰人却显得淡然，他们只需等待葡人宣布破产。

五　日本锁国后荷兰的情况

葡人被逐后，唯一留在日本的欧洲人即荷兰人了。不过现实与期待存在差距，或者说情况不像荷兰人预想中的那样好。

1639年，幕府也警告中国商人及荷兰人，如果夹带传教士入日本，就烧毁他们的船只。为了监督荷兰人，幕府承诺重赏告密者。同年②，荷兰商馆迁往出岛，荷兰人被控制在专区活动，就像以前的葡人一样。对这意料之外的遭遇，荷兰人向幕府抗议。他们认为，老将军（家康）非常友好，为什么第三代将军（家光）如此刻薄。幕府使者的答复让其更加失望："家光将军让我告诉你们，贸易对我们来说无足轻重。就是考虑到家康公曾赋予你们特权，才留下你们。现在你们必须从平户撤出，也不能在长崎经商，只能在出岛活动。"③

---

① 时至今日，人们仍然可以找到英、荷平户商馆的痕迹。进入平户港口后，右边是石料堆砌的荷兰码头遗址，当年这里矗立着荷兰人的灯塔（称"常灯之鼻"）。英国商馆的遗迹较少。据荷兰海牙文书馆收藏的《元和七年平户古图》显示，英国商馆距离荷兰商馆很近。今天平户亲和银行到市政府一带应该就是英国商馆原址。参见日蘭協会编『日本と和蘭』、東京：日蘭協会、1914年、23頁。

② 另说，1641年7月24日，荷兰人被迫迁往出岛。

③ Grant. K. Goodman, *Japan and the Dutch 1600–1853*, London：Curzon Press, 2002, pp. 16–18.

出岛位于长崎附近，是 1631 年由长崎商人出资，为葡人修建的人工岛。出岛呈扇形，被高木板包围，上竖铁叉，下有厚厚石基。岛的北面有两扇水门，商船到来或离开时，就会打开，其余时间均紧闭。总的来说，出岛更像监狱或集中营①。入口贴上醒目的标记："日本人不得入内，荷兰人不得外出。"② 出岛和陆地由石桥连接。在出岛，荷兰人每年支付 5500 两白银的租金。岛上建有仓库和住房，供荷兰员工、日本翻译员和监管人员使用。出岛上还腾出空地，种植蔬菜，圈养家禽。淡水通过竹管从陆地引入，驻出岛的荷兰长官称指挥官（荷兰语为 op-perhoofd，英语为 chief factor），日语称"商馆长"或"甲比丹"（估计源自葡语的 capitão）③。荷兰籍员工包括：一名医生、一名资料员、几名助手及一些黑奴。未经允许，荷兰人不得走出石桥④。在平户，荷兰人能够与大名、地方官自由往来，携带枪械，甚至拥有军队。但在出岛，这些都被禁止。

1640 年，日荷贸易额达到 400 万盾（gulden）⑤。尽管这样，新任指挥官弗朗科伊斯·卡隆（Francois Caron）仍然高兴不起来，他到江户谒见将军时，还被冷落。幕吏告诉荷兰人："从某些方面来说，新教与天主教一样。所以你们必须撤出平户，并停止安息日活动（宗教活动）。"⑥ 1640 年 8 月，荷兰人按照西方习俗，在屋顶上刻上用于计时的标记。由于此法源于基督教历法，反对者立即向幕府告发。日方随即派人损毁房屋，还要惩办荷兰人。由于卡隆态度谦恭，荷兰人最终被原谅。另外，幕府还禁止荷兰人参加日本国内的战（纷）争。

---

① Matthew Calbraith Perry, *Japan Opened*: *Compiled Chiefly from The Narrative of the American Expedition to Japan*, *in The Years 1852 – 1854*, London: The Religious Tract Society, 1858, pp. 10 – 21.

② James Murdoch, Isoh Yamagata, *A History of Japan*: *During the Century of Early Foreign Intercourse*（*1542 – 1651*）, Kobe: Office of the "Chronicle", 1903, p. 677.

③ 片桐一男『京のオランダ人：阿蘭陀宿海老屋の実態』、東京：吉川弘文館、1998 年、11 頁。

④ Marius B. Jansen, *The Making of Modern Japan*, Cambridge: Harvard University Press, 2002, p. 80.

⑤ Grant. K. Goodman, *Japan and the Dutch 1600 – 1853*, London: Curzon Press, 2002, p. 15.

⑥ Robert Montgomery Martin, *China*; *Political*, *Commercial and Social in an Official Report to Her Majesty's Government*, *Vol. 1*, London: Brewster and West, 1847, p. 311.

1641 年，幕府颁布《荷兰人在日活动条例》[1]，规定：荷、葡不得有任何联系，荷兰人不得买卖葡船商品。如有发现，必定严惩；荷兰人有义务向幕府报告葡人在亚洲的活动，特别是其企图征服某地或某国的行动；荷兰人不得骚扰、抢劫赴日中国船；若荷兰人在其他亚洲国家与葡人相遇，不得与之交往；如果出岛起火，荷兰人必须在监管员的带领下，前往附近小山躲避，不能随意行动；荷兰船运来的商品必须在当季销售完，不能故意囤货，禁止在日本市价居高时出售。此规定大大降低了荷兰对日贸易的利润。

面对如此多的限制，荷兰人感到失望和无奈。荷兰长官 H. 拉高卡（H. Nagaoka）这样安慰员工："面对不公平的待遇，我们只能遵守。如果要在日本立足，就只能做到谦卑和服从。"[2] 荷东公司也承认："我们要忍受幕府制定的所有规则，这样才能与他们保持关系，才能生存。日本不像其他亚洲地区，能够热闹地交易商品。但这不重要，我们至少能够安静地赚钱。"[3] 如果东印度公司拒绝服从规定，无疑会遭遇与西葡同样的下场。荷兰人在日本唯有服从，生怕与幕府发生一点摩擦[4]。

葡人被逐后，日荷贸易依然受限的原因有以下四方面。

第一，幕府对荷兰人有所防范，知道其武力强大。德川将军虽然不能控制整个亚洲的荷兰海军，却能减少其在日本沿海的猖狂活动（劫船等）。另外，幕府害怕荷兰人与地方大名串通一气。萨摩岛津氏素与荷兰

① Robert Montgomery Martin, *China*; *Political, Commercial and Social in an Official Report to Her Majesty's Government*, Vol. 1, London: Brewster and West, 1847, p. 312.

② Grant. K. Goodman, *Japan and the Dutch 1600 – 1853*, London: Curzon Press, 2002, p. 15.

③ Natalia Tojo, "The Anxiety of the Silent Traders: Dutch Perception on the Portuguese Banishment from Japan", *Bulletin of Portuguese/Japanese Studies*, Vol. 1, Universidade Nova de Lisboa, Portugal, 2000, p. 126.

④ 荷兰人及日荷贸易在日欧交流史中是比较特殊的。日荷贸易基本可分为锁国前的平户商馆时期（1600—1640），及锁国后的长崎商馆时期（1640 年—19 世纪初）来讲。如果简单地纵向对比，两馆（的活动）有以下不同特点：在平户商馆时期，除了荷兰人，葡、西（班牙）、英人都在日本开展贸易；到了长崎商馆时期，西方国家中仅剩荷兰人在日本经营。锁国前，荷兰人可以自由往来平户，在那里居住及经商；锁国后，他们却被严格限制在狭小的长崎出岛上活动。两个时期日荷贸易的商品有所变化，就荷兰人运到日本的商货而言，生丝越来越少，丝织品变多，砂糖输入增多，就荷兰船运走的商品而言，白银、黄金逐渐减少，铜、樟脑及其他商品的数量增加了。

有来往，若幕府放纵，岛津氏可能变强。荷兰人曾经打算帮助岛津氏设计战舰，或从欧洲购入战舰。若不严厉打击此举，大名将无法（被）控制①。

第二，虽说荷兰人信仰新教，但没有经历过宗教改革的日本人很难体会新旧教的不同。在他们眼里，新教与天主教都是邪教。而且，德川家光（1603—1651）信奉佛教，对基督教从无好感。经历岛原之战后，将军更是惧怕基督教。幕府曾截获一封日本教徒寄往罗马的信件，信中称日本基督徒已准备好迎接教皇的远征军。当时的京都所司代②也指出，荷兰的信仰与其他欧洲国家同宗，只是教派不同而已。显然，幕府对新教徒仍然不放心，只能将其隔离在日本陆地之外（出岛）。

第三，葡人离开日本后，荷兰没有成为日本唯一的贸易对象，也未独占对日贸易。荷商范·达姆指出："虽然葡人被驱除了，但中国人（走私商）马上成为替补。他们从来就是亚洲市场的主角，颇为自信的荷兰人遭受沉重打击。"③ 17世纪40年代，曾任荷兰人翻译员的郑芝龙也在台湾开展对日贸易。据统计，中日交易额为35吨白银，日荷交易额为15吨白银，双方有明显差距。学者上田贞二郎记载道："日本锁国之际，正值清朝建立之初。日清贸易额为6000贯白银，日荷贸易额为3000贯白银。每年有72艘中国船（小帆船）抵日，仅有两艘（不过吨位较大）荷兰船到来。"④

第四，1639年日本锁国时，幕府内部出现两种意见。一方认为，日本应驱逐所有欧洲人，无论他们信仰天主教还是新教；另一方认为，日本应区分新旧教徒，保留新教徒荷兰人⑤。将军折中了双方意见，虽然留下荷兰人，但要限制其活动。

---

① James Murdoch, Isoh Yamagata, *A History of Japan：During the Century of Early Foreign Intercourse*（*1542 – 1651*）, Kobe：Office of the "Chronicle", 1903, p. 639.

② 京都所司代一般由谱代大名担任，是幕府在京都的代表。

③ Ernst van Veen, "*VOC Strategies in the Far East（1605 – 1640）*", *Bulletin of Portuguese/Japanese Studies*, *Vol. 3*, Universidade Nova de Lisboa, Portugal, 2001, p. 102.

④ 上田贞二郎『商業史教科書，日本之部』、東京：三省堂、1905 年、115 頁。

⑤ James Murdoch, Isoh Yamagata, *A History of Japan：During the Century of Early Foreign Intercourse*（*1542 – 1651*）, Kobe：Office of the "Chronicle", 1903, p. 673.

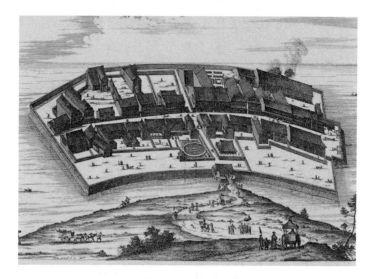

图3—1　出岛地图

资料来源：维基百科，https：//commons. wikimedia. org/wiki/File：Dejima_ arnoldus_ monta-nus_ 1669. jpg。

　　虽然锁国前的日荷贸易只开展了40来年，荷兰人却表现得异常突出。17世纪初，虽然有4个欧洲国家同时开展对日贸易，荷兰却成为最终获益者。荷兰人的经历代表着欧洲新势力、新教、新兴资产阶级在亚洲的成功，荷兰的海外扩张活动延伸至远东。对于日本来说，虽然德川将军选择了荷兰人，但马上又将他们限制在小小的出岛，日本的发展因封建主义的强大而放缓了脚步。但正是出岛这一扇小窗口给日本人带来了"希望"，在19世纪培里叩关前，日本的崛起始终保持着一丝星火。

第六节　17世纪初德川幕府的外贸政策与日本锁国

　　在16世纪的日欧贸易中，日本人是比较被动的，因为大名们忙于战争，信长和秀吉也将更多的注意力放在统一事业上。到了17世纪，德川氏稳定国内局势，逐步扭转外贸上被动的局面，通过多元化的外交、外贸政策，重新掌控了贸易主动权。

一　德川家康对外贸的认识和态度

日本人经过较长时间才真正了解欧洲商人。最开始，他们不清楚耶稣会与葡商的关系，认为教商之间有必然联系，一些日本人甚至以为耶稣会的地位更高。到了安土桃山时期，丰臣秀吉颁布了禁教令（基督教），耶稣会的"神光"被褪去。此时，日本人已经和葡人交往多年，逐渐弄清"上帝"（耶稣会）与"财神"（葡商）并非一体，日本可以放弃"上帝"，只选择"财神"。德川幕府建立后，家康更是通晓欧洲的政治、经济和宗教情况，知道教商可以分离。

日本锁国（1639）前，德川幕府经历了三代将军（家康、秀忠和家光）。其中，家康的对外态度最积极。相比家康，秀忠的思想较保守，他虽然没有禁商，但已经开始限制外贸。佛教徒家光一开始就不喜欢欧洲人，特别是天主徒。为了保证幕府的绝对统治，以及完全禁绝基督教，家光决定锁国。这样看来，德川幕府初期外贸政策的特色及重点在于家康时期。学者穆多齐认为："实际上，17世纪初的日本是开放的国家，家康不但想与所有亚洲国家建立关系，还希望与欧洲建立联系。这从家康的宗教容忍就可看出，他对基督教（天主教）的容忍（程度）连一些欧洲国家都无法做到，确实令人敬佩。"[1]

家康如此积极地发展外贸，出于几点考虑：首先，德川幕府的建立意味着日本已经由分裂走向统一，就经济方面而言，日本需要统一的秩序。幕府本身为了增强实力和获得财富，需要参与到贸易中。其次，战国大名和豪商通过贸易获得了大量财富，其经济实力令幕府不安，富甲一方的大名对幕府统治构成潜在威胁。虽然幕府持"限教不限商"的态度，但将军已经开始担心国家安全问题。史学者肯尼斯·G.亨舍儿（Kenneth G. Henshall）认为："幕府参与外贸，可以避免外国人垄断市场，保护本国商人利益，控制大名势力增长。"[2] 如果要限制大名与欧洲人接触，最

---

① James Murdoch, Isoh Yamagata, *A History of Japan: During the Century of Early Foreign Intercourse* (*1542 – 1651*), Kobe: Office of the "Chronicle", 1903, p. 585.

② Kenneth G. Henshall, *A History of Japan: From Stone Age to Superpower*, New York: Palgrave Macmillan, 1999, pp. 56 – 59.

好的办法不是禁商，而是将军亲自参加外贸，掌控商业主动权。再次，16世纪，葡萄牙一直控制着日本外贸，他们与耶稣会关系密切，这令家康头疼。到了 17 世纪，家康有了新的选择对象（英、荷），于是努力为他们创造条件。家康的野心绝不限于让荷兰人取代葡人，而是要控制所有外国商人。最后，16—17 世纪，日本大肆开采白银，国内银货剧增，于是出现通胀现象，要控制通胀，唯有发展贸易。学者丹尼斯·弗莱茵等人指出："日本的通胀迫使幕府参与到外贸事宜中。"①

德川幕府初期，或者说家康统治时期的外贸政策，具有以下特点。

第一，家康的外交策略不同于秀吉，他吸取了秀吉侵朝失败的教训，其统治内外兼顾：对内，他加强统治，全力保障德川家族的长治久安；对外，他采取和平、自由的政策，大力发展海外关系。岩生成一认为："家康建立幕府后，持谨慎态度，努力与邻国通好，以稳定国内局势。"② 家康相信，稳固政局、让国家富强的最佳措施就是发展外贸，贸易越发达，国家就越强大。从家康欢迎西、荷、英人来日经商，就可看出其抱负和胸襟。家康基本没有限制外贸，他敞开大门，欢迎欧洲商人，并免除税收，消除贸易障碍。外国人不但受到保护，还获得各种特权。

第二，1614 年以前，家康较好地处理了教商关系。最初，家康感到非常矛盾。一方面，他讨厌耶稣会士传教，并一直想根除基督教对日本的影响。另一方面，他不愿断绝与葡萄牙的贸易，这点与秀吉相似。竹越与三郎认为："日本封建时代，像秀吉、家康这样注重外贸的统治者实在不多。"③ 德川幕府建立后，家康虽然没有解除秀吉的禁教令，却也没有真正落实禁教。1611 年，幕吏本多正纯致函澳门方面，"商贾开通之路，永以不废也。④"这样看来，家康的解决办法即"限教不禁教"。1614 年以前，家康不主张盲目禁教，他在寻求贸易和传教之间的平衡。家康希望传

① Dennis O. Flynn and Arturo Giraldez, "Born with a 'Silver Spoon'：The Origin of World Trade in 1571", *Journal of World History*, Vol. 6, No. 2, University of Hawaii Press, 1995, p. 212.

② 岩生成一『日本の歴史・14・鎖国』、東京：中央公論社、1968 年、130 頁。

③ Yosaburo Takekoshi, *The Economic Aspects of the History of the Civilization of Japan*, Vol. 1, London：Routledge, 2004, p. 104.

④ 林韑、宮崎成身等編『通航一覧』第五、東京：泰山社、1940 年、4 頁。

教士招徕更多的西葡商船，从而巩固新幕府的统治，增强将军实力。

1603 年，澳门巨船被荷兰船击沉。耶稣会无法完成当年（生丝）贸易，其所需资金全部没有兑现，天主教组织出现财政困难。1604 年，家康鉴于耶稣会的困境，施舍 350 库鲁扎多白银给教会。1605 年，家康又放贷 5000 杜卡特给耶稣会，此数目大概是耶稣会全年所需经费的一半。另外，家康考虑到长崎葡商众多，遂专门安排日本基督徒管理长崎，教徒村山等安就曾担任长崎奉行。1613 年，家康派仙台藩的支仓常长前往西班牙，邀请西班牙人赴日经商，并向日本输送矿山技师[1]。如果西班牙国王答应此条件，家康则同意方济各会在日本传教。

可以看出，在 1614 年以前，家康并未严行禁教，甚至与基督教有合作关系。不过，家康并不依赖传教士发展贸易。在 1605 年和 1612 年，家康就曾两次拒绝菲律宾方面提出保护传教士的请求[2]。

第三，对于欧洲商人，家康的态度相当明确，即"限教不限商"。因为日本人仍然需要（来自中国的）生丝、瓷器和药材等商品。与欧洲人（葡人）交往多年后，家康已经认识到教商并非密不可分，即便要禁教，也不能禁商。在德川幕府建立前，家康一直都欢迎欧洲人来经商，还为此开放众多港口。幕府建立后，家康出于统治需要，决心禁教，但未限制葡商的活动。

第四，新教徒英、荷人到来后，家康进一步认识欧洲，英国人威廉·亚当斯向家康阐述了贸易、通商的好处，亦为其厘清葡、西、荷、英四国关系，这让家康有了拓展外贸的想法。家康统治时期，日本的外贸对象变得多元化。除了与欧洲人通商，还积极发展亚洲贸易，甚至尝试与美洲建立联系。另外，贸易主体也呈现多样化，皇族、将军、大名、商人都加入贸易行列。

第五，家康不限制外贸，并不意味着将外贸主动权拱手让给外国人，特别是欧洲人。家康外贸政策的中心思想是通过贸易获得更多武器和财

① John Stewart Bowman, *Columbia Chronologies of Asian History and Culture*, New York: Columbia University Press, 2000, p. 140.

② 刘凤华：《论德川幕府初期的对外贸易、禁教与锁国》，硕士学位论文，吉林大学，2005 年，第 17 页。

富，以维持国内秩序，进一步向海外拓展。17 世纪初，幕府出台并实施多项针对西方人的外贸政策，以限银政策、朱印船制度、控制港口、丝割符制度为重点及特色①。

二 江户初期的外贸政策

（一）限银政策

17 世纪初，幕府实行"限银政策"，这是幕府控制外贸、把握贸易主动权的一项重要举措。限银政策并非限制日本白银被运出，而是限制日本精炼银（也可称为优质银，以灰吹银和石见银为主）的生产和输出。

德川幕府实行"限银政策"基于几点考虑：限银前，日本白银的品种主要是以"灰吹银"为代表的精炼银②。精炼银纯度高、质量好，但制作成本较高。为了降低成本，同时限制过多精炼银被运出日本，幕府开始"限银"；17 世纪初，家康一直想铸造象征德川氏统治的日本银币。幕府为了确保足够原料，必须限制或禁止地方使用灰吹银。岩生成一认为："家康铸造丁银就是为了限制优质白银被运出日本。"③ 德川幕府建立后，将军控制了金银矿开采权。为了稳定全国物价、统一白银铸造，幕府必须限制白银（币、块、条）的数量和质量。

"限银政策"不是指德川幕府禁止或限制本国白银被运出（国），"限银"重在限制白银成色。替代精炼银的品种是幕府铸造的通用银币（庆长丁银），以及其他一些合金银币。"限银"的实质是限制精炼银（灰吹银）被过多运出，同时鼓励使用以德川银币为代表的合金银。1601 年，

---

① Conrad Totman, *Early Modern Japan*, Berkeley and Los Angeles: University of California Press, 1993, p. 75.

② 从矿石中将银吹分出来的方法称为"灰吹法"，起源于中国。15 世纪，中国灰吹法传入朝鲜。1533 年，博多富商神屋寿祯从朝鲜半岛请来庆寿和宗丹两位技术人员，首次将"灰吹法"引入石见银山。采用该技术后，日本开采业飞速发展。其后，生野、佐渡等矿山普及灰吹法。其具体步骤为：第一步：粗选。将银矿石放在"要石"上用锤子砸碎，然后放在水里，边摇边拣选。第二步，素吹。将打碎的银矿石加入铅和锰熔化，除去浮起的铁等杂质，制成"贵铅"（银和铅的合金）。第三步，灰吹和清吹。将"贵铅"放在灰吹床上加热熔化，铅渗入灰中，只有银留在灰上，以此达到分离目的。之后重复进行同样的工序，以提高灰吹银的纯度。

③ 岩生成一『日本の歴史・14・鎖国』、東京：中央公論社、1968 年、161 頁。

家康铸造了面值为十两（大判）、一两（小判）、四分之一两（一分判）的丁银和豆板银①。德川银币属于合金银币，主要成分为白银，少量掺杂其他金属。1609 年，幕府加大对精炼银的控制力度。家康下令："对外国船不要给予灰吹银，交易时，日本人最好使用国内流通的丁银。"② 另外，外国船出港时必须接受检查，禁止将白银偷偷运出日本。

实行限银政策后，日本白银的成色下降。白银成色的下降给各国商人带来诸多不便，除了灰吹、石见银，其他白银的纯度低。纯度低白银一旦流入海外市场，不打折扣便不能使用，日本白银的国际竞争力必然受到影响。最初，德川银币在日本的数量不多，且使用不广泛。无论幕府采取何种措施，各国商人（包括日本商人）还是喜欢优质的精炼银。英国平户商馆记载道："灰吹银回炉一次，收 0.5% 的费用。回炉两次，收 1% 的费用。石见银回炉，收 1.5% 的费用。"很多商人认为，熔化重铸白银让他们无利可图，走私商"在日本，能够得到适合重铸的银块。但与其被扔进平户的回炉加工，不如直接将其运到暹罗，这样的利润还更高"③。博克舍认为："1600—1640 年，日本和欧洲商人都发现日本白银的纯度降低了，特别是家康丁银被推广后，日本白银的成色比美洲或中国白银都差。所以白银被运走前，葡、英、荷商人都要对其再提炼。"④ 1618 年 1 月 13 日，科克斯记载道："英国人将白银熔化提炼后，再运往班塔姆。"⑤ 另外，"限银政策"主要是为了统一日本白银的铸造量，以及控制白银交易。由于银币种类繁多，白银交易中出现了诸多品种混杂的情况。当时，除了幕府铸造的庆长丁银（含银率 80%），还有地方领国铸造的银块、银币、银器。这样，统计白银的具体数量和价值

---

① 井上清『日本の歴史』（上）、東京：岩波新書、1985 年、259 頁；大槻久志『金融化の災い：みんなのための経済の話』、東京：新日本出版社、2008 年、65 頁。

② ［日］速水融、宫本又郎编：《日本经济史 1：经济社会的成立　17—18 世纪》，厉以平等译，生活·读书·新知三联书店 1997 年版，第 138—142 页。

③ ［日］速水融、宫本又郎编：《日本经济史 1：经济社会的成立　17—18 世纪》，厉以平等译，生活·读书·新知三联书店 1997 年版，第 142 页。

④ C. R. Boxer, *The Great Ship from Amacon*, Macau：Instituto Cultural de Macau, 1988, p. 338.

⑤ Frank C. Spooner, *The International Economy and Monetary Movements in France*, *1493 – 1725*, Cambridge：Harvard University Press, 1972, p. 81.

就变得麻烦。德川银币最初不受欢迎，因此，许多商人私下交易精炼银（以灰吹、石见银为主）。从使用精炼银转变到使用银币，德川幕府大概用了 30 年时间①。

欧洲人最终接受庆长丁银，出于几点考虑：（1）欧洲人虽然到处兑换精炼银，但其兑换率逐年降低。最初，丁银与精炼银的兑换率为 100：81，即 100 丁银可兑换 81 精炼银。后来，兑换率逐渐降为 100：75—77。精炼银的价格越来越高，于是荷兰人认为，没有必要付出昂贵代价去兑换精炼银。（2）欧洲人也可以将丁银回炉提炼。虽然过程麻烦，杂费也多，但至少是合法的。（3）丁银逐渐普及，精炼银变少。由于幕府大量收购精炼银，导致欧洲人无处兑换精炼银。欧洲人认为，与其违反幕府禁令，运出为数不多的精炼银，不如运走易筹集、不违法的丁银。这样既方便，也安全。

不过，限银政策曾一度影响了日本白银的运出量。至 1640 年，远东金银的兑换率趋于合理，日本市场的金银兑换热逐渐降温，日本也开始出口一些黄金，以缓和国内的通胀现象。1668 年，幕府颁布禁令：除了中国，其他国家禁止从日本运走白银。1685 年，荷兰只能从日本运出铜，或走私很少的白银。曾经辉煌的白银交易从此退出历史舞台②。

（二）控制港口

控制港口也是幕府发展外贸、掌握贸易主动权的方式之一。实际上，丰臣秀吉已经注意到控制港口的重要性，他将长崎从耶稣会手中收回，任何国外势力都无权染指日本港口控制权。到了德川幕府时代，为方便管理，幕府将所有的外贸活动都集中于长崎、平户两地。1616 年，德川秀忠发布"贸易港限制令"。

① Akira Hayami, Osamu Saito, Ronald P. Toby, *The Economic History of Japan*：*1600 - 1990*：*Volume 1*：*Emergence of Economic Society in Japan*, *1600 - 1859*, New York：Oxford University Press, 2004, p. 107.

② A. Kobata, "The Production and Uses of Gold and Silver in Sixteenth-and Seventeenth-Century Japan", *The Economic History Review*, New Series, Vol. 18, No. 2 (1965), Blackwell Publishing, p. 256.

为了禁绝传教士布道，家康公已经颁布相关命令……凡要抵泊日本海岸的欧洲船，只能前往长崎和平户，欧洲商人也只能在那里开展贸易活动①。

葡国巨船经常停泊于长崎，遂容易让人误认为长崎仅是葡人活动之港口。其实，除了葡人，西班牙人、菲律宾人和中国人都在此经商，且贸易量不小。其实自幕府接手长崎后，一直在推动其与中国、东南亚等地的贸易。由于朱印船商人经常往来于日本和东南亚之间，长崎已经发展成国际港口。即便是葡船未抵长崎（带来货物），港口仍能运转。1590 年，长崎有居民 5000 人。1600 年为 15000 人。1614 年发展到 30000 人②。

16 世纪末，秀吉派奉行管理长崎。17 世纪初，德川幕府沿袭这一制度。长崎奉行由将军亲自任命，相当于中国的钦差，非地方官员。德川幕府初期，长崎仅设一名奉行。代表人物为小笠原一庵（1603）和长谷川藤广③（1606）。专职管理之后，长崎的贸易进一步规范化④。在欧洲人看来，特别就葡商看来，长谷川不但友好，还很能干。他设立了日葡贸易专区，以保障葡商的安全和利益。据长崎史料记载："长谷川氏有勇有谋，对所有人都友善，且从未迫害过基督徒。"⑤ 竹越与三郎认为："如果幕府中多一些像长谷川氏这样的官员，日本外贸会更加繁荣，国力将更强盛。可惜大多官员头脑简单，只知道服从命令，这对商业发展有害无利。"⑥ 1633 年，将军鉴于长崎在外贸中的重要性，设两名奉行管理长崎⑦。一名

① 朝尾直弘『朝尾直弘著作集：第 5 卷』、東京：岩波書店、2004 年、11 頁。

② Joao Paulo Oliveira e Costa, "A Route under Pressure: Communication between Nagasaki and Macao (1597－1617)", *Bulletin of Portuguese/Japanese Studies*, Vol. 1, Universidade Nova de Lisboa, Portugal, 2000, pp. 78－79.

③ 长谷川藤广是家康侧室（夏方）的兄弟。

④ 岩生成一『日本の歴史・14・鎖国』、東京：中央公論社、1968 年、149 頁；国書刊行会編『德川時代商業叢書』1、東京：国書刊行会、1914 年、9 頁。

⑤ 长谷川藤广（1615—1625 年任奉行）对葡人非常友好，即便抓到葡籍传教士，也尽量避免处死他们。参见 Yosaburo Takekoshi, *The Economic Aspects of the History of the Civilization of Japan*, *Vol. 1*, London：Routledge, 2004, p. 110.

⑥ Yosaburo Takekoshi, *The Economic Aspects of the History of the Civilization of Japan*, *Vol. 1*, London：Routledge, 2004, p. 110.

⑦ 科野孝蔵『オランダ東インド会社：日蘭貿易のルーツ』、東京：同文館、1984 年、70 頁。

留在江户，另一名常驻长崎，相互配合。奉行的主要职责是管理长崎的外贸和司法。也有学者认为，自秀吉以来，最高统治者设奉行的主要目的是优先购买葡船商品①。还有学者认为，奉行仅是（长崎）名义上的最高长官，长崎町年寄（也可称为"头人"）才是核心人物。町年寄通常有4—9人，是世袭地方官，负责监督贸易②。渡边修二郎记载道："除了奉行，长崎的主要官员还有：町年寄7人、年行司4人、御船头3人。"③ 表3—2列出历年的长崎奉行。

表3—2 　　　　　　　　　　　　　　长崎奉行

年份（日本年号）	姓名
1624 年以前	寺泽广高、末次平藏、船本显定、后藤宗印、高木右卫门、荒木宗太郎、津田又左卫门、滨田弥兵卫、柏原太郎左卫门、岛谷市左卫门
1624（宽永元年）	长谷川权六
1625（宽永二年）	长谷川权六
1626（宽永三年）	水野河内守
1627（宽永四年）	水野河内守
1628（宽永五年）	水野河内守
1629（宽永六年）	竹中采女正
1630（宽永七年）	竹中采女正
1631（宽永八年）	竹中采女正
1632（宽永九年）	竹中采女正
1633（宽永十年）	曾我又左卫门、今村传四郎
1634（宽永十一年）	榊原飞骅守、神尾内记
1635（宽永十二年）	榊原飞骅守、仙石大和守
1636（宽永十三年）	榊原飞骅守、马场三郎左卫门
1637（宽永十四年）	榊原飞骅守、马场三郎左卫门
1638（宽永十五年）	榊原飞骅守、马场三郎左卫门

---

① 高瀬弘一郎『キリシタン時代の貿易と外交』、東京：八木書店、2002 年、197 頁。
② Grant. K. Goodman, *Japan and the Dutch 1600 – 1853*, London：Curzon Press, 2002, p. 18.
③ 渡辺修二郎『外交通商史談』、東京：東陽堂、1897 年、261 頁。

续表

年份（日本年号）	姓名
1639（宽永十六年）	马场三郎左卫门、大河内善兵卫
1640（宽永十七年）	马场三郎左卫门、拓植平右卫门

资料来源：C. R. Boxer, *Portuguese Merchant and Missionaries in Feudal Japan*, *1543 – 1640*, London：Variorum Reprints, 1986, p. Ⅲ76 – 77；長崎市小学校歴史研究団編：『教授資料としての長崎郷土史』、長崎：長崎市小学校歴史研究団、1923 年、12～13 頁。

（三）朱印船制度

自丰臣秀吉统治日本以来，欧洲人抵日经商，都需持有朱印状[1]。持有朱印状的船叫作朱印船。没有朱印状的日本船不得出海[2]。秀吉设朱印船的主要目的是禁绝海盗及走私，朱印船即官方合法船[3]。博克舍认为："秀吉为了控制倭寇，同时鼓励合法船赴东南亚通商，于是设朱印船。"[4] 1591 年，秀吉批准的第一艘御朱印船开赴马尼拉，开展贸易活动。日本史料提到："1592 年，在太阁秀吉的指示下，日本开始向国外派遣商船。"[5]

17 世纪初，德川幕府建立后，家康延续了朱印船制度，其考虑有以下几点。

第一，家康想与东南亚建立贸易关系。就当时的贸易形势来看，除了欧洲国家，家康只能与东南亚诸国开展贸易。中日官方贸易已经中止，日本船无法抵靠中国沿海，更不要说开展贸易活动了。日本人的航海技术尚不发达，无力进行远洋航行，最多在远东海域活动，靠近日本的贸易据点多被欧洲人占据，台湾有荷兰、西班牙人，菲律宾有西班牙人，澳门有葡萄牙人。日本若想发展外贸，只能去东南亚。最后，家康认为与东南亚建立联系，可以树立幕府威望，还可获取商品，以逐步摆脱欧洲人独霸外贸

---

① 川口素生『戦国時代なるほど事典：合戦・武具・城の真実から武将・庶民の生活事情まで』、東京：PHP 研究所、2001 年、70 頁。

② 大森金五郎『国史概説』、東京：日本歴史地理学会、1910 年、494 頁。

③ 岩生成一『日本の歴史・14・鎖国』、東京：中央公論社、1968 年、196 頁。

④ C. R. Boxer, *The Great Ship from Amacon*, Macau：Instituto Cultural de Macau, 1988, p. 75.

⑤ 川島元次郎『徳川初期の海外貿易家』、大阪：朝日新聞合資会社、1916 年、20 頁。

的局面。

第二，家康试图恢复中日关系。1609 年和 1610 年，幕府老中和长崎奉行分别致函福建总督，希望恢复中断已久的勘合贸易。1610 年，当两艘中国（走私）商船到达长崎时，家康将他们召到骏府，授予准许来航的朱印状。为了赢得中方信任，家康还严厉打击日本海盗（倭寇）的活动。17 世纪初，家康下令整治萨摩海盗，共缴获 6 艘海盗船，逮捕 400 名海盗①。

第三，家康想通过朱印船控制外贸，以加强对外国人特别是对欧洲人的管理。德川时代的朱印船制度已是一套比较完善的制度，其范围并不局限于日本船。外国船也必须持有朱印状，这是其停靠日本港的重要凭证。

德川朱印状原则上只用一次，然后交还幕府。朱印船制度对本土贸易船的航线、距离、数量和船主都有规定。日本船最远只能到马尼拉或南洋。学者菲利普·D. 库丁记载道："1604—1635 年，有 355 艘日本朱印船开赴东南亚各地。"② 自家康颁布朱印状以来，总计 7 万—8 万日本人乘朱印船出国。

朱印船制度的主体为皇室、将军、幕吏、大名③、武士、豪商④及外籍商人⑤，总数在百名以上。《平户商馆日记》曾记载道："获得幕府贸易朱印状的官方商人有：平野藤次郎 [主要开展日本与东京（越南北部）的贸易]、末吉孙左卫门（东京）、茶屋四郎次郎（交趾）、末次平藏（交趾）、桥本十左卫门（柬埔寨）、三浦安针（柬埔寨）。"⑥

---

① 岩生成一『日本の歴史·14·鎖国』、東京：中央公論社、1968 年、131 頁。

② Philip D. Curtin, *Cross-Cultural Trade in World History*, Cambridge：Cambridge University Press, 1984, pp. 167 – 168.

③ 拥有朱印状的大名包括岛津忠恒、加藤清正、细川忠兴、有马晴信、松浦镇信等人。

④ 豪商共有 40—50 名，包括京都豪商（角仓了以、茶屋四郎等）、大匝豪商（末吉孙左卫门等）及长崎豪商（末次干藏、荒木宗太郎等）。参见外山幹夫『長崎奉行：江戸幕府の耳と目』、東京：中央公論社、1989 年、118 頁。

⑤ 外籍商人有三浦安针、简·约斯藤（ヤン·ヨーステン）、安东尼奥、李旦、华宇（李旦的弟弟）等 10 人。

⑥ 永積洋子訳『平戸オランダ商館の日記』第 3 輯、東京：岩波書店、1969 年、103 頁。

朱印船大小不一，总体来说吨位不大①，通常是 200—300 吨的日本帆船，船型有日本式、中国式和欧洲式三种风格。朱印船多采用萨摩楠木做原料（当时日本最好的木料），并且涂上黑色颜料。其造价以大小、优劣而定，吃水 10 吨的船大概为 1 贯白银，300 吨的船为 30 贯②。

朱印船船主通常派亲信或家人担任船长，也有大名或豪商亲自指挥朱印船，巨贾荒木宗太郎和舟本弥七郎就经常亲自出海。如何使用朱印船由船主决定，可以自己出资做生意，也可以将其出租给各地商人。

朱印船的领航员最初为葡人，后来逐步被日本人取代。船员多为日本渔民。如果是大名的朱印船，船员基本来自领内服徭役的农民。朱印船一般乘晚秋的北风南下，翌年春夏乘南风归国。

朱印船从日本运走白银、铜、铁、硫黄、刀剑、子弹、工艺品、扇子、伞、烟草、铜镜、漆器、麦子、麦粉、陶器等商品。从海外运回生丝③、丝织品、肉桂、绢织品、鹿皮、小麦、鲸皮、郁金、胡椒、麻绳、香料、苏木、金属（金、铅、锡等）④、香木、中国书籍⑤、药材、砂糖、毛纺品等商品⑥。

德川时期的朱印船主要在东亚、东南亚活动。具体地点有：淡水、平安、澎湖、漳州、澳门、东京（越南地区）、安南（越南地区）、顺化（越南地区）、占城（越南南部）、暹罗、柬埔寨、太泥（泰国南部）、万丹（印度尼西亚爪哇岛西部）、马六甲、马尼拉、吕宋、爪哇、巴达维亚等地。

---

① 17 世纪初，诸大名为了进行海外贸易，竞相建造大船，家康为此担忧。为了巩固统治和控制大名，家康在 1609 年颁布禁令，销毁所有吨位超过 500 石的日本船。参见足立栗園『海国史談』、東京：中外商業新報商況社、1905 年、242 頁。

② 岩生成一『日本の歴史・14・鎖国』、東京：中央公論社、1968 年、206 頁。

③ 朱印船每年运回 20 万—30 万斤生丝，葡船每年运来 14 万—15 万斤生丝（多则 20 万斤）。江户时代，日本每年需要 40 万—60 万斤生丝。参见岩生成一『日本の歴史・14・鎖国』、東京：中央公論社、1968 年、258 頁。

④ C. R. Boxer, *The Christian Century in Japan 1549 – 1650*, Manchester：Carcanet Press, 1993, p. 242.

⑤ 1603 年，角仓氏朱印船运载了大量中国书籍和药材，"此次交易之要，专为书籍、药材，盖彝伦之所在，生命之所系，皆必不可缺者也"。见伊文成等编《日本历史人物传·近现代篇》，黑龙江人民出版社 1987 年版，第 253 页。

⑥ 高須芳次郎『海の二千六百年史』、東京：海軍研究社、1940 年、168 頁。

朱印船制度于1635年被废止①。德川氏禁止朱印船出海，出于几点考虑：首先，彻底禁教。为了避免传教士秘密潜入日本，日本必须切断本国基督徒与外国的联系，控制日本豪商，防止其势力壮大。除了将军自己的商船，所有日本船都不得前往海外。其次，杜绝"伪朱印船"。虽然幕府多次查封"伪朱印船"，还将伪造朱印状者处死②，但海外贸易的高额利润仍然让走私商铤而走险。为了规范秩序，只能禁止所有船出海。最后，德川将军认为："由日本朱印船带回的商品也可以由荷、葡、唐船（中国船）提供，因此也没有必要冒险（到海外），以致损害幕府声誉。"③

德川幕府实行朱印船制度，产生了特殊影响：第一，德川时代的朱印状具有外交文书的功能，赋予其一定外交意义。尽管秀吉时代便有朱印船，但那时的朱印状只证明持有者为合法贸易船，并非走私船。因此，秀吉朱印船制度缺乏外交性质，相比之下，德川朱印船制度的意义更深远。

第二，朱印船制度反映了德川幕府试图发展外贸，掌握贸易主动权，培养本国商人的意图。通过朱印船制度，将军、大名可以亲自加入贸易行列。从事朱印船贸易的日商也向特权商人转变，逐渐成为日本经济的中坚力量，同时也为幕府增加了财政收入。

第三，朱印船有利于幕府进一步控制大名。朱印状的发放范围为"九州诸大名及京都、大阪、堺、长崎等地的豪商"④。不过朱印状的数量有限，大名发展海外贸易的愿望就此被将军遏制。而且幕府要没收500石以上的大船，其主要目的也是削弱大名的贸易能力和军事力量。

第四，朱印船制度打破了葡人对长崎贸易的垄断。自制度实行以来，日本与东南亚的贸易一直在增长。传教士瓦伦蒂姆·德·卡瓦尔霍（Valentim de Carvalho）说道："1612年，葡船将1300奎塔尔（quintal）生丝

---

① 坂ノ上信夫『進む朱印船』、東京：国華堂日童社、1943年、133頁。
② 岩生成一『日本の歴史·14·鎖国』、東京：中央公論社、1968年、199頁。
③ 刘凤华：《论德川幕府初期的对外贸易、禁教与锁国》，硕士学位论文，吉林大学，2005年，第31页。
④ 川島元次郎『朱印船貿易史』、東京：内外出版、1921年、74~75頁。

运到日本，但朱印船从中国和马尼拉运回的生丝达 5000 奎塔尔。"① 由于朱印状的发放和走私商的增多，1610 年以后，葡萄牙对日贸易量有所下降。朱印船贸易额有时还超过中、荷、葡船贸易额的总和。更值得注意的是，虽然白银是日本重要的出口商品，但朱印船已经开始运出其他商品，说明日本人正在限制白银流出，同时发展可供出口的产品。

第五，朱印船制度从客观上促进了日本白银在亚洲各地流通。日本的物产并不丰富，商品品种较少，其白银产量却很大。日本白银在外国的使用非常广泛。从侧面反映了亚洲市场，乃至世界市场需要这种流通货币。当时的日本还流行"投资白银"，即日本商人将白银投资到朱印船贸易中。如果朱印船成功返回日本，投资商将获取 35%—50% 的利润。如果失败，本钱都很难收回②。它类似于（或模仿自）葡国巨船贸易，属于"赌博式"投资。当时的日商对这种"博彩投资"乐此不疲。

第六，朱印船制度推动了日本造船业和航海术的发展。朱印船吸取了当时欧洲船（主要是葡船）的特点，特别是帆、舵和火器的设计。17 世纪初，幕府建造了两艘欧式风格的日本船。其中一艘叫"圣·胡安·巴蒂斯塔号"，此船曾两次横渡太平洋，还到过墨西哥。日本史料记载道："17 世纪，日商不但有 270 吨左右的标准朱印船，还有 700—800 吨的大船。"③ 另外，角仓氏的朱印船无论就体形还是吨位来说，都是日本船的"冠军"。1626 年，远航暹罗的角仓氏朱印船长二十间、宽九间，能载 397 人，吨位达 800 吨，已经可以媲美当时的欧洲大船了④。

除了造船，日本人还学会使用（欧洲）航海图、地图和水位图。朱印船上的全圆仪、半圆仪、罗盘以及航海图，都是按照欧洲原件设计并制作出来的。另外，日本人还雇用葡国领航员导航，同时培养本国领航

① C. R. Boxer, *The Christian Century in Japan 1549 – 1650*, Manchester: Carcanet Press, 1993, p. 296.

② A. F. Thomas, *Commercial History of Japan*, Waukesha: Thomas Press, 2007, p. 127.

③ 川島元次郎『朱印船貿易史』、東京：内外出版、1921 年、98～99 頁。

④ 据说，角仓氏朱印船的吨位达到了 700—800 吨，可载水手 70 人、乘客 300 人以及货物数吨。参见岩生成一『日本の歴史·14·鎖国』、東京：中央公論社、1968 年、201 頁；高須芳次郎『海の二千六百年史』、東京：海軍研究社、1940 年、167 頁。

员①。据传教士瓦伦蒂姆·德·卡瓦尔霍描述："日本朱印船配备了优秀的葡国领航员，角仓氏和末吉氏收藏的日本画就可以反映这一情况②，画中有身穿欧洲服饰的葡人，他们通常站在船长身旁，身份应该是领航员。"③ 不过，当日本人掌握航海技术后，很快抛弃了"葡萄牙老师"。禁教后，日船不再聘用葡国领航员，以避免传教士随船潜入日本。

另外，日本还出现了一些航海书籍。角仓氏朱印船制定了《舟中规约》。条文以儒家思想为核心，教育客商应该互通有无之道，不可损人利己；要尊重他国的风俗习惯，入乡随俗；提倡同舟共济，互相帮助；不沉溺酒色，要互相警戒等。日本人还将朱印船的航海经验编写成《元和航海记》，内容以欧洲航海术为主。

（四）丝割符制度

17世纪初，德川幕府实行丝割符制度。日语汉字中，"丝"即生丝，"割符"为分割、分配的意思。简单地说，丝割符制度就是幕府分配生丝的制度，也是幕府掌控外贸的方式之一。

德川幕府实行丝割符的原因有几个：（1）1601—1604年，日葡生丝贸易出现问题，成为幕府实行丝割符制度的导火线。当时，葡商运来的生丝难以在短时间内售完。家康为了避免此类情况再次出现，决定从此以后将葡船运来的生丝分配给三地豪商（堺、京都和长崎），再由他们分配给普通日商④。与此同时，葡商也提出条件：如果日本要实行这一制度，就必须一次性购买大宗生丝，以薄利多销。这便是日本丝割符制度的起源。（2）中国生丝是日本需求量最大和最喜欢的商品之一，因此掌控生丝贸易对幕府至关重要。（3）由于生丝市场管理不善，日、葡商人经常发生争执。为了规范市场秩序，加强管理，将军认为有必要建立系统全面的制度。（4）还有学者认为，幕府实行丝割符制度是为了限制基督教在日本

---

① 岩生成一『日本の歴史・14・鎖国』、東京：中央公論社、1968年、201頁。

② 画像存于日本京都清水寺。

③ C. R. Boxer, *The Christian Century in Japan 1549 – 1650*, Manchester: Carcanet Press, 1993, p. 295.

④ 中西啓『長崎のオランダ医たち』、東京：岩波書店、1993年、5頁。

的传播①。因为耶稣会也从葡船中分得一部分生丝，若切断他们的经费来源，也就打击了其传教积极性。

最早的丝割符行会由堺、京都、长崎三地的特权豪商组成。三都市中，堺起主要作用。每个城市选出一名代表，担任丝割符老中，老中由幕府任命。其职责是代表日商，与葡人协商丝价。后来，丝割符的巨额利润吸引了江户豪商，遂向将军请愿，希望加入其中。同时，大阪豪商川崎屋宗言、淀屋古庵等人也提出要加入其中。1631 年，江户、大阪被纳入丝割符体系，五地按比例分配生丝②。五都市的豪商被称为"五地（所）商人"③。将军作为中间人和保护者，从中征税，成为最大受益者④。丝割符丝价表面由日、葡商人共同商定，但日方通常打压价格，在定价讨论中处于强势。日方代表甚至告诉葡商，若不满意丝价，可将生丝运回澳门。看来，葡商在定价之争中处于被动。日商制定的丝价视生丝数量和市场需求而定，常有浮动。定价后，五地商人通常在一次交易中，买完所有生丝。

日本锁国后不久，幕府便废除丝割符制度（1655）。后来，丝割符制度再兴，但内容已有较大差异。幕府废除丝割符，出于几点考虑：葡人被逐后，丝割符的意义已经不大；外国船运往日本的生丝减少，丝割符也未推广到其他商品上；除了中国走私船，仅有荷兰人运进生丝，且数量不多，日、荷双方可以直接商议价格。

德川幕府的丝割符制度在当时也造成特殊影响：第一，丝割符限制了葡萄牙对生丝贸易的垄断，葡商遭到巨大打击。虽然生丝依然是日葡贸易的大宗商品，但受丝割符丝价限制，葡船运进的生丝逐渐减少，利润也每况愈下。就葡人来看，16 世纪已经不同于 17 世纪，日本人逐步掌控了贸易主动，丝价下跌不可避免。1631 年，葡商曾抗议过丝割符制度，但日

① 岩生成一『日本の歴史・14・鎖国』、東京：中央公論社、1968 年、152 頁。
② 中西啓『長崎のオランダ医たち』、東京：岩波書店、1993 年、5 頁。
③ 横井時冬『日本商業史要』、東京：金港堂、1899 年、109 頁。
④ 井上清『日本の歴史』（上）、東京：岩波新書、1985 年、272～273 頁。

方告诉他们，若不愿接受此价格，可以随时放弃贸易，于是葡人不再争辩[①]。1633 年，幕府规定，中、荷人也必须遵守丝割符制度。据史料记载："荷兰黑船每年来到平户，其带来的白丝同样按照丝割符办法被收购。"[②] 同年，葡人售出生丝的价格甚至低于丝割符定价。1636 年，荷、葡试图联合抬高丝价，但日方依然强势，甚至拒绝购买生丝[③]。

第二，丝割符限制了九州大名的发展。虽然大名仍能进行生丝贸易，但丝割符首先保证幕府能够大宗采购生丝，然后再由各地进行分配。如此一来，大名的收购量就减少了。一旦生丝贸易被将军掌控，大名的实力自然就被削弱。

第三，丝割符避免了日商在国内哄抬丝价。每年，有大量生丝被运入日本，这种商品的利润也一直居高不下。如果国内市场混乱，贸易主动权必然落入外人之手。丝割符制度的实行，让幕府能够更好地控制、管理生丝市场，这是对买方有利的方法[④]。

第四，丝割符制度是德川幕府初期实行的重要贸易法令，将军通过丝割符扶持了一批特权豪商。有日本学者称丝割符仲间（豪商）为商业资本家，丝割符扶持了这些资本家，保障了其利益[⑤]。不过，即便在相对自由的家康时期，这些豪商的地位也很低，只能是幕府利用的对象。1614 年，当家康进攻大阪时，堺豪商就被迫提供军用物资（金银、粮食和衣物等）。1637 年岛原起义时，家康要求各地豪商提供弓箭、火药、盾牌以及草料等物资，他们也必须照办[⑥]。在锁国后，豪商更是遭到严厉打击。同时，丝割符制度仅有利于特权商人，更多商人无法获得商品。因此，幕府有效地抑制了整个商人阶层的壮大。从某种意义上说，刚萌芽的资产阶

---

① Om Prakash, *Euro-Asian Encounter in the Early Modern Period*, Kuala Lumpur: University of Malaya, 2003, p. 32.

② 国书刊行会编『德川時代商業叢書』、東京：国書刊行会、1914 年、13 頁。

③ 渡辺修二郎『外交通商史談』、東京：東陽堂、1897 年、212 頁。

④ William E. Deal, *Handbook to Life in Medieval and Early Modern Japan*, New York: Oxford University Press, 2007, p. 128.

⑤ 岩生成一『日本の歴史・14・鎖国』、東京：中央公論社、1968 年、152 頁。

⑥ Yosaburo Takekoshi, *The Economic Aspects of the History of the Civilization of Japan*, Vol. 1, London: Routledge, 2004, p. 366.

级很快就遭到打击。

第五，由于丝割符制度压低价格、限制分配及垄断买卖，"丝黑市"的出现就在所难免。葡人一直认为"丝割符"是不公正的交易，一些葡商试图寻找新渠道销售生丝。就日方来说，"丝割符"也仅有利于豪商，他们购走绝大部分生丝，普通商人就是有钱，也买不到货。于是，葡商和普通日商不谋而合，开始私下交易生丝，"丝黑市"逐渐猖獗。其实在丝割符出现以前，日本就有"丝黑市"，只是规模有限。丝割符的实行正好为黑市的滋生提供了土壤。在"丝黑市"中，葡商的定价比丝割符丝价高很多，但普通商人乐于接受，至少他们买得到生丝。

"丝黑市"的繁荣引起了幕府和澳门议会的注意，他们开始联合打击黑市。在日本，官方重罚黑市交易者。在澳门，每次装货时，议会都要派人检查，看是否有运往日本的走私货（主要是生丝）。在离开澳门前，大船长和赴日代理人必须签协议，向《圣经》宣誓，保证不参与黑市交易。如果违反，将受重罚。代理人有义务监视大船长，一旦发现类似情况，立即向议会报告。此外，代理人和大船长还负责监督普通葡商，打击走私行为。

尽管日葡官方联合起来，打击私下交易，"丝黑市"仍然难以禁绝。1603 年，大船长被议会罚款 400 两白银，因为其亲戚私下购买了 3—4 担生丝。1604—1605 年，赴日代理人也违反禁令，私下交易了生丝。不过，代理人辩称其交易不违规，只不过卖价较高而已。此事平息后，澳门再次加大监管力度。神父瓦伦蒂姆·卡瓦尔霍（Valentim Carvalho）建议，如果代理人带头违规，将没收其财产。此规定同样适用于普通葡商。议会还规定，如果当年没有发现违规行为，回到澳门后，代理人和赴日人员将受褒奖，以示鼓励。

另外，耶稣会由于经费紧张，也要参与黑市交易。就此，传教士罗德里格兹表示过反感和反对。日本教区的负责人之一多姆·路易斯·色奎拉（Dom Luis Sequeira）公开承认，很难约束手下参与走私。他同时指出，在日耶稣会不可能像幕府将军那样颁布法令限制黑市，耶稣会无权处罚私下交易者①。

---

① C. R. Boxer, *The Great Ship from Amacon*, Macau: Instituto Cultural de Macau, 1988, p. 66.

（五）对欧的强硬外交

如果德川幕府想要控制外贸主动权，仅从经济方面着手是不够的。于是幕府采用政治辅助经济的手段，对欧洲商人进行威慑、限制和打击。

首先，打击葡萄牙人。1609 年的"巨船事件"成为日葡关系走下坡路的导火索。1608 年，大名有马晴信的朱印船从东南亚返回日本。途中，朱印船暂泊澳门，进行维护。靠岸期间，一些日本人在中国沿海滋扰生事。中方历来厌恶"倭寇"，于是警告澳门议会，不要纵容他们惹事。11 月，大船长佩索阿令葡军赶走日船，双方发生武装冲突。日本人寡不敌众，被击败后迅速逃走①。返回长崎后，船长将此事报告于将军，家康大怒。英荷趁机煽动将军，要求严惩长崎葡人。1609 年，大船长佩索阿抵日，向将军说明原委，暂时平息事态。但有马晴信对此不满，坚决要求惩罚葡人。家康决定派奉行长谷川氏和代官村山氏前往长崎，逮捕并审讯大船长（官兵 300 多人）②。1610 年 1 月 3 日，日方展开抓捕行动。葡人闻讯后，打算逃往。此时，巨船已经被困，部分船员尚在岸上，天气条件也不适合航行。船上葡人奋起反抗，但船帆被日本火箭（带火的箭矢）射中，巨船起火。最后一刻，大船长"英勇"点燃火药桶，900 吨吨位的巨船"德乌斯号"③ 发生爆炸，所有货物随船沉入海底④。一些葡人冒险跳海，企图逃命，但日本人残忍地将其杀害。

巨船事件是日葡关系的转折点。对葡人来说，事件让他们遭受惨重损失。事件引起澳门恐慌，如果日本切断贸易联系，葡商将陷入困境，因为

---

① 据统计，冲突中有 20 名日本人被杀。也有学者认为，这是引发 1610 年长崎"巨船事件"的直接原因。参见 Robert Montgomery Martin, *China : Political, Commercial and Social in an Official Report to Her Majesty's Government*, Vol. 1, London : Brewster and West, 1847, p. 317。另有记载，当时日本方面有 60 人被杀。参见岩生成一『日本の歴史・14・鎖国』、東京：中央公論社、1968 年、166～167 頁。

② 林𤾞、宮崎成身等编『通航一覧』第五、東京：泰山社、1940 年、21 頁。

③ 另译为"上帝之母号"或"天神号"。参见松崎実『切支丹殉教記』、東京：春秋社、1925 年、8 頁。

④ 据日本史料记载，双方的交战地点在冲诺岛（沖ノ岛）。"德乌斯号"上有 200 名葡人，20 万斤白丝，2000 贯白银，另有大量金锁、腕轮（手镯）、布帛、织物。葡人几乎全部被杀，所有商品（包括金银）都随葡船沉入海底。对于海上实力尚不强大的日本人来说，巨船事件引发的海战称得上是一场"大胜"。参见足立栗園『海国史談』、東京：中外商業新報商況社、1905 年、242 頁。

长崎已不是大名的长崎，而是将军的长崎。葡人也第一次感受到德川幕府的可怕，欧洲人先前傲慢的态度不复存在。葡人再次确定，在日本采取军事行动是极不理智的做法。为了恢复贸易，澳门派使者到江户谒见将军，并进献40匹马、各种金器、精美丝绸制品及其他珍宝①。之后，葡人一直小心翼翼地开展对日贸易，丝毫不敢得罪幕府。

对日本人来说，巨船事件让他们得益。最开始，家康还忌惮葡船火炮。但经过这次实战发现，葡军武器并不占上风。于是，将军的态度越发强硬。幕府强迫葡商签订协议，要求其返回澳门，重组货物后，再来日本交易，商品必须按日方要求经办。奉行还建议葡方加派一艘小船赴日（装载少量货物），以免（大船）货舱因货物太多而过于"拥挤"。幕府也对事件有所反思，希望想出更合理的方案来管理长崎。幕府罗列了一张6人名单，他们都是熟悉日本情况的欧洲人。葡商可以任选一人担当顾问。协议还规定，将军在贸易中的投资（包括生丝、黄金和其他贸易）全部免税。从协议内容来看，葡方处于劣势。但如果他们想继续通商，就只能答应这些要求。葡人已经隐约感觉到日本的形势有所变化，17世纪与16世纪确实大不一样，统一的日本比战国的日本更强大。

其次，威慑和限制英、荷人。从表面看，家康相信甚至偏袒荷兰人，其实他还是怀疑过这批新教徒。家康经常向亚当斯咨询有关荷兰的情况，荷兰商馆指挥官也必须按时向将军报告最新的国际形势。家康知道荷兰海军强大，相比之下，西葡处于劣势。二代、三代将军对荷兰更是有所提防。1620年，幕府发布《海贼禁止令》，限制荷兰船在日本近海劫掠。1622年，一些日本雇佣兵参与了荷兰进攻澳门的战斗，结果死伤严重。为此，幕府禁止英、荷两国雇用日本人担任士兵或海员，还禁止英、荷在平户堆积弹药，或从日本运出武器。英、荷成立"防御舰队"后，幕府更是担心。因为舰队以平户为军事基地，对西、葡进行打击。西葡人请求幕府限制英荷的军事活动，但将军不想卷入欧洲人的争斗，只保持中立。1624年，幕府规定，荷兰人只能在平户经商，葡人只能在长崎活动。1634年，幕府又宣布："奉行的命令就是将军的命令，荷兰人必须遵守；荷兰人不得伤害迫害

---

①　外山卯三郎『南蛮船貿易史』、東京：東光出版株式会社、1943年、485頁。

日本人；荷兰人必须呈递运入商品的清单及船员名单。"1634 年 11 月 28 日，科克贝克尔记载道："幕府规定，荷兰人不得在公开场合使用日本奴仆。"[1] 1635 年，迫于日葡商人的压力，幕府又规定，荷兰船必须在葡船自长崎离港 20 天后，再起航，避免其抢劫商船。

英国人来到日本后，得到亚当斯支持，受到家康欢迎，发展势头不错。但家康去世后，日英关系一落千丈。1613 年，日本朱印状写道，"自伊只利（英国）须至日本国渡海商船，于平户可买卖，他所不许之"[2]。其中明确指出，英国人只能在平户活动。1616 年，秀忠颁布《禁止国内自由商业令》，规定禁止外国人前往长崎和平户以外的地方。这两道限令对英国非常不利。长崎是葡人的地盘，英国人选择回避，未在那里设立办事处；在平户，英国又面对强大的荷兰。本来英国人打算与各大名开展贸易，但将军唯恐大名变强，所以限制颇多[3]。英国人初抵日本时，与九州诸大名都有联系，鹿儿岛的岛津氏就希望英国人到其领地建商馆。（英）东印度公司也试图扩展在日贸易，有意在鹿儿岛建馆，以便渗入畿内和江户的日朝（鲜）贸易。英国人的打算最终落空，因为将军秀忠反对此举。对此，科克斯在 1620 年的日记中记载道："本来家康将军允许英国人在日本各地自由活动，不过现在这些特权被新将军（秀忠）禁止了，我们只能徘徊于平户和长崎之间。"[4]

17 世纪初，家康等人实行的外贸政策具有开创意义，是日本对外关系史的重要组成，也是德川幕政的一大亮点。如果说 16 世纪的日欧贸易是葡人与各战国大名之间的贸易，那 17 世纪的日欧贸易便是欧洲人与日本统一政权（幕府）之间的贸易。德川幕府建立后，日本首次以统一国家的姿态，与欧洲开展了商贸交流。17 世纪初，日本尚属于文明发达的国家，幕府在颁布各项外贸政策后，展现出强硬的外交姿态。除了开展贸易，双方统治者

① James Murdoch, Isoh Yamagata, *A History of Japan：During the Century of Early Foreign Inter-course（1542 – 1651）*, Kobe：Office of the "Chronicle", 1903, p. 640.

② 加藤三吾『三浦の安針』、東京：明誠館書店、1917 年、238 頁。

③ Ilza Veith, "Englishman or Samurai：The Story of Will Adams", *The Far Eastern Quarterly*, Vol. 5, No. 1（Nov., 1945）, Published by：Association for Asian Studies, p. 17.

④ James Murdoch, Isoh Yamagata, *A History of Japan：During the Century of Early Foreign Inter-course（1542 – 1651）*, Kobe：Office of the "Chronicle", 1903, p. 639.

还互通信件，日欧交流上升到更高层次。德川氏无疑是日本历史上最成功的家族，否则他们无法统治日本两个多世纪。不过，家康的子孙太过小心翼翼地经营日本，他们将家康公的谨慎落实到极致，德川初期开放海洋的政策未能延续。日本南方素来是外贸重镇，那里的大名因与欧洲人进行贸易而变得富裕，这本是无可厚非之事。不过德川氏子孙却认为南方大名已经威胁到统治，必须限制其发展。这样，日本刚打开的大门就慢慢被关闭了。

三　日本锁国

17世纪30年代，荷兰、葡萄牙、中国商船以及日本朱印船的销售额反映了锁国前日本的外贸情况，具体情况参见表3—3。

表3—3　　　　　　**各种贸易船的销售额（1633—1640）**

年份	荷兰船（贯、匁）	葡萄牙船（贯、匁）	中国船（贯）	朱印船（贯）
1633	1374贯115匁	—	—	10000
1634	3989956	8000贯	3960	7000
1635	6836896	9000000	4400	—
1636	9936795	23172847	—	—
1637	13646155	21433679	7040	—
1638	20953064	12591039	—	—
1639	19588164	—	7051	—
1640	23837392		12681	

注：1匁＝3.75克。

资料来源：行武和博「寛永後期における幕府の対外政策とオランダ船貿易」、藤野保编『近世国家の成立・展開と近代』、東京：雄山閣出版、1998年、42頁。

表3—3反映了17世纪日欧贸易的几个重要特点：（1）葡萄牙仍然是日欧贸易的主角，其贸易额依然很大。不过到了30年代，日葡贸易呈现颓势。1638年，日本形势剧变，幕府准备锁国，日葡贸易额锐减，葡人即将被逐。（2）荷兰对日贸易额逐年提升，意味着其地位上升，并最终成为唯一留在日本的欧洲人。（3）幕府曾主动参与贸易，所以朱印船贸易额也不小。尽管如此，由于二代、三代将军没有坚持家康发展外贸的政策，日本

在30年代就开始禁海，朱印船的份额也被他国商船瓜分。（4）中国走私商一直往来于中日之间，1640年日本锁国后，唐船仍然运来大量货物。（5）表中没有英、西（班牙）的数据，因为他们早早就退出了日本。

荷兰商馆指挥官弗朗西斯科·卡隆在1641年写道："德川家光仔细审视了国内外格局，最后决定不让任何传教士出现在日本。"① 这意味着将军决定锁国。日本锁国的原因复杂，诸多学者有深入的研究，若简单概括，主要有以下几点。

第一，幕府锁国表面上是限制西方宗教、文化在日本的传播，实际上是为了垄断国内的政治、经济和文化，同时重建立新的等级观念。这种等级观念来自中国儒家思想，即士、农、工、商是社会的主要成分，商人的地位最低，日本也不例外。

第二，德川将军惧怕大名和商人强大起来。日欧的交流、交往已经让日本商人迅速成长起来，特别在九州，俨然是一个"商人帝国"，许多大名都依靠日商来扶持。将军试图改变这种状况，就必须打压商人，避免其崛起②。在秀忠和家光统治时期，日本市场的自由贸易被破坏，取而代之的是官方垄断贸易和特权贸易。大名与商人的联系被切断。即便有资金雄厚者"存活"下来，实力也被削弱了。在当时，日本最大的商人只能是将军。为了避免战国局面再次出现，德川将军选择了最稳妥、简单的办法——闭关锁国。

第三，日本基督徒的数量激增，这让将军有所顾忌。基督教的活动动摇了幕府统治，家康禁教后，耶稣会仍然在日本秘密活动。如果葡商能与耶稣会划清界限，尚有可能被留下，但商教很难一刀两断，将军也知道他们无法打开这个"死结"。因此，唯有闭关才能彻底封杀基督教。

第四，对德川氏来说，放弃欧洲，不等于放弃外贸。其实将军向来注重中日贸易，欧洲人的出现只是必然中的偶然。他们带来的商品基本产自

---

① George Sansom, *A History of Japan*, *1615 – 1867*, Stanford：Stanford University Press, 1963, p. 43.

② Joseph Cummins, *History's Great Untold Stories*：*Larger Than Life Characters and Dramatic Events that Changed the World*, Washington D. C：National Geographic Society, 2006, p. 88.

中国，欧洲产品极少。可以看出，日本真正需要的贸易对象是中国。即便是欧洲人全被驱逐，日本还可以与中国沿海的走私商互通贸易，甚至有可能与中国官方重开勘合贸易。因此，锁国主要是锁住欧洲势力，而非针对中国。

　　日本的锁国是一个过程。总体来说，德川幕府先后颁布了 5 次禁令，经过 7 年时间，才彻底完成锁国①。5 次禁令分别为：（1）宽永十年（1633）二月二十八日，十七条。（2）宽永十一年（1634）五月二十八日，十七条。（3）宽永十二年（1635）五月二十八日，十七条。（4）宽永十三年（1636）五月十九日，十九条。（5）宽永十六年（1639）七月五日，三条②。

　　1633 年禁令的主要内容为：

　　　　无朱印状的日本船不得出国，如有违反，处以死刑；从即日起，在国外居住的日本人不得返回，否则处死。已经返乡者，5 年内都要接受严格审查。如果他们不再离开日本，5 年后将重获自由；如果再次离开，严惩不贷；告密者（传教）可获一百两赏银。所有外国宗教人士不得赴日传教，违者逮捕，并送入大村氏的监狱③。

1634 年禁令与 1633 年禁令大同小异，不再赘述。

1635 年禁令如下：

　　一，禁止日本船出海（远航）。

　　二，若有日本船违规出海，立即扣押船只，逮捕全体船员，并处死，船主连坐。

---

　　① 有学者认为，幕府在 1616 年发布的贸易港限制令（将外国人限制在长崎和平户）是最初的锁国令。参见李小白《信仰·利益·权力：基督教布教与日本的选择》，东北师范大学出版社 1999 年版，第 148 页。

　　② 岩生成一『日本の歴史·14·鎖国』、東京：中央公論社、1968 年、322 頁。

　　③ Yosaburo Takekoshi, *The Economic Aspects of the History of the Civilization of Japan*, Vol. 1, London：Routledge, 2004, p. 13.

三，海外日本人如果归国，立即处死①。

1636 年禁令的主要内容为：

一，日本船不得出海。

二，日本人不得偷渡国外。偷渡者被捕后，立即处死。船主连坐，并没收船只。

三，从即日起，居留海外的日本人一旦返回，立即处死。

四，如果在日本发现传教士，立即报告长崎奉行，由其全权处理。

五，任何告发传教者可以获两百到三百两赏银。

六，一旦有外国船靠岸（长崎），由大村氏派人看守，然后上报江户。

七，外国商人不得协助传教，否则投入大村氏的监狱。

八，严格检查所有来船，严禁传教士入境。

九，南蛮（欧洲）人的后代不得居留日本。若有违反，格杀勿论。

十，任何日本人不得收养南蛮人后代。如有违令者，全部驱逐。

十一，被逐者若想返回日本，或与日本保持联系，被捕后，立即处死，亲戚连坐。

十二，武士不得参与外贸。

十三，除了江户、京都、大阪、堺和长崎五地的商人，其他人不得参与丝割符分配。

十四，五地豪商分配完毕后，其他商人才能进行买卖。另外，由于唐（中国）船较小，带来的丝绸不多，允许其延长贸易时间（以便能够在丝价最高时获利）。唐船可以在所有葡船离港后，再返航（离开日本）。

---

① 岩生成一『日本の歴史・14・鎖国』、東京：中央公論社、1968 年、323 頁；「しまぬゆ」刊行委員会編『しまぬゆ』、鹿児島：南方新社、2007 年、192 頁。

十五，九月二十日前，所有外国商船必须离开长崎。如果商船抵日较晚，贸易时间可延长五十天。

十六，未售完的商货不得堆放（储藏）在日本，必须运走。

十七，允许五地商人的代表迟到，但迟到者不得参与丝割符分配。

十八，丝价未定之前，外国人不得私下交易①。

1636 年，德川幕府为了禁绝基督教，甚至向中国商人颁布相关禁令：不许中国船搭载西方人，特别是传教士；不能携带任何与天主教有关的书信；若发现有外国传教士假扮成中国人，严惩相关人员②。

1639 年锁国令见"第三章第二节"的相关论述。

日本锁国造成的影响有以下四方面。

第一，锁国直接导致岛原起义。1636 年禁令颁布后，岛原基督徒完全断绝与欧洲的联系。但将军仍然不放心，还打算对岛原进行大清洗。1637 年 10 月，岛原基督徒和一些日本下层民众发动起义。岛原军最终败给幕府与荷兰组成的联军。自此以后，日本基督教徒不敢公开身份，数量锐减。

第二，锁国后，荷、中垄断了对日贸易，由于缺少葡、西、英参与，日本出口商品（运出）的价格下跌，进口商品（运入）的价格上涨。1609 年，1 担生丝的价格为 200—300 两白银。到了 1637 年，价格上涨到每担 350—400 两白银③。锁国后，德川政权虽然得到巩固，日本经济却在走下坡路。以前，将军可以从外国人的竞争中获利，现在只能从荷兰、中国人手中购得高价商品。

第三，锁国对日本商人的打击巨大。日商不能赴东南亚经商，其海外贸易份额也被其他国家瓜分。日商虽有贸易冲动，但迫于幕府压力，始终

---

① C. R. Boxer, *The Christian Century in Japan 1549 – 1650*, Manchester：Carcanet Press, 1993, p. 439.

② 林韑、宮崎成身等编『通航一覧』第四、東京：泰山社、1940 年、186 頁。

③ Yosaburo Takekoshi, *The Economic Aspects of the History of the Civilization of Japan*, Vol. 1, London：Routledge, 2004, pp. 16 – 17.

不敢采取行动。刚刚登上日本政治、经济舞台的商人即刻就被打压下来。

第四，锁国让日本变得封闭。当日本人正要开展自己的航海活动时，封建势力却扼杀了这股冲动。如果日本人继续发展航海业，如果其继续沿着欧洲人开辟的航线前进，那时的情况可能又不一样了。可以说，日本的大门刚被欧洲人打开，又很快被江户幕府无情地关闭了。

第四章

重要的贸易商品及相关
数据的分析

日欧贸易中的商品分两大类，即欧洲人运入日本的商品，及其从日本运走的商品。就运入品而言，火枪有特殊意义，生丝最重要，黄金有时代特点；就运出品而言，白银是最重要、最值钱、量最大的商品。由于这些商品的贸易情况贯穿16—17世纪，而且欧洲四国都围绕这些商品开展贸易，遂需要将它们单独列为小节，分别论述。

第一节　日欧火枪贸易及影响

火枪是日欧贸易中比较特殊的商品，也是欧洲人带来的首批商品。火枪贸易具有其他商品没有的特点：其交易高潮在16世纪，购买者多为战国大名。到了17世纪，火枪贸易却完全被禁止了；自日本人首次购买火枪后，便开始仿制这种武器。在较短时间内，日本已经能够批量产枪；此类商品的交易记载并不多，因为火枪既是商品也是武器。就商业和政治来看，其买卖都需要保密；火枪对日本的影响已经超出贸易范围。甚至有学者认为，在16—17世纪的日欧交流中，宗教、贸易对日本的影响都没有火枪大。外山卯三郎认为："诸多商品中，火枪值得注意。因为它是葡人最早带来的西洋货，也是日葡贸易的重要商品。而且火枪传入日本后，对其国历史产生了重大影响。"[1]

---

① 外山卯三郎『南蛮船貿易史』、東京：東光出版株式会社、1943 年、399 頁。

一 欧洲火枪简史

虽然火药由中国人发明，且中国人也对火器有所研究，火器却在欧洲被发扬光大。从中世纪到近代早期，欧洲火器分为枪和炮两种，前者是轻型武器，后者为重型武器。

13 世纪，元朝就出现了铁制枪管和最早的手枪（手铳、手炮）。[①] 公元 14 世纪，欧洲人将硝酸钾、硫黄和木炭的混合物（即黑火药）装在密闭容器内，利用点燃后产生的爆炸力制成火枪。公元 15 世纪，火枪研发取得突破，欧洲出现了可以燃烧的火绳和放置它的装置。所谓火绳就是一根绳线或捻紧的布条，放在硝酸钾溶液中浸泡，晾干后，可以点燃火药池内的引火药[②]。由于有了这根火绳，早期火枪也称火绳枪。火绳枪上有一金属弯钩，弯钩的一端固定在枪上，可绕轴旋转，另一端夹持一燃烧的火绳。士兵发射时，用手将金属弯钩住，往火门里推压，让火绳点燃火药，进而将枪膛内的弹丸推射出去。法文称这种火枪为钩状枪（Arquebus），另称火绳钩枪。15 世纪末 16 世纪初，西班牙人研制出滑膛火绳枪。其枪管变得更长，弹丸更重，可以穿透盔甲，阻击骑兵的冲击。1542 年，葡人首次向日本展示了火绳枪。其结构、样式比较简单，主要由枪管、枪托和火绳组成。依据时间来推测，当时正处于地理大发现时期，欧式枪械多属于前装滑膛枪[③]，传入日本的火枪应该类似于西班牙滑膛枪[④]。

另外，子弹也随着枪的发展而发展。形状方面，除了圆球形的子弹，还有圆柱、圆桶、金字塔和长方形子弹；材质方面，有铅、铁、铜、锡、石头制作的子弹，甚至金、银都用来做子弹。到了 17 世纪，铅质弹丸基本取代其他材料。使用铅弹的好处是：熔点低、易铸造、成本低、材质

① 崔建树主编：《中华文化常识千讲》，吉林大学出版社 2010 年版，第 261 页。

② ［美］T. N. 杜普伊：《武器和战争的演变》，王建华等译，军事科学出版社 1985 年版，第 119—120 页；Roger Pauly, *Firearms: The Life Story of a Technology*, Baltimore: The John Hopkins University Press, 2004, p. 19。

③ 张箭：《地理大发现研究 15—17 世纪》，商务印书馆 2002 年版，第 70 页。

④ 1891 年，种子岛家族的后人在日本游就馆展示了最初的葡萄火枪。该枪长 718 毫米，口径 16 毫米。背部横断面呈梯形，腹部横断面为圆形。参见外山卯三郎『南蛮船贸易史』、東京：東光出版株式会社、1943 年、399 頁。

软、易塞入枪膛、能够保持枪膛的密封。从日欧贸易清单来看，日本对铅有一定的需求，但并不能说明他们已经全面使用铅弹。

火枪与传统冷兵器相比，有以下优点：火枪的使用比较简单，步兵经过短时间训练便可掌握①。相反，要有效地使用冷兵器中的射击武器，比如弓箭或弩箭，就得经过几个月的练习，而要真正精通则需数年时间的刻苦训练；与弓、弩相比，火枪弹丸具有更大冲击力和更强穿透力，更易使人伤残。弹丸击中人后，如果不及时取出，常常引起血液中毒，并且被弹丸击中的人恢复很慢，这从侧面说明火枪杀伤力较强。当然，初期火枪也有弱点：火枪对战争环境的要求比较高，比如只能在天气干燥时使用，不能遇水；夜间作战时，需要点火，容易暴露；在战前和战斗中，火绳必须保持焖烧，操作具有一定风险；早期火枪精确度低、射程短、发射慢②且笨重；火枪的操作虽然简单，但要使子弹真正射出去，需经过多个步骤，遭到突袭时，常不能及时还击。

火枪传入日本之前，就被证明是有效的战争武器。15世纪30年代，在意大利的塞里格罗拉（Cerignola）战役中，火枪就帮助西班牙将军费尔南德斯·德·哥多巴（Fernandez de Cordoba）取得胜利。哥多巴曾多次与法国重装骑兵对垒，骑士团威力巨大，经常通过凶猛的冲锋摧毁敌人阵地③。在此役中，哥多巴占据有利位置，并命令部下在阵前挖出一条壕沟，前面铺满尖尖的树桩，然后安排2000余名火枪手，对法国骑兵进行射击。此战初显火枪的威力，传统骑兵受到重创。

二　日欧火枪贸易

实际上，在欧洲人到来前，日本就接触过火器。1274年，当蒙古试图征服日本的时候，一些日本人就知道有火器存在④。在日本画作《蒙古袭来

---

① 另说，由于当时的火枪在任何情况下都无法精确瞄准，因此不需长期训练。

② ［美］T. N. 杜普伊：《武器和战争的演变》，王建华等译，军事科学出版社1985年版，第115—116页。

③ ［英］史蒂芬·特恩布尔：《最后的武士：荣耀与毁灭》，刘汉生译，陕西师范大学出版社2006年版，第103页。

④ 在元代和明代前期，金属管形射击火器可称火铳或火筒。经权威专家鉴定，内蒙古蒙元文化博物馆收藏的铜火铳（1298）是迄今（已经发现的）最早的、有确切年代的中国铜火铳。

绘词》中，就有元军使用"铁炮"和弹丸的描绘。"铁炮"的前身有可能是震天雷（一种火炮），金人用作攻城，后来元军加以改良，用于野战。元末明初，震天雷发展成金属火铳（小铜枪，不是火绳枪），并由阿拉伯人传到欧洲，后来发展为近代步枪。还有学者谈论到，铜制火铳于1510年（永正七年）从中国传到日本，并在堺市生产。但由于种种原因，没有在日本传播开。所以，种子岛人第一次看到"南蛮"火枪，便觉得十分惊奇了。

　　日欧的首次火枪交易即发生在葡人1542年首次登陆日本之时，据日本《海国史谈》称："葡人抵日后，首笔交易就是用火枪换白银。"① 据南浦文之的《铁炮记》记载："船客百余人，其貌无类……内有两人手执'铁炮'②，试之，果然异于凡响。"③ 另有记载："这两件东西长二三尺，内部空心，外表笔直，显得很沉重。它的内部通常空着，底部需要密塞。旁有一孔，系通火的路。它的形状无物可比。使用方法是将妙药放入其中，添以小弹，先在山边设置一白点，然后将它拿起，摆正姿势瞄准，从一孔放火，立刻打中。发射时发出电光，声音如雷，闻者掩耳……银山可以破碎，铁壁可以打通。"④ 这是日本人首次对火枪进行记载。种子岛主时尧立即对这种武器产生兴趣，随即从葡人手中以重金购得两支火枪⑤。这两支火枪后称种子岛（铳）枪⑥，由于影响巨大，种子岛也几乎成为火枪的代名词⑦。

---

① 足立栗園『海国史談』、東京：中外商業新報商況社、1905年、167頁。

② 铁炮又称步枪、鸟铳、短铳、毛瑟枪、火绳枪或者火枪，本书所指的日本火枪都是火绳枪。

③ 栃内曽次郎編『増修洋人日本探検年表』、東京：岩波書店、1929年、160～161頁。

④ Olof G. Lidin, *Tanegashima*, *The Arrival of Europe in Japan*, Copenhagen：NIAS Press, 2002, pp. 185－188.

⑤ 最初，种子岛岛主时尧为购买两支火枪，共花费2000两黄金。到了17世纪初，2两黄金就可以购得一支质量上乘的火枪。此处，关于最初两支火枪的价格值得怀疑，一是因为2000两黄金的价格太贵，二是时尧不见得有能力支付2000两黄金（日本黄金的产量历来不大，而且时尧的经济实力并不强）。所以，有些学者认为此处价格应该是2000两白银，笔者也支持这种意见。参见 Noel Perrin, *Give Up the Gun*：*Japan's Reversion to the Sword*, *1543－1879*, Boulder：Shambhala Publication, 1979, p. 6.

⑥ C. R. Boxer, "Note on Early European Military Influences in Japan, 1543－1853", Douglas M. Peers（ed.）, *Warfare and Empires*, *Contact and Conflict between European and Non-European Military and Maritime Forces and Cultures*；*An Expanding World*, *The European Impact on World History*, *1450－1800*, *Volume 24*, Surrey：Ashgate Variorum, 1997, pp. 111－112.

⑦ John Whitney Hall, *The Cambridge History of Japan*, *Volume 4*：*Early Modern Japan*, Cambridge：Cambridge University Press, 1991, p. 302.

耶稣会士初抵日本时，曾将火枪作为礼物送给各大名，日本对火枪的了解随之加深。据有马氏后人记载："1549 年，沙忽略到山口谒见大名大内义隆，并呈上印度总督的书信和赠物，其中就有石火矢（火枪）。"①

当大名发现火枪的巨大威力后，就以高价购买这种商品②。16 世纪中期，大名们接受基督教或者说欢迎葡船的目的都是为了购买火枪③。在早期的日欧贸易中，火枪是最抢手的商品之一，大名们互相竞争，以获得最好和最多的火枪④。岩生成一记载道："平户大名松浦氏为了得到火枪，最终同意耶稣会在其领内传教。织田信长也是为了获得火枪而与欧洲人通商。"⑤ 1553 年，大友义镇允许沙忽略在其领地传教，其积极态度源于他急迫地需要枪炮弹药。在九州地区的争霸中，大友氏在日向与岛津氏，在丰前和筑前与毛利氏，在肥前与龙造寺氏对峙，彼此干戈不断⑥。所以，为了获得武器弹药，大友氏一贯对传教士表示好意和热心。1563 年，从尼子氏和毛利氏的交战情况来看，出云（地名）的尼子氏是率先向欧洲人购买火枪的大名之一⑦。大村纯忠每次都要购买大批火枪，一方面装备军队，另一方面防止火枪被对手松浦氏买走。1566 年，大船长西蒙·德·门多卡（Simao de Mendonca）的巨船来到福田浦，纯忠一口气将欧洲火枪买完。据史料记载，大村氏购买火枪是为了对付领内佛教徒。传教士若昂·加布拉尔（Joao Gabriel）记载道："1566 年 12 月，纯忠请求葡船到其港口停留（福田浦）。因为他正在与其他大名交战，迫切需要武器

① 日本学者认为此记载有误，因为"石火矢"通常指火炮，沙忽略不可能携带如此笨重的礼物，所以这里的"石火矢"应指火枪。参见外山卯三郎『南蛮船貿易史』、東京：東光出版株式会社、1943 年、405 頁。

② Delmer M. Brown, "The Impact of Firearms on Japanese Warfare, 1543 – 1598", *The Far Eastern Quarterly*, Vol. 7, No. 3（May, 1948）, Published by: Association for Asian Studies, p. 238.

③ Malyn Newitt, *A History of Portuguese Oversea Expansion*, *1400 – 1668*, London and New York: Routledge, 2005, p. 159.

④ C. R. Boxer, "Note on Early European Military Influences in Japan, 1543 – 1853", Douglas M. Peers（ed.）, *Warfare and Empires*, *Contact and Conflict between European and Non-European Military and Maritime Forces and Cultures*; *An Expanding World*, *The European Impact on World History*, 1450 – 1800, *Volume 24*, Surrey: Ashgate Variorum, 1997, p. 112.

⑤ 外山卯三郎『南蛮船貿易史』、東京：東光出版株式会社、1943 年、401 頁。

⑥ 津本陽『名将名城伝』、東京：PHP 研究所、2009 年、37 頁。

⑦ 井上清『日本の歴史』（上）、東京：岩波新書、1985 年、229 頁。

（火枪）。"① 日本学者土屋乔雄也提到："葡船之商品主要来自中国，也有欧洲运来的枪炮。"② 1580 年，澳门富商巴尔托梅·瓦斯·朗德罗（バルトメウ・ワス・ランデーロ）亲自率船（走私船）赴日，目的就是为大名有马氏输送火器、弹药（当时有马氏与龙造寺氏激战正酣）。1584 年，肥前的两大家族（有马氏与龙造寺氏）交锋前，有马氏又向葡商购置大量火枪，传教士弗洛伊斯对此也有记载。

大名买到火枪后，自然需要火药。硝石是制作火药的重要原料，日本不产硝石，其主要由外国船运来。1567 年，丰后大名大友宗麟写信给传教士丹贝尔·索尔·卡尔奈伊劳（Dombel Scholl Carneiro）："我们希望有足够实力对抗山口之主（大内义隆），然而要想实现这个愿望，还必须依靠阁下援助。我们希望大船长不要将硝石运到义隆的领地。为了我方领地之防卫，还必须通过大船长每年带来 200 斤优质硝石。我将遵从阁下制定的价格（每斤一贯白银）购买硝石③。依据此法，山口之暴君将失去领国，我将作为正统领主进入其领地。"④ 1567 年和 1568 年，宗麟又两次致函澳门方面，请求耶稣会提供火枪和硝石，帮助他对抗宿敌——山口的毛利氏。大名的要求令耶稣会为难，耶稣会认为自己是上帝的使者，不应参与屠杀。但是在日本，他们不得不分担恺撒的角色⑤。

自安土时代起，日本军队就广泛使用火枪，因此要消耗大量弹丸。而弹丸的主要原料是铅。日本虽有铅矿，但开采不力，产量低。日本主要从国外进口铅⑥。1613 年，幕府急需枪支弹药。英、荷商馆乘机兜售此类商品。亚当斯到处奔走，为英国商馆采购货物。科克斯提到："家康购买了 4 门加农炮，每门售价为 14 贯白银。他还购买了 11500 斤铅，其日本售

---

① 外山卯三郎『南蛮船貿易史』、東京：東光出版株式会社、1943 年、407 頁。

② 外山卯三郎『南蛮船貿易史』、東京：東光出版株式会社、1943 年、401 頁。

③ 16 世纪中叶，大量暹罗硝石被运往日本，用于制作弹药。参见 Fujita Kayoko, Momoki Shiro, Anthony Reid, *Offshore Asia：Maritime Interactions in Eastern Asia before Steamships*, Singapore：ISEAS Publishing, 2013, p. 161。

④ 刘凤华：《论德川幕府初期的对外贸易、禁教与锁国》，硕士学位论文，吉林大学，2005 年，第 5 页。

⑤ C. R. Boxer, *The Great Ship from Amacon*, Macau：Instituto Cultural de Macau, 1988, p. 32.

⑥ 岩生成一『日本の歴史・14・鎖国』、東京：中央公論社、1968 年、163 頁。

价为每斤 6 分，总售价为 6 贯 900 两。这些铅由英国人从欧洲、暹罗、太泥等地采购而来。"① 1620 年，科克斯还记载道："荷兰人今年带来 4000 担铅，另有 1000 担从暹罗抢购而来，总计 5000 担。"②

从以上资料来看，有关枪炮弹药的交易记载并不多，且比较零星，还有些资料没有提供数据。不过，这并不意味着火枪交易（包括弹药）不存在。实际上，此类交易有些特殊：（1）欧洲人运来火枪一般不经商人之手，而是直接交给各大名。由于火枪交易涉及各大名的生死存亡，所以其数量和种类不便透露，记录在案的交易（数据）自然很少。（2）火枪经常作为礼品送给大名，不属于商品，遂缺乏相关记录。（3）16 世纪末，日本人已经能够批量造枪。虽然有大名还从欧洲购买火枪，但数量已经减少。而且自从秀吉、家康统治日本后，就一直在限制军火交易。即便存在火枪买卖，也是黑市交易。总的来说，火枪是一种特殊商品，其贸易情况有别于普通货物。

其实，火枪贸易仅是一个引子。欧洲人带来的火枪（数量）根本不能满足日本市场，各大名都需要火枪。在日本，欧洲火枪迅速被仿制。日本人从买枪到造枪，经历的时间非常短，在现代工业尚未兴起的年代，这种速度令人吃惊③。就欧洲船运入日本的众多商货而言，从输入品变成产品的例子也很少，火枪可谓特例。

三 火枪在日本产生的影响

其实，欧洲人带来火枪，或者说日本人购买、仿制火枪，对日欧贸易或日欧经济的影响并不太大，其最大影响在于政治和军事。这再次体现了火枪这种商品的不同之处和特殊性。

第一，火枪传入日本后，逐步改变了军队部署和战争战术。

直至 16 世纪中叶，在日本战场上，骑兵仍然是取胜关键。骑兵优势有三：速度快，来如风、去如电，往往能够发起闪电式进攻；在远距离，

---

① 岩生成一『日本の歴史・14・鎖国』、東京：中央公論社、1968 年、164 頁。

② Richard Cocks, *Diary of Richard Cocks, Cape-Merchant in the English Factory in Japan (1615－1622) Volume 2*, London：Hakluyt, 2005, pp. 322－323.

③ 关于欧洲火枪在日本的传播和发展，请参见张兰星《"切支丹时代"欧洲火枪在日本的传播和影响》，《史林》2010 年第 2 期。

骑兵配备了弓箭，能够骑射，在近距离，骑兵使用武士刀，能够砍杀；骑兵团往往由强悍凶猛的武士组成，就单兵对峙来说，骑兵的战斗力大于步兵。

相对于骑兵，火枪步兵的最大弱点在于准备时间长，容易受到突袭。为了解决这个问题，日本人采用了两种办法。其一，尽可能提升步兵的轮流齐射（repeating volley）技术，也就是说火枪步兵分成两排或者三排，前排步兵射击的时候，后排步兵抓紧时间装载弹药，而且要尽量缩短动作重复的时间，这样步兵就能够专心装弹。同时在骑兵接近时，后排步兵能够有一定的时间进行简单的躲闪，以减弱骑兵冲击力。轮流齐射战术被织田信长首次应用于1554年（天文二十三年）村木城堡的攻坚战。1573年（天正元年），织田信长发现一向一揆的僧兵也能够采取同样战术。其二，为解决火枪手防御能力差的缺点，日本人采用了一种简单有效的办法，即安排一部分步兵担当长枪手，其主要任务就是确保火枪手的安全，让他们能够专心装弹射击，这一点很像欧洲中世纪长矛手的作用。此外，还可在步兵周围设置木栅栏，抵挡骑兵的猛烈冲击。人手充裕的部队甚至安排弓箭手，来保护火枪手的安全。

这两种办法都被应用到战国时期的著名战役当中。1575年（天正三年）5月的长筱大战（武田胜赖对阵织田信长）就是经典的火枪战。长筱之战中，织田信长聚集了3000名火枪手，周围由三层木栅栏和众多长枪手保护。他把步枪兵分为三排，一排装弹，一排传递，一排射击（称"三段射击"）。在长筱之战前，日本人从未布置过如此庞大的火枪队伍。虽然对方也有火枪兵，但是数量和战术均赶不上信长军。武田胜赖过分信赖传统骑兵，以为英勇的骑士能够攻破信长的步兵阵容，但其最终以惨败收场。学者史蒂芬这样评价："长筱之战中，武田军扮演的就是凯里格诺拉一役中法国骑兵团的角色。结果可想而知，当信长数量庞大的火枪部队扣动扳机之后，武田军和法国人一样，都遭遇了灭顶之灾。"[①] 武田信玄

---

① ［英］史蒂芬·特恩布尔：《最后的武士：荣耀与毁灭》，刘汉生译，陕西师范大学出版社2006年版，第104页。

（死于长筱之战前）也曾经预言，火枪会是未来战争中决定胜负的重要因素[①]。学者杰弗里·帕克对此役评价道："信长的步枪兵在长筱以新颖的战术击溃了武田方面久经阵战的骑兵。轮流（换）步枪兵战术是战争史上值得重视的事件，因为这在当时的欧洲都还没有出现。"[②] 有日本学者也提到："在长筱战役中，步兵铁炮队发挥了重要作用，最终织田信长的军队战胜了武田胜赖一方。"[③]

确实，在信长之前，还没有一个将领把火枪如此大规模地运用于（日本）野战中，更没有人敢以之来对抗骑兵[④]，所以信长开创了火枪兵的新战术。之后，日本人更加熟练地使用火枪，与之相关的战术也越来越成熟。但是，自长筱之战后，织田信长的"三段射击"战术几乎没有再出现，可能是因为有木栅栏和长枪手的保护，步兵分两次轮流装弹就足够应战。长枪手的训练在长筱之战后又有加强，他们一般配备两种武器（长枪和武士刀）。如果骑兵来袭，长枪可以直接攻击马（背）上的敌人；如果骑兵下马或者与步兵交接，武士刀可以近距离防御，甚至可以砍断马腿。长筱之役后，轮流齐射成为日本火枪部队的标准战术模式。世界军事史应该书写这一页，因为冷兵器近距离作战模式已经略显落后，新武器和新战术逐步"崭露头角"，标志着军事史上转型期的到来[⑤]。

直到16世纪，日本人还要在开战前举行固定仪式。双方都要到阵前进行自我介绍，并互相称赞，以示尊重。有时，仪式时间甚至超过了兵戎相见的时间。1548年，武田信玄在山田原战斗中仍然采取了这种方式。他带领200名士兵前去叫阵，其中150人佩刀，另外50人则带上秘密武

---

① 也有学者认为，长筱之战的胜利不能完全归功于火枪和步兵团战术。武田军溃败并不是因为兵力不足和装备落后，而是战略战术运用不得当。如果信玄在世，就不会久攻长筱城，也不会选择在那里与信长决战。

② 直到1594年，欧洲人才采用二段或三段射击法，直到17世纪30年代才普及此战术。参见 Geoffrey Parker, *The Military Revolution: Military Innovation and the Rise of the West, 1500 – 1800*, Cambridge: Cambridge University Press, 1996, p. 140。

③ 菊地正憲『オールカラーでわかりやすい！戦国史』、東京：西東社、2015年、154頁。

④ Kenneth G. Henshall, *A History of Japan: From Stone Age to Superpower*, New York: Palgrave Macmillan, 1999, pp. 43 – 45.

⑤ Stephen Turnbull, *War in Japan 1467 – 1615*, Oxford: Osprey Publishing, 2002, p. 18.

器（火枪）。按理说，信玄应该在接近敌人的最佳时间命令开枪，他却迷恋于阵前仪式。仪式结束后，开火的最佳时机已被错过。在步兵装弹、瞄准和射击的时候，敌人已经冲了上来，并以最快速度斩杀火枪兵，最终村上义清取得胜利，而原因就是他们没有火枪①。自长筱之战后，为了配合火枪发挥其应有的威力，这种在现代人眼中看来"愚蠢可笑"的仪式迅速退出了战争舞台。

火枪不但改变了日本的军事战术，还对旧式城堡的设计提出了挑战。为了抵挡强有力的新式武器，防御方面则需要更为牢固的城堡，以及适应火枪发展的格局。1576 年（天正四年），一种结合了进攻和防御功能的新堡垒首次出现在日本，这就是织田信长的安土城堡。城堡的内墙上布置了众多枪架，以便数百名火枪兵可以迅速架好武器，从窗户或塔楼的开口向外射击②。同时期的大阪城堡除了有坚固的基石和岩床外，其城墙设计也非常独特。由于大阪城堡太长，所以城墙被建成手风琴式的折叠状，称"屏风式"。此设计的重要优点是，每扇墙都可以同时容纳数百名火枪兵，以便对敌军进行大规模无盲点的射击。

第二，火器的发展与日本政局的改变息息相关。战国后期，群雄依靠火枪扩充了势力，使自己在"逐鹿"中拥有一席之地。由于远离日本政治漩涡的中心，萨摩岛津氏多年来一直处在群雄争霸的边缘地带，这种局面一直到 1542 年欧洲人登陆种子岛才得以改变。几乎一夜之间，萨摩从一个无名之地变成了通往西方世界的门户。岛津氏由于从欧洲人手中得到火枪，迅速成为九州岛的强国。这样的例子在九州地区非常突出，丰后（地名）的大友宗麟凭借西式火枪之利，曾开创了身兼（九州九国中）六国守护的鼎盛局面。葡船运来的武器还装备了肥前（地名）大名大村纯忠的军队，纯忠利用这一优势，恢复了昔日失地，成为九州一霸③。

---

① Noel Perrin, *Give Up the Gun*: *Japan's Reversion to the Sword*, *1543 - 1879*, Boulder: Shambhala Publication, 1979, p. 17.

② Stephen Turnbull, *Japanese Castles 1540 - 1640*, Oxford: Osprey Publishing, 2003, pp. 16 - 19.

③ John Whitney Hall, *The Cambridge History of Japan*, *Volume 4*: *Early Modern Japan*, Cambridge: Cambridge University Press, 1991, p. 304.

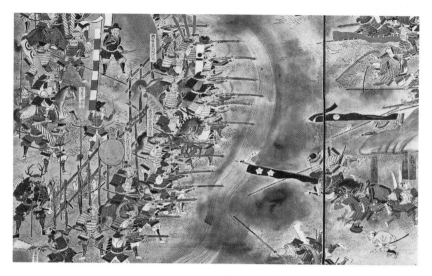

图4—1　长筱之战中使用火枪的士兵

资料来源：维基百科，https：//upload. wikimedia. org/wikipedia/commons/6/61/Nagashino _ Teppo-Ashigaru. jpg。

　　织田信长依靠其火枪和步兵战术，奠定了统一日本的基础。信长接触火枪后，迅速意识到农民可以用火枪武装起来，增强军事实力①。在其军事生涯早期，火枪和步兵是取胜关键。信长在对付两个宿敌兼劲敌（武田氏和一向一揆）时，广泛使用了火枪和步兵战术，并且取得决定性胜利。在消灭心腹大患的同时，信长的火枪战术日渐成熟，统一前景也一片光明。如果没有火枪和步兵战术，信长的统一步伐很可能要延缓。有了信长的经验，其后的丰臣秀吉和德川家康同样重视火枪在统一战争中的作用。

　　但是，自从统治者第一次感到自由"持枪"的社会难以管理的时候，火枪带来的矛盾也就显现出来了。火枪的角色在日本的统一进程中慢慢发生着改变，它从战场上的厮杀工具逐步演变成统治阶级的镇压工具，统治者们对火枪既爱又怕，火枪既可以帮助他们取得胜利，也可以

---

①　Jonathan Norton Leonard，*Early Japan*，New York：Time-Life Books，1968，pp. 138 – 139.

变成推翻他们的工具。1588 年（天正十六年），丰臣秀吉颁布"刀狩令"：严禁各国（各大名领地）百姓收藏刀、弓、长枪、火枪和其他各种武器①。此令是为了防止平民暴动，更是害怕他们获得先进武器，一旦如此，便难以管理。这种恐惧心理一直延续到江户时代。在德川幕府初，火枪被同时赋予"正义"和"邪恶"两种角色。1637 年（宽永十四年），岛原地区爆发起义，领袖为天草四郎，这是一场带有宗教性质同时反对领主苛政的起义。在原城决战中，起义军使用了"有马步枪"（大名有马氏命人制作的火枪）。这种火枪命中率很高，幕府军伤亡严重，将军不得不调集更多军队来围攻原城。同时，幕府勾结荷兰人，用后者船上的大炮轰击城堡②。同样是火器，有马步枪被赋予了正义色彩，幕府枪炮则变成了屠杀工具。

从丰臣秀吉的海外征服计划来看，火枪似乎成为某些统治者产生疯狂念头的"催化剂"。从当时东亚的政治格局、地理形势和军事实力来看，日本尚不具备海外扩张的条件，依照常理，日本统治者不太容易产生这种念头，特别是要挑战强大的明朝。究其原因，不能仅归于秀吉个人的偏执，还应该考虑到他对火器威力的崇拜以及对火枪部队的充分信任。秀吉始终相信，火枪兵的取胜率大于传统兵③。从现代军事角度来看，"船坚炮利"（当时日本还称不上"船坚"）是赢得战争和向外侵略的王道，秀吉产生这样的想法不算奇怪。虽然有历史学者称，秀吉征服海外的举动是极其愚蠢的，但其野心的根源是否与其火枪有关，我们尚不能妄下结论。

第三，当时，日本人对枪支弹药的热衷让欧洲人始料不及。对于葡萄牙等"南蛮人"来说，这样反而促进了其贸易、传教活动，还有机会亲近日本大名、笼络人心，火枪带来的客观效果可能是欧洲人事先没有想到

———————

① 井上清『日本の歴史』（上）、東京：岩波新書、1985 年、248 頁；山口百々男『和英：日本の文化・観光・歴史辞典』、東京：三修社、2014 年、496 頁。

② Charles MacFarlane, *Japan: An Account, Geographical and Historical*, London: Adamant Media Corporation, 2005, p. 50.

③ Noel Perrin, *Give Up the Gun: Japan's Reversion to the Sword, 1543 – 1879*, Boulder: Shambhala Publication, 1979, p. 27.

的。对于日本来说，"切支丹大名"往往可以比较容易地购置火枪，火枪也让此类大名强于普通大名或传统大名。对于基督教和火枪，到底是后者促进前者的传播，还是前者推动了后者的交易，在当时的日本来看，实在很难断定，只能说它们互相影响和促进。

第四，从日本人对火枪的仿制、加工和改造可以看出，日本人具有较强的模仿能力和创新精神。欧洲人到来前，日本人主要是"吸收"和"消化"强大的中国文化。但是，日本的"拿来主义"并非仅针对中国，在接触到更新更先进的文化后，他们表现出狂热、饥渴的状态，立即进行模仿，甚至创新。所以，关于日本近代"西化"的根源，仅追溯到明治维新是不准确的，从他们对火枪的仿制和改造就可以看出，这种苗头在16世纪就已出现。

欧洲火枪有许多局限性，但是，经过日本人的潜心研究，在很短时间内就找出了解决办法。下雨的时候，他们用涂有防水漆的盒子罩住枪身，避免火绳和火药被淋湿①。同时，日本人一直致力于优化欧洲火枪中的粗糙零件，比如改良螺旋弹簧，使之更适合发射。据说他们还发明了一种新式火绳，在雨中照样能够点燃，这在当时的欧洲是没有的②。另外，他们还改变了火枪口径，增加了火枪射程。就这些改良可以看出，日本人开始对西方科学技术产生兴趣③。最终，他们制成有日本特色的扳机击发式火枪，并且批量生产。

日本本土火枪有以下几种：（1）国友火枪。近江国友村制作的火枪，形式多样，火枪的重量大到数百匁，小到一匁。使用最普遍的是九匁火枪。（2）堺火枪。堺火枪采用所谓"锻二重卷张"技术，指用两块铁板卷成枪身，使之更加牢固。堺火枪始产于16世纪中期，兴盛于信长掌握堺市以后，其生产一直延续到秀吉时期。④（3）稻富火枪。国友火枪、堺

---

① 火枪枪罩发明于17世纪初。1855年日本画家歌川国芳的一幅画作展示了这种枪罩，每位士兵的枪身都罩有这种盒子，用来防水，及在夜间作战（以免暴露）。

② Noel Perrin, *Give Up the Gun：Japan's Reversion to the Sword, 1543 –1879*, Boulder：Shambhala Publication, 1979, pp. 17 – 18.

③ 吉永正春『九州のキリシタン大名』、福岡：海鳥社、2004 年、9 頁。

④ 戸部民夫『日本の武器・甲冑全史』、東京：辰巳出版、2019 年、85 頁。

火枪和萨摩火枪都是小火枪，而大火枪是直到战国末期才出现，稻富火枪
就是其中一种。小火枪是针对人使用的，而大火枪的攻击目标是城郭和战
船等实物，所以大火枪要求射程远、威力大，因此枪身偏长。活跃于秀吉
晚年和家康年间的铸炮师稻富一梦是制造大火枪的高手，并开创了稻富流
（稻富风格的火枪）。（4）萨摩火枪。这种火枪主要在九州使用，与国友
和堺火枪不同，其枪身偏细偏长。此外，火绳挟等部分的形制也独有
特色。

第五，新型武器火枪的出现，在日本引发了传统与现代的矛盾，即
冷兵器与热兵器、传统武士与现代步兵的矛盾，这是一种进步与保守的
对抗。虽然火枪威力强大，但要想完全取代骑兵的地位，也非一朝一夕
的事。在 1572 年（元龟三年），强大的武田骑兵就曾经击败过火枪步
兵。究其原因，一般认为是火枪手在发射了弹药之后重新装弹的时间过
长，火枪手在装弹过程中的防御能力很弱。但后来，日本人研究出适应
步兵的战术，克服了火枪兵弱点。所以就胜率而言，火枪步兵比传统骑
兵要高。

尽管火枪在日本历次战争中发挥了决定性作用，但也必须看到，这
种武器既是福祉也是灾难。实际上，欧洲人对火器也抱有和日本人同样
的矛盾心理。枪炮可以帮助一位将军赢得战争，成就功名，但其造成的
损失远比人员伤亡要多得多。不论是西班牙骑士还是日本武士，他们毕
生追求的荣誉都受到这些新式武器的威胁。如果认为高级武士使用武士
刀，低级武士和农民使用火枪，那么这种明显的区分就会害了自己，武
士刀和火枪之间注定要发生矛盾。森长可（丰臣秀吉的得力战将）在
1584 年的战死就是一个例子。他在战场上穿着厚厚铠甲，里面是白色
丝质衬衣，这样的装束显得威武突出，但同时也成为众多火枪手的目
标。当森长可挥舞着刀剑，冲向敌军时，无名火枪手立即发现他，随即
向其头部开枪，森长可坠马身亡，时仅 27 岁[1]。在 16 世纪的欧洲，很
多英雄豪杰都倒在了这些名不见经传的火枪兵手下，其中包括著名的法

---

[1]　Noel Perrin, *Give Up the Gun*: *Japan's Reversion to the Sword*, *1543 – 1879*, Boulder: Shambhala Publication, 1979, p. 26.

国骑士拜亚尔（Bayard，16世纪法国著名的战斗英雄，以勇敢和骑士精神闻名）、荷兰司令官拿骚的路易斯（Louis of Nassau）[1]。日本众多武士都鄙视使用火枪的人，并称他们为拿着武器的懦夫[2]。当然，我们必须感激在1571年的勒班陀战役中，土耳其人的子弹没有打中塞万提斯的要害，否则我们就会失去一位重要文豪了，而活下来的塞万提斯为我们奉上了那部不朽的《堂吉诃德》，这位家喻户晓的虚构人物代表了枪炮出现后逐渐没落的骑士，而堂吉诃德形象本身也恰恰是同时代欧洲和日本对新式武器矛盾心态的一种集中体现[3]。

第二节　日欧生丝贸易分析

生丝在贸易物品中变得重要，始于15世纪末的中日贸易。当时，显赫一时的日本富商楠叶西忍直言不讳地说："唐船（中国船）之利莫过于生丝。"[4] 就欧洲船运入日本的商品而言，生丝的数量庞大，利润颇高，重要性也居首位。《筹海图编》记载道："在福建、广东等地的走私贸易中，运到日本的商品首举生丝。"[5] 日本对生丝的需求量很大，将当时日欧贸易直接称为生丝贸易，也不为过。

一　生丝贸易繁荣的原因

生丝为什么能够成为日欧贸易中最大宗的商品？其原因有以下几点。

第一，日本的养蚕技术和产丝能力不及中国，中国盛产生丝，且质量上乘。生丝的制作对日本人来说是一件困难的事情。首先，若要批量养蚕和产丝，需要栽植大量桑树及拥有一定数量的劳动力，此外还必须有宽敞的空间和干净的环境，日本缺乏这样的养蚕条件。其次，把蚕丝

---

① 路易斯的父亲"沉默的威廉"（William the Silent，荷兰独立之父）也是被火枪打死的（遇刺）。参见张箭《奥兰治威廉的宗教政策与尼德兰革命》，《世界宗教研究》1987年第2期。

② Jonathan Norton Leonard, *Early Japan*, New York：Time-Life Books, 1968, pp. 138 – 139.

③ ［英］史蒂芬·特恩布尔：《最后的武士：荣耀与毁灭》，刘汉生译，陕西师范大学出版社2006年版，第117—119页。

④ 朝尾直弘『朝尾直弘著作集：第5巻』、東京：岩波書店、2004年、47頁。

⑤ 《筹海图编》由明代胡宗宪编辑，全13卷，记载明代抵御倭寇事宜。

制作成生丝，即将蚕丝一根根缫成生丝的过程，对日本人来说是一项艰巨的任务。日本缺乏这方面的技术。对中国来说，养蚕家庭相当多，缫丝者及生丝手工工场也多，批量缫丝并不困难。但当时北海道并不属于日本。日本养蚕业在16世纪中后期基本绝迹，尽管在17世纪有短暂复苏，但要像中国那样批量生产高质量的生丝，仍然难以实现。日本所产生丝多为黄色，而中国生丝多为白色（以上两种均未染色，但后者品质更佳）。苏萨说道："生丝品种虽多，但日本需求量最大的还是白丝。"①

第二，生丝贸易利润可观，据学者朝尾直弘描述，生丝利润在30%—40%②。1600年，葡商购买中国白丝的价格为每担80两白银，运往日本后每担售价140—150两，利润率可达70%—80%，据说这还是保守估计，在日本生丝一般可卖得2倍于中国的价钱。

第三，日本人对生丝的需求量巨大。据当时一位西班牙人记载，16世纪中期，日本每年消耗2205担（220500斤③）生丝，而本国在收成最好的年份才出产1260担（126000斤）生丝，一半左右需要进口。科纳德·托特曼记载："17世纪20年代，每年运到日本的生丝大概有3000—4000担（300000—400000斤）。"④ 甚至有学者夸张地称："现在即便从中国和马尼拉运来所有生丝，日本仍嫌不够。"⑤ 这样看来，日本从中国进口生丝逐渐形成习惯。17世纪初，日本更是每年需要3000—3500担生丝⑥。

相比生丝，运往日本的中国丝织品（成品）并不多，因为日本人喜

① George Bryan Souza, *The Survival of Empire: Portuguese Trade and Society in China and the South China Sea, 1630 - 1754*, Cambridge: Cambridge University Press, 2004, p. 52.

② 朝尾直弘『朝尾直弘著作集：第5卷』、東京：岩波書店、2004年、49頁。

③ 括号中为原著使用的单位，每担大约100斤。

④ Conrad Totman, *Early Modern Japan*, Berkeley and Los Angeles: University of California Press, 1993, p. 79.

⑤ 陈小冲：《十七世纪上半叶荷兰东印度公司的对华贸易扩张》，《中国社会经济史研究》1986年第2期。

⑥ Akira Hayami, Osamu Saito, Ronald P. Toby, *The Economic History of Japan: 1600 - 1990: Volume 1: Emergence of Economic Society in Japan, 1600 - 1859*, New York: Oxford University Press, 2004, p. 109；外山卯三郎『南蛮船貿易史』、東京：東光出版株式会社、1943年、429頁。

欢自己制作丝绸衣服[①]。实际上，日本的丝绸制作技术和丝绸织造业并不落后。15 世纪，京都的丝织业就已经发展起来了。如果生丝质量不佳（生丝质量的好坏决定丝织品的优劣，技术次之）或数量不足，丝织业就会受到影响，贵族就无法享受高档的丝绸奢侈品[②]。另外，丝织品还是制作军服重要原料，比如日本的盔甲都有内衬，其基本用丝绸制作。15 世纪，和泉生产的"吴绫"已是名扬日本的特产。16 世纪，京都和堺等城市出现了以分工协作关系为特征的早期丝织手工工场。生丝可以说是日本丝织业的血液，如果没有它，丝织业将面临困境，消费市场也会大受影响。为了满足基本生活及奢侈品市场，日本需要大量中国生丝也就不足为奇了。

西班牙商人阿比拉·希隆在长崎居住了 20 来年，17 世纪初，他在其著作《日本王国记》中描述了日本人对丝绸的喜爱程度，这段文字同时反映了日本进口生丝，制作、消费丝织品的情况：

> 日本人崇尚华丽。无论吃、穿、住，都讲究清洁、华美，而且举止极为端庄……之所以如此，是 24 年前丰臣秀古阁下平定和征服这个王国以来，人们比过去任何时代都更加追求华丽，以致现在已然形成从中国、马尼拉贩来的全部生丝亦不能满足其需求的现状……而无论是棉织品还是丝织品，诸多衣服的样式色彩极富变化……此种生丝纯白细腻，质地优良，他们能将此加工得非常完美，以出色的技巧织成素绢，继而裁剪成为衣……在制成的衣服上绘制花卉虫草以及其他图案，施以色彩或加以染渍，不愿染者则以着实珍奇的技术加以涂饰，总之，衣物便这样十分绚丽地制成了。不论男女老少，人人皆穿着各色衣裳[③]。

---

①　Yosaburo Takekoshi, *The Economic Aspects of the History of the Civilization of Japan*, Vol. 1, London：Routledge, 2004, p. 314.

②　L. M. Cullen, *A History of Japan, 1582－1941：Internal and External Worlds*, Cambridge：Cambridge University Press, p. 22.

③　［日］速水融、宫本又郎编：《日本经济史 1：经济社会的成立　17—18 世纪》，厉以平等译，生活·读书·新知三联书店 1997 年版，第 136 页。

从以上描述我们不难看出，日本人基本从中国进口生丝（即便是从马尼拉运来，也多是中国生丝），然后将生丝在国内加工、制作成丝织品。丝绸产品非常畅销，日本社会各阶层都喜爱这种材质的衣物，其产品甚至出口到欧美。博克舍也认为："日本人喜欢中国生丝，就像西葡人喜欢英国呢绒（毛织物）一样。"①

二 日葡生丝贸易

（一）日葡生丝贸易运行机制

日葡贸易是 16—17 世纪日欧贸易的重点，生丝贸易又是日葡贸易的关键。日葡贸易的运作实质就是葡人把中国生丝运往日本销售，然后从日本运走大量白银。

1570 年以前，日葡生丝贸易的运作尚处于混乱状态。如果葡商要装载生丝（或其他货物），就必须获得大船长同意，还要缴纳固定商税（货税）。为了保障生丝贸易的顺利开展，葡商要与大船长签协议。协议内容有利于大船长，这正好反映了他在航线上的贸易特权。一般来说，大船长总是希望与最富有的豪商合作。因为豪商实力雄厚，能够带来最大利润，巨船货舱中多半是大船长和豪商的货物。在所有货物中，生丝的数量最大，大船长和豪商几乎把所有资金都押在生丝上。对普通葡商而言，生丝贸易遥不可及，他们根本无法插足其中。即便有机会，分配份额也极其有限。学者迈克尔·库伯（Cooper）曾描述道："豪商装载生丝（到船上）时，通常需 12—15 名工人。相比之下，普通葡商只需 1—2 名工人。更多时候，他们不雇工人，因为巨船上已经没有剩余空间。普通葡商只能投资一些利润低、数量少的商货（比如塔夫绸、缎子、大马士革布等），它们通常被称为'无关紧要的商品'（葡语为 miudezas）。如此来说，如果巨船不出意外，仅生丝贸易就能让大船长和豪商获取暴利，而普通葡商只能做些小生意。"②

---

① C. R. Boxer, *The Christian Century in Japan 1549 – 1650*, Manchester: Carcanet Press, 1993, p. 91.

② Michael Cooper, "The Mechanics of the Macao-Nagasaki Silk Trade", *Monumenta Nipponica*, Vol. 27, No. 4 (Winter, 1972), Published by: Sophia University, p. 427.

随着日葡贸易逐渐兴盛，生丝的重要性日益凸显。澳门议会和普通葡商认为，以往的贸易机制和管理模式存在问题，如不及时解决其中的不合理因素，势必产生矛盾和不良后果。首先，澳门葡人意识到，只有他们能够采购日本需要的生丝品种及数量，澳门人必须联合起来垄断生丝市场，特别要保持生丝在日本市场的高价。其次，大船长和葡萄牙豪商几乎垄断生丝贸易，普通商人对此强烈不满。为了限制大船长和豪商垄断贸易，议会认为有必要统一管理，规范生丝市场，减少内部矛盾。在新的机制和系统下，议会希望葡商不论贫富，都能分享生丝贸易。最后，议会发现，除了官许的正常贸易外，航线上存在走私生丝的现象，即"丝黑市"出现了。为了不让其他国家或地区染指生丝贸易，为了严厉打击"丝黑市"，澳门需要成立专门组织或机构，监管生丝贸易。一些日本大名还强求耶稣会帮助他们投资，做生丝生意，澳门方面也察觉有外来资金流入。为了保证葡人对生丝的垄断，必须杜绝耶稣会和日本大名的投机。为了掌控对日生丝贸易，以及优化资源配置，澳门方面决定实行新的贸易机制。

16 世纪 70 年代初，在主教多姆·贝尔齐奥·卡尼尔诺（Dom Belchior Carneiro）的建议和帮助下，澳门葡人开始实行合作协议制度（corporate agreement）。葡人称这种制度为"阿马考"（armacao，亦称阿尔玛桑），能够分享生丝贸易的团体或商人称"巴奎"（baque）[1]。耶稣会士马诺伊·戴阿斯（Manoel Dias）在报告中提到："澳门创设了'阿马考'制度，以保证葡商能在生丝贸易中获利。"[2]

阿马考制度的核心人物是"代理人"（procurator），可以从澳门议员中选出，也能从葡商代表中选出。代理人共 3 名，必须是长期居住在澳门的葡人，他们是所有澳门葡商的代表。其主要职责是与大船长协商对日贸易有关事宜，落实"阿马考"制度，监督贸易，以及向议会反映葡商的意见和建议。阿马考制度涉及生丝贸易诸多方面，包括生丝分配、人员管理、丝税征收和贸易监督。

---

[1] 也有学者认为，分配给每人的生丝数量称"巴奎"。参见戚印平《明末澳门葡商对日贸易的若干问题》，《浙江大学学报》2006 年第 5 期。

[2] Michael Cooper, "The Mechanics of the Macao-Nagasaki Silk Trade", *Monumenta Nipponica*, Vol. 27, No. 4（Winter, 1972），Published by：Sophia University, p. 426.

澳门巨船每年向日本运去 1600—2000 担生丝。之所以数量不定，是因为这些生丝并非一人独占，每次装载的数量会随葡商数量的变化而变化。这些生丝经过代理人清点后，才被装上船。若日本丝价上涨，生丝的数量甚至会超过 2000 担。通常情况下，葡王和果阿总督禁止超载（超过 2000 担）。若超载，大船长将被罚款。但即便被罚，葡商也要冒险。这时，代理人就会代表商人与大船长谈判：如果装载的生丝超过 2000 担，葡商将支付 3000 两白银给大船长，作为补偿（补偿金高于罚金，大船长还能赚取差价）。若没有超过 2000 担，葡商只需支付 10% 的货税（其他商品亦然）。

　　装载生丝前，代理人会对所有运往长崎的生丝进行统计，然后按每个人的不同情况进行分配。分配标准依葡商的投资金额、花费及家庭构成等情况而定。代理人的分配至少要保证投资商在进行一次贸易后，能赚取足够利润，以维持他们在澳门一年的生活。当生丝售完后，葡船从日本运回白银和其他货物。代理人再按照先前的投资标准分配利润。能够占有生丝配额的主要是葡人，不过仍然有非葡人参与投资，比如中国商人。中国投资者主要是澳门或广州官商，由于葡人每年要参加广州市集交易，便不能怠慢他们。不过其中绝对没有日本人的配额。

　　除了葡国官船，如果还有其他葡船（走私船）赴日经商，澳门人的利益无疑将受损。大船长和代理人为了保证合法葡商的利益，以及维持航线秩序，一直严格限制走私。尽管澳门的监管非常严格，但生丝的高额利润仍然让走私商铤而走险。如果其他葡船想在澳门装载生丝，或者装载了生丝的葡船在澳门停靠，大船长将禁止其入港。大船长经常亲自到港口检查，如果发现此类葡船，立即令士兵搜缴和处罚。有一次，大船长发现一名耶稣会士登上一艘靠岸的日本商船，他怀疑船中正在进行生丝买卖，便立即令士兵开枪。1603 年 7 月 30 日，一伙荷兰人在澳门附近抢劫了一艘葡船，被劫货物包括耶稣会的 50 担生丝[1]。范礼安说："我们今年的生丝

---

　　① John Villiers, "Silk and Silver: Macau, Manila and Trade in the China Seas in the Sixteenth Century", *A Lecture Delivered to the Hong Kong Branch of the Royal Asiatic Society at the Hong Kong Club*, 10 June 1980, p. 72.

贸易被毁，日子会变得非常拮据。我们不得不裁员，传教士也必须节省一半开支，以求度日。"① 范礼安还亲自到澳门，请求议会准许他们再次收购生丝，以便到日本交易，渡过难关。但这次，即便是耶稣会的捐赠者也反对此请求。最后，在澳门主教的斡旋下，议会才勉强同意耶稣会运送少量生丝到日本，但数量不得超过90担，耶稣会还必须和澳门方面签订书面保证。可见，即使主教出面，澳门方面也不愿意降低对生丝贸易的监管力度。

非澳门葡商想投资生丝贸易几乎不可能。大船长和代理人严格监视那些想到澳门投资的日商，禁止日本商船采购与葡船同类的商品，特别是生丝。如果有澳门葡人向日商提供这些商品，他不但会被取消当年的生丝配额，其声誉也将受到影响。大船长和代理人也必须与议会签订协议，以杜绝日本资金流入。协议规定，大船长不得携带任何日本资金到澳门投资，如有发现，大船长将被重罚。同时，议会和澳门主教也出面宣布禁令（禁止澳门葡商与日商私下交易），特别是不能让日本资金注入澳门。议会还将规定印制成册，分发到澳门居民手中。

三位代理人中，有一位要跟随葡船到日本监督生丝贸易。赴日代理人扮演了公证人和记录员角色，他把贸易中发生的所有重要事件都记录下来。赴日人员中还有一名保管员（葡语：escutilheiro），专门看管生丝，只有他和几名高级官员才有生丝仓库钥匙②。赴日行政人员都领取一定报酬，由澳门葡商支付。他们必须遵守澳门的贸易制度，而且要听从代理人指挥。如果私下交易生丝或携带金银，将被革职查办。由于生丝经常不能在葡船返航前被卖完，所以澳门议会还在日本设立办事机构，以便在葡船离开后继续开展生丝贸易。此时，澳门驻日办事处将全权处理生丝贸易事务。

耶稣会也在生丝贸易中扮演特殊角色，起到一定作用。在 1614 年日本禁教前，耶稣会与葡商一直保持合作关系。抵日代理人也需通过耶稣

① Michael Cooper, "The Mechanics of the Macao-Nagasaki Silk Trade", *Monumenta Nipponica*, Vol. 27, No. 4 (Winter, 1972), Published by: Sophia University, p. 429.

② Michael Cooper, "The Mechanics of the Macao-Nagasaki Silk Trade", *Monumenta Nipponica*, Vol. 27, No. 4 (Winter, 1972), Published by: Sophia University, p. 431.

会，与幕府协商丝价。澳门经常致函在日耶稣会，授权其监督大船长、代理人和葡商，防范他们参与走私。

（二）日葡生丝贸易的数据统计

日葡生丝贸易的有关数据和统计比较混乱。这是因为：（1）无论是欧洲还是日本，都缺乏相关资料。即便有记录，也不一定正确或准确。（2）不同资料提供的数据有差异，有时差异甚至较大。（3）不同资料使用不同的计量单位，折算很麻烦。通过收集、归纳和整理，我们可以将日葡生丝贸易的数据作以下分类。

第一，生丝贸易的平均量。日本资料记载道："几乎垄断了日本贸易的葡人，每年带来 1000—2500 担（10 万—25 万斤）生丝。"[1] 据日本学者加藤荣一统计："1600—1620 年，葡船每年从广州运往日本的生丝为 1000 担，最高时达 2600 担。"[2] 苏萨记载道："16 世纪，葡船每年运到日本的生丝为 1000—1600 担。1610—1620 年，葡船每年运入（日本）3000—3500 担生丝，占日本生丝总需求量的 30%。1620—1630 年，欧洲船（含葡船）每年运进 2500—4000 担生丝。从 1630 年起，葡船运进的生丝开始减少，荷兰东印度公司逐渐成为最大的生丝供应商，葡、荷船每年共运入 4000 担左右的生丝。"[3]

第二，日葡生丝贸易量占生丝贸易总量的百分比。据学者马里恩·纽威特（Malyn Newitt）统计："葡人占领澳门后，一直在进行生丝贸易。此类商品主要出口到印度、马六甲和日本，其中以日本的份额最大。日葡生丝贸易量大概占葡萄牙生丝贸易总量的 1/3 到一半。"[4] 另载，1610 年，葡萄牙运到日本的生丝占日本进口生丝总量的 30%[5]。由此可见，葡人采

① ［日］速水融、宫本又郎编：《日本经济史 1：经济社会的成立 17—18 世纪》，厉以平等译，生活·读书·新知三联书店 1997 年版，第 133 页。

② 李金明、李德霞：《众多市场的开辟：16—17 世纪葡萄牙在亚洲海域的生存法则》，《文化杂志》2007 年总第 65 期。

③ George Bryan Souza, *The Survival of Empire*：*Portuguese Trade and Society in China and the South China Sea*, *1630－1754*, Cambridge：Cambridge University Press, 2004, p. 53.

④ Malyn Newitt, *A History of Portuguese Oversea Expansion*, *1400－1668*, London and New York：Routledge, 2005, p. 145.

⑤ George Bryan Souza, *The Survival of Empire*：*Portuguese Trade and Society in China and the South China Sea*, *1630－1754*, Cambridge：Cambridge University Press, 2004, p. 53.

购的生丝主要运往日本，日本进口的生丝也主要来自葡船。

第三，日葡每年交易生丝的数量。为了方便分析，兹将不同资料提供的数据制成表4—1。

表4—1　　　　　　　　　　16—17世纪日葡生丝贸易数量

年份	数量（担）	资料出处
1578	1600	C. R. Boxer, *The Great Ship from Amacon*, Macau：Instituto Cultural de Macau，1988，p. 39.
1580	1500①	A. Kobata，"The Production and Uses of Gold and Silver in Sixteenth-and Seventeenth-Century Japan"，*The Economic History Review*，New Series，Vol. 18，No. 2（1965），Blackwell Publishing，p. 253.
1593	1500—1800	A. Kobata，"The Production and Uses of Gold and Silver in Sixteenth-and Seventeenth-Century Japan"，*The Economic History Review*，New Series，Vol. 18，No. 2（1965），Blackwell Publishing，p. 253.
1600	2500	全汉升：《明代中叶后澳门的海外贸易》，原载《中国文化研究所学报》1972 年第 1 期。见 http：//www. macaudata. com/macaubook/book179/html/14801. htm。
1609	3000	C. R. Boxer, *Fildalgos in the Far East 1550 – 1770*, The Hague：Martinus Nijhoff，1948，p. 61.
1611	2000②	岩生成一『日本の歴史・14・鎖国』、東京：中央公論社、1968 年、156 頁。
1612	1400③	林韑、宮崎成身等編『通航一覧』第五、東京：泰山社、1940 年、6 頁。
1634	200④	岩生成一『日本の歴史・14・鎖国』、東京：中央公論社、1968 年、258 頁。
1635	700—940	C. R. Boxer, *The Great Ship from Amacon*, Macau：Instituto Cultural de Macau，1988，p. 144.
1636	250	全汉升：《明代中叶后澳门的海外贸易》，原载《中国文化研究所学报》1972 年第 1 期。见 http：//www. macaudata. com/macaubook/book179/html/14801. htm。
1638	230	C. R. Boxer, *The Great Ship from Amacon*, Macau：Instituto Cultural de Macau，1988，pp. 155 – 156.

---

① 1500 担是博克舍的记载。据林奇顿记载，1580 年，葡人运进 3000 担生丝。

② 原文记载为 20 万斤，约 2000 担生丝。

③ 史料中明确指出是白（生）丝。

④ 原文记载为 2 万斤，约 200 担生丝。

表 4—1 可以反映日葡生丝贸易的盛衰变化。16 世纪，日葡生丝贸易的数量较大，且较稳定。因为当时的贸易环境宽松，即使传教活动被禁，贸易船仍然往来不断。此时的荷兰、英国、西班牙尚未在日本开展贸易，中日走私贸易也时断时续、时好时坏，所以葡萄牙几乎垄断了生丝贸易。

17 世纪初，虽然日葡贸易遭遇竞争和限制，但在 17 世纪 30 年代以前，其他欧洲国家尚不能撼动葡人在生丝贸易中的地位。30 年代以后，由于各种因素影响，葡萄牙的贸易策略有所改变，生丝的数量骤减，丝织品的数量增加。1634 年，荷兰人报告了相关情况："今年有 63 艘中国船带来了大约 1000 担（10 万斤）生丝，琉球方面运来 700 担（7 万斤）生丝，葡人运来 200 担（2 万斤），从越南返日的朱印船运载了 500 担（5 万斤）生丝，从东京归来的朱印船运载了 1000 担（10 万斤）生丝，荷兰东印度公司运进 640 担（6 万 4000 斤）生丝，总共有 4040 担（40 万 4000 斤）生丝。"[1] 另据博克舍记载："1638 年，2 艘葡船运去（长崎）230 担生丝，不过丝织品却有 210 箱，每箱 10 担，总量达 2100 担。"[2] 从数据可见，葡商运载的生丝越来越少，丝织品越来越多。这是葡商对日贸易一个重要变化。

造成变化的原因有：（1）17 世纪初，日本人试图扭转他们在生丝贸易中的被动局面，开始实行丝割符制度。1615 年，荷兰人告诉英国商馆指挥官科克斯："葡船今年运来的商品不多，因为幕府实行了丝割符制度，葡人去年的生丝都还没有卖完。"1615 年，丝割符制定的丝价为每担 165 两白银，当葡人离开后，丝价上涨到每担 230 两，中国出户的南京生丝更是涨到了每担 300 两。英国人对此记载道："葡商对丝价上涨相当不满，他们带上礼物，在江户等待了 40 天，请求谒见将军。不过将军态度冷漠，令葡人大失所望。葡商怒称明年不会来日本了。"[3] 1631 年，葡商再次控诉丝割符制度不公，认为长崎制定的价格

---

① 岩生成一『日本の歴史・14・鎖国』、東京：中央公論社、1968 年、258 頁。

② C. R. Boxer, *The Great Ship from Amacon*, Macau：Instituto Cultural de Macau, 1988, p. 155.

③ C. R. Boxer, *The Great Ship from Amacon*, Macau：Instituto Cultural de Macau, 1988, p. 86.

过低。不过幕府并未理会其抱怨和不满。葡商只有两个选择，要么接受价格，要么离开日本。1633 年，生丝的实际交易价甚至低于丝割符定价①。后来由于葡方施压，幕府规定仅将生丝纳入丝割符制度，其他丝织品不在此列。基于丝割符制度压低丝价，葡商遂减少了生丝输入，增加了其他丝织品数量。（2）澳门葡商在中国进货也遇到困难。1637年，大船长多姆·弗朗西斯科·德·卡斯特尔布兰科（Dom Francisco de Castelbranco）的船队很晚才抵达日本。他们在中国进货时遇到困难，混乱的政治局势影响了南北商路，广州市场出现供货不足的现象。（3）其他国家的商人也来到日本，加入生丝贸易行列，对葡萄牙构成竞争和威胁。17 世纪初，每年有 30—60 艘中国走私船（小帆船为主，偶有中型帆船）抵日，还有 10 艘荷兰商船赴日，都带来数量不等的生丝。

第四，有关生丝价格的记载。最初，生丝在日本的售价为每担50—60 两白银，甚至更便宜。后来，日本丝价上涨。据博克舍记载："1578 年，长崎丝价为每担 140 杜卡特（ducat，约合 140 两白银）。"②各类生丝的价格还有差异。南京白丝属优质品，其中国采买价为每担145—150 两白银，日本售价为每担 250—300 两。广东白丝的进价为每担 50—55 两白银，日本卖价为每担 100—150 两。在不同时间和地点，丝价也不相同。总的来说，在幕府实行丝割符制度（1604）前，日本丝价基本呈上涨趋势，最高时达每担 500—600 两白银。还有一种冬季丝绵，其售价大概是每担 200 两白银③。1620 年，英国商馆指挥官科克斯在信中提到："当下，每担白丝在日本的价格为 130—500 两白银，平均价格在每担 300 两左右。"④ 博克舍还提到："1635 年，日葡贸易再次顺利完成。他们带来 700—940 担丝，其中有生丝 160 担。在日本，每

①　George Bryan Souza, *The Survival of Empire: Portuguese Trade and Society in China and the South China Sea, 1630–1754*, Cambridge: Cambridge University Press, 2004, p. 60.

②　C. R. Boxer, *The Great Ship from Amacon*, Macau: Instituto Cultural de Macau, 1988, p. 39.

③　Yosaburo Takekoshi, *The Economic Aspects of the History of the Civilization of Japan*, Vol. 1, London: Routledge, 2004, p. 314.

④　Richard Cocks, *Diary of Richard Cocks, Cape-Merchant in the English Factory in Japan (1615–1622) Volume 2*, London: Hakluyt, 2005, pp. 322–323.

担生丝的售价为 60—100 两白银。其价格不定，一是因为生丝品质不同；二是因为幕府制定丝价时，必须参考中、荷船运来生丝的数量，多则低，少则高。"①

三　日荷生丝贸易

17 世纪初，荷兰人来到日本。他们发现东亚贸易基本为了一个动因，即解决中国白银和日本生丝的需求问题。荷兰人正确地总结出葡人在日本成功的经验：将中国生丝运到日本，将日本白银运到中国，赚取其中差价。相比英国，荷兰缺少呢绒之类的纺织品，本国商品仅限奶酪、黄油之类的农产品。荷兰人到达日本后，这种缺陷却成为优势。他们必须从亚洲各地采购日本需要的商品后，才能进行贸易。

最初，荷兰人通过两种方式获得生丝。其一，抢劫亚洲海域的商船，特别是满载生丝的葡船。荷兰人最初的贸易显得原始而野蛮。不过抢劫也有局限，不可能每次成功，也需等待时机，还可能丧命。其二，在亚洲各地采买生丝。荷兰人在爪哇和帕塔尼等东南亚地区均设据点，在那里可以购得一些生丝，不过数量很有限。因此，最初的日荷生丝贸易不但数量少，利润也低，尚无法撼动葡萄牙对生丝的垄断。

虽然荷兰人开局不利，但他们并未放弃希望，一直坚持发展此类贸易。幕府实行丝割符制度后，荷兰人看到机会。最初，荷兰人不受丝割符限制，可以自由买卖生丝。相比之下，葡商受到的影响更大，他们必须接受"丝割符"制定的垄断丝价。17 世纪 20 年代，日荷生丝贸易出现转机。荷兰人已经能够稳定地运送一批生丝到日本。科克斯记载道："荷兰船今年（1618）运来一批生丝，赚取 4000 两白银。"②
1622 年 9 月，据荷兰平户商馆报告："荷兰运来一批生丝。价格为每担 180 两白银，日本售价为每担 360—400 两白银。素花缎每匹 8 两白银，

① Natalia Tojo, "The Anxiety of the Silent Traders: Dutch Perception on the Portuguese Banishment from Japan", *Bulletin of Portuguese/Japanese Studies*, Vol. 1, Universidade Nova de Lisboa, Portugal, 2000, p. 118.

② Richard Cocks, *Diary of Richard Cocks, Cape-Merchant in the English Factory in Japan (1615 – 1622) Volume 2*, London: Hakluyt, 2005, p. 64.

日本售价为 12 两。天鹅绒每匹 8 两，卖价 13 两。1622 年，荷兰总共运进价值 1008000 两白银的丝绸（包括生丝和丝织品），这批丝货在日本卖得 1862375 两白银，利润率为 54%[1]。1624 年，荷兰在抢劫葡船的同时，还能从据点帕塔尼进货，生丝来源相对稳定。在这一时期的荷兰船货中（运往日本），生丝与其他商品的比例约为 9∶1。1628—1632 年，日、荷关系紧张，日本禁止荷兰人经商，以示惩戒。1632 年，荷兰与幕府重新和好，此时的中国正值明末清初的动乱时期，荷兰人与统治中国东南沿海的郑芝龙集团达成协议，大量购入走私货（以丝织品为主）。1634 年，荷兰船向日本运去 640 担生丝[2]。1635 年朱印船停航后，荷兰人独霸了东南亚贸易，陆续在暹罗、柬埔寨、交趾等地设立据点，大量收购生丝。表 4—2、表 4—3 为日荷生丝贸易的数据统计。

表 4—2　　　　　　　　　17 世纪日荷生丝贸易数据统计

年份	生丝输入量（斤）	与前一年的百分比（%）	商船数量（艘）
1609	—	—	2
1624	2847	—	2
1625	29017	1019.03	5
1626	33227	114.51	5
1627	91362	274.96	6
1632	—	—	5
1633	1409	—	3
1634	64530	4579.84	8
1635	132039	204.62	8
1636	142251	107.73	9
1637	110306	77.54	12

---

[1]　村上直次郎『西洋商業史』、東京：明治大学出版部、1900 年、204 頁。

[2]　Richard von Glahn, *Fountain of Fortune: Money and Monetary Policy in China, 1000–1700*, Berkeley and Los Angeles: University of California Press, 1996, p. 122.

续表

年份	生丝输入量（斤）	与前一年的百分比（%）	商船数量（艘）
1638	142194	128.91	11
1639	111387	78.34	11
1640	229032	205.62	11

资料来源：加藤栄一「連合オランダ東インド会社の戦略拠点としての平戸商館」、田中健夫編『日本前近代の国家と対外関係』、東京：吉川弘文館、1987 年、420～421 頁。

表4—3　　　　生丝、丝织品占所有商品的百分比（荷兰）

年份	生丝（白丝）占所有商品的百分比（%）	丝织品占所有商品的百分比（%）
1633	6.4（5.4）	14.4
1634	44.0（43.1）	17.8
1635	63.7（60.9）	11.9
1636	57.9（43.7）	19.7
1637	36.3（22.2）	39.6
1638	42.9（19.4）	36.9
1639	22.2（16.1）	54.8
1640	20.2（6.7）	68.0

资料来源：刘凤华：《论德川幕府初期的对外贸易、禁教与锁国》，硕士学位论文，吉林大学，2005 年，第 29 页。

综合分析表4—2、表4—3，可看出几个问题：（1）从表4—2可见，1624 年以后，日荷生丝贸易量逐年增加。无论荷兰采取何种方式获得生丝，每年都能保证一定货源。（2）从生丝、丝织品所占比例来看（表4—3），荷兰贯彻了以丝商品为主的贸易政策，并取得成效。（3）从表4—3还可以看出，荷兰运去丝织品的数量在增加，生丝比例在下降。这是由于日本丝市发生变化，继葡萄牙被强行纳入丝割符制度后，荷兰人、中国人也不能幸免。生丝的利润逐年下降，荷兰人感叹道："如果日本继续实行丝割符制度，那以后就不只是忍受的问题了，我们在日本的商馆都将关闭。"[1] 30 年代，荷兰船向日本运去大量生丝，因此受到的影响就大[2]。荷兰人的精明之处在于及时汲取葡人经验。30年代，葡商调整了商品结构，减少生丝数量，增加丝织品数量。荷兰人敏锐地察觉到这一变化，于是紧随葡人，改变贸易策略。从表4—3 丝织品增多、生丝减少的变化便可看出其中端倪。实践证明，荷兰人顺应了当时的贸易形势[3]。

在对日贸易的欧洲四国中，葡、荷是生丝贸易的主角，英、西（班牙）虽然有心发展生丝贸易，但仅成为配角。英国无法打开中国市场，更没有据点可以稳定地提供生丝。同时他们对本国生产的毛织物很有信心，运来大量呢绒，结果造成日英贸易全盘皆输。西班牙可以从马尼拉稳定地获得生丝（来自福建走私船），但它们都被运往美洲，或被菲律宾本地消费掉。即便西班牙船运去少量生丝，也只是为了敷衍家康（发展日本西班牙贸易）。因此，相比葡、荷两国，英、西的生丝贸易（量）几乎可以忽略。

四　日欧生丝贸易的意义

16—17 世纪的日欧生丝贸易具有几点重要意义。

第一，生丝贸易促进了日本丝织业的发展，刺激了日本的消费。日本丝织业本来就具备一定基础，如果能够稳定地获得高品质原料，其技术和水平就有提高的条件和机会。从 16 世纪中期开始，日本丝织品在品质方面大有长进。高档奢华的丝织品比以前增多，价格从一般到昂贵

---

[1]　Natalia Tojo, "The Anxiety of the Silent Traders: Dutch Perception on the Portuguese Banishment from Japan", *Bulletin of Portuguese/Japanese Studies*, Vol. 1, Universidade Nova de Lisboa, Portugal, 2000, pp. 119 – 120.

[2]　也有学者认为，虽然荷兰人也必须遵守丝割符制度，但相比开展大宗生丝买卖的葡人，其所受影响较小。

[3]　日本锁国后，并未完全断绝与西方国家的往来，独与荷兰保持贸易往来，因此生丝贸易仍然存在。但 1640 年以后的生丝贸易与先前已经有不同，具体包括：在 16—17 世纪往日本运送生丝的主要是葡船（人）。德川幕府锁国后，西方国家中，仅荷兰人有资格开展生丝贸易；17 世纪中后期，由于华商垄断亚洲丝绸市场，日荷生丝交易量明显比日葡交易量少很多；锁国前，欧洲人主要运来生丝获利，锁国后，荷兰人无法采购足够生丝，只能从南亚、西亚等地采购丝织品（或一些较次的生丝），运到日本后，获取薄利。

不等。同时，丝织品的产量剧增。16世纪后半期，生丝输入量如果按制作成人服装的标准来计算，大约可裁剪缝制出10万套衣服，或者还不止这一数字。如果再加上输入的丝织品，无疑有更多的服装原料和成品供给市场。为了消费掉这些生丝及丝织品，日本商人必须拓展对象。日本在发展丝织业的同时，也拓宽了消费市场。正是因为有了这样的历史沿革，日本才能成为闻名世界的丝绸制造国之一。时至今日，丝织业仍然是日本重要的产业。

第二，生丝贸易不但刺激了日本的生产和消费，也影响到中国经济。当时，日本大量开采银矿，生丝贸易几乎都用白银结算。尽管欧洲人没有直接掠夺日本矿产，但能从生丝贸易中攫取白银。明朝也正面临"银荒"，急需大量白银。为了获得更多白银，中国市场必须提供更多生丝，东南沿海（顺德）便有很多人养蚕缫丝[1]。学者苏萨（Souza）记载道："17世纪初，中国出口生丝达到6000担，其中出口到日本的就达2500—4000担，几乎占全部出口量的一半。其中一部分因运输不当而损失掉，最终运抵日本的（生丝）大约是中国全部出口量的1/3左右，也是非常多了。"[2]

第三，（葡据）澳门据点的繁荣与生丝贸易息息相关。澳门政府的税收基本来自对日生丝贸易。葡商除了缴纳10%的货税（给大船长），还需向澳门政府（议会）上税。政府税收基本来自巨船贸易。征税前，代理人会对生丝和其他贸易的利润进行预算和评估。另外，政府征税还需考虑当年的公共开支。开支增加，税收也增加，反之亦然。因此，征税情况每年都不同。总的来说，葡商的贸易税在2%—4%。耶稣会也要缴税，但其税率较为稳定。无论耶稣会分摊50担或90担生丝，都缴纳3%的税收[3]。这些税收用在市政建设和公共开销上。

---

[1] Jonathan Porter, *Macau, the Imaginary City: Culture and Society, 1557 to the Present*, Boulder: Westview Press, 1996, pp. 64–65.

[2] George Bryan Souza, *The Survival of Empire: Portuguese Trade and Society in China and the South China Sea, 1630–1754*, Cambridge: Cambridge University Press, 2004, p. 53.

[3] Michael Cooper, "The Mechanics of the Macao-Nagasaki Silk Trade", *Monumenta Nipponica*, Vol. 27, No. 4 (Winter, 1972), Published by: Sophia University, p. 428.

自澳门实行"阿马考"制度后，日葡生丝贸易的效率提高了，生丝的组织、运输、监管都在快速有效的环境下进行。"阿马考制度"规范了生丝市场，并让葡人能够长期独霸对日贸易。葡商从中分配一些生丝给耶稣会，有效地发挥了耶稣会在日本的作用。同时，耶稣会也经常帮助葡商调查市场、疏通关系、监督管理，教商在日本创造出双赢局面。

第四，17世纪初，日本由战国走向统一，德川幕府初期的统治者，特别是家康，越来越重视日本的外贸，日本人早就注意到生丝的高额利润，遂尝试通过朱印船和丝割符制度控制它，以打破葡商的垄断，"沉睡"多年的日本外贸在生丝利润的刺激下，逐渐"苏醒"。

朱印船指获得幕府朱印状的航船。自从有了朱印船，日本人也从海外运回不少生丝，有力瓦解了葡商势力。耶稣会传教士瓦伦蒂姆·德·卡瓦尔霍（Valentim de Carvalho）记载道："1612年，葡人运到日本的生丝为1300担，但朱印船也从中国和菲律宾运回上千担生丝。" 由于朱印船及走私商增多，1610年以后，日葡生丝贸易量明显下降。

日本实行丝割符制度的原因很多，主要是为了抵制葡商对生丝的垄断。在丝割符的管控下，葡船运来的生丝很快被日本豪商买断。丝价由日葡商人协商，不过日方通常出价低，在定价讨论中处于强势。相比之下，葡商很难占到便宜。不过，日商制定丝价，还是要参考生丝的运入量及市场需求，因此常有浮动。总的来说，丝割符有效地限制了葡商对丝价的垄断，虽然生丝仍然是大宗输入品，但其贸易量和利润都在下降。通过运作朱印船和丝割符制度，日本人再次掌握了贸易主动权。17世纪初，葡、西、荷和英人都到日本经商，出现了"四国对日通商"的鼎盛局面。即便国家增多，贸易量上升，各国依然围绕生丝来开展贸易，生丝交易贯穿日欧贸易始终。

第五，对于荷兰人来说，生丝（贸易）是他们进入东亚，并且在亚洲立足的重要因素。荷兰人复制了葡人经验，努力从各地收购生丝，正是

---

① 原文记载为1300奎塔尔（quintal），1奎塔尔约为1担。参见 C. R. Boxer, *The Christian Century in Japan 1549 – 1650*, Manchester：Carcanet Press, 1993, p.296。

因为他们掌握了对日贸易的精髓，才最终取得成功。可以这样说，如果没有生丝，荷兰船只能来回奔波于日本各港，做些无关紧要的小生意，再或伺机抢劫一些商船。若没有生丝，他们的结果可能与英国一样，过不了多久，就会主动退出日本市场。

总体来说，生丝贸易是 16—17 世纪日葡贸易以及日欧贸易的重点和关键。如果没有生丝，日本丝织业将举步维艰；如果没有生丝，日本不会成为亚洲最大的白银输出国；如果没有生丝，葡人不会对中日贸易如此感兴趣，亦不会成为中间商。有学者认为，白银是促成世界商圈出现的催化剂，白银市场比其他（商品）市场更能解释世界贸易的产生。但如果没有生丝，亚洲和世界白银的流通量将大大减少。因为无论是日本、美洲、东南亚还是印度，都需要中国生丝，而中国也需通过生丝交易，从日本和美洲（主要是日本）获取大量白银。生丝这种特殊商品将亚洲乃至世界贸易联系起来，同时促进了世界经济及交通的发展。

第三节　16—17世纪欧洲人向日本运进黄金分析

在 16—17 世纪的日欧贸易中，估计很少有人想到，作为交换货币的黄金也会成为日本需要的商品。日本人除了购买大量中国生丝，还购买或交易欧洲人（主要是葡人）运来的黄金。令人奇怪的是，欧洲人到来前，日本并不缺黄金，也无须购买黄金，他们甚至输出黄金。1127 年，日本在陆奥地区发现一定数量的金矿，经过简单冶炼后，还将一部分黄金运往中国。在蒙古人入侵日本前（1274），木材一直是日本最大宗的输出品（运往中国），但他们也输出一些黄金①。虽然黄金数量不多，其光芒却掩盖了木材。由此，欧洲人一直认为日本是个"遍地金银的岛屿"。元朝灭亡后，中日贸易一度处于封闭状态。15 世纪，两国贸易恢复。日本向外

---

① 1175 年，日本陆奥地区开采出 1300 两（超过 700 盎司）黄金。当时（宋朝），大概有 15000 两（大概 8000 盎司）黄金被运往中国。参见 Delmer M. Brown, "The Importation of Gold into Japan by the Portuguese During the Sixteenth Century", *The Pacific Historical Review*, Vol. 16, No. 2 (May, 1947), Published by: University of California Press, p. 126。

（中、朝）输出武士刀、硫黄和黄金。16 世纪初，日本还向琉球、马六甲输送黄金。

葡人登陆日本后，情况发生变化。在日葡交易中，日本主要向外输出白银，葡船很少运走黄金。耶稣会传教士尼科劳（Nicolao）在 1548 年写道："葡船运往日本的商品有丝绸、硝石、陶瓷、水银和麝香等商品，然后从日本运走白银、武器、硫黄和扇子等物品。"[1] 可见，罗列的商品中并没有黄金。俄内斯特明确指出："1563 年以前，黄金还是日本的出口商品之一。但在 1563 年以后，欧洲人只运走大量白银。"[2]

一　日本需要黄金的原因

黄金作为贵金属在 16—17 世纪的日欧贸易中，却成为商品。日本原本是出口黄金的国家，在切支丹时代，他们却从国外（主要是中国和美洲）运进或购入大量黄金。1580—1600 年，日本每年的产金量大概是 50000 盎司。1613—1648 年，每年更是有超过 67000 盎司的黄金被开采[3]。即便国内有如此多的黄金，日本仍然要从国外买入黄金。这是一个有趣现象，其特殊原因有以下七方面。

第一，黄金的利润非常高，各国商人都在炒金。16 世纪，中、日金银的兑换率存在利差。中国产金，但缺银，日本则反之。白银在中国的价格比日本高，黄金在日本的价格比中国高。欧洲商人绝不会放过这一发财的绝佳机会。

史学者伯利·W. 蒂菲记载道："日欧贸易初期，本州的金银兑换率为 1：12，而同时期中国的兑换率为 1：5.5。于是葡人将香料运到中国，换取生丝和瓷器。然后，再将生丝等商品运往日本，从日本运走大量白

① Delmer M. Brown, "The Importation of Gold into Japan by the Portuguese During the Sixteenth Century", *The Pacific Historical Review*, Vol. 16, No. 2（May, 1947）, Published by: University of California Press, p. 126.

② Ernest S. Dodge, *Islands and Empires: Western Impact on the Pacific and East Asia*, Minneapolis: University of Minnesota Press, 1976, p. 250.

③ Delmer M. Brown, "The Importation of Gold into Japan by the Portuguese During the Sixteenth Century", *The Pacific Historical Review*, Vol. 16, No. 2（May, 1947）, Published by: University of California Press, pp. 129 – 130.

银。最后，用日本白银交换中国黄金，一部分运往日本，另一部分运回欧洲。"① 16 世纪中后期，中国的金银兑换率为 1∶7 或 1∶8，日本当时的金银兑换率是 1∶10。所以将中国黄金运往日本，可换得更多白银。还有学者统计过，在 16 世纪，如果将中国黄金运往日本，其利润率至少能够达到60%。16 世纪末 17 世纪初，日本的黄金开采量提升，进口黄金的利润有所下降。但比起其他亚洲国家，日本金价仍然很高。据传教士塞巴斯蒂安·冈萨琉斯记载："1594 年，葡船运来 2000 两黄金，总共卖得 20 万两白银。"②

17 世纪 20 年代以前，中国黄金虽然涨价，但中日金价仍然有较大差距。1601 年，大阪、京都的金银兑换率为 1∶12，长崎为 1∶13。据荷兰史料记载，当时中国的金银兑换率大概为 1∶8，中日黄金交易尚且有赚。到了 1635 年，中国的兑换率提高到 1∶10，而同时期日本的兑换率也为 1∶10 或 1∶11。30 年代以后，中国的兑换率升至 1∶13，中日金价基本平衡。顾炎武曾提到："1629—1644 年，中国的金银兑换率达到 1∶10，在长江以南，甚至高达 1∶13。"③ 中国的兑换率如此之高，是因为荷兰、中国人将大量黄金运往日本或其他国家，造成"金银兑换热"。到了 1640 年，黄金交易基本无利可图。

第二，日本人虽然一直在开采本国金矿，但其产金量不高，高品位金矿也被限制开采。1526 年以前，日本开发的金矿大多属于冲积矿（placer），一般在山谷中，属浅层矿，含金量不高。在这种金矿中，1 立方米的矿石大概可提炼一两个谷粒大的金子，纯度高一些的地方也就三四粒金子，即便是优质金矿也只能产五六粒金子④。在开采技术方面，深井开矿技术于 1526 年传入日本，让其摆脱了只能开

① Bailey W. Diffie, *Foundations of the Portuguese Empire, 1415 – 1850*, Minneapolis：University of Minnesota Press，1977, p. 396.

② 外山卯三郎『南蛮船貿易史』、東京：東光出版株式会社、1943 年、436 頁。

③ A. Kobata, "The Production and Uses of Gold and Silver in Sixteenth-and Seventeenth-Century Japan", *The Economic History Review*, New Series, Vol. 18, No. 2（1965）, Blackwell Publishing, p. 254.

④ Alexander Del Mar, *A History of the Precious Metals：From the Earliest Times to the Present*, New York：Cambridge Encyclopedia Company, 1902, p. 309.

发露天金矿、浅金矿或沟渠金矿的局限性①。16 世纪后半期，不仅旧金矿的产量增加，新金矿也不断被发现。其中包括直江津的上福田金矿、田岛的中濑金矿、佐渡岛的相川（Aikawa）金矿、信浓的仓岳金矿等。

不过，日本大名为了聚敛财富、永久占有黄金，对其控制下的金矿进行限制性开采。他们尽量控制开采量，宁愿购买其他地方运来的黄金。相比日本银矿，其金矿的开发要缓慢得多。大名武田信玄拥有多处金矿，甲斐金矿便是其重要财源②。据说信玄一旦发现金矿，就派武将前往保护和监督。其得力战将穴山梅雪就一直驻扎在甲斐矿山。

第三，日本人需要黄金很大程度归于政治原因。自丰臣秀吉统一日本以来，经常调换大名的领地或封地，以防止他们势力膨胀。日本统一初期（16 世纪末 17 世纪初），大名们一直担心战国时代再次到来，甚至有些大名更希望日本再次进入分裂状态。到那时，黄金显得至关重要。于是，大名们争先恐后地为可能发生的情况准备战争资金。

基督教大名更需要黄金，他们生怕秀吉统一日本后，迫害、压制天主徒，因此大量聚敛黄金，以备后用。因此，耶稣会也很快被卷入大名们的黄金争夺战。范礼安曾报告："大名们通过耶稣会将白银运入中国，然后从中国运走黄金。我们为了传教，不得不帮助大名交易黄金。"③

第四，黄金是铸造流通货币的重要原料。8 世纪，日本人已经用黄金铸币，但数量很少。当时，铜币的使用更广泛。不过，日本铜矿的开采技术落后，产量也小。没过多久，铜币不再流通。11 世纪，日本人曾将米、丝绸作为交换媒介。其后，日本从中国进口了大量铜币，铜再次被广泛使用。这种情况一直持续到16 世纪，日本的开采技术得到提高后，流通贵

---

① Delmer M. Brown, "The Importation of Gold into Japan by the Portuguese During the Sixteenth Century", *The Pacific Historical Review*, Vol. 16, No. 2（May, 1947）, Published by: University of California Press, pp. 129 – 130.

② 伊藤浩士『真伝大坂の陣：1（九度山の密命）』、東京：学研パブリッシング、2010 年、82 頁。

③ 外山卯三郎『南蛮船貿易史』、東京：東光出版株式会社、1943 年、433 頁。

金属的种类变得复杂①。16世纪初，旧有的铜币已经被磨损，而且数量减少，甚至还出现了伪铜币。

此时的战国大名已有能力开采金属矿，他们在领地内铸造金属货币，不同地区的货币换算变得复杂，日本金融市场混乱不堪。不过在所有的金属货币中，黄金的价格最稳定。因为金比银、铜更珍贵，黄金成为最硬通的交换货币。同时，黄金可以按需求制作成各种形状和大小，其中以块状和条状最为常见②。

第五，在日本，黄金有广泛的用途。在16世纪中期的黄金矿区，人们通常用它缴税③。信长和秀吉曾表示，各种赋税只收金、银。黄金还是重要的战略储备。它既可以进献给统治者④，还能当作奖品赏赐给部下。1582年，武田氏被信长击败。武田氏向信长敬献了2000枚黄金⑤。随后，信长将其中的50枚交给手下，用以购置军粮。学者苏萨认为："虽然16世纪末的日本有50座金矿，但中国、欧洲船仍然运来大量黄金。黄金可以铸币，也可用作军费。在战国混战和秀吉侵朝时，日本对黄金的需求量更是达到天文数字。家康建立德川幕府后，仍然从国外运入大量黄金。耶稣会也参与到此类交易中。"⑥

第六，在日本，黄金是财富和实力的象征，当时的日本流行聚敛黄金。外山卯三郎提到："16世纪中后期，日本金价居高不下。各大名、领

---

① Delmer M. Brown，"The Importation of Gold into Japan by the Portuguese During the Sixteenth Century"，*The Pacific Historical Review*，Vol. 16，No. 2（May，1947），Published by：University of California Press，p. 131.

② 大金币出现前，日本黄金基本是块、条状。见 Yosaburo Takekoshi，*The Economic Aspects of the History of the Civilization of Japan*，Vol. 1，London：Routledge，2004，p. 383。

③ A. Kobata，"The Production and Uses of Gold and Silver in Sixteenth-and Seventeenth-Century Japan"，*The Economic History Review*，New Series，Vol. 18，No. 2（1965），Blackwell Publishing，p. 257.

④ 大名为了向统治者（织田信长、丰臣秀吉和德川家康）表示忠诚，经常进献黄金。

⑤ 1枚=161.55克，另说，1582年织田信长击败武田胜赖，信长缴获了1600000盎司黄金。此数据有待考证。参见 Delmer M. Brown，"The Importation of Gold into Japan by the Portuguese During the Sixteenth Century"，*The Pacific Historical Review*，Vol. 16，No. 2（May，1947），Published by：University of California Press，p. 130。

⑥ George Bryan Souza，*The Survival of Empire：Portuguese Trade and Society in China and the South China Sea，1630 - 1754*，Cambridge：Cambridge University Press，2004，p. 53.

主疯狂聚敛各类黄金。当西、葡船抵达日本港口后，他们迅速派官员去搜查黄金。如果有，必定要买。"① 大名上杉谦信去世后，有人在其（新潟）城堡中发现2500枚黄金。

秀吉统一日本后，更是颁布政令，搜刮全国黄金，金价被迅速抬高。大名也顺应局势，储备藏匿黄金。1587年，秀吉统一九州后，搜刮了大量金银，并用12匹战马运走。1590—1592年，秀吉为了准备侵朝战争，派人前往日本各地（伊势、尾张、三河、骏河），用10000枚黄金购买了500000石粮食。另外，秀吉还在四国征收黄金。为了避免强征黄金引发矛盾，秀吉还用土地换黄金。1598年，秀吉又从13个地区搜刮了18500盎司黄金。

17世纪的德川家康更是垄断矿山，独占黄金资源②。家康不但实行丝割符制度，还独霸黄金和铅的贸易。家康的遗产总目录记载道："白银4900箱，每箱10贯；黄金470箱，每箱2000两（重量单位）；银币550贯；生丝370贯……"③ 据岩生成一统计，如果将家康的遗产折合为现代货币，价值约2亿美元，数目相当可观。可见在当时的日本，地位越高的人越需要黄金。

第七，黄金是日本古代建筑的重要装饰材料。安土桃山（1573—1603）时期以及德川幕府初期（17世纪初）的艺术讲究富丽堂皇和色彩鲜明。信长和秀吉都使用大量黄金来装饰城堡。一位欧洲访客参观了秀吉的大阪城堡后，感叹道："城堡真是金光灿灿！一些房间的天花板、墙，甚至门框都用金箔来装饰。同时，建筑物上的绘画，包括常见的花、鸟和树都用金粉绘制。甚至漆器上也镶嵌有黄金装饰物。"④ 保存至今的"日光东照宫"是日本黄金建筑的典范，宫内的屋顶、房檐、神龛、天花板等都用黄金装饰。东照宫规模不大，但称得上金

① 外山卯三郎『南蛮船貿易史』、東京：東光出版株式会社、1943年、435頁。

② 井上清『日本の歴史』（上）、東京：岩波新書、1985年、259頁。

③ 岩生成一『日本の歴史・14・鎖国』、東京：中央公論社、1968年、162頁。

④ Delmer M. Brown，"The Importation of Gold into Japan by the Portuguese During the Sixteenth Century"，*The Pacific Historical Review*，Vol. 16，No. 2（May，1947），Published by：University of California Press，p. 133.

碧辉煌。

二 日欧黄金交易的具体情况

16—17世纪，欧洲商人从日本运走大量白银，这容易让人联想到他们也运走了大量黄金。但据史料显示，自日欧贸易开展以来，欧洲人几乎没有运走黄金。反而大量黄金被运进日本，而且黄金还是抢手货。蒂菲提到："葡人发现，日本人不但需要生丝、瓷器和火枪等商品，对黄金也有浓厚兴趣，特别是本州的日商。"① 商人拉尔夫·费奇（Ralph Fitch）在回忆录中提到："葡人从澳门来到日本，运来生丝、黄金、麝香和瓷器，运走的只有白银……据当时一份货运清单显示，澳门运往日本的货物中，黄金的数量和价值仅次于丝货（生丝和丝织品）。"② 学者德尔梅尔·M.布朗提到："1580年以后，黄金再次在日本的外贸中变得重要。但这次是日本需要黄金，而非运出黄金。"③ 1585年，路易斯·弗洛伊斯在耶稣会的年度报告中提到："葡人运来（日本）生丝、缎子、麝香、黄金等商品。"④ 17世纪初，葡人道·朱安·德·希尔瓦（Don Juan de Silva）向西葡国王菲利普报告："荷兰人已经在日本平户获得贸易特权。如果他们在中国开发一个贸易港口，就会像我们在澳门一样，能够获得丝绸、黄金、水银等利润相当大的商品。"⑤

16世纪80年代，日葡黄金交易升温。1589年，长崎奉行突然禁止葡商开展贸易。葡人立即报告秀吉："我们于7月初到达长崎。阁下

① Bailey W. Diffie, *Foundations of the Portuguese Empire, 1415 – 1850*, Minneapolis: University of Minnesota Press, 1977, p. 396.

② Rogerio Miguel Puga, "The Presence of the 'Portugals' in Macao and Japan in Richard Hakluyt's Navigations", *Bulletin of Portuguese/Japanese Studies*, Vol. 5, 2002, Universidade Nova de Lisboa, Portugal, 2002, p. 93.

③ Delmer M. Brown, "The Importation of Gold into Japan by the Portuguese During the Sixteenth Century", *The Pacific Historical Review*, Vol. 16, No. 2 (May, 1947), Published by: University of California Press, p. 127.

④ Delmer Myers Brown, *Money Economy in Medieval Japan: A Study in the Use of Coins*, New Haven: Institute of Far Eastern Languages, Yale University, 1951, p. 73.

⑤ Delmer M. Brown, "The Importation of Gold into Japan by the Portuguese During the Sixteenth Century", *The Pacific Historical Review*, Vol. 16, No. 2 (May, 1947), Published by: University of California Press, p. 129.

去年授予我们贸易特权，但当地官员（长崎）不尊重您的旨意……现在请收下这些金杯、金链、金座……麻烦您再次批准通商。我们也保证，只要有黄金，一定不藏匿，肯定拿出来交易。"① 两个月后，大船长收到秀吉的回信："我已收到来信，奉行故意为难你们，我将对他进行惩处。但你们也应该将所有商品拿出来交易，特别是黄金。无论商品是大是小，是多是少，它们始终是用来交易的……"② 从材料来看，奉行为难葡商的具体原因不清楚。但当葡商进献黄金给秀吉，以及答应不藏匿黄金后，双方贸易立即就恢复了。只能说，日本人着实喜欢黄金。

16 世纪 90 年代是黄金交易的高潮阶段，秀吉正在为侵朝准备军费。其家臣不但在国内聚敛黄金，还要求葡商运来大量黄金。日本人对黄金的贪婪已经让葡国大船长产生反感。17 世纪，黄金交易仍然在继续。1607年的日本史料记载："今年，日本人期待有大量黄金被运入，但巨船没有出现。因为去年运来的生丝已达到饱和，若葡船今年再次光顾日本，运来大批丝货，丝价可能会大跌。即便是这样，家康仍通过各种渠道，向葡商订购了不少黄金。"③ 除了葡人，西、荷、英人也向日本运进黄金，他们都知道日本人对黄金着迷。

统计日欧黄金的具体交易量是一项麻烦的任务，这是因为：（1）相关史料缺乏。在现有史料中，黄金的计量单位混乱。而且数据的来源和可信度有待考证。（2）参与黄金交易的不但有葡商，还有耶稣会。耶稣会在"黑市"交易黄金，他们通过走私船向日本秘密输入黄金。这种交易通常没有记载。（3）当时，黄金的大小、形状（条、块、币）、重量不一，成色也驳杂，换算起来很复杂；虽然诸多史料提到了黄金交易，但缺

① Delmer M. Brown, "The Importation of Gold into Japan by the Portuguese During the Sixteenth Century", *The Pacific Historical Review*, Vol. 16, No. 2 (May, 1947), Published by: University of California Press, p. 127.

② Yosaburo Takekoshi, *The Economic Aspects of the History of the Civilization of Japan*, Vol. 1, London: Routledge, 2004, p. 378.

③ Delmer M. Brown, "The Importation of Gold into Japan by the Portuguese During the Sixteenth Century", *The Pacific Historical Review*, Vol. 16, No. 2 (May, 1947), Published by: University of California Press, p. 128.

乏具体数量和金额。因为黄金是统治者和大名的私有财产，为了隐藏实力，他们尽量避免记载此类交易。尽管如此，本书还是将各家的统计数据翻译、整理出来，以供参考和分析。

学者德尔梅尔记载："1580—1600 年，每艘葡船每年运来约 20000 盎司黄金。每年有 1—2 艘葡船来日。再加上其他欧洲船和中国船运来的黄金，每年有 50000 盎司黄金被运进日本。"① 弗洛伊斯记载了 1589 年的黄金交易情况："日商一直在争相购买黄金。3 天之内，葡人已经卖出 2000 根金条（loaves，大概是 24000 盎司）。"② 1590 年，澳门耶稣会记载："今年有 2000 根金条从中国运往日本，每根金条大概价值 100 杜卡特。"③ 1591 年，弗洛伊斯记载道："长崎奉行询问来日葡商有无黄金，葡商不敢隐瞒。日本人在 3 天之内就把船上所有的黄金（2000 两）买完。当年的黄金交易额达到 250000 库鲁扎多。"④ 岩生成一记载："1600 年，有 3000—4000 两黄金被运往日本。1605 年，家康还向葡商订购了价值 14000 贯白银的黄金。"⑤ 学者小叶田淳记载道："1607 年，家康又向葡商订购了 10000 根金条（120000 盎司），每根金条大概重 100—105 匁。"⑥

除了欧洲商人带来黄金，日本人也委托耶稣会交易黄金。据多姆·弗朗西斯科描述："16 世纪中后期，耶稣会帮助各基督教大名（大村、有

① Delmer M. Brown, "The Importation of Gold into Japan by the Portuguese During the Sixteenth Century", *The Pacific Historical Review*, Vol. 16, No. 2 (May, 1947), Published by: University of California Press, p. 129.

② Reinier H. Hesselink, *The Dream of Christian Nagasaki: World Trade and the Clash of Cultures, 1560 – 1640*, Jefferson: McFarland, 2016, p. 94; Delmer M. Brown, "The Importation of Gold into Japan by the Portuguese During the Sixteenth Century", *The Pacific Historical Review*, Vol. 16, No. 2 (May, 1947), Published by: University of California Press, p. 128.

③ A. Kobata, "The Production and Uses of Gold and Silver in Sixteenth-and Seventeenth-Century Japan", *The Economic History Review*, New Series, Vol. 18, No. 2 (1965), Blackwell Publishing, p. 253.

④ 外山卯三郎『南蛮船貿易史』、東京：東光出版株式会社、1943 年、436 頁。

⑤ 岩生成一『日本の歴史・14・鎖国』、東京：中央公論社、1968 年、162 頁。

⑥ A. Kobata, "The Production and Uses of Gold and Silver in Sixteenth-and Seventeenth-Century Japan", *The Economic History Review*, New Series, Vol. 18, No. 2 (1965), Blackwell Publishing, p. 253.

马、天草氏等）购买了价值3000—6000杜卡特的黄金。"① 日本耶稣会在
1591年的报告中指出："葡船今年7月到达长崎，耶稣会带来价值30000
杜卡特的黄金（金条）。黄金被京都、堺的商人买断。每根金条重12盎
司或100匁，总数大概为300根。"② 耶稣会的范礼安提到："1592年，耶
稣会帮助日本人从澳门购得价值3000杜卡特的黄金（大概450盎司）。
但大名和贵族不满足，他们对黄金的需求越来越大。"③ 其实，葡商非常
厌恶这种私下交易，并想方设法限制这种行为。有一次，范礼安需要交换
价值12000杜卡特的黄金，结果葡商只卖给他们一半黄金（价值6000杜
卡特）。

当然，交易黄金的主角还有中国走私商和日本朱印船贸易家，苏萨认
为："朱印船和中国走私船向日本运去大量黄金，满足了求购者，从某种
意义上还限制了欧洲商人对黄金交易的垄断。"④ 中国船虽然运来大量黄
金，但中日勘合贸易（明朝）被禁，中日走私交易也缺乏相关史料和数
据。朱印船的资料虽多，但统治者和大名严对相关数据保密，货物清单中
几乎没有黄金交易的记载。

1594年以后，黄金交易的高额利润有所下降。虽然黄金继续被运进
日本，数量却没有增加。西班牙商人冈卡尔维兹记载道："葡人并不能从
黄金交易中赚取很高利润了，因为日本人发现了更多金矿，并在积极开
采。"17世纪初，日本金价持续下跌，利润也越来越少。1614年，平户
荷商抱怨道："现在的金价太低了。"⑤ 17世纪20年代，葡船总共运来
（日本）3000—4000两（重量）黄金。之后，日、葡之间再没有大宗的

①　外山卯三郎『南蛮船貿易史』、東京：東光出版株式会社、1943年、433頁。

②　A. Kobata, "The Production and Uses of Gold and Silver in Sixteenth-and Seventeenth-Century
Japan", *The Economic History Review*, New Series, Vol. 18, No. 2（1965）, Blackwell Publishing,
p. 253.

③　Angela Schottenhammer, *Mediterranean：Maritime Crossroads of Culture, Commerce and Human
Migration*, Wiesbaden：Otto Harrassowitz Verlag, 2008, p. 156.

④　George Bryan Souza, *The Survival of Empire：Portuguese Trade and Society in China and the
South China Sea, 1630–1754*, Cambridge：Cambridge University Press, 2004, p. 54.

⑤　Delmer M. Brown, "The Importation of Gold into Japan by the Portuguese During the Sixteenth
Century", *The Pacific Historical Review*, Vol. 16, No. 2（May, 1947）, Published by：University of Cali-
fornia Press, p. 129.

黄金交易了。17 世纪 30 年代，黄金交易虽然还有，但贸易量和参与者大减。1636 年，幕府禁止任何外国钱币被运进日本[①]。苏萨认为："17 世纪，黄金在日本的利润逐年减少。1610 年为 60%，1620 年为 30%，到了1640 年，几乎无利可图。"[②] 1664 年，日本禁止外界运入黄金。黄金交易基本结束。

三 黄金贸易的影响

欧洲人向日本运进黄金是 16—17 世纪日欧贸易中的特殊现象，黄金对于日本、欧洲人来说是一种独特商品。黄金交易对日本、亚洲，乃至世界都产生了重要影响。

第一，16 世纪中后期，大量黄金被欧洲人运入日本，再加上金属矿被开采，金、银迅速成为日本铸币的最佳选择。这一时期，金、银（币、块、条）在日本国内广泛流通。

武田氏统治下的堺可能是第一个铸造金币的地方。织田信长击败武田氏后，在其领地收缴了大量黄金，据说武田氏本打算用其铸币。1568 年，信长占领京都，规定金、银、铜成为日本的流通货币。他还派人铸造了一种纯度高、质量好的"大金币"，这是统一政权首次铸造金币[③]。但由于种种原因，"大金币"未能推广，其他地区的金块、金币照样与"大金币"混用。1588 年，秀吉铸造了名为"天正大判"和"天正小判"的金币，数量也不多[④]。为了管理金银的铸造、流通，秀吉还设立了金、银座。当时，加贺、骏河地区以铸造金币闻名。

关于日本金币的数量，一些史料也有提及。1585 年，秀吉分发 5000枚金币（每个金币大概有 5.4 盎司）给部下。1589 年，秀吉为了征服日

① Frank C. Spooner, *The International Economy and Monetary Movements in France*, *1493 – 1725*, Cambridge: Harvard University Press, 1972, p. 85.

② George Bryan Souza, *The Survival of Empire*: *Portuguese Trade and Society in China and the South China Sea*, *1630 – 1754*, Cambridge: Cambridge University Press, 2004, p. 54.

③ Yosaburo Takekoshi, *The Economic Aspects of the History of the Civilization of Japan*, Vol. 1, London: Routledge, 2004, pp. 382 – 383.

④ 井上清『日本の歴史』（上）、東京：岩波新書、1985 年、249 頁；大槻久志『やさしい日本経済の話』、東京：新日本出版社、2003 年、18 頁。

本东部，准备了 10000 枚金币。3 年后，他从九州返回大阪，据说带回 10000 枚金币和 30000 枚银币。16 世纪末，日本还出现了专门提供贷款的"黄金商人"，他们手中有大量黄金或金币。

到了 17 世纪，德川家康禁止地方大名铸币，幕府独霸铸币权。铸币前，家康还咨询了信长、秀吉时代的工匠。工匠建议将信长的"大金币"分成四块，铸成"小金币"。小金币由骏河地区铸造，因此也称"骏河金币"。江户铸造的小金币称"武藏金币"。1599 年，小金币又被分割成四块，铸造出更小的"万金币"①。1610 年，金座铸造出"大判"（10 两）、"小判"（一两）和"一分判"（1/4 两）的"庆长金币"②。

有了金、银币，日本人再也不会用米、丝绸等物品作为交换媒介，或从中国进口铜币，从而摆脱了缺乏流通货币的落后状况。当然，铜币等低价值交换媒介并未被废除或消失，小额、低价的交易还是要用铜币来实现。只是说，金、银货币更适合用在大宗交易上。

第二，日欧黄金交易将整个亚洲卷入金属货币的兑换"游戏"中。除了中国，其他亚洲地区的黄金也被运往日本，而且亚洲各国均出现了金银兑换市场。

16 世纪末，菲律宾也成为黄金交易的市场之一。西班牙人在马尼拉建立据点后，大量美洲白银被运入亚洲。中国对美洲白银的需求量相当大，经常有中国走私船去马尼拉，用黄金交换白银。日本人闻讯后，立即派船前往（交换黄金）。1567 年，西班牙商人米格尔·洛佩斯·德·拉加斯皮（Miguel Lopes de Lagaspi）在日记中提到："日本人也来这里（菲律宾）经商，他们主要交换（中国）黄金和蜂蜜。"③ 1575 年，西班牙官员若昂·帕切科·马德拉多（Joan Pacheco Mardnado）致

---

① Yosaburo Takekoshi, *The Economic Aspects of the History of the Civilization of Japan*, Vol. 1, London: Routledge, 2004, p. 31.

② 井上清『日本の歴史』（上）、東京：岩波新書、1985 年、259 頁。

③ Igawa Kenji, "At the Crossroads: Limahon and Wako in Sixteenth Century Philippines", Robert J. Antony, *Elusive Pirates*, *Pervasive Smugglers*: *Violence and Clandestine Trade in the Greater China Seas*, Hong Kong: Hong Kong University Press, 2010, p. 83.

函国王菲利普二世："日本朱印船每年都去吕宋易货。对他们来说，黄金是首选商货。"①

17 世纪初，苏门答腊、暹罗和其他亚洲国家的黄金大多通过荷兰人运到日本。1608 年，荷兰商人威廉·基林（Willam Keeling）记载道："暹罗的金银兑换率是 1∶3，暹罗黄金可以运往日本获利。"② 1617 年 9 月，荷商科内里斯·范·内杰鲁德（Cornelis van Neijenroode）向（东印度公司）总部报告："荷兰人从暹罗运走一批黄金，它们在日本被卖出后，可获利（率）35%—40%。"③ 1610 年，苏门答腊北部的兑换情况为 1∶6。欧洲人将那里的黄金运往日本，牟取暴利。17 世纪 20 年代，印度的金银兑换率为 1∶7—10④，于是印度黄金被欧洲人大量采购，而后运往日本。30 年代，亚洲各地的金银兑换率逐渐稳定下来。1633 年，东南亚的金银兑换率涨到 1∶10。本来东南亚的兑换率没有这么高，但炒金热在当地兴起，导致黄金涨价。尽管金价被抬高，还是有人将黄金运往日本。

第三，黄金虽然不易贬值，但其数量太多也会造成金价下跌。16—17 世纪，大量黄金被运进日本，其国内也在开采黄金。因此，日本的黄金储备量剧增，金价下跌在所难免。这种情况与同时代的欧洲一样，西葡将大量金银运回欧洲后，欧洲爆发了价格革命。其实，欧美的金价也非常高，这也是欧洲商人不愿运送太多黄金到日本的原因，他们自己也需要黄金。1609 年，葡人佩德罗·德·巴伊扎（Pedro de Baeza）⑤ 记载道："中国拥

① A. Kobata, "The Production and Uses of Gold and Silver in Sixteenth-and Seventeenth-Century Japan", *The Economic History Review*, New Series, Vol. 18, No. 2 (1965), Blackwell Publishing, p. 254.

② Samuel Purchas, *Purchas His Pilgrimes：In Five Bookes*, *Vol. 1*, London：William Stansby for Henrie Fetherstone, 1625, p. 195.

③ A. Kobata, "The Production and Uses of Gold and Silver in Sixteenth-and Seventeenth-Century Japan", *The Economic History Review*, New Series, Vol. 18, No. 2 (1965), Blackwell Publishing, p. 255.

④ Frank C. Spooner, *The International Economy and Monetary Movements in France*, *1493 – 1725*, Cambridge：Harvard University Press, 1972, p. 85.

⑤ 巴伊扎在亚洲担任了 30 年的行政官，到过摩鹿加、菲律宾、澳门和日本等地，其亚洲见闻成为珍贵史料。

有大量黄金，这些黄金运往美洲和欧洲后，均可赚取厚利，通常是75%—80%。在广州，1佩索黄金的价格为5.5佩索白银。火爆的时候，1佩索黄金可交换6.5佩索白银。我甚至在广州看到有人用7.5佩索白银换取1佩索黄金。"① 但是相比欧美，中国黄金实在是太便宜了。在欧美，1佩索黄金的价格通常是12.5佩索白银。而中国缺少白银，所以他们用黄金换取白银。鉴于黄金的高额利润，西班牙商船通常只用一半空间载货，另一半载黄金。

当时的中国换入大量日本、美洲白银，银价也发生下跌。日本的情况和中国相似，只不过后者需要白银，前者需要黄金。有史料提到，在日本甚至一些农民都使用金币②。这便是黄金泛滥造成的负面影响。

日本锁国后，黄金交易基本结束。16—17世纪，大量黄金被运进日本是特殊现象，同时期的中国产金缺银，日本则反之，于是初来亚洲的欧洲人扮演了贵金属中间商的角色。欧洲人抵日通商后，不但赚取利润，还带动了亚洲地区的货币交换和商品流通。同时，亚洲物价被抬高了，一些国家还出现了通胀现象。总的来说，日本从国外购入大量黄金，从客观上刺激了亚洲商贸金融的发展。从这一点来看，日本被称为"金银岛"，似乎有其道理。

第四节　欧洲人从日本运出白银分析

葡人初抵日本时，并不认为这是一个遍地金银（像马可·波罗描述的那样）的岛国。经过一段时间的实地观察，葡人也承认，日本确实盛产金银。随着日欧贸易兴起，生丝成为日本最主要的输入品，白银成为最主要的输出品。在那个特殊时代，日本白银既是货币也是商品。1563年，威尼斯商人凯萨里·弗里德里希（Cesare Frederici）在航海日志中写道：

① C. R. Boxer, *The Christian Century in Japan 1549 - 1650*, Manchester: Carcanet Press, 1993, p. 426.

② Delmer M. Brown, "The Importation of Gold into Japan by the Portuguese During the Sixteenth Century", *The Pacific Historical Review*, Vol. 16, No. 2 (May, 1947), Published by: University of California Press, p. 133.

"葡船每年运来很多生丝，然后从日本运走大量白银。"[①] 由于葡船经常满载日本白银而归（澳门），遂享有"银之船"[②] 美誉。日本白银曾令葡国诗人卡莫伊斯（Camoes）感叹道："日本，白银之岛，上苍之光照耀你。"[③] 葡萄牙"银之船"无疑刺激了欧洲商人，荷兰和英国人相继来到传说中的"金银岛"，获得日本白银是其通商最主要的目的。

一　日本白银的开采冶炼

要分析日欧贸易中日本白银的输出情况，首先应了解16世纪日本白银的勘探、开采和冶炼情况。日本大规模地开采冶炼白银，有以下几点原因。

（1）16世纪初，日本银矿主要集中于石见地区。从16世纪30年代起，佐渡、蟹沢、多田、台矢、神冈、驹木等地都发现丰富的金银资源[④]。切支丹时代，日本最著名的金属矿山有佐渡、生野、大森、鞍岳、宝达山和黑川[⑤]。（2）16世纪，日本开采、冶炼金银的技术有所提升。1530年，白银灰吹精炼法传入日本。新技术首先在日本西部的岩美山银矿采用，后来生野山等银矿也使用灰吹法。灰吹法提高了日本白银的产量和质量（纯度）[⑥]。（3）日本白银的开采伴随一定社会因素。白银属于贵重金属，各地大名对聚敛财富有相当热情。对战国大名来说，白银具有双重意义：首先，白银可用于补充战争经费、奖赏部下或功臣；其次，白银可当作流通货币，来交换商品和开展贸易。大规模开发银矿前，日本主要以铜作为交换货币。铜币价值低、数量多、携带不便，且部分铜币依靠进口。16世纪，当大量金银出现后，铜币逐渐被取代。同时，大名也在领

---

① A. Kobata, "The Production and Uses of Gold and Silver in Sixteenth-and Seventeenth-Century Japan", *The Economic History Review*, New Series, Vol. 18, No. 2（1965）, Blackwell Publishing, p. 253.

② 从美洲运出大量白银的西班牙大帆船也称"银之船"。

③ R. H. P. Mason, J. G. Caiger, *A History of Japan*, North Clarendon：Tuttle Publishing, 1997, p. 188.

④ Frank C. Spooner, *The International Economy and Monetary Movements in France, 1493 – 1725*, Cambridge：Harvard University Press, 1972, p. 80.

⑤ 高島誠一『新体商業史』、東京：六盟館、1911年、62頁。

⑥ 李小白：《基督教传入日本的历史踪迹》，《日本研究》2000年第3期。

地内铸造通用货币，于是日本出现了领国货币在各地流通的情况，金银币
（块、条）数量激增。日本由分裂走向统一的过程中，聚敛财富形成风
气。大名们虽然拥有万贯金银，但与丰臣秀吉和德川家康相比，其财富不
值一提。1592—1596 年，秀吉将石见矿山所产白银用来铸币，作为军费。
德川幕府垄断银矿后，也铸造银币，号称"丁银"，打算推广到全国[1]。
（4）日本的开采和铸造业呈现巨大潜力，因为中国需要大量白银[2]。
1530—1570 年，中国主要从日本西部南部进口白银，这些白银通过走私
贸易流入中国。虽然明朝限制走私，但无法禁绝，福建和广东走私商经常
与日本人开展贸易。更多时候，日本白银并非直接运到中国，而是经澳
门、台湾、琉球、朝鲜和东南亚等地转口，最后流入中国。

　　日本产银的巅峰期为 16 世纪中期至 17 世纪初。开采业兴盛时，仅生
野和石见每年就上缴[3] 1 万—2 万公斤白银[4]。丰臣秀吉统治日本时，大
力开采佐渡和石见的金银矿。佐渡每年上缴 1 万贯白银，石见上缴
4000—5000 贯白银[5]。有一份契约这样记载："16 世纪末，从生野山运出
的白银（上缴丰臣秀吉）为 10000 公斤。17 世纪初，石见上缴给德川家
康的白银为 12000 公斤。另外，佐渡每年产银 60000—90000 公斤。"[6] 据
史学者阿特威尔统计，1560—1600 年，日本平均每年产银 50 吨。1601—
1640 年，每年产 150—190 吨。17 世纪开发的佐渡矿山是产量最高的银矿
之一，每年产出 50 万两白银[7]。另外，石见、田屿也盛产白银。

　　也有日本人指出，肆意开矿会带来问题："一千多年前，日本人还不

---

① 小野武雄『江戸物価事典』、東京：展望社、2009 年、94 頁。

② Angus Maddison, *Development Centre Studies: The World Economy Volume 1: A Millennial Perspective and Volume 2: Historical Statistics*, Paris: OECD Publishing, 2006, p. 71.

③ 最先上缴给丰臣秀吉政权，后来上缴给德川家康政权。

④ ［日］速水融、宫本又郎编：《日本经济史 1：经济社会的成立 17—18 世纪》，厉以平等译，生活·读书·新知三联书店 1997 年版，第 139 页。

⑤ 岩生成一『日本の歴史・14・鎖国』、東京：中央公論社、1968 年、159 頁。

⑥ 这是佐度高级矿工与日本岩手金矿签订的契约，此文件保存至今。A. Kobata, "The Production and Uses of Gold and Silver in Sixteenth-and Seventeenth-Century Japan", *The Economic History Review*, New Series, Vol. 18, No. 2 (1965), Blackwell Publishing, p. 247.

⑦ George Bryan Souza, *The Survival of Empire: Portuguese Trade and Society in China and the South China Sea, 1630–1754*, Cambridge: Cambridge University Press, 2004, p. 55.

知道金银铜，因为那时不需要。如果依照现有速度开采、冶炼，日本的矿产资源在很短时间就会面临枯竭。"① 17 世纪中期，日本银矿的开采速度放缓，取而代之，铜开始被大量开采、冶炼和出口。日本白银开采业大概兴盛了 90 余年。

二　白银成为日本最主要的输出品

日欧贸易中，日本的主要输出品为白银，其他商品的数量相当少。关于这一点，顾炎武曾经记述："过洋之船，以东北风去，西南风回……且日本无货，只有金银。"② 白银成为日本输出品之最，有以下几点原因。

第一，自从日欧贸易开展以来，日本人就一直用白银购买货物，而金银正是欧洲商人追求的最佳"商品"。这种交易方式恰好与中国相反。据葡商描述，中国人做生意一般不用货币（特别是白银），而是以商品代替货币，简单地说，就是以物易物。但葡商要购买中国商品就必须支付白银。1555 年，耶稣会传教士贝尔奇奥·纽勒斯·巴雷托（Belchior Nunes Barreto）指出："在中国进行贸易，基本是物品交换，而非现金（银）交易。"③ 欧洲人佩特罗·马菲（Pietro Maffei）也说："中国人什么都卖，但什么都不买。"④ 于是，日本人的现银交易让葡人倍感欣喜。学者苏萨提到："中国南方虽然需要一些香料和香木，但他们最喜欢白银，而且需求量很大。"⑤

第二，日本能供出口的商品（种类）较少，特色商品仅是一些武士刀、屏风、扇子、海产品和漆器，而且数量相当有限。与此相反，唯独日本白银的成色和质量都属上乘，且产量巨大。日本白银以东亚"最有价

---

① Alexander Del Mar, *A History of the Precious Metals: From the Earliest Times to the Present*, New York: Cambridge Encyclopedia Company, 1902, p. 308.

② 《顾炎武全集》，上海古籍出版社 2011 年版，第 3091—3092 页。

③ C. R. Boxer, *The Great Ship from Amacon*, Macau: Instituto Cultural de Macau, 1988, p. 22.

④ Christopher Howe, *The Origins of Japanese Trade Supremacy: Development and Technology in Asia from 1540 to the Pacific War*, Hong Kong: C. Hurst & Co. Ltd, 1999, p. 12.

⑤ George Bryan Souza, *The Survival of Empire: Portuguese Trade and Society in China and the South China Sea, 1630 – 1754*, Cambridge: Cambridge University Press, 2004, p. 46.

值的国际商品之一"博得欧洲各国商人称赞。由于日本白银在亚洲各国具有较好声誉，所以成为通用货币。这一时期，流向亚洲的白银不仅来自日本，还有一部分来自欧美①。但后者数量不多，亦不及日本白银重要。日本地处亚洲，具有地理优势，所产白银品质优良，从运输成本及航运安全来考虑，在亚洲做生意，使用日本白银更方便。

第三，中国明朝正面临财政危机。由于种种原因，中国到了缺银境地，输入白银成为明朝解决财政困难的主要途径。日本虽不能直接与中国通商，却能通过欧洲船间接将白银运到中国。中国对白银的需求量非常大，从某种意义上说，中国对白银的需求促进了世界贵金属矿（山）的开发。

来自东半球（日本）和西半球（美洲）的白银都汇集到了中国，而且中国本身也要产银。这不禁使人疑惑，为什么中国需要如此多的白银？明朝进口白银大致归于几点原因：（1）明朝为了抵御北方少数民族，镇压农民起义，驱赶倭寇，均需要大量军费。（2）明成祖朱棣迁都北京，花费巨大。（3）郑和下西洋的开支也庞大。据《广志绎》记载："国初，府库充溢，三宝郑太监下西洋，赍银七百余万，费十载，尚剩百万余归。"②（4）张居正在明朝推行"一条鞭"法。明朝大部分税收征收货币（折算成白银），农民的徭役赋税也可折换成白银，"一条鞭"法改变了中国上千年的征税方式。当时中国的人口约一亿人，占世界人口的1/4。若所有税收都被纳入"一条鞭"法，那么中国需要数量庞大的白银。（5）为了解决财政困难，明朝也发行纸币。中国在宋朝就出现了"交子"，欧洲在半个世纪后才有纸币。不过明朝发行纸币却导致财政问题，15世纪中期（明），面值一两白银的纸币并不能兑换到一两现银③，这是滥发纸币带来的恶果。纸币的大量发行造成通货膨胀，为了缓解通胀，明朝必须储备现银。同时，中国商人已不再信任纸币，都回归到现银交易中。

---

① 美洲白银主要由西班牙船运到亚洲，数量很大，且质量上乘。另外，少量欧洲银（多产自东欧）也随贸易流入亚洲。

② （明）王士性撰，吕景琳点校：《广志绎》，中华书局1981年版，第5页。

③ 马渭源：《大明帝国·洪武帝卷》中，东南大学出版社2014年版，第616—617页。

第四，中国与世界银价的不同也是欧洲人运走日本白银的重要原因。银矿的疯狂开采和银币的肆意铸造让日本银价一直偏低，中国银价却居高不下，这无疑刺激了日本白银的输出。贸易商认为，让白银继续留在（日本）国内造成物价上涨，并非明智选择，运出白银，换取中国商品，然后将商品在日本高价售出或换取黄金，才是获利良方。

荷兰人林奇顿也提到，从澳门运到日本的是丝绸，从日本运出的只有白银，且利润很高①。16世纪中期，日本的金银兑换比例为1∶11。到了16世纪末，兑换比例为1∶10。17世纪初，比例达到1∶12—13。欧洲的兑换率也大致如此。但当时的中国由于缺银，金银兑换比例为1∶5—8。如果用日本白银换取中国黄金，利润相当可观。无论欧洲人还是亚洲人，都把中国商品运到日本，换得大量白银，再将日本白银换成中国黄金或更多商品，从中牟利。

第五，相比铜币和其他商品，白银有携带方便、体积小、价值高和便于储藏的优点。运到菲律宾的美洲白银一般为西班牙银币（称为佩索 pesos，里尔 reals，等等）②，而日本白银一般是银条或银块。到了17世纪初，由于英国、荷兰船的骚扰和抢劫，葡人改用小船船队赴日。即使船队被劫，或遭遇恶劣天气，还可能有剩余船只，即使剩下一艘船，其运载的白银也可挽回些损失③。

无论西班牙人还是葡萄牙人，其对外扩张的目的就是获得金银财宝，这是资本主义原始积累的重要特点。尽管欧洲商人从日本运走的白银大部分流入中国，但他们可以从中国换得黄金，或者换走其他商品带回欧洲（销售），其利润最终还是升值后的金银。

三　白银交易的具体情况

1586年，进士周元伟记载道："广属香山（澳），为海舶出入襟喉。

---

① C. R. Boxer, *Portuguese Merchant and Missionaries in Feudal Japan*, *1543 - 1640*, London：Variorum Reprints, 1986, p. Ⅲ28.

② C. R. Boxer, *The Great Ship from Amacon*, Macau：Instituto Cultural de Macau, 1988, p. 64.

③ L. M. Cullen, *A History of Japan*, *1582 - 1941*：*Internal and External Worlds*, Cambridge：Cambridge University Press, p. 28.

每一舶至，常持万金，并海外珍异诸物，多有至数万者。"①从欧洲人首抵日本到日本锁国，到底有多少白银被输出（运出日本）？这是一个有趣且重要的问题，有关史料非常缺乏，无论是日本还是欧洲，都只有一些模糊、不准确的数据。要对日本白银的生产和输出进行具体统计，是一项十分艰巨的任务。

有关白银交易的各方资料分为两类：（1）日本在16—17世纪某段时间输出白银的总量或平均量。（2）欧洲国家在16—17世纪某段时间输出日本白银的总量或平均量。这些资料提供的时间、数据和来源不尽相同，所以加大了统计难度。为了更为科学详细地进行分析和研究，笔者制作多个表格，以供综合计算和参考。

表4—4　　　　16—17世纪葡萄牙船从日本运出白银（量）统计

年份	数量（两）	数据出处
1555	100000②	［美］桑贾伊·苏布拉马尼亚姆：《葡萄牙帝国在亚洲1500—1700：政治和经济史》，何吉贤译，纪念葡萄牙发现事业澳门地区委员会，1997年，第111页。
1580	500000③	A. Kobata, "The Production and Uses of Gold and Silver in Sixteenth-and Seventeenth-Century Japan", *The Economic History Review*, New Series, Vol. 18, No. 2 (1965), Blackwell Publishing, pp. 245–266.
1585	500000	C. R. Boxer, *The Great Ship from Amacon*, Macau：Instituto Cultural de Macau, 1988, p. 48.
1599	400000	C. R. Boxer, *The Great Ship from Amacon*, Macau：Instituto Cultural de Macau, 1988, p. 60.
1600	1000000	全汉升：《明代中叶后澳门的海外贸易》，原载《中国文化研究所学报》1972年第5卷第1期。见 http://www.macaudata.com/macaubook/book179/html/14801.htm。
1601	1000000	《明代中叶后澳门的海外贸易》，原载《中国文化研究所学报》1972年第5卷第1期。见 http://www.macaudata.com/macaubook/book179/html/14801.htm。

---

①　周元晖：《泾林续记》，商务印书馆1939年版，第34页。

②　此为耶稣会传教士巴雷托记载的数据。

③　另载：伦敦商人拉尔夫·费齐（Ralph Fitch）在1580年的报告中指出："葡船从日本运出的货物只有白银，大概有600000库鲁扎多，同时还从印度运走20000库鲁扎多白银。这些白银大多流入中国，葡商又从中国运走大量商货。"参见 C. R. Boxer, *Fidalgos in the Far East 1550 – 1770*, The Hague：Martinus Nijhoff, 1948, p. 6。

续表

年份	数量（两）	数据出处
1606	1400000①	岩生成一『日本の歴史・14・鎖国』、東京：中央公論社、1968 年、161 頁。
1630	200000—600000②	C. R. Boxer, *The Great Ship from Amacon*, Macau：Instituto Cultural de Macau, 1988, p. 122.
1632	800000	C. R. Boxer, *The Great Ship from Amacon*, Macau：Instituto Cultural de Macau, 1988, p. 128.
1634	490000③	C. R. Boxer, *The Great Ship from Amacon*, Macau：Instituto Cultural de Macau, 1988, p. 138.
1635	1500000④	C. R. Boxer, *The Great Ship from Amacon*, Macau：Instituto Cultural de Macau, 1988, p. 144.
1636⑤	2350000	C. R. Boxer, *The Great Ship from Amacon*, Macau：Instituto Cultural de Macau, 1988, p. 147.
1637	2600000⑥	C. R. Boxer, *The Great Ship from Amacon*, Macau：Instituto Cultural de Macau, 1988, p. 153.

① 据原文记载：1606 年，葡人运走一万印子日本白银。一个印子大概是一贯 400 匁白银。所以 1 万印子等于 1.4 万贯白银。

② 部分白银是日本商人提供的贷款。

③ 据记载，1634 年，只有一艘葡船抵日，但大船长罗普·萨门托·德·卡瓦尔霍仍然获利而归，运走 490 箱白银（一箱大概为 1000 两白银）。参见 C. R. Boxer, *The Great Ship from Amacon*, Macau：Instituto Cultural de Macau, 1988, p. 138。

④ 另记载，1635 年，日葡贸易额高达 2142365 两白银。Robert Montgomery Martin, *China*；*Political, Commercial and Social in an Official Report to Her Majesty's Government*, Vol. 1, London：Brewster and West, 1847, p. 318.

⑤ 另记载，1636 年，葡船从日本运走 75000 公斤白银（约 240 万两白银），用于在广州采买中国商品。参见李庆新《1550—1640 年代澳门对东南亚贸易》，《广东社会科学》2004 年第 2 期。

⑥ 原文记载：1637 年 11 月，葡船从日本运走 80 吨黄金和 2600 箱白银。回到澳门后，葡商尚有遗憾，他们说："如果不是荷兰船率先抵日（压低货价），商品价格不至于如此低，我们能够带回更多金银。"另记载，1637 年，虽然葡人受到严格监控，仍然赚取 200 万两白银。据荷兰资料显示："1637 年，葡萄牙从日本运出 2100000 库鲁扎多白银。可以看出，只要葡人前往日本，哪怕没有驾乘巨船，也能满载而归。"参见 Natalia Tojo, "The Anxiety of the Silent Traders：Dutch Perception on the Portuguese Banishment from Japan", *Bulletin of Portuguese/Japanese Studies*, Vol. 1, Universidade Nova de Lisboa, Portugal, 2000, p. 121。同时，据荷兰人亨德里克·希金纳尔（Hendrik Hegenaer）记载："葡船今年运走 2600 箱白银，但绝大部分是贷款。"参见 Engelbert Kaempfer, *Kaempfer's Japan：Tokugawa Culture Observed*, Edited, Translated, and Annotated by Beatrice M. Bodart-Bailey, Hawaii：University of Hawaii Press, 1999, p. 181。还有日本学者提到："1637 年，6 艘葡船抵日。由于去年运来过多生丝，导致丝价下跌。当年，葡人运走 3000000 弗白银。"（此处的弗大概指弗罗林，1 弗罗林为 0.8—0.9 两白银。）参见渡辺修二郎『外交通商史談』、東京：東陽堂、1897 年、212 頁。

续表

年份	数量（两）	数据出处
1638	1259000	Engelbert Kaempfer, *Kaempfer's Japan: Tokugawa Culture Observed*, Edited, Translated, and Annotated by Beatrice M. Bodart-Bailey, Hawaii: University of Hawaii Press, 1999, p. 181.
1639	1000000	Natalia Tojo, "The Anxiety of the Silent Traders: Dutch Perception on the Portuguese Banishment from Japan", *Bulletin of Portuguese/Japanese Studies*, Vol. 1, Universidade Nova de Lisboa, Portugal, 2000, p. 119.
1640	3000000	C. R. Boxer, *The Great Ship from Amacon*, Macau: Instituto Cultural de Macau, 1988, p. 169.

表4—5 荷兰船从日本运出白银统计表

年份	船数	原文统计（盾）	数据转换（两）
1625	5	338513	108324
1626	5	236207	75586
1627	6	851045	272334
1632①	5	664073	212503
1633	3	194803	62336
1634	8	849579	271865
1635	8	1403119	448998②
1636	9	3012450	963984③
1637	12	4024200	1287744④
1638	11	4753800	1521216

---

① 另载，17 世纪 30 年代，荷兰从日本运走 264 吨（8448000 两）白银。参见 Ernst van Veen, "VOC Strategies in the Far East（1605－1640）", *Bulletin of Portuguese/Japanese Studies*, Vol. 3, Universidade Nova de Lisboa, Portugal, 2001, p. 102。

② 另说，1633 年，荷兰从日本运出 850304 库鲁扎多（两）白银。1634 年，荷兰船运入（日本）价值 740051 库鲁扎多白银的商品，运出 759225 库鲁扎多白银。1635 年，荷兰商船的输入额为 1009263 库鲁扎多，输出额为 800000 库鲁扎多。参见村上直次郎『西洋商業史』、東京：明治大学出版部、1900 年、187 頁。

③ 另载，1636 年，9 艘荷兰商船从日本带走 3192815 弗罗林白银（100 多万两）。参见 C. R. Boxer, *The Great Ship from Amacon*, Macau: Instituto Cultural de Macau, 1988, p. 147。

④ 另载，1637 年，荷兰船从日本运走 900000 库鲁扎多白银，为锁国前日荷交易额之最。

续表

年份	船数	原文统计（盾）	数据转换（两）
1639	10	7495500	2398560
1640	11	1795500	574560

注：1 荷兰盾大约为 0.32 两白银。

资料来源：加藤栄一「連合オランダ東インド会社の戦略拠点としての平戸商館」、田中健夫編『日本前近代の国家と対外関係』、東京：吉川弘文館、1987 年、420～421 頁。

表4—6　　　　　　　　　日本向外输出白银（量）统计

年份	统计者	原文记载	平均每年输出（两）	总输出（两）	换算公式
1560—1600	阿特威尔	1560—1600 年，日本每年（向外）输出 33750—48750 公斤白银（此数据包括葡萄牙、中国和日本商人的运出量）①	108 万—156 万	4320 万—6240 万（40）	1 公斤白银约为 32 两白银
1604—1639	沃·格拉（Von Glahn）	1604—1639 年，日本每年输出 59 吨左右白银②	188.8 万	6608 万（35）	1 吨白银约为 32000 两白银
1611—1630	雷德	1611—1630 年，日本每年向外输出 130—150 吨白银③	416 万—480 万	8320 万—9600 万（20）	—
1598—1610	亚历山大·德尔·玛	1598—1610 年，日本输出黄金 1600 万元（约 2395209 块），白银 4900 万元	2722222（12）	32666666	一两白银大概为 1.5 元（dollar）
1611—1646		1611—1646 年，日本输出黄金 2500 万元（3742514 块），白银 11135 万元④	2120952（35）	74233320	一块黄金大概是 6.68 美元⑤

---

① William S. Atwell, "International Bullion Flows and the Chinese Economy Circa 1530 – 1650", *Past and Present*, No. 95 (May, 1982), Published by: Oxford University Press on Behalf of the Past and Present Society, p. 71.

② Ernst van Veen, "VOC Strategies in the Far East (1605 – 1640)", *Bulletin of Portuguese/ Japanese Studies*, Vol. 3, Universidade Nova de Lisboa, Portugal, 2001, pp. 99 – 100.

③ Ernst van Veen, "VOC Strategies in the Far East (1605 – 1640)", *Bulletin of Portuguese/ Japanese Studies*, Vol. 3, Universidade Nova de Lisboa, Portugal, 2001, pp. 99 – 100.

④ Alexander Del Mar, *A History of the Precious Metals: From the Earliest Times to the Present*, New York: Cambridge Encyclopedia Company, 1902, p. 302.

⑤ Alexander Del Mar, *A History of the Precious Metals: From the Earliest Times to the Present*, New York: Cambridge Encyclopedia Company, 1902, p. 302.

续表

年份	统计者	原文记载	平均每年输出（两）	总输出（两）	换算公式
1615—1625	科纳德·托特曼	1615—1625 年，日本每年输出 13 万—16 万公斤白银①	416 万—512 万	4160 万—5120 万（10）	—
1611—1641	村上直次郎	从庆长十六年至宽永十八年，日本平均每年的出口额为 500 亿日元（相当于 60 吨黄金，1400 箱白银）②	140 万	4200 万（30）	一箱白银约为 1000 两白银
17 世纪	A. 科巴塔	根据日本银矿产量和贡税推测，整个 17 世纪，日本每年可能向外输出 530 万两白银③	530 万	—	—
17 世纪初	蒲田	17 世纪初，日本每年向外输出 20 万公斤白银④	640 万	—	—
17 世纪初	阿特威尔	17 世纪初，中、日、荷、葡每年总计从日本运走 15 万—18.75 万公斤白银⑤	480 万—600 万	—	—
17 世纪 30 年代以后	阿特威尔	17 世纪 30 年代以后，缩减到每年 80 吨。最后几年可能为每年 50 吨左右⑥	256 万—160 万	—	—

① Conrad Totman, *Early Modern Japan*, Berkeley and Los Angeles：University of California Press，1993，p. 79.

② 村上直次郎『西洋商業史』、東京：明治大学出版部、1900 年、205 頁。

③ A. Kobata, "The Production and Uses of Gold and Silver in Sixteenth-and Seventeenth-Century Japan", *The Economic History Review*, New Series, Vol. 18, No. 2（1965），Blackwell Publishing, pp. 245 – 266.

④ A. Kobata, "The Production and Uses of Gold and Silver in Sixteenth-and Seventeenth-Century Japan", *The Economic History Review*, New Series, Vol. 18, No. 2（1965），Blackwell Publishing, pp. 247 – 248.

⑤ William S. Atwell, "International Bullion Flows and the Chinese Economy Circa 1530 – 1650", *Past and Present*, No. 95（May, 1982），Published by：Oxford University Press on behalf of the Past and Present Society, p. 71.

⑥ Ernst van Veen, "VOC Strategies in the Far East（1605 – 1640）", *Bulletin of Portuguese/Japanese Studies*, Vol. 3, Universidade Nova de Lisboa, Portugal, 2001, pp. 99 – 100.

表4—7　　　　葡萄牙船从日本运走白银（量）统计表（对比）

年份	统计者	原文记载	平均每年运出（两）	总运出（两）	换算公式
1545—1597	亚历山大·德尔·玛	1545—1597 年，日本出口到澳门和马尼拉的白银大概价值3000 万元①	384615（52）	约2000 万	—
1560—1600	桑贾伊	1560—1600 年，葡船每年从日本运走 22500—37500 公斤白银②	72 万—120 万	2880 万—4800 万（40）	—
1575—1600	迪奥哥·多·库托（Diogo do Couto）	16 世纪最后 25 年，日葡贸易处于全盛时期，葡船从日本运走 1800 万—2000 万两白银，或100 万两黄金。虽然具体数量无法确定，但估计日本出口的白银至少占日本白银总产量的一半，其中大部分被葡船运走③	72 万—80 万（25）	1800 万—2000 万	—
1580—1597	马里恩·纽威特	1580—1597 年，葡船每年从日本运出 18.7—22.5 吨白银④	59.84 万—72 万	1077.12 万—1296 万（18）	—
16 世纪80 年代	森克己、沼田次郎	《对外关系史》指出："16 世纪80 年代，葡船每年从日本出口5000 贯白银。"⑤	50 万	—	1 日本贯约等于100 两白银⑥
16 世纪80 年代	范礼安	传教士范礼安记载："16 世纪80 年代，每年由葡船承运的白银为5000—6000 贯，并呈继续上升势头，日本成为亚洲最大的白银输出国。"⑦	50 万—60 万	—	—

①　Alexander Del Mar, *A History of the Precious Metals: From the Earliest Times to the Present*, New York: Cambridge Encyclopedia Company, 1902, p. 302.

②　［美］桑贾伊·苏布拉马尼亚姆：《葡萄牙帝国在亚洲1500—1700：政治和经济史》，何吉贤译，纪念葡萄牙发现事业澳门地区委员会，1997 年，第158 页。

③　C. R. Boxer, *The Great Ship from Amacon*, Macau: Instituto Cultural de Macau, 1988, p. 7.

④　Malyn Newitt, *A History of Portuguese Oversea Expansion, 1400 – 1668*, London and New York: Routledge, 2005, p. 232.

⑤　高淑娟、冯斌：《中日对外经济政策比较史纲——以封建末期贸易政策为中心》，清华大学出版社2003 年版，第179 页。

⑥　李隆生：《清代的国际贸易：白银流入、货币危机和晚清工业化》，秀威出版社2010 年版，第30 页。

⑦　A. Kobata, "The Production and Uses of Gold and Silver in Sixteenth-and Seventeenth-Century Japan", *The Economic History Review*, New Series, Vol. 18, No. 2（1965）, Blackwell Publishing, p. 253.

续表

年份	统计者	原文记载	平均每年运出（两）	总运出（两）	换算公式
16 世纪80 年代	博亚间	16 世纪 80 年代，葡商在航线的平均投资为 30 万库鲁扎多，但他们通常从日本带走（价值）60 万库鲁扎多的白银①	60 万	—	—
16 世纪中后期	约翰·威利尔斯	16 世纪中后期，葡船每年从日本运走价值 100 万库鲁扎多的白银②	100 万	—	1 库鲁扎多约等于一两白银
16 世纪末	澳门议会	澳门议会在 1639 年提到："16 世纪末，葡商每年将价值 100 万库鲁扎多的白银运出日本。"③	100 万	—	—
16 世纪末	R. 蒙特哥梅利	16 世纪末，葡船每年从日本运出约 2 万公斤白银	64 万	—	—
德川家康统治时期	R. 蒙特哥梅利	德川家康统治时期，澳门和马尼拉商人从日本运出白银 200 万两，黄金上万磅④	200 万	—	—
1599—1637	全汉升	1599—1637 年，葡萄牙自日本共运出 5800 万两银，这些银子多经澳门流入中国内陆⑤	1526315（38）	约 5800 万	—
1610—1635	马里恩·纽威特	1610—1635 年，葡船每年从日本运出 150—187 吨白银⑥	480 万—598.4 万	12000 万—14960 万（25）	—
17 世纪30 年代	C. R.博克舍	17 世纪 30 年代，葡船每年从日本运走价值超过 300 万库鲁扎多的白银⑦	300 万	—	—

① James C. Boyajian, *Portuguese Trade in Asia under the Habsburgs*, *1580 - 1640*, Baltimore: The Johns Hopkins University Press, 2008, p. 64.

② John Villiers, "Silk and Silver: Macau, Manila and Trade in the China Seas in The Sixteenth Century", *A Lecture Delivered to the Hong Kong Branch of the Royal Asiatic Society at the Hong Kong Club*, 10 June 1980, p. 71.

③ C. R. Boxer, *The Great Ship from Amacon*, Macau: Instituto Cultural de Macau, 1988, pp. 169 –170.

④ Robert Montgomery Martin, *China*; *Political*, *Commercial and Social in an Official Report to Her Majesty's Government*, Vol. 1, London: Brewster and West, 1847, p. 316.

⑤ 全汉升:《明代中叶后澳门的海外贸易》,《中国文化研究所学报》1972 年第 1 期。

⑥ Malyn Newitt, *A History of Portuguese Oversea Expansion*, *1400 –1668*, London and New York: Routledge, 2005, pp. 232 –233.

⑦ C. R. Boxer, *The Great Ship from Amacon*, Macau: Instituto Cultural de Macau, 1988, pp. 169 –170.

对照表4—4 和表4—5，不难看出，各统计者或作者使用的计量单位不同。本书只能按换算公式大概计算出数据，有些差异较大，在所难免。综合表4—6、表4—7 数据，取各家的平均数，我们得知：16 世纪日本平均每年向外输出白银100 万—150 万两。17 世纪，平均每年输出白银400 万两左右，总输出 1.6 亿两。综合表4—4、表4—6、表4—7 数据得知：16 世纪，葡船每年从日本运走 60 万—70 万两白银。17 世纪，每年运走 250 万两，总计运走 1 亿两[①]。

表4—4、表4—5、表4—6、表4—7 反映出几个问题：（1）16—17 世纪，日本每年向外输出的白银从100 万—600 万两不等。17 世纪的年均输出量多于16 世纪。（2）葡萄牙在16 世纪的最初几年，运走较少白银，因为日葡贸易刚起步。到了16 世纪后期，年均输出量有所增加，但仍没有超过百万两。17 世纪，葡人运出白银明显增多，经常在单独的一年内就超过百万两[②]。（3）葡船运走的白银量（份额）占日本总输出量的很大一部分。

实际上，日葡贸易在17 世纪开展得并不太顺利，特别在1614 年幕府禁教后，葡商在日活动受到限制和监控，而且西班牙、英国和荷兰也加入对日贸易，形成竞争。尽管如此，葡船仍然运走大量白银，其他欧洲船运出的数量依然很少。其原因主要有：（1）17 世纪，葡属美洲（秘鲁）贸易遭受损失。为了弥补损失，葡萄牙需要大量（日本）白银。（2）在运走的白银中，一部分是贸易所得，另一部分为日商提供的贷款，有时贷款金额超过贸易所得。（3）17 世纪，幕府的外贸政策时刻影响日欧贸易，葡商的投机意识非常强，经常能够伺机而动。例如，1628—1633 年，日荷贸易出现摩擦，葡人乘机填补贸易缺口。1636 年，幕府禁止日本朱印船出海，葡商又迎来短暂春天，他们抓住机会，鲸吞日本白银。（4）日本的产银量一直居高，输出也随之增加。学者沃·格拉（Von Glahn）认为，1604—1639

---

① 16 世纪日葡开展贸易的次数难以统计，遂不能确定总量。17 世纪的总量按照 40 年计算（至 1640 年日本锁国）。

② 1636 年，葡商从日本运出 2350 箱白银，约为 235 万两白银，据荷兰人估计，其总价值为 6697500 弗罗林。据称这只不过是日葡贸易鼎盛期的 1/2 左右。其中大部分（白银）还被葡商用于还贷。在贸易兴盛期，葡船每年从日本运走 450 万两白银、300 桶黄金，总价值为 3000 万英镑。参见 C. R. Boxer, *The Great Ship from Amacon*, Macau：Instituto Cultural de Macau, 1988, p. 147.

年，日本年均输出 59 吨（188.8 万两）白银，其结构和比例为：日本朱印船运出 24.1 吨、葡船 18.6 吨、中国船 9.8 吨、荷兰船 6.5 吨。葡船运出的白银占 1/3 左右，仍然是大宗。学者罗伯特·L. 伊恩斯经过统计指出，1632 年葡船运出的白银数量占日本白银总输出量的 18%，1636 年占 49%、1638 年占 37%，份额都不小①。

从表 4—4、表 4—5、表 4—7 可以看出，相比葡萄牙，荷兰运出的白银较少，特别在最初几年。17 世纪 30 年代，随着英国和西班牙退出日本市场，葡、荷成为主要竞争对手。虽然荷兰在日势力逐步扩大，但其白银输出量仍超不过葡萄牙。30 年代末，幕府加大对葡商的限制，荷兰人大发横财，白银运出量激增。1638 年，荷兰终于超过葡萄牙，成为（在日本）运走白银最多的欧洲国家，这也表明日本即将锁国，葡人将被驱逐。1640 年以后，荷兰独占了日本市场②。

切支丹时代，四个欧洲国家（葡萄牙、西班牙、荷兰和英国）均开展对日贸易。其中，葡、荷对日交易量最大，运出大量白银。英国人因经营不善，很快退出日本。西班牙在美洲开发金银矿，对日本，他们更热衷于传教，而非经商。所以，英国、西班牙运出的白银很少。鉴于此，本书仅统计了日葡、日荷白银交易的数据。

四 欧洲人从日本运出白银的影响

16—17 世纪，欧洲商人从日本运走大量白银，对世界贸易和经济产生重大影响。

第一，日本白银对澳门葡人及（葡据）澳门的发展至关重要。首先，澳门葡商需要白银购买中国商品，而且他们的最终利润也用白银结算。澳门—长崎贸易让葡澳商人发财致富，致使其他地区的葡人艳羡。其次，澳

---

① 张廷茂、朱俊芳：《17 世纪 30 年代澳门—长崎的贸易危机》，《江苏商论》2005 年第 3 期。

② 另说，17 世纪 20 年代，荷兰人不但从日本运走大量白银，还在亚洲各地寻找金银矿，并雇用日本人开矿。1620 年，荷兰东印度公司雇用日本矿工在摩鹿加群岛开矿。1623 年，荷兰人赶走摩鹿加的英国人，垄断开矿权。参见 Frank C. Spooner, *The International Economy and Monetary Movements in France*, *1493－1725*, Cambridge：Harvard University Press, 1972, p. 80.

门议会的税收和开支基本来自日葡贸易。澳门的城市建设、居民生活、宗教经费很大程度依赖日葡贸易（所得）。如果没有日本白银，澳门难以维持繁荣稳定。学者查理斯·马克法伦（Charles MacFarlane）认为："自长崎开埠后（1571），葡萄牙每年从日本运出的金银铜达 300 吨。实际上，葡船还在其他港口停靠，其白银出口量难以统计，此数据还算保守。如果葡人将这些金银财宝都运回澳门，简直就是另一个所罗门宝藏。"①

　　第二，大量日本白银被运到中国，对中国经济产生客观影响。梁方仲先生提到过，"1573—1644 年，各国输入中国的白银至少超过一万万元"②。据美国学者吉查德·冯·格拉赫恩（Gichard von Glahn）估算："1550—1645 年，每年输入中国的日本和美洲白银有 50—100 吨，流入中国岭南的最多。"③ 就白银出口的总量来说，16—17 世纪，美洲居世界第一，日本居世界第二。但在切支丹时代，日本输入中国的白银（量）居各国之首。当时中日勘合贸易中断，仅有走私贸易，所以相关数据难以统计，甚至缺乏数据。但本书还是尽力收集零星数据，经综合统计后，制作出表4—8。综合表4—8 数据，得出大概结果：16—17 世纪，每年运往中国的日本白银有 300 万两左右④。

表4—8　　　　　　　　输入中国的日本白银（量）统计表

年份	统计者	原文记载	平均每年（两）	总量（两）
1546—1638	乔治·B. 苏萨	1546—1638 年，葡船从日本运出 3600 万—4110 万两白银（到中国）⑤	395604—451648（91）	3600 万—4110 万

---

　　① Charles MacFarlane, *Japan*: *An Account*, *Geographical and Historical*, London: Adamant Media Corporation, 2005, p. 12.

　　② 李庆新：《1550—1640 年代澳门对东南亚贸易》，《广东社会科学》2004 年第 2 期。

　　③ 李庆新：《1550—1640 年代澳门对东南亚贸易》，《广东社会科学》2004 年第 2 期。

　　④ 与表4—4、表4—5、表4—6、表4—7 进行对照，16—17 世纪，葡船年均从日本运走 150 万—200 万两白银，绝大部分流入中国。另外，中国走私船、日本朱印船、西班牙船、荷兰船也将白银运到中国，所以 300 万两应该是合理数据。

　　⑤ George B. Souza, "Portuguese Country Traders in the Indian Ocean and the South China Sea, c. 1600", Om Prakash, *European Commercial Expansion in Early Modern Asian*, Aldershot: Variorum, 1997, p. 72.

续表

年份	统计者	原文记载	平均每年（两）	总量（两）
1546—1639	赛亚布拉	1546—1639 年，日本每年有 12525 公斤白银被运往广东①	400800（92）	36873600
1550—1600	发展研究中心	日本总共有 1660 吨白银被运到中国②	1062400（50）	5312 万
1560—1599	山村和上木	每年从日本运到中国的白银有 34—49 吨③	1088000—1568000	4352 万—6272 万（40 年）
1585—1640	C. R. 博克舍	1585—1640 年，由长崎运往澳门的白银总量为 14899000 两，其中大多流入广东	270890（55）	14899950
16—17 世纪	丹尼斯·O. 弗莱茵	16—17 世纪，日本每年输入中国的白银大概为 200 吨，这种情况一直持续到 17 世纪中期④	640 万	—
1600—1640	山村和上木	每年有 150—187 吨白银由日本运至中国⑤	480 万—598.4 万	19200 万—23936 万（40）
明季	庄国土	从日本运往中国的白银总共有 17500 万两⑥	—	—
明季	沃·格拉	从日本运往中国的白银总共有 9900 万两⑦	—	—

　　对于中国人来说，白银既可用于缴税，也可交换商品。中国从日本、印度、欧洲和美洲接收了大量白银，其中来自日本的白银最多。日本白银缓和了明朝"银荒"局面，对中国经济的稳定起到一定作用。白银还客

① ［葡］赛亚布拉：《佩罗·瓦斯·德·西凯拉：中国南海著名的商人和船主》，喻慧娟译，《文化杂志》2007 年总第 65 期。

② Angus Maddison, *Development Centre Studies：The World Economy Volume 1：A Millennial Perspective and Volume 2：Historical Statistics*, Paris：OECD Publishing, 2006, p. 66.

③ 数据来自 James D. Tracy, *The Rise of Merchant Empires：Long Distance Trade in the Early Modern World 1350 – 1750*, Cambridge：Cambridge University Press, 1993, p. 246。

④ Dennis O. Flynn, Arturo Giraldez, "China and the Spanish Empire", *Revista de Historia Economica* 14, No. 2 1996, p. 314.

⑤ 数据来自 James D. Tracy, *The Rise of Merchant Empires：Long Distance Trade in the Early Modern World 1350 – 1750*, Cambridge：Cambridge University Press, 1993, p. 246。

⑥ 数据来自李隆生《明末白银存量的估计》，《中国钱币》2005 年第 1 期，中国经济史论坛扫校。

⑦ 李隆生：《明末白银存量的估计》，《中国钱币》2005 年第 1 期。

观上刺激了中国经济，特别是东南沿海地区①。这些地区为了得到更多白银，遂扩大生产，以满足市场需求。另外，沿海还向内陆输送大量白银。史学者威廉·阿特威尔曾说："16—17 世纪，日本和美洲白银不但促进了明朝丝织业和陶瓷业的发展，还将中国卷入世界贸易中。如果没有外来白银，明朝恐将面临财政困难。"②

第三，日本当时是"亚洲交易圈中主要的银供给国"③。16 世纪后半期到 17 世纪，日本成为东亚最大的白银输出国，大量白银通过欧洲商人运往亚洲各地。日本白银成为亚洲转手贸易的血液，盘活了整个亚洲经济。对于亚洲市场来说，日本白银起两个作用：一是用来购买中国商品；二是用其在中国、菲律宾、苏门答腊和中南半岛等地交换黄金。通过日本白银（的流通），东亚、东南亚和南亚的经贸被联系起来。如果日本停止输出白银，贸易平衡将被打破，亚洲市场将受负面影响④。有学者统计，当时流通于世界的白银有 1/3 来自日本，其在亚洲市场的数量最多、比例最大。自秀吉发动 16 世纪侵朝战争后，日本白银还一度成为朝鲜半岛的主要流通货币。日本白银也被运往印度，从葡人的贸易活动来看，流入印度的日本白银用于铸币⑤、造船、缴税、购货和资助耶稣会活动等。

第四，由于白银输出量巨大，日本注定在当时的世界贸易中扮演重要角色。亚历山大·德尔·玛指出："17 世纪，欧洲人从日本运出总价值 3.6 亿元（dollars）的贵金属（金银铜），其中 2/3 是白银，1/3 是黄金，还有一些铜。数量惊人，却是事实。"⑥ 日本领土虽小，但在世界贸易中的作用不容忽视。日本白银以品质优良和数量庞大闻名于世，世

---

① Antonio Henrique de Oliveira Marques, *History of Portugal*, *Vol. 1*, New York：Columbia University Press, 1976, pp. 170 – 171.

② Om Prakash, *Euro-Asian Encounter in the Early Modern Period*, Kuala Lumpur：University of Malaya, 2003, p. 44.

③ 李小白：《基督教传入日本的历史踪迹》，《日本研究》2000 年第 3 期。

④ A. Kobata, "The Production and Uses of Gold and Silver in Sixteenth-and Seventeenth-Century Japan", *The Economic History Review*, New Series, Vol. 18, No. 2（1965）, Blackwell Publishing, pp. 246.

⑤ 印度果阿的葡萄牙造币厂需要大量银、铜，一些原料来自日本。

⑥ Alexander Del Mar, *A History of the Precious Metals：From the Earliest Times to the Present*, New York：Cambridge Encyclopedia Company, 1902, p. 302.

界贸易需要日本白银来激活，白银让日本"有幸"登上世界贸易的舞台。日本白银不但是葡属贸易网络的重要媒介，还是世界贸易体系中重要的流动资金[1]。虽然欧洲船运入日本的都是传统商品，但是运出的是世界都需要的白银。

当时世界上的白银主要被中国收购，西属美洲（墨西哥和秘鲁）和日本是白银的主要输出地。据估计，1500—1800 年，美洲白银的产量达150000 吨[2]，占世界总产量的 80%[3]。虽然美洲在这 300 年的白银产量最大，日本却是 16 世纪中期至 17 世纪中期出口白银最多的国家。14 世纪，中国的金银兑换比例是 1∶4.5，16 世纪早期是 1∶6。同时期欧洲、伊朗（波斯）的比例是 1∶11—12，印度是 1∶8[4]。如此看来，以黄金为基准，中国银价为其他国家的两倍多，世界白银流入中国并不奇怪。从经济学角度来看，中国与其他国家的银价差额成为世界贸易形成的原因之一。西属美洲和日本是当时世界主要产银、出口银的地区，中国是最需要白银的国家之一，欧洲人则扮演了中间人和运输者角色。世界主要金融国家和商人通过白银联系起来。由于日本白银的产量和输出量都非常大，所以不断向世界支付着硬通货，正是这些白银一直支撑着世界产业的发展。16 世纪中期，世界有两个最具活力的商品产地。西方是法国北部、英国和尼德兰，东方则是中国江南。无论东西方产地，都需要白银来促进商品流通，西班牙船带来的美洲白银和葡萄牙船运载的日本白银支撑起世界商业的运作。

第五，日本白银（的输出）虽然推动了世界贸易，但过于火爆的白银交易也造成消极影响。对西方来说，白银（包括黄金）源源不断地流入欧洲，最终导致价格革命，不过这些金银财宝的运输者（西、葡人）并未从中获得最大利益。西葡商人持有大量金银，但未能用其合理地投资。这些

---

①　Malyn Newitt, *A History of Portuguese Oversea Expansion*, *1400 – 1668*, London and New York: Routledge, 2005, p. 233.

②　Dennis O. Flynn and Arturo Giraldez, "Born with a 'Silver Spoon': The Origin of World Trade in 1571", *Journal of World History*, Vol. 6, No. 2, University of Hawaii Press, 1995, p. 202.

③　Dennis O. Flynn, Arturo Giraldez, "China and the Spanish Empire", *Revista de Historia Economica* 14, No. 2 1996 p. 314.

④　Dennis O. Flynn, Arturo Giraldez, "China and the Spanish Empire", *Revista de Historia Economica* 14, No. 2 1996, p. 9.

金银流入西葡，造成了白银贬值。日本白银虽然在一定程度上刺激了中国经济，但并不能从根本上解决明朝财政问题，久而久之，还破坏了明朝经济，特别在明朝中后期①。学者戈登斯通（Goldstone）认为："明朝的通胀破坏了中国经济。实行'一条鞭'法后，几乎所有税收都用白银上缴。经过大概一个世纪，白银在中国的购买力下降了 2/3。明朝从日本和美洲运来大量白银，反而加速了中国的通胀。从经济角度来看，正是中国财政的恶性循环最终导致明朝走向灭亡。"②

　　新航路开辟后，西葡大肆掠夺世界各地的金银，造成"价格革命"。通常我们认为"价格革命"发生在欧洲，因为西葡将大量金银带回欧洲，随后产生问题。实际上，"价格革命"已经成为一种全球现象。美洲—菲律宾航线尚未开通或还未成熟前，运往亚洲各地的白银均来自欧洲和日本。后来，西班牙船又将大量美洲白银运到欧洲，再转运至亚洲。有学者认为，西班牙船运出白银，是为了缓解欧洲赤字。据估计，欧洲船每年运往亚洲的白银就达 150 吨③。另外，欧洲人（葡人为主）还将大量日本白银运到中国。这样，亚洲便充斥着日本、欧洲、美洲白银，东方不可避免地被卷入"价格革命"中。16 世纪末，明朝从美洲和日本换入大量白银，白银在中国乃至亚洲贬值，白银的购买力下降，商品价格飞速增长。在 1635 年的中国，13 盎司白银只能兑换 1 盎司黄金，但半个世纪前，6 盎司白银就可兑换 1 盎司黄金④。

五　日欧白银交易的衰落

　　17 世纪 30 年代，欧洲人仍然从日本运出大量白银。但这些白银并非

　　① William S. Atwell, "International Bullion Flows and the Chinese Economy Circa 1530 – 1650", *Past and Present*, No. 95（May, 1982）, Published by：Oxford University Press on Behalf of the Past and Present Society, p. 68.

　　② Jack A. Goldstone, *Revolution and Rebellion in the Early Modern World*, Berkeley and Los Angeles：University of California Press, 1991, pp. 371 – 372.

　　③ Dennis O. Flynn and Arturo Giraldez, "Born with a 'Silver Spoon'：The Origin of World Trade in 1571", *Journal of World History*, Vol. 6, No. 2, University of Hawaii Press, 1995, p. 205.

　　④ Dennis O. Flynn and Arturo Giraldez, "Born with a 'Silver Spoon'：The Origin of World Trade in 1571", *Journal of World History*, Vol. 6, No. 2, University of Hawaii Press, 1995, p. 202.

正常贸易的利润，很大一部分是日商向葡商提供的贷款。1639 年，日本锁国。日本白银的运出量大大减少，其原因有以下几点。

第一，16—17 世纪，由于美洲和日本大量产银，无论在东方还是西方，白银都成为主要流通货币。就当时的情况来看，只要白银的开采、加工费用低于市场价格，就能产生利润。但随着白银被过度生产（开采、冶炼），同时世界贸易增长速度放缓，银价以每年 1%—2% 的比例下滑，其购买力也随之下降。17 世纪，白银的平均购买力仅为 16 世纪的 1/3，也就是说，商品价格上涨到原价的 3 倍[1]。学者弗兰克·C. 斯普纳认为："日本银价的上涨还源自本国米价的飙升。16 世纪初，日本米价涨到原价的两倍多。"[2] 17 世纪三四十年代，白银的市价已和其生产成本持平，甚至低于成本。

第二，在亚洲，特别是东亚，不同地区的金银最初没有什么联系。随着日本白银大量流入中国、亚洲乃至世界市场，各国的贵金属开始发生关系。最初，商人可以利用不同地区金银的差价来牟利。随着日本、美洲白银，以及中国、印度黄金输入国际市场，金银的兑换活动到达高潮。不过，这种高利润贸易不久便呈现颓势，各地金银差价逐渐缩小[3]。特别当日本输出的白银质量下降、数量减少，以及中国购入的白银达到饱和后，兑换金银变得无利可图。这时，无论是美洲还是日本白银，交易量都明显减少，贵金属货币的兑换高潮已然退去。17 世纪后半期，日本锁国（1639），其白银出口量更是减少，各国各地的银价也趋于平衡，曾经火爆的白银市场终于恢复正常。

第三，当时，东、西方两大产银基地是日本和西（西班牙）属美洲。17 世纪 30 年代，日本产银能力大幅度下降，但西属美洲受影响较小。这是因为：（1）西班牙的产银成本较低，这归功于他们能够便利地

① James D. Tracy, *The Political Economy of Merchant Empires*: *State Power and World Trade 1350 – 1750*, Cambridge: Cambridge University Press, 1991, p. 351.

② Frank C. Spooner, *The International Economy and Monetary Movements in France*, *1493 – 1725*, Cambridge: Harvard University Press, 1972, p. 82.

③ A. Kobata, "The Production and Uses of Gold and Silver in Sixteenth-and Seventeenth-Century Japan", *The Economic History Review*, New Series, Vol. 18, No. 2（1965）, Blackwell Publishing, p. 247.

得到水银，水银是提炼白银的重要原料。（2）西属美洲地大物博，尚未开发的金银矿依然很多。日本虽然有很多银矿，但旧银矿已被过分开采，新银矿的数量又相当有限，而且幕府已经禁止开采新矿。（3）日本银矿与美洲银矿的管理模式不同。日本将军直接控制银矿，但西班牙国王似乎难以控制千里以外的美洲矿。因此，西葡国王采取自由开采政策，只要矿主缴纳20%的开采税，银矿就可随意开采①。而且美洲矿主想方设法改进技术，提高产量。相比之下，日本将军直属的银矿仅用于制造银币，并且将军限制大名和私人采矿。而且日本一直没有更新开采技术，效率自然比美洲低。

第四，德川幕府的"限银政策"曾一度影响了日本白银的数量和质量（具体分析见第三章第六节第二小节）。

在16—17世纪，如果没有日本白银这种特殊"商品"，欧洲人不会热衷于扮演中日贸易中间人角色，区域贸易可能因缺乏贵金属（货币）而难以开展，世界商圈也难以构筑起来。在纸币尚未全面流通的年代，在世界贸易萌发时期，日欧白银交易具有非同寻常的意义。如果不去了解这段历史，人们可能很难想象，当今资源匮乏的日本曾经是世界贵金属（货币）的主产地。

表4—9　　　　　　　　美洲运往中国的白银（量）统计表

年份	统计者	原文记载	平均每年换算（两）	总量换算（两）
1560—1599	山村和上木	每年10吨②	32万	1280万（40）
1600—1640	山村和上木	每年22吨	704000	2816万（40）
1550—1600	发展研究中心	总计584吨③	373760	18688000（50）
1586—1640	全汉升	2742万比索④	—	—

① James D. Tracy，*The Political Economy of Merchant Empires*：*State Power and World Trade 1350－1750*，Cambridge：Cambridge University Press，1991，p. 352.

② 数据来自 James D. Tracy，*The Rise of Merchant Empires*：*Long Distance Trade in the Early Modern World 1350－1750*，Cambridge：Cambridge University Press，1993，p. 246。

③ Angus Maddison，*Development Centre Studies*：*The World Economy Volume 1*：*A Millennial Perspective and Volume 2*：*Historical Statistics*，Paris：OECD Publishing，2006，p. 66.

④ 李庆新：《1550—1640年代澳门对东南亚贸易》，《广东社会科学》2004年第2期。

续表

年份	统计者	原文记载	平均每年换算（两）	总量换算（两）
1601—1640	发展研究中心	总计 719 吨	575200	23008000（40）
明季	庄国土	8700 万两①	—	—
明季	沃·格拉	9400 万两	—	—

第五节 日欧贸易的其他商品

如果按照商品的大类划分，欧洲船运到日本的商品分为：纺织品、食品、金属制品、西洋货、杂货、药材、兽皮、木材、陶瓷等类别。欧洲船从日本运走的商品可分为：武器、原料、特色土产、奴隶等。有些商品数量多，有些数量少；有些是日本需要的传统商品，有些是新商品；有些商品利润不菲，有些仅是赠品。

一 欧洲人运进日本的商品

棉花（棉线）：日本产棉（花）量较低，因此需要从中国运来棉花（线）。中国棉线多为白色，也有黑色棉线。

锦缎：日本人喜欢用锦缎布置舞台、编织刀带、包装书籍及衬托画纸。其在日本的售价大概为每百斤 70 两白银②。

天鹅绒：天鹅绒又称漳绒，其原料为蚕丝和棉纱，是中国的传统织物。漳绒由元代著名的"丝绵里"发展而来，明代开始大量生产，并销往日本、葡萄牙、荷兰、新加坡等地，尤其受日本人喜爱。后来，欧洲人也学会了制作天鹅绒，并将其运到日本。日本人多用天鹅绒制作衣领，他们还试图打听天鹅绒的制作方法，但被葡人拒绝。经过多年调查、学习和研究，日本人最终制成天鹅绒。1640 年葡人被逐后，日本也能自产此类商品。

药材类：西医没有传入日本前，日本一直依赖中医治病。公元 4 世纪

---

① 李隆生：《明末白银存量的估计》，《中国钱币》2005 年第 1 期。

② Yosaburo Takekoshi, *The Economic Aspects of the History of the Civilization of Japan*, Vol. 1, London：Routledge, 2004, p. 314.

中叶①，中医、中药经朝鲜半岛传入日本。7—9世纪，日本遣唐使带回中药、药书和药剂。鉴真东渡时，也带去了中医和中药，并著有《鉴真上人秘方》一书。中医（药）与日本文化结合，形成了日本现在的汉方医学（和汉医学）和汉方制剂（中成药）。16—17世纪，中药材在日本能够卖到高价，均价为每百斤60—70两白银②。本书列举了几种中药材（麝香、山归来、甘草、大黄和茯苓等），包括其（广州）购入价及（日本）售出价。它们的利润（率）很高，通常可达100%—200%。

糖：中国在先秦时就已经知道蔗汁，在较晚的时期，才知道蔗糖。到了唐代，唐太宗还派人到印度去学习大概在当时算是比较先进的熬糖术。16世纪初，砂糖开始传入日本。17世纪，日本开始大量进口砂糖。在此之前，日本人一直吃用蔬果（甘葛③、柿皮等）提炼出的砂糖，但不及蔗糖甘甜④。季羡林在《糖史》中记载道："荷兰不产糖，日本输入糖，必是中国之产，其理自明，无待论证。"⑤据日本史料记载，天文至永禄年间（1532—1569），砂糖（蔗糖）由中国传入日本。庆长元年（1596），日本进口砂糖逐渐增多。

运往日本的中国糖不止一种，有：赤砂糖、白砂糖、冰并棒砂糖、冰砂糖、果子并砂糖⑥。室町幕府前、中期，从国外运进日本的砂糖较少。但是到了秀吉时期，日本从国外购入大量砂糖。当时，砂糖还成为贵族和高级武士之间互赠的礼品。葡人曾记载："16世纪末，日本每年购入6000—7000斤白砂糖。其进价为每百斤15匁，日本售价为每百斤30—45匁。日本人也喜欢吃黑砂糖，其澳门售价为每百斤4—6匁，日本价格为每百斤50—60匁。16—17世纪，日本年均消费15000—20000斤黑砂糖。"⑦

香料：香料包括胡椒、丁香、豆蔻、肉桂等，产地集中于印度、越

---

① 中医传入日本的时间有待论证，本书不深入探讨。

② Yosaburo Takekoshi, *The Economic Aspects of the History of the Civilization of Japan*, Vol. 1, London：Routledge, 2004, p. 314.

③ 甘葛根是豆科植物葛的块根，味甜，可用来制糖。

④ 大森金五郎『国史概说』、东京：日本历史地理学会、1910年、493页。

⑤ 季羡林：《季羡林文集》第十卷《糖史》二，江西教育出版社1998年版，第327页。

⑥ 季羡林：《季羡林文集》第十卷《糖史》二，江西教育出版社1998年版，第334页。

⑦ 岩生成一『日本の歴史・14・鎖国』、东京：中央公论社、1968年、273页。

南、泰国、马来西亚和印度尼西亚等国。香料可用来保质（肉类）及调味，欧洲缺乏香料，必须从东方购买，日本也需要一定数量的香料。日欧贸易初期，香料在日本尚有市场，后来便无人问津①。1544年，抵日西班牙人佩罗·德·约瑟斯（ペロ・デ・イエス）描述了部分商品："当时，有5艘中国船抵日，这里的黄金不算多，但银和铜相当多。价值10奎塔尔的胡椒可以卖到6000杜卡特（数量不详）。在马六甲，2库鲁扎多便可购得1奎塔尔胡椒。"② 看来，将香料运到日本，亦可赚取厚利。

兽皮：（1）鹿皮：日本人用鹿皮制作羽织③、绔（裤子）、足袋④、铠甲内衬和刀鞘，鹿皮质地柔滑，手感很好。虽然木棉⑤（制作的）衣物也很舒适，但当时的木棉属于奢侈品，日本人更多用鹿皮制衣。台湾多产鹿皮，土著人狩猎后，将鹿肉送往中国内陆，供权贵享用，剩下的鹿皮卖到其他地方。吕宋和日本对鹿皮的需求量较大⑥。1613年，荷兰商馆报告道："日本今年购入12万枚（张）鹿皮。优质鹿皮的价格为每百枚35—40匁，珍品为每百枚90匁。"1624年，荷兰商馆又有记载："今年，日本购入16万枚鹿皮。"⑦ 一般来讲，鹿皮贸易由朱印船独占。朱印船被禁后，荷兰人插足其中。

（2）鲸皮：日本人用鲸皮制作刀、剑的柄和鞘。荷兰传教士弗朗索瓦·法伦塔伊（Francois Valentyn）曾在其著作《新旧东印度志》中记载

---

① 亚洲香料对欧洲人（的生活）却十分重要。南欧人用其腌制食物，以便保存。北欧人认为，用香料腌制过的食物更加美味。除了威尼斯和穆斯林地区，荷兰的阿姆斯特丹也是重要的香料市场，荷兰人通常将香料运往波兰和俄罗斯。参见 Christopher Howe, *The Origins of Japanese Trade Supremacy: Development and Technology in Asia from 1540 to the Pacific War*, Hong Kong: C. Hurst & Co. Ltd, 1999, p. 12。

② 外山卯三郎『南蛮船貿易史』、東京：東光出版株式会社、1943年、389頁。

③ 羽织（はおり）是日本特有的服饰，用于防寒，或作为礼服。通常穿在上衣、小袖的上面。虽然室町时代就有羽织，但这种服饰直到近代才得以普及。

④ "足袋"在古汉语中称袜子，日文汉字也吸收了此词，"足袋"后来专指分趾的袜和鞋。

⑤ 木棉的原产地至今尚无定论。南亚、东南亚和澳大利亚东北部都产木棉。我国四川南部、云南、贵州、广西、广东、海南等地也产木棉。中国人用木棉制作药材和衣物。

⑥ 邱文彦编，陈国栋撰：《海洋与台湾——过去现在未来，航运贸易新趋势》，胡氏图书2003年版，第3—4页。

⑦ 岩生成一『日本の歴史・14・鎖国』、東京：中央公論社、1968年、269～271頁。

道："日本需要各种鲸皮。"①

（3）鲨鱼皮：日本人把鲨鱼皮制作成绿皮（指被染成绿色的马、驴、海豹和鲨鱼的生皮），然后用其装饰刀鞘、刀把。

金属及金属制品： （1）水银：当时，日本既使用灰吹法开采白银，也使用南美（秘鲁）水银法。日本不产水银，必须从中国或欧洲进口②。

（2）绣花针：日本进口绣花针着实令人奇怪，其妇女使用的绣花针基本从中国、荷兰运来。一根针的售价大概是 7 厘（rin，铜币单位③）白银。

（3）南蛮铁：欧洲船运来的铁称"南蛮铁""铸铁"或"生铁"，属贵重品，主要产自中国、东南亚、印度、荷兰及葡萄牙。《日本一鉴》中指出，南蛮铁主要指从东南亚运来的"暹罗铁"④。暹罗北部盛产生铁，其出口价格为每担 6—7 查卡（chical）。一吨生铁的价格为 36354 匁白银⑤。

日本人先前以铁砂为原料制作铁器，虽然其铁匠有高超技艺，但由于原料品质低，制铁业始终发展不起来。当中国人、葡人和荷兰人将生铁运进日本后，其西南地区（主要是博多）的制铁业迅速发展，并带动日本农业和制造业发展。例如，铁是制作日本武士刀的重要原料。葡人到来前，日本人用本土铁制刀。日欧贸易兴起后，制刀原料变得多样化，有暹罗铁、福建铁及广东铁⑥。

有学者认为，生铁输入日本的意义堪比生丝对日本的影响，因为生铁和生丝改变了日本人的生活，对日本社会带来深刻变化。由于制铁业发展起来，博多成为日本重要的武器和船舶制造基地。德川幕府初期，外商被限制在平户和长崎，博多逐渐衰落，但那里的制铁业仍然兴盛。

———————

① 岩生成一『日本の歴史・14・鎖国』、東京：中央公論社、1968 年、272 頁。

② David E. Mungello, *The Great Encounter of China and the West*, *1500 – 1800*, Lanham: Rowman & Littlefield Publisher, 2005, p. 55.

③ 在日本，7 厘白银可以购买 3 尺长的棉布。

④ 太田弘毅『倭寇：商業・軍事史の研究』、横浜：春風社、2002 年、450 頁。

⑤ Yosaburo Takekoshi, *The Economic Aspects of the History of the Civilization of Japan*, Vol. 1, London: Routledge, 2004, p. 370.

⑥ 太田弘毅『倭寇：商業・軍事史の研究』、横浜：春風社、2002 年、441 ~ 445 頁。

（4）锌：1637年，欧洲船（主要是荷兰船）运来2953担锌，每担售价为8.3两白银①。相关史料未记载日本人买锌的目的和用途，估计用来铸造铜器，或者铸刀。

苏木②：欧洲船运来的苏木主要指巴西苏木，既是一种燃料，也是一种珍贵木材。英国船长萨利斯记载道："1613年6月29日，荷兰人运来了苏木、皮革等商品。"③ 1624年，荷兰商馆记载道："今年，日本进口了20万斤苏木。"④

杂货：（1）白粉（化妆粉）：日本妇女喜欢抹粉，所以对白粉的需求量较大。据日本史料记载："葡船每年运来5万斤白粉。在广州，每百斤白粉的收购价为26匁白银，澳门收购价为30匁，日本售价为65—75匁。日本妇女非常喜欢用白粉化妆。"⑤ 路易斯·弗洛伊斯在其《日欧比较文化》中记载道："欧洲妇女喜欢使用各种颜色的化妆粉，日本妇女却独爱白粉。日本对白粉的需求量比欧洲大得多。"⑥ 白粉的原料多为铅和水银。

（2）龙涎香：龙涎香在西方又称灰琥珀，是一种灰色或黑色的固态蜡状可燃物质，从抹香鲸的消化系统中产生。龙涎香有独特的甘甜香味，可以制作香水的定香剂。在中国，龙涎香也是一种药材。在日耶稣会曾描述道："龙涎香本来是由日本运往澳门的商品，但其质量较次，数量也少。于是，葡人又从外国收购龙涎香，或者把日本龙涎香运往澳门等地加工，再运回日本。"⑦

陶瓷：虽然日本能产陶、瓷器，但量少质次，大部分还是依赖进口（购买中国陶瓷）。日本人讲究茶道，遂特别喜欢中国古（董）陶瓷。日

---

① George Bryan Souza, *The Survival of Empire: Portuguese Trade and Society in China and the South China Sea, 1630 –1754*, Cambridge: Cambridge University Press, 2004, p. 51.

② 苏木通常指苏木科苏木属植物苏木的干燥芯材。我国广西、广东、台湾、贵州、云南、四川等地产苏木。

③ 相原良一『日欧交渉史考：マルコ・ポーロから平戸商館まで』、東京：南雲堂、1986年、178頁。

④ 岩生成一『日本の歴史・14・鎖国』、東京：中央公論社、1968年、269～271頁。

⑤ 岩生成一『日本の歴史・14・鎖国』、東京：中央公論社、1968年、274～275頁。

⑥ ［葡］路易斯·弗洛伊斯：《日欧比较文化》，范勇、张思齐译，商务印书馆1992年版，第24页。

⑦ 岩波書店『大航海時代叢書』第2期（6）、東京：岩波書店、1981年、515～521頁。

本还从菲律宾购买这些古陶瓷，甚至有些是盗墓品。在日本，越是古老的中国陶瓷茶具，就越值钱。欧洲人难以理解这种文化。

油画：葡人登陆日本不久，便将油画（西洋画）带来。耶稣会更是通过葡船将大量油画运入日本，辅助传教。1612 年，英国东印度公司从印度运来（日本）大量西洋油画①。日本人虽然熟悉葡国（宗教）油画，却少见不同风格的英国油画（关于新教国家及文化）。博克舍也记载道："运到日本的欧洲、印度商品包括家具、油画和武器。"②

武器：1588 年，果阿总督送给丰臣秀吉一套欧洲（式）盔甲，日本称其为南蛮胴，此盔甲保存至今。

珍禽异兽：葡商还给日本统治者带去各地的珍禽异兽，比如阿拉伯马、孟加拉虎、印度孔雀等动物③。荷兰人为了取悦日本贵族，也从印度、波斯和欧洲带来各种动物④。

还有一些物品不用来交易（数量少），而是作为礼品赠送给日本显贵。弗洛伊斯在 1577 年记载道："葡人赠送的礼物包括：葡萄牙帽子、沙漏时钟、山羊皮（装饰）眼镜、天鹅绒衣物、刺绣毛巾、细颈瓶、蜂蜜、沉香木、带金丝的织物、广东蒸笼等。"⑤

二 欧洲人从日本运走的商品

兵器：（1）刀：日本自古就善于铸刀（剑），其技术源于中国。刀是日本重要的出口商品，主要分武士刀和薙刀两种。武士刀不但锋利还很精美，是世界上最著名的冷兵器之一⑥。精美的刀还是日本重要的外

---

① Screech Timon, "The Anglo-Japanese Painting Trade in the Early 1600s", *The Art Bulletin*, 87 (1), 2005, pp. 50 – 51.

② C. R. Boxer, *Portuguese Merchant and Missionaries in Feudal Japan, 1543 – 1640*, London: Variorum Reprints, 1986, p. I 11.

③ Ernest S. Dodge, *Islands and Empires: Western Impact on the Pacific and East Asia*, Minneapolis: University of Minnesota Press, 1976, p. 250.

④ Engelbert Kaempfer, *Kaempfer's Japan: Tokugawa Culture Observed*, Edited, Translated, and Annotated by Beatrice M. Bodart-Bailey, Hawaii: University of Hawaii Press, 1999, p. 187.

⑤ 外山卯三郎『南蛮船貿易史』、東京：東光出版株式会社、1943 年、441 頁。

⑥ Arnold Pacey, *Technology in World Civilization: A Thousand-year History*, Cambridge: The MIT Press, 1991, p. 88.

交礼物。1561 年，丰后大名大友宗麟将一把精美的匕首（刀鞘上雕刻有蛇）送给葡王多姆·塞巴斯蒂安（Dom Sebastiao）。宗麟之所以送匕首，而非武士刀，是因为这位葡王才 5 岁或 6 岁大，不宜玩弄大刀[1]。小葡王自小就崇拜武力，并自认是十字军战士，因此非常喜欢这把匕首。此外，宗麟还将一副日本盔甲和两把银柄薙刀送给果阿总督，博取其好感。

（2）子弹：荷兰人曾记载："秀吉、家康统治时期，日本共输出 11696 发火枪子弹（铅弹）。"[2] 这一记载确实让人吃惊，热兵器本来是欧洲人运到日本的商品，但自火枪传入日本后，日本人迅速仿制此类武器。最初，日本要从欧洲运来弹药，后来居然自己造出大量子弹，并将其运到国外销售。

铜：17 世纪，"葡船还从长崎和马尼拉运走大量铜"[3]。最初，幕府限制铜矿的开采以及相关交易。直到 1638 年，铜才成为日本大宗的出口商品。但那时的葡人即将被幕府驱逐，于是荷兰人和中国人取而代之，运走大量铜。当时，幕府还专门设立"铜座"，来管理铜交易。黄遵宪的《日本国志》记载道："终德川之世，唯长崎开港，许中国与荷兰通商而已。当时输入之货，铜为大宗，余则昆布、鳆鱼及铜漆杂器耳。"[4]

1632—1634 年，大船长罗普·萨门托·德·卡瓦尔霍从日本运走 3600 担铜。澳门总船长称："澳门有如此多的铜，都不知道该怎么处理了。"[5] 后来，葡人想到用铜来铸火炮。澳门的"曼努尔·塔瓦雷斯·博卡罗工厂"（Manuel Tavares Bocarro）是著名的铸炮厂，其生产的火炮名扬世界[6]。其实，澳门不需要如此多的火炮，此类产品主要运至果阿。不过，如何将其安全地运抵次大陆是澳门面临的难题，因为荷兰军舰一直徘

① C. R. Boxer, *The Christian Century in Japan 1549 – 1650*, Manchester：Carcanet Press, 1993, p. 96.

② 岩生成一『日本の歴史・14・鎖国』、東京：中央公論社、1968 年、256 頁。

③ C. R. Boxer, *The Great Ship from Amacon*, Macau：Instituto Cultural de Macau, 1988, p. 132.

④ 黄遵宪：《日本国志》，卷二十，食货志六，天津人民出版社 2006 年版，第 495 页。

⑤ C. R. Boxer, *The Great Ship from Amacon*, Macau：Instituto Cultural de Macau, 1988, p. 132.

⑥ Maria Calado, Maria Clara Mendes, Michel Toussaint, *Macau：Cidade Memória No Estuário Do Rio Das Pérolas*, Lisboa：Partex（CPS）, Tomás Taveira, 1987, p. 40.

徊于马六甲海峡，伺机抢夺葡船。为此，葡人想尽一切办法，甚至与敌对的英国人签订停战协议。根据协议规定，英国船"伦敦号"帮助葡人将火炮运走。作为回报，英国船可以在澳门靠岸，交换一些商品。1635 年，"伦敦号"在新加坡海峡遇到荷兰船，荷兰人果然没有检查英国船，火炮被安全运抵果阿。

奴隶： 日欧贸易中，最特殊、最不人道的商品就是日本奴隶。日本人沦为奴隶，成为被买卖的商品，具有一定时代原因：（1）直到室町幕府时期，日本仍然保留有奴隶制残余，存在不少奴隶、奴仆。（2）欧洲人在亚洲建立据点后，需要奴仆来服务，澳门、马尼拉等地一直在使用日本奴隶。1596—1601 年，西葡国王菲利普赦免本国重罪罪犯。除了叛国罪和造假币罪，其余罪犯都被充作雇佣兵，并被送至亚洲各地服役。由于亚洲方面监管不力，此次充军没有取得相应效果，很多罪犯都逃掉了。葡萄牙只能购买亚洲奴隶，以补充劳力和军力①。（3）欧洲人有时会抢劫或袭击日本民间船只，他们不但掠夺货物，还将日本人卖作奴隶。（4）战国时期的日本民不聊生。秀吉统一日本后，又进行对外侵略战争。普通日本人的生活极其窘迫。于是，有穷人将自己或者儿女卖给葡人做奴隶。有学者提到，相比黑奴和东南亚奴隶，葡人更愿意购买日本奴隶。

16 世纪中后期，葡人已经在买卖日本奴隶了②。首次踏上西欧土地的日本人很可能就是奴隶。早在 1555 年，天主教会就抱怨葡商将日本女奴带回欧洲。有日本史料记载："葡船每年都抵泊平户和长崎，葡人将男女日本奴隶带上黑船。其手脚均被铐上枷锁，并受尽折磨，像牲畜一样被买卖。这种贸易一直持续到 16 世纪末。"③ 学者井上清描述道："侨居海外的日本人忙于为朱印船收购物资，更多人则沦为杂工，地位类似于奴隶，

---

① 其实，葡军雇用日本奴隶或雇用外国兵，削弱了军队战斗力。相比英荷军队，葡军军备已显落后，如果士兵再是没有受过专业训练的奴隶或雇佣兵，战力就更弱了。参见 Malyn Newitt, *A History of Portuguese Oversea Expansion*，*1400－1668*，London and New York：Routledge，2005，p. 209。

② 加藤武雄『豊臣秀吉・下巻』、東京：講談社、1944 年、25 頁。

③ Thomas Nelson，"Slavery in Medieval Japan"，*Monumenta Nipponica*，Vol. 59，No. 4（Winter，2004），Published by：Sophia University，p. 465。

荷兰人便拥有众多日本奴隶。"①

　　1571 年，葡王塞巴斯蒂安颁布法令："禁止买卖日本奴隶。从即日起，有可能被卖掉的日本人应该被无条件释放。如果奴隶主或买卖奴隶的商人违抗禁令，将受到处罚。"② 葡王的法令旨在维护日本航线的长盛不衰，他害怕日本奴隶反抗葡人，奴隶买卖也会影响在日耶稣会的传教活动。不过葡王的法令没有被执行，奴隶贸易照常开展。据当时的商人描述，买卖日本奴隶的利润很高。1600 年，主教色奎拉再次建议国王，禁止此类买卖。自此以后，奴隶买卖有所降温③。不过，果阿方面一直默认奴隶买卖。1605 年，西葡国王菲利普又颁布一道似是而非的禁令："我重申塞巴斯蒂安颁布过的禁令，反对葡人买卖日本奴隶。不过，果阿总督向我报告，如果释放奴隶将不利于稳定。因此，果阿地区可以买卖奴隶。如果日本方面提出抗议，我会立即停止此类交易。"④ 可见，禁令一方面承认塞巴斯蒂安的法令有效，禁止买卖奴隶；另一方面，也承认奴隶贸易在果阿合法。

　　耶稣会一直反对买卖奴隶，传教士认为这会破坏他们的形象。如果葡商继续从事此类勾当，势必影响传教事业。16 世纪末，日本遣欧使团到达欧洲前，范礼安一直担心使节团会遇见已经被卖到欧洲的日本奴隶。传教士迈克尔曾说道："我对同胞们的行为感到羞愧和愤慨，日本人像牲口一样被卖掉，着实让我吃惊……我们不能只责备葡商，因为他们是商人，任何有利润的贸易都是合理的。所以，我最不能容忍购买奴隶的欧洲权贵，他们才是此类活动的罪魁祸首。"⑤ 另一位传教士也认为："这些奴隶受尽非人虐待。如果他们只是被卖到葡萄牙，我还能忍受，因为葡国奴隶

　　① ［日］井上清：《日本历史》上册，天津市历史研究所译校，天津人民出版社 1974 年版，第 326 页。

　　② Thomas Nelson, "Slavery in Medieval Japan", *Monumenta Nipponica*, Vol. 59, No. 4 (Winter, 2004), Published by: Sophia University, p. 463.

　　③ C. R. Boxer, *Portuguese Merchant and Missionaries in Feudal Japan*, *1543 – 1640*, London: Variorum Reprints, 1986, p. 145.

　　④ Thomas Nelson, "Slavery in Medieval Japan", *Monumenta Nipponica*, Vol. 59, No. 4 (Winter, 2004), Published by: Sophia University, p. 464.

　　⑤ Thomas Nelson, "Slavery in Medieval Japan", *Monumenta Nipponica*, Vol. 59, No. 4 (Winter, 2004), Published by: Sophia University, p. 464.

主尚能仁慈地对待他们。但如果他们被卖到其他国家，恐怕就只能像黑奴一样悲惨地生活了。"①

当时，丰臣秀吉也发现欧洲人在贩卖日本人。弗洛伊斯在其《日本史》中记载道："秀吉曾责问耶稣会负责人加斯帕·科尔霍，因为他发现葡人、暹罗人和柬埔寨人都在买卖日本奴隶。万恶的商人让日本人远离故土和亲人，这是不能容忍的行为。传教士至少应该保证让近期内被卖的奴隶能够返回日本。如果需要，秀吉可以提供赎身费用及运费。"② 1587 年，秀吉颁布禁教令，更是将买卖奴隶列为葡人的罪状之一。

一般来说，被卖掉的日本奴隶很难重返故土，其去向也难以追踪。据中、日史料显示，很多日本奴隶被送往澳门。一位葡人曾记载道："中国曾禁止葡商将日本奴隶带入澳门，葡人可以带来黑奴，但禁止使用日本奴隶。因为明朝对倭寇特别敏感，当时的澳门已经有 90 名日本奴隶了。"③ 1597 年，澳门颁布法令："为了避免日本人在澳门滋扰生事。即便其主人在场，（奴隶、保镖）也不得携带武器。"④ 澳门史料也记载道："禁蓄养倭奴，凡新旧澳商，敢有蓄养倭奴、顺搭洋船贸易者，许当年旧事之人，前报严拿，处以军法。"⑤ 1613 年，广州官员认为，澳门葡人纵容日本人在中国沿海生事，于是派人到澳门调查，还命令葡方驱逐日本人。葡人对此解释道，由于带来的黑奴不够用，所以购买了一些日本奴隶。但广州方面不认可此借口，要求立即驱赶日本人。1614 年，澳门驱除 98 名日本人，其中大部分为奴隶。学者亚历山大·德尔·玛（Alexander Del Mar）提到："葡人一直在买卖日本奴隶，他们被卖到澳门和菲律宾。当时，很多日本人认为，葡人带来最坏的影响就是贩卖人口和传播基督教。"⑥

---

① Thomas Nelson, "Slavery in Medieval Japan", *Monumenta Nipponica*, Vol. 59, No. 4 (Winter, 2004), Published by: Sophia University, p. 464.

② Lucio De Sousa, *The Portuguese Slave Trade in Early Modern Japan: Merchants, Jesuits and Japanese, Chinese, and Korean Slaves*, Leiden: Brill, 2019, p. 63.

③ Thomas Nelson, "Slavery in Medieval Japan", *Monumenta Nipponica*, Vol. 59, No. 4 (Winter, 2004), Published by: Sophia University, p. 469.

④ C. R. Boxer, *The Great Ship from Amacon*, Macau: Instituto Cultural de Macau, 1988, p. 60.

⑤ 印光任、张汝霖：《澳门纪略》，江苏广陵古籍刻印社 1983 年版，第 773—774 页。

⑥ Alexander Del Mar, *A History of the Precious Metals: From the Earliest Times to the Present*, New York: Cambridge Encyclopedia Company, 1902, p. 306.

除了澳门，其他亚洲地区也有日本奴隶。据博克舍记载："一些葡船从印度开往马尼拉，中途在澳门停留，回程也是一样。葡船载有大量奴隶。马尼拉的奴隶市场非常火爆，而且利润很高。"[1] 1627 年，西班牙人抢劫了暹罗海域的日本朱印船，并将 42 名日本人卖到马尼拉（当奴隶）。果阿耶稣会也曾提到："印度也有日本奴隶。葡国权贵通常有 4—5 名日本奴隶跟随，主人为他们配备火枪，其角色更像保镖。不过，这是一个危险的信号。久而久之，日本奴隶必然渴望自由，希望返乡，定会反抗。因此，我们最好控制奴隶买卖，否则我们将被日本人杀死。"[2] 1612 年，马六甲总督也购买了一批日本奴隶，充当其保镖。在葡属缅甸、暹罗、安南（越南）等地，也存在一定数量的日本奴隶。

特色土产：（1）日本扇：日本扇是中日勘合贸易的固定商品，"扇在贡献方物中，每次约百把"[3]。欧洲人也喜欢日本扇，每次都要运走很多把。

（2）和服：博克舍记载道："除了白银，葡人还从日本运走和服等商品。"[4]

（3）珍宝：珍珠和珊瑚等珍宝主要产自九州[5]。《马可·波罗游记》曾提到，日本盛产一种罕见的深红色珍珠。除了海洋珍宝，欧洲船还从日本运走水晶、蓝宝石和琥珀等贵重品。

（4）装饰品：日本漆器（书桌、盒子等）也是欧洲人喜欢的商品，不少漆器还有镀金装饰。

当然，日欧交易的商品绝不仅限于以上物品，这里只能简介一些重要的特色商货。其实，商品也是贸易的重要组成部分，更是东西方文明文化交流的必要媒介。

---

①　C. R. Boxer, *The Great Ship from Amacon*, Macau: Instituto Cultural de Macau, 1988, p. 94.

②　C. R. Boxer, *Portuguese Merchant and Missionaries in Feudal Japan, 1543 – 1640*, London: Variorum Reprints, 1986, p. V20.

③　王辑五：《中国日本交通史》，商务印书馆 1998 年版，第 157 页。

④　C. R. Boxer, *Portuguese Merchant and Missionaries in Feudal Japan, 1543 – 1640*, London: Variorum Reprints, 1986, p. I 11.

⑤　Yosaburo Takekoshi, *The Economic Aspects of the History of the Civilization of Japan*, Vol. 1, London: Routledge, 2004, p. 315.

第五章

16—17 世纪日欧贸易的影响

日欧贸易所产生的影响是多方面的，既有宏观的，也有微观的。本章尝试从世界经济和世界交通角度出发，分析日欧贸易对宏观世界的影响。

第一节　日欧贸易与世界经济

现代学者马里恩·纽威特认为，"世界贸易网络"在 16 世纪就已具备雏形[1]。从地理来说，如果欧洲人没有到东亚（中、日等国）探险、经商，那他们在亚洲的贸易算不上完整，世界商圈也难以构筑起来。从经济上来说，日本白银被欧洲船运到亚洲及世界各地，并得到认可；同时，日本也需要各种特色产品，客观上促进了各国各地区的经济交流。所以，日欧贸易不仅指日本与欧洲发生经济关系，更指日本与世界经济发生关系。[2]

一　日欧贸易与世界贸易圈

博克舍曾这样描述："当葡人经过西非海岸，绕过好望角，穿过印度洋，在印度尼西亚建立香料据点，在中国南方和日本南部开展贸易后；当西班牙人从美洲穿越太平洋来到菲律宾后，世界 4 个主要大陆便被联系起来。"[3] 虽

---

① Malyn Newitt, *A History of Portuguese Oversea Expansion*, *1400 - 1668*, London and New York: Routledge, 2005, pp. 85, 233 - 234.

② Malyn Newitt, *A History of Portuguese Oversea Expansion*, *1400 - 1668*, London and New York: Routledge, 2005, pp. 85, 233 - 234.

③ Dennis O. Flynn and Arturo Giraldez, "Born with a 'Silver Spoon': The Origin of World Trade in 1571", *Journal of World History*, Vol. 6, No. 2, University of Hawaii Press, 1995, p. 201.

然博克舍没有明确指出这就是世界贸易的最初形态，但认为世界主要地区
已经被西、葡航线连为一体。通过这个网络，各地商人总能获得其需求的
商品，找到合适的贸易伙伴。总体来说，西、葡人促使世界贸易圈形成，
英、荷人继续拓展了全球贸易。

欧洲人一直在亚洲开展香料贸易，这可能会让人产生误解，即欧洲人
在亚洲买卖香料是其获利的主要方式。其实，扮演"中间商"或"国际
倒爷"才是他们的主要角色，是其在亚洲获利的主要方式。16 世纪，葡
人最为活跃，他们控制了印度古吉拉特（Gujarat）和科罗曼德（Coroman-
del）地区的棉花和印花布①。这些纺织品在东南亚有稳定市场，他们在那
里用棉布换取香料、香木、黄金和象牙。参与中日贸易更是让他们获得厚
利，所得白银又用来购买各种商品，或直接换成黄金。葡人把中国黄金投
资于印度纺织工厂，或运往欧洲。英国人称这种商业模式为"区域贸易"
（Country Trade，或译区间、转手贸易）。荷兰人来到亚洲后，迅速适应这
种模式，并最终获得成功。

日欧贸易是葡属航线的重要组成，也是全球贸易的一部分。具体情
况，详见表5—1。

表5—1　　16 世纪中期葡属（据）亚洲航线的利润及（葡萄牙）官方售价

航线	平均净利润② （库鲁扎多）	航线售出价格 （库鲁扎多）
果阿—澳门—日本	35000	20000
果阿—澳门—巽他（Sunda：爪哇西部）	6000—7000	—
果阿—澳门—帕塔尼	1000	300
果阿—澳门—帝汶	1000	400
果阿—澳门—暹罗—日本	1500	500
科罗曼德（Coromandel）—孟加拉（Bengal）	33500	

---

① C. R. Boxer, *Fildalgos in the Far East 1550 – 1770*, The Hague：Martinus Nijhoff, 1948, pp.
7 - 8.

② "平均净利润"指去除所有杂费（航线购买金、税收等）后，航线负责人（特权船长或
指挥官）获得的净利润。

续表

航线	平均净利润 （库鲁扎多）	航线售出价格 （库鲁扎多）
果阿—班达（Banda，印度尼西亚地区）	3950	—
果阿—摩鹿加	12500	—
马六甲—澳门	10000	5000—6000
马六甲—巽他	10000	5000—6000
马六甲—婆罗洲岛	5000—6000	1500

资料来源：Luis Filipe F. R. Thomaz, "The Portuguese in the Seas of the Archipelago During the Sixteenth Century", Om Prakash, *European Commercial Expansion in Early Modern Asian*, Aldershot：Variorum, 1997, p. 37。

表5—1 可以反映几个问题：亚洲贸易并不孤立，特别是当葡人来到亚洲后，开辟或拓展了多条航线；果阿、马六甲、澳门和长崎是葡属亚洲的重要据点，大多数贸易都以它们为中心向各方辐射；果阿—澳门—日本航线的利润最高，说明日本市场的重要性。西葡合并后，亚洲官员向国王菲利普报告："日本航线是亚洲最赚钱的航线。"[1] 东南亚虽然出产香料，但商品种类比较单一。

其实，日欧贸易中的欧洲人并非最富有的商人，印度、中国、日本的豪商巨贾比比皆是，但如果将欧洲商人的活动连成整体来看，他们却是"最富有"的商人。如果没有他们穿梭于各地，数量再大的贸易依然是小范围的，甚至是孤立的，商品种类也丰富不起来。16—17 世纪的全球贸易还不成熟，但已经初具规模。新的贸易格局已经萌芽，世界商业面临转折，西方国家将逐步掌控贸易主动权，经济实力逐步赶超东方。

二 日欧贸易促进世界商品的流通

与日欧贸易有关的重要航线还有果阿（印度）—澳门、阿卡普尔科（美洲）—马尼拉航线。苏萨认为："葡属印度（贸易）的资料相当缺乏，

---

① Luis Filipe F. R. Thomaz, "The Portuguese in the Seas of the Archipelago During the Sixteenth Century", Om Prakash ed., *European Commercial Expansion in Early Modern Asian*, Aldershot：Variorum, 1997, p. 37.

遂少有史学者涉猎。"① 从果阿运往中国（澳门、广州）的货物有白银、象牙、（西班牙）天鹅绒、红布、酒、橄榄油等。据拉尔夫·费奇描述，大部分商品由葡船从欧洲运往果阿，再运到澳门，虽然经长距离运输，但是其澳门售价不贵。比如，1 桶橄榄油的澳门售价是 8—12 里亚尔，与西班牙国内的市价差不多。天鹅绒在果阿的售价是每腕尺（cubit）6—7 库鲁扎多白银，澳门售价是 7—8 两白银，差别也不大。从澳门运往印度（果阿）的商品也不少，具体参见表 5—2。

表 5—2　　　　　　　　16—17 世纪从澳门运到印度的商品统计

商品	澳门价格	印度价格	数量	利润（%）
白色生丝	—	200 库鲁扎多/担	1000 担	—
缎	4—7 两/匹	—	10000—12000 匹	—
塔夫绸	4—7 两/匹	—	10000—12000 匹	—
黄金	—	—	3—4 担	80—90
黄铜	—	—	500—600 担	200
麝香	—	—	6—7 担	100—150
水银	—	—	100 担	70—80
朱砂	—	—	500 块	70—80
白糖	—	—	200—300 担	150—200
中国木	—	—	2000 担	200—300
铜手镯	5.6—7 两/担	11.2—14 两/担	2000 担	200
樟脑	—	—	200 担	—
陶器	—	—	—	200—300

资料来源：C. R. Boxer, *The Great Ship from Amacon*, Macau：Instituto Cultural de Macau, 1988, pp. 181 – 182。

以上商品（交易）看似与日欧贸易无关，其实则不然。首先，从果阿运往东方的商货不仅要满足澳门葡人所需，还要运到中国。中国商人向

---

① George Bryan Souza, *The Survival of Empire*：*Portuguese Trade and Society in China and the South China Sea*, *1630 – 1754*, Cambridge：Cambridge University Press, 2004, p. 48.

来只收白银，再或就是以物易物，很少用白银购买商品，所以葡人必须运来足够的白银和货物，以便采购各色商品，然后运往日本。其次，葡人从日本归来后，又用日本白银购买大量印度、欧洲人需要的商品。可见，日本白银的购买力相当强，并贯穿整个贸易环节。

而在美洲—亚洲航线上，每年大概有两艘西班牙船从阿卡普尔科前往马尼拉。横渡太平洋的西班牙船都是大吨位帆船，有些甚至超过千吨。西班牙船从美洲带来白银、玉米、家禽、山羊和马①，然后换走各种亚洲货。该航线路途遥远，过程艰辛，所以少有其他欧洲船劳神费力抢劫他们。据官方统计，该航线年均货物的总价值大概有 250000 佩索。实际上，西班牙船经常超载，有时货物价值超过百万佩索。据西班牙商人描述，亚洲人善于装货。因此，从亚洲开赴美洲的西班牙船每次都被装得爆满。因此，往返于亚洲—美洲的西班牙船经常失事，但这丝毫没有影响西班牙商人的贸易积极性。据估计，亚洲商品被运往美洲后，价格能被抬高 1—3 倍②。

三 欧洲人带到日本的新作物和日本的新农业

除了传统商品，日欧贸易也给亚洲，特别是日本带来了新作物。某些新作物还促进了日本新农业的发展。

烟草原产于美洲，最早传入日本的烟草可能来自台湾，也可能由美洲商船直接运来，再或是由欧洲船带来。最开始，日本人称烟草为多叶粉。据日本史料记载，1544 年，葡人向大名大友氏献上烟草。烟草对于日本人来说是新鲜事物，最初并没有被广泛接受。有学者记载道："16 世纪中后期，长崎的樱马场已经开始种植烟草。长崎可能是日本最早种烟草的地方。但日本人尚不知道其用途。"③ 1605 年，欧洲船再次带来烟草。之后，有日本人开始吸烟，种烟草的地区也增多了。

① John Villiers, "Silk and Silver: Macau, Manila and Trade in the China Seas in the Sixteenth Century", *A Lecture Delivered to the Hong Kong Branch of the Royal Asiatic Society at the Hong Kong Club*, 10 June 1980, p. 73.

② John Villiers, "Silk and Silver: Macau, Manila and Trade in the China Seas in the Sixteenth Century", *A Lecture Delivered to the Hong Kong Branch of the Royal Asiatic Society at the Hong Kong Club*, 10 June 1980, p. 74.

③ 渡辺修二郎『外交通商史談』、東京：東陽堂、1897 年、252 頁。

一些日本史料甚至提及烟草传入日本的传说。话说从美洲来了一位叫作"淡婆姑"（日文汉字，其假名为タバコ，意为烟草，发音接近英语单词 tobacco）的姑娘①。很多日本小伙子都中意她，后来淡婆姑病死在日本。曾经倾慕她的日本男子到其墓前悼念，见到一种奇怪植物，能够发出特殊芳香，遂将其摘下来吸食，感觉就像喝了酒一样。后来，日本人发现这种植物还能够防瘴气，有一定的医疗作用，于是广泛种植它②。

1609 年，家康甚至颁布禁烟令，原因是晾晒烟草容易引起火灾③。后来，幕府又多次颁布禁烟令④。此时，烟草种植已由长崎传至京畿，吸烟者增多，烟草成为能够获利的经济作物。据记载，一捆烟叶的价格为 3 匁。当时还出现了黄铜烟管，京都的大村彦太郎因贩卖烟管而致富，可见吸烟者之多⑤。1615 年，秀忠再次颁布禁烟令，重罚种植和买卖烟草者。但烟草已经传入日本上层，要完全禁绝，已不容易。至 1642 年，日本烟草的种植面积已经达到一定规模。据记载，由于日本国内大种烟草，遂导致良田减少。《通航一览》提到："烟草素自南蛮国来，多种于本邦。不过六七十年，船夫、商人都要卷烟来吸。吸入烟后，烟味暂时留在喉中，令人感到舒畅，故长崎商客争者效如流，人人吸之。后来葡人还传入烟管，也流行开。"⑥

16 世纪，葡人还将美洲棉花⑦及种子带入日本。17 世纪初，土豆和甘薯也传入日本。除此之外，玉米也被运到日本。另外，通过一次意外事件，威廉·亚当斯（三浦安针）将西红柿推广到日本。1614 年，亚当斯为了帮助英国商馆渡过难关，亲自乘"海上探险号"商船赴暹罗采购货物。商船在途中遭遇风暴，亚当斯一行只得在琉球登岸修船。不过当地人夺走其财物，还差点杀死他们。英国商馆的投资再次失败，亚当斯对此感到遗憾和抱歉，于是从商馆购买不少（指挥官）科克斯自己栽种的西红柿，以安慰

①　佐藤物外「古ノ茶覩煙草覩」、『順天堂医学』T2 卷 488 号、1913 年、506 頁。
②　足立栗園『海国史談』、東京：中外商業新報商況社、1905 年、254 頁。
③　岩生成一『日本の歴史・14・鎖国』、東京：中央公論社、1968 年、256 頁。
④　同时期，英王詹姆斯一世也颁布了《反烟草法》。参见 R. H. P. Mason, J. G. Caiger, *A History of Japan*, North Clarendon：Tuttle Publishing, 1997, p. 188。
⑤　渡辺修二郎『外交通商史談』、東京：東陽堂、1897 年、253 頁。
⑥　林韑、宮崎成身等编『通航一覧』第五、東京：泰山社、1940 年、139 頁。
⑦　美洲棉又称陆地棉。陆地棉不但产量高，质量也比非洲、亚洲棉好。

英国人。之后，亚当斯将西红柿分给日本人，并传授栽种方法，从而推动了西红柿在日本的传播①。另外，南瓜（1579 年传入）也在同一时期传入日本，这些新作物最初都被运到长崎，继而推广到日本各地②。

四　日欧贸易与商品包装的进步

16—17 世纪，东西方贸易的一个重要特点就是距离远，日本是最东方的岛国，距离就更远，这便对商品包装提出高要求。若要避免商品在运输过程中不被损坏，就必须注重装载或包装技术。16—17 世纪，葡船完成一次里斯本—长崎—里斯本的航行，需要花费 2—3 年时间。航行时间不但长，天气变化也大。无论船员和货物都要经历多次从寒冷到酷热的环境变化，当时航船上的卫生条件堪称恶劣。航行过程中，若不在装载和包装方面下功夫，货物很难被完好地运抵目的地。耶稣会曾描述过日本遣欧使节团的远航过程："1582 年，使节们乘坐航船，从长崎起航。他们最先到达澳门，在那里停留了几个月，等待赴印度的季风。从澳门到马六甲途中，又遭遇风暴，船长命令船员抛弃货物，以渡过难关。之后，他们到达科钦，船上再次装满货物。3 天后，船员发现舱内进水。据船长估计，可能在科钦装货时，货物撞伤了船体。他们检查了船上各个角落，才发现甲板上有一小洞。于是迅速挪开货物，将洞口堵上，阻止了进水。"③ 由此可见，如果要将商品从日本完好地运到遥远的欧洲，必须经过各种"考验"。另外，船上的温度很不稳定，货舱长期处于潮湿状态。这样看来，包装的作用就很大，特别对贵重物品而言，其包装最好能够集防虫、防潮、防撞和防震为一体。

无论日本还是欧洲商人，很早就注意到包装的重要性。如果是奢侈品或重要礼品，必须精心包装。葡人抵日后，发现漆器既漂亮又实用。日本人使用漆器存放贵重物品已有很长历史。另外，他们还用油纸包住各种盒子，以防潮。日本人的信件多放入丝绸包囊中，重要信件还要装在盒子

① Neil Pedlar, *The Imported Pioneers*, *Westerners Who Helped Build Modern Japan*, New York: Palgrave Macmillan, 1991, p. 39.

② 井口丑二『長崎小史』、長崎：鶴野書店、1893 年、5 頁。

③ Leonor Leiria, "Namban Art: Packing and Transportation", *Bulletin of Portuguese/Japanese Studies*, Vol. 5, Universidade Nova de Lisboa, Portugal, 2002, p. 51.

中。据弗洛伊斯描述："日本信件多卷成筒状，因此必须放在丝质包囊中。包囊做得很精美，还有镂空花纹，有些甚至带金银边。另外，包囊还要放在盒子里。若是重要信件，外包装更要讲究美观。无论是包囊还是盒子，越是精美漂亮，就越是显示其重要性。"① 除了信件，贵重物品也必须用盒子装好。物品越珍贵，盒子的数量和层数就越多。一件珍品可能有几层盒子。盒子外面还用绳子捆绑。绳子分为丝、绵、麻三个档次，分别代表物品价值的高低。

用漆器装放物品还不能让人完全放心，于是有人还将漆器盒放在价值低廉的木盒、木箱、竹篮或藤器中，起多层保护作用。这些外包装一般由印度制造，材料选自柚木、檀木、松木或樟木，具有较好的防蛀、防潮功能。范礼安曾描述道："如果可能，我们一定要在科钦购买木盒，放置这些精美屏风。因为屏风可能被放在船舱的最底层，那里容易浸水。印度木盒可以防潮、防蛀。"欧洲船的船舱中还安置了木垫，用来防潮、防震。部分日本船用沉香木作木垫。另外，为了避免拿错货物，几乎所有商品（外包装上）都注明标志，主要分宗教、武器、公司、私人几个种类。范礼安提到："我们的货物均应注明耶稣会标志，以防弄错。"②

不难看出，从16世纪起，商人就开始重视包装技术了，特别是远洋贸易的商品，更是需要美观实用的包装。虽然当时的技术尚不成熟，但这代表着世界贸易和商业的发展，也是人类文明的一种进步。

第二节　日欧贸易与大航海时代

一般来说，地理大发现和大航海活动指相同的历史事件。其实，通过一些资料来仔细分析，我们发现"大发现"③ 与"大航海"还是有细微

---

① ［葡］路易斯·弗洛伊斯：《日欧比较文化》，范勇、张思齐译，商务印书馆1992年版，第86页。

② Leonor Leiria, "Namban Art: Packing and Transportation", *Bulletin of Portuguese/Japanese Studies*, Vol. 5, Universidade Nova de Lisboa, Portugal, 2002, pp. 52 – 53.

③ 关于"地理大发现"一词的讨论，请参见张箭《地理大发现研究15—17世纪》，商务印书馆2002年版，第6—25页。

差别。前者重在"发现"，后者重在"航海"。就大发现来说，16世纪已是其尾声。就大航海来说，持续时间还可以延长些，甚至有学者称16—17世纪的航海活动为"第二期大航海"①。17世纪初，西、葡的航海事业衰落下去，英、荷航船杨帆驶向世界各地。日欧贸易兴起兴盛之时，正是大航海活动的最后高潮。

一 日欧贸易与世界交通

（一）日欧贸易与世界航线

葡人到达日本前，麦哲伦就已经完成了环球航行。但麦哲伦开辟的航线还不成熟、不完善。日欧贸易展开以后，世界航线才具备雏形。

准确地说，日葡航线的起点是里斯本。当时，有人这样描述此港口：

> 伊比利亚半岛上的小国葡萄牙成了帝国，首都里斯本是帝国的核心地区……里斯本的旧宫被废弃了，特茹河畔矗立起一座新的宫殿，其庭台是文艺复兴时期流行的式样，站在上面可以远眺特茹河的美景。特茹河边是海外公司堆放香料的仓库，从中散发出肉桂及胡椒的香味，遍布王宫。整个里斯本及葡萄牙都成了万里飘香的国度。里斯本，这个卡蒙斯的高贵的里斯本，现在仍旧是世界较大海港中一个最美丽的海港，在当时对像哥伦布这样一个有雄心壮志的年轻海员来说，是全欧最富有鼓舞作用的一个城市。里斯本面向世界，而不是面向内部；它追求世界统治，而不留恋历史上的光荣……②

不难看出，中世纪末期（或近代早期）的里斯本非常富饶，其繁荣与葡人的航海活动不可分割。葡萄牙这个缺乏资源的欧洲小国通过航海的成功，成为富饶的海上强国。

从里斯本南下，葡船可沿着非洲西海岸前进。毛里塔尼亚海边的阿尔

---

① 高淑娟、冯斌：《中日对外经济政策比较史纲——以封建末期贸易政策为中心》，清华大学出版社2003年版，第182页。

② 王加丰：《西班牙葡萄牙帝国的兴衰》，三秦出版社2005年版，第83页。

金岛是葡人最早建立的据点之一，其在非洲一直起着重要作用。驶过好望角后，葡船便到达东非海岸。1503年，葡人占领了桑给巴尔，并扩建了码头、船坞、食品加工厂、机械修理厂。葡人从非洲掠夺的象牙、黄金和玳瑁，从远东购进的丝绸、茶叶和瓷器，从东南亚购进的香料，都可以在这里转手。简言之，这里曾是葡船装卸货物的集散地，以及过往船只的后勤供应（基）地。

葡船在非洲装载一些货物后，转而向印度洋前进。16世纪，葡人逐渐在东非到东亚的广阔领域建立起海上殖民帝国和势力范围。16世纪70年代，葡属亚洲统治区被划分为三个大区：第一区，东非到锡兰，直接由印度（果阿）总督管辖；第二区，从锡兰到勃古（今缅甸）；第三区，从勃古到中国。后两区各有指挥官（州长）管理，受印度总督制约。这样，葡船可以非常顺利地穿过印度洋，经过马六甲，到达澳门。

从澳门前往日本，穿过台湾海峡，葡船便可前往最终目的地日本。这是一条贯穿欧亚的传统航线，即欧洲—非洲—亚洲航线。但仅凭这条航线，或仅凭葡人建立的据点，世界交通（航线）尚不算完整。

如果乘坐西班牙船，欧洲人可以到达北美的墨西哥或者南美的智利，从美洲穿越太平洋，最终抵达日本[①]。西班牙人在菲律宾建立据点后，西班牙船便多次从美洲的阿卡普尔科来到马尼拉，当然他们也可以直接去日本。荷兰船队第一次前往日本的探险之旅，就经历了横渡太平洋的艰难航行。这样一来，东西方主要国家和地区便通过西、葡人的航线联系起来，比较完整的世界交通网络便初显雏形。

（二）日欧贸易与航海术的传播、发展

16—17世纪的航海手册是欧洲人开展航海活动的重要工具，也是欧洲航海术的精华所在。欧洲第一本航海手册可能出现在地中海，可追溯到腓尼基人时代。大航海时期，葡人对航海手册的贡献很大，这得益于"航海家"亨利王子及葡萄牙优秀航海员多年经验的总结。16世纪中后期，葡人来到亚洲，其航海手册也日臻完善。来到亚洲后，葡人发现亚洲

---

① 一是到达墨西哥，弃船从陆路前往太平洋沿岸，换乘另一艘船去日本；二是前往南美，穿过麦哲伦海峡，横渡太平洋，到达日本。

人也使用航海手册。于是，他们从阿拉伯人、波斯人、土耳其人和印度人①那里吸取经验。

日本人对航海手册的贡献在于传承，而非创造。他们把欧洲人制作的航海图和手册翻译成日文，妥善保管。1622 年，曾沦为葡船"德乌斯号"奴隶的池田与右卫门翻译了欧洲航海手册，并以此为模板，制作出具有日本特色的航海手册。此手册保存至今（在京都帝国大学的图书馆中）。书中内容包括：怎样使用南十字星（Southern Cross）进行海上定位；怎样依靠正午的太阳确定纬度；怎样解释和定义各种气候及航海术语；怎样使用星盘和指南针；怎样使用儒略历和格里高利历（以下简称格里历）等②。手册还收录了一些珍贵的航海日志（从长崎前往中国南方港口）③。时至今日，大阪的住吉氏④后人仍保存有葡国的牛皮航海图。其制作者已经难以考证，但制图风格接近果阿专家费劳·瓦兹·杜拉多（Fernao Vaz Dourado）的作品⑤。随着牛皮纸和制图技术传入日本，日本人也开始广泛制作航海图。今长崎博物馆还保存着 17 世纪初日本人制作的航海图，它们原属于豪商角屋氏。但航海图中使用的文字已经变成日文，相比葡人的作品，日本航海图标识得更加准确。

从艺术角度来看，16 世纪手写或手绘的航海手册更有价值。人们也相信，这些手册是航海者赖以生存的宝贝。不过从历史角度来看，如果航海者要成功地抵达某地，更多依靠当地人指引或查看当地资料。现代远洋航行依靠科学的分析和精密的仪器，航海者只需在航海图和水位图上分析目的地，便可出发（起航），通常都能准确到达。不过在 16 世纪，海员没有先进设备及足够资料。经验丰富的船长及领航员至关重要，其作用往

---

① 有关印度人的航海术，可参见加布拉尔·法拉德（Gabriel Ferrand）在 1913—1928 年的研究。达·伽马及其后的欧洲航海家吸收了不少印度航海术及印度洋的航海经验。

② 儒略历是格里历的前身，由罗马共和国独裁官儒略·恺撒参考数学家兼天文学家索西琴尼的历法制作而成。儒略历在公元前 46 年 1 月 1 日起开始执行，从此取代旧罗马历法。儒略历一年设 12 个月，大小月交替，四年一闰，平年 365 日，闰年于二月底增加一闰日，年平均长度为 365.25 日。由于儒略历累积的误差增大，遂教皇格里高利十三世在 1582 年用格里历代替儒略历，格里历即沿用至今的公历。

③ 这些纪录来自当时葡国天文学家梅切尔·德·费格雷多出版的《航海实践》。

④ 住吉氏是幕府早期的豪商家族，拥有多艘朱印船。

⑤ 杜拉多的制图特点是在地图上标出许多小旗，每一小旗代表一个葡属据点。

往大于航海手册。如果执意使用航海手册和航海图，可能反而会导致航线偏离，甚至造成更坏结果。当时，一位欧洲船长沃恩斯尼克（Warnsinck）这样描述航海图的作用：

> 航海图的作者可以轻易省略掉他认为不确定的地方，所以一份不完美的海图往往导致航海者向错误的目的地进发。并且航海者一直在猜测航海图的准确性，没有经验的航海者可以完全忽略航海图的作用。航海图经常给予错误的指导，有些地方明明是危险地带，但被标注成一个地名或者岛屿。如果仅依照航海图来航行，船只很可能会陷入困境。制图者若没有去过某地或不太熟悉某海域的情况，本可以不记录相关内容。但是，他们往往想完善作品，即便是不太明确的地方，也要描述一番，反而让使用者误入歧途。一般说来，具有丰富航海经验的人才能依靠航海图来航行，因为他们可以发现其中错误。他们往往对数学有所了解，要使用海图，就必须懂得一些几何知识。什么样的航海图才称得上可靠呢？那它最好简单易懂，没有复杂标识，记录完整，且经过实践证明[1]。

通过日欧贸易，日本人学习到了不少先进的航海技术。池田好运一直跟随葡国船长曼努尔·冈萨雷斯（Manoel Goncalvez）[2] 学习航海知识，最终编成《元和航海图》（1616）一书。其内容包括：日历、经度纬度表、利用太阳测量纬度的方法、使用指南针的方法、象限仪和星相仪的使用、航海图的偏差辨别、长崎—澳门航海图、水深测量法（铅锤测量）、暹罗—日本航海图和水位图、领航员的必要知识以及天文学基础等[3]。总之，此书介绍了很多欧洲先进的航海术。当时日本的造船业还不发达，船长、海员、

---

① C. R. Boxer, *The Christian Century in Japan 1549 – 1650*, Manchester：Carcanet Press, 1993, p. 125.

② 冈萨雷斯于 17 世纪初到达亚洲。

③ Seiho Arima, "The Western Influence on Japanese Military Science, Shipbuilding, and Navigation", *Monumenta Nipponica*, Vol. 19, No. 3/4（1964）, Published by：Sophia University, pp. 352 – 353.

渔夫尚不能完全领悟和实践书中内容。不过，这些宝贵经验通过书籍传给了下一代日本人。除了葡人，英国人威廉·亚当斯也将自己的航海知识和经验传授给日本人，为日本现代航海术的发展奠定了基础。

日欧贸易不但促进了航海术的发展，还推动了制图技术的发展。看到一幅精美的日本地图，人们可能会赞叹绘制地图的欧洲人。其实，早期欧洲绘图者制作日本地图时，还要参考日本的手绘资料。日本人在16世纪使用的地图源自9世纪的"行基"（Gyogi-zu，一种样式）地图。即便是现在看来，这些地图仍然有立体的感觉。当时的日本地图含有66个地区，每个地区和主要街道均被标注上名字。后来，日本学者多次复制这种地图。16—17世纪，欧洲人[①]绘制日本地图，无疑也受到了行基样式的影响[②]。

日本山野公园博物馆至今还保存有16世纪的欧洲地图，它们由牛皮纸（从国外进口）制成。地图上的文字基本上是葡语，一些较大的地名用荷兰语。地图的制作者是科内里斯·多伊德兹（Cornelis Doedtsz），但他并非原绘者，原版来自葡属印度。这些地图不仅标出了欧洲，还有中国（明朝）、朝鲜和日本等地。地图上本来没有这些地名，于是有人猜测是日本制图者，或是威廉·亚当斯将其加入图中。亚当斯到达日本后，还制作了地球仪，标出澳门、日本等地。迪奥哥·多·库托还提到："亚当斯的地球仪甚至标出了日本的66个地区。"[③] 如果此物保存至今，那将是相当珍贵的历史地理资料。

当范礼安与日本遣欧使节团于1590年返回日本后，欧洲人又开始尝试用新的、系统的、科学的方法绘制日本地图。葡国著名绘图师英阿西奥·蒙特罗（Inacio Monteiro）于1590年随使节团抵日，在传教士的陪同下，他花费2年时间周游日本各地，测量并收集了大量数据。经过研究，

---

① 比如费劳·瓦兹·杜拉多和路易斯·特克希拉（Luis Teixeira）绘制的地图。

② 当时的欧洲专家坚信，欧洲人绘制的日本地图没有受日本风格影响，制图专家达尔格瑞（Dahlgren）和科里罗（Crino）就反对欧洲人模仿（日本）行基地图一说。不过有些日本学者坚持认为，欧洲人是以行基地图为基础，才测出日本地图。

③ C. R. Boxer, *Portuguese Merchant and Missionaries in Feudal Japan, 1543 - 1640*, London: Variorum Reprints, 1986, p. V22 - 23.

蒙特罗计算出日本的纬度在 30.5°—39°之间①。1595 年，欧洲人（特克希拉）首次尝试独立地绘制日本地图。到杜拉多时，欧洲人制作的日本地图已经比较完善了。

17 世纪，日本人也开始尝试制作世界地图，其参考资料来自欧洲制图专家亚伯拉罕·奥特琉斯（Abraham Ortelius）的《世界地图》（至今保存于日本）。日本人将世界地图画在屏风上。据说他们不但画出了欧洲和亚洲，还尝试勾勒出美洲和非洲。当然，屏风上的日本（地图）比奥特琉斯的原作更加准确，地名均用日语标出。这些地图屏风不但满足了日本权贵的好奇心，还可用于教育及航海，同时也是精美的艺术品。在 1640 年锁国前，日本地图偏重于葡式画风。至江户时代，"兰学"兴起，日本制图风格转向荷兰画风。

据弗洛伊斯和维列拉等传教士描述，中世纪的日本人应该没有开展过远洋航行，他们只是沿着日本海岸驾船往来。日本少有经得起风浪的船舶，也缺乏应付风暴（台风）的技术、经验。他们对世界的认识仅局限于中国和其他一些亚洲国家。因此，日欧航海术的交流似乎对日本意义更大，日本人不但吸收了欧洲的先进技术，还丰富了地理知识，世界观也得到拓展和更新。虽然日本最终选择锁国，造成航海业停滞不前，但欧洲航海术已被应用到天文观测、采矿测量等方面。

（三）林奇顿的《环航记》与日欧贸易

欧洲船要想成功、安全地抵达日本，除了依靠航海手册、航海图、地图、当地海员，还需要参考一些重要书籍，林奇顿的《环航记》（Itiner-ario）就是其中之一②。这位勤奋的荷兰人利用他担任印度主教秘书的机会（1583—1589），收集了很多亚洲的地理资料，包括港口、路线、深海、浅滩、干地、峭壁、季风、风暴、海潮、海岸等内容。1598 年，林

---

①　直到 1646 年传教士安东尼奥·卡迪姆（Antonio Cardim）出版了更为精确的日本地图前，蒙特罗对日本纬度的计算一直被认为是最准确的。

②　新教徒简·胡因根·范·林奇顿（Jan Huyghen Van Linschoten, 1563—1611）是荷兰著名探险家、商人、旅行家和史学家。他把自己在亚洲探险的经历、葡人的航海记录、地图、航海图收集起来，编成著作《环航记》。此书在欧洲引起关注，书中提供的航海信息指导了英、荷人在亚洲的航行探险活动。有些图片被其子孙保存至今。

奇顿的翻译员将这些资料译成英文，并且出版。《环航记》中不少内容来自亚洲人和葡人的航海日志，因此准确度、可信度较高。《环航记》有12个章节与日本有关①，内容以葡人的航行记录为主（1550—1586）。

林奇顿记载了葡人初登日本种子岛的情况。据其描述，葡人乘坐的是中国商船。出发时间是6月30日（星期三），抵达时间是7月8日（星期四）。有学者指出，当时可能使用格里高利日历，也有可能是日本旧历，但具体是哪一年不太确定。据林奇顿描述，他还亲自乘船从中国浙江前往日本九州南部，时间为八天。他对这次航行做了详细记载，并绘出海图。据林氏描述："种子岛从北到南的海岸线非常长。岸边有白色的细沙，岸上有许多峭壁，就像镶嵌在沙滩上一样。山上有很多松树，但不密集，分散在各处。这些岛屿异常干净。"②

还有些章节是关于九州、四国和内海的记录。林奇顿详细介绍了日本堺市。他提到，靠近堺，有一处浅滩，也是开放港口，这是堺得以繁荣的原因。但是当他们到达纪伊，要穿过海峡时，当地日本人提醒他们，此处海盗特别多，并且"岛上的人都不值得信任"③。淡路岛被标记为"一个优良的避风港，但这里有很多浪人和贼，不适合船只停靠"。四国东部的德岛"居住着许多凶猛强悍的日本人，并组成军队，随时准备战斗。如果在德岛周围停靠，多半会遭遇抢劫，甚至可能被杀"④。林奇顿还在航海图中标出九州丰后地区的臼杵、日出、大分等港口。

该书第三卷第32章还谈到天草和有马地区的港口，但未提及长崎。一位匿名航海者认为，天草的埼玉是泊船良港，但有3—4名葡人在那里被杀，林奇顿这样分析事件原因：

> 我认为这是葡人的过错，其态度傲慢无礼，总是自觉高人一等，

---

① 如果是1598年英文版的话，则主要集中在第3卷中。

② C. R. Boxer, *The Christian Century in Japan 1549 – 1650*, Manchester：Carcanet Press, 1993, p. 127.

③ Jan Huygen van Linschoten, *Iohn Huighen van Linschoten：His Discours of Voyages into ye Easte & West Indies Deuided into Foure Bookes*, London：Iohn Wolfe, 1598, p. 379.

④ C. R. Boxer, *The Christian Century in Japan 1549 – 1650*, Manchester：Carcanet Press, 1993, p. 127.

无视当地居民的习俗，经常侮辱他们。日本虽是礼仪之邦，但也是自尊自强的民族。如果遭到侮辱，必定要反抗，所以葡人被杀，应归于自己的过错①。

这份航海记录也提到，有不少中国走私船抵泊大村氏、松浦氏的港口。此章还记录了葡船抵靠平户的经验：

> 如果船舶想顺利抵靠平户，最好是等到水位上涨的时候，因为这样才能顺利靠岸。在到达平户前，会看见一座较高的山崖，上面长有很多树。这时要转舵向西，直到绕过此海岸。然后会出现一个入口，这里已经是平户港的边缘了。等看到房子时，尽量向其靠拢。你的右边是港口南部，左边是地势比较低的岛屿。要尽量避免向（港口）溪流的出口驶去。最终你会看到一片平静水面，以供船只停泊。如果天气不好，可以划船上岸。若划船，可以向西或西南方向行驶，这样一定能到达平户②。

这段描述在1598年的英文版中有所改变，但关键之处仍被保留。重要的是，此经验被抵日的英、荷人证明是可信的。英国船长萨利斯曾提到："现在可以证明林奇顿没有胡说，因为我们顺利抵达了平户。"③

第33章和第34章收集了众多航海者从澳门前往种子岛、口之津、平户等地的记录④。

第35章，林奇顿重点分析了航海天气，其中对台风的介绍最有价值：

---

① Jan Huygen van Linschoten, *Iohn Huighen van Linschoten：His Discours of Voyages into ye Easte & West Indies Deuided into Foure Bookes*, London：Iohn Wolfe, 1598, p. 383.

② Jan Huygen van Linschoten, *Iohn Huighen van Linschoten：His Discours of Voyages into ye Easte & West Indies Deuided into Foure Bookes*, London：Iohn Wolfe, 1598, pp. 383 – 385.

③ C. R. Boxer, *The Christian Century in Japan 1549 – 1650*, Manchester：Carcanet Press, 1993, pp. 133 – 134.

④ Jan Huygen van Linschoten, *Iohn Huighen van Linschoten：His Discours of Voyages into ye Easte & West Indies Deuided into Foure Bookes*, London：Iohn Wolfe, 1598, pp. 385 – 390.

在亚洲海域，有一种暴风被称为 tuffon（台风），这个简单的词语可能会引起语言学家注意，很多人认为，这可能是中文"台风"的意思。不过葡语中这个单词是否指汉语的"台风"还需要探讨，有可能葡语 tuffon 仅指暴风或暴风雨。同时，阿拉伯语中也有类似表达，比如 tufan 表示突然出现的暴风，此词最接近葡语的 tuffon。所以，中文"台风"也有可能是外来词①。

第 36 章和第 42 章记录了葡国巨船"圣·克鲁兹号"的航海经历。其大船长是弗朗西斯科·帕耶斯（Francisco Paes），他的航行日志从 1585 年 7 月记载到 1586 年 3 月。林奇顿到手的相关资料得自英国海员（同时也是炮手）德克·格里兹·旁普（Dirck Gerritszoon Pomp）。

第 37 章记载了长崎港的停靠经验。这可能对亚洲船没有多大用处，但对欧洲船非常重要：

> 如果要在长崎靠岸，办法非常简单。你只需将船驶入港口，然后在水面正中航行。找到停靠地方后，把锚抛到 4.5—5 英寻深度（fathom，深度单位，每 fathom 等于 6 英尺）。如果你正对着长崎最大最高的教堂，那么位置就正确了。如果不能面对教堂，最好向左移动。另外，请注意港口附近的珊瑚礁②。

林奇顿也收录了一些航海图，多从各航海手册和日志中摘录而来。《环航记》中的海图按照 1∶1250 万的比例印刷出版。若用来指导实践，这些海图根本看不清楚。

（四）日欧贸易与亚洲海员

欧洲人能够自由航行于亚洲，不但要依靠过硬的技术，还要依赖亚洲海员的帮助。欧洲人充分利用了亚洲海员的作用，后者又从前者身上学到

---

① Jan Huygen van Linschoten, *Iohn Huighen van Linschoten: His Discours of Voyages into ye Easte & West Indies Deuided into Foure Bookes*, London: Iohn Wolfe, 1598, p. 391.

② Jan Huygen van Linschoten, *Iohn Huighen van Linschoten: His Discours of Voyages into ye Easte & West Indies Deuided into Foure Bookes*, London: Iohn Wolfe, 1598, pp. 396 – 397.

先进的航海术。在阿拉伯、印度、日本、马来和中国海员的帮助下，葡人顺利地从马拉巴尔海岸到达了锡兰和金色半岛（The Golden Chersonese，克尔索尼斯半岛），从马六甲开赴巽他群岛、爪哇、摩鹿加、苏门答腊岛、暹罗、广东和宁波等地，最终成功抵达日本。著名航海家瓦斯科·达·伽马曾雇用马林迪（Malindi）① 的阿拉伯海员，引导船舶到达马拉巴尔海岸②。1539 年，远航红海的葡国船长若昂·德·卡斯特罗（D. Joao de Castro）在曼德海峡迷路，不得不雇用阿拉伯、印度领航员引路，才最终抵达目的地③。在东亚，葡船上通常配备中国海员。他们多来自福建，协助葡国领航员引路。中国海员精明能干，能够看懂中文或日文的航海手册，所以对葡船航行的作用非常大。德川幕府初期，日、葡还签订一系列合作协议，幕府要求所有赴东南亚经商的朱印船必须配备葡籍领航员。萨利斯船长返英时（英国商馆关闭后），还雇用了 15 名日本海员引路。1614 年 9 月 27 日，英国船顺利返抵普利茅斯，这些海员很有可能就是首批登陆英伦岛的日本人④。

（五）日欧贸易与航船的发展

近代早期，由于大航海活动兴起，航船（帆船）成为各国、各地区开展交流的重要交通工具。来往于欧亚的帆船数量众多（见下表）、种类也呈现多样化。

表 5—3　　　　赴亚洲的欧洲航船数量统计（1500—1800 年）　　　（单位：艘）

国家	1500—1599 年	1600—1700 年	1701—1800 年
葡萄牙	705	371	196
荷兰	65	1770	2950
英国	—	811	1865

---

①　肯尼亚的港口，在加拉纳河口以南。
②　印度德干半岛西南部喀拉拉邦的海岸，前临阿拉伯海，长约 710 千米。
③　李金明、李德霞：《众多市场的开辟：16—17 世纪葡萄牙在亚洲海域的生存法则》，《文化杂志》2007 年总第 65 期。
④　Yetaro Kinosita, *The Past and Present of Japanese Commerce*, New York：Columbia University Press, 1902, p. 70.

续表

国家	1500—1599 年	1600—1700 年	1701—1800 年
法国	—	155	1300
其他	—	54	350
总计	770	3161	6661

资料来源：Angus Maddison, *Development Centre Studies*: *The World Economy Volume 1*: *A Millennial Perspective and Volume 2*: *Historical Statistics*, Paris: OECD Publishing, 2006, p. 65。

  本书已经在第二章中介绍了葡国巨船。巨船虽然庞大，但根据各种资料来看，尚不能肯定它是当时世界上最大的船。一些西班牙大帆船，特别是航行于美洲和菲律宾之间的大（帆）船，也具有相似吨位。

  当时的英国也是造船大国。据记载，1597 年，英国造出 800 吨吨位的大船。不久，英国再次造出 1200 吨吨位的巨舰"贸易增长号"（*Trades Increase*），据说这是英国第一艘超过千吨的大帆船。开赴亚洲的英国船"佩迫尔科拉号"（*Peppercora*）约 300 吨，科克斯对此记载道："在所有赴日的英国船中，这算吨位较大的了。"[1] 1620 年，英国船"皇家詹姆斯号"来到亚洲，还在日本停靠过。此船有 1000 吨吨位，船型类似葡国巨船或荷兰大船，性能还更优越[2]。日本将军亲自参观这艘船，令葡、荷人分外嫉妒。1610 年，据英国海军长官佩特（Pett）描述，英国军舰"皇家王子号"（*Prince Royal*）的吨位甚至达到 1400 吨，龙骨长达 114 英尺，船上装有 64 门火炮，堪称英国造船业的杰作，荷兰人也无法建造如此大的船[3]。

  日本船的样式与中国、暹罗船差不多。就开赴南洋的朱印船来说，基本设计源于东方，外观带有一丝西洋风格。日本造船术虽不及中国，但据说也造过大船。1578 年 9 月，耶稣会传教士奥干蒂诺（Organtino）在丰

---

[1] Yetaro Kinosita, *The Past and Present of Japanese Commerce*, New York: Columbia University Press, 1902, p. 581.

[2] Robert Montgomery Martin, *China*: *Political, Commercial and Social in an Official Report to Her Majesty's Government*, *Vol. 1*, London: Brewster and West, 1847, p. 300.

[3] Yetaro Kinosita, *The Past and Present of Japanese Commerce*, New York: Columbia University Press, 1902, p. 581.

后臼杵传教时曾写道："织田信长在葡人的帮助下，在伊势建造了 7 艘巨舰，用于与一向一揆在大阪（海域）决战……信长在大船上配置了火炮，就像葡国巨船一样。"① 耶稣会还记载道："1580 年，丰臣秀吉令人建造一批大船，体积堪比巨船。"② 学者穆多齐记载道："17 世纪，威廉·亚当斯帮助日本人建造了 42 艘帆船，总吨位达到 17000 吨，总载人量达 8846 人，其中还有两艘超过千吨。"③ 还有资料提到："1631 年，幕府令向井将监（造船奉行）建造千吨巨舰'安宅丸'，并下水成功，'安宅丸'的技术源自欧洲，样式也为欧式。"④

以上资料的真实性令人怀疑，因为在 16 世纪，日本即便能造大船，其吨位也不会超过 450 吨。日本的大型船舶通常由葡人监制，葡王塞巴斯蒂安规定葡人造船载重一律不得超过 450 吨。即便是亚洲最出名的朝鲜"龟船"（日朝海战使用过）也只有 300 吨吨位左右⑤。另外在 1592 年，秀吉曾要求耶稣会帮他租借两艘巨船，用以侵朝战争，说明当时的日本没有大船。

德川家康为了追求贸易利益，积极推动日本与东南亚之间的海上贸易，遂鼓励建造大型西洋帆船⑥。1605 年，在亚当斯的指导下，伊豆伊东地区建造了两艘西洋航船，吨位分别为 80 吨和 120 吨⑦。其样式为双桅或四桅的斯库那型船（schooner）。造船过程中，家康多次到现场视察，亚当斯也趁机讲解一些造船、航海知识。而造船工匠多来自伊东、江户和贺浦，这些地方自古就是造船基地，工匠技术由世代相传。在建造过程

---

① C. R. Boxer, *The Christian Century in Japan 1549 – 1650*, Manchester: Carcanet Press, 1993, p. 122.

② 据说丰臣秀吉曾经让耶稣会传教士科厄略帮助其建造 2000 艘战舰，他希望每艘战舰上装备两门大炮，并配备领航员和熟练水手。科厄略认为这是一项不可能完成的任务，事实也证明秀吉的想法太过疯狂。

③ James Murdoch, Isoh Yamagata, *A History of Japan: During the Century of Early Foreign Intercourse (1542 – 1651)*, Kobe: Office of the "Chronicle", 1903, p. 581.

④ 另说，"安宅丸"的设计融合了东西技术与特色（和船与西洋船）。参见郑彭年《日本西方文化摄取史》，杭州大学出版社 1996 年版，第 50 页。

⑤ C. R. Boxer, *The Christian Century in Japan 1549 – 1650*, Manchester: Carcanet Press, 1993, p. 122.

⑥ 矢部健太郎『超ビジュアル! 歴史人物伝徳川家康』、東京：西東社、2017 年、204 頁。

⑦ 高須芳次郎『海の二千六百年史』、東京：海軍研究社、1940 年、142～143 頁。

中，工匠们不免要学习、借鉴、吸收西洋造船术。1609 年 9 月 30 日，西班牙总督多·罗德里哥·维维诺·维拉斯科（Don Rodrigo Vivero Velasco）乘船从马尼拉返回美洲。途经日本上总国附近时，触礁沉没，船员幸免于难。随后，家康将亚当斯建造的西洋船（80 吨）赠予总督，并附赠船员（多为日本人）[1]。家康死后，日本造船业一蹶不振，因为幕府禁造 500 石吨位（约为 2500 蒲式耳或 74.4 吨）以上的大船，目的是限制日本人出海[2]。由此可见，在 17 世纪初，即便是欧洲人（英国人）参与其中，日本也不太可能造出千吨以上的大船。

日欧贸易中的其他船型还有以下几种。

弗拉加塔船（fragata）多用于菲律宾海域。其体型较小，重量较轻，一般有 3 根桅杆，两层甲板，船上装备火炮[3]。弗拉加塔船可军商两用，机动性较好。日本学者冈本良知认为："弗拉加塔船主要用于侦察和递送书信，所以被称为'通报船'（advice-ship）。"[4]

15—17 世纪的加克船（junk）通常指中国小帆船或中国式平底帆船（唐船）。在日欧贸易的各种资料中，加克船的指代并不明确，有时西葡小船亦称加克船，有时所有中国船都称加克船，还有著述将中、日航船统称为加克船。在日欧贸易中，不仅中国（商）人使用加克船，西葡人也经常购买或租用加克船。特别在 1618 年葡人改用小船船队开展贸易后，加克船的使用变得更加普遍。加克船不宜远航，但用于短距离航行，效率颇高。

在日欧贸易中，还有一种皮拉斯船（pinnace）[5]，这种船最初指用松木建造的小型船。皮拉斯船采用帆、桨两种方式驱动，通常有两根桅

①　Seiho Arima, "The Western Influence on Japanese Military Science, Shipbuilding, and Navigation", *Monumenta Nipponica*, Vol. 19, No. 3/4 (1964), Published by: Sophia University, p. 353.

②　Yetaro Kinosita, *The Past and Present of Japanese Commerce*, New York: Columbia University Press, 1902, p. 78；「しまぬゆ」刊行委员会编『しまぬゆ』、鹿儿岛：南方新社、2007 年、192 页。

③　John D. Harbron, *Trafalgar and the Spanish Navy: The Spanish Experience of Sea Power*, Annapolis: Naval Institute Press, 1988, p. xiii.

④　外山卯三郎『南蛮船贸易史』、东京：东光出版株式会社、1943 年、214 页。

⑤　皮拉斯船的法语为 pinassa，意大利语为 pinassa 或 pinazza，西班牙语为 pinaza，葡萄牙语为 pinaca。通常指舰载艇，即附随大船的二桅小船。

杆，配备 6—8 个船桨，可载水兵 100 人及少量加农炮。皮拉斯船后来发展成装载于大型船舰上的中小艇，也就是说，在牢船或伽俐船的两侧通常悬吊有皮拉斯船，用于逃生或靠岸（登陆）。由于大船或巨船上出现了这种附属小船，因此多了叫作"吊艇柱"（日文汉字，英文为 davit）的装置①。

还有一种船叫平克船（pink）②，其构造和用途不明确，相关记载较少。平克船狭小，用于军事。日本人称这种船为"ピンコ"或"平屈船"。

1647 年，日本海还出现了一种舰载小艇丁基船（dinghy）。当年，葡人再次来日，请求将军重开贸易。葡国大船并未靠岸，而是使用丁基船登陆日本岛。《荷兰商馆日志》记载道："7 月 29 日，葡人从大船上放下一艘丁基船，用以靠岸。"③ 丁基船通常没有帆，只需两名桨手便可划动。因此，丁基船还可在河流中使用。

荷兰的威利波特船（vlieboot）是一种大型平底船，主要特点是轻快灵活。据荷兰商馆记载，日荷贸易多用威利波特船，有商用、军用两种。威利波特船通常配备火器，可随时参与海战。

16—17 世纪的快船（yacht, frigates）通常指小型商船或军舰，其主要特点是机动性强。快船只有 2—3 层甲板，装备有火器，仅用于防御④。

传教士路易斯·弗洛斯还提到："除了巨大的帆船，葡人还有弗斯塔船（大三角帆船）、卡突勒船（在印度地方用的小型兵船）和贝尔坎丁船（四角的双桅船）等中小船只。"⑤

通过日欧贸易，东西方的造船术也得到交流。当时的葡船基本由木材建造，所以经常遭虫噬。如果船底漏水严重，船只不久便会报废。为了解决这一问题，葡人通常在"患处"钉铅板。当葡人来到亚洲后，中国人

① 外山卯三郎『南蛮船貿易史』、東京：東光出版株式会社、1943 年、218～221 頁。

② 西班牙语、意大利语称平克船为 Pinco。

③ 外山卯三郎『南蛮船貿易史』、東京：東光出版株式会社、1943 年、222 頁。

④ Robert Gardiner, *The Sailing Frigate*: *A History in Ship Models*, Barnsley：Seaforth Publishing, 2012, pp. 6 - 7.

⑤ ［葡］路易斯·弗洛伊斯：《日欧比较文化》，范勇、张思齐译，商务印书馆 1992 年版，第 97 页。

告诉他们，在船底涂抹油灰①可以防虫。油灰不但防虫，还可防水，也延长了船舶寿命。不过，使用油灰会增加重量，增大船体的摩擦力。

欧洲火器传入东方后，日本人不但将火器应用于陆战，还尝试将其用于海战。1578 年，织田信长令人在舰船上装备火枪、火炮。据说，日本战舰长 72 英尺，宽 42 英尺，能载 5000 人（明显夸张）。同年 6 月，装备了火器的战舰第一次显示威力。信长的舰队在海上巡逻时，遇到海盗。最开始，海盗奋力反抗，但其武器落后，并不能造成威胁，官方军船也没有发起进攻。当海盗船进入射程范围后，信长方面立即下令开炮，"多艘海盗船顷刻被击沉，剩余船只仓皇逃窜"。5 个月后，信长与毛利氏进行海战，后者拥有 600 艘传统小船。据日本史料记载，信长战舰不费吹灰之力，便击沉多艘毛利氏小船。作家吉田氏却有不同记载："虽然信长战舰装备了火炮，但并没有击退毛利氏的船队。而且其中一艘战舰被毛利氏缴获，可能是信长战舰过于笨重，载人太多，造成机动性较差。"② 在此后 40 年，日本很少建造大型战舰，估计日式大船存在一些"先天"缺陷。

（六）日欧贸易与海盗船

远东海域的航行和贸易具有较大风险性，风险不但来自天气，也来自独霸一方的海盗。在东亚，中、日海盗已经活动了很长时间，新来的欧洲人很难区分哪些是海盗船，哪些是官船，哪些是民船。相比欧、美海域，亚洲海域显得更加复杂，因为这里的文明更悠久，海盗的造船技术和航行能力更强。不过，欧洲人依靠强大的火器和成熟的航海技术，尚能避开危险海域。

从某种角度来看，日欧贸易反而从客观上限制了亚洲海盗的活动。因为：（1）葡王插手东亚贸易后，令大船长管理航线，从客观上打击了海盗势力及走私活动。（2）日本大名或统治者为了保证货源，就必须保障欧洲官方商船的安全，不得不打击本国的海盗活动。（3）荷兰人最初也

---

① 油灰指在油漆施工中，用于填嵌船体缝隙，平整船体表面的膏状材料，一般以熟桐油与石灰、石膏调拌而成。

② Delmer M. Brown, "The Impact of Firearms on Japanese Warfare, 1543 – 1598", *The Far Eastern Quarterly*, Vol. 7, No. 3（May, 1948），Published by：Association for Asian Studies, pp. 249 – 250.

是海盗,但他们后来还是发现贸易带来的利润更稳定,于是逐渐从海盗转变为商人。(4)德川家康完成日本统一大业后,试图与中国重开勘合贸易,以摆脱欧洲人对东亚贸易的垄断。但中国历来警惕倭寇,如果日本统治者不限制本国海盗,中日贸易便不可能重开。

二 日本人乘船赴欧的尝试

欧洲人到来前,日本人很少或者说没有开展过远洋航行。当欧洲船到来后,巨大的黑船刺激了他们的航海欲望。同时,当日本人接触到欧洲先进的航海技术后,便开始尝试建造大型船只,雇用欧洲领航员,鼓励朱印船远航海外(东南亚地区)。从当时的航海实践可以看出,日本人有意愿开展远航活动,但要真正实现远航欧洲或美洲的梦想,还面临诸多困难:首先,日本的造船业不发达。日本船吨位小,载货少,不适合远航,它们多在东亚海域活动。若想前往欧洲或美洲,日本人更愿意乘坐或租借欧洲船。其次,日本缺乏经验丰富的船长、领航员和海员,同时也缺乏先进的航海技术。再次,欧洲人不愿意帮助日本人远航,害怕他们因此变强。如果日本船能够开赴中国、东南亚、印度、欧洲、美洲等地(购买商货),那欧洲商人的中介作用将减弱。最后,即便日本船能够在印度洋、大西洋或太平洋航行,也将面临欧洲船的激烈竞争,日本尚无控制海权的能力。

不过,日本人一直没有放弃远航欧美的梦想。这并非日本人狂妄,他们向往远航是有原因的:日本是岛国,领土不大,向来缺乏资源。所以,有想法的统治者或地方大名一直渴望赴海外(或派船)探险和经商,以补充国内资源不足;葡船来日后,日本人看到航海的意义,特别是控制海权的重要性。如果日本造出先进的航船,获得强大的海上实力,便可摆脱在贸易中的被动局面;日本是岛国,属海洋文明国家,因此有远航的欲望和冲动。

日本人的航海实践包括以下几方面。

第一,尝试造船。第二,学习欧洲先进的航海技术,改进本国航海术。第三,实践远洋航海。日本人的远航实践通过以下两种方式实现。

其一,乘坐欧洲船,出访美洲、欧洲。1582年,大友宗麟、大村纯忠和有马晴信三位基督教大名派 4 名①贵族少年出访欧洲。这是日本首次派遣使者远赴欧洲②。日本遣欧使节团乘坐大船长伊格拉西奥·德·利马（Ignacio de Lima）的巨船，前往欧洲③。航行路线与葡人来日路线基本相同④。使节团花费了三年时间到达欧洲，不但谒见西葡国王菲利普二世，还被教皇格里高利十三世接见。使节团于 1590 年返回日本。这是日本人第一次正式造访欧洲⑤。使团不但进行了宗教交流，还从欧洲带回世界地图。更重要的是，他们亲自乘坐了欧洲航船，学到先进的航海技术，经历了远洋航行的艰辛。另外，1584 年，大友宗麟派家臣植田玄佐、蒲生氏乡等前往欧洲，拜见教皇。1586 年，大友氏又派竹村知胜前往欧洲。1588 年，大友氏再次派大友贞秀、町野友重等人赴欧⑥。17 世纪初，家康还派使节前往荷兰。荷兰亲王莫里斯（Maurice，"沉默的威廉"之子）热情地接待了使者，双方还互赠了礼物。

表 5—4　　　　　　　　　　　天正使团遣欧行程简表

时间	行程	事件
1582 年 2 月 20 日	离开长崎港	
1582 年 3 月 9 日	到达澳门	
1583 年 9 月	到达果阿	滞留印度期间范礼安收到总会长命令留在印度
1583 年 12 月 20 日前后	从果阿出发	
1584 年 5 月	通过好望角	

---

① 4 名贵族少年均为基督徒，教名分别为伊东·满所（13 岁）、千千石·米尔盖（13 岁）、原·马尔奇诺（13 岁）和中浦·朱里安（14 岁）。前两名为正使，后两名为副使。参见乙貴小史『ローマへ行った四人の少年』、大阪：東光堂、1944 年、12 頁。

② 有学者认为，这次出访欧洲由耶稣会传教士范礼安一手安排。此举有两个目的：一是向日本人炫耀天主教的强大及教皇的威望；二是向欧洲人展示在日耶稣会取得的成就。参见野田宇太郎『少年使節：天正遣欧使節旅行記』、東京：桐書房、1949 年、1 頁；高橋富雄「伊達政宗と仙台藩」、『電氣學會雜誌』107 巻、1987 年、777 頁。

③ 船只名称并未被记载下来。参见天下井清「聖ヨハネ号偶感」、『日本航海学会誌』162 巻、2005 年、1 頁。

④ 乙貴小史『ローマへ行った四人の少年』、大阪：東光堂、1944 年、30 頁。

⑤ 古賀文一郎『本邦商業史』、東京：隆文館、1906 年、83 頁。

⑥ 古賀文一郎『本邦商業史』、東京：隆文館、1906 年、84 頁。

续表

时间	行程	事件
1584 年 8 月	抵达里斯本	到达里斯本后访问当地大主教
1584 年 10 月	由陆路抵达马德里	住在耶稣会院
1584 年 11 月 14 日		谒见菲利普二世
1585 年 3 月 22 日	抵达罗马	拜见耶稣会总会长
1585 年 3 月 23 日		谒见教皇格里高利十三世（朱里安因病未参加）
1585 年 4 月 1 日		罗马市民会代表来访
1585 年 4 月 3 日		私下谒见教皇及赠送给教皇安土屏风等
1585 年 4 月 10 日		教皇格里高利十三世去世
1585 年 5 月 5 日		参加西克图斯五世加冕典礼
1585 年 6—8 月	访问威尼斯、热那亚、米兰等意大利北部重要城市	
1585 年 9 月	返回西班牙	9 月 14 日再次谒见菲利普王
1585 年 10 月初	入境葡萄牙	
1586 年 4 月 12 日	从里斯本出发离开欧洲	
1587 年 5 月	回到印度	派遣使节的大村纯忠、大友宗麟相继去世，丰臣秀吉下达驱逐令
1588 年 6 月	抵达澳门	
1590 年 6 月 20 日	回到长崎	在丰臣秀吉的许可下得以返乡

资料来源：太田正雄『日本吉利支丹史鈔』、東京：中央公論社、1943 年、152～153、291～294 頁；乙貴小史『ローマへ行った四人の少年』、大阪：東光堂、1944 年、30～44 頁。

其二，自己造船，远洋海外。日欧贸易期间，日本最有意义的远航尝试应该是支仓常长横渡太平洋的创举。1613 年，支仓常长（1571—1622）等人奉将军家康和仙台城主伊达政宗的命令，前往欧洲，谒见西班牙国王及罗马教皇（保罗五世）。使节乘坐由幕府建造的欧式船"伊达村号"，其长 18 间，宽 5 间半，能载 180 人①。西班牙人称该船为"圣·胡安·巴蒂斯塔号"（San Juan Bautista）。据说，幕府为了建造此船，共安排了

①　包括22名武士、40名日本商人（来自京都、大阪、堺和伏见）、80名船员和随从、40名西葡人。参见高須芳次郎『海の二千六百年史』、東京：海軍研究社、1940 年、162 頁。

800 名船工、700 名铁匠及 3000 名木匠。

10 月 28 日，支仓常长一行从陆奥的月浦出发。然后，前往菲律宾。经过 90 天的艰难航行，他们成功横渡太平洋。1614 年 1 月 25 日，他们在墨西哥的阿卡普尔科登陆。支仓常长登陆美洲后，从陆路前往墨西哥东岸①。之后，支仓常长又乘欧洲船"道·安东尼奥·奥昆多号"（*Don Antonio Oquendo*）横渡大西洋，前往欧洲（西班牙—法国—意大利）②，然后又从欧洲返回美洲。最后，从阿卡普尔科再次横渡太平洋，返回日本（1620）③。

支仓常长横渡太平洋的航行具有深远意义：（1）庆长遣欧使节支仓常长经历七载，远渡重洋到达欧洲，这在当时是一次壮举。这次航行可能是日本人第一次横渡太平洋，这比近代的胜海舟等人第二次横渡太平洋早了225 年④。（2）这也是日本人第一次使用本国建造的航船横渡太平洋，两百多年后的胜海舟等人也没有使用本国船开展航行（他们乘坐的是荷兰造蒸汽军舰"咸临号"）⑤。（3）虽然西班牙航海者维斯卡伊诺·塞巴斯蒂安

---

① 支仓常长将日本船和大部分船员留在阿卡普尔科，这些人必须等到支仓常长从欧洲返回后，再一起返回日本。

② 1615 年支仓常长抵达罗马，教皇保罗五世接见了远道而来的虔诚信徒。参见入间田宣夫「伊達の平泉伝説」、『中世文学』42 卷、1997 年、36 頁。

③ 佐藤憲一「伊達政宗の夢·支倉常長慶長遣欧使節出帆から400 年」、『電気設備学会誌』、35 卷 1 号、2015 年、50 頁。

④ 在支仓常长赴欧美之后，日本再次派使节赴西方就已经是 19 世纪了。参见西本晃二「日伊交流の一挿話」、『イタリア学会誌』35 卷、1986 年、195 頁。

⑤ 1853 年，日本大门被美国人培里率舰叩开，之后德川幕府被迫签订不平等条约。1860 年，在日本使团（乘坐美舰"波瓦坦号"）首次访美的同时，幕府坚持让日本人（胜海舟等）自驾蒸汽船"咸临号"，开展跨越太平洋的航行。17 世纪支仓常长的航行与 19 世纪胜海舟等人的航行具有一定可比性。从不同点来看：17 世纪的航船虽然为西洋式帆船，但却是由日本人（幕府）自己建造。19 世纪的航船"咸临号"则是从欧洲（荷兰）购买的蒸汽船；支仓常长等人不但完成跨越太平洋的壮举，还乘船跨过大西洋，胜海舟等人仅是往返跨越了太平洋；17 世纪支仓常长虽然开展了伟大的航行，但其相关成果未被继承保留，德川幕府不久便禁教锁国，19 世纪则不同，胜海舟等人的航行经验被继承学习，为日本近代海军的建立打下基石；有关 19 世纪胜海舟等人航行的史料、资料比较多，证据确凿，虽然 17 世纪支仓常长的航行堪称壮举，但相关材料偏少，确凿证据还有待发掘。从相同点来看：两次航行都得到德川幕府支持，17 世纪家康出于开拓海外贸易及发展海外关系之考虑，派人率船赴欧美。19 世纪德川幕府更是出于调查西方国家，发展近代海军之目的，派船开展跨洋练习。两次航行均得到西方人的指导和帮助，17 世纪，西班牙人指导了支仓常长等人的航行。19 世纪，美国船长布鲁克指导了胜海舟等人的赴美（洲）跨洋航行（返航由日本人自己完成）。

（Viscaino Sebastian）指导了这次航行，但大部分船员为日本人。这是日本航海史上值得骄傲和纪念的重要事件。尽管支仓常长的航行对传教和通商的作用不大，但拓展了日本人的视野①，也加深了美洲和欧洲人对日本的了解。墨西哥人为了纪念支仓常长造访，还在阿卡普尔科为其竖立雕像。

第三节　日欧贸易与文化交流

日欧贸易并不局限于双方的商业活动，贸易也促进了东西方文化的交流。16—17世纪，日欧文化交流通过两种途径实现：（1）通过耶稣会传教士展开交流，其中带有明显的宗教痕迹；（2）通过欧洲商人开展交流。当然，本书着重分析第二种交流情况。

一　欧洲商人在日本的（文化）生活

16—17世纪，一些在日经商的欧洲人与日本人通了婚。当时，东西方人通婚的现象比较少见，出现跨国婚姻是因为：（1）日、欧商人试图通过联姻来确保贸易开展，为此目的，有些欧洲人便娶了日本领主或商人的女儿。坎普菲尔曾记载道："一些葡商和与当地富商的女儿结婚，联姻的意义在于保持长久合作，赚更多钱。"②（2）一些欧洲商人按捺不住寂寞，与日本女子通婚。范礼安在1583年写道："澳门葡人只是在九州地区活动，很少去日本的其他地方，这主要出于安全考虑。另外，日、葡有着完全不同的语言、生活方式和习俗。总体上说，他们互不了解。"③欧洲传教士的大本营虽然在九州，但他们勇于探索其他日本地区。商人们相对胆小一些，只希望找个安全的地方做生意，因此其活动

---

①　通过支仓常长赴欧，日本人首次主动了解（见）到真实的欧洲，是日本对外交流史上值得纪念的事件。参见佐藤憲一「伊達政宗の夢・支倉常長慶長遣欧使節出帆から400年」、『電気設備学会誌』、35巻1号、2015年、55頁。

②　Engelbert Kaempfer, *Kaempfer's Japan：Tokugawa Culture Observed*, edited, translated, and annotated by Beatrice M. Bodart-Bailey, Hawaii：University of Hawaii Press, 1999, p. 181.

③　C. R. Boxer, "When the Twain First Met：European Conceptions and Misconceptions of Japan, Sixteenth-Eighteenth Century", *Modern Asian Studies*, Vol. 18, No. 4, Special Issue：Edo Culture and Its Modern Legacy (1984), Published by：Cambridge University Press, p. 531.

范围多限于长崎和平户。他们要在日本待上几个月到半年时间，再加上路途遥远，遂感到格外寂寞，与日本女子通婚也是正常现象。（3）日欧贸易给欧洲商人带来大量财富，他们有能（财）力在日本再建家庭，或者包养情妇（或女奴）。

16 世纪末，大多数葡商在完成对日贸易后，便返回澳门。但仍然有人留下来，还有些在日本结婚（有重婚现象）和纳妾①。一时间，长崎出现了不少日葡人混合的家庭。1597 年，意大利探险家、商人弗朗西斯科·卡内蒂（Francesco Carletti）来到日本，他发现很多葡商包养了日本情妇。卡内蒂称这些葡商为"不道德的人"。葡商包养情妇的时长不等，并对之乐此不疲，有些人寡廉鲜耻地称："这比娶她们（日本人）更有意思。"② 荷兰商馆指挥官斯派克在 1610 年 11 月 3 日的日记中写道："每年抵日的葡商有 200 多人。到达日本后，他们都要登岸，因为港口有他们租购的房屋及日本奴仆。这些花费对于葡商来说微不足道，高兴时，他们会在日本住上七八个月。在日本，所有葡商一年的总开销为 25 万—30 万两白银。港口的日本人也欢迎他们，因为他们花钱大方。"难怪卡内蒂表示："许多葡商视这里为安乐乡，根本不在乎花钱。"③

日欧人通婚后，不免要出现混血儿。据卡内蒂描述，其乘坐的帆船就是一位日葡混血儿为他提供的。《通航一览》曾记载："1608 年，平户商馆荷兰人的妻女（很可能是日本人）在街市中徘徊。"④ 在那个时代，混血儿社会地位较低。据耶稣会资料记载，混血儿经常与本地人发生冲突。17 世纪 30 年代，幕府开始驱逐日欧混血儿。据《长崎夜话草》记载，如果混血儿的父亲是欧洲人，那父亲和子女一同被逐。如果母亲是欧洲人，

① Matthew Calbraith Perry, *Japan Opened: Compiled Chiefly from The Narrative of the American Expedition to Japan, in The Years 1852 - 1854*, London: The Religious Tract Society, 1858, p. 7.

② C. R. Boxer, "When the Twain First Met: European Conceptions and Misconceptions of Japan, Sixteenth-Eighteenth Century", *Modern Asian Studies*, Vol. 18, No. 4, Special Issue: Edo Culture and Its Modern Legacy (1984), Published by: Cambridge University Press, p. 532.

③ C. R. Boxer, "When the Twain First Met: European Conceptions and Misconceptions of Japan, Sixteenth-Eighteenth Century", *Modern Asian Studies*, Vol. 18, No. 4, Special Issue: Edo Culture and Its Modern Legacy (1984), Published by: Cambridge University Press, pp. 532 - 533.

④ 林韑、宮崎成身等编『通航一览』第六、東京：泰山社、1940 年、228 頁。

只有母亲被逐。1636 年，被逐出长崎的外国人（含混血儿）共 287 人①。夫妻、兄妹离别的场面异常凄惨。锁国前，长崎日葡混血儿的数量为 280 人，锁国时，大部分被驱赶到澳门②。1639 年，幕府还驱逐了 50 名英国人，其中大部分为日英混血儿。同时，井上政重奉将军之命，将平户 11 名荷兰人（包括日荷混血儿）送往爪哇③。

　　由于长期在日本经商，一些欧洲人逐渐爱上日本，并视这里为"第二故乡"。一位荷兰人于 1614 年记载："我的朋友，葡商路易斯·马丁斯·德·菲格雷多（Luis Martins de Figueiredo）已经在日本生活了 18 年，他俨然就是一个日本人了。"④ 葡商马丁·德·谷维阿（Martin de Gouveia）也在长崎生活了很多年，他甚至改宗佛教。葡国领航员巴尔萨扎·德·苏萨（Balthazar de Sousa）在长崎购置了一套宽敞漂亮的房屋。另一名领航员若昂·达·科斯塔（Joao da Costa）出生在日本，于 1623 年被幕府驱逐。后来，他与另外 3 名日葡混血儿冒险返回日本，仅为看望其日本母亲及妻儿。那时，很多欧洲商人可以称得上是"日本通"，其中的"长崎通"特别多。葡人西毛·瓦兹·德·帕维阿（Simao Vaz de Pavia）与长崎奉行竹中宇跟就是好朋友，两人进行交流基本没有语言障碍。大船长阿果斯汀霍·罗伯（Agostinho Lobo）的日语虽然不好，但对日本文化有深入了解。葡商学会日语后，对传教士的依赖减弱，后来根本就不需要传教士充当翻译员了。英、荷商人少在日语方面下功夫，更多时候雇用日本人、葡人当翻译员⑤。

二　日欧服饰交流及日本服饰的变迁

日本服饰自古就受外国影响较大，古代受中国影响，16—17 世纪则

① 足立栗園『海国史談』、東京：中外商業新報商況社、1905 年、248 頁；田辺茂啓編『長崎志正編』、長崎：長崎文庫刊行会、1928 年、259 頁；林韑、宮崎成身等編『通航一覧』第五、東京：泰山社、1940 年、35～39 頁。

② 渡辺修二郎『外交通商史談』、東京：東陽堂、1897 年、258 頁。

③ 足立栗園『海国史談』、東京：中外商業新報商況社、1905 年、247 頁。

④ C. R. Boxer, "When the Twain First Met: European Conceptions and Misconceptions of Japan, Sixteenth-Eighteenth Century", *Modern Asian Studies*, Vol. 18, No. 4, Special Issue: Edo Culture and Its Modern Legacy（1984）, Published by: Cambridge University Press, p. 533.

⑤ C. R. Boxer, *Portuguese Merchant and Missionaries in Feudal Japan, 1543 - 1640*, London: Variorum Reprints, 1986, p. I 45.

受西欧影响。每当葡船到来时，来自全国各地的商人便云集港口，采买各种面料的衣服。长崎儒医向井元升在其著作《知耻篇》（1655）中写道："岁月时节之风俗，冠婚祭葬之仪式，宾客朋友之交际，道德节仪之心操，饮食衣服之腔调，皆取南蛮风。"[①] 16—17 世纪，日本服饰在舒适性、实用性、材料、名称、缝制技术和穿法上都有革新，但这种变化多限于社会上层，平民服饰仍受中国影响较深。

保存至今的南蛮屏风为我们展现了日本当时的服饰风格。山口铁次郎曾描述过抵日大船长的排场："黑船来日之际，从排场就可看出谁是大船长。他一般身穿华丽的衣服，周围有很多随从和奴仆，而且队伍庞大。"[②] 大阪的南蛮文化馆收藏有当时的屏风画，画中对欧洲服饰的描绘基本符合史实。在屏风画中，一群日本人正在迎接登岸的荷兰人。荷兰人身穿西洋服，岸上的日本人更是身着各种衣物，有些穿和服，有些穿西洋服。可见，日本人已经开始接受西欧服饰了。15 世纪末至 17 世纪初，西欧流行文艺复兴风格的宽大服饰，身穿这种衣服的人显得威风凛凛。

自西欧服饰传入日本后，日语中就出现了一些与衣服有关的外来词。比如：メリヤス（针织品）、ボタン（纽扣）、ラシャ（呢绒）、ジュバン（襦袢：长衬衣）、カルサン（袴的一种，类似于背带裤）和ビロード（天鹅绒）等，这些与服装有关的外来词均源自葡语。

在众多屏风画中，西欧人身穿的上衣引人注目。西欧上衣一般为长袖，但较短，主要分三类：上层人士的上衣华丽、庄重；普通人的上衣只有一点装饰；奴隶（黑奴）的上衣简单粗糙。这些上衣在 16 世纪 50 年代至 17 世纪初的英、法较流行，其样式源于西班牙。法语称之为 pourpoin（男式紧身衣），英语叫 doublet（紧身上衣），葡语叫 jubao，阿拉伯语叫 jobbah，日语为ジュバン。所有相关单词都可理解为长袖上衣、贴身上衣或外套的意思，其中的差别牵扯语源学，这里就不再深入探讨了。这种上衣的显著特点就是高而立的领子。支仓常长的肖像画就凸显了这个特点。后来，日本人称这种上衣为襦袢。

---

① 郑彭年：《日本西方文化摄取史》，杭州大学出版社 1996 年版，第 54—55 页。
② 外山卯三郎『南蛮船貿易史』、東京：東光出版株式会社、1943 年、290 頁。

高立领口是西欧男人庄重威严的象征，这种领口还可以保持颈部卫生。据孟三德（Ouarte de Sande）的《天正遣欧使节记》记载，日本人改动了这种立领设计，融入了和服样式，还将其应用于铠甲的装饰。细川忠兴的铠甲领口就源自西欧立领的设计。这种设计既体现了武士威严，也起到保护作用（避免颈部受伤，或被砍下首级）。除了铠甲，日本人还设计出阵羽织。阵羽织是战国时期流行的服饰。羽织是无袖和服，穿于铠甲之上。其特点是方便、美观，兼具防寒功能。战国阵羽织的领口也采用欧洲立领设计。

欧洲人带来的纽扣也在日本得到传播和发展。纽扣一词最早源于 13 世纪的法国。纽扣传入日本前，日本人多采用栓结的方式固定上衣。欧洲人为了方便穿戴上衣，而发明了纽扣。纽扣传入日本后，日语中便出现了外来词ボタン（葡语：botao，英语：button）。后来，欧洲纽扣被应用到日本和服的设计中，和服的袖口从此多了一个纽扣。同时，阵羽织上也设计了纽扣。

西欧服饰中的褶皱宽边领也传入日本。英国人称这种装饰领为 falling ruff，法国人称之为 fraise a la confusion，日语称襞衿（ひだえり）[1]。作为领口装饰物的褶皱宽边领流行于 1580 年的西欧，穿戴这种衣领的人，其脖子上就像套上了一朵枯萎的大花。襞衿虽然传入日本，但没有流行开。

日本人第一次看到欧洲长裤时，必定感到奇怪，因为这种长裤异常宽大。其设计可能源于欧亚地带的游牧民族，那里天气变化大，穿宽松的裤子便于活动。日本人称欧洲裤为ジボン。这种裤子分为两种，北欧裤较细长，南欧裤较宽短。南蛮屏风对欧洲裤也有描绘，身份高贵的葡人一般穿过膝的裤子，并配有袜子。奴仆的裤子也过膝，但是裸露出小腿以下部位。不过这些裤子的样式都比较宽短，类似裙子。这种裤子在 16 世纪的西欧特别流行。

源于西班牙的"袴"（カルサン，类似于背带裤）也被日本人接受。特别在德川幕府初期，平民也穿这种裤子。"袴"的最大特点为便于行动，非常实用。直到今天，日本农村还有人穿"袴"。日本人也称"西班

---

① 相賀徹夫编著『探訪大航海時代の日本 6（受容と屈折）』、東京：小学館、1979 年、144 頁。

牙裤"为"轻衫"（カルサン）。据说织田信长的革裤就改良于轻衫①。日本贵族的轻衫多用鹿皮做成。

当时，一种叫更纱（サラサ，印花布）的棉织物在日本传播开。更纱的主要产地在印度。日本人认为，穿更纱有南方异国的情调。更纱非常雅致，还兼具一定实用性。今里斯本国家博物馆还珍藏有日本更纱。

另外，被称为"南蛮笠"的呢绒或毡制帽子受到日本武士青睐，"南蛮笠"经常被当作礼品来互赠（织田信长曾将一顶红色的"南蛮笠"送给武田信玄）。欧洲盔甲也被传入日本，称"南蛮胴"。当时，西方人使用手帕的风俗也传到日本，权贵们将绣花的高级手帕当作礼物，送给亲朋好友。

图5—1　南蛮胴

资料来源：维基百科，https：//commons. wikimedia. org/wiki/File：NanbanDo. jpg。

三　西洋画与南蛮屏风

日欧贸易还促进了西洋画在日本的传播和发展。

① 相賀徹夫編著『探訪大航海時代の日本6（受容と屈折）』、東京：小学館、1979年、146頁。

最初，基督教为了辅助传教，需要西洋画。虽然日本耶稣会能从欧洲运来一些西洋画，但就地理上说，日本距离欧洲实在太远。运输途中，图画很易丢失或被破坏，最终运到日本的西洋画其实不多，而且很可能无法在耶稣会最需要的时候被运到。随着传教事业的发展，耶稣会对西洋画的需求量越来越大。为了解决这一问题，耶稣会只能另觅途径来解决问题，他们开始培养日本画师模仿欧洲原作。

当西洋画传入日本后，日本还演绎出另一种绘画风格。实际上，传入日本的西洋画朝着两个方向发展。一种是纯正的西洋画，这包括：从欧洲运来的原作、在日欧洲人创作或模仿的西洋画、日本画家或画师仿效的西洋画。另一种叫南蛮屏风（画），这种屏风通常为六折①，而且画面较大。屏风画属日本传统画风（法），并非西洋画风格，创作者也主要来自狩野派和土佐派，但其表现的内容充满异国（西方）情调，主要以欧洲传教士、商人、巨船、田园、港口为内容，遂称南蛮屏风②。博克舍认为："屏风画本身是日本艺术，南蛮屏风却是一种东西文化结合的产物。"③ 此外，南蛮屏风具有一定史料价值，为史学者研究早期日欧交流提供了资料。

四 语言、饮食及建筑方面的交流

日语受外来语言文字影响较大。16—17世纪，由葡语转化成日本片假名的文字有：パン（面包）、カステラ（蛋糕）、ボロ（球）、ラシヤ（呢绒）、カネキン（细棉布）、ビロド（鹅绒）、ジエバン（汗衫）、カッパ（雨衣）、ボタン（纽扣）、タバコ（香烟）等。学者丰西卡（Fonseca）提到："日本至今常用的葡语外来语仍然有上百个。"④ 另外，由于九州曾是传播天主教的大本营，有众多基督徒，所以当地方言中也保留有葡语痕迹。

---

① 日本屏风有八折、六折、四折和二折的样式，六折样式最普遍，二折最少。

② 堺市编『堺市史讲演集』、堺：サカイシ、1926年、28页。

③ C. R. Boxer, *Fildalgos in the Far East 1550 – 1770*, The Hague：Martinus Nijhoff, 1948, pp. 22 – 23.

④ Tai Whan Kim, "On the Present Status of Portuguese Loanwords in Japanese", *Romance Notes*, Spring, 1975, Vol. 16, No. 3, pp. 724 – 725.

表5—5　　　　　　　　　16—17 世纪日语外来词（部分）

日文汉字（中文）	外来词原形	日文读法（片假名）	对应的现代日语
羅紗（呢绒）	Raixa	らいしや（ラシヤ）	羊毛の
天鹅絨	Velludo	べるーど	ベルベット
更紗（印花布）	Saraca	さらさ	キャラコ
合羽（雨衣）	Capa	かぱ（カツパ）	レインコート
輕衫（短裤）	Calcao	かるさん	ショーツ
玻璃	Vidro	びーどる	ガラス
石鹼（肥皂）	Sabao	さばん	石鹼
壽星桃（杏仁）	Amendoa	あめんどー	アーモンド
歌留多（扑克牌）	Carta	かるた	ポーカー
釦	Botao	ぼたん（ボタン）	ボタン
莫大小（针织品）	Meias	めいやす	ニット
玻璃瓶	Frasoo	ふらすこ	ガラス瓶
麵包	Pao	ぱん（パン）	パン
浮石糖（松散的冰糖）	Caramelo	からめる	氷砂糖
南瓜	Abobora	あぼぶら	カボチャ

注：由于"外来词原形"涉及语源学（较深），本表暂不讨论它们具体来自哪个欧洲国家。

资料来源：村上直次郎『西洋商業史』、東京：明治大学出版部、1900 年、193～194 頁。

　　欧洲人的到来甚至影响到日本饮食。最初，日本人受佛教影响，一般只吃鹿、（野）兔、（野）猪①等野兽肉，不杀牛、马等家畜，这是当时日本的特异风俗。随着南蛮船到来，欧洲的食肉习惯传到日本，日本人也开始吃牛肉了。佛教徒因此攻击传教士（食肉），还造谣说他们吃人肉。根据弗洛伊斯的《日本史》记载："过去，日本人不食鸡蛋和牛肉，现在

---

　　① 据竹越与三郎记载："日本人本来不养猪。欧洲人将猪带入日本后，他们才开始制作腌肉。"郑彭年认为："（当时的）日本人要食野猪肉，但不养猪。"李小白提到，"也正是从这时（16 世纪）开始，日本人知道有香烟，还知道可以食猪肉和牛肉"。应该说，在欧洲人到来前，日本人只食野猪肉。开展文化交流后，日本才开始养猪，食家猪肉。参见 Yosaburo Takekoshi, *The Economic Aspects of the History of the Civilization of Japan*, Vol. 1, London：Routledge, 2004, p. 315；郑彭年《日本西方文化摄取史》，杭州大学出版社 1996 年版，第 55 页；李小白《信仰·利益·权力：基督教布教与日本的选择》，东北师范大学出版社 1999 年版，第 12—13 页。

却逐渐成为普通食品，太阁（秀吉）本人很喜欢吃这些东西。"[①] 欧洲人到来前，日本人把牛奶看成是与血一样的东西，几乎不食用。西洋习俗传入日本后，日本人便有了饮牛奶的习惯。1555年，丰后府内育婴堂饲养了3头奶牛，供婴儿食用。此外，南蛮糕点（面包和饼干）和南蛮酒（葡萄酒）也被普遍接受，而且常常被当作礼品来互赠，长崎等地甚至开始制作面包和葡萄酒了。

至今仍受日本人欢迎的油炸食品"天妇罗"其实源自葡萄牙。日语天妇罗"てんぷら"源自葡语Tempura，即"快一点"之意。葡人为了以较快速度取得可充饥的食品，便使用了油炸的料理方式。同时，天妇罗也是葡人在四季节（Ember Days）享用的食物[②]。四季节禁吃肉（牛、猪肉等），葡人就用吃鱼代替。天妇罗传入日本后，迅速得到传播。其制作方法为先用面粉、鸡蛋、水和成浆，再将新鲜鱼虾和时令蔬菜裹上浆，放入油锅炸成金黄色，食用时，蘸酱油和萝卜泥调成的汁。日本天妇罗发展至今，已经不是某种具体菜肴的名称，而是对油炸食品的总称。具体种类有蔬菜、海鲜、什锦天妇罗等。

安土桃山时期，日本大兴土木工程，如造城、开河、修路、建港等，其中也融入了欧洲技术。不过，相关史料比较缺乏，只有用于排灌的新技术（如龙骨车、龙尾车等）受西方技术影响是肯定的。在建筑交流中，因欧洲船经常往来，日本人便有机会接触西洋工具，但其影响仅限个别工具的改良，如南蛮钻（一种螺旋形钻）代替了原有的三棱钻。还有一种南蛮矩被用于测量，此工具是铁制L形状的尺子，相当于曲尺，后成为日本工匠不可缺少的工具。在日本，与土木建筑有密切关系的测量技术也间接或直接受到西方影响。15—16世纪的日本测量术是作为和算的一部分而发展起来的，后来演变为"规矩术"和"町见术"（测量术）。日本人最初使用中国传来的古代测量法，后来又通过葡人学习到欧洲测量法。威廉·亚当斯曾对关东海岸进行过测量，还借此向家康传授了简单的几何

---

① 郑彭年：《日本西方文化摄取史》，杭州大学出版社1996年版，第55页。

② W. Scott Morton, J. Kenneth Olenik, *Japan：Its History and Culture*, New York：McGraw-Hill Company, 2005, p. 110.

学知识。西式测量术一般叫"南蛮流"，指西方技术首先被中国采用，然后再传到日本的技术。因此，日本人在 17 世纪中叶编写的测量书《规矩元法》未必是荷兰人传授的。当时，从欧洲介绍到中国的《泰西水法》《几何原本》及《测量法义》等书籍被禁止输入日本，所以《规矩元法》只能被"伪装"成荷兰书籍传入日本①。

17 世纪初，幕府开始禁教，很多日本基督徒被逐到澳门，并在那里以充当劳力为生。1599—1602 年，流亡澳门的日本基督徒修建了教堂和圣保罗学院②。迄今，澳门大三巴牌坊上仍然雕刻有菊花标记，乃是纪念日本工匠的功劳。

16—17 世纪的日欧文化交流值得重视。这一时期传入日本的西洋文化（或者说南蛮文化）对日本产生了深远影响，特别是天文历数、地理学、航海术等对民生有利的科学技术对日本的发展具有重要意义。虽然锁国后一些西洋文化被扼杀，但还是有一部分被保留下来，为 17—19 世纪日本兰学的发展奠定了基础，甚至可以说，为 19 世纪日本迅速接受西方文化奠定了基础。

第四节　16—17 世纪的日欧贸易与 19 世纪的日西（方）关系

日本近代的崛起一直是史学界热议的话题。部分学者认为，在明治维新以前，日本一直学习中国。之后，日本开始学习西方，并步步追赶西方。通过明治维新短短几十年的改革，日本成为东亚甚至东方首个资本主义强国。其实，这是一种模糊、简单的历史分段概念，日本西化以及走上资本主义道路并非一步到位，而是一个渐进过程。

在 20 世纪前，日本与西方进行过两次意义重大的交流。第一次是 16—17 世纪的日欧交流，这段历史亦称切支丹时代或南蛮贸易时代。第

---

① 郑彭年：《日本西方文化摄取史》，杭州大学出版社 1996 年版，第 51 页。
② C. R. Boxer, *Portuguese Merchant and Missionaries in Feudal Japan, 1543 – 1640*, London: Variorum Reprints, 1986, p. I44.

二次为19世纪日本开国（前后）、明治维新时期的日西（方）交流①。史学界对明治维新前后有较多、较深入的研究，但对16—17世纪的初期接触讨论较少。如果将两次交流进行对比，就会发现它们既有相同，也有不同。最主要的是，两次碰撞均产生了深远影响，具有特殊意义。

一 背景方面

（一）不同点

第一，1542年欧洲人初到日本之时，日本正处于战国分裂状态。16世纪末，日本才逐步由分裂走向统一。17世纪初，德川幕府建立，但日本的封建统治尚待巩固和完善。从总体来看，16—17世纪的日本政治尚处于不稳定状态。这一时期，无论是九州大名还是三大统一者（织田信长、丰臣秀吉、德川家康）都没有采取"闭关锁国"的态度，他们甚至欢迎欧洲人来日经商。但在1853年美国人培里叩关之时，德川幕府已经统治日本200多年（1639—1853）。日本的封建化，或者说日本的封建专制制度已经发展到巅峰。此时的日本已经锁国多年，他们只与中国、荷兰人保持有限的联系。由此看来，16—17世纪的日本人表现出更多主动，一些大名甚至允许外国传教士前来布道。到了19世纪，日本却是被迫打开国门。相比19世纪，欧洲人在16—17世纪的日本面临更多机会，受到更少限制。

第二，16—17世纪，大名、统一者以及德川将军是日本的实际统治者，天皇没有实权，欧洲人到达日本后，迅速发现天皇仅是傀儡，但在19世纪培里叩关后，以老中阿部正弘为首的幕府当权者，不仅宽容地对待培里，还破例向皇室和诸侯征询意见。如此一来，天皇的地位便有提高，公卿贵族也有权力参政议政。19世纪，日本天皇的权力正在逐步恢复。如果说16—17世纪日西交流（日方）的主角是大名和将军，那明治维新时期天皇则成为交流的主角（之一）。

第三，就日本面临的外部环境来看，16—17世纪，西方正在经历三大运动（文艺复兴、宗教改革和大航海活动），西欧正处于历史转型时

---

① 甚至是三次交流。第二次为17—19世纪的日荷商贸交流（出岛商馆时代）。

期。信仰天主教的西、葡尚未完全退出争霸海洋的历史舞台，信仰新教的英、荷已经或正在经历资产阶级革命，他们刚刚登上争夺海权的舞台。东方却对这一新动向知之甚少，中、朝、日的封建专制制度都发展到了顶峰。就综合实力而言，东方还略强于西方，东、西方的发展没有失衡。而在19世纪，西方（包括美国）已经完成资产阶级革命，甚至工业革命，其政治、经济和文化以空前的速度发展。西方最终在综合实力上超越东方，曾经强大的远东封建王国正走向衰亡。

第四，16世纪初和19世纪初，日本对西方的了解程度大不一样。16世纪初，无论是日本人对欧洲的了解，还是欧洲人对日本的了解都相当少。种子岛人从未见过西方人，日本人对外界的认识也仅限于东亚和东南亚地区，对欧洲的进步一无所知。西方也只知道东方有个金银岛。因此，日、西的初期交流只是试探性的接触。但在培里叩关前，日本一直保留了出岛这扇小窗口。日本通过与荷兰的接触、交流，初步了解到西方（欧洲）文化。日本甚至还出现了"兰学"，这一线曙光让日本人受益匪浅。因此，在19世纪当西方列强再次登陆日本的时候，日本人对西方先进文化的吸收比其他东亚国家都要快。19世纪日本的大门被欧美炮舰轰开时，有些人是有准备地迎接西方人再次登陆的。

（二）相同点

第一，16世纪初和19世纪初，日本国内的形势都比较混乱。16世纪初，日本正处于战国分裂状态。室町幕府的统治岌岌可危，不但天皇无权，室町将军也无法控制局势。19世纪初，德川幕府的统治同样出现了问题，武士的内部分化日益加剧，商人也逐步走上历史舞台，日本社会正处于转型的关键时期。

第二，16世纪，欧洲人的到来让日本人有了接触西方的机会；但到了17世纪德川幕府宣布锁国，在培里叩关前，日本已经锁国多年，他们仅通过长崎的出岛保持与中、荷有限的联系；19世纪，欧洲人再次打开日本大门，日本人又一次迎来了拥抱外来文化的机会。可见，无论是16还是19世纪，均是西方人尝试与日本建立关系。这样看来，比较被动的日本人抓住了其中一次机会，但正是这一次机会便带来了突破。

二　内容方面

（一）不同点

第一，16—17世纪，日欧的交流集中于宗教和贸易。更重要的是，日本与欧洲是互为交流、交往，任何一方都无法以绝对优势压倒另一方。英国人亚当斯初到日本时记载道："日本人平时比较和善，但在战斗中很英勇。日本的律法健全，幕府的统治秩序井然有序。"[①] 可见，16—17世纪的日本政治尚处在封建制度的发展轨道上，他们只是选择性地接受了西方的部分文明。而19世纪的明治维新是日本对西方文明的全盘吸收，因为西方从各个方面超越了东方，日本的改革注定是全方位的。

第二，在两个不同的时代，来日活动的欧洲（西方）国家有一定区别。16世纪，信仰天主教的西、葡人首先到达日本。17世纪，信仰新教的英、荷又与日本建立联系。总体来说，在日欧的初期接触中，天主教国家对日本的影响大于新教国家的影响。19世纪，叩开日本大门的是美国人，之后与其签订条约的还有英、荷等新教国家。相比以往的西、葡等旧教（天主教）国家，日本在19世纪接触的西方国家是当时世界最先进文明的代表。

第三，在与西方的两次交流中，日本人的地位也发生了变化。16—17世纪，日本人与欧洲人的地位基本平等，或者说日本人的地位更高、主动性更强。大名虽然请求欧洲人来日经商，但随时可以烧毁其船只，甚至杀死外国人。丰臣秀吉更是以高傲姿态驱逐了外国传教士，葡商对秀吉也非常敬畏。德川幕府建立后，家康为了垄断外贸，实行了丝割符、朱印船和限银制度（政策），欧洲商人的活力受到限制。最重要的是，在16—17世纪，欧洲人不敢，也不愿意在日本建立殖民地，他们没有能力征服这个拥有悠久历史的封建国家。但在19世纪，培里以武力叩开了日本大门，不久便与日本签订了不平等的《日美和亲条约》（1854），条约规定：日本对美国开放港口；日本保证向美国船舰提供所需物资；美国可在两个港

---

① C. R. Boxer, *Portuguese Merchant and Missionaries in Feudal Japan, 1543 – 1640*, London: Variorum Reprints, 1986, p. V19.

口设领事馆，提供最惠国待遇等。随后英、俄、法、荷也同日本签订了类似条约。可见在 19 世纪初，封建、落后的日本只能屈服于先进、强大的资本主义国家。与 16—17 世纪相比，19 世纪日本人的地位不可同日而语。想必当时的日本人一定不服这种地位的改变，于是奋发图强，以求扭转被动局面。

第四，西方宗教在两次交流中扮演了不同角色。准确地说，16—17世纪，西葡人在日本坚持"商教一致"原则，企图以商贸活动推动传教，让传教活动服务于商业。不过，日本统治者越来越难以容忍教商的亲密关系，最终决定锁国，驱逐西葡人。而在 19 世纪，西方列强明确地表示，对日建交的目的即通商，虽然也伴随着布道活动，但传教士的地位及作用已经大不如从前，教商之间已经没有必然联系。

（二）相同点

日西的两次接触均产生了互动。在 16 世纪，欧洲人发现了中日贸易被禁后日本市场的商机，他们主动从中国和东南亚采购商品，然后运到日本出售。同时，日本人也试着与欧洲人进行贸易，百姓可以从欧洲人那里买到生活必需品，商人可以交易到利润可观的商品，大名更是可以获得提升实力的各种货物。19 世纪的情况也是这样，西方人试图打开日本市场，掠夺资源、倾销商品。日本人也为了摆脱被殖民的危险，模仿、学习西方的先进文明。双方各有所图，且相互利用。

三　意义方面

（一）不同点

第一，16—17 世纪的日欧贸易为日商提供了历史舞台，通过日欧贸易，日本人接触到西方的资本主义，当时的日商在外贸中发挥了巨大作用。16—17 世纪，随着商人阶层的崛起，日本手工工场的发展有了长足进步。随着贸易的开展，日本在纺织、铸造（造币、造枪）、制造（造船）和农业等方面都有发展。日本的资本主义开始萌芽。三大统一者正是依靠商人的扶持和资助，才完成了大业。虽然商人展示了他们的能力，但在幕府稳固统治后，封建的"重农抑商"思想阻碍了其发展，商人们仍然受到封建统治者压制。从这层意义来说，日商没能突破封建束缚。他们只是在日本经济贸易史上扮演了一次重要角色，他们没有革命的冲动，没有相关的理论基石，更没有可以跟随的领袖。16—17世纪，很多日本人需要的生活用品都依靠进口，于是金融资本家（或者说拥有巨大财富的豪商）发挥了重大作用。这些商人将重金用于买卖商品或开展借贷活动，却没有用其发展手工工场业，因此日本的近代工业没能发展起来。同时，葡、西、荷也不是欧洲制造业发达的国家，虽然英国人想在日本倾销他们的工业产品——呢绒，但最终失败。因此，16—17世纪的日本没有走上现代化工业的道路，带有资本主义萌芽的手工工场未能得到发展。19世纪的明治维新对日本商人的影响是全面而深远的。首先，明治政府推行了"四民平等"政策。藩主以下的武士改为"士族"；取消"秽多""非人"等贱民称呼，士族与过去的农、工、商统称为平民；准许武士从事工商业，平民也可以担任文武官职。其次，明治政府对官营工厂投入大量资金，输入先进设备，在铁路、矿山、造船、机械、水泥、玻璃、纺织、制丝等产业，建立了数十家近代工厂。再次，日本鼓励民间资本仿效政府，投资近代工业、兴办工厂。1880年起，明治政府颁布《出售官营工厂条例》，将许多官营企业低价处理给予政府关系密切的特权商人。最后，政府还进一步扶植私营企业，并以多种形式贷款给民间企业和个人。可见在明治时期，商人终于获得了应有权利，日本的资产阶级正式登上了历史舞台，而且日本的金融、工业资本主义均得到全面发展。

第二，从两次交流的结果来看，17世纪的日本最终选择锁国，初期的日欧贸易没有动摇日本的封建基础，未能让日本走上资本主义道路。丰臣秀吉虽然统一了日本，但是侵朝战争失败了，他仅是尝到了"炮利"的甜头，而没有体会到"船坚"的好处，因为当时日本的造船航海业还比较落后。德川家康虽然鼓励朱印船贸易，但其子孙为了维持统治，没有将家康的远见和意志继承下来。从这层意义来看，16—17世纪的日欧交流没有对日本产生质的影响。这次交流虽然没有让日本走向强国道路，却成为日本19世纪逐渐"西化"的根源。俗话说"失败乃成功之母"，16—17世纪的日欧碰撞正好是一次尝试、一种积累，这正是日西两次接触的真实写照。有的学者还将第二次世界大战后日本的重建（1945年以后）看作日西的第三次交流，三次碰撞都对日本产生了重大影响，任何一次交流都不能被忽略①。有了 16—17 世纪的经验，19 世纪的日本虽然经历了 200 多年的锁国，却仍然能够重新崛起。

（二）相同点

第一，它们均对日本政治产生了重要影响。1542 年，葡人初登日本。欧洲人带来了火枪火炮，这对处于战乱的日本大名非常重要。大名们从欧洲人那里购买了不少火枪，还以很快的速度仿制成功。日本国内的战争模式因火枪而发生了改变，逐步从冷兵器时代过渡到热兵器时代。一些擅长使用火枪的大名（织田信长、丰臣秀吉）因此变得强大，并最终完成统一大业。除了火枪火炮，欧洲人运来的黄金、丝绸又为大名们提供了必要物资。从某种意义上说，欧洲人的到来加快了日本统一的步伐，从客观上推动了日本历史的发展。同样，在明治维新前夕，日本虽然被美国人轰开了大门，并遭受屈辱，但他们迅速从西方文明中吸取"营养"，在政治、经济、文化各方面得到发展。日本很快完成了从封建专制到君主立宪的转变，并迅速摆脱了被殖民、被奴役的危险。明治维新对日本政治的积极影响毋庸多言。

第二，两次交流都暴露出日本人殖民海外的欲望。16 世纪末 17 世纪初，当日本人依靠火枪完成统一后，其侵略扩张和海外殖民的野心便有所表露。如果说日本的侵略扩张始于明治维新后，那一定值得商榷。日本历来就有殖民海外的想法，日本资源的匮乏是这种动力的根源。倭寇骚扰中国沿海、丰臣秀吉试图征服朝鲜就是最好例证。欧洲人到来后，日本人的殖民想法进一步加强。17 世纪初，德川幕府实行朱印船制度，鼓励日商到东南亚开展贸易，日本与东南亚国家建立了比较稳定的商贸关系，各港口都有一定数量的日本人。家康还试图通过马尼拉贸易，打通美洲航线。由于海外日本人增多，他们在亚洲各地的聚居点也开始增加，葡属马六甲、澳门以及荷属巴达维亚的统治者一度担心，过多的海外日本人会带来威胁。高岛诚一在其著作《新体商业史》中，曾用所谓的"国民飞跃"来描述当时日本与世界之交流。他说："那时的日本人极具'冒险精神'，

---

① Michael Cooper, "Japan and the West, 1543 – 1640", Ainslie T. Embree and Garol Gluck, *Asia in Western and World History: A Guide for Teaching*, New York: M. E. Sharpe, 1997, p. 443.

他们不但到东南亚等地进行贸易，还参与各国各地的政治、军事活动。原田孙七郎担任了吕宋经略，山田长政在暹罗朝廷身居要职①，伊达政宗到欧洲探访。这些活动反映了日本人'勇于探险'的精神。"② 而在明治维新后，日本人的扩张野心更是一发不可收拾。

第三，两次交流对两个时代的影响同等重要。不可否认，明治维新是日本历史上具有深远意义的大事，维新的效果是明显和全面的。但日本在通往强国的道路上，明治维新只是一个里程碑。毫不夸张地说，在16—17世纪，日本人对外来文化的吸收，以及日本人表现出的积极态度毫不逊色于明治时代，他们在宗教、贸易和文化上广泛地与西方人进行了交流。可能有学者认为，16—17世纪的日欧贸易太过短暂，其时间的延续性和影响的深远度不及明治维新，两者的可比性不大。其实，我们应该以历史的辩证态度看待此问题，必须把比较放在一定的空间、时间内。诚然，明治时代的日本在商业、文化和政治等方面受到欧美强国的全面冲击，但当时的西方已经使用汽船，他们将世界上最先进的技术传入了日本。同时也应该看到，在明治时代，日本人是被迫接受西方文明和文化的，他们如果想摆脱被殖民和被奴役的危险，就只有选择改革。相比之下，在16世纪，葡船每年仅到日本一次，他们带来的各种西方信息已经过时一两年了。到了17世纪，即使日本人的视野有所扩展，但这些信息仍然是二手信息，并非日本人亲眼所见或亲耳所闻之事。由于地域、航海、政治等方面的限制，16—17世纪的日欧交流具有较大局限性。尽管如此，我们也应该注意到，16—17世纪的大名以及日本统治者对外来文明（除了基督教）一直抱有欢迎态度。丰臣秀吉虽然禁教，却没有限制贸易。德川将军仅仅是因为害怕基督教颠覆幕府统治，才最终选择闭关。从这点我们可以看出，当时的日本人并不排斥外来文化。相反，他们更愿意尝试接受西方的先进文明。16—17世纪的日本人似乎更开放，更主动。

博克舍曾经大胆猜测："如果1639年的日本没有闭关，如果日本一直与众多欧洲国家保持正常关系，如果日本能够保持宗教宽容，那么培里叩

①　高須芳次郎『海の二千六百年史』、東京：海軍研究社、1940年、180～184頁。

②　高島誠一『新体商業史』、東京：六盟館、1911年、60頁。

关时，日本将是何等状况。可能培里会告诉他的子孙后代，日本是西方国家在东方必须面临的可怕对手，他们在政治、军事和经济上的实力不容小觑。"① 17 世纪的日本虽然锁国了，但他们并非一无所获。通过日欧贸易，日本人获得了资源和技术，接触到了先进文明。

---

① C. R. Boxer, *Portuguese Merchant and Missionaries in Feudal Japan, 1543 – 1640*, London: Variorum Reprints, 1986, p. Ⅴ62.

结　语

16 世纪中叶到 17 世纪中叶的日本可称为"切支丹（基督教）世纪"，但这一称呼带有明显的宗教痕迹，同时也太具有西方"味道"。"切支丹"重在描述西方基督教传入日本，却忽视了双方在贸易方面的交流，同时也忽略了日本国内的变化。从严格意义上来说，西欧传教士在日本布道的时间没有一个世纪，双方的贸易往来却开展了百来年。

16—17 世纪的东亚在世界历史的发展中有特殊意义，因为欧洲人第一次到达了最东方的日本。其实，在 16 世纪，西、葡人即便打通航路，来到亚洲，其能力仍然有限，他们在东南亚建立并维持殖民地是非常吃力的。由于被征服的亚洲地区更落后，所以西、葡的武力稍占优势，才得以立足。17 世纪进入亚洲海域的英、荷人也没有充分做好深入中、日的准备，因此后者就有能力"控制"西方人。16 世纪的东方国家在政治、经济、军事等方面都不弱于欧洲，葡人能够渗入中国海，在很大程度上得益于中、日不稳定的国内局势。中国正处于明末的混乱时期，日本则处于战国的分裂状态。不过，一旦两个东亚文明国家平定了内乱或者改朝换代，就都能重新掌握主动权。因此，葡人最终被日本驱逐，并不令人意外。在中国，葡人被限制在活动范围相当有限的澳门；在日本，荷兰人也只能待在长崎附近的人工小港，艰难地维持规模有限的贸易。此时的中、日又回到传统的孤立和闭关政策中。

从欧洲的发展来看，16—17 世纪的日欧贸易反映了欧洲剧变。16 世纪，西、葡人独霸亚洲海域，葡属亚洲贸易更是迎来高潮。17 世纪，英荷舰队来到中国海，西葡势力被打压，传统海洋强国受到新兴资本主义国家冲击。于是在亚洲最东的岛国日本，形成了欧洲四国同时开展贸易的局面。16—17 世纪的日欧贸易基本指欧洲船抵日通商，日本人限于地域、技术和政治等因素，没有也无法前往欧洲经商。当时的日欧贸易并没有真正实现地域上的互动，不得不说是个遗憾。

16—17 世纪的日欧贸易对日本的影响是巨大的。日本本来是一个重视农业的封建国家，但在 16—17 世纪，其居然通过外贸活动获得了巨大财富，而不是通过土地发展经济。葡船来到九州各港后，日葡双方开展了贸易，这对当时的日本政治也产生影响，实力较弱的九州大名依靠外贸增强了实力，提高了声望，这使日本中部和东部以小农经济为基础的大名变得焦虑，这些传统大名都是 16 世纪中叶以后曾以武力领导统一运动的佼佼者。可见，日欧贸易让大名的实力发生了改变，欧洲人在日本的影响也逐步扩大。日欧贸易不仅意味着欧洲人抵日经商，也意味着日本人开赴东南亚经商，他们甚至尝试远渡美洲、欧洲，开展商贸调查，进行宗教交流。同时，善于冒险的欧洲人给日本人带来了新的、先进的文明。苏萨认为："日欧贸易对日本的影响绝不限于贸易方面，欧洲的武器和开矿技术对日本的影响也相当深远。"[1]

日欧贸易是发生在中世纪末期和近代早期，日本与欧洲以平等姿态互通往来的历史事件，是亚欧交流史上的重大事件。史学者库伯认为："总体来说，日、西（方）有三次重要的交流。第一次即 16 世纪中期至 17 世纪初的日欧贸易与基督教传播。第二次为 19 世纪的明治维新。第三次是 1945 年第二次世界大战结束后的日西关系重建。三次日西碰撞均伴随日本社会的重大变迁。"[2] 第一次的交流虽然不全面、不彻底，但给日本播下"西化"种子。在第二次交流中，日本人取得明显成果，但也吸收了西方民族主义和法西斯主义，在发展的道路上埋下不利隐患。这样，日本在第三次交流中就变得谨慎了，他们批判地继承了西方的先进文明，最终取得成功。博克舍认为："日本这段'奇特的历史'留下了欧洲人的足迹，且不说西方人对日本产生何种影响，仅从双方的接触来看，我们可以

---

① George Bryan Souza, *The Survival of Empire：Portuguese Trade and Society in China and the South China Sea，1630－1754*，Cambridge：Cambridge University Press，2004，p. 48.

② Michael Cooper，"Japan and the West，1543－1640"，Ainslie T. Embree and Garol Gluck，*Asia in Western and World History：A Guide for Teaching*，New York：M. E. Sharpe，1997，p. 442.

看到日本人在面对外来（文化）冲击时的反应，以及日本人是怎样一种性格。"① 通过日欧贸易，我们发现，日本人愿意与外界进行交流。他们向来善于模仿和学习，其性格既内敛又外扬，显示出东西方兼容的特质。

---

① C. R. Boxer, *Portuguese Merchant and Missionaries in Feudal Japan*, *1543 − 1640*, London: Variorum Reprints, 1986, p. Ⅴ59.

附　　录

一　日葡贸易相关数据表

附表1—1　　　　　　　　1555 年以前抵日葡船的数据统计

年份	大船长	出发地	所到港口	到达日本时间	返航时间
1546 年以前	—	里斯本	大隅、日向、丰后诸港	7 月	—
1546	乔治·阿尔瓦勒斯（ジョルジ·アルワーレス）、阿隆索·瓦斯（ワルソロ·ワス）、多姆·费尔南多（ドン·フエナンド）①	马六甲	丰后、大隅、鹿儿岛、萨摩诸港	—	1547 年 1 月 16 日
1548	—	—	丰后	—	—
1550	多姆·费尔南多或杜阿特·达·伽马②	上川	平户	6 月或 7 月	—
1551	杜阿特·达·伽马	上川	丰后的日出	—	11 月中旬
1552	杜阿特·达·伽马	上川	鹿儿岛	8 月 14 日	—
1553	杜阿特·达·伽马	上川	平户	—	11 月 19 日
1554	杜阿特·达·伽马	上川	—	—	—③

资料资料：外山卯三郎『南蛮船貿易史』、東京：東光出版株式会社、1943 年、160～161 頁；George Bryan Souza, *The Survival of Empire: Portuguese Trade and Society in China and the South China Sea, 1630–1754*, Cambridge: Cambridge University Press, 2004, p. 55；Johann Justus Rein, *Japan: Travels and Researches Undertaken at the Cost of the Prussian Government*, London: Hodder and Stoughton, 1884, p. 266。

————————

① 据苏萨统计，当年有 3 艘葡船抵日。
② 苏萨统计，当年有 2 艘葡船抵日。
③ 当年有 3 艘葡船赴日，但其在中国南海遇到风暴，两艘幸存，一艘遇难。

附表 1—2　　　　　　　　**巨船数据统计表**　　　　　　（单位：艘）

年份	巨船数量	起航时间	到达时间	到达地点	回航时间
1555	1 或 2	—	—	平户	11 月
1556	2	—	7 月	府内、平户、佐贺关	11 月
1557	1 或 2	—	9 月	平户	11 月
1558	1	—	—	平户	—
1559	1	—	6 月	平户	11 月
1560	无	—	—	—	—
1561	1	—	—	平户	—
1562	1	—	—	横濑浦	11 月
1563	1	—	—	横濑浦	11 月
1564	1	—	—	平户①	—
1565	1	—	—	横濑浦、福田浦	11 月
1566	1	—	—	福田浦	—
1567	1	—	—	口之津	—
1568	1	—	7 月	福田浦	—
1569	1	—	—	福田浦	1570 年
1570	1	—	—	志岐、长崎、福田浦②	—
1571	1	—	—	长崎	—
1572	1	—	—	—	—
1573	1	—	—	日本③	—
1574	1	—	—	长崎	—
1575	1	—	—	—	—
1576④	—	—	—	—	—
1577	—	—	—	—	—
1578	—	—	—	—	—
1579	1	7 月	—	口之津	—

① 当年的巨船"圣·克鲁兹号"在澳门附近遭遇台风，花费了 42 天才到达日本。

② 但据传教士加斯帕·维烈拉（Gaspar Vilela）描述，1569 年的巨船刚好离开长崎。估计该船在回程中途经志岐、长崎、矶城、福田浦等地。

③ 当年的巨船已经到达东亚海域，但在沿着海岸前进时遭遇台风，后沉没。

④ 1576—1578 年的大船长都是多明戈斯·蒙特罗，并且巨船每年都开赴日本。其中一次，巨船偏航，来到朝鲜。后经努力，最终抵达长崎。但这次航行的出发和抵达时间都未有记载。另两次航行的时间和情况也无详细记载。

续表

年份	巨船数量	起航时间	到达时间	到达地点	回航时间
1580	1	—	—	长崎	—
1581	1	—	—	长崎	—
1582①	1	7 月	—	—	—
1583	1	—	7 月	长崎	—
1584	1	—	8 月	平户	10 月或 11 月
1585	1	—	—	—	—
1586	1	—	—	平户	1587 年②
1587	无	—	—	—	—
1588	1	—	8 月	长崎	1589 年 2 月
1589	无	—	—	—	—
1590③	1	—	7 月	长崎	—
1591	1	—	7 月	长崎	—
1592	无④	—	—	—	—
1593	1	—	—	—	—
1594	无⑤	—	—	—	—
1595	1	—	—	—	—
1596	1	—	8 月	长崎	—
1597	无	—	—	—	—
1598⑥	无	—	—	—	—
1599	无⑦	—	—	—	—
1600	1	—	—	长崎	1601 年
1601	无⑧	—	—	—	—

① 巨船在台湾附近触礁沉没，大部分船员幸免于难，幸存者后来乘坐自制小船返回澳门。

② 1586 年，由于萨摩的岛津氏和丰后的大友氏开战，葡人只能在平户过冬。另说，由于秀吉打算收回长崎，葡船才选择去平户停靠。参见 John Saris, *The Voyage of Captain John Saris to Japan, 1613*, London：Hakluyt Society, 1967, p. 65。

③ 同年，范礼安和"天正遣欧使节团"乘坐一艘澳门小船返回日本。

④ 巨船未能赴日，可能是因为丰臣秀吉发动侵朝战争。

⑤ 这一年，大船长多姆·弗朗西斯科·德·萨的巨船在苏门答腊附近失事。

⑥ 这一年虽然没有巨船，但大船长派遣 2 艘中型船前往日本。在返回澳门途中，大船长、70 名船员及 400000 库鲁扎多白银离奇失踪，此后再也没有相关消息。

⑦ 1598 年，丰臣秀吉去世。葡人尚不清楚日本政治的走向，于是暂停当年贸易。

⑧ 这一年，有 3 艘大船从印度开往澳门。其中一艘在广东沿海沉没，多数船员和乘客遇难，船货全部沉入海底。另 2 艘顺利抵达澳门，但在赴日途中遭遇台风，只得返回澳门。

续表

年份	巨船数量	起航时间	到达时间	到达地点	回航时间
1602	1	—	—	长崎	
1603	无①	—	—		
1604	1	—	—	长崎	11 月
1605	1	—	—	长崎	
1606	1	—	—	长崎	
1607	无②	—	—	—	—
1608	无③	—	—	—	—
1609	1	—	7 月	长崎	没有返回澳门④
1610	无⑤	—	—	—	—
1611	无⑥	—	—	—	—
1612	1	—	8 月	长崎	
1613	无⑦	—	—	—	—
1614	1⑧	—	—	长崎	
1615	1	—	8 月	长崎	1616 年 3 月
1616	无⑨	—	—	—	—
1617	1	—	6 月	长崎	1618 年 2 月

资料来源：C. R. Boxer, *The Great Ship from Amacon*, Macau：Instituto Cultural de Macau, 1988；外山卯三郎『南蛮船貿易史』、東京：東光出版株式会社、1943 年。

---

①　大船长冈卡诺·罗德里格兹·德·苏萨的巨船于 7 月 30 日前往日本，但在途中遭遇荷兰舰队阻截。另据耶稣会传教士弗朗西斯科·皮雷斯记载，这一年有其他船从澳门秘密前往日本，但不知道船上有无商货。

②　荷兰指挥官科莱里斯·曼特立夫·德·乔格（Cornelis Matelief de Jonge）的舰队从 7 月到 9 月一直徘徊于澳门附近，伺机抢劫葡船，澳门葡人不敢轻举妄动。

③　巨船仍然停泊在澳门，葡人生怕被荷兰舰队抢劫。

④　当年，日葡发生冲突，大船长安德烈·佩索阿点燃巨船，与货物共沉海底（长崎港附近）。

⑤　由于 1609 年的巨船事件尚未解决，葡萄牙暂停巨船贸易。

⑥　这一年，澳门巨船没有前往日本，英、荷也不能提供足够商品，因此幕府渴望与澳门恢复关系。当年，葡萄牙方面仅派使者谒见了将军。葡人将去年的过错（巨船事件）归于大船长，幕府也表示既往不咎，双方表示来年将继续通商。同年，还有一艘大船离开澳门，驶向日本，但在福建附近遭遇风暴，后沉没。

⑦　属于塞劳·达·昆哈的巨船在离开澳门时触礁，虽然船体受损不严重，但受恶劣天气影响，很难按时抵达日本，遂放弃本次贸易。

⑧　当年的巨船叫"维达号"（*Nossa Senhora da Vida*）。

⑨　天气原因导致巨船没能抵达日本。

附表 1—3　　　　1558—1614 年除巨船外的葡船（非官方贸易船）

年份	船长	出发地	到达港口	到达时间	返航时间
1558	吉尔海墨·皮雷拉（Guilherme Pereira）	浪白澳或澳门	丰后	—	—
1559	吉尔海墨·皮雷拉	浪白澳或澳门	丰后	—	—
1561	阿方索·瓦滋（アフォンソ·ワス）①	—	阿久根等地	—	—
1562②	曼努尔·德·门多卡	澳门	京泊	—	—
1563	弗朗西斯科·贾斯坦（フランシスコ·カスタン）、冈卡诺·瓦斯·加尔瓦利加库（ゴンサーロ·ワス·カルワリユジヤンク）	—	横濑浦	—	—
1564	贝尔多拉梅瓦德·戈维阿（ベルトラメワデ·ゴワエア）③	—	平户	7月中旬	—
1565	多姆·迪奥哥·德·门德斯（Dom Diogo de Meneses）④	—	福田浦	—	—
1567⑤	—	—	口之津	—	—
1568⑥	迪奥哥·瓦斯·德·阿拉冈（デイオゴ·ワス·デ·アラガン）	澳门	—	—	—
1569⑦	—	柬埔寨	—	—	—
1570	艾斯特瓦·雷特（エステーワン·レイテ）（小船）	—	志岐	—	10月
1571	—（小船）		长崎	—	—
1573	加斯帕尔·科里亚·平托（ガスパール·コレヤ·ピント）（小船）	马六甲	长崎	7月末	—
1574⑧	安德烈·费伊奥（Andre Feio）（小船）	澳门	长崎	—	—

---

　　①　据说阿方索船长被日本人杀害，另有四艘走私（葡）船到达平户。

　　②　另有一艘葡萄牙小船到达横濑浦。

　　③　戈维阿乘坐的是小船。另一艘大船"圣·卡塔林那号"（サンタ·カタリーナ）也到达平户，但船长姓名不详。

　　④　门德斯是果阿—马六甲航线船长，其航船为大型帆船。

　　⑤　除了巨船，还有两艘不明身份的葡船到达口之津。

　　⑥　此记载缺乏其他史料辅证，故真实性值得怀疑。

　　⑦　此记载不详，来日航船可能是葡船（小船），也可能是柬埔寨船。

　　⑧　据说还有两艘葡船到达日本，但具体资料不详。

年份	船长	出发地	到达港口	到达时间	返航时间
1580	—（小船）	—	口之津	—	—
1581	巴托罗谬·瓦滋·兰德罗（Bartolomeu Vaz Landeiro）（小船）①	澳门	长崎	—	10月末
1582	安东尼奥·加色斯（Antonio Garces）②	澳门	口之津	8月12日	—
1584	文森特·兰德罗（ワイセンテ·ランデーロ）③	马尼拉	平户	8月4日	10月
1586	—（小船）	澳门	长崎（？）	—	10月末
1587④	—（小船）	暹罗	五岛	—	1588年年初
	—	马尼拉⑤	天草	7月25日	—
1589	多姆·若昂·达·伽马（Dom Joao da Gama）⑥	澳门	天草	—	10月
	—	马尼拉	萨摩	—	—
1590	—（小船）	—	—	7月末	10月
1597	弗朗西斯科·德·哥维阿（Francisco de Gouvea）	澳门	长崎	—	1598年2月

① 船长巴托罗谬·瓦滋·兰德罗具有王室血统，他也是第一位抵日的葡国王室成员。一名耶稣会传教士描述道："日本人称他为葡王，大名以最高规格接待他。兰德罗也尽显贵族气派，无论他走到哪里，都有一群富商陪伴。兰德罗还安排了80名奴隶（来自阿拉伯和非洲）当保镖，他们都穿着厚厚铠甲。"兰德罗向所有欧洲人吹嘘，日本耶稣会取得成功的关键在于葡王，葡王只让葡船前往基督教大名的领地。据说兰德罗十分慷慨，一口气就向耶稣会捐赠了价值30000杜卡特白银的商品，但耶稣会的各种资料均无此记载。

② 他们在途中遭遇3次台风，即便桅杆被折断，仍然坚持到达口之津。

③ 文森特·兰德罗也是王室成员。其目的地并非日本，他们在途中遭遇暴风后，改道来到平户。文森特的葡船于8月4日抵达平户，在那里停留了两个月便返回澳门。

④ 这一年虽然没有巨船抵日，但一艘暹罗船来到日本爱之岛（Goto islands）。另一艘西班牙船从马尼拉（另说为澳门）来到天草。

⑤ 该船为西班牙船，遭遇风暴后，漂流至日本。

⑥ 这一年虽然没有巨船，但另一艘600吨吨位的大帆船在多姆·若昂·达·伽马的指挥下，从澳门驶向墨西哥。该船在途中遭遇暴风，暂时停泊于天草。10月，大船被修好，继续航行。此外，一艘西班牙战舰（frigate，三帆快速战舰）从马尼拉驶向墨西哥，途中也遇到暴风，暂泊萨摩。

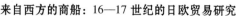

续表

年份	船长	出发地	到达港口	到达时间	返航时间
1598①	—	马六甲	长崎	—	—
1614②	—	澳门、马尼拉	长崎	—	—

资料来源：外山卯三郎『南蛮船貿易史』、東京：東光出版株式会社、1943年、160～167页；C. R. Boxer, *The Great Ship from Amacon*, Macau：Instituto Cultural de Macau, 1988。

附表1—4　　　　　　　　葡据澳门小船船队数据统计表

年份	船只数量（艘）	起航或到达日本时间	返回或返抵澳门时间	返回船只数量（艘）
1618	6③	—	10月31日	—
1619	8④	—	—	—
1620	6	—	—	—
1621	6⑤	7月或8月	—	—
1622	—⑥	—	—	—
1623	7	—	—	—
1624	5	—	—	—
1625	5	—	—	—
1626	6⑦	—	—	—

① 1艘从马六甲驶向日本的大船在中国南海遭遇台风，庆幸的是，其安全地抵达了长崎。

② 除了巨船，还有2艘船抵泊长崎，分别来自澳门（葡船）和马尼拉（西班牙船）。前者运走110名被逐传教士（包括日本教徒），后者运走45名传教士（包括日本教徒）。

③ 当年驶向日本的葡船有6艘，其中一艘遭遇台风，后消失于海上；另一艘也因天气恶劣而返回澳门。剩下的4艘葡船遭遇荷兰快船（yacht）"雅卡特拉号"（*Jacatra*）的袭击。双方交火后，荷兰船被击沉，4艘葡船安全抵日。

④ 1619年，由于大船长杰罗尼姆·德·马塞多·德·卡瓦尔霍实力雄厚，澳门派出规模最大的船队赴日。除此之外，杰罗尼姆还在澳门—马尼拉航线上拥有10艘商船。

⑤ 据英国商馆指挥官科克斯记载："1621年，大概有三四艘澳门葡船安全抵日。"参见 Richard Cocks, *Diary of Richard Cocks, Cape-Merchant in the English Factory in Japan*（1615–1622）*Volume 2*, London：Hakluyt, 2005, p. 180。

⑥ 1622年，已经两年没有斩获（拦截葡船）的英荷舰队几乎对澳门形成包围圈，全部葡船都躲在澳门港湾，没有一艘敢出海。参见 C. R. Boxer, *Portuguese Merchant and Missionaries in Feudal Japan*, 1543–1640, London：Variorum Reprints, 1986, p. Ⅲ34。

⑦ 外山卯三郎提到，荷兰人当年封锁了澳门海域，而且葡国船队的旗舰"奥尔克尔库号"（オーウエルケルーク）遭到荷舰炮轰，被迫返回澳门维修。因此，1626年究竟有几艘葡船安全抵日，还有待考证。

年份	船只数量（艘）	起航或到达日本时间	返回或返抵澳门时间	返回船只数量（艘）
1627	—①	—	—	—
1628	5②	—	—	—
1629	—③	—	—	—
1630	—④	—	—	5
1631	5⑤	—	—	—
1632	4	—	—	—
1633	4	—	10 月 23 日	—
1634	5⑥	8 月底	—	4⑦
1635	3	8 月 9 日	10 月底	3
1636	4	7 月底	10 月底	4
1637	6	—	—	—
1638	2	—	—	—
1639	4⑧	8 月	10 月	—

资料来源：（1）外山卯三郎『南蛮船貿易史』、東京：東光出版株式会社、1943 年、160～167 頁；（2）C. R. Boxer, *The Great Ship from Amacon*, Macau：Instituto Cultural de Macau, 1988；（3）Richard Cocks, *Diary of Richard Cocks, Cape-Merchant in the English Factory in Japan（1615－1622）Volume 2*, London：Hakluyt, 2005；（4）C. R. Boxer, *Fildalgos in the Far East 1550－1770*, The Hague：Martinus Nijhoff, 1948；（5）岡本良知『十六世紀日欧交通史の研究』、東京：原書房，1974 年。

---

① 当年，荷兰舰队封锁了台湾海峡。

② 外山卯三郎的统计为 2 艘。

③ 外山卯三郎的统计为 1 艘。

④ 这一年的大船长是罗普·萨门托·德·卡瓦尔霍，由于日本限制外贸，遂总船长和澳门议会劝阻其赴日经商。外山卯三郎记载道："有 5 艘葡船从澳门驶向长崎，其中两艘下落不明。因此本年只有 3 艘葡船抵日。"参见外山卯三郎『南蛮船貿易史』、東京：東光出版株式会社、1943 年、389 頁。

⑤ 外山卯三郎认为，船队中的"罗萨里奥号"（ロザリオ）下落不明，因此只有 4 艘葡船抵日。

⑥ 据学者行武和博记载："1634 年只有一艘葡船抵日。"参见行武和博「寛永後期における幕府の对外政策とオランダ船貿易」、藤野保编『近世国家の成立・展開と近代』、東京：雄山閣出版、1998 年、42 頁。

⑦ 有 3 艘葡船在赴日途中遭遇台风，只得返回澳门。另 2 艘遭遇福建海盗袭击，其中一艘被海盗掠去。幸存葡船为旗舰"圣安东尼奥号"，由大船长罗普·萨门托·德·卡瓦尔霍亲自指挥。后者于 8 月底到达长崎，这是罗普·萨门托最后一次享受大船长特权。

⑧ 这一年，尽管面临被逐窘境，澳门方面还是组织了 4 艘商船，并满载货物赴日。船队在途中遭遇台风，其中一艘被巨浪掀翻，另一艘被迫掉头。剩下 2 艘（包括旗舰）成功抵日。

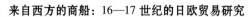

附表 1—5　　　　　　　　　　　葡萄牙大船长表

年份	大船长
1550	多姆·费尔南多·德·梅内兹（ドン·フェルナド·デ·メネーゼ）
1551	—
1552	杜阿特·达·伽马（Duarte da Gama）、李奥勒·德·苏萨①
1553	杜阿特·达·伽马
1554	杜阿特·达·伽马
1555	杜阿特·达·伽马②
1556	多姆·弗朗西斯科·马斯伽勒哈斯·帕尔哈（Dom Francisco Mascarenhas Palha）、安东尼奥·皮雷拉（Antonio Pereira）③
1557	弗朗西斯科·马丁斯（Francisco Martins）④
1558	李奥勒·德·苏萨（leonel de Sousa）
1559	儒尼·巴雷托（Rui Barreto）
1560	曼努尔·德·门多卡⑤
1561	费劳·德·苏萨（Fernao de Sousa）
1562	佩罗·巴雷托·罗林（Pero Barreto Rolim）
1563	多姆·佩罗·达·吉拉（Dom Pero da Guerra）
1564	多姆·佩德罗·德·阿尔梅达（Dom Pedro de Almeida）
1565	多姆·若昂·皮雷拉（Dom Joao Pereira）
1566	西毛·德·门多卡（Simao de Mendonca）
1567	特里斯桃·瓦滋·达·维佳（Tristao Vaz da Veiga）
1568	多姆·安东尼奥·德·苏萨（Dom Antonio de Sousa）

①　据冈本良知记载，李奥勒·德·苏萨在1552—1555 年、1557—1558 年一直担任大船长。据说苏萨是深受葡王赏识的贵族。参见冈本良知『十六世紀日欧交通史の研究』、東京：原書房，1974 年、361～363 頁。

②　当年有两艘葡船抵日，其中一艘由迪奥哥·瓦斯·德·阿拉冈（Diogo Vaz de Aragao）指挥，此船最终停靠于平户港。

③　帕尔哈的葡船于 7 月到达丰后府内，11 月返回澳门。安东尼奥·皮雷拉是否确切抵日，尚待考证。据耶稣会资料记载，葡国船长吉尔海墨·皮雷拉（Guilherme Pereira）也率船抵达平户。因此，有学者认为，两份资料记载的两位船长可能是同一人。参见 Charles Ralph Boxer, *As viagens de Japão e os seus Capitães-Mores*：（*1550 – 1640*），Macau：Escola Tipografica do Oratorio de S. J. Bosco, 1941, pp. 21 – 32。

④　马丁斯是第一位被明确记载的大船长。有资料显示，当年还有一位大船长到过平户。据耶稣会的资料显示，此人应是安东尼奥·皮雷拉。

⑤　据称，另一位大船长艾利斯·波特尔霍（Aires Botelho）也在当年来到平户，但缺乏相关证据。

续表

年份	大船长
1569	曼努尔·特拉瓦索斯（Manuel Travassos）
1570	曼努尔·特拉瓦索斯
1571	特里斯桃·瓦滋·达·维佳（Tristao Vaz da Veiga）
1572	多姆·若昂·德·阿尔梅达（Dom Joao de Almeida）
1573	多姆·安东尼奥·德·维荷拉（Dom Antonio de Vihena）
1574	西毛·德·门多卡
1575	瓦斯科·皮雷拉（Vasco Pereira）
1576	多明戈斯·蒙特罗（Domingos Monteiro）
1577	多明戈斯·蒙特罗
1578	多明戈斯·蒙特罗
1579	李奥勒·德·布里托（Leonel de Brito）
1580	多姆·米格尔·达·伽马（Dom Miguel da Gama）
1581	伊格拉西奥·德·利马（Ignacio de Lima）
1582	安德烈·费伊奥（Andre Feio）
1583	艾雷斯·冈卡尔乌斯·德·米兰达（Aires Concalves de Miranda）
1584	艾雷斯·冈卡尔乌斯·德·米兰达①
1585	弗朗西斯科·帕耶斯（Francisco Paes）
1586	多明戈斯·蒙特罗（Domingos Monteiro）
1587	多明戈斯·蒙特罗
1588	杰诺尼莫·皮雷拉（Jeronimo Pereira）
1589	杰诺尼莫·皮雷拉②
1590	安东尼奥·达·科斯塔（Antonio da Coata）
1591	罗魁·德·梅洛·皮雷拉（Roque de Melo Pereira）
1592	罗魁·德·梅洛·皮雷拉
1593	加斯帕·平托·达·罗查（Gaspar Pinto da Rocha）
1594	多姆·弗朗西斯科·德·萨（Dom Francisco de Sa）③

① 实际上，当年的大船长应该是多姆·路易斯·皮雷拉（Dom Luis Pereira），由于天气原因，他不得不在果阿过冬，最终耽误了既定行程。

② 由于原定大船长杰诺尼莫·皮雷拉（Jeronimo Pereira）在澳门去世，遂当年没有巨船赴日，替代者尚未选出。

③ 原定大船长多姆·弗朗西斯科·德·萨在苏门答腊附近遭遇海难，遂无巨船赴日。

续表

年份	大船长
1595	曼努尔·德·米兰达（Manoel de Miranda）
1596	儒尼·门德斯·德·费格雷多（Rui Mendes de Figueiredo）
1597	—
1598	鲁诺·德·门多卡（Nuno de Mendonca）
1599	—
1600	多姆·保罗·德·波图加（Dom Paulo de Protugal）①
1601	—
1602	多姆·保罗·德·波图加
1603	冈卡诺·罗德里格兹·德·苏萨（Goncalo Rodrigues de Sousa）
1604	若昂·卡伊阿多·德·加姆巴（Joao Caiado de Gamboa）
1605	努诺·达·科斯塔（Nuno da Costa）②
1606	多姆·迪奥哥·德·瓦斯康赛罗斯（Dom Diogo de Vasconcelos）
1607	—
1608	—
1609	安德烈·佩索阿（Andre Pessoa）
1610	—
1611	—
1612	佩德罗·马丁·加伊奥（Pedro Martin Gaio）
1613	若昂·塞劳·达·昆哈（Joao Serrao da Cunha）
1614	—
1615	马蒂姆·达·昆哈（Martim da Cunha）
1616	—
1617	罗普·萨门托·德·卡瓦尔霍（Lopo Sarmento de Carvalho）
1618	安东尼奥·德·奥利维拉·德·莫拉耶斯（Antonio de Oliveira de Moraes）
1619	杰罗尼姆·德·马塞多·德·卡瓦尔霍（Jeronimo de Macedo de Carvalho）③
1620	杰罗尼姆·德·马塞多·德·卡瓦尔霍
1621	罗普·萨门托·德·卡瓦尔霍

① 波图加没有亲赴日本，其委派船长霍拉提奥·内瑞特（Horatio Nerete）监督贸易。

② 另称安东尼奥·达·科斯塔（Antonio da Costa）。

③ 1614 年日本禁教后，这位大船长一直协助耶稣会士赴日（秘密传教）。1621 年，其被幕府软禁，直到去世。在软禁期内，他仍然指挥贸易。

续表

年份	大船长
1622	—
1623	多明戈斯·卡多索·德·梅洛（Domingos Cardoso de Melo）
1624	阿果斯汀霍·罗伯（Agostinho Lobo）
1625	阿果斯汀霍·罗伯
1626	路易斯·帕伊斯·帕切科（Luis Pais Pacheco）
1627	—
1628	安东尼奥·蒙特罗·平托（Antonio Monteiro Pinto）
1629	
1630	—
1631	劳伦科·德·里斯·维尔霍（Lourenco de Lis Velho）
1632	罗普·萨门托·德·卡瓦尔霍
1633	罗普·萨门托·德·卡瓦尔霍
1634	罗普·萨门托·德·卡瓦尔霍
1635	多姆·冈卡诺·达·希尔瓦（Dom Goncalo da Silveira）①
1636	多姆·冈卡诺·达·希尔瓦
1637	多姆·弗朗西斯科·德·卡斯特尔布兰科（Dom Francisco de Castelbranco）
1638	多姆·若昂·皮雷拉
1639	瓦斯科·帕尔哈·德·阿尔梅达（Vasco Palha de Almeida）

资料来源：（1）外山卯三郎『南蛮船貿易史』、東京：東光出版株式会社、1943 年；（2）C. R. Boxer, *The Great Ship from Amacon*, Macau：Instituto Cultural de Macau, 1988；（3）C. R. Boxer, *The Christian Century in Japan 1549 – 1650*, Manchester：Carcanet Press, 1993；（4）C. R. Boxer, *Fildalgos in the Far East 1550 – 1770*, The Hague：Martinus Nijhoff, 1948；（5）岡本良知『十六世紀日欧交通史の研究』、東京：原書房、1974 年。

二　日欧贸易的货币、重量单位

不同史料使用不同单位，很多现在已经不再使用，且无标准的换算公

---

① 原定大船长安东尼奥·德·塔沃拉·平托（Antonio de Tavora Pinto）在前往澳门途中遭遇海难。澳门议会遂让多姆·冈卡诺·达·希尔瓦担任临时大船长。总船长曼努尔·拉莫斯（Manuel Ramos）也同意此决定。

式。在 16—17 世纪，亚、欧国家都有自己的度量衡单位，各国各地区的交换货币（主要是金、银和铜）在外形、品质、纯度和重量上亦有差别。鉴于本书引用的资料较多，各种换算公式复杂，有必要逐个说明。

（一）货币及货币单位

英文文献中出现的小铜币（cash，葡萄牙语为 caixa）是一种中国铜钱，通常指亚洲的圆形方孔钱，相当于中国的"文"。10 枚小铜币（或10 文）为 1 康德林，100 文为 1 钱（mace），1000 文为 1 两白银。小铜币对应的日本货币是厘（英文 rin，日语假名为りん）。

康德林（conderin，candarin，candareen 等，也译为康得林）指中国铜钱，缺乏实物。1 康德林相当于 1/10 钱或 1/100 两白银。耶稣会士罗德里格兹认为，康德林对应的日本钱币为"文"（英文为 bun，日语假名为ぶん）。1604 年，1 康德林相当于葡萄牙的 4 里斯。

钱（外文称作 mace，maas，maz 等，中文暂时翻译为钱、梅斯或马斯）可能是一种中国钱币，也可能仅是一种货币单位（无实物）。1 钱相当于 1/10 两白银，或者 10 康德林。罗德里格兹认为，1 钱大概等于日本的 1 匁（もんめ）。

银两（tael of silver）是中国的白银单位。博克舍认为，远东地区普遍使用中国的钱币单位"两"，就像近代欧洲人惯用单位"盎司"一样。1 两白银为 100 康德林或 10 钱。学者安东尼奥·鲁尼斯认为，1 两白银等于 7.5 坦加。加斯帕·O. P. 认为，1 两白银等于 6 坦加。罗德里格兹认为，1 两白银为 10 匁。据英国商馆记载，如果从日本运出一箱银条，其价值大概是 1000两白银。1 根银条大概重 4 两 3 钱。若粗略换算，1 两白银约等于 1 库鲁扎多、1 杜卡特或 1 八角形（形状）里尔白银。

库鲁扎多（cruzado）是一种葡萄牙金币。1517 年，1 库鲁扎多相当于 400 里斯。葡人经常用库鲁扎多表示白银的价值和重量。1 库鲁扎多约等于 1 佩索（peso，银币）[①]。罗德里格兹认为，1 库鲁扎多约为 1 两中国

---

① 苏萨认为，1 佩索等于 0.8 两白银。参见 George Bryan Souza, *The Survival of Empire*: *Portuguese Trade and Society in China and the South China Sea*, *1630 – 1754*, Cambridge: Cambridge University Press, 2004, p. XVI.

白银，或者为 10 匁日本白银。学者彼特·穆迪（Peter Mundy）认为，在 1637 年的果阿，1 库鲁扎多约为 12 色拉芬。

里斯（reis）是一种葡萄牙小铜币，由于价值低，使用和流通并不广泛。不过里斯作为单位，经常被用来结算贸易额。1 库鲁扎多大概是 400 里斯。1 大佩索为 360 里斯。1 色拉芬为 300 里斯。1 坦加为 60 里斯。

16—17 世纪的坦加（tanga）指一种葡属印度银币。1569 年，1 坦加重 4.4 克白银。1594 年，1 坦加为 3.6 克白银。1614 年，1 坦加降为 3 克白银。1640 年，更是降到 2.2 克。1 两白银相当于 7.5 坦加白银。5 个坦加银币相当于 1 库鲁扎多，但罗德里格兹认为，坦加与库鲁扎多等值。

色拉芬（xerafine，xerafim，也译色拉芬姆）是一种葡属印度货币。1 色拉芬为 5 坦加、300 里斯、1 库鲁扎多或 1 两。由于色拉芬质量不一，所以差价也比较大。外山卯三郎认为："12 色拉芬大概为 1 库鲁扎多。"[1] 也有学者认为，1.33 色拉芬便可兑换 1 库鲁扎多[2]。

弗罗林（florin）指意大利（佛罗伦萨）金币。亚洲地区很少使用弗罗林，不过荷兰人经常用弗罗林结算贸易额。1636 年以前，1 弗罗林为 20 斯图文斯（stuiver，荷兰铜币），1 两白银等于 3.25 弗罗林。1637—1640 年，1 两白银为 2.1 弗罗林。英文文献中经常出现简写的 f. 或 fl.，就是指弗罗林。荷兰人认为 1 吨黄金相当于 100000 弗罗林。

斯图文斯也可以叫作斯蒂文（stiver），是一种荷兰铜币。1 斯图文斯相当于 1 便士（英国钱币）。

八角形里亚尔（rial-of-eight）是一种西班牙银币，也称西班牙里亚尔或西班牙佩索（peso）。当西班牙人占领菲律宾后，这种钱币便在远东地区流通。1584 年，1 八角形里亚尔相当于 1 库鲁扎多。有人曾经测量过日本银币和八角形里亚尔的含银量，结果后者的含银量较高（大概比日本银币高 15%）。

杜卡特（ducat）是一种意大利钱币。据欧洲商人威廉·巴雷特记

① 外山卯三郎『南蛮船貿易史』、東京：東光出版株式会社、1943 年、373 頁。

② George Bryan Souza, *The Survival of Empire: Portuguese Trade and Society in China and the South China Sea, 1630 – 1754*, Cambridge: Cambridge University Press, 2004, p. XVI.

载，在 1584 年的果阿，1 杜卡特相当于 9.5 坦加或者 8 里亚尔（rial，伊朗银币）。在亚洲经商的欧洲人认为，1 杜卡特约为 1 库鲁扎多或 1 两中国白银。还有人称，1 杜卡特可兑换 37.59 克白银。

盾（guilder）是荷兰的货币单位，1 盾为 0.32—0.35 两白银。

在日本，一箱白银约等于 1000 两白银，或多一点。1617 年，理查德·科克斯记载道："我们运载了 6 箱白银，总共有 8000 两左右，全部都是纯度很高的中国白银。6 箱日本白银通常也就 6000—7000 两左右。"16 世纪中后期，一枚日本黄金（块、条或币）可换取 43 库鲁扎多白银[①]。

16—17 世纪，金银是远东地区的流通货币。耶稣会传教士加布拉尔·德·马加尔哈伊斯（Gabriel de Magalhaes）这样描述中国的金银货币："他们的金银通常不铸成币状，而是铸成船型的块状，称为元宝。另外，中国人还把金银铸成条状，称为金银条。这些元宝或金银条的大小、重量各不相同，若按欧洲货币的面值来分类（以库鲁扎多为单位），中国黄金可分为 1、2、10 和 20 库鲁扎多几种，中国白银有 0.5、1、10、20、50、100、500 库鲁扎多几种。中国人可以按照需要，将元宝、金银条切割成各种大小，或铸成各种形状。"据罗德里格兹描述："银元宝大概重 4.3 两，通常被分割成 10 份，每份重 4.3 钱。金块重 4.4 两，分成 10 份，每份重 4.4 钱。有时还被分割成更小的布（bu）。铜钱通常被串起来，100 个为 1 串，有时 1000 个为 1 串。"[②]

（二）重量单位

斤（英文可写作 catty，cate，kati，katty，kin 等）被众多资料和著作提及，不过斤的具体重量一直在变化。有人认为 100 斤为 1 担，这似乎过于简单了。罗德里格兹指出，各种商品和货物所指的斤都有不同。在巨船贸易中，1 斤为 15—60 两。在亚洲，1 斤通常指 16 两。据彼特·穆迪记载，在 1637 年的澳门，1 斤指 16 两或 20.5 盎司。

贯或贯目（日文假名为かんめ，英文为 kan，kamme）是日本的重量

[①] 外山卯三郎『南蛮船貿易史』、東京：東光出版株式会社、1943 年、373 頁。

[②] C. R. Boxer, *The Great Ship from Amacon*, Macau：Instituto Cultural de Macau, 1988, p. 338.

单位。1 贯通常指 1000 个铜币的重量。1 贯还等于 100 两、1000 匁或 3.75 公斤。

枚（日文假名为まい，英文为 mai）是日本的重量单位，1 枚等于 10 两，或 161.55 克。

担（picul，pico，pikul，etc.）是远东地区的重量单位。1 担为 100 斤或 1600 两。换算为欧洲单位，大概是 133.3 磅或者 61.1999 公斤。罗德里格兹认为："中国生丝的计量单位通常为担，1 担大概是 1500 两。"[①]

公担（quintal，kintal）是欧洲的重量单位。1 公担等于 130 磅或者 95 公斤。

两（ryo）是亚洲（特别是东亚）的重量单位，等于 0.0375 千克。在 16—17 世纪的亚洲，16 两为 1 斤。但在不同时间或地区，两表示的具体重量不尽相同。

匁（日文汉字，日语为もんめ，英语为 Momme，中文可翻译为"莫美"）：匁是日本的重量单位，通常用来表示白银的重量，一匁相当于 3.75 克。1 两为 10 匁。

附表 1—6　　　　　　　**本书常用的计量单位及换算简表**

1 两 = 10 钱 = 100 康德林 = 1000 文 = 7.5 坦加
1 斤 = 16 两
100 斤 = 1 担 = 133.5 磅 = 61.1999 公斤
1 库鲁扎多 = 1—5 坦加
1 杜卡特 = 37.59 克（白银）

三　日欧贸易中的书信或官方文件

（一）日葡贸易书信往来

1561 年萨摩大名岛津贵久寄给果阿总督的信件[②]

去年，两位传教士来到我的领地传教。同时，一艘葡船去了萨摩的山

---

① C. R. Boxer, *The Christian Century in Japan 1549 - 1650*, Manchester: Carcanet Press, 1993, p. 109.

② 日文原件已经不存在。

川町，那里也是我的地盘。由于忙于战争，我没有很好接待他们。在山川町，葡船可能遇到领国之外的强盗，他们不知道葡人是我的朋友，所以抢劫了葡船。一名叫阿方索·瓦斯（Affonso Vaz）的葡人被杀死。我对此事件感到愤怒，同时致歉。（果阿）总督每年都写信给我，出于礼貌，我也每年回信。

16 世纪末葡萄牙人与丰臣秀吉的书信往来①

（1）丰臣秀吉写给长崎代官的信件

一，日本人不要卷入欧洲人的争斗，外国人的冲突由他们自己解决。特别是葡人，其争执最好由大船长裁定。如果日本人与欧洲人、中国人发生冲突，长崎代官可介入调查。如果双方都有责任，由我做出裁决。

二，贸易商品的价格由双方共同商定。禁止外国人将劣质品以优等品的价格卖给日本人。价格要照顾双方利益。

三，无论哪种商品的买卖，都必须使用日方的度量衡单位。

四，任何违法者（即便是外国人）都要受处罚。

丰臣秀吉朱印状　1591 年 7 月 21 日

（2）大船长向丰臣秀吉提出的请愿书

一，我们于 7 月 1 日到达长崎，并出示了贵国准许经商的朱印状，但长崎奉行认为朱印状有假，禁止我们开展交易。

二，长崎奉行需要黄金，我们并未带来太多。估计这是他不准我们做生意的原因。我真诚地希望阁下能调查此事。

三，我们经历千辛万苦才来到日本，本来怀着愉悦的心情抵达长崎港，因为终于能够下船呼吸新鲜空气了。不过，奉行禁止我们登岸，甚至不提供食物和水。

四，日葡贸易已经开展了 40 年，这是我们第一次遇到这种麻烦。

五，若要继续开展贸易，我们希望贵国能够派贸易专员与我们交涉。相关人员可由贵国选出，代表贵国利益。我希望朱印状能成为自由贸易的

---

① 这些书信来自日本铜岛家族，一些信件的具体日期已经不详。

真实凭证，不希望再出现麻烦。

六，我们给阁下带来一些礼品，其中有很多黄金器物，都是大船长和商人们的心意，希望阁下笑纳。除了这些，（葡）船上再也找不出多余黄金，希望阁下理解。如果贵国确实需要黄金，我们可以再次安排，下次遣人带来。

大船长　7 月 15 日①

（3）请愿的备忘录

一，如果我们有朱印状，就能够在日本通商。但今年的朱印状似乎不起作用。

二，有些日本人竟随意登上葡船，而且提出一些过分要求。

三，他们要求我们脱掉衣服，像强盗一样对我们搜身。

四，我们不能获得水和食物。那些给我们提供帮助的日本人还被逮捕，甚至我们的食器也被弄坏。

五，至于黄金，我们发誓没有隐瞒。

六，按照惯例，我们会敬献礼物。不过长崎奉行不相信，他不但禁止交易，还限制我方活动。

七，奉行禁止日本商人与我方接触。

八，鉴于以上情况，我们考虑返回澳门。在此之前，我们认为有必要向阁下汇报情况，敬请明察。

九，日葡贸易已经开展多年。去年贵国似乎有了新规定，无论如何，我们一直持有允许贸易的朱印状。如果要继续通商，还望贵国赐予新的朱印状。

（4）丰臣秀吉的回复（信）

我已经收到南蛮船长的来信。从信中，我了解到葡人在长崎遇到麻烦，当地官员禁止你们开展贸易。对于这些人，我会惩办。我已经派人前去处理此事，你们很快就能获准经商了。我的使者会告知你们

---

① 有些史料未提供具体年代，但据文中描述推测，写作时间应是 16 世纪末。

应该怎样做。

丰臣秀吉朱印状　八月十九日

（5）官方文件

迄今，中国、朝鲜和其他国家的商船都能在日本登陆。今年，一艘中国商船开赴日本，但在途中被葡人拦截。逃脱的中国人将此事报告给（室町）幕府，幕府立即要求葡方解释，葡人若想继续通商，就必须重视此事。中国也是日本的贸易伙伴，去年中国船运来大量商货，这对日本至关重要。我们必须仔细调查、处理此事。

丰臣秀吉朱印状　九月二十三日

1609 年德川幕府禁止日本人前往澳门的法令

经调查发现，抵泊澳门的日本人没有得到应有尊重。现在，禁止日本人前往澳门。违令者将受到处罚。

1609 年 8 月 24 日

1611 年本多正纯①写给多姆·迪奥哥·德·瓦斯康赛罗斯②的信

尊敬的多姆·迪奥哥·德·瓦斯康赛罗斯：

葡国外交使节多姆·鲁诺·苏托迈奥（Dom Nuno Soutomaior）今年顺利抵日。我接见了他，并与之探讨了去年的巨船事件。

首先，你们应该对自己的行为感到愧疚，因为我国正处于从分裂走向统一的关键时期。你们将如何解释这次冒失事件？你们葡人首先在海外粗暴地抢劫了日本船，然后又对此事敷衍解释。将军对此非常不满，认为你们欺负了日本人，因此下令调查事件。不过抵日大船长不明是非，葡国巨船当时停泊于长崎港，奉行要求大船长上岸接受审问。他不但拒绝上岸，而且态度傲慢。我们仅要求他对去年劫船事件做出解释，同时让其他人保

----

① 本多正纯（1565—1637），战国末到江户时代的武将，下野小山藩主，德川幕府初期任老中。

② 多姆·迪奥哥·德·瓦斯康赛罗斯（Dom Diogo de Vasconcelos）曾担任大船长。

持冷静。但大船长行为鲁莽，率先向我方开炮，几艘日本船被炸沉。之后，他试图扬帆逃跑。我们尽力劝阻巨船离港，他居然点燃船上炸药，最终与货物同沉海底。

开战并非我方本意，但是大船长为什么首先开炮，伤害无辜？烧掉巨船有什么意义？此乃事件原委，你尽可询问你方人员，我肯定他们会告诉你实情。

现在贵国使节多姆·鲁诺·苏托迈奥带着礼物前来讲和，我姑且接受这些礼物以及葡方真诚的道歉。将军也没有过多责怪贵国使节，只是希望双方的贸易能继续开展，这对大家都有好处。将军允许贵国商船再次来日，我也希望明年就能再次看到巨船。

如果日本人不公平地对待你们，我们会调查处理。请不要怀疑日本律法和幕府权威。关于更多详情及细节，多姆·鲁诺·苏托迈奥会告诉你。

1611 年本多正纯寄给澳门政府（议会）的书信

尊敬的澳门议会：

贵方来信我已经收到。

你们就去年的黑船事件进行了解释。大船长已经得到应有惩罚，我还是很高兴你们能够深明大义。我向多姆·迪奥哥·德·瓦斯康赛罗斯解释了事件原委，这里不再多谈。来信中提到，葡方请求与我国重修关系，希望继续通商。我对此表示尊重和欢迎，你们可以继续来日经商，将军也同意此建议。毕竟我们已经交往多年，希望双方友谊能够长久。不知道贵方意下如何？我非常希望看到巨船再次出现在长崎。请实现你们的承诺，如果巨船满载而来，我保证它将满载而归。

1611 年

1611 年后藤庄三郎①写给澳门政府的信

尊敬的澳门政府：

我收到了大船长多姆·迪奥哥·德·瓦斯康赛罗斯寄来的感谢信。而

---

① 家康时期的幕吏。

且我与贵国使节多姆·鲁诺·苏托迈奥进行了面谈。

去年黑船被烧毁，起因在于大船长曾经在海外抢劫日本船。当他到达长崎后，将军下令审讯他。不过他粗暴地拒绝了我方要求，并向几艘日本船开炮，然后试图扬帆逃跑，最终失败。绝望中，他点燃船上的火药，船只爆炸，大船长也与货物同沉大海。我们知道多数船员并不想这样，所以船上的中国和印度船员被救起。这其实是大船长一人之过，幸存者可以告诉你实情，我没有必要欺骗你。

你们请求与日本重新和好，并打算明年派船来日（通商）。我赞同此提议，所以向将军求情，将军最终答应重开贸易。我希望明年就能看到巨船，毕竟你们已经在长崎做了很多年生意。长崎是泊船良港，希望大家在这里和睦相处、互惠互利。

来信中，你们指出长崎奉行贪婪妄为，向你们索要钱财。此事需要调查，如果确属事实，我们会惩处他。我保证明年黑船到来之时，奉行不再为难你们，长崎将有一个良好的贸易环境。

我知道来日使节多姆·鲁诺·苏托迈奥是葡国贵族，所以将军亲自接见他，由此可看出我方诚意。尽管幕府中有官员不喜欢欧洲人，不过我对你们没有偏见。我希望澳门议会将我的期待传达给下任大船长。苏托迈奥回到澳门后，会告知你们详情。

1612 年米格尔·德·皮门特尔[①]寄给日本将军的信

尊敬的将军：

果阿总督已经听说黑船事件，对此，葡方应该负大部分责任。多姆·迪奥哥·德·瓦斯康赛罗斯已经前往澳门，调查此事，我们会处罚那些犯错的人。另外，我派遣使节多姆·鲁诺·苏托迈奥到贵国解释缘由，并表示我方歉意。巨船贸易能否继续开展，还要仰仗阁下关照。多姆·鲁诺·苏托迈奥告诉我，将军宽宏大量，允许葡人继续经商。对此，我万分感谢！

不过，阁下的来信并未附带朱印状，所以我斗胆质疑。以往我们赴日

---

① 米格尔·德·皮门特尔（Miguel de Sousa Pimentel）是葡属亚洲的海军指挥官。

经商，都要携带并出示朱印状。旧朱印状已经被烧毁，还好我们保存了副本。如果再次来日，恳请陛下授予一式两份的新朱印状。一份交给大船长，另一份保存在澳门。这样，贸易才能顺利开展。

我听说"红毛"（英、荷人）也来到日本。请陛下不要相信他们，这些海盗只会带来灾难。我们会安排一艘战舰保护巨船。如果顺利，明年夏天就能抵日。

1612年多姆·鲁诺·苏托迈奥的感谢信

非常感谢贵国使节去年的热情接待。日本的繁荣强盛令我吃惊。回到果阿后，我告诉同胞，日本人热情友好，让我无法用言语来表达谢意。

……若有机会为贵国效劳，请不要客气，我一定尽力。

多姆·鲁诺·苏托迈奥

1612年本多正纯写给大船长的信

你的来信我已经收到……去年，使节多姆·鲁诺·苏托迈奥来到日本，他受到将军亲自接见。在苏托迈奥的真诚请求下，将军同意贵国商船再次来日通商。我们已经将朱印状和特权书交给他。

今年，巨船再次抵达长崎。贵国使节奥拉提奥·内瑞特（Oratio Nerete）也受到将军接见。一切都开展得顺利，贸易没有遇到任何阻碍。

我告诉内瑞特，日本的贸易环境非常宽松，今年不会有任何人破坏贸易，还有什么比这更好呢？

非常感谢果阿总督带来的礼物。我也回赠给总督10件绸衣，聊表谢意。请你将礼物转交给果阿总督。

1612年

土井利胜和澳门议会的信件往来
（1）澳门议会写给土井利胜的信

尊敬的阁下：

非常感谢您去年的帮助。将军不但接见我们，还赠送精美绸衣，我对此感谢万分。

我们本打算派一艘巨船赴日，不过有 13 艘荷兰船一直徘徊在航线上，伺机抢劫，所以我们只能使用小船船队开展贸易，这令我方十分困扰。如果将军能驱逐平户的荷兰人，我们将非常感谢。荷兰人是无恶不作的海盗，其他国家都禁止荷兰船靠岸。迫于无奈，他们才来到平户发展。

另外，就生丝方面，贵国购买的白丝数量偏少，令我方感到为难。请求阁下帮助我们解决此事。

1621 年 6 月 25 日

（2） 土井利胜给澳门议会的回信

我已经阅读了你们的来信，并斗胆代表将军接受你们的谢意。澳门使节正在等待将军召见，我会尽力帮助他。

我也知道荷兰人的所作所为，即便你们派小（商）船来日，我们也欢迎。另外，我听说这里存在私下交易生丝的情况，这影响了正常的官方贸易。

关于荷兰海盗，我们已经禁止他们在日本近海活动。至于白丝的购买数量，我会与（葡萄牙）代理人商量，并提出解决办法。我们绝不容忍任何人开展走私交易，请放心。

1621 年

1634—1635 年长崎奉行与澳门议会的书信来往

（1） 日本发布禁令后对葡萄牙人的质问

一，澳门葡人不得携带与传教士有关的书信、钱财和其他宗教物品。

二，澳门传教士不得与日本人通信或通商。

这两项禁令是 1626 年颁布的，当时的大船长是路易斯·帕伊斯·帕切科（Luis Pais Pacheco），代理人是若昂·瓦滋·普雷托（Joao Vaz Preto）。请问，你们葡人是否遵守了此法令？

去年，我们查到一封与基督教有关的信件，是澳门传教士克里斯托沃·费雷拉（Christovao Ferreira）写给日本基督徒的。今年，我们又在葡船上搜出几封费雷拉寄往日本的信件。就此可以断定，澳门传教士一直与日本基督徒有联系。我们想知道，大船长和代理人是否会惩罚带信人，以及怎样处罚，澳门又将如何惩处费雷拉。只有这样，我们才能对将军有所交代。大船长和代理人的回信十分重要，因为这决定你们能不能继续在日本开展贸易。

（2）葡萄牙方面的回信

收到贵国来信后，我们才知道葡人违反了禁令。对此，我们深感抱歉。

承蒙贵国照顾，通商活动才能正常开展。我们一定会遵守贵国法令，大船长和代理人更是不能违抗法令。如有违反，葡王定会严惩他们。只要保证通商，我方甘愿接受任何处罚。

关于传教士克里斯托沃·费雷拉的书信，我们不会以任何借口进行解释。澳门议会正在调查此事，请你们耐心等待。

克里斯托沃·费雷拉可能不是传教士，他到处经商，我们一直以为他是生意人。我们会将他送到印度，断绝他与日本基督徒的联系。

总之，请将军放心，并请继续支持双方的通商活动。

对葡萄牙使者的死刑执行令

德川幕府建立初期，有四个欧洲国家抵日经商。长崎港停满了船舶，各国、各地商人都来这里做生意。葡人信奉天主教和天堂，他们把邪恶的宗教带到日本，还派来传教士。他们利用各种手段引诱日本人信教，其目的是为征服日本做准备。将军（家康）对此非常生气，下令抓捕传教士和基督徒，并将他们钉死在十字架上，还颁布了禁教令。

虽然前三代将军（家康、秀忠和家光）对基督教严加限制，但葡商仍然利用贸易机会，将传教士输送到日本。传教士藏匿在商船甲板下，扮成商人登陆日本，然后深入各地传教。南蛮船为他们提供了隐藏场所，所以我们每次都要搜查来船。

除了这些，1637年冬天，传教士还伙同天草岛的基督徒发动叛乱。岛原叛乱给幕府造成巨大损失，叛乱者抢劫村庄、烧毁房屋、杀死民众。如不及早消灭他们，教徒数量将激增。1638年春，叛乱被平息，40000名叛乱者被砍头①。幕府士兵也伤亡严重，还损失了众多战马。叛乱者得到了应有下场。将军派使者到长崎宣布，所有葡人必须离开日本，否则处以死刑。

现在，你们（葡人）无视我国法令，再次抵日。你们以贸易为借口，企图再度传教，其实将军已经知道葡人的真实意图。我方别无选择，只有烧毁来船，逮捕和处决大部分葡人。为了警告你们，我们必须将带头人的头颅挂起来示众。将军仁慈，放过一些海员和医生。他们回到澳门后，会告知详情。希望澳门方面理解我方决定，日本律法向来严格，不要忽视这点。请记住，日本人不希望再见到你们。

1640 年 8 月 4 日

（二）英、荷与日本的贸易书信往来

英王詹姆斯一世写给日本将军的通商函②

十一年前（英国人威廉·亚当斯来到日本），将军就可能听说过大英帝国了。现在，我派船长约翰·萨利斯前往贵国。如果可以，我们希望与贵国建立友好关系。我希望两国能自由通商，促进文化交流。若将军同意，我会让代表在贵国建商馆，发展贸易。当然，我们也欢迎贵国商人到英国来，进行商贸和文化交流。我真诚地希望两国能够建立友好、亲密的关系。

国王詹姆斯于英国威斯敏斯特堡

日本将军写给英王的回复③
给大不列颠国王

我已阅读了萨利斯呈递的信函。我认为英国人聪明、友善。感谢陛下给我带来珍贵礼物，很多东西我从未见过。

---

① 此数据略有夸张，综合各种史料估计，被幕府处死（包括战死）的基督徒或农民有 8000—10000 人。

② John Saris, *The Voyage of Captain John Saris to Japan, 1613*, London: Hakluyt Society, 1967, p. 96.

③ Robert Montgomery Martin, *China; Political, Commercial and Social in an Official Report to Her Majesty's Government*, Vol. 1, London: Brewster and West, 1847, p. 297; Robert Kerr (ed.), *A General History and Collection of Voyages and Travels*, Part Ⅱ, Book Ⅲ, Edinburgh: W. Blackwood; London: T. Cadell, 1824, pp. 27–28.

作为回报，我允许贵国船只在日本停靠。贵国船长和水手拥有娴熟的航海技术，他们不远万里来到日本，令我非常感动。我尽力协助他们开展探险和贸易活动。

在这里，我回赠陛下一些日本特产，望笑纳。

我已经允许英国人开设商馆，并授予他们自由通商的朱印状。朱印状主要内容为：

第一，英国人可以在日本经商和探险。日本不会对英国船设置障碍，但英国人必须遵守我方规定。英国人可以随时来日经商，也可以随时离开日本。

第二，英国船可以在日本任何港口停靠，包括长崎和平户。他们抵达或离开日本时，不需要向幕府请示。

第三，如果英国人在日本遇到困难，我会尽力提供帮助。日本人不得抢劫英国商船上的任何物品。如果贵方货物沉入海底，我会派人协助打捞。英国人可以在日本修建房屋，如果你们离开或出卖房屋，我也尊重你们的选择。

第四，如果英国人在日本去世，其遗产由英方管理。如果日本人侵犯这些财产，日方负责调查，日本律法能够保护英国人的财产。

第五，英国人若带来日本需要的商品，我们一定会购买，而且会公开公平地商定交易价格。一旦日方购买了商品，便不会退货。

第六，日本人不得强迫英国人购买或出售商品，不允许对英商有暴力行为。

第七，如果英国人发现其他国家或地区能开展更好的贸易，我方也会尽力提供帮助。

第八，即使英国船到达日本北部的偏远地带，也可以靠岸。（当时英国想从日本北部探索新航线。）

松浦法印给英王的回信①

很荣幸收到陛下（英王）来信，感谢约翰·萨利斯带来如此珍贵的

---

① 英王写给松浦法印的信件没有被保存下来，不过法印写给英王的信件保存至今。参见 John Saris, *The Voyage of Captain John Saris to Japan*, *1613*, London：Hakluyt Society, 1967, p. 96。

礼物。真诚地希望我们能一直保持联系。贵国船队历经重重困难，最终安全地抵达日本，令人钦佩。现今，我还拿不出太多可以交易的商品，但我相信，随着贸易开展，我们能够各取所需。如果你们想在这里经商，请将贵国国王的通商信函交给我，我会尽力帮助你们得到将军的通商朱印状。

日本平户大名　1613 年 11 月 9 日

日本将军给荷兰国王的书信①

尊敬的荷兰国王，我是德川将军。贵国船队不远万里来到日本，令我非常感动。您的来信我已经收到，真希望我们是邻国，这样就能世代保持友好关系了。您的礼物我已经收到，非常感谢！

荷兰人来到日本这种缺乏资源的国家开展贸易，令我感动。贵国船队抵日后，我会尽力提供帮助。虽然两国相距甚远，但请放心，我们会照顾好荷兰人。对此，请不要有任何疑惑。荷兰人可以随时来日经商，我会让手下安排好一切。真诚地希望贸易能够顺利开展。

……

经我同意，荷兰人可以在日本的任何地方经商、探险，甚至可以建房。只要有我的朱印状，荷兰人就能在日本畅通无阻，没有人敢为难他们。陛下虽然远在西方，但请放心，我们一定热情友好地对待贵国人员。

1610 年 7 月 22 日

---

① Robert Montgomery Martin, *China*; *Political*, *Commercial and Social in an Official Report to Her Majesty's Government*, *Vol. 1*, London：Brewster and West, 1847, pp. 308 – 309.

参考文献

史料

英文

Abbe Resnal, *A Philosophical and Political History of the Settlements and Trade of the Europeans in the East and West Indies*, *Volume 1*, translated by J. Justamond, Dublin: John Exshaw, 1776.

Andrew Ljungstedt, *A Historical Sketch of Portuguese Settlement in China*, Boston: James Munroe & Co. , 1835.

Antonio Galvano, *The Discoveries of the World*, *from Their First Original unto the Year of Our Lord 1555*, London: Hakluyt Society, 1862.

Charles Edward Moberly, *Geography of Southern Europe*, London: Rivingtons, 1884.

Charles MacFarlane, *Japan: An Account*, *Geographical and Historical*, London: Adamant Media Corporation, 2005.

C. R. Boxer, *The Great Ship from Amacon*, Macau: Instituto Cultural de Macau, 1988.

Engelbert Kaempfer, edited, *Kaempfer's Japan: Tokugawa Culture Observed*, translated, and annotated by Beatrice M. Bodart-Bailey, Hawaii: University of Hawaii Press, 1999.

Fernao Mendes Pinto, *The Travels of Mendes Pinto*, Chicago: University of Chicago Press, 1989.

Frederick Charles Danvers, *The Portuguese in India*, Vol. II , London: W. H. Allen & Co. , 1894.

Jan Huygen van Linschoten, *Iohn Huighen van Linschoten: His Discours of Voyages into ye Easte & West Indies Deuided into Foure Bookes*, London: Iohn Wolfe, 1598.

Johann Justus Rein, *Japan: Travels and Researches Undertaken at the Cost of the Prussian Government*, London: Hodder and Stoughton, 1884.

John Bruce, ESQ. M. P. , F. R. S. , *Annals of the Honorable East-India Company, from Their Establishment by the Charter of Queen Elizabeth, 1600, to the Union of the London and English East-India Companies, 1707 – 1708, Vol. 1*, London: Cox, Son, and Baylis, 1810.

John Saris, *The Voyage of Captain John Saris to Japan, 1613*, London: Hakluyt Society, 1967.

Kinahan Cornwallis, *Two Journeys to Japan, 1856 – 1857, Vol. 2*, London: Thomas Cautley Newby, 1859.

Matthew Calbraith Perry, *Japan Opened: Compiled Chiefly from The Narrative of the American Expedition to Japan, in The Years 1852 – 1854*, London: The Religious Tract Society, 1858.

Peter Mundy, *The Travels of Peter Mundy in Europe and Asia, 1608 – 1667, Vol. III, Part. II*, London: The Hakluyt Society, 1919.

Richard Cocks, *Diary of Richard Cocks, Cape-Merchant in The English Factory in Japan (1615 – 1622) Volume 2*, London: Hakluyt, 2005.

Robert Kerr (ed.), *A General History and Collection of Voyages and Travels, Part II, Book III*, Edinburgh: W. Blackwood; London: T. Cadell, 1824.

Robert Montgomery Martin, *China; Political, Commercial and Social in an Official Report to Her Majesty's Government, Vol. 1*, London: Brewster and West, 1847.

Samuel Purchas, *Purchas His Pilgrimes: In Five Bookes, Vol. 1*, London: William Stansby for Henrie Fetherstone, 1625.

William Elliot Griffis, *Japan: In History, Folk Lore and Art*, Boston and New York: Houghton, Mifflin and Company, 1892.

日文

東方書院編『吉利支丹史料』、東京：東方書院、1935 年。

今泉定介編『故実叢書・武家名目抄（墻保己一）』、東京：吉川弘文館、
　　1906 年。

林煒、宮崎成身等編『通航一覧』第六、東京：泰山社、1940 年。

林煒、宮崎成身等編『通航一覧』第四、東京：泰山社、1940 年。

林煒、宮崎成身等編『通航一覧』第五、東京：泰山社、1940 年。

日蘭学会編『長崎オランダ商館日記 1（1801 年度～1803 年度)』、東
　　京：雄松堂出版、1989 年。

日蘭学会編『長崎オランダ商館日記 2（1804 年度～1806 年度)』、東
　　京：雄松堂出版、1990 年。

日蘭学会編『長崎オランダ商館日記 3（1807 年度～1809 年度)』、東
　　京：雄松堂出版、1991 年。

日蘭学会編『長崎オランダ商館日記 4（秘密日記：1800 年度～1810 年
　　度)』、東京：雄松堂出版、1992 年。

日蘭学会編『長崎オランダ商館日記 5（1810 年度～1813 年度)』、東
　　京：雄松堂出版、1994 年。

田辺茂啓編『長崎志正編』、長崎：長崎文庫刊行会、1928 年。

永積洋子訳『平戸オランダ商館の日記』第 3 輯、東京：岩波書店、
　　1969 年。

中文

［葡］路易斯・弗洛伊斯：《日欧比较文化》，范勇、张思齐译，商务印书
　　馆 1992 年版。

［葡］皮列士：《东方志：从红海到中国》，何高济译，江苏教育出版社
　　2005 年版。

［葡］曾德昭：《大中国志》，何高济译，上海古籍出版社 1998 年版。

［日］村上直次郎原译：《巴达维亚城日记・第三册》，程大学中译，台湾
　　省文献委员会 1990 年版。

［意］马可・波罗：《马可波罗游记》，陈开俊、戴树英等合译，福建科学
　　技术出版社 1981 年版。

顾炎武撰，华东师范大学古籍研究所整理，黄珅、严佐之、刘永翔主编：《顾炎武全集·16·天下郡国利病书·5》，上海古籍出版社 2011 年版。

黄遵宪：《日本国志》，天津人民出版社 2005 年版。

王士性撰，吕景琳点校：《广志绎》，中华书局 1981 年版。

许慎撰：《说文解字》，中华书局 1963 年版。

张廷玉撰：《明史》第 4 册，岳麓书社 1996 年版。

周元晖：《泾林续记》，商务印书馆 1939 年初版，1960 年补印。

其他论著

英语专著

Ainslie T. Embree and Garol Gluck, *Asia in Western and World History: A Guide for Teaching*, New York: M. E. Sharpe, 1997.

Akira Hayami, Osamu Saito, Ronald P. Toby, *The Economic History of Japan: 1600 – 1990: Volume 1: Emergence of Economic Society in Japan, 1600 – 1859*, New York: Oxford University Press, 2004.

Alexander Del Mar, *A History of the Precious Metals: From the Earliest Times to the Present*, New York: Cambridge Encyclopedia Company, 1902.

Alfred J. Andrea, James H. Overfield, *The Human Record: Sources of Global History, Volume Ⅱ: Since 1500*, New York: Cengage Learning, 2009.

Alida C. Metcalf, *Go-betweens and the Colonization of Brazil: 1500 – 1600*, Austin: University of Texas Press, 2005.

Angela Schottenhammer, *Mediterranean: Maritime Crossroads of Culture, Commerce and Human Migration*, Wiesbaden: Otto Harrassowitz Verlag, 2008.

Angus Maddison, *Development Centre Studies: The World Economy Volume 1: A Millennial Perspective and Volume 2: Historical Statistics*, Paris: OECD Publishing, 2006.

Antonio Henrique de Oliveira Marques, *History of Portugal, Vol. 1*, New York: Columbia University Press, 1976.

Armando Cortesao, *The Suma Oriental of Tome Pires and The Book of Francisco Rodrigues, Vol. 1*, New Delhi: Asian Educational Services, 2005.

Arnold Pacey, *Technology in World Civilization: A Thousand-year History*, Cambridge: The MIT Press, 1991.

A. F. Thomas, *Commercial History of Japan*, Waukesha: Thomas Press, 2007.

A. J. R. Russell-Wood, *The Portuguese Empire, 1415 – 1808: A World on the Move*, Baltimore: The Johns Hopkins University Press, 1998.

A. L. Sadler, *The Maker of Modern Japan: The Life of Tokugawa Ieyasu*, New York: Routledge, 2011.

Bailey W. Diffie, *Foundations of the Portuguese Empire, 1415 – 1850*, Minneapolis: University of Minnesota Press, 1977.

Bauser, S. Wise, *The Story of the World: History for the Classical Child, Volume 3: Early Modern Times*, Charles City: Peace Hill Press, 2004.

Benjamin Jacob Kaplan, *Marybeth Carlson, Laura Cruz, Boundaries and Their Meanings in the History of the Netherlands*, Leiden: Brill, 2009.

Carl Thompson, *Shipwreck in Art and Literature: Images and Interpretations from Antiquity to the Present Day*, New York and London: Routledge, 2013.

Carlos Augusto Montalto Jesus, *Historic Macao*, Hong Kong: Kelly & Walsh, 1902

Catharina Blomberg, *The West's Encounter with Japanese Civilization 1800 – 1940*, Surrey: Japan Library (Curzon Press), 2000.

Charles J. Borges, *The Economics of the Goa Jesuits 1542 – 1759: An Explanation of Their Rise and Fall*, New Delhi: Concept Publishing Company, 1994.

Christopher Howe, *The Origins of Japanese Trade Supremacy: Development and Technology in Asia from 1540 to the Pacific War*, Hong Kong: C. Hurst & Co. Ltd, 1999.

Christopher Hudson, Sharon La Boda, *International Dictionary of Historic Places: Asia and Oceania*, London and New York: Routledge, 2010.

Colin Pendrill, *Spain 1474 – 1700: The Triumphs and Tribulations of Empire*, Oxford: Heinemann Educational Publishers, 2002.

Conrad Schirokauer, David Lurie, Suzanne Gay, *A Brief History of Japanese Civilization*, Boston: Thomson Wadsworth, 2006.

Conrad Totman, *Early Modern Japan*, Berkeley and Los Angeles: University of California Press, 1993.

Cornelius Conover, *Pious Imperialism: Spanish Rule and the Cult of Saints in Mexico City*, Albuquerque: University of New Mexico Press, 2019.

C. R. Boxer, *Fildalgos in the Far East 1550 – 1770*, The Hague: Martinus Nijhoff, 1948.

C. R. Boxer, *Portuguese Merchant and Missionaries in Feudal Japan, 1543 – 1640*, London: Variorum Reprints, 1986.

C. R. Boxer, *The Christian Century in Japan 1549 – 1650*, Manchester: Carcanet Press, 1993.

Damon L. Woods, *The Philippines: A Global Studies Handbook*, Santa Barbara: ABC – CLIO, 2006.

Dauril Alden, *The Making of an Enterprise: The Society of Jesus in Portugal, Its Empire, and Beyond, 1540 – 1750*, Stanford: Stanford University Press, 1996.

David E. Mungello, *The Great Encounter of China and the West, 1500 – 1800*, Lanham: Rowman & Littlefield Publisher, 2005.

David Hackett Fischer, *Champlain's Dream*, New York: Simon & Schuster, 2008.

Delmer Myers Brown, *Money Economy in Medieval Japan: A Study in the Use of Coins*, New Haven: Institute of Far Eastern Languages, Yale University, 1951.

Denis Crispin Twitchett Frederick W. Mote, *The Cambridge History of China, Vol. 8: The Ming Dynasty, 1368 – 1644, Part 2*, Cambridge: Cambridge University Press, 1998.

Diane Durston, *Old Kyoto: A Guide to Traditional Shops, Restaurants, and Inns*, Tokyo: Kodansha International, 2005.

Dirk J. Barreveld, *The Dutch Discovery of Japan: The True Story Behind James Clavell's Famous Novel Shogun*, Lincoln: Writers Club Press, 2001.

Donald Frederick Lach, *Asia in the Making of Europe, Volume 1: The Century of Discovery*, Chicago: University of Chicago Press, 1994.

Donald Frederick Lach, *Asia in the Making of Europe*, Volume Ⅲ: *A Century of Advance*, Chicago: The University of Chicago Press, 1993.

Ernest S. Dodge, *Islands and Empires: Western Impact on the Pacific and East Asia*, Minneapolis: University of Minnesota Press, 1976.

Evan T. Jones, Richard Stone, *The World of the Newport Medieval Ship: Trade, Politics and Shipping in the Mid-Fifteenth Century*, Cardiff: University of Wales Press, 2018.

Frank C. Spooner, *The International Economy and Monetary Movements in France, 1493 – 1725*, Cambridge: Harvard University Press, 1972.

Fr. Daniel P. Ewald, *Saints and Blesseds of the Americas*, Bloomington: Xlibris Corporation, 2009.

Fujita Kayoko, Momoki Shiro, Anthony Reid, *Offshore Asia: Maritime Interactions in Eastern Asia Before Steamships*, Singapore: ISEAS Publishing, 2013.

Geoffrey Gunn, *World Trade Systems of the East and West: Nagasaki and the Asian Bullion Trade Networks*, Leiden: Brill, 2018.

Geoffrey Parker, *The Military Revolution: Military Innovation and the Rise of the West, 1500 – 1800*, Cambridge: Cambridge University Press, 1996.

George Bryan Souza, *The Survival of Empire: Portuguese Trade and Society in China and the South China Sea, 1630 – 1754*, Cambridge: Cambridge University Press, 2004.

George Sansom, *A History of Japan, 1334 – 1615*, Stanford: Stanford University Press, 1961.

Giles Milton, *Samurai William: The Englishman Who Opened Japan*, New York: Farrar, Straus and Giroux, 2002.

Giles Milton, *Samurai William: The Adventurer Who Unlocked Japan*, London: Hodder and Stoughton, 2005

Grant. K. Goodman, *Japan and the Dutch 1600 – 1853*, London: Curzon Press, 2002.

G. V. Scammell, *Ships, Oceans, and Empire: Studies in European Maritime and*

Colonial History, 1400 – 1750, Aldershot: Variorum, 1995.

Harvey M. Feinberg, Africans and Europeans in West Africa: Elminans and Dutchmen on the Gold Coast During the Eighteenth Century, Philadelphia: The American Philosophical Society, 1989.

Hugh Tinker, South Asia: A Short History, Honolulu: University of Hawaii Press, 1990.

H. Byron Earhart, Religion in Japan: Unity and Diversity, Boston: Wadsworth Cengage Learning, 2004.

H. Micheal Tarver, The Spanish Empire: A Historical Encyclopedia: A Historical Encyclopedia, Santa Barbara: ABC – CLIO, 2016.

Jack A. Goldstone, Revolution and Rebellion in the Early Modern World, Berkeley and Los Angeles: University of California Press, 1991.

Jacques Gernet, A History of Chinese Civilization, Cambridge: Cambridge University Press, 1982.

James C. Boyajian, Portuguese Trade in Asia under the Habsburgs, 1580 – 1640, Baltimore: The Johns Hopkins University Press, 2008.

James D. Tracy, The Political Economy of Merchant Empires: State Power and World Trade 1350 – 1750, Cambridge: Cambridge University Press, 1991.

James Murdoch, Isoh Yamagata, A History of Japan: During the Century of Early Foreign Intercourse (1542 – 1651), Kobe: Office of the "Chronicle", 1903.

James William Nelson Novoa, Being the Nacao in the Eternal City: New Christian Lives in Sixteenth-Century Rome, Ontario: Baywolf Press, 2014.

Jill Kilsby, Spain: Rise and Decline, 1474 – 1643, London: Hodder and Stoughton, 1989.

John D. Harbron, Trafalgar and the Spanish Navy: The Spanish Experience of Sea Power, Annapolis: Naval Institute Press, 1988.

John McManners, The Oxford History of Christianity, Oxford: Oxford University Press, 1993.

John R. Roberson, Japan Meets the World: The Birth of a Super Power,

Brookfield: Millbrook Press, 1998.

John Stewart Bowman, *Columbia Chronologies of Asian History and Culture*, New York: Columbia University Press, 2000.

John Whitney Hall, *The Cambridge History of Japan*, *Volume 4: Early Modern Japan*, Cambridge: Cambridge University Press, 1991.

Jon Cowans, *Early Modern Spain*, Philadelphia: University of Pennsylvania Press, 2003.

Jonathan D. Spence, *Chinese Roundabout: Essays in History and Culture*, New York: W. W. Norton, 1992.

Jonathan Norton Leonard, *Early Japan*, New York: Time-Life Books, 1968.

Jonathan Porter, *Macau, the Imaginary City: Culture and Society, 1557 to the Present*, Boulder: Westview Press, 1996.

J. F. Moran, *The Japanese and the Jesuits: Alessandro Valignano in Sixteenth Century Japan*, London and New York: Routledge, 2004.

J. H. Parry, *The European Reconnaissance Selected Documents*, London: Macmillan, 1968.

Karel A. Steenbrink, *Dutch Colonialism and Indonesian Islam: Contacts and Conflicts, 1596 – 1950*, Amsterdam: 2006.

Karl Anton Sprengard and Roderich Ptak, *Maritime Asia: Profit Maximisation, Ethics and Trade Structure c. 1300 – 1800*, Wiesbaden: Otto Harrassowitz, 1994.

Keat Gin Ooi, *Southeast Asia: A Historical Encyclopedia, from Angkor Wat to East Timor*, Santa Barbara: ABC – CLIO, 2004.

Kendall F. Haven, *100 Greatest Science Inventions of All Time*, Westport: Libraries Unlimited, 2006.

Kenneth G. Henshall, *A History of Japan: From Stone Age to Superpower*, New York: Palgrave Macmillan, 1999.

Kiri Paramore, *Ideology and Christianity in Japan*, New York: Routledge, 2009.

Kristina Bross, *Future History: Global Fantasies in Seventeenth-Century Ameri-*

can and British Writings, New York: Oxford University Press, 2017.

K. Krishna Reddy, Indian History, New Delhi: Tata McGraw-Hill Education, 2008.

K. M. Mathew, History of the Portuguese Navigation in India, 1497 – 1600, New Delhi: Mittal Publication, 1988.

Leonard Blusse, Visible Cities: Canton, Nagasaki, and Batavia and the Coming of the Americans, Cambridge: Harvard University Press, 2008.

Lewis H. Gann, Peter Duignan, Africa and the World: An Introduction to the History of Sub-Saharan Africa from Antiquity to 1840, Lanham: University Press of America, 2000.

Lucien Ellington, Japan, Santa Barbara: ABC – CLIO, 2009.

Lucio De Sousa, The Portuguese Slave Trade in Early Modern Japan: Merchants, Jesuits and Japanese, Chinese, and Korean Slaves, Leiden: Brill, 2019.

Luis Saraiva, Catherine Jami, History of Mathematical Sciences: Portugal And East Asia V, Visual and Textual Representation in Exchanges between Europe and East Asia 16th – 18th Century, London: World Scientific Publishing, 2018.

L. M. Cullen, A History of Japan, 1582 – 1941: Internal and External Worlds, Cambridge: Cambridge University Press, 2003.

Malyn Newitt, A History of Portuguese Oversea Expansion, 1400 – 1668, London and New York: Routledge, 2005.

Marius B. Jansen, The Making of Modern Japan, Cambridge: Harvard University Press, 2002.

Marjolein't Hart, The Dutch Wars of Independence: Warfare and Commerce in the Netherlands 1570 – 1680, London and New York: Routledge, 2014.

Marjorie Shaffer, Pepper: A History of the World's Most Influential Spice, New York: St. Martin's Press, 2013.

Michela Fontana, Matteo Ricci: A Jesuit in the Ming Court, Lanham: Rowman & Littlefield Publisher, 2011.

M. A. P. Meilink-Roelofsz, Asian Trade and European Influence in the Indone-

sian Archipelago between 1500 and about 1630, The Hague: Nijhoff, 1962.

Neil Pedlar, *The Imported Pioneers, Westerners Who Helped Build Modern Japan*, New York: Palgrave Macmillan, 1991.

Noel Perrin, *Give Up the Gun: Japan's Reversion to the Sword, 1543 – 1879*, Boulder: Shambhala Publication, 1979.

Olof G. Lidin, *Tanegashima-The Arrival of Europe in Japan*, Copenhagen: NIAS Press, 2002.

Om Prakash, *Euro-Asian Encounter in the Early Modern Period*, Kuala Lumpur: University of Malaya, 2003.

Oskar Hermann Khristian Spate, *The Spanish Lake*, Canberra: ANU E Press, 2004.

Paul Johnson, *A History of Christianity*, London: Penguin Books, 1980.

Peter Borschberg, *The Singapore and Melaka Straits: Violence, Security and Diplomacy in the 17th Century*, Singapore: NUS Press, 2010.

Philip D. Curtin, *Cross-Cultural Trade in World History*, Cambridge: Cambridge University Press, 1984.

Reinier H. Hesselink, *The Dream of Christian Nagasaki: World Trade and the Clash of Cultures, 1560 – 1640*, Jefferson: McFarland, 2016.

Richard von Glahn, *Fountain of Fortune: Money and Monetary Policy in China, 1000 – 1700*, Berkeley and Los Angeles: University of California Press, 1996.

Robert Gardiner, *The Sailing Frigate: A History in Ship Models*, Barnsley: Seaforth Publishing, 2012.

Robert J. Antony, *Elusive Pirates, Pervasive Smugglers: Violence and Clandestine Trade in the Greater China Seas*, Hong Kong: Hong Kong University Press, 2010.

Roderich Ptak, *China, the Portuguese, and the Nanyang: Oceans and Routes, Religions and Trades (c. 1000 – 1600)*, Aldershot: Ashgate, 2004.

Rogerio Miguel Puga, *The British Presence in Macau, 1635 – 1793*, Hong Kong: Hong Kong University Press, 2013.

Ronnie Po-Chia Hsia, *A Companion to the Early Modern Catholic Global Missions*, Leiden: Brill, 2018.

R. H. P. Mason, J. G. Caiger, *A History of Japan*, North Clarendon: Tuttle Publishing, 1997.

R. Po-Chia Hsia, *The World of Catholic Renewal 1540 – 1770*, Cambridge: Cambridge University Press, 1998.

Sanjay Subrahmanyam, *The Portuguese Empire in Asia, 1500 – 1700: A Political and Economic History*, Chichester: John Wiley & Sons, 2012.

Sir Hugh Cortazzi, *Modern Japan: A Concise Survey*, New York: St. Martin's Press, 1993.

Stephen Clucas, *John Dee: Interdisciplinary Studies in English Renaissance Thought*, Dordrecht: Springer, 2006.

Stephen Turnbull, *Japanese Castles 1540 – 1640*, Oxford: Osprey Publishing, 2003.

Stephen Turnbull, *War in Japan 1467 – 1615*, Oxford: Osprey Publishing, 2002.

Thomas McKelvey Cleaver, *Tidal Wave: From Leyte Gulf to Tokyo Bay*, New York: Osprey Publishing, 2018.

T. A. Heathcote, *The Military in British India: The Development of British Land Forces in South Asia 1600 – 1947*, Manchester and New York: Manchester University Press, 1995.

Vadime Elisseeff, *The Silk Roads: Highways of Culture and Commerce*, Paris: UNESCO, 2000.

Warren I. Cohen, *East Asia at the Center: Four Thousand Years of Engagement with the World*, New York: Columbia University Press, 2000.

William Corr, *Adams the Pilot: The Life and Times of Captain William Adams, 1564 – 1620*, New York: Routledge, 1995.

William Elliot Griffis, *Japan: In History, Folk Lore and Art*, Boston and New York: Houghton, Mifflin and Company, 1892.

William E. Deal, *Handbook to Life in Medieval and Early Modern Japan*, New

York: Oxford University Press, 2007.

William G. Beasley, *Great Britain and the Opening of Japan 1834 – 1858*, Richmond: Curzon Press, 1995.

William James Bouwsma, *Venice and the Defense of Republican Liberty: Renaissance Values in the Age of the Counter Reformation*, Berkeley and Los Angeles: University of California Press, 1968.

W. Scott Morton, J. Kenneth Olenik, *Japan: Its History and Culture*, New York: McGraw-Hill Company, 2005.

Yetaro Kinosita, *The Past and Present of Japanese Commerce*, New York: Columbia University Press, 1902.

Yosaburo Takekoshi, *The Economic Aspects of the History of the Civilization of Japan*, *Vol. 1*, London: Routledge, 2004.

英语论文

A. Kobata, "The Production and Uses of Gold and Silver in Sixteenth-and Seventeenth-Century Japan", *The Economic History Review*, New Series, Vol. 18, No. 2 (1965), Blackwell Publishing.

C. R. Boxer, "When the Twain First Met: European Conceptions and Misconceptions of Japan, Sixteenth-Eighteenth Century", *Modern Asian Studies*, Vol. 18, No. 4, Special Issue: Edo Culture and Its Modern Legacy (1984), Published by: Cambridge University Press.

C. R. Boxer, "Note on Early European Military Influences in Japan, 1543 – 1853", Douglas M. Peers (ed.), *Warfare and Empires, Contact and Conflict Between European and Non-European Military and Maritime Forces and Cultures; An Expanding World, The European Impact on World History, 1450 – 1800, Volume 24*, Surrey: Ashgate Variorum, 1997.

Delmer M. Brown, "The Impact of Firearms on Japanese Warfare, 1543 – 1598", *The Far Eastern Quarterly*, Vol. 7, No. 3 (May, 1948), Published by: Association for Asian Studies.

Delmer M. Brown, "The Importation of Gold into Japan by the Portuguese During the Sixteenth Century", *The Pacific Historical Review*, Vol. 16, No. 2

（May, 1947）, Published by: University of California Press.

Dennis O. Flynn and Arturo Giraldez, "Born with a 'Silver Spoon': The Origin of World Trade in 1571", *Journal of World History*, Vol. 6, No. 2, University of Hawaii Press, 1995.

Dennis O. Flynn, Arturo Giraldez, "China and the Spanish Empire", *Revista de Historia Economica* 14, no. 2 1996.

Doolan Paul, "The Dutch in Japan", *History Today*, Vol. 50, Issue 4, April 2000.

D. K. Bassett, "The Trade of the English East India Company in the Far East, 1623 – 1684", Om Prakash (ed.), *European Commercial Expansion in Early Modern Asian*, Aldershot: Variorum, 1997.

Ernst van Veen, "VOC Strategies in the Far East (1605 – 1640)", *Bulletin of Portuguese/Japanese Studies*, Vol. 3, Universidade Nova de Lisboa, Portugal, 2001.

George B. Souza, "Portuguese Country Traders in the Indian Ocean and the South China Sea, c. 1600", Om Prakash, *European Commercial Expansion in Early Modern Asian*, Aldershot: Variorum, 1997.

Helena Rodrigues, "Local Sources of Funding for the Japanese Mission", *Bulletin of Portuguese/Japanese Studies*, Vol. 7, Universidade Nova de Lisboa, Portugal, 2003.

Igawa Kenji, "At the Crossroads: Limahon and Wako in Sixteenth Century Philippines", Robert J. Antony (ed.), *Elusive Pirates, Pervasive Smugglers: Violence and Clandestine Trade in the Greater China Seas*, Hong Kong: Hong Kong University Press, 2010.

Ilza Veith, "Englishman or Samurai: The Story of Will Adams", *The Far Eastern Quarterly*, Vol. 5, No. 1 (Nov. , 1945), Published by: Association for Asian Studies.

Joao Paulo Oliveira e Costa, "A Route under Pressure: Communication between Nagasaki and Macao (1597 – 1617)", *Bulletin of Portuguese/Japanese Studies*, Vol. 1, Universidade Nova de Lisboa, Portugal, 2000.

John Villiers, "Silk and Silver: Macau, Manila and Trade in the China Seas in The Sixteenth Century", *A Lecture Delivered to the Hong Kong Branch of the Royal Asiatic Society at the Hong Kong Club*, 10 June 1980.

Jun Kimura, "Searching for the San Francisco (1609), a Manila Galleon Sunk off the Japanese Coast", Roberto Junco Sanchez (et al eds.), *Archaeology of Manila Galleon Seaports and Early Maritime Globalization*, Singapore: Springer, 2019.

Leonard Blusse, "The Origin and Rhythm of Dutch Aggression against the Estado da India, 1601 – 1661", George D. Winius (ed.), *Studies on Portuguese Asia, 1495 – 1689*, Aldershot: Ashgate Variorum, 2001.

Leonor Leiria, "Namban Art: Packing and Transportation", *Bulletin of Portuguese/Japanese Studies*, Vol. 5, Universidade Nova de Lisboa, Portugal, 2002.

Luis Filipe F. R. Thomaz, "The Portuguese in the Seas of the Archipelago During the Sixteenth Century", Om Prakash (ed.), *European Commercial Expansion in Early Modern Asian*, Aldershot: Variorum, 1997.

Michael Cooper, "The Brits in Japan", *Monumenta Nipponica*, Vol. 47, No. 2 (Summer, 1992), Published by: Sophia University.

Michael Cooper, "The Mechanics of the Macao-Nagasaki Silk Trade", *Monumenta Nipponica*, Vol. 27, No. 4 (Winter, 1972), Published by: Sophia University.

Michael Cooper, "Japan and the West, 1543 – 1640", Ainslie T. Embree and Garol Gluck (eds.), *Asia in Western and World History: A Guide for Teaching*, New York: M. E. Sharpe, 1997.

Michael Cooper, "The First Meeting between Japan and the West", Peter Milward (ed.), *The Mutual Encounter of East and West, 1492 – 1992*, Tokyo: The Renaissance Institute (Sophia University), 1992.

Mihoko Oka, "A great merchant in Nagasaki in 17th century, Suetsugu Heizo II and the System of Respondencia", *Bulletin of Portuguese Japanese Studies*, num. 2, June, 2001.

Natalia Tojo, "The Anxiety of the Silent Traders: Dutch Perception on the Portuguese Banishment from Japan", *Bulletin of Portuguese/Japanese Studies*, Vol. 1, Universidade Nova de Lisboa, Portugal, 2000.

Om Prakash, "International Consortium, Merchant Networks and Portuguese Trade with Asia in the Early Modern Period", *Paper Presented at Session 37 of the XIV International Economic History Congress*, Helsinki, 2006.

Om Prakash, "Trade in a Culturally Hostile Environment: Europeans in the Japan Trade, 1550 – 1700", Om Prakash (ed.), *European Commercial Expansion in Early Modern Asian*, Aldershot: Variorum, 1997.

Pedro Lage Reis Correia, "Resena de 'Memoirs of the Research Department of the Toyo Bunko' de Murai Shosuke Y 'Tanegashima. The Arrival of Europe in Japan' De Olof G. Lidin", *Bulletin of Portuguese/Japanese Studies*, Jun. , vol. 8, Universidade Nova de Lisboa, Portugal.

Rogerio Miguel Puga, "The Presence of the 'Portugals' in Macao and Japan in Richard Hakluyt's Navigations", *Bulletin of Portuguese/Japanese Studies*, Vol. 5, 2002, Universidade Nova de Lisboa, Portugal, 2002.

Screech Timon, "The Anglo-Japanese Painting Trade in the Early 1600s", *The Art Bulletin*, 87 (1), 2005.

Seiho Arima, "The Western Influence on Japanese Military Science, Shipbuilding, and Navigation", *Monumenta Nipponica*, Vol. 19, No. 3/4 (1964), Published by: Sophia University.

Thomas Nelson, "Slavery in Medieval Japan", *Monumenta Nipponica*, Vol. 59, No. 4 (Winter, 2004), Published by: Sophia University.

William S. Atwell, "International Bullion Flows and the Chinese Economy Circa 1530 – 1650", *Past and Present*, No. 95 (May, 1982), Published by: Oxford University Press on behalf of the Past and Present Society.

日语专著

「しまぬゆ」刊行委員会編『しまぬゆ』、鹿児島：南方新社、2007 年。

『岩波講座日本歴史 9（近世 1）』、東京：岩波書店、1975 年。

坂ノ上信夫『進む朱印船』、東京：国華堂日童社、1943 年。

長崎市小学校歴史研究団編：『教授資料としての長崎郷土史』、長崎：
　　長崎市小学校歴史研究団、1923 年。

朝日新聞社編『開国文化』、大阪：朝日新聞社、1929 年。

朝尾直弘『朝尾直弘著作集：第 5 巻』、東京：岩波書店、2004 年。

川島元次郎『徳川初期の海外貿易家』、大阪：朝日新聞合資会社、
　　1916 年。

川島元次郎『南国史話』、東京：平凡社、1926 年。

川島元次郎『朱印船貿易史』、東京：内外出版、1921 年。

川口素生『戦国時代なるほど事典：合戦・武具・城の真実から武将・
　　庶民の生活事情まで』、東京：PHP 研究所、2001 年。

村上直次郎『西洋商業史』、東京：明治大学出版部、1900 年。

大槻久志『やさしい日本経済の話』、東京：新日本出版社、2003 年。

大槻久志『金融化の災い：みんなのための経済の話』、東京：新日本出
　　版社、2008 年。

大森金五郎『国史概説』、東京：日本歴史地理学会、1910 年。

東方書院編『吉利支丹史料』、東京：東方書院、1935 年。

渡辺世祐『安土桃山時代史』、東京：早稲田大学大版部、1926 年。

渡辺修二郎『外交通商史談』、東京：東陽堂、1897 年。

福地源一郎『長崎三百年間：外交変遷事情』、東京：博文館、1902 年。

岡本良知『十六世紀日欧交通史の研究』、東京：原書房，1974 年。

岡美穂子『商人と宣教師南蛮貿易の世界』、東京：東京大学出版会、
　　2010 年。

高島誠一『新体商業史』、東京：六盟館、1911 年。

高瀬弘一郎『キリシタンの世紀：ザビエル渡日から「鎖国」まで』、東
　　京：岩波書店、2013 年。

高瀬弘一郎『キリシタン時代の貿易と外交』、東京：八木書店、
　　2002 年。

高瀬弘一郎『キリシタン時代の研究』、東京：岩波書店、1977 年。

高瀬弘一郎『キリシタン時代対外関係の研究』、東京：吉川弘文館、
　　1994 年。

高須芳次郎『海の二千六百年史』、東京：海軍研究社、1940 年。

宮武外骨『異種日本人名辞書』、東京：宮武外骨、1931 年。

古賀文一郎『本邦商業史』、東京：隆文館、1906 年。

国書刊行会編『徳川時代商業叢書』1、東京：国書刊行会、1914 年。

横井時冬『日本商業史要』、東京：金港堂、1899 年。

戸部民夫『日本の武器・甲冑全史』、東京：辰巳出版、2019 年。

吉田東伍『倒叙日本史』第 7 冊、戸塚村（東京府）：早稲田大学出版
　　部、1913 年。

吉永正春『九州のキリシタン大名』、福岡：海鳥社、2004 年。

加藤榮一『幕藩制国家の成立と対外関係』、京都：思文閣出版、
　　1998 年。

加藤三吾『平戸しるべ』、平戸村（長崎県）：興風会、1912 年。

加藤三吾『三浦の安針』、東京：明誠館書店、1917 年。

加藤武雄『豊臣秀吉・下巻』、東京：講談社、1944 年。

堺市編『堺市史講演集』、堺：サカイシ、1926 年。

堺市編『摘要堺市史』、堺：堺市、1931 年。

今泉定介編『故実叢書・武家名目抄（塙保己一）』、東京：吉川弘文館、
　　1906 年。

金井俊行編『長崎畧史：増補長崎畧史下巻 4』、長崎：長崎市、
　　1926 年。

津本陽『名将名城伝』、東京：PHP 研究所、2009 年。

井口丑二『長崎小史』、長崎：鶴野書店、1893 年。

井上清『日本の歴史』（上）、東京：岩波新書、1985 年。

菊地正憲『オールカラーでわかりやすい！戦国史』、東京：西東社、
　　2015 年。

科野孝蔵『オランダ東インド会社：日蘭貿易のルーツ』、東京：同文
　　館、1984 年。

栃内曽次郎編『増修洋人日本探検年表』、東京：岩波書店、1929 年。

名越護『薩摩漂流奇譚』、鹿児島：南方新社、2004 年。

片桐一男『京のオランダ人：阿蘭陀宿海老屋の実態』、東京：吉川弘文

館、1998 年。

日蘭協会編『日本と和蘭』、東京：日蘭協会、1914 年。

日葡協会編『日葡交通』第 2 輯、東京：東洋堂、1943 年。

桑田忠親『物語日本史：原始から現代まで』、東京：偕成社、1970 年。

山本秀煌『江戸切支丹屋敷の史蹟』、東京：イデア書院、1924 年。

山本秀煌『日本基督教史』上巻、東京：洛陽堂、1918 年。

山本秀煌『西教史談』、東京：新生堂、1926 年。

山口百々男『和英：日本の文化・観光・歴史辞典』、東京：三修社、
　　2014 年。

上田万年『日本歴史画譚』、東京：文王閣、1910 年。

上田貞二郎『商業史教科書，日本之部』、東京：三省堂、1905 年。

辻達也『日本の歴史・13・江戸開府』、東京：中央公論社、1967 年。

辻善之助『海外交通史話』、東京：内外書籍、1930 年。

矢部健太郎『超ビジュアル! 歴史人物伝徳川家康』、東京：西東社、
　　2017 年。

松崎実『切支丹殉教記』、東京：春秋社、1925 年。

太田弘毅『倭寇：商業・軍事史的研究』、横浜：春風社、2002 年。

太田正雄『日本吉利支丹史鈔』、東京：中央公論社、1943 年。

田辺茂啓編『長崎志正編』、長崎：長崎文庫刊行会、1928 年。

外山幹夫『長崎奉行：江戸幕府の耳と目』、東京：中央公論社、
　　1989 年。

外山卯三郎『南蛮船貿易史』、東京：東光出版株式会社、1943 年。

五野井隆史『日本キリシタン史の研究』、東京：吉川弘文館、2002 年。

武藤長蔵『日英交通史之研究』、京都：内外出版印刷、1942 年。

相賀徹夫編著『探訪大航海時代の日本 6（受容と屈折）』、東京：小学
　　館、1979 年。

相原良一『日欧交渉史考：マルコ・ポーロから平戸商館まで』、東京：
　　南雲堂、1986 年。

小野武雄『江戸物価事典』、東京：展望社、2009 年。

岩波書店『大航海時代叢書』第 2 期（6）、東京：岩波書店、1981 年。

岩生成一『日本の歴史・14・鎖国』、東京：中央公論社、1968 年。

野田宇太郎『少年使節：天正遣欧使節旅行記』、東京：桐書房、
　　1949 年。

伊藤浩士『真伝大坂の陣：1（九度山の密命）』、東京：学研パブリッシ
　　ング、2010 年。

乙貴小史『ローマへ行った四人の少年』、大阪：東光堂、1944 年。

園孝治郎『雲仙岳と島原半島』、長崎：雲仙社、1926 年。

斎藤阿具『ヅーフと日本』、東京：広文館、1922 年。

斎藤阿具『西洋文化と日本』、大阪：創元社、1941 年。

中西啓『長崎のオランダ医たち』、東京：岩波書店、1993 年。

姉崎正治『切支丹宗門の迫害と潜伏』、東京：同文館、1925 年。

足立栗園『海国史談』、東京：中外商業新報商況社、1905 年。

　　　日语论文

池田哲郎「江戸時代邦人の「世界」知識」、『日本英学史研究会研究報
　　告』巻 29 号、1965 年。

村井早苗、佐藤亨彦、堀越桃子「日本：近世：六・宗教・思想・文化
　　（一九九九年の歴史学界：回顧と展望）」、『史学雑誌』109 巻 5 号、
　　2000 年。

高橋富雄「伊達政宗と仙台藩」、『電氣學會雜誌』107 巻、1987 年。

加藤栄一「連合オランダ東インド会社の戦略拠点としての平戸商館」、
　　田中健夫編『日本前近代の国家と対外関係』、東京：吉川弘文館、
　　1987 年。

南島原市企画振興課「わがまちのお宝 南島原市：口之津開港 450 年 ド
　　ラマチックな歴史を持つ町口之津」、『ながさき経済』、長崎経済研究
　　所、2012 年（7 月）（273）。

入間田宣夫「伊達の平泉伝説」、『中世文学』42 巻、1997 年。

天下井清「聖ヨハネ号偶感」、『日本航海学会誌』162 巻、2005 年。

西本晃二「日伊交流の一挿話」、『イタリア学会誌』35 巻、1986 年。

相見三郎「漢方と西洋医学と宗教」、『日本東洋醫學會誌』29 巻 1 号、
　　1978 年。

行武和博「寛永後期における幕府の対外政策とオランダ船貿易」、藤野保編『近世国家の成立・展開と近代』、東京：雄山閣出版、1998 年。

佐藤物外「古ノ茶觀煙草觀」、『順天堂医学』T2 巻 488 号、1913 年。

佐藤憲一「伊達政宗の夢・支倉常長慶長遣欧使節出帆から400 年」、『電気設備学会誌』35 巻 1 号、2015 年。

　葡语论著

Angélica da Cruz Bernardo, Vânia Maria Siqueira Alves, "Da Missão Jesuítica Â Sua Expulsão No Japão Sob A Ótica Do Filme Silêncio", André Bueno, Everton Crema, Dulceli Tonet Estacheski, José Maria Neto, *Extremos Orientes*, Lisboa: Sobre Ontens, 2018.

António Henrique R. de Oliveira Marques, *História dos Portugueses no Extremo Oriente*, 1, 2, *Séculos XVI – XVII*, Lisboa: Fundação Oriente, 1998.

Artur Teodoro de Matos, Luís Filipe, F. R. Thomaz, *As Relações Entre a Índia Portuguesa, a Ásia do Sueste e o Extremo Oriente Actas do VI Seminário Internacional de História Indo-Portuguesa*, Macau: Verlag, 1993.

Charles Ralph Boxer, *A Derrota dos Holandeses em Macau no Ano de 1622*, Macau: Escola Tip. de Orfanato, 1938.

Charles Ralph Boxer, *As Viagens de Japão e os Seus Capitães-Mores*: (*1550 – 1640*), Macau: Escola Tipografica do Oratorio de S. J. Bosco, 1941.

Christóvam Ayres de Magalhães Sepúlveda, *Fernão Mendes Pinto*: *Subsidios Para a Sua Biographia e Para o Estudo da Sua Obra*, Lisboa: Por ordem e na Typographia da Academia, 1904.

José Mattoso, Maria Helena da Cruz Coelho, et al., *História de Portugal*, São Paulo: UNESP, 2000.

José Yamashiro, *Choque Luso No Japão dos Séculos XVI e XVII*, São Paulo: Instituição Brasileira de Difusão Cultural, 1989.

José Yamashiro, *História da Cultura Japonesa*, São Paulo: IBRASA, 1985.

Maria Calado, Maria Clara Mendes, Michel Toussaint, *Macau*: *Cidade Memória No Estuário do Rio das Pérolas*, Lisboa: Partex (CPS), Tomás Taveira, 1987.

Raymundo Antonio de Bulhão Pato, *Documentos Remettidos da Indial*, *Tomo III*, Lisboa：Typographia da Academia Real das Sciencias, 1885.

Roberto Carneiro, Artur Teodoro de Matos, *O Século Cristão do Japão*：*Actas do Colóquio Internacional Comemorativo dos 450 Anos de Amizade Portugal-Japão*, *1543 – 1993*, Lisboa：Universidade Nova de Lisboa, 1994.

中文专著

［美］T. N. 杜普伊：《武器和战争的演变》，王建华等译，军事科学出版社1985年版。

［美］桑贾伊·苏布拉马尼亚姆：《葡萄牙帝国在亚洲1500—1700：政治和经济史》，何吉贤译，纪念葡萄牙发现事业澳门地区委员会，1997年。

［美］约翰·惠特尼·霍尔：《日本：从史前到现代》，周一良等译，商务印书馆1997年版。

［日］坂本太郎：《日本史概说》，汪向荣、武寅、韩铁英译，商务印书馆1992年版。

［日］井上清：《日本历史》上册，天津市历史研究所译校，天津人民出版社1974年版。

［日］木宫泰彦：《日中文化交流史》，胡锡年译，商务印书馆1980年版。

［日］速水融、宫本又郎编：《日本经济史1：经济社会的成立　17—18世纪》，厉以平等译，生活·读书·新知三联书店1997年版。

［日］依田憙家：《简明日本通史》，卞立强等译，上海远东出版社2004年版。

［英］T. G. 威廉斯：《世界商业史》，陈耀昆译，中国商业出版社1989年版。

［英］肯尼斯·韩歇尔：《日本小史：从石器时代到超级强权的崛起》，李忠晋、马昕译，世界图书出版公司2007年版。

［英］史蒂芬·特恩布尔：《最后的武士：荣耀与毁灭》，刘汉生译，陕西师范大学出版社2006年版。

费成康：《澳门四百年》，上海人民出版社1988年版。

高淑娟、冯斌：《中日对外经济政策比较史纲——以封建末期贸易政策为中心》，清华大学出版社 2003 年版。

黄鸿钊：《澳门史纲要》，福建人民出版社 1991 年版。

黄启臣：《澳门历史：自远古—1840 年》，澳门历史学会 1995 年版。

黄秀政、张胜彦、吴文星：《台湾史》，五南图书出版股份有限公司 2002
年版。

季羡林：《季羡林文集》第十卷《糖史（二）》，江西教育出版社 1998
年版。

李隆生：《清代的国际贸易：白银流入、货币危机和晚清工业化》，秀威
出版社 2010 年版。

李小白：《信仰・利益・权力：基督教布教与日本的选择》，东北师范大
学出版社 1999 年版。

刘鉴唐、张力主编：《中英关系系年要录》（公元 13 世纪—1760）第一
卷，四川省社会科学院出版社 1989 年版。

刘天纯：《日本现代化研究》，东方出版社 1995 年版。

邱文彦编，陈国栋撰：《海洋与台湾——过去现在未来，航运贸易新趋
势》，胡氏图书 2003 年版。

王辑五：《中国日本交通史》，商务印书馆 1998 年版。

王加丰：《西班牙葡萄牙帝国的兴衰》，三秦出版社 2005 年版。

王勇、王宝平：《日本文化的历史踪迹》，杭州大学出版社 1991 年版。

吴于廑、齐世荣主编：《世界史：近代史编》上卷，高等教育出版社 1992
年版。

伊文成等编：《日本历史人物传：近现代篇》，黑龙江人民出版社 1987
年版。

张箭：《地理大发现研究 15—17 世纪》，商务印书馆 2002 年版。

郑彭年：《日本西方文化摄取史》，杭州大学出版社 1996 年版。

中文论文

［葡］科斯塔：《耶稣会士和新教徒到达日本》，蔚玲译，《文化杂志》
2007 年总第 65 期。

［葡］赛亚布拉：《佩罗・瓦斯・德・西凯拉：中国南海著名的商人和船
主》，喻慧娟译，《文化杂志》2007 年总第 65 期。

陈小冲：《十七世纪上半叶荷兰东印度公司的对华贸易扩张》，《中国社会经济史研究》1986 年第 2 期。

李德霞：《早期葡萄牙在远东殖民扩张中的天主教因素》，《南洋问题研究》2007 年第 4 期。

李金明、李德霞：《众多市场的开辟：16—17 世纪葡萄牙在亚洲海域的生存法则》，《文化杂志》2007 年总第 65 期。

李庆新：《1550—1640 年代澳门对东南亚贸易》，《广东社会科学》2004 年第 2 期。

李小白：《16—17 世纪耶稣会在日本的贸易活动》，《东北师大学报》2003 年第 4 期。

李小白：《基督教传入日本的历史踪迹》，《日本研究》2000 年第 3 期。

梁济邦：《天主教在日本的传入及其影响》，《陕西广播电视大学学报》2001 年第 3 期。

刘凤华：《论德川幕府初期的对外贸易、禁教与锁国》，硕士学位论文，吉林大学，2005 年。

刘小珊：《沙忽略早期日本开教活动考述》，《文化杂志》2007 年总第 64 期。

戚印平：《明末澳门葡商对日贸易的若干问题》，《浙江大学学报》2006 年第 5 期。

汤开建、严忠明：《明中后期广州交易会始末考》，《学术研究》2005 年第 5 期。

王秋鸿：《南蛮文化中步枪和基督教对日本社会的影响》，《科技信息（学术研究）》2008 年第 3 期。

姚丽雅：《日本天正少年使团访欧始末》，《文化杂志》2007 年总第 64 期。

张箭：《论大航海时代及其四个阶段》，《海交史研究》1998 年第 2 期。

张廷茂：《澳门总督制缘起》，《文化杂志》2006 年总第 58 期。

张廷茂、朱俊芳：《17 世纪 30 年代澳门—长崎的贸易危机》，《江苏商论》2005 年第 3 期。

赵德宇：《日本"南蛮时代"探析》，《世界宗教研究》2008 年第 2 期。

后　记

本书是我博士学位论文经过反复修改后的结晶，之所以推迟多年才整理成书稿，是因为希望在此基础上衍生出一些单篇论文来发表，以期获得社会的初步认可。现在这一目标基本达到，自己深感欣慰，出版时机成熟。以后打算在此基础上，做出明治维新前日本西方关系史的三部曲，即1542—1640年的日欧贸易史（本书）、1640年至18世纪末日荷贸易史和19世纪初日本西方关系史，重在研究双方的商贸交流及外交关系。这是我对明治维新及日本变革的长期思考，按照当下影视剧的时髦话来说，就是研究日本明治维新之"前传"，也即探究日本走上西化道路的深度根源。

本书能够出版，最想感谢我的导师，四川大学历史文化学院教授张箭先生，先生的博学、踏实和严谨让我敬佩万分。先生不仅是学业上的指导者，还是思想上的交谈者和生活中的朋友。另外，还要感谢中国历史研究院世界历史研究所徐建新教授、吉林大学东北亚研究中心陈景彦教授、复旦大学历史系冯玮教授、南开大学日本研究院赵德宇教授、四川师范大学历史文化与旅游学院许晓光教授、四川大学南亚研究所陈继东教授、四川大学南亚研究所张力教授、四川大学法学院杨翠柏教授的鼓励和指点。

对于我这样一个正在探索学术道路的中青年学者来说，本书能够获得教育部后期资助，是莫大的荣幸和鼓励。非常感谢各位匿名评审专家、教授、学者、老师青睐我的作品，你们的肯定更加坚定了我拓展相关研究之决心。

最后，谨再次向指导、鼓励、关心、支持、帮助过我的人致以由衷谢意！

张兰星

2022 年 3 月 11 日